中国产业研究报告·物流与采购

·中国物流与采购联合会系列报告·

中国物流发展报告

中国物流与采购联合会
China Federation of Logistics & Purchasing
中国物流学会
China Society of Logistics

China Logistics Development Report (2016—2017)

中国财富出版社
China Fortune Press

图书在版编目（CIP）数据

中国物流发展报告．2016—2017／中国物流与采购联合会，中国物流学会编．—北京：中国财富出版社，2017.6

ISBN 978－7－5047－6516－1

Ⅰ.①中…　Ⅱ.①中…②中…　Ⅲ.①物流—经济发展—研究报告—中国—2016—2017　Ⅳ.①F259.22

中国版本图书馆CIP数据核字（2017）第126259号

策划编辑 葛晓雯　　**责任编辑** 惠　婳

责任印制 何崇杭　石　雷　　**责任校对** 杨小静　　**责任发行** 敬　东

出版发行 中国财富出版社

社　　址 北京市丰台区南四环西路188号5区20楼　　**邮政编码** 100070

电　　话 010－52227588转2048/2028（发行部）　　010－52227588转307（总编室）

010－68589540（读者服务部）　　010－52227588转305（质检部）

网　　址 http://www.cfpress.com.cn

经　　销 新华书店

印　　刷 中国农业出版社印刷厂

书　　号 ISBN 978－7－5047－6516－1/F·2764

开　　本 787mm×1092mm　1/16　　**版　　次** 2017年6月第1版

印　　张 37.25　　**印　　次** 2017年6月第1次印刷

字　　数 750千字　　**定　　价** 160.00元

《中国物流发展报告》(2016—2017)

编　委　会

《中国物流发展报告》（2016—2017）

特约撰稿人

（按姓氏拼音排序）

曹允春　中国民航大学经济与管理学院副院长、教授
冯耕中　西安交通大学管理学院教授、博导
葛世明　中国物流与采购联合会物流金融专业委员会副秘书长
龚　英　重庆工商大学物流与电子商务研究室主任、教授
郭　威　中国物流与采购联合会医药物流分会执行副秘书长
郭肇明　中国物流与采购联合会教育培训部主任
韩永生　天津科技大学物流工程系教授
黄定政　后勤学院军事物流系讲师
黄　萍　中国物流与采购联合会物流园区专业委员会秘书长
兰洪杰　北京交通大学经济管理学院教授、博导
李红梅　中国物流与采购联合会标准化工作部主任
李倩雯　上海海事大学、上海国际航运研究中心国内航运研究室
李勇昭　中储发展股份有限公司副总经理、中国物资储运协会会长
刘伟华　天津大学管理与经济学部教授、博导
刘宇航　中国物流与采购联合会危化品物流分会秘书长
　　　　中国物流与采购联合会物联网技术与应用专业委员会秘书长
梅赞宾　中国外运长航集团有限公司研究室高级研究员
　　　　中国国际货代协会副秘书长
秦玉鸣　中国物流与采购联合会冷链物流专业委员会秘书长
孙俊杰　卡车之家编辑
孙熙军　中国物流与采购联合会托盘专业委员会专职副秘书长
田　征　大连海事大学交通运输管理学院副教授
万　莹　中国物流与采购联合会电商物流与快递分会秘书长
王国清　北京兰格电子商务有限公司主任
王继祥　《物流技术与应用》杂志常务副主编
吴志华　南京财经大学营销与物流管理学院副院长、教授、博士生导师

徐　勇　快递物流咨询网首席顾问、蜂网投资有限公司首席运营官
晏庆华　中国物流与采购联合会网络事业部主任
杨达卿　《现代物流报》副总编
恽　绵　天津德利得供应链管理股份有限公司运营总监
张晋姝　中国物流与采购联合会汽车物流分会秘书长助理兼研究中心主任
张晓东　北京交通大学交通运输学院副院长
张永锋　上海海事大学、上海国际航运研究中心国际航运研究室副主任
赵　楠　上海国际航运研究中心秘书长助理、港口研究室主任
郑静文　上海国际航运研究中心
周志成　中国物流与采购联合会研究室主任

《中国物流发展报告》（2016—2017）

编 辑 人 员

主　　编： 贺登才
副 主 编： 周志成

联系方式：
中国物流与采购联合会研究室：010－58566588 转 135
网　　址：中国物流与采购网（www.chinawuliu.com.cn）
电子信箱：zhouzhicheng56@vip.163.com

我国物流业2016年发展回顾与2017年展望

（代前言）

2016年，我国物流业全面贯彻党中央、国务院决策部署，坚持新发展理念，以推进供给侧结构性改革为主线，总体运行缓中趋稳、稳中向好，实现了“十三五”良好开局。为完成“三去一降一补”主要任务，稳增长、促改革、调结构、惠民生、防风险各项工作做出了重要贡献。

一、2016年我国物流业发展的特点

第一，总体运行态势趋稳提质。在一季度增长放缓的情况下，随着经济增长企稳，二季度以来社会物流需求稳中有升。全年社会物流总额达229.7万亿元，同比增长6.1%；社会物流总费用11.1万亿元，同比增长2.9%，增速与2015年基本持平。社会物流总费用与GDP（国内生产总值）的比率降至14.9%，物流运行质量和效益稳步提升。中国物流景气指数低开高走，全年均值55.2%，较2015年提高0.2个百分点；9月以后维持在60%上下，进入高位景气区间，表现出较强的回升势头。

第二，市场供需结构深度调整。从需求看，工业品物流中，高技术产业和装备制造业物流需求进入较快增长区间，全年增速在10%左右；与消费相关的单位与居民物品物流总额，全年保持40%以上的高速增长态势。“双十一”期间，中国电商物流指数上升为213.5点，比2015年增加49点。与电商消费相关的快递业务量和业务收入全年完成313.5亿件和4005亿元，分别增长51.7%和44.6%。随着消费升级和食品安全受到关注，冷链物流市场需求将达2200亿元，同比增长22.3%。消费领域物流需求个性化、品牌化趋势明显。

从供给看，调结构、去运力力度加大，供给质量有所改善。受新 GB 1589 修订出台和新一轮公路治超新政影响，公路货运市场去运力步伐加快。9 月以来，大型货车超重行为得到有效遏制，套牌车、非标车辆逐步退出市场，过低的运价出现合理回归。中国公路物流运价指数 9 月以后持续回升，12 月上升到 106.8 点，比 2015 年同期增长 15.3%。中国公路货运效率指数连续 6 个月处于高位运行，车辆平均运输里程和运输时间持续提升。公路运量向铁路运输转移，下半年铁路货运止跌回稳，国家铁路发送货物 26.5 亿吨，连续 5 个月实现正增长。受韩进海运破产影响，国际航运市场供给过剩局面有所缓解，航运价格企稳回升。12 月 30 日，中国出口集装箱综合运价指数为 951.66 点，较年初上涨 224.75 点。物流企业规模化、集约化发展，A 级物流企业超过 4000 家。

第三，发展方式加快变革创新。

一是兼并重组、联盟合作案例增多。中国远洋运输总公司与中国海运总公司重组成立中国远洋海运集团有限公司，实现船队综合运力、干散货自有船队运力、油轮运力、杂货特种船队运力等多项世界第一。中储股份成为英国 HB 集团的控股股东，进入海外大宗商品期货交割仓库业务领域。战略联盟、加盟合作走向深化，安得物流与苏宁达成战略合作，共享全国范围网络资源。铁路总公司与海尔集团战略合作，开行海尔电器特需专列。菜鸟网络牵头成立“菜鸟联盟”，整合电商快递业务版图。货运市场加盟模式加快推进，德邦物流签约加盟事业部合伙人突破 5000 家，卡行天下加盟网点和线路超过 1 万家。

二是跨界融合、平台整合，经营模式不断创新。快递、快运、整车等细分物流市场互相渗透，市场边界渐趋模糊。物流园区从物业管理走向“仓干配”市场运营，传化物流、林安物流相继推出相关货运产品。顺丰冷运食品陆运干线网启动，发力冷运全链条供应链市场。远成物流进入快递、快运、冷链、供应链、地产等领域，打造卓越综合物流服务品牌。各类企业深入推进平台战略，平台型企业整合提升，自营类企业向社会开放仓配网络。一批互联网平台企业在全年资本遇冷的大背景下，加快商业模式迭代，积极向线下延伸，强化货源组织和服务体验，线上线下深度融合。

三是供应链全链条服务升级。一批物流企业融入制造、商贸企业供应链，开展供应商管理库存、物流仓配一体化、供应链金融等业务，优化供应链协作关系。海航物流 60 亿美元收购美国英迈国际，布局全球供应链市场。招商局物流集团计划投资 6 亿元在无锡建设物流供应链集成服务项目。日日顺物流发布大件物流解决方案，提供仓储配送安装全程无断点服务，制定供应链服务新标杆。

四是物流企业结缘资本市场。长久物流、宝湾物流、圆通速递、申通快递等一批快递、物流企业相继登陆 A 股市场；德利得物流、亚风快运、易流科技、安捷供应链等一批创新企业跻身“新三板”；卡行天下、运满满、货车帮、天地汇等一批新兴企业吸引新一轮融资；平安银行、复星集团、红杉资本等金融机构加大对物流业投入，各类资本加快进入物流市场。

第四，“互联网 +”高效物流深入推进。7 月，国务院总理李克强主持召开国务院常务会议，部署推进“互联网 +”高效物流。一年来，以“互联网 +”高效物流为标志的“智慧物流”加速起步，催生了一批新模式、新企业、新业态。

一是互联网 + 高效运输。自 2014 年下半年以来，在货运市场上出现了一批像互联网 + 车货匹配、互联网 + 货运经纪、互联网 + 甩挂运输、互联网 + 合同物流等的“互联网 +”创新模式，涌现了一批像运满满、货车帮、卡行天下、正广通等“互联网 +”代表性企业。传统企业积极触网，例如，传化物流打造“物流 + 互联网 + 金融”的方式，构建中国智能公路物流网络运营系统。中国物资储运总公司依托自身资源优势，上线“中储智运”。从 12 月起，交通运输部启动无车承运人试点工作，探索公路货运模式转型。

二是互联网 + 智能仓储。智能仓储在快递、电商、冷链、医药等高端细分领域快速推进。例如，京东商城、苏宁物流、顺丰控股等企业积极开发全自动仓储系统，使用智能仓储机器人，开展无人机配送，充分利用仓储信息，优化订单管理，大幅提高仓储作业机械化、自动化和信息化水平。

三是互联网 + 便捷配送。一批关注末端配送的平台型企业，例如，日日顺、速派得、云鸟配送等，搭建城市配送运力池，开展共同配送、集中配送、智能配送等模式，致力于解决“最后一公里”痛点。快递物流企业加强末端节点改造，全国布放智能快件箱累计超过10万组。随着本地生活服务的需要，美团、百度、饿了么等推出即时配送模式，共享经济模式在物流业试水。

四是互联网+智慧物流。货物跟踪定位、无线射频识别、电子数据交换、可视化技术、移动信息服务和位置服务等一批新兴技术在物流行业得到广泛应用，全国道路货运车辆公共平台入网车辆突破400万台。越来越多的企业将物联网、云计算、大数据等新技术作为企业战略重点。例如，菜鸟网络陆续推出物流预警雷达、大数据分单路由、四级地址库等数据服务，引领智慧物流发展趋势。百度打造“物流+互联网+大数据”三位一体的智慧物流云平台。

第五，积极服务国家发展战略。

一是围绕“一带一路”战略，布局物流服务网络。国家发布《中欧班列建设发展规划（2016—2020年）》，全面部署未来5年中欧班列建设发展任务。全国10余条中欧国际班列抱团发展，合力打造中欧班列统一品牌。中欧班列全年开行1702列、同比增长109%。物流业配合“一带一路”战略，加大网点建设与网络布局。招商局集团实施“雁型出海”模式，全球运营港口超过30个，布局“一带一路”沿线国家。中国加入国际公路运输公约，便利沿线国家过境通关。

二是服务长江经济带、京津冀协同发展战略。国家发展和改革委员会从信息共享、多式联运、创新驱动等方面加快长江经济带航运中心建设。交通运输部主持召开推动长江经济带交通运输发展部省联席第一次会议，力争把全流域打造成黄金水道，高水平、高起点建设综合立体交通走廊。河北、天津积极承接北京物流服务，打造京津冀一体化物流服务圈。

三是物流基础设施短板受到重视。国务院办公厅转发《营造良好市场环境推动交通物流融合发展实施方案》，构建交通物流融合发展新体系。交通运输部等18个部门发布《关于进一步鼓励开展多式联运工作的通知》，提出构建高效顺畅的多式联运系统。铁路总公司正在全国建设208个铁路物流基地。由国家发展和改革委员会、国土资源部、住房和城乡建设部委托中国物流与采购联合会评定的首批29家示范物流园区名单发布。交通运输部办公厅与国家发展和改革委员会办公厅联合公布第一批16个多式联运示范工程项目名单。湖北鄂州国际快递货运枢纽建设纳入民用机场布局规划，顺丰航空机队规模达到36架。

四是国际物流网络建设提速。中远海运、嘉里物流等物流企业收购境外物流企业和资产，加强国际网点布局，加快国际化发展步伐。一批快递电商企业与境外邮政快递企业实施战略合作，加大海外仓投资建设，开发国际线路，支持自身国际化发展。有关部门和地方政府出台政策支持鼓励跨境电商企业建设海外仓。

五是农村物流体系加紧建设。交通运输部下发《关于进一步加强农村物流网络节点体系建设的通知》，要求加快推进农村物流县、乡、村三级网络节点体系建设。一批电商和物流企业加大农村网络布局，智能物流模式广泛应用。快递、交通、农业、供销、商贸企业共同构建农村物流配送网络，建设“工业品下乡”和“农产品进城”双向流通渠道。

六是相关规划、政策密集出台。一年来，国务院及有关部门贯彻落实《物流业发展中长期规划（2014—2020年）》，就交通物流融合发展、互联网+高效物流、多式联运、电子商务物流、服务型制造、节能环保、物流业补短板和降本增效等出台了一系列政策措施，各地政府部门贯彻落实国家政策，出台相关配套政策措施。全年对行业影响较大的政策包括：“营改增”试点全面扩围，无运输工具承运业务和道路通行服务开票资格获得承认。车型标准化工作有序推进，为期一年的新一轮治超工作开展，车辆运输车治理取得成效。无车承运人试点启动，一批试点企业名单发布。商贸物流标准化试点推进，标准化托盘扩大使用范围。快递市场清理整顿工作开展，寄递物流渠道安全要求升级。全国现代物流工作部际联席会议积极发挥协调作用，支持物流业发展的部门间合力有所加强，物流业政策环境持续改善。

同时，我们也要清醒地看到物流业面临的突出问题。主要是：

有效需求不足和供给能力不够矛盾交织；社会物流总费用仍然较高和企业盈利水平持续下降问题突出；传统增长方式难以为继，产业结构不平衡更加凸显；物流基础设施总量过剩和结构性短缺互见并存；体制机制约束依然明显，市场环境治理和诚信体系建设有待加强；用户对物流服务质量的要求与物流企业服务能力之间以及物流企业对政策环境的预期仍有较大差距。

二、2017年我国物流业发展展望

2017年是实施“十三五”规划的重要一年，也是供给侧结构性改革的深化之年，更是《物流业发展中长期规划（2014—2020年）》的承上启下之年。物流业作为支撑国民经济发展的基础性、战略性产业，面临诸多发展机遇。我国经济运行中的突出矛盾和问题及世界经济发展的不确定因素，同样影响物流运行。综合各方面因素初步判断，我国物流业2017年仍将保持缓中趋稳、稳中向好的基本态势。预计全年全国社会物流总额增速在6%左右，社会物流总费用增速在4%左右，社会物流总费用与GDP的比率继续保持稳中有降态势。从物流需求、供给主体、基础设施、资源要素、发展方式、增长动力和政策环境几方面来看，都将发生深刻变化。

第一，从物流需求看，随着供给侧结构性改革深入推进，去产能、去库存力度不减，钢铁、煤炭、房地产、建筑业等占比较大的大宗商品物流需求增长乏力，将直接影响行业发展基本面。随着消费对GDP的贡献占比增加，城镇化水平持续提升，电商、冷链、快递、配送等与消费相关的社会物流需求继续保持中高速增长。随着《中国制造2025》进入实施阶段，智能制造、服务型制造要求物流业深度融入企业供应链，推动产业转型升级。受汇率调整影响，传统制造业出口竞争力逐步增强，进出口物流需求有望适度复苏，但也会受到国际贸易保护不确定性的制约。

第二，从供给主体看，随着新一轮治超后续工作和黄标车淘汰工作的推进，黄标车、套牌车、非标车辆加快退出市场，甩挂运输、模块化运输有望得到推广普及，公路货运价格逐步合理回归，市场治理将趋于规范，市场主体将趋于集中。铁路货运改革继续深化，公路运量加快向铁路转移，高铁快递有望走强，铁路货运将会出现结构性、阶段性运力短缺。国家大力推动多式联运，物流园区服务升级和组织联网提升集聚作用，为企业搭建物流枢纽，构建便捷高效的物流服务网络提供新的选择。共享经济模式、平台型企业将获得更多发展机会，物流集群将会加速发展，以物流服务为支撑的产业生态圈逐步形成，市场格局面临新的调整。

第三，从基础设施看，铁路物流基地加快建设，公路港逐步转型升级，交通物流综合枢纽有序布局，各种运输方式趋于衔接，为多式联运奠定重要基础，公铁联运、海铁联运占比将会增加。我国对外投资超过吸引外资，已成为世界上最大的对外投资国之一，为物流业“走出去”国际化发展创造了条件。中欧班列成为“一带一路”重要物流通道，海外物流市场投入加大，兼并重组战略性的港口、园区等物流资源，打造国际物流服务网络。京津冀交通一体化率先突破，长江经济带综合立体交通走廊建设稳步推进，为区域物流一体化发展提供重要机遇。脱贫攻坚、城乡一体化任务艰巨，为工业品“下行”，农产品“上行”服务的物流网络建设潜力巨大。

第四，从资源要素看，物流业进入高成本时代。全社会劳动年龄人口增速持续下降，人口数量红利消失，人工成本上升趋势明显，企业“用工荒”加剧，“以机器替代人工”将成为必然选择。物流机械化、自动化、智能化有望加快发展，这对物流从业人员的职业素质提出了更高要求。随着土地节约集约利用严格执行，物流用地指标获取难度增加。原有物流用地随着城市扩张加速缩减，存量物流用地资源紧缺。盘活存量土地资源，编织多层次的节点网络，提升周转效率和集聚效应成为趋势。资本市场依然较为紧张，企业上市难度依然较大，风险投资对于企业盈利要求持续增加。

第五，从发展方式看，随着原有市场增速放缓，兼并重组将迎来新一轮热潮，强化领先企业竞争优势，市场主体将趋向集中。轻资产的平台、联盟、加盟、合作等发展方式潜力较大，新理念、新模式、新业态不断涌现，也在一定程度上推动市场集约发展。随着需求升级、供给转型，产业融合、供应链整合渐成趋势。大型企业向供应链转型，产业链分工协作持续优化。环境治理压力加大，企业节能减排约束增加，倒逼绿色物流真正落地。

第六，从增长动力看，新一轮技术革命对行业影响巨大，“大众创业、万众创新”风起云涌，“互联网+”高效物流引导物流业与互联网深度融合，催生大量新的业态和模式。新兴的互联网平台企业将“虚实结合”，从线上深入线下。传统物流企业将加快拥抱互联网，实现业务在线化，加快产业互联网改造，提升发展内生动力。随着人工智能时代的临近，智能化硬件将迎来发展机遇期，物联网、云计算、大数据、区块链在物流领域的应用效果逐步显现，智能仓库、仓储机器人、无人驾驶、无人机配送进入实质性探索阶段。

第七，从政策环境看，《物流业发展中长期规划（2014—2020年）》进入承上启下阶段，各部门进一步深化贯彻落实。无车承运人试点要求税收、保险制度跟进，车型标准化促进组织优化、技术改造和装备升级。行业标准化工作有序推进，物流安全监管约束将进一步增强。互联网+政务有望得到推进，“放管服”改革将取得新进展。现代物流工作部际联席会议制度将发挥更大作用，物流业政策环境向着发展稳定、竞争有序、治理规范的方向持续改善。

2017年中央经济工作会议把深入推进“三去一降一补”作为继续深化供给侧结构性改革的首要任务。指出：“降成本方面，要在减税、降费、降低要素成本上加大工作力度。要降低各类交易成本特别是制度性交易成本，减少审批环节，降低各类中介评估费用，降低企业用能成本，降低物流成本，提高劳动力市场灵活性，推动企业眼睛向内降本增效。”由此可见，降低物流成本仍然是新一年经济工作的重点，更是物流行业企业的责任。同样离不开创新行业管理体制和管理方式，提高政府治理能力和政策实施效力。业内企业迫切要求进一步放松行业管制和政策约束，优化提升服务，切实推动已有各项政策真正落地。重点要解决税费、通行、土地、审批等长期制约行业发展的突出问题，并支持新动能、新业态、新模式创新发展。

这些趋势表明，我国物流业仍然处于可以大有作为的战略机遇期。我们要全面贯彻党中央、国务院决策部署，坚持“创新、协调、绿色、开放、共享”的新发展理念，深化供给侧结构性改革，推动物流业向更高水平迈进。

第一，创新发展。要把创新作为发展第一动力，深入开展理念创新、模式创新、技术创新、业态创新。要把握新一轮科技革命的机遇，落实国家“互联网+”战略部署，推进互联网与物流产业深度融合，引导传统企业加快拥抱互联网，实现线上线下协同发展。要加大技术改造和装备升级投入力度，促进物流机械化、自动化、智能化发展，提升物流生产效率。要逐步向产业链高增长领域和高价值领域延伸，重塑企业竞争优势，为产业转型升级开辟新道路。

第二，协调发展。要协调稳定与发展、创新与变革的关系，在新的高度上建立新平衡。要促进城乡之间、区域之间、产业链环节之间均衡发展，打破各种运输方式之间、线路与节点之间的衔接障碍，编织全方位、多层次、高效率的物流服务网络。要通过兼并重组等多种方式，加快产业结构调整，优化配置市场资源。要顺应智能制造、服务制造新要求，主动培育“制造强国”所需要的供应链服务。顺应消费个性化、品牌化新要求，提升物流时效体验和智能水平。顺应全面脱贫攻坚、农业现代化要求，建立和完善农村物流服务体系。

第三，绿色发展。要顺应生态文明建设的新要求，主动推进绿色、低碳和可持续物流发展。要总结推广使用清洁能源，推行绿色运输、绿色仓储、绿色包装和绿色配送，做好资源循环利用，努力减轻物流运作的资源和环境负担。要制定与绿色物流相关的标准规范，发挥对国际环境治理的影响力。要以节能环保为切入点，促进技术装备升级，提高排放标准，降低能耗水平，以绿色发展引导效率提升，为推进美丽中国建设做出应有贡献。

第四，开放发展。要配合“一带一路”战略要求，加强沿线国家物流资源布局，发挥物流先导作用。要跟随国内企业“走出去”发展，建设与国际贸易需求相配套的国际物流服务网络，提升国际物流话语权。逐步加强对全球物流、商流、信息流资源的整合，加大全球供应链掌控能力，提升对国际市场的影响力和控制力，做好我国对外开放的物流支撑。

第五，共享发展。要按照“共享”发展理念，探索“共享经济”新模式，整合供应链、延伸产业链、提升价值链，与上下游企业和客户分享业务模式创新带来的社会经济效益。要加强物流业文化建设，引导企业全面履行社会责任，使全体从业人员能够共享物流业发展的新成果。要关爱卡车司机、仓管人员、收派件员工等一线操作人员，营造平等、和谐、包容的工作环境。要强化技术型人才、职业技能人才的培养，提升从业人员的职业素质，形成人口质量红利，使物流业从业人员在为全社会做出巨大贡献的同时，自身生活水平和社会地位也能够得到相应提高。

何黎明

2017 年 5 月

（作者：何黎明，现任中国物流与采购联合会会长、中国物流学会会长）

目　录

第一篇　综合报告

第二篇　专题研究

第三篇　资料汇编

CONTENTS

Part 1 General Reports

Part 2 Special Topics

Part 3 Information Collection

第一篇

综 合 报 告

第一章

2016 年中国物流业发展的环境

2016 年是“十三五”规划的开局之年，也是供给侧结构性改革的攻坚之年。面对复杂多变的国际环境和国内改革发展稳定的繁重任务，我国经济社会保持了平稳健康发展，物流业发展的政策环境持续改善，资源要素环境持续趋紧，社会诚信环境趋于规范，生态环保环境要求进一步提高。

一、国民经济环境

经济运行总体平稳。2016 年，全年国内生产总值 74.41 万亿元，按可比价格计算，比上年增长 6.7%，处在调控预期目标区间。我国对世界经济增长的贡献率为 33.2%，仍是世界经济增长的主要动力。（如图 1 所示）

其中，第一产业增加值 6.37 万亿元，增长 3.3%，占国内生产总值的比重为 8.6%；第二产业增加值 29.62 万亿元，增长 6.1%，占国内生产总值的比重为 39.8%；第三产业增加值 38.42 万亿元，增长 7.8%，占国内生产总值的比重为 51.6%，比上年提高 1.4 个百分点。（如图 2 所示）

全年人均国内生产总值 53980 元，比上年增长 6.1%。全年国民总收入 74.24 万亿元，比上年增长 6.9%。

（一）工业生产

工业生产企稳回升。2016 年，全年全部工业增加值 24.79 万亿元，比上年增长 6.0%。规模以上工业增加值增长 6.0%。（如图 3 所示）

在规模以上工业企业中，分经济类型看，国有控股企业增长 2.0%；集体企业下降 1.3%，股份制企业增长 6.9%，外商及港澳台商投资企业增长 4.5%；私营企业增长 7.5%。分门类看，采矿业下降 1.0%，制造业增长

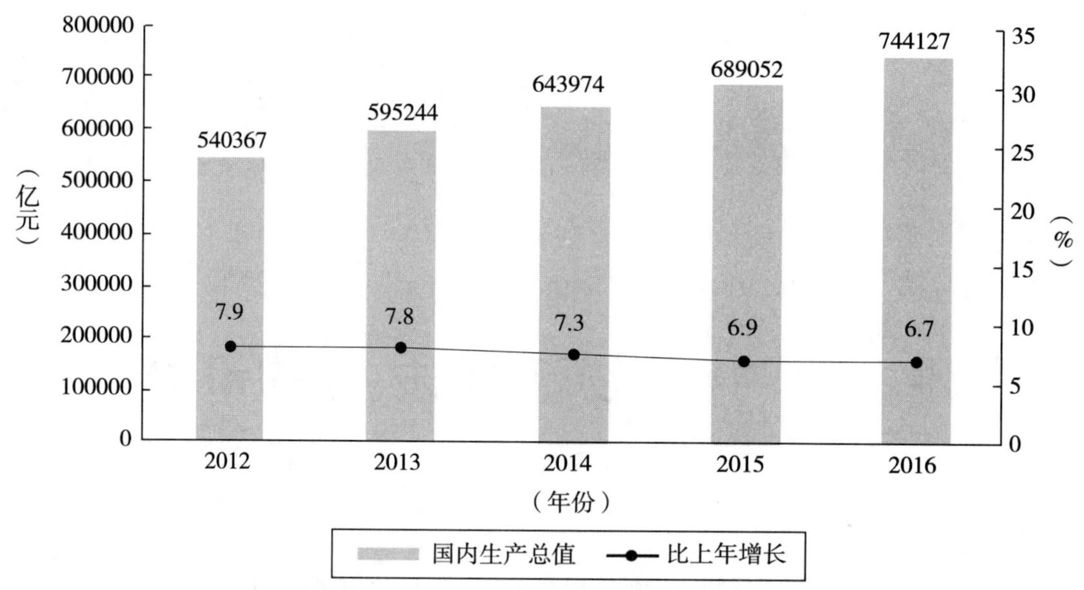

图1　2012—2016年国内生产总值及其增长速度

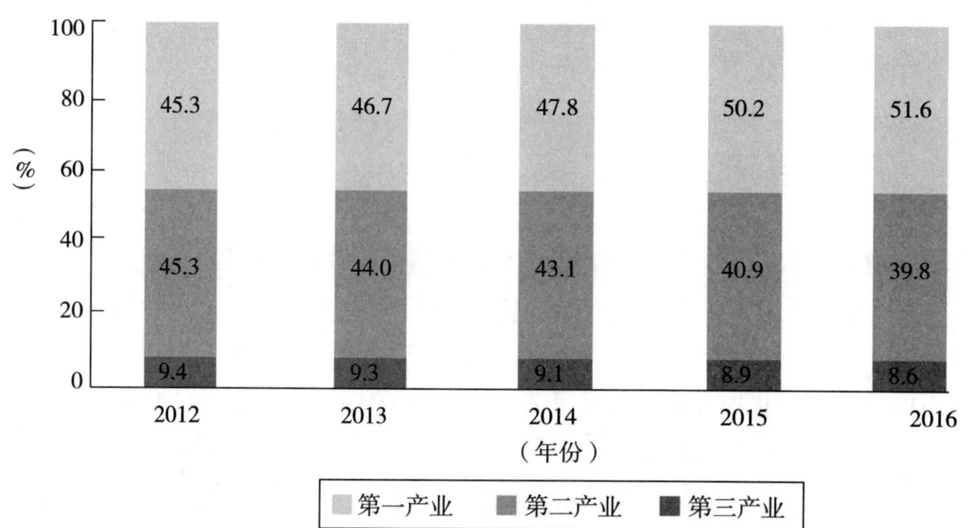

图2　2012—2016年三次产业增加值占国内生产总值比重

6.8%，电力、热力、燃气及水生产和供应业增长5.5%。

（二）国内贸易

社会消费保持较大贡献。2016年，全年社会消费品零售总额33.23万亿元，比上年增长10.4%，扣除价格因素，实际增长9.6%。2016年最终消费对经济增长的贡献率为64.6%，比上年提高4.9个百分点，比资本形成总额高22.4个百分点，经济增长的驱动过于依赖投资的局面有所改变。（如图4所示）

按经营地统计，城镇消费品零售额28.58万亿元，增长10.4%；乡村消费

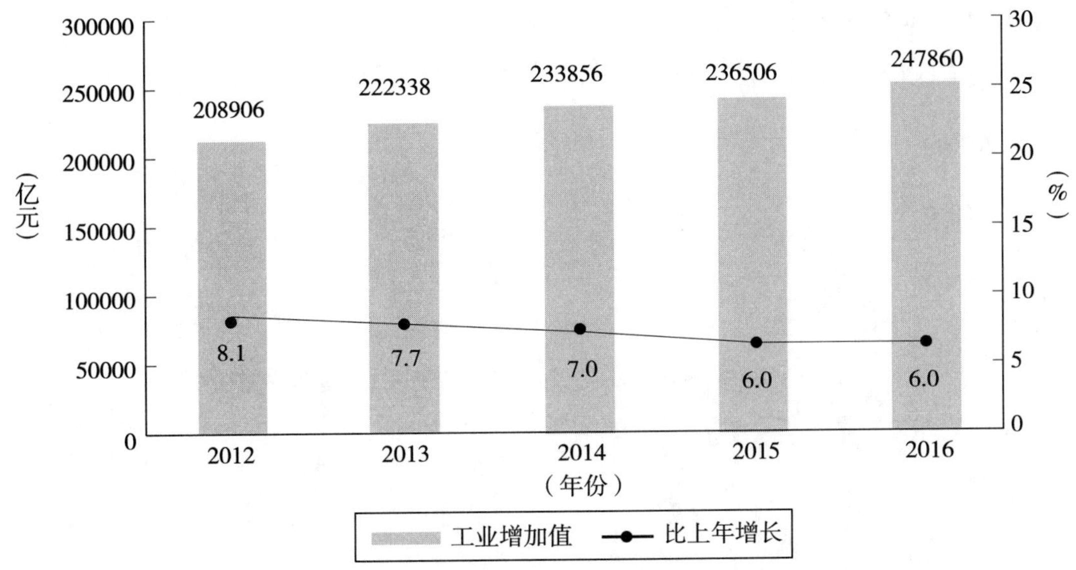

图 3　2012—2016 年全部工业增加值及其增长速度

品零售额 4. 65 万亿元，增长 10. 9%。按消费类型统计，商品零售额 29. 65 万亿元，增长 10. 4%；餐饮收入额 3. 58 万亿元，增长 10. 8%。

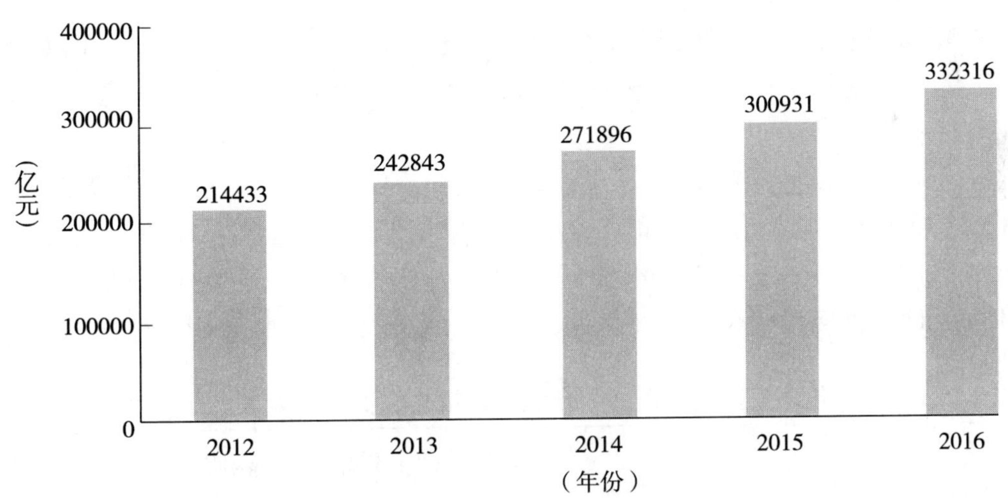

图 4　2012—2016 年社会消费品零售总额

全年网上零售额 51556 亿元，比上年增长 26. 2%。其中网上商品零售额 41944 亿元，增长 25. 6%，占社会消费品零售总额的比重为 12. 6%。

（三）进出口贸易

对外贸易保持较高顺差。2016 年，全年货物进出口总额 24. 34 万亿元，比上年下降 0. 9%，降幅比上年收窄 6. 1 个百分点，扭转了较大降幅的局面。其中，出口138455亿元，下降1.9%；进口104932亿元，增长0.6%。货物进出口差额（出口减进口）33523亿元，比上年减少3308亿元。（如图5所示）

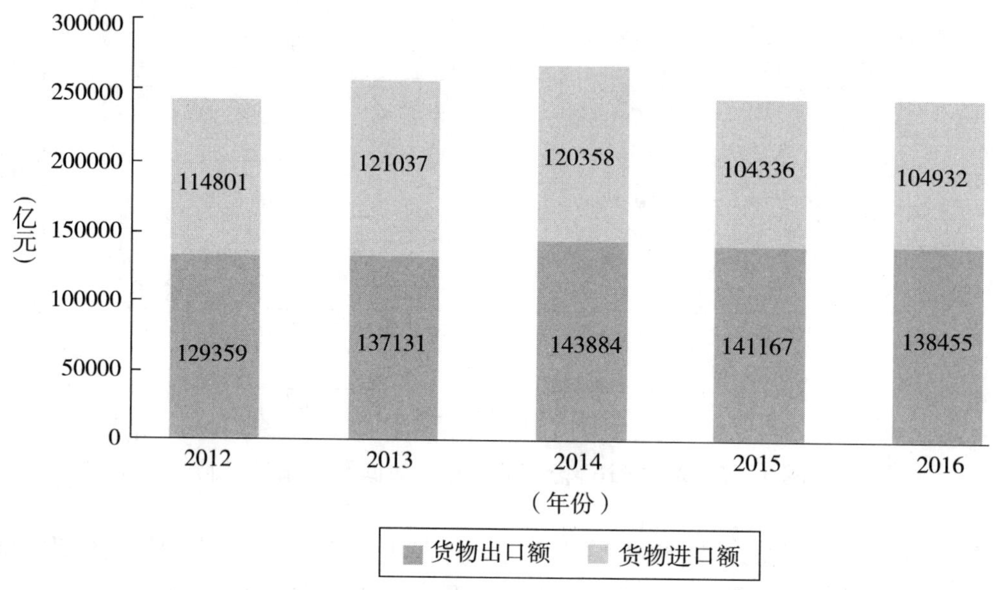

图5　2012—2016年货物进出口总额

全年服务进出口总额53484亿元，比上年增长14.2%。其中，服务出口18193亿元，增长2.3%；服务进口35291亿元，增长21.5%。服务进出口逆差17098亿元。

全年吸收外商直接投资（不含银行、证券、保险）新设立企业27900家，比上年增长5.0%。实际使用外商直接投资金额8132.2亿元（折1260亿美元），增长4.1%。其中"一带一路"沿线国家对华直接投资新设立企业2905家，增长34.1%；对华直接投资金额458亿元（折71亿美元）。（如表1所示）

表1　2016年外商直接投资（不含银行、证券、保险）及其增长速度

行　业	企业数（家）	比上年增长（%）	实际使用金额（亿元）	比上年增长（%）
总　计	27900	5.0	8132.2	4.1
其中：农、林、牧、渔业	558	-8.4	123.2	30.0
制造业	4013	-11.0	2303.0	-6.1
电力、热力、燃气及水生产和供应业	311	18.0	139.8	0.3
交通运输、仓储和邮政业	425	-5.4	329.2	26.7

续　表

行　业	企业数（家）	比上年增长（%）	实际使用金额（亿元）	比上年增长（%）
信息传输、计算机服务和软件业	1463	11.6	540.4	128.0
批发和零售业	9399	2.7	1011.1	36.0
房地产业	378	-2.3	1264.4	-29.4
租赁和商务服务业	4631	3.7	1045.9	67.8
居民服务和其他服务业	245	13.0	33.0	-25.8

全年对外直接投资额（不含银行、证券、保险）11299 亿元，按美元计价为 1701 亿美元，比上年增长 44.1%。其中，对“一带一路”沿线国家直接投资额 145 亿美元。（如表 2 所示）

表 2　2016 年对外直接投资额（不含银行、证券、保险）及其增长速度

行　业	对外直接投资金额（亿美元）	比上年增长（%）
总　计	1701.1	44.1
其中：农、林、牧、渔业	29.7	45.0
采矿业	86.7	-20.1
制造业	310.6	116.7
电力、热力、燃气及水生产和供应业	25.3	-9.2
建筑业	53.1	18.0
批发和零售业	275.6	72.0
交通运输、仓储和邮政业	36.2	17.1
信息传输、软件和信息技术服务业	203.6	252.2
房地产业	106.4	17.4
租赁和商务服务业	422.7	1.4

（四）固定资产投资

固定资产投资进一步加大。2016 年，全年全社会固定资产投资 60.65 万亿元，比上年增长7.9%，扣除价格因素，实际增长8.6%。其中，固定资产投资（不含农户）59.65万亿元，增长8.1%。分区域看，东部地区投资24.97万亿元，比上年增长9.1%；中部地区投资15.68万亿元，增长12%；西部地区投资15.41万亿元，增长12.2%；东北地区投资3.06万亿元，下降23.5%。（如图6所示）

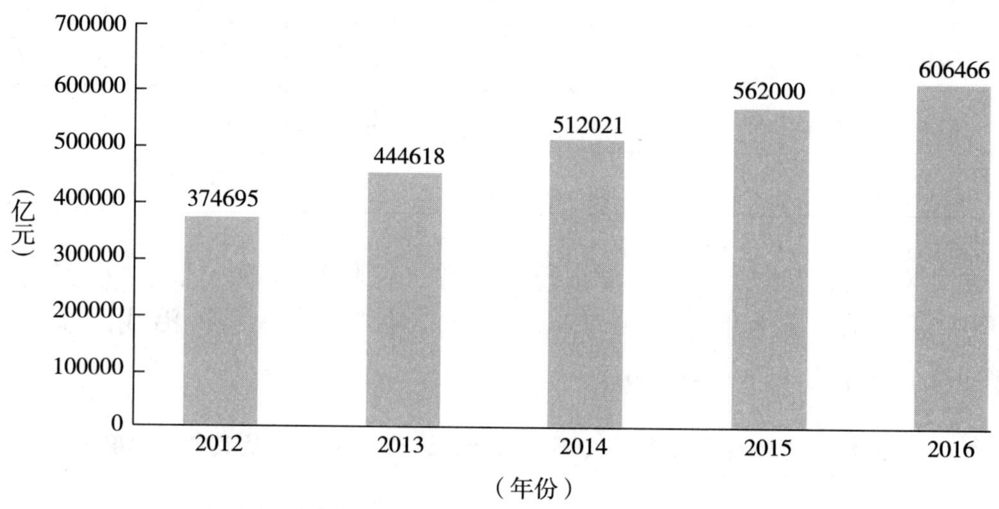

图6　2012—2016年全社会固定资产投资

在固定资产投资（不含农户）中，第一产业投资1.88万亿元，比上年增长21.1%；第二产业投资23.18万亿元，增长3.5%；第三产业投资34.58万亿元，增长10.9%。基础设施投资11.89万亿元，增长17.4%，占固定资产投资（不含农户）的比重为19.9%。民间固定资产投资36.52万亿元，增长3.2%，占固定资产投资（不含农户）的比重为61.2%。高技术产业投资3.77万亿元，增长15.8%，占固定资产投资（不含农户）的比重为6.3%。六大高耗能行业投资6.64万亿元，增长3.1%，占固定资产投资（不含农户）的比重为11.1%。农林牧渔业、水利、环境保护等短板领域投资快速增长。（如表3、表4所示）

表3　2016年分行业固定资产投资（不含农户）及其增长速度

行　业	投资额（亿元）	比上年增长（%）
总　计	596502	8.1
农、林、牧、渔业	22774	19.5
采矿业	10320	-20.4
制造业	187836	4.2

续　表

行　业	投资额（亿元）	比上年增长（%）
电力、热力、燃气及水生产和供应业	29736	11.3
建筑业	4577	-6.5
批发和零售业	17939	-4.0
交通运输、仓储和邮政业	53628	9.5
住宿和餐饮业	5947	-8.6
信息传输、软件和信息技术服务业	6319	14.5
金融业	1310	-4.2
房地产业	135284	6.8
租赁和商务服务业	12316	30.5
科学研究和技术服务业	5568	17.2
水利、环境和公共设施管理业	68647	23.3
居民服务、修理和其他服务业	2677	1.8
教育	9324	20.7
卫生和社会工作	6282	21.4
文化、体育和娱乐业	7830	16.4
公共管理、社会保障和社会组织	8188	4.3

表4　　2016年固定资产投资新增主要生产与运营能力

指　标	单　位	绝对数
新增220千伏及以上变电设备	万千伏安	24336
新建铁路投产里程	公里	3281
其中：高速铁路	公里	1903
增、新建铁路复线投产里程	公里	3612
电气化铁路投产里程	公里	5899
新改建公路里程	公里	324898
其中：高速公路	公里	6745
港口万吨级码头泊位新增吞吐能力	万吨	32436
新增民用运输机场	个	8
新增光缆线路长度	万公里	554

二、行业政策环境

相关规划政策密集出台。国务院及有关部门贯彻落实《物流业发展中长期规划（2014—2020年）》，出台了一系列政策措施，各地政府部门贯彻落实国家政策，出台相关配套政策措施。全国现代物流工作部际联席会议积极发挥协调作用，支持物流业发展的部门间合力有所加强，物流业政策环境持续改善。

（一）国家重点规划和意见

1.《综合运输服务“十三五”发展规划》

2016年7月27日，交通运输部印发《综合运输服务“十三五”发展规划》，提出：到2020年，基本建成统一开放、竞争有序的综合运输服务市场体系，客运“零距离换乘”和货运“无缝化衔接”水平大幅度提高，运输一体化服务形式更加丰富，综合运输服务与移动互联网深度融合、与关联产业密切联动，社会感知度和公众满意度显著增强，打造普惠均等、便捷高效、智能智慧、安全可靠、绿色低碳的综合运输服务体系。

2.《商贸物流发展“十三五”规划》

2017年1月19日，商务部、国家发展和改革委员会（简称国家发展和改革委）、国土资源部、交通运输部、国家邮政局发布《商贸物流发展“十三五”规划》，提出：构建多层次商贸物流网络，加强商贸物流基础设施建设、标准化建设和信息化建设，推动商贸物流集约化发展、专业化发展、国际化发展，促进商贸物流绿色化转型，建设商贸物流信用体系，实施包括城乡物流网络建设工程、商贸物流标准化工程、商贸物流平台建设工程、商贸物流园区功能提升工程、电子商务物流工程、商贸物流创新发展工程、商贸物流绿色发展工程在内的七大工程。

3.《全国电子商务物流发展专项规划（2016—2020年）》

2016年3月17日，商务部、国家发展和改革委等6部委共同发布《全国电子商务物流发展专项规划（2016—2020年）》，提出：到2020年，基本形成“布局完善、结构优化、功能强大、运作高效、服务优质”的电商物流体系，信息化、标准化、集约化发展取得重大进展。

4. 推进物流业供给侧结构性改革

2016年8月22日，国务院印发《降低实体经济企业成本工作方案》，从降低企业税费负担、融资成本、制度性交易成本等8个方面推出30项措施助企业降成本。该方案明确提出，力争经过3年左右时间，使社会物流总费用占社会物流总额的比重由目前的4.9%降低0.5个百分点左右。

2016年6月6日，国家发展和改革委、交通运输部印发《关于推动交通提质增效提升供给服务能力的实施方案》。实施方案提出，“十三五”期间，在完善交通基础设施网络的同时，围绕综合枢纽衔接、城际交通建设、推广联程联运、发展智能交通、提升快递服务、支撑服务消费、绿色安全发展7个方面，实施28类重大工程。2016年8月11日，交通运输部印发《关于推进供给侧结构性改革促进物流业“降本增效”的若干意见》，着力推进物流业集约化、智能化、标准化发展，促进物流业降本增效，为我国经济转型升级和高效运行注入新活力。

5.《中长期铁路网规划》

2016年7月20日，国家发展和改革委在京发布《中长期铁路网规划》。该规划期限为2016—2025年，远期展望到2030年。根据该规划，到2020年，铁路网规模达到15万千米，其中高速铁路3万千米，覆盖80%以上的大城市；到2025年，铁路网规模达到17.5万千米左右，其中高铁3.8万千米左右；2030年基本实现内外互联互通、区际多路畅通、省会高铁连通、地市快速通达、县域基本覆盖。

6. 推进“互联网+”行动

2016年4月21日，国务院办公厅印发《关于深入实施“互联网+流通”行动计划的意见》，部署推进“互联网+流通”行动，促进流通创新发展和实体商业转型升级相关工作。

2016年7月29日，国家发展和改革委印发《“互联网+”高效物流实施意见》，提出先进信息技术在物流领域广泛应用，仓储、运输、配送等环节智能化水平显著提升，物流组织方式不断优化创新；形成以互联网为依托，开放共享、合作共赢、高效便捷、绿色安全的智慧物流生态体系，物流效率效益大幅提高。

2016年7月30日，国家发展和改革委、交通运输部联合印发《推进“互联网+”便捷交通 促进智能交通发展的实施方案》，明确到2018年公众能够通过移动互联终端及时获取交通动态信息，实现交通基础设施、载运工具、运行信息等互联网化。该方案围绕完善智能运输服务系统、构建智能运行管理系统等方面，提出诸如推动运输企业与互联网企业融合发展、研发和应用智能交通先进技术等具体措施。

7. 推动交通物流融合发展

2016年6月21日，国务院办公厅转发国家发展和改革委《营造良好市场环境 推动交通物流融合发展实施方案》，部署推动交通物流融合发展，提升交通物流综合效率效益，有效降低社会物流总体成本。该方案指出，要打通社会物流运输全链条，加强现代信息技术应用，推动交通物流一体化、集装化、网络化、社会化、智能化发展，构建交通物流融合发展新体系。

2016 年 11 月 17 日，国家发展和改革委、交通运输部、中国铁路总公司发布《关于启动实施交通物流融合发展第一批重点项目的通知》，要求在港口及物流枢纽集疏运铁路建设、铁路物流基地、铁路货场周边道路畅通、国家交通运输物流公共信息平台、公路港建设 5 个方面，启动 63 项重点项目。对已开工项目，要加快推进项目建设进度；对正在开展前期工作的项目，力争年内或明年开工建设。

8. 加强物流短板建设

2016 年 2 月 29 日，国家发展和改革委等十部门发布《关于加强物流短板建设促进有效投资和居民消费的若干意见》（发改经贸〔2016〕433 号），旨在大力加强物流短板领域建设，加快健全完善物流基础设施网络，提高物流运行质量和效益，提升物流业整体发展和服务水平。

9. 发展服务型制造

2016 年 7 月 12 日，工业和信息化部（简称工信部）、国家发展和改革委和中国工程院共同发布《发展服务型制造专项行动指南》，提出到 2018 年服务型制造水平明显提升，对企业提质增效和转型升级的促进作用进一步增强。制造与服务全方位、宽领域、深层次融合。基本实现与制造强国战略进程相适应的服务型制造发展格局。该指南强调，优化供应链管理，强化制造业企业在供应链中的主导地位，提升供应链整体效率和效益；发展供应链管理专业化服务；提高供应链管理水平。

10. 现代物流创新发展城市试点工作

2016 年 5 月 23 日，国家发展和改革委发布《关于做好现代物流创新发展城市试点工作的通知》，确定了天津、沈阳等 20 个城市为现代物流创新发展试点城市。按照通知要求，扎实深入开展现代物流创新发展城市试点工作，最大限度释放市场主体活力，打造城市物流发展的良好生态环境。

11. 物流园区示范工作

2015 年 5 月，国家发展和改革委、国土资源部和住房城乡建设部印发《关于开展物流园区示范工作的通知》（发改经贸〔2015〕1115 号）。提出到 2020 年，全国分批评定 100 家左右基础设施先进、服务功能完善、运行效率显著、社会贡献突出的示范物流园区，并委托中国物流与采购联合会（简称中物联）具体组织评选工作。2016 年 10 月 26 日，国家发展和改革委等三部门发出发改经贸〔2016〕2249 号文《关于做好示范物流园区工作的通知》，对中国物流与采购联合会组织专家评审确定的 29 个首批示范物流园区名单予以确认。

（二）行业管理体制改革

1. 简政放权、深化行政审批制度改革

（1）行政审批制度改革。

1 月 22 日，国务院印发《关于取消一批职业资格许可和认定事项的决定》（国发〔2016〕5 号），部分职业资格许可和认定事项涉及物流行业。

《交通运输部关于废止 20 件交通运输规章的决定》（交通运输部令 2016 年第 57 号）已于 2016 年 5 月 25 日经第 10 次部务会议通过，自 2016 年 5 月 30 日起施行。（如表 5 所示）

表 5　　交通运输部废止 20 件交通运输规章

序　号	发布机关	规章名称	发布文号	发布日期	联合发布部委意见
1	交通运输部	汽车旅客运输规则	（88）交公路字 201 号	1988 年 1 月 26 日	
2	公安部 交通运输部	港口治安管理规定	公安部、交通运输部令 1989 年第 3 号	1989 年 3 月 4 日	公安部同意废止
3	交通运输部	交通行业能源利用监测管理暂行规定	（90）交体字 391 号	1990 年 7 月 18 日	
4	交通运输部	港口消防规划建设管理规定	交公安发〔1992〕151 号	1992 年 3 月 6 日	
5	交通运输部	汽车、船舶节能产品公布规则	交体发〔1992〕191 号	1992 年 3 月 20 日	
6	交通运输部 公安部	客船治安管理规定	交通运输部、公安部令第 43 号	1992 年 12 月 14 日	公安部同意废止
7	交通运输部	出国（境）船舶安全保卫工作规定	交公安发〔1994〕691 号	1994 年 7 月 19 日	
8	交通运输部	运输船舶消防管理规定	交公安发〔1995〕137 号	1995 年 2 月 23 日	

续　表

序　号	发布机关	规章名称	发布文号	发布日期	联合发布部委意见
9	交通运输部	交通行政执法监督规定	交通运输部令1995年第1号	1995年3月20日	
10	交通运输部	交通运输部水运工程造价人员资格认证工作管理规定	交基发〔1995〕1068号	1995年11月13日	
11	交通运输部	道路大型物件运输管理办法	交公路发〔1995〕1154号	1995年12月4日	
12	交通运输部	公路工程造价人员资格认证管理办法	交公路发〔1995〕1235号	1995年12月20日	
13	交通运输部	港口道路交通管理办法	交公安发〔1996〕703号	1996年7月31日	
14	交通运输部	关于加强承运进口废物管理的规定	交通运输部令1996年第5号	1996年8月9日	
15	交通运输部 国家计委 财政部	长江干线船舶港务费征收办法	交财发〔1997〕93号	1997年2月12日	国家发展和改革委、财政部同意废止
16	交通运输部	汽车货物运输规则	交通运输部令1999年第5号	1999年11月15日	
17	交通运输部 国家发展计划委员会	国内水路集装箱港口收费办法	交水发〔2000〕156号	2000年3月20日	国家发展和改革委同意废止
18	交通运输部	国内水路货物运输规则	交通运输部令2000年第9号	2000年8月28日	
19	交通运输部	港口货物作业规则	交通运输部令2000年第10号	2000年8月28日	
20	交通运输部	交通建设项目委托审计管理办法	交通运输部令2007年第4号	2007年4月11日	

（2）清理和规范涉企收费。

2015 年 12 月 29 日，交通运输部、国家发展和改革委以交水发〔2015〕206 号文印发《港口收费计费办法》（以下简称《办法》），自 2016 年 3 月 1 日起施行，有效期为 5 年。现有的《港口收费规则》（内、外贸部分）执行至 2016 年 2 月 29 日。《办法》分总则、货物港务费、港口设施保安费、国内客运和旅游船舶港口作业费、引航（移泊）费、拖轮费、停泊费、驳船取送费、特殊平舱费和围油栏使用费、港口作业包干费、堆存保管费和库场使用费、船舶供应服务费、附则 13 章程 58 条。《办法》大幅压减了港口收费项目，港口经营服务性收费项目从原来的 45 项减压到 18 项，将涉及港口收费的两件规章和 9 个规范性文件的 200 多条规定合并精简到 58 条。《办法》推进了港口价格市场化改革，保留了 3 项政府定价，将 6 项政府定价调整为政府指导价，放开了市场竞争性服务收费，将港口作业包干费、堆存保管费、库场使用费等明确实行市场调节价。《办法》还优化了收费管理模式，港口作业费按环节收费调整为按全过程收费，将 35 个作业或服务环节统一纳入港口作业包干费一并计收，同时，改变了计费方式，将国际客运、旅游船舶的包干费统一由运营企业支付，不再向旅客收取。

2016 年 11 月 29 日，国家发展和改革委发布《关于清理规范涉及铁路货物运输有关收费的通知》，将在全国范围内开展涉及铁路货物运输有关收费清理规范工作。重点清理地方政府附加收费，规范、降低专用线产权或经营单位收费，规范铁路运输企业收费。清理规范工作具体分为以下三个阶段：2017 年 2 月底前调查摸底；2017 年 4 月底前集中清理；2017 年 6 月底前建章立制。

2. 财税体制改革

2016 年 3 月 23 日，财政部、国家税务总局下发《关于全面推开营业税改征增值税试点的通知》（财税〔2016〕36 号）。经国务院批准，自 2016 年 5 月 1 日起，在全国范围内全面推开营业税改征增值税试点，建筑业、房地产业、金融业、生活服务业等全部营业税纳税人，纳入试点范围，由缴纳营业税改为缴纳增值税。其中，与物流业相关的内容如表 6、表 7 所示。

表 6　　与物流业相关的内容

序　号	内　容
1	明确了无运输工具承运业务，按照交通运输服务缴纳增值税。试点办法明确，无运输工具承运业务，是指经营者以承运人身份与托运人签订运输服务合同，收取运费并承担承运人责任，然后委托实际承运人完成运输服务的经营活动

续 表

序 号	内 容
2	车辆停放服务、道路通行服务（包括过路费、过桥费、过闸费等）等按照不动产经营租赁服务缴纳增值税。同时，公路经营企业中的一般纳税人收取试点前开工的高速公路的车辆通行费，可以选择适用简易计税方法，减按3%的征收率计算应纳税额
3	提供不动产租赁服务，税率为11%。同时，一般纳税人出租其2016年4月30日前取得的不动产，可以选择适用简易计税方法，按照5%的征收率计算应纳税额
4	非固定业户应当向应税行为发生地主管税务机关申报纳税；未申报纳税的，由其机构所在地或者居住地主管税务机关补征税款

表7　　2016年物流业财税改革主要涉及文件

时 间	发文单位	题 目	主要内容
3月23日	财政部 国家税务总局	关于全面推开营业税改征增值税试点的通知	自2016年5月1日起，在全国范围内全面推开营业税改征增值税试点，建筑业、房地产业、金融业、生活服务业等全部营业税纳税人，纳入试点范围，由缴纳营业税改为缴纳增值税
4月30日	财政部 国家税务总局	关于进一步明确全面推开营改增试点有关劳务派遣服务、收费公路通行费抵扣等政策的通知	进一步明确营改增试点期间劳务派遣服务、收费公路通行费抵扣及征收等政策。本通知规定的内容，除另有规定执行时间外，自2016年5月1日起执行
4月29日	国务院	全面推开营改增试点后调整中央与地方增值税收入划分过渡方案	以2014年为基数核定中央返还和地方上缴基数；所有行业企业缴纳的增值税均纳入中央和地方共享范围；中央分享增值税的50%；地方按税收缴纳地分享增值税的50%；中央上划收入通过税收返还方式给地方，确保地方既有财力不变；中央集中的收入增量通过均衡性转移支付分配给地方，主要用于加大对中西部地区的支持力度。本方案与全面推开营改增试点同步实施，即自2016年5月1日起执行。过渡期暂定2～3年

续　表

时　间	发文单位	题　目	主要内容
8月3日	财政部 国家税务总局	关于收费公路通行费增值税抵扣有关问题的通知	增值税一般纳税人支付的道路、桥、闸通行费，暂凭取得的通行费发票（不含财政票据，下同）上注明的收费金额按照下列公式计算可抵扣的进项税额：高速公路通行费可抵扣进项税额＝高速公路通行费发票上注明的金额÷（1＋3%）×3%；一级公路、二级公路、桥、闸通行费可抵扣进项税额＝一级公路、二级公路、桥、闸通行费发票上注明的金额÷（1＋5%）×5%。本通知自2016年8月1日起执行，停止执行时间另行通知

3. 数据开放共享

2016年9月2日，交通运输部发布《关于推进交通运输行业数据资源开放共享的实施意见》。该实施意见提出，建立健全行业数据资源开放共享体制机制，基本建成协调联动、高效运转的行业数据资源管理体系；完善行业数据资源开放共享技术体系，建立互联互通的行业数据资源开放共享平台；围绕科学决策、精准治理、便捷服务等重点需求，开展一批跨部门、跨地区、跨领域协同应用的试点示范。

4. 便利交通罚款交费

公安部、财政部、中国人民银行联合发文，自5月1日起，将跨省异地缴纳交通罚款试点范围扩大到16个省（市）。2015年7月1日，河北、安徽、山东、四川、贵州、云南6省首批试点实施跨省异地缴纳交通违法罚款。此次增加了第二批10个省（市）试点，分别为北京、山西、辽宁、黑龙江、上海、浙江、福建、湖南、重庆、陕西。2016年5月1日开始，当事人在上述16个省（市）因交通违法行为被公安交管部门现场处罚后，可以到处罚地指定银行的全国任一营业网点柜台缴款。

（三）行业重点领域监管

1. 超限超载治理

2016年，为解决车辆超限超载运输问题，各部委纷纷出台相关文件，如表8所示。

表 8　2016 年超限超载治理主要涉及文件

时　间	发文单位	题　目	主要内容
7 月 12 日	交通运输部 工业和信息化部 公安部 工商总局 国家质检总局	关于进一步做好货车非法改装和超限超载治理工作的通知	加强车辆生产和改装监管；加强货物装载源头和路面执法监督；健全完善道路运输市场发展机制；健全完善治超工作机制
8 月 10 日	交通运输部 国家发展和改革委 工业和信息化部 公安部 国家质检总局	关于印发《车辆运输车治理工作方案》的通知	2016 年 9 月 21 日起，全面禁止“双排车”通行，并督促汽车整车物流企业更新改造不合规车辆运输车，2017 年 6 月 30 日前完成 20% 不合规车辆运输车的更新改造 2017 年 7 月 1 日至 2018 年 6 月 30 日，全面完成所有不合规车辆运输车的更新改造，其中 2017 年年底前完成 60% 2018 年 7 月 1 日起，全面禁止不合规车辆运输车通行，符合新修订 GB 1589 要求的标准化车辆运输车比重达 100%，我国汽车整车物流业步入良性发展轨道
8 月 18 日	交通运输部 公安部	关于印发《整治公路货车违法超限超载行为专项行动方案》的通知	整治货车的车货总重超过规定限值的行为；货车闯卡、拒检、借故堵塞车道、损坏相关设施设备等违法行为
8 月 19 日	交通运输部	超限运输车辆行驶公路管理规定	指出载运不可解体物品的超限运输车辆，应当依法办理有关许可手续，采取有效措施后，按照指定的时间、路线、速度行驶公路。未经许可，不得擅自行驶公路。大件运输的托运人应当委托具有大型物件运输经营资质的道路运输经营者承运，并在运单上如实填写托运货物的名称、规格、重量等相关信息

续　表

时　间	发文单位	题　目	主要内容
9 月 13 日	交通运输部	关于进一步做好车辆运输车治理工作的通知	细化责任分工，确保辖区内整车物流企业的“双排车”在 9 月 21 日前全部整改到位，实现向“单排车”的顺利过渡。加强源头管控，确保“双排车”不出场（厂）
10 月 14 日	交通运输部 公安部	关于规范治理超限超载专项行动有关执法工作的通知	专项行动中，各地公路管理机构和公安交通管理部门要突出重点，集中查处三轴及以上货运车辆车货总质量超过限载标准的违法行为，确保整治效果，外廓尺寸超过限定标准的，另行部署整治。超限超载的认定，要严格按照交办公路〔2016〕109 号文件所附公路货车最大允许总质量，认定货车是否超限超载，并以货车最大允许总质量计算超载比例，公安交通管理部门依照《道路交通安全法》有关规定处罚
11 月 22 日	交通运输部	关于做好在用不合规车辆运输车信息申报工作的通知	从 11 月 28 日起，开展在用不合规车辆运输车信息申报工作，对于申报信息与实际信息不符的不合规车辆运输挂车，以及 2016 年 8 月 18 日后注册登记的、非法改装的车辆运输挂车，禁止其上路运行，并依法予以处罚

2. 物流安全管理

（1）道路运输安全。2016 年 12 月 9 日，交通运输部、公安部、国家安监总局联合发布《关于进一步加强道路运输安全管理工作的通知》，强调为进一步做好当前道路运输安全工作，立即部署开展道路运输安全大检查、开展常压液体危险货物罐车（以下简称槽罐车）安全隐患排查、严格液体危险货物装卸安全管理、严格槽罐车停车场地及危险化学品储存安全管理、严格“两客一危”车辆运行安全管理、强化对“两客一危”道路运输企业信用监管。

（2）快件寄递安全。2016 年 12 月 16 日，国家邮政局、公安部、国家安全部 16 日联合发布《禁止寄递物品管理规定》。该规定将指导目录从原有的 14 项增加到“18 +1”项，象牙、虎骨、伪造的公章、假证件等都禁止寄递。根据该规定，在邮件、快件内夹带禁寄物品，将禁寄物品匿报或者谎报为其他物品交寄，造成人身伤害或者财产损失的，依法承担赔偿责任；构成犯罪的，依法追究刑事责任。

3. 危险品安全管理

2016 年 4 月 25 日，交通运输部发布关于修改《道路危险货物运输管理规定》的决定（交通运输部令 2016 年第 36 号）。将《道路危险货物运输管理规定》（交通运输部令 2013 年第 2 号）第十条“应当向所在地设区的市级道路运输管理机构提出申请，并提交以下材料”修改为“应当依法向工商行政管理机关办理有关登记手续后，向所在地设区的市级道路运输管理机构提出申请，并提交以下材料”等。本决定自 2016 年 4 月 11 日起施行。

2016 年 4 月 26 日，交通运输部发布《危险货物港口作业安全治理专项行动方案（2016—2018 年）》。决定 2016 年 5 月 1 日至 2018 年 12 月 31 日开展危险货物港口作业安全治理专项行动。该方案提出，严格落实企业安全主体责任，从严从实履行部门监管责任，开展重点领域和突出问题整治，完善部门间工作机制，强化安全法治保障。

2016 年 5 月 19 日，国家安全监管总局、交通运输部、国家铁路局印发《危险化学品储存场所安全专项整治工作方案》，在全国范围内联合开展为期半年的危险化学品储存场所安全专项整治活动，着力解决危险化学品储存场所存在的突出问题，防范和遏制重特大事故发生。

2016 年 12 月 6 日，国务院办公厅印发《危险化学品安全综合治理方案》，部署在全国范围内组织开展为期 3 年的危险化学品安全综合治理，提出了 40 条具体任务，对开展危险化学品安全综合治理作出明确要求。

4. 道路运输车辆技术管理

1 月 29 日，交通运输部出台《道路运输车辆技术管理规定》。规定厘清了车辆技术管理职责，强化市场准入和事中事后监管，创新了道路运输车辆维护制度、车辆技术管理监管方式、车辆分类管理模式。

4 月 20 日，交通运输部印发关于进一步规范《道路运输车辆技术管理规定》实施工作的通知。针对《道路运输车辆技术管理规定》（交通运输部令 2016 年 1 号）实施以来反映出来的问题，明确关于与现行相关部门规章的关系问题、关于 1 号部令配套的相关技术标准问题及其他具体执行问题。

（四）专业物流获得政策支持

1. 农村物流

2016 年 10 月 31 日，交通运输部发布《关于进一步加强农村物流网络节点体系建设的通知》。通知提出，各地交通运输主管部门要推动现有交通运输、商贸流通、邮政快递、供销等网络设施融合发展，加快建成一批农村物流功能突出、服务“三农”效益显著的网络节点，推动实现“建设标准化、管理规范化、服务多元化”，全面提升农村物流服务水平。

2. 多式联运

2016 年 6 月 14 日，交通运输部办公厅与国家发展和改革委办公厅联合公布了第一批多式联运示范工程项目名单。河北省“东部沿海—京津冀—西北”通道集装箱海铁公多式联运示范工程等 16 个项目入选。示范项目将围绕集疏运体系建设、运输组织创新、作业流程优化、多式联运信息共享、技术装备创新应用、标准规范统一等重点任务，强化改革创新，积极探索新路径、新举措，为我国多式联运发展提供经验借鉴和示范引领。

2017 年 1 月 4 日，交通运输部、外交部、国家发展和改革委等十八个部委联合发布《关于进一步鼓励开展多式联运工作的通知》。该通知提出，着力破解多式联运末端微循环瓶颈制约，重点推进全国主要港口集疏港铁路、公路建设，完善铁路集装箱中心站、铁路物流基地等进出站场配套道路设施。加快航空货运枢纽以及邮政快递分拨中心等外联专用公路项目建设，支持大型综合物流园区引入铁路专用线。该通知强调，大力发展集装箱多式联运，加快推进铁路货物集装化、零散货物快运化运输。组织开展厢式半挂车、水陆滚装多式联运试点示范，积极推广江海中转联运、江海直达运输模式，有序发展铁路驮背运输、“卡车航班”空陆联运等组织模式。

3. 无车承运

2016 年 9 月 1 日，交通运输部办公厅印发《关于推进改革试点加快无车承运物流创新发展的意见》，2016 年 10 月至 2017 年 12 月，交通运输部将在全国开展道路货运无车承运人试点工作。该意见设定了规模条件、信息化条件、安全运营条件、风险赔付条件四方面条件，择优选择试点企业。此次试点工作将重点针对法规制度、标准规范等方面开展试点和探索，逐步健全完善无车承运人相关的管理制度和标准规范，为无车承运人发展营造有利的制度环境。

4. 货运枢纽（物流园区）

2016 年 4 月，交通运输部审议并原则通过《“十三五”综合客运枢纽和货运枢纽（物流园区）建设方案》（送审稿）。强调要科学布局综合立体交通走廊，做到“投产一批、开工一批、储备一批”，推进现代综合运输体系建设。

2016年4月2日，交通运输部印发《交通运输部货运枢纽（物流园区）投资补助项目管理办法（暂行）》，提出申请投资补助的货运枢纽（物流园区）须具有较强的公共服务属性，由独立项目法人单位开发建设，为众多物流企业和社会公众（组织）提供综合性、现代化的物流服务，能实现大批量货物转换和不同运输形式的有效衔接。使用投资补助资金的项目，应当按照申报时确定的有关技术标准和功能进行建设。本办法自2016年5月1日起施行，有效期到2021年5月1日为止。

5. 物流配送

2016年7月19日，商务部办公厅印发《关于确定智慧物流配送示范单位的通知》，确定全国智慧物流配送示范单位85家。其中，智慧物流配送示范城市5个，智慧物流配送示范基地（园区）20个，智慧物流配送示范企业60家。

（五）地方政府政策保障

为落实《物流业发展中长期规划（2014—2020年）》（国发〔2014〕42号）和相关国家规划，各省市纷纷制订了相关规划和行动计划，出台了具体的政策措施，紧扣物流发展重点，加强物流规划布局，提出了一批重点工程、重点任务和具体措施，有效改善了行业的政策环境。

例如，浙江省印发《物流业发展“十三五”规划》，提出：到2020年，力争在物流降成本、补短板上取得突破性成效，物流园区和基础设施网络体系更加健全，物流产业协同共享体系更加完善，智慧物流生态体系基本形成，建成高水平服务于全面小康社会的现代物流服务体系。河北省印发《河北省建设全国现代商贸物流重要基地规划（2016—2020年）的通知》，提出：河北将打造“一环、两通道、多节点”的商贸物流空间结构，同时围绕河北省商贸物流业发展重点领域，谋划实施空港海港、大宗商品、制造业、电子商务、物流品牌化等十大商贸物流工程。河南省印发《河南省推动交通物流融合发展工作方案》，提出：以综合交通物流枢纽、航空网、铁路网、高等级公路网为重点，统筹推进交通基础设施建设，打造交通物流网络体系。加强与沿海港口功能对接，重点发展空陆联运、公铁联运和铁海联运，不断扩大和提升我省多式联运规模和服务水平。立足河南实际，改造传统运输组织方式，拓展物流服务功能，促进交通物流发展向更高水平迈进。山东省印发《关于加强物流短板建设促进有效投资和居民消费的实施意见》，指出：加强城乡配送网络规划，畅通农产品进城、工业品下乡渠道，完善城乡互动的双向物流体系，着力打通“最先一公里”和“最后一百米”；鼓励发展定时配送、社区自提柜、冷链储藏柜、代收服务点等新型社区化配送模式，推进“互联网＋便利店”在城市社区的全覆盖；加强信息技术应用，加快构建集电商公共服务平台、产业联盟、配套政策于一体的发展模式，实施“快递向下”工程，构建覆盖国内外的智能云仓、配送网络和快件寄递体系。

三、资源要素环境

物流相关的资源要素较为紧缺。特别占物流成本比重较大的建设用地、燃油价格、劳动力成本等持续上涨，推高了物流业发展的总体成本。

（一）建设用地

2016 年，全国国有建设用地供应51.8 万公顷，同比下降2.9%。其中，工矿仓储用地 12.08 万公顷，同比下降 3.2%；房地产用地 10.75 万公顷，同比下降 10.3%；基础设施等用地 28.97 万公顷，同比增长 0.2%。全国土地出让面积 20.82 万公顷，同比下降 5.9%；合同成交价款 3.56 万亿元，同比增长 19.3%。2016 年建设用地供应总量略有减少，其中存量建设用地供应超六成，已成为土地供应的主要来源；土地出让东部地区出让价款增幅大。

主要监测城市地价情况方面，2016 年第四季度末，全国 105 个主要监测城市综合、商业、住宅、工业地价分别为 3826 元/平方米、6937 元/平方米、5918 元/平方米和 782 元/平方米。价格环比增长率分别为 1.43%、0.96%、2.18%和 0.64%，同比增长率分别为 5.31%、3.09%、7.91%和 2.84%。全国主要监测城市综合地价环比、同比均持续处于低速温和上行区间；住宅地价环比、同比增速持续扩大，既反映了“去库存”政策效果显现，房地产市场回暖，同时也提示了局部市场可能出现过热的迹象。

（二）燃油价格

2016 年，国内油价呈现“十涨、五跌、十搁浅”的格局，其中汽油每吨涨价破千元。截至 12 月底，本年度汽油每吨累计上调 1015 元，柴油每吨累计上调 975 元，国内油价小幅上涨。（如表 9 所示）

表 9　　2016 年油价变动情况

时　间	汽　油	柴　油
1 月 13 日	降低 140 元/吨	降低 135 元/吨
1 月 27 日	成品油价格不作调整	

续 表

时 间	汽 油	柴 油
2 月 15 日	成品油价格不作调整	
2 月 29 日	成品油价格不作调整	
3 月 14 日	成品油价格不作调整	
3 月 28 日	成品油价格不作调整	
4 月 12 日	成品油价格不作调整	
4 月 26 日	上涨 165 元/吨	上涨 160 元/吨
5 月 11 日	上涨 120 元/吨	上涨 115 元/吨
5 月 25 日	上涨 210 元/吨	上涨 200 元/吨
6 月 8 日	上涨 100 元/吨	上涨 100 元/吨
6 月 23 日	成品油价格不作调整	
7 月 7 日	成品油价格不作调整	
7 月 21 日	降低 155 元/吨	降低 150 元/吨
8 月 4 日	降低 220 元/吨	降低 215 元/吨
8 月 24 日	上涨 175 元/吨	上涨 170 元/吨
9 月 1 日	上涨 205 元/吨	上涨 200 元/吨
9 月 30 日	成品油价格不作调整	
10 月 19 日	上涨 355 元/吨	上涨 340 元/吨
11 月 2 日	成品油价格不作调整	
11 月 16 日	降低 365 元/吨	降低 355 元/吨
11 月 30 日	上涨 175 元/吨	上涨 170 元/吨
12 月 14 日	上涨 435 元/吨	上涨 420 元/吨
12 月 28 日	上涨 100 元/吨	上涨 95 元/吨

（三）劳动力供给

2016 年年末中国大陆总人口 13.83 亿人，比上年末增加 809 万人，其中城镇常住人口 7.93 亿人，占总人口比重（常住人口城镇化率）为 57.35%，比上年末提高 1.25 个百分点。户籍人口城镇化率为 41.2%，比上年末提高 1.3 个百分点。2016 年年末全国就业人员 7.76 亿人，其中城镇就业人员 4.14 亿人。全年城镇新增就业 1314 万人。年末城镇登记失业率为 4.02%。全国农民工总量 2.82 亿人，比上年增长 1.5%。其中，外出农民工 1.69 亿人，增长 0.3%；本地农民工 1.12 亿人，增长 3.4%。（如图 7 所示）

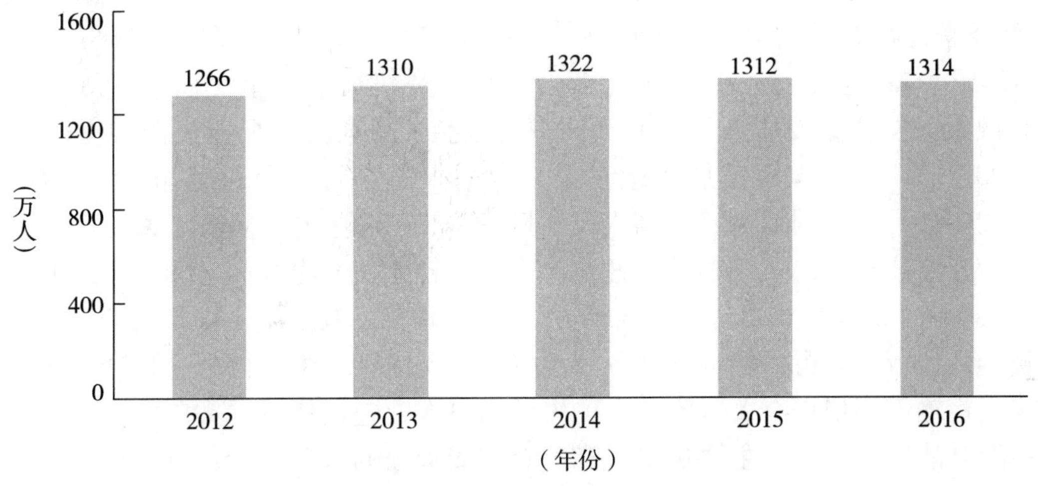

图 7　2012—2016 年城镇新增就业人数

四、社会诚信环境

培育诚信环境力度加大。2016 年 5 月，国务院印发《关于建立完善守信联合激励和失信联合惩戒制度加快推进社会诚信建设的指导意见》。意见指出，守信联合激励和失信联合惩戒是构建以信用为核心的新型市场监管体制的重要内容。要进一步加快推进社会信用体系建设，加强信用信息公开和共享，依法依规运用信用激励和约束手段，构建政府、社会共同参与的跨地区、跨部门、跨领域的守信联合激励和失信联合惩戒机制，促进市场主体依法诚信经营，维护市场正常秩序，营造诚信社会环境。

2015 年年底，交通运输部办公厅印发《2016 年交通运输行业信用体系建设重点工作方案》（交办政研〔2015〕180 号），主要是贯彻落实国务院《社会信用体系建设规划纲要（2014—2020 年）》精神，推进《交通运输部关于加强交通运输行业信用体系建设的若干意见》（交政研发〔2015〕75 号）实施，夯实信用体系建设基础，以重点工作的率先突破为信用体系建设的全面推进提供示范，以重点工作的建设成效营造全行业诚实守信的良好环境，深入推动交通运输信用体系建设，制订本方案。工作方案提出，2016 年 1—12 月，开展交通运输行业信用体系建设重点工作，按照点面结合、以点带面的原则，把加强基础工作作为当前信用体系建设的首要任务，在信用信息平台、信用法规制度、信用标准规范、信用评价、守信激励和失信惩戒、第三方评估六项工作中取得积极进展，引导企业与从业人员信用自律，树立行业诚信风尚，促进行业持续健康发展。

2016 年 1 月 20 日，国家发展和改革委、最高人民法院、中国人民银行等 44 部委联合签署了《关于对失信被执行人实施联合惩戒的合作备忘录》，共提出 55 项惩戒措施，对失信被执行人设立金融类机构、从事民商事行为、享受优惠政策、担任重要职务等方面全面进行限制，更大范围惩戒失信被执行人。

2017 年 2 月，国家发展和改革委、中国人民银行、交通运输部、中宣部、中央文明办、中央网信办、最高人民法院等 36 个部门联合签署《关于对严重违法失信超限超载运输车辆相关责任主体实施联合惩戒的合作备忘录》（以下简称《备忘录》），对失信当事人实施 3 个方面 26 项联合惩戒措施，限制失信当事人的市场准入、行政许可、融资、部分高消费、享受优惠政策等行为。联合惩戒对象为交通运输部门根据有关规定公布的失信当事人，包括货运源头单位、道路运输企业及其法定代表人、主要负责人和负有直接责任的有关人员，以及货运车辆和货运车辆驾驶人。失信当事人有关信息将通过交通运输部网站、“信用交通”“信用中国”网站、国家企业信用信息公示系统等向社会公布。根据《备忘录》，各部门将依法依规对联合惩戒对象采取一种或多种惩戒措施。在限制或禁止失信当事人的市场准入、行政许可方面，包括严格道路运输市场准入，限制企业经营的审慎性参考，限制取得生产许可、参与政府采购活动、取得政府供应土地、参与工程等招投标、取得安全生产许可，供新增项目核准时审慎性参考等 8 项措施。

五、生态环保环境

低碳绿色环保渐成共识。2016 年出台的“十三五”规划纲要提出，要大力发展第三方物流和绿色物流，对物流业生态环境保护提出了更高要求。

2016 年，初步核算，全年能源消费总量 43.6 亿吨标准煤，比上年增长 1.4%。煤炭消费量下降 4.7%，原油消费量增长 5.5%，天然气消费量增长 8%，电力消费量增长 5%。煤炭消费量占能源消费总量的 62%，比上年下降 2 个百分点；水电、风电、核电、天然气等清洁能源消费量占能源消费总量的 19.7%，上升 1.7 个百分点。

全国万元国内生产总值能耗下降 5%。工业企业吨粗铜综合能耗下降 9.45%，吨钢综合能耗下降 0.08%，单位烧碱综合能耗下降 2.08%，吨水泥综合能耗下降 1.81%，每千瓦时火力发电标准煤耗下降 0.97%。（如图 8、图 9 所示）

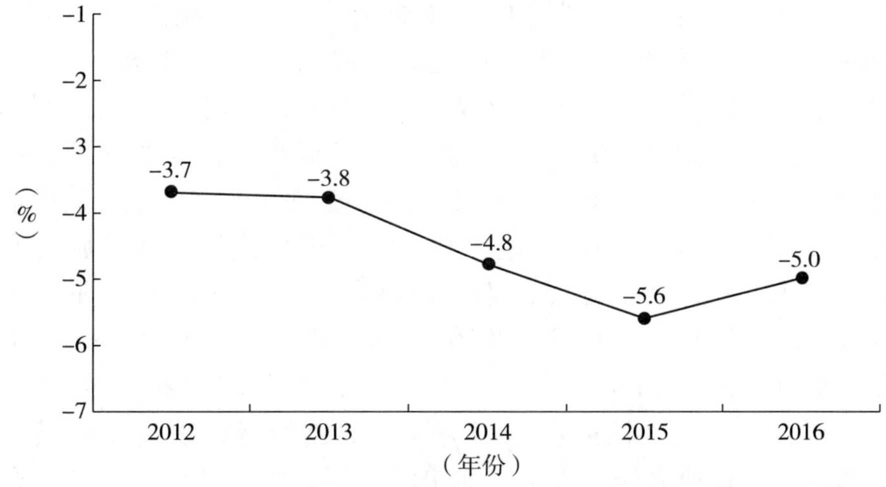

图 8　2012—2016 年万元国内生产总值能耗降低率

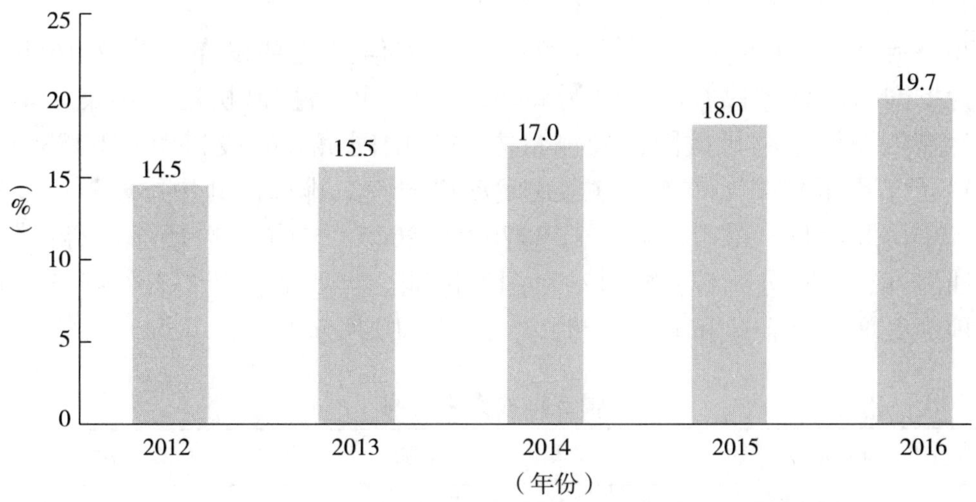

图 9　2012—2016 年清洁能源消费量占能源消费总量的比重

国家铁路能源消耗折算标准煤 1591. 6 万吨，比上年增长 0. 9%。单位运输工作量综合能耗 4. 71 吨标准煤/百万换算吨公里，与上年持平。国家铁路主要污染物排放量中化学需氧量排放量 1965 吨，降低 2%，二氧化硫排放量 23924 吨，降低 13. 9%。

全年共监测公路水路运输企业 125 家。监测的城市公交企业每万人次单耗 1. 6 吨标准煤，比上年增长 5. 9%，百车公里单耗 48. 5 千克标准煤，下降 0. 9%；公路班线客运企业每千人公里单耗 14. 5 千克标准煤，增长 9. 6%，百车公里单耗 29. 7 千克标准煤，下降 1. 5%；公路专业货运企业每百吨公里单耗 1. 8 千克标准煤，下降 4%；远洋和沿海货运企业每千吨海里单耗 5 千克标准煤，下降 4. 9%；港口企业每万吨单耗 2. 5 吨标准煤，下降 3%。

2016 年 6 月，交通运输部发布《交通运输节能环保“十三五”发展规划》，提出要把绿色发展理念融入交通运输发展的各方面和全过程，着力提升交通运输生态环境保护品质，加快建成绿色交通运输体系。该规划明确了 6 方面 17 项主要任务，提出到 2020 年，适应全面建成小康社会要求的绿色交通运输体系建设取得显著进展。2016 年 8 月，国家邮政局出台《推进快递业绿色包装工作实施方案》，谋划快递业绿色包装工作，提高快件包装领域资源利用效率，降低包装耗用量，减少环境污染。2016 年 9 月，国家发展和改革委发布《物流业降本增效专项行动方案（2016—2018 年）》，提出要根据行业发展需求，加快制修订绿色物流标准。2017 年 2 月，商务部发布《商贸物流发展“十三五”规划》，在发展任务中提到引导企业创新绿色物流运作模式，建立绿色节能低碳运营管理流程和机制，加快淘汰落后用能设备，并鼓励企业全面推进绿色仓储设施设备与技术应用、推进绿色包装、运输等绿色物流重点工程。

2016 年 1 月 14 日，环境保护部、工业和信息化部发布公告 2016 年第 4 号，为贯彻《中华人民共和国气污染防治法》，严格控制机动车污染，全面实施《轻型汽车污染物排放限值及测量方法（中国第五阶段）》（GB 18352. 5—2013）、《车用压燃式气体燃料点燃式发动机与汽车排气污染物排放限值及测量方法（中国Ⅲ、Ⅳ、Ⅴ阶段）》（GB 17691—2005）中第五阶段排放标准要求，根据油品升级进程分区域实施机动车国五标准，行业加快装备升级换代，也在一定程度上增加了企业和司机的负担。（如表 10 所示）

表 10　　国五排放实施时间

<table>
<tr><th colspan="2">时　间</th><th>车　辆</th><th>范　围</th></tr>
<tr><td>2016 年</td><td>4 月 1 日</td><td rowspan="2">所有进口、销售和注册登记的轻型汽油车、轻型柴油客车、重型柴油车（仅公交、环卫、邮政用途）</td><td rowspan="2">东部 11 省市（北京、天津、上海、辽宁、河北、山东、江苏、浙江、福建、广东、海南）</td></tr>
<tr><td rowspan="2">2017 年</td><td>1 月 1 日</td></tr>
<tr><td>7 月 1 日</td><td>所有制造、进口、销售和注册登记的重型柴油车</td><td rowspan="2">全国</td></tr>
<tr><td>2018 年</td><td>1 月 1 日</td><td>所有制造、进口、销售和注册登记的轻型柴油车</td></tr>
</table>

2016 年 12 月，财政部、科技部、工业和信息化部、国家发展和改革委联合发布了《关于调整新能源汽车推广应用财政补贴政策的通知》，主要包括调

整完善推广应用补贴政策、落实推广应用主体责任、建立惩罚机制。该通知从2017 年 1 月 1 日起实施。

通知明确了新能源货车和专用车补贴标准和技术要求。

（1）新能源货车和专用车以提供驱动动力的动力电池总储电量为依据，采取分段超额累退方式给予补贴，具体如表 11 所示。

表 11　补贴标准

补贴标准（元/kWh）			中央财政单车补贴上限（万元）	地方财政单车补贴上限
30（含）kWh以下部分	30～50（含）kWh 部分	50kWh以上部分		
1500	1200	1000	15	不超过中央财政单车补贴额的 50%

（2）新能源货车和专用车技术要求。

①装载动力电池系统质量能量密度不低于 90Wh/kg。

②纯电动货车、运输类专用车单位载质量能量消耗量（Ekg）不高于 0.5 Wh/(km · kg)，其他类纯电动专用车吨百公里电耗（按试验质量）不超过 13kWh。

2016 年，我国新能源汽车生产 51.7 万辆，销售 50.7 万辆，同比分别增长 51.7% 和 53%。其中，纯电动汽车产销分别完成 41.7 万辆和 40.9 万辆，比上年同期分别增长 63.9% 和 65.1%；插电式混合动力汽车产销分别完成 9.9 万辆和 9.8 万辆，比上年同期分别增长 15.7% 和 17.1%。

第二章

2016 年中国物流业发展的特点

2016 年，我国物流业全面贯彻党中央、国务院决策部署，坚持新发展理念，以推进供给侧结构性改革为主线，总体运行缓中趋稳、稳中向好，各方面呈现一系列新特点，实现了“十三五”良好开局。

一、物流总体运行

（一）社会物流需求

（1）社会物流需求稳中有升。2016 年，全国社会物流总额 229.7 万亿元，按可比价格计算，比上年增长 6.1%，增速比上年提高 0.3 个百分点。

分季度看，一季度 50.7 万亿元，上半年 107 万亿元，前三季度 167.4 万亿元，比上年同期增长 6%、6.2%、6.1%，增速比上年同期分别提高 0.4 个百分点、0.5 个百分点、0.3 个百分点。（如表 1 所示）

表 1　2012—2016 年社会物流总额及其增长速度

年　份	社会物流总额（万亿元）	同比增长（%）
2012	177.3	9.8
2013	197.8	9.5
2014	213.5	7.9
2015	219.2	5.8
2016	229.7	6.1

（2）社会物流需求结构分化。从构成看，工业品物流总额 214 万亿元，按

可比价格计算，比上年增长6%，增速比上年回落0.1个百分点。其中，装备制造业和高技术产业物流需求分别比上年增长9.5%和10.8%，较上年分别加快2.7个和0.6个百分点，显示工业物流需求结构持续优化；进口货物物流总额10.5万亿元，增长7.4%，提高7.2个百分点，进口货物物流需求回升势头明显；农产品物流总额3.6万亿元，增长3.1%，回落0.8个百分点，农产品物流需求保持平稳增长；再生资源物流总额0.9万亿元，增长7.5%，回落11.5个百分点，回落幅度较大；单位与居民物品物流总额0.7万亿元，增长42.8%，比上年提高7.3个百分点。单位与居民物品物流需求继续保持快速增长态势。

从占比看，工业品物流总额、进口货物物流总额、农产品物流总额、单位与居民物品物流总额、再生资源物流总额分别占社会物流总额的93.2%、4.6%、1.6%、0.3%和0.4%。工业品物流需求仍然是最主要的社会物流需求来源。（如表2所示）

表2　　2016年社会物流总额构成及其增长速度

	绝对值（万亿元）	同比增长（%）	在物流总额中所占比重（%）
工业品物流总额	214.0	6.0	93.2
进口货物物流总额	10.5	7.4	4.6
农产品物流总额	3.6	3.1	1.6
单位与居民物品物流总额	0.7	42.8	0.3
再生资源物流总额	0.9	7.5	0.4

（二）社会物流费用

（1）社会物流费用保持低速增长。2016年，社会物流总费用11.1万亿元，比上年增长2.9%，增速虽比上年提高0.1个百分点，但明显低于GDP增速。

其中，运输费用6万亿元，增长3.3%，增速比上年提高0.2个百分点；保管费用3.7万亿元，增长1.3%，回落0.3个百分点；管理费用1.4万亿元，增长5.6%，提高0.6个百分点。（如表3所示）

表3　　2016年社会物流总费用构成及其增长速度

	绝对值（万亿元）	同比增长（%）	在社会物流总费用中所占比重（%）
运输费用	6.0	3.3	54.1
保管费用	3.7	1.3	33.3
管理费用	1.4	5.6	12.6

（2）社会物流运行质量稳步提升。2016 年社会物流总费用与 GDP 的比率为 14.9%，比上年下降 1.1 个百分点。表明每万元 GDP 所消耗的社会物流总费用为 1490 元，比上年下降 6.9%。（如图 1 所示）

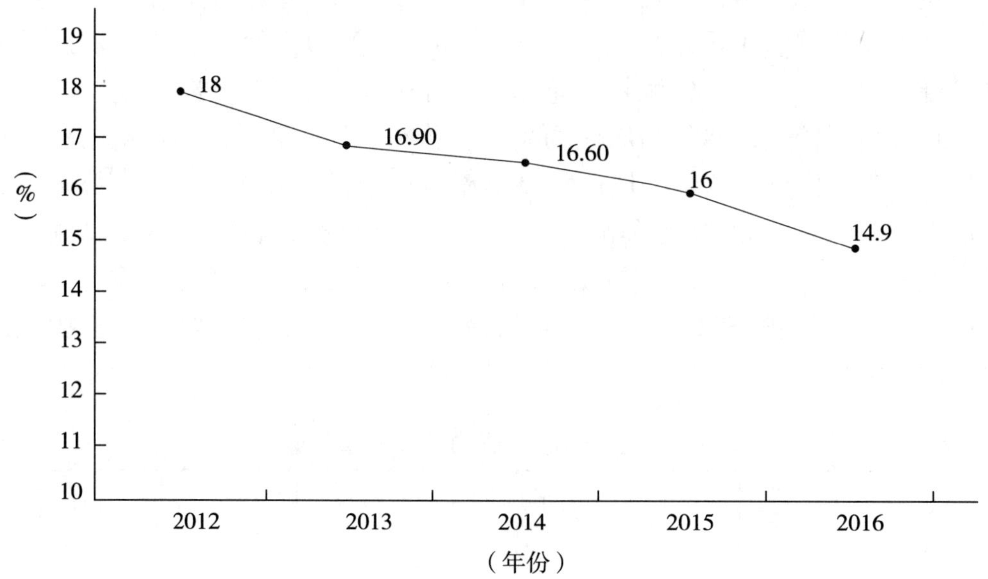

图 1　2012—2016 年社会物流总费用与 GDP 的比率

（三）物流业总收入

物流市场收入规模稳步扩大。2016 年物流业总收入 7.9 万亿元，比上年增长 4.6%。（如表 4 所示）

表 4　　2012—2016 年物流业总收入及其增长速度

年　份	总收入（万亿元）	同比增长（%）
2012	6.6	10.7
2013	7.2	9.2
2014	7.1	6.9
2015	7.6	4.5
2016	7.9	4.6

（四）基础设施投资

基础设施投资增速有所放缓。2016 年，交通运输、仓储和邮政业固定资

产投资5.4万亿元，同比增长9.5%，增幅较上年降低4.8个百分点。（如表5所示）

表5　2012—2016年交通运输、仓储和邮政业固定资产投资（不含农户）及其增长速度

年　份	2012	2013	2014	2015	2016
交通运输、仓储和邮政业固定资产投资（亿元）	30881.39	36329.35	42889.52	48972	53628
同比增长（%）	11.22	17.64	18.1	14.3	9.5

2016年，全年全国完成铁路公路水路固定资产投资27902.63亿元，比上年增长4.7%。

1. 铁路

全年完成铁路固定资产投资8015亿元，投产新线3281公里，其中高速铁路1903公里。

2. 公路

全年完成公路建设投资17975.81亿元，比上年增长8.9%。其中，高速公路建设完成投资8235.32亿元，增长3.6%；普通国省道建设完成投资6081.28亿元，增长14%；农村公路建设完成投资3659.2亿元，增长13.4%，新改建农村公路29.9万公里。

3. 水路

全年完成水运建设投资1417.37亿元，比上年下降2.7%。其中，内河建设完成投资552.15亿元，增长1%，内河港口新建及改（扩）建码头泊位173个，新增通过能力13335万吨，其中万吨级及以上泊位新增通过能力3989万吨，全年新增及改善内河航道里程750公里；沿海建设完成投资865.23亿元，下降5%，沿海港口新建及改（扩）建码头泊位171个，新增通过能力22487万吨，其中万吨级及以上泊位新增通过能力21019万吨。

4. 仓储业

全年完成仓储业固定资产投资额6983.5亿元，同比增长5.5%。

（五）货物运输量

（1）货运总体规模扩大。2016年，全年货物运输总量440亿吨，比上年增长5.7%。货物运输周转量185295亿吨公里，增长4%。其中货运量四个季度增速分别为2.2%、3.8%、5.1%、10.7%，呈现逐季加快的态势。（如表6、表7所示）

表 6　　2012—2016 年货物运输量及其增长速度

年　份	2012	2013	2014	2015	2016
货物运输量（亿吨）	410. 0	409. 9	416. 7	417. 6	440. 4
同比增长（%）	10. 9	0. 0	1. 7	0. 2	5. 7

表 7　　2012—2016 年货物运输周转量及其增长速度

年　份	2012	2013	2014	2015	2016
货物周转量（亿吨公里）	173804	168014	181668	178356	185295
同比增长（%）	9. 1	-3. 3	8. 1	-1. 8	4. 0

（2）货运市场结构调整。从不同运输方式看，铁路货运量降幅较上年收窄 11 个百分点。公路货运量同比增长 6. 8%，水路货运量同比增长 3. 7%，民航货运量同比增长 6%，增速均有不同程度回升或加快。

公路货运量占货运总量的 76. 4%，较上年增加 0. 9 个百分点，仍然是最主要的运输方式。铁路货运量占比为 7. 6%，较上年小幅下降 0. 5 个百分点，降幅有所收窄。水运、民航、管道占比与上年基本持平。（如表 8 所示）

表 8　　2016 年各种运输方式完成货物运输量及其增长速度

指　标	单　位	绝对数	占比（%）	比上年增长（%）
货物运输总量	亿吨	440. 4		5. 7
铁路	亿吨	33. 3	7. 6	-0. 8
公路	亿吨	336. 3	76. 4	6. 8
水运	亿吨	63. 6	14. 4	3. 7
民航	万吨	666. 9	0. 2	6
管道	亿吨	7	1. 6	5. 3
货物运输周转量	亿吨公里	185295		4
铁路	亿吨公里	23792. 3	12. 8	0. 2
公路	亿吨公里	61211	33. 0	5. 6
水运	亿吨公里	95399. 9	51. 5	4
民航	亿吨公里	221. 1	0. 1	6. 3
管道	亿吨公里	4670. 6	2. 5	5. 7

（六）市场景气度

物流市场呈现较强回升势头。从中国物流业景气指数表现来看，2016 年业务总量指数全年平均水平为 55.2%，较上年提高 0.2 个百分点。其中，一季度 52.1%，二三季度回升至 54% 以上，四季度回升加快，呈现逐季回升态势。（如图 2 所示）

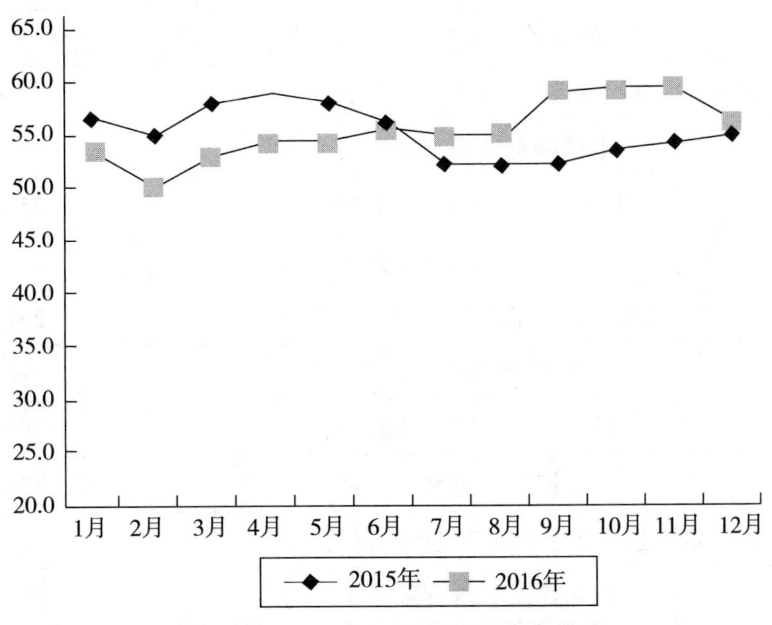

图 2　2015—2016 年物流业景气指数

二、物流企业

（一）物流企业规模

物流企业规模化发展。根据国家发展和改革委、中国物流与采购联合会《社会物流统计核算与报表制度》的要求，中国物流与采购联合会组织实施了重点物流企业统计调查，根据调查结果，提出了中国物流企业 50 强排名。

2015 年 50 强物流企业物流业务收入共达 8400 亿元，比上年增长 5.9%，收入规模总体有所增加；物流企业 50 强门槛达到 22.5 亿元，比上年增加 2.1 亿元。

据估算，我国物流前 50 强市场集中度在 10% 左右。（如表 9 所示）

表 9　　2016 年中国物流企业 50 强名单

排　名	企业名称	物流业务收入（万元）
1	中国远洋运输集团总公司	12471555
2	中国海运（集团）总公司	7906602
3	中国外运长航集团有限公司	7531999
4	厦门象屿股份有限公司	5992331
5	河北省物流产业集团有限公司	5501006
6	顺丰速运（集团）有限公司	4810000
7	中铁物资集团有限公司	3596298
8	天津港（集团）有限公司	3503500
9	山东物流集团有限公司	2643449
10	河南能源化工集团国龙物流有限公司	2312648
11	中国物资储运总公司	1985395
12	中国石油天然气运输公司	1807000
13	安吉汽车物流有限公司	1760700
14	福建省交通运输集团有限责任公司	1531857
15	德邦物流股份有限公司	1292149
16	冀中能源峰峰集团邯郸鼎峰物流有限公司	1275631
17	锦程国际物流集团股份有限公司	1090132
18	广州铁路（集团）公司	1013000
19	招商局物流集团有限公司	948081
20	连云港港口集团有限公司	913693
21	中国石油化工股份有限公司管道储运分公司	843068
22	嘉里物流（中国）投资有限公司	825784
23	云南物流产业集团有限公司	810904
24	全球国际货运代理（中国）有限公司	749351
25	青藏铁路公司	672534
26	武汉商贸国有控股集团有限公司	661073
27	一汽物流有限公司	649009

续　表

排　名	企业名称	物流业务收入（万元）
28	中铁铁龙集装箱物流股份有限公司	631602
29	重庆港务物流集团有限公司	623592
30	通辽铁盛商贸（集团）有限公司	610235
31	重庆长安民生物流股份有限公司	607144
32	秦皇岛港股份有限公司	582974
33	日照港集团有限公司	518736
34	冀中能源国际物流集团河北冀中唐能贸易有限公司	508933
35	江苏徐州港务集团有限公司	445803
36	广东省航运集团有限公司	420427
37	河北万合物流股份有限公司	374143
38	湖南星沙物流投资有限公司	359829
39	北京长久物流股份有限公司	339481
40	河北省粮食产业集团有限公司	329198
41	上药山禾无锡医药股份有限公司	327301
42	南京港（集团）有限公司	286588
43	林森物流集团有限公司	284395
44	唐山港集团股份有限公司	282719
45	江苏九州通医药有限公司	272958
46	江苏宝通物流发展有限公司	268993
47	青岛铁路经营集团有限公司	265975
48	中铁现代物流科技股份有限公司	238614
49	五矿物流集团有限公司	237392
50	天津大田运输服务有限公司	225150

（二）企业总体效益

2017年年初，中国物流与采购联合会选取100家重点物流企业开展了问卷调查。其中，国有及国有控股企业占30.4%，民营企业占54.3%，外资及中外合资企业占13%，集体企业占2.2%；运输型企业占31.5%，仓储型企业占10.9%，综合型企业占57.6%；区域性企业占7.6%，全国性企业占65.2%，国际性企业占27.2%。

（1）物流企业效益总体增长。调查显示，百家重点物流企业主营业务收入与上年相比总体处于缓中有增态势，58.3%的企业收入增长超过5%，24.7%的企业收入增长超过20%；企业成本保持稳步增长，25%的企业成本与上年相比基本持平，56.6%的企业成本增长超过5%，22.4%的企业成本增长超过20%；企业利润增长幅度慢于收入和成本，32%的企业利润增长基本持平，29.3%的企业利润增长在5%～20%，14.7%的企业利润增长超过20%，还有24%的企业利润出现下降，6.7%的企业利润下降超过20%。（如表10所示）

表10　　2016年重点物流企业基本经营情况

	显著增长（>20%）	增长（5%～20%）	基本持平（±5%）	下降（5%～20%）	显著下降（>20%）
收入增减情况	24.7%	38.3%	19.8%	14.8%	2.5%
成本增减情况	22.4%	34.2%	25.0%	15.8%	2.6%
利润增减情况	14.7%	29.3%	32.0%	17.3%	6.7%

（2）企业利润水平总体偏低。2016年百家重点物流企业平均利润率为8.1%。其中，仓储型企业为5.6%，运输型企业为3.4%，综合型企业为12.5%。

37.3%的企业利润率在0～5%，27.8%的企业利润率在5%～10%，16.9%的企业利润率为10%～20%，3.6%的企业利润率在20%以上，还有14.4%的企业利润率为负，处于亏损状态。（如图3所示）

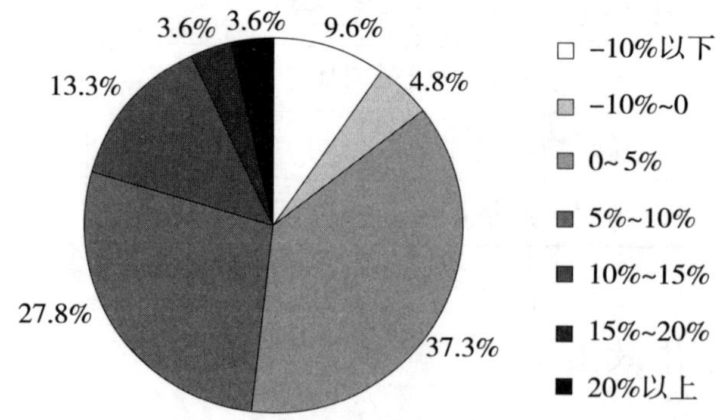

图3　2016年重点物流企业利润率与上年相比情况

（三）企业成本水平

（1）企业通行成本有所上涨。调查显示，43. 3% 的重点物流企业反映货运价格与上年相比上涨。调查企业反映，除受货运需求企稳回升影响，货运价格上涨与 9 月 21 日开始的新一轮治超工作相关。（如图 4 所示）

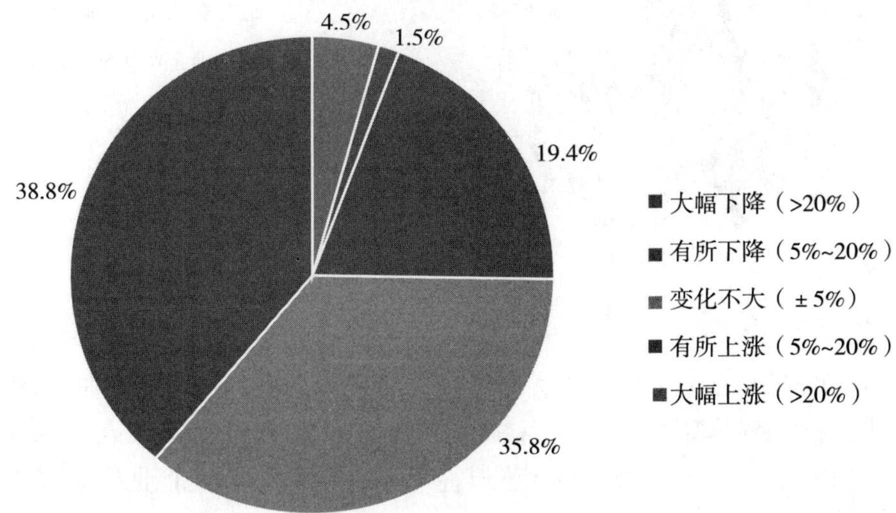

图 4　2016 年重点物流企业货运价格与上年相比情况

（2）企业用地成本总体较高。调查显示，61. 3% 的重点企业认为获取物流用地难度与上年相比变化不大；25. 3% 的企业认为获取物流用地更加困难。反映到用地价格上，49. 2% 的企业认为变化不大，49. 2% 的企业认为价格有所增长或大幅增长。（如图 5、图 6 所示）

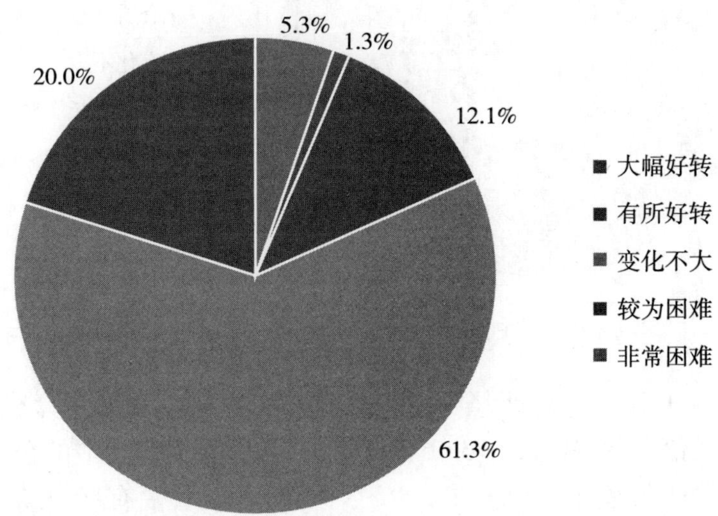

图 5　2016 年重点物流企业获取物流用地与上年相比情况

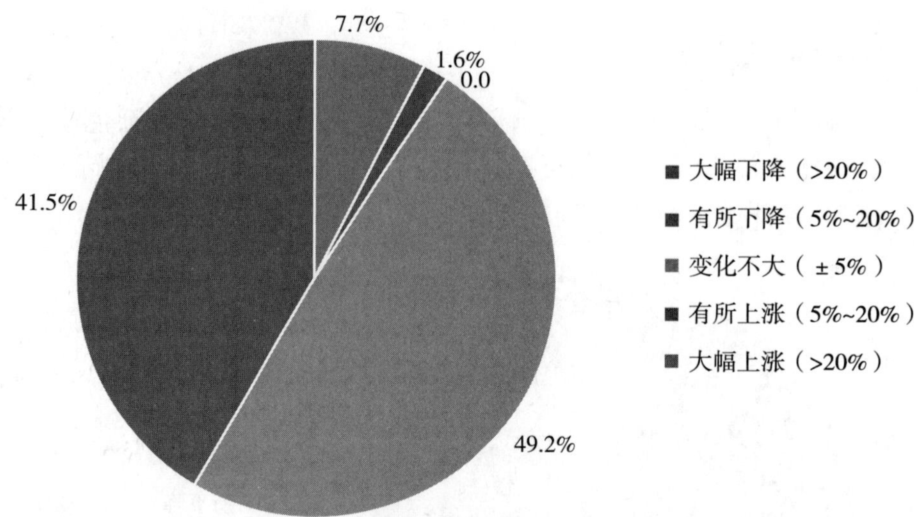

图 6　2016 年重点物流企业用地价格与上年相比情况

（3）企业税负成本没有降低。调查显示，30% 的重点物流企业反映税收负担增加。被调查企业 2016 年缴纳各项税金及附加占主营业务收入的 4.3%，占企业净利润的 119.8%，税收负担超过企业净利润水平，企业税负依然较重。（如图 7 所示）

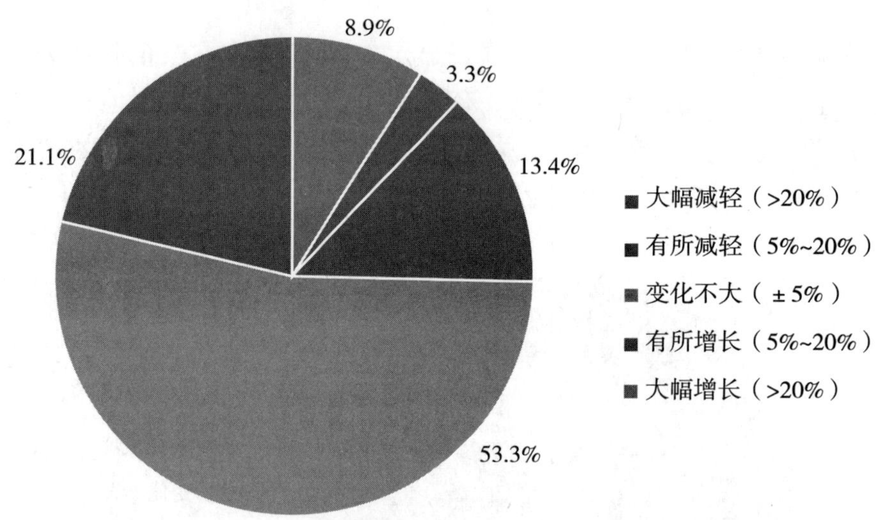

图 7　2016 年重点物流企业税负与上年相比情况

2016 年 5 月 1 日，"营改增"全面实施。调查显示，换算成营业税体制，重点企业缴纳增值税平均增加 13.2%，其中，运输型企业中的公路货运企业交通运输业务缴纳增值税平均增长 62.4%，虽较上年增幅有所下降，但总体增长仍处于较高水平。

（4）企业用工成本持续上涨。调查显示，2016 年人力成本占重点物流企业主营业务成本的 19%，是企业重要的成本支出之一。其中，仓储型企业用工成本占比 23.9%，运输型企业占比 20.7%，综合型企业占比 16.8%。

与上年相比，45.1% 的企业反映变化不大，45% 的企业反映增长，人力成本支出总体呈上升趋势。（如图 8 所示）

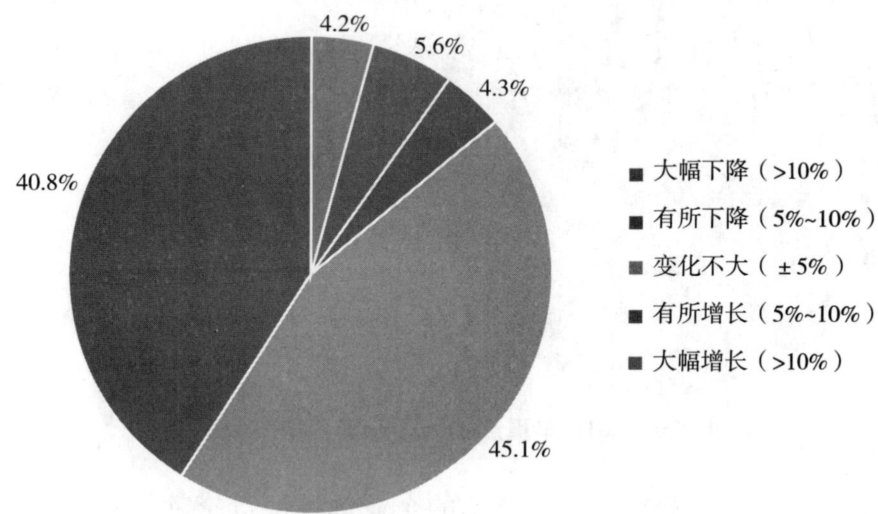

图 8　2016 年重点物流企业人力成本与上年相比情况

（5）企业融资成本依然较高。调查显示，44.8% 的企业融资成本在 5% ~10%，27.6% 的企业融资成本在 5% 以下，17.1% 的企业融资成本在 10% ~15%，10.5% 的企业融资成本在 15% ~20%。（如图 9 所示）

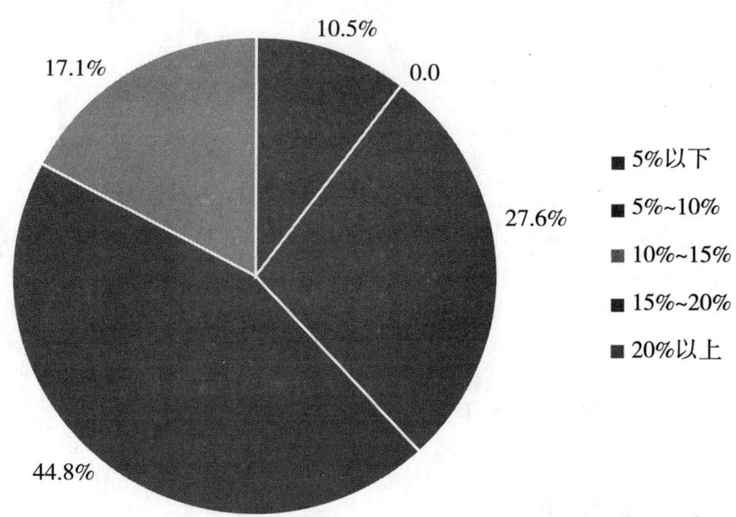

图 9　2016 年重点物流企业融资成本情况

对于企业资金缺口，调查显示，54.8%的企业反映略有缺口，需要融资，27.4%的企业反映自有或集团资金支持，无须融资，17.8%的企业反映有很大缺口，急需融资。企业普遍有融资需求。（如图10所示）

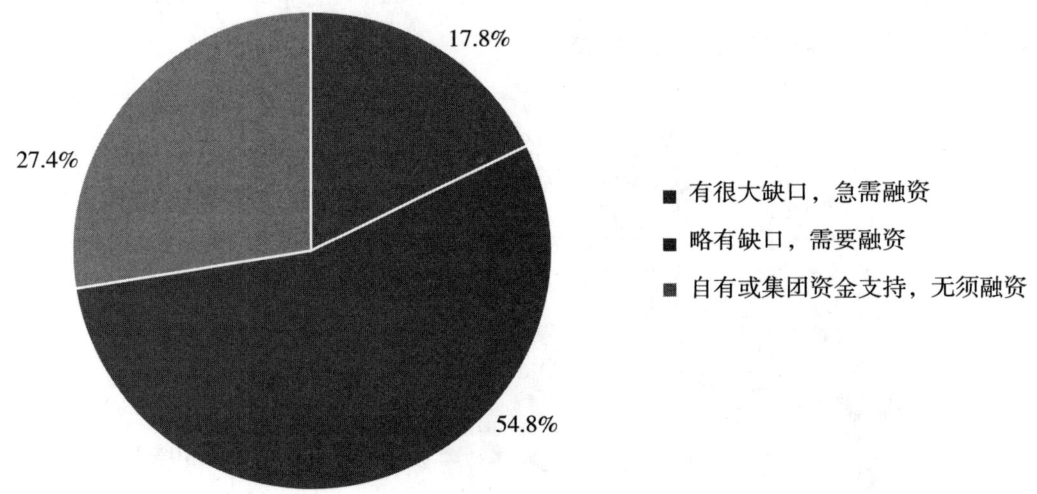

图10　2016年重点物流企业资金缺口情况

调查显示，从融资渠道看，86.3%的企业选择银行贷款，16.4%的企业选择上市融资，12.3%的企业选择民间借贷，有5.5%的企业选择基金和风险投资。（如图11所示）

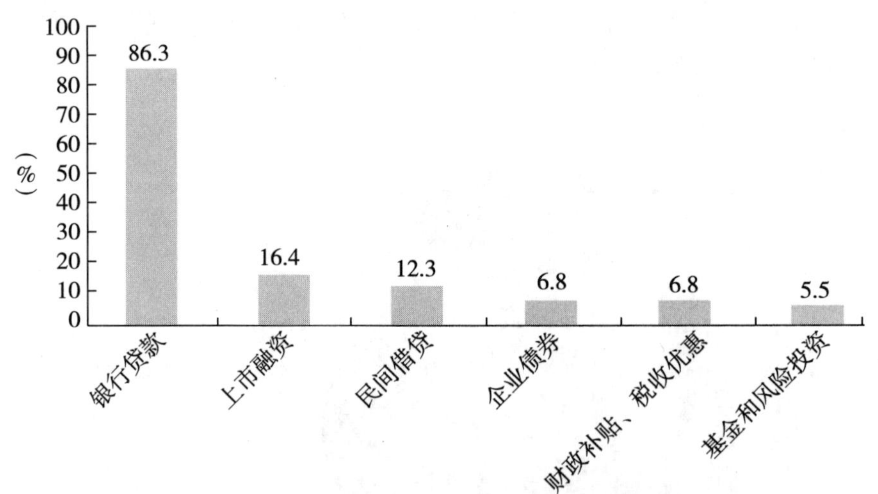

图11　2016年重点物流企业融资渠道情况

（四）企业兼并重组

（1）物流企业实现强强联合。2016年，国内四大航运物流央企基本完成重组。中国远洋运输总公司与中国海运总公司重组成立中国远洋海运集团有限公司，实现船队综合运力、干散货自有船队运力、油轮运力、杂货特种船队运力等多项世界第一。浙江港口整合进一步推进。宁波港以30.13亿元收购舟港股份85%股权，实现与舟山港运营的实质性整合。物流园区加快整合升级。传化股份重组方案获得证监会核准，以200亿元的价格，收购控股股东传化集团子公司传化物流100%股权，公司新增公路物流平台运营业务。同时，公司将募集45亿元用于实体公路港网络建设项目和O2O物流网络平台升级项目。此外，快递市场兼并重组成为热点。全峰快递、天天快递等快递企业积极寻求出路。青旅联合物流科技集团有限公司拟向全峰快递注资12.5亿元，成为其主要战略投资人，并将陆续补充完成营运资金20亿元，打造青旅联合物流模式。

（2）企业加大境外投资布局。中国航运物流企业加大海外港口战略布局。中远海运集团收购希腊比雷埃夫斯港67%股权。比港码头已成为希腊大型的、技术先进的现代集装箱码头，是全球前100大集装箱码头中连续两年吞吐量增长最快的码头，也是多家国际集装箱班轮公司在地中海东部地区的重要枢纽港。海外并购领域逐步扩大。中储股份成为英国HB集团的控股股东，进入海外大宗商品期货交割仓库业务领域。海航集团以60亿美元收购全球最大的IT产品分销商英迈，布局全球供应链市场。（如表11所示）

表11　　2016年物流业部分兼并重组事件

时　间	事　件	主要内容	战略效应
1月	中储股份成为英国HB集团的控股股东	中储股份收购HB集团51%股权	推进有色金属交割仓库的国际化进程
2月	中国远洋运输总公司与中国海运总公司重组成立中国远洋海运集团有限公司	总资产6000亿元	打造全球领先的综合性物流供应链服务集团
	普洛斯新平台收购日本物流房地产	项目总资金8.72亿美元	形成了服务全球的高效物流网络
3月	招商局与中国外运长航重组进入实施阶段	中外运划入招商局；总资产10858亿元	打造“海、陆、空”供应链体系一体化综合物流企业

续 表

时 间	事 件	主要内容	战略效应
3月	中远太平洋收购鹿特丹港集装箱码头	1.25 亿欧元收购 35% 的股权	巩固鹿特丹港作为中国进入欧洲大陆的“门户”及枢纽港的地位
	嘉里物流收购美国无船承运商 APEX	收购总值 8792.4 万美元	在美国国际货运代理业务奠定基础
	宁波港整合舟山港	宁波港以 30.13 亿元收购舟港股份 85% 股权	将进一步增强宁波港港口主业实力
8月	TCL 集团牵手希杰集团	TCL 向希杰转让速必达 50% 股权	快速推动速必达向社会物流平台转化，升级物流服务业能力
	中远海运收购比雷埃夫斯港口股权	以 3.685 亿欧元收购 67% 的股权	中国将在地中海拥有一港口的控股权
9月	传化股份重组	传化物流正式成为传化股份全资子公司	致力构建“物流 + 互联网 + 金融”全新业态系统
10月	中远海运获哈里发港二期集装箱码头	交易总对价 7.38 亿美元，持 90% 股权	获中东最大集装箱港控股权
	中远海运入股马士基地中海码头	总价值 5300 万欧元	处理超大型集装箱船唯一码头
	青旅物流战略入股全峰快递	青旅物流拟注资 12.5 亿元人民币，成为全峰主要战略投资人，并将陆续补充完成营运资金 20 亿元	打造高品质多元化完整的物流供应链
11月	海航集团收购美国英迈	60 亿美元收购英迈	布局全球供应链
12月	苏宁物流收购天天快递	出资 29.75 亿元收购天天快递 70% 股份	强化苏宁物流“最后一公里”配送能力
	希杰荣庆收购广州建运		布局华南危化品物流市场

（五）企业投融资

（1）融资市场增速放缓。2016 年，物流行业投融资额在 150 亿元左右，较上年有一定放缓。其中，天使轮 16 家，占 20.8%；Pre－A 轮 10 家，占 13%；A 轮 26 家，占 33.8%；B 轮 10 家，占 13%；C 轮 5 家，占 6.5%；D 轮 3 家，占 3.9%；战略及增资投资 7 家，占 9.1%。A 轮以前的市场早期投资占比较高，这部分企业的商业模式已逐渐成形，显示市场创新活力逐步恢复。B 轮、C 轮以后明显减少，这部分企业属于细分市场领先企业，业务发展初具规模，盈利模式日渐清晰，并逐步为上市做准备；战略投资则主要积极向上市冲刺。

（2）市场融资热点较为集中。市场融资主要集中在干线运输、数据信息、快递、城市配送、电商仓储等几个领域。干线运输中车货匹配、大车队等轻资产模式继续受到资本青睐。数据信息中车联网数据服务、运输管理服务等模式成为热点。快递中随着第一梯队集中上市，二三梯队快递企业借助资本寻求出路。电商仓储中智能柜、电商仓配一体化仍是投资重点。城市配送“最后一公里”逐渐升温，成为早期投资的热点领域，有望诞生新的独角兽企业。（如表 12 所示）

表 12　2016 年物流企业融资情况

公司名称	业务定位	融资时间	融资金额	融资轮次	投资方
云鸟配送	供应链配送服务平台	2016 年 1 月	1 亿美元	C	华平投资集团领投，红杉资本中国、经纬中国、金沙江等原有投资方跟投
车满满	运输管理服务平台	2016 年 1 月	数百万美元	A	零一创投
天天有货	车货匹配平台	2016 年 1 月	数千万元	Pre－A	未透露
海管家	国际航运物流平台	2016 年 1 月	千万元	天使	险峰长青
雷丰骑士	城市配送平台	2016 年 1 月	数百万元	天使	小饭桌、中路资本
鲜急送	末端配送服务平台	2016 年 2 月	数千万元	A	SIG、长石资本

续 表

公司名称	业务定位	融资时间	融资金额	融资轮次	投资方
天天海淘	跨境转运服务平台	2016 年 2 月	1000 万元	A	华滨创投、越榕资本
贝朗科技	制造业物流服务平台	2016 年 2 月	数百万元	天使	未透露
一智通	零担供应链服务平台	2016 年 2 月	数千万元	A	元禾原点、熊猫资本联合领投，星汉资本跟投
韵达快递	快递物流	2016 年 2 月	未透露	战略	中国平安、招商银行、东方富海、复星集团、云晖投资等
天天快递	快递物流	2016 年 2 月	6 亿元	A	中金前海发展基金领投，贵州盘江资产管理有限公司、青岛海尔创业投资有限责任公司、浙江点击资产管理有限公司、浙江承象投资管理有限公司、大航海资本 5 家资本跟投
码上配	冷链配送平台	2016 年 3 月	数百万元	天使	大河创投、英诺天使
中铁互联	跨境电商服务平台	2016 年 3 月	3500 万元	A	赋哲投资等
快乐接力站	城市配送平台	2016 年 3 月	数百万元	天使	贵格天使
易代储	互联网仓储服务	2016 年 3 月	数百万元	天使	黑马基金
蜂窝微服	即时配送服务平台	2016 年 3 月	数千万元	A	联创永宣领投，澎湃资本跟投
乡间货的	农村物流信息平台	2016 年 3 月	数千万元	A	山行资本

续　表

公司名称	业务定位	融资时间	融资金额	融资轮次	投资方
出口易	跨境物流服务平台	2016年3月	亿元及以上	C	未透露
菜鸟网络	智能骨干物流网	2016年3月	超百亿元	A	新加坡政府投资公司GIC、淡马锡控股公司、马来西亚国库控股公司和春华资本等
曹操到	物流配送平台	2016年3月	500万元	天使	星河互联
中集电商e栈	智能快递服务平台	2016年3月	3亿元	A	远致富海领投，凯盈资本等三家机构跟投
G7	物流数据服务平台	2016年4月	4500万美元	C+	淡马锡领投，腾讯钟鼎跟投
货运中国网	大宗商品物流平台	2016年4月	数千万元	天使	北极光创投
马上送吧	城市配送平台	2016年4月	数百万元	天使	深圳中圆股权投资基金管理有限责任公司
卡哥科技	跨境贸易运输服务平台	2016年4月	数千万元	A	松禾资本
迅蚁网络	无人机物流与云服务	2016年4月	数百万元	天使	天使湾、九合创投
人人快递	众包快递服务平台	2016年4月	5000万美元	B	未透露
货车帮	车货匹配平台	2016年4月	3500万美元	A++	元生资本领投，腾讯、DCM等老股东跟投
福佑卡车	整车运输服务平台	2016年4月	1亿元	B	钟鼎创投
船老大	水运交易服务平台	2016年5月	3000万元	A	贝越资本

续　表

公司名称	业务定位	融资时间	融资金额	融资轮次	投资方
货拉拉	城市配送平台	2016 年 5 月	1000 万美元	A +	概念资本领投，清流资本、之初创投、Asia Plus 跟投
鲸仓	仓储物流服务	2016 年 5 月	6800 万元	A 轮	金沙江领投，洪城资本、德国博世集团、波智高远跟投，天使轮投资方合力投资与臻云创投本轮继续跟投
快捷快递	快递物流	2016 年 5 月	2.5 亿元	A	上海精熠投资中心，上海德锌股权投资基金管理合伙企业和上海达顺创业投资中心
熊猫快收	社区快递服务	2016 年 5 月	2000 万元	Pre – A	未透露
云仓物流	仓储物流服务	2016 年 5 月	未透露	A	未透露
快狗速运	城市配送平台	2016 年 5 月	数千万美元	C	新天域资本领投，阿里巴巴香港创业者基金、新加坡报业集团、和通资本以及现有投资方的跟投
叭叭速配	车货匹配平台	2016 年 5 月	未透露	天使	中科乐创
货兜	国际物流平台	2016 年 5 月	数千万元	Pre – A	中路资本、阿米巴
递易	智能快递服务平台	2016 年 6 月	数千万元	Pre – A	邦明资本
宅小主	校园配送平台	2016 年 6 月	1000 万元	Pre – A	北京兼程信息技术有限公司
云喇叭	快递信息服务平台	2016 年 6 月	数千万元	A	承泰科技
红领巾	校园配送平台	2016 年 6 月	未透露	B	国宏嘉信

续　表

公司名称	业务定位	融资时间	融资金额	融资轮次	投资方
天地汇	物流园区网络平台	2016年6月	未透露	B	鸿沛资本、启创资本联合领投，万融资本、启赋资本、长江会等多家基金跟投
沙师弟	货车导航+物流平台	2016年6月	800万元	Pre-A	前海梦创
速尔快递	快递物流	2016年6月	150亿元	入股+授信	招商资本、招商财富、九鼎投资、前海古榕、德盛仁等
优速快递	快递物流	2016年6月	3亿元	A	钟鼎创投、嘉里物流（中国）投资有限公司、福建省拓峰投资管理有限公司等
呼呼快送	城市配送平台	2016年7月	500万元	Pre-A	茶马古道资本
点我达	即时配送服务平台	2016年7月	1.5亿美元	D	饿了么
58货运	国际航运物流平台	2016年7月	千万元	Pre-A	由阿米巴资本领投，嘉维资本、伯藜创投、十维资本和喔赢资本跟投
叭叭速配	车货匹配平台	2016年7月	3000万元	Pre-A	中科乐创
斑马快跑	新能源车辆运营服务	2016年8月	1.5亿元	A+	博嘉创投
闪送	城市配送平台	2016年8月	1000万美元	B+	天图资本
老虎快跑	城市配送平台	2016年8月	500万元	天使	未透露
OTMS	运输管理服务平台	2016年9月	2500万美元	B	百度、成为资本等
好运虎	大宗商品物流平台	2016年9月	数百万元	天使	肥猫创投

续 表

公司名称	业务定位	融资时间	融资金额	融资轮次	投资方
百世物流	快递物流	2016 年 9 月	7.6 亿美元	战略	光大金控和中信产业基金领投，阿里巴巴通过菜鸟网络进行跟投
壹米滴答	零担物流平台	2016 年 9 月	亿元及以上	A	普洛斯领投，源码资本、险峰长青跟投
快金数据	物流数据服务平台	2016 年 10 月	数千万元	A	启赋资本
唯智信息	物流信息服务平台	2016 年 10 月	9000 万元	A	同创伟业、远翼投资，博彦产业投资基金共同投资
飞狐配送	城市配送平台	2016 年 10 月	200 万元	天使	旺瓜食品
新达达	即时配送服务平台	2016 年 10 月	3.36 亿元	战略	沃尔玛
找好运	物流价格搜索平台	2016 年 11 月	70 万美元	Pre - A	Global From Day One Fund
车满满	运输管理服务平台	2016 年 11 月	7750 万元	B	传化智联
聚保物流	物流保险平台	2016 年 11 月	450 万元	天使	上海复之硕资本、点亮资本
心怡科技	电商仓储服务	2016 年 11 月	未透露	C	怡诺投资
志鸿物流	干线运输服务	2016 年 11 月	2 亿元	B	毅达资本领投，縌子财富、创瑞坚木、智唯界上跟投
集行神州	车货匹配平台	2016 年 11 月	200 万元	天使	优势资本
发网	电商仓储服务平台	2016 年 12 月	未透露	B +	晨晖资本、大宇宙等

续　表

公司名称	业务定位	融资时间	融资金额	融资轮次	投资方
货车帮	车货匹配平台	2016年12月	1.15亿美元	B	国际金融公司（IFC）和全明星基金等联合领投及数家基金跟投，现有投资人腾讯、元生资本、DCM等参与
运满满	车货匹配平台	2016年12月	1.1亿美元	D	纪源资本和襄禾资本联合领投
壹米滴答	零担物流平台	2016年12月	亿元及以上	A+	凯辉基金、普洛斯等
快捷快递	快递物流	2016年12月	1亿元	增资	三泰控股
递易智能	智能快递服务平台	2016年12月	1250万元	增资	三泰控股
易代储	互联网仓储平台	2016年12月	2500万元	A	深创投、创业黑马等深创投领投，博容永柏、黑马黑创基金跟投
卡行天下	公路运输网络平台	2016年12月	亿元及以上	D	由远翼资本领投，远东宏信、景林、光信、国金基金跟投
中铁物流	综合物流	2016年12月	7.5亿元	A	中国华融等

（3）快递物流企业集中上市。2016年，长久物流、宝湾物流、圆通速递、申通快递、顺丰速运、韵达速递等一批快递、物流企业相继通过IPO、借壳等方式获批上市；中通快递登陆美国纽交所。2017年2月24日，顺丰控股正式在深圳上市，总市值达到2000亿元，成为第一大市值快递公司。中国物流资产在香港联合交易所挂牌上市，成为首家登陆香港联交所市场的中国本土物流地产企业，融资33.6亿港元，以扩张其在中国物流地产市场上的份额。（如表13所示）

表 13　　2016 年物流上市公司

企　业	获批上市时间	上市地点	方　式	资　金
长久物流	7 月 8 日	A 股上市	IPO	6 亿元
中国物流	7 月	香港联交所	IPO	33.6 亿港元
圆通速递	7 月 28 日	A 股上市	借壳大杨创世	作价 175 亿元
申通快递	10 月 24 日	A 股上市	借壳艾迪西	作价 169 亿元
中通快递	10 月 27 日	美国纽交所上市	IPO	14 亿美元
顺丰速运	10 月 11 日	A 股上市	借壳鼎泰新材	作价 433 亿元
韵达速递	11 月 8 日	A 股上市	借壳新海股份	作价 180 亿元

（4）新兴物流企业登陆新三板。2016 年，新兴物流企业挂牌新三板成为趋势。德利得物流、亚风快运、易流科技等一批创新企业跻身“新三板”。截至 2016 年年底，在新三板挂牌的物流企业达到 156 家，占挂牌企业的 1.5%。

（5）产业基金持续加大投入。截至 2016 年年底，普洛斯在中国运营两只物流产业基金，共 100 亿美元。嘉民中国在 2009 年与加拿大养老基金投资董事会合作成立嘉民中国物流基金（GCLP）后，保持较高规模的投资，并数次增资。截至 2016 年年底，嘉民中国物流基金总投资额达到 19.8 亿美元。2016 年 4 月，中集集团发布定向增发报告，募集资金约 60 亿元，部分融资资金用于物流地产领域。2016 年 5 月，苏宁云商发布《关于以部分供应链仓储物业为标的资产开展创新型资产运作模式》的公告，以不低于 16.53 亿元价格出售自有物流资产，且将由中信证券旗下的中信金石基金公司发起成立的资产支持专项计划（ABS）。这标志着物流地产资产证券化（ABS）正式成为中国物流投资市场的重要一员。2016 年 6 月，以政府为主导的上合组织（连云港）国际物流园发展基金正式以基金方式进行运作，通过对江苏省连云港国际物流园进行投资，推动当地物流地产的发展与整个物流体系的建设。2016 年 11 月，中国保险投资基金与招商局集团共同成立中保投招商国协仓储物流股权投资基金，基金规模达到 50.08 亿元，重点布局节点城市的仓储物流项目。

（六）企业网络布局

（1）物流企业重视网络建设。截至 2016 年 12 月 31 日，德邦物流在 32 个省区市，拥有5320个营业网点（不含事业合伙人网点），覆盖315个地区级城市，在广州、上海、北京、武汉、郑州等区域重点运输枢纽等城市，建立了114个分拨中心（其中枢纽级分拨中心1处，转运外场31处，集配站27处，运作部55处。）。招商物流已经在华东、华北、东北、西南、西北、华中、华南7大经营区域拥有全国性物流网络实体，在全国153个城市设立了物流运作网点815个，物流配送可及时送达全国700多个城市，全国性物流网络布局初具规模。安能网络服务范围遍及全国（除港澳台）3000多个市县（区），已在全国建立210多个分拨中心，全国转运中心运营场地总面积达100多万平方米，运输车线达4000余条。卡行天下在全国建立了59个枢纽中心、26个园区，覆盖全国26个省份、280多个城市、辐射乡镇2万余个。

（2）国际网络布局稳步拓展。招商局集团在全球18个国家和地区拥有48个港口，已初步形成较为完善的海外港口、物流、金融和园区网络。阿里巴巴、京东等跨界电商企业继续加大海外仓投入。菜鸟网络的跨境物流合作伙伴数量已经有49家，包括燕文、递四方、新加坡邮政、英国邮政、中通、圆通、EMS、IC、斑马等，其物流覆盖能力可至全球224个国家和地区，跨境仓库数量达到74个。顺丰国际提供包括国际标快、国际特惠、国际小包、国际重货、保税仓储、海外仓储、转运等不同类型的进出口服务。国际快递服务网络覆盖新加坡、韩国、马来西亚、日本、美国、加拿大、墨西哥澳大利亚、俄罗斯、欧盟各国等20多个国家和地区。国际小包服务网络覆盖全球200多个国家及地区。

三、企业物流

（一）工业制造业物流

（1）工业制造业物流需求增速平稳。2016年，全部工业增加值247860亿元，比上年增长6%。工业品物流总额，按可比价格计算，比上年增长6%，增速比上年回落0.1个百分点，呈现缓中趋稳的发展态势。工业品物流需求持续优化。采矿业、高耗能行业物流需求增速回落。采矿业物流需求由增转降，由上年增长2.7%转为下降1%；六大高耗能行业物流需求逐季回落，一季度增长6.3%、二季度增长6.1%、三季度增长5.1%、四季度增长3.6%。装备制造业、高技术产业物流需求增速持续加快。装备制造业和高技术产业物流需求分别比上年增长9.5%和10.8%，增速分别高于整个工业物流需求3.5个和4.8个百分点，较上年分别加快2.7个和0.6个百分点。（如表14所示）

表 14　　2012—2016 年工业品物流总额及其增长情况

年　份	2012	2013	2014	2015	2016
工业品物流总额（万亿元）	162	181.5	196.9	204	214
同比增长（%）	12.8	12.0	8.5	6.1	6

（2）制造业物流助力去产能工作。2016 年，去产能成为我国供给侧结构性改革的五大任务之首。国务院下发《关于钢铁行业化解过剩产能实现脱困发展的意见》（国发〔2016〕6 号），制造业去产能工作初见成效。2016 年全年压减 6500 万吨钢铁产能和 2.9 亿吨以上煤炭产能。受去产能影响，制造业库存水平持续降低，原材料和产成品库存降低带动物流成本降低。估计工业企业物流费用率为 8.5% 左右，继续保持逐步下降态势；工业企业购销比率（企业购进总额与销售总额的比率）为 70% 左右。采购环节更为合理，物流管理水平有所提升，助力制造企业降本增效。

（3）制造业和物流业深化联动融合。2016 年，制造业与物流业两业联动发展出现新局面，在联动范围、联动关系和联动模式上都呈现出新的特点。在两业联动的范围方面看，联动开始由原来单一业务外包开始转向供应链合作，联动范围越来越广。制造企业开始寻求供应链服务的总包商，如华为将整条供应链都外包给 DHL 和中外运。从两业联动的关系上而言，制造企业和物流企业由原来的契约关系转为战略合作关系。从两业联动的具体运营上看，供应链逐步实现全程透明化。透明化的管理能够有效的控制成本、提高服务水平。如在快递企业，利用 GPS、GIS 等技术，能够对制造企业的订单物流信息进行全程跟踪，对制造企业的生产配件提供实时支持。

（二）商贸业物流

（1）商贸物流需求保持快速增长。2016 年，全年社会消费品零售总额 332316 亿元，比上年增长 10.4%，扣除价格因素，实际增长 9.6%。全年网上零售额 51556 亿元，比上年增长 26.2%。消费对物流需求的拉动效应进一步显现。全年单位与居民物品物流总额同比增长 42.8%，增速比上年提高 7.3 个百分点，高于社会物流总额增长 36.7 个百分点。电商、冷链等新业态物流需求持续高速增长。12 月中国电商物流运行指数达到 228.1 点，总业务量达到基期两倍以上。据国家邮政局数据显示，11 月快递业务量完成 37.6 亿件，日均快递业务量超过 1.25 亿件，是上年同期的 1.4 倍。（如表 15 所示）

表 15　　2012—2016 年单位与居民物品物流总额及其增长情况

年　份	2012	2013	2014	2015	2016
单位与居民物品物流总额（亿元）	2037	2726	3696	5078	7251
同比增长（%）	23.5	30.4	32.9	35.5	42.8

（2）商贸物流运行效率有所提升。近年来，商贸企业物流费用率呈下降趋势，2016 年我国批发零售企业物流费用率估计为 7.5% 左右，继续保持下降态势。受益于统一配送、共同配送等新模式发展，大型连锁企业物流成本持续降低，配送效率不断提升。2011—2015 年，规模以上连锁超市商品统一配送率由 63.4% 提高到 76.6%。适应连锁经营发展需要，形成了供应商直接配送、连锁企业自营配送、社会化配送及共同配送等物流配送模式。企业着眼于供应链管理，形成了商贸物流全产业链集成发展、互联网引领物流发展、商贸业和制造业联动发展等融合发展新模式。

（3）商贸物流服务水平稳步提高。商贸物流服务能力不断增强，"及时送""定时达"等个性化服务以及"门到门"等一站式服务更加普及，满足居民消费日益增长的消费物流需求。服务网络加快向中小城市延伸，向农村乡镇下沉，向居民社区拓展。例如，苏宁云商加快物流配送中心建设进度，截至 2016 年年底，公司合计投入运营 7 个自动化拣选中心、32 个区域配送中心，另有 3 个自动化拣选中心、15 个区域配送中心在建。仓储分拣、装卸搬运、包装加工、运输配送等专用设施设备和条码、智能标签、无线射频识别、可视化及跟踪追溯系统、全球定位系统、地理信息系统等先进技术装备在商贸物流行业得到积极推广和应用。

（三）农业与农村物流

（1）农业物流需求较为平稳。2016 年，全年粮食种植面积 11303 万公顷，比上年减少 31 万公顷。全年粮食产量 61624 万吨，比上年减少 520 万吨，减产 0.8%。全年棉花产量 534 万吨，比上年减产 4.6%。油料产量 3613 万吨，增产 2.2%。2016 年，农产品物流总额 3.6 万亿元，增长 3.1%，回落 0.8 个百分点，保持平稳增长态势。（如表 16 所示）

表 16　　2012—2016 年农产品物流总额及其增长情况

年　份	2012	2013	2014	2015	2016
农产品物流总额（万亿元）	2.9	3.1	3.3	3.5	3.6
同比增长（%）	11.5	6.9	6.5	3.9	3.1

（2）各方搭建农村物流网络。电商企业看好农村市场的发展潜力，加大布局农村物流网络。菜鸟网络宣布开放“菜鸟县域智慧物流+”项目，与全国各地政府共同打造领先的农村物流公共服务平台。京东在县级设立服务中心，建立线下的配送、安装等服务体系为核心的“京东帮”服务店，与京东共同承担乡村推广、代客下单、物流配送等功能。苏宁将维修点变为乡村服务站，并采用加盟方式拓展服务站，推进“物流云”项目。顺丰鼓励快递员下乡创业，创办网点采用类似加盟的方式来拓展农村市场。邮政深入农村不仅仅局限于以前的业务，还将业务叠加，为村民提供商品代购、代收邮件、征订报刊、代缴话费水电费、助农金融等业务。供销合作社加强农村物流网络配送体系建设。逐步完善以县级配送中心、乡镇物流中转站、村级综合服务社物流服务点三级物流节点为支撑的农村物流网络配送体系，并且重点加快电商产业园基地建设，建设快递超市，实现快递到村，解决农村“最后一公里”问题。

（3）农村流通模式创新发展。农村流通体系的双向流通农产品物流模式得到推广。苏果超市为了开启现代农村物流业，一方面，成功运作基层供销社改制，建成农村营销网络；另一方面，突破传统经营理念，与农产品生产基地形成紧密的利益联结机制，以订单农业的形式与农产品生产基地形成一种紧密的利益联结机制。安徽淮商集团大力实施“五分钟淮商”战略，以电商平台、城乡物流配送体系、连锁商业网点为依托，通过线上线下融合发展，构建工业品能下乡、农产品能上行的市场流通体系，既极大地丰富了城乡消费市场，也将越来越多的安徽农特产品搬到了网上，有效引导了农村产业转型升级，促进了农民增收，成功打造了双向流通的农村电商“淮商模式”。

四、基础服务市场

（一）公路货运市场

（1）公路货运量实现恢复性增长。2016 年，公路完成货运量 336.34 亿吨，同比增长6.8%，公路货运周转量61211 亿吨公里，同比增长5.6%。公路货运量和货运周转量与上年相比均有较大幅度增长，显示社会货运需求正在逐步恢复向好。公路货运量占全社会货运量的 77.6%，在多种运输方式中所占比重小幅上升，公路运输方式仍然是我国最主要的货物运输方式。（如表 17 所示）

从各月货运量来看，呈现出低开高走局面，公路货运量在年初受上年去产能和春节假期影响探底后逐步回升，四季度进入高位运行，带动社会货运量企稳回升。（如表 18 所示）

表 17 2012—2016 年公路货运量、货运周转量及其增长速度

年 份	2012	2013	2014	2015	2016
公路货运量（亿吨）	318.85	307.67	311.33	315	336.34
同比增长（%）	13.1	-3.5	1.2	1.2	6.8
公路货运周转量（亿吨公里）	59534.86	55738.1	56846.9	57955.7	61211
同比增长（%）	15.9	-6.4	2.0	2.0	5.6

表 18 2016 年 1—11 月公路货运量、货运周转量及其增长速度

指 标	1月	2月	3月	4月	5月	6月	7月	8月	9月	10月	11月
公路货运量当期值（万吨）	260357	144399	256726	283300	289967	284700	283229	294982	306704	302489	319756
公路货运量同比增长（%）	3	-1.8	6.2	5.1	5.2	6	5.5	5.8	6.2	6.2	11.7
公路货物周转量当期值（亿吨公里）	4801.61	2597.63	4850.38	5172.83	5204.44	5198.67	5004.16	5214.86	5641.24	5616.61	5954.89
公路货物周转量同比增长（%）	2.7	-0.1	4.9	3.3	4.3	6.2	3.1	4	7.1	7.3	9.9

（2）公路运输运力继续下滑。截至2016年年底，载货汽车保有量1351.77万辆，比上年减少2.7%，10826.78万吨位，增长4.4%。其中，普通货车946.03万辆，减少6.5%，4843.83万吨位，减少2.8%；专用货车47.56万辆，减少1.7%，527.63万吨位，增长4.9%。（如图12所示）

（3）公路运价扭转低迷势头。2016年12月中国公路物流运价指数为116.8点，比上月回升0.06%，比上年同期增长15.3%，运价指数连续四个月环比回升，达到三年来的高位区间。（如图13所示）

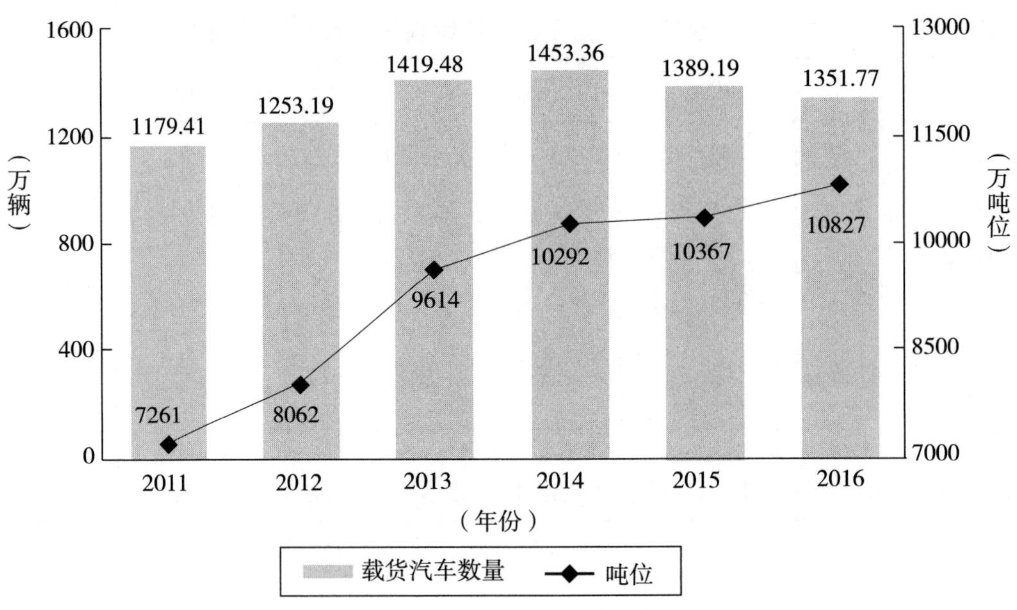

图 12　2011—2016 年载货汽车数量及吨位情况

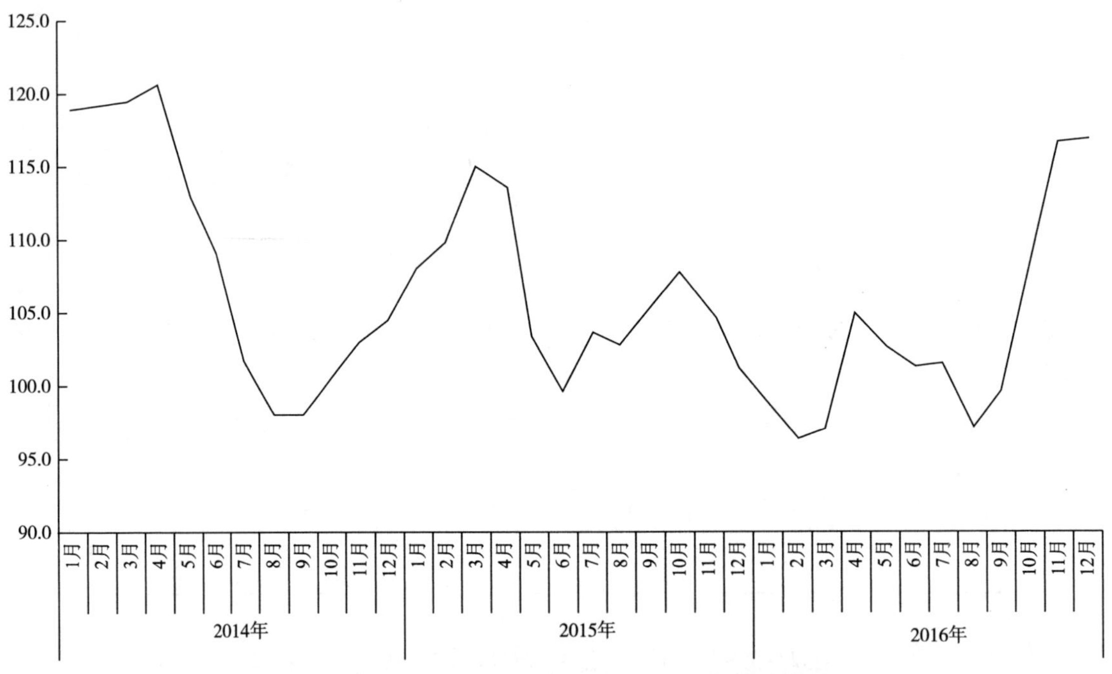

图 13　2014 年以来各月中国公路物流运价指数

从全年公路物流运价指数看，全年均值为 103.4 点，仍较去年下降 2.9 点，下降2.7%。整车指数较去年下降5.7 点，下降5.9%，降幅较大；零担重货指数较去年小幅下降 1.1 点，下降 1%；零担轻货指数增加 3.9 点，上涨 3.3%，零担轻货成为运价唯一上涨的细分领域。（如表 19 所示）

表 19　　2014 年以来中国公路物流运价指数全年均值

	2014 年平均	2015 年平均	2016 年平均	2016 年较 2015 年
中国公路物流运价指数	109	106. 3	103. 4	-2. 9
整车指数	104. 5	101. 6	95. 9	-5. 7
零担轻货指数	115. 4	112. 8	116. 7	3. 9
零担重货指数	115. 9	113. 7	112. 6	-1. 1

（4）公路货运效率有所提升。2016 年 12 月公路货运效率指数 102. 57 点，比上月下降 3. 4%，与去年同期基本持平。全年平均指数为 100. 35 点，比上年年提高 3. 1%，全年指数值超过基准数（100）的月份数为 11 个，比上年多 5 个月。（如图 14 所示）

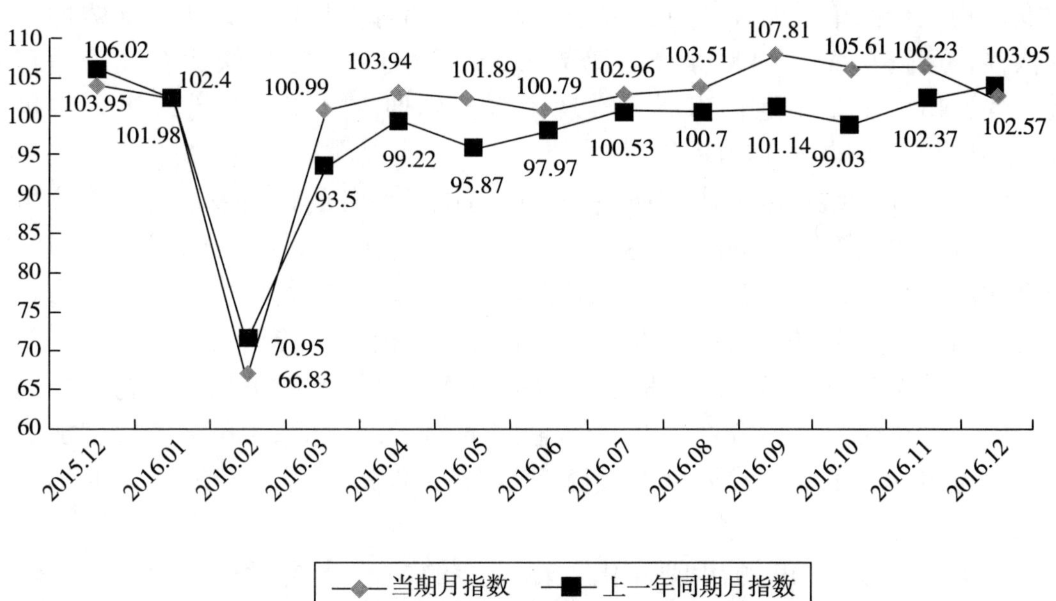

图 14　2015—2016 年公里货运效率指数

从效率指数构成分项看，样本企业月均行驶里程为 4464. 8 公里，较上年增长 7. 7%；月均行驶时长为 101. 4 小时，较上年增长 7. 3%。效率领先的前 10% 的样本企业月均行驶里程为 12713. 5 公里，较上年增长 4. 6%；月均行驶时长为 242. 9 小时，较上年增长 5. 2%。前 10% 的样本企业比一般样本企业月均行驶里程高 8248. 7 公里，月均行驶时长多 141. 5 小时，均有逐步拉大趋势。（如表 20 所示）

表 20　　　　公路货运效率指数样本企业情况

	指　标	2015 年	2016 年
年月均	里程（千米）	4145. 8	4464. 8
	时长（小时）	94. 5	101. 4
年月均前 20%	里程（千米）	9788. 4	10384. 7
	时长（小时）	195. 7	207. 4
年月均前 10%	里程（千米）	12157. 0	12713. 5
	时长（小时）	230. 8	242. 9

（5）零担快运市场稳步上升。以自营为主的德邦物流全年收入 170 亿元，同比增长 31. 6% 以上，净利润 3. 8 亿。自安能物流实施网点加盟模式以来，一批以加盟为主的零担快运企业实现较快扩张，推动市场加快集中。以网点加盟的安能物流全网单日处理货量已突破 1 万吨，拥有 15000 多家认证加盟商及合作伙伴，运输车线达 4000 余条。跨界渗透成为趋势。零担快运企业纷纷跨界进入快递市场、整车运输市场，实现了服务延伸。快递企业纷纷进入零担市场，实现相互间的融合与渗透。

（6）零担专线市场需求有所萎缩。随着电子商务的快速发展，传统商贸企业大批量、少批次的流通模式逐步转变为小批量、多批次模式，订单碎片化、个性化趋势明显，零担专线部分传统业务货源需求有所萎缩。零担专线企业积极通过拓展快运网络、深化联盟合作、加大运力投放、转型第三方物流等多种方式实现转型应对。轻资产的货运平台加快整合零担专线市场。卡行天下通过打造线上网络交易平台和线下扩展运输服务网络，截至 2016 年年底，加盟网点和线路 10000 多家，城际直发线路 7000 条，促进了零担专线市场的集约化发展。

（7）整车运输市场出现分化。轻资产的整车合同运输企业运价承压。“9・21”治超后企业外请运力普遍上涨，而整车合同运价往往是由年度合同约定，难以实现顺畅传导，导致轻资产企业利润下滑。而自有运力较多的整车运输企业受影响较小，由于成本自身可控，在价格竞争上优势显现。由于客户对一体化、专业化服务要求提升以及对降低成本价格的要求，市场加快向规模型的合同物流企业集中。随着物流企业干线外包成为趋势，大车队型的整车运输企业迎来发展机遇。例如，狮桥物流打造“超级车队”，为物流企业提供运力定制服务，2016 年自有运力超过 3000 辆。

（8）无车承运人试点启动。截至 2016 年年底，第一批 283 家无车承运人试点单位确定。其中，合同物流和整车运输企业 129 家，零担运输企业 116

家，城市配送企业38家。平台型企业148家，实体型企业135家。轻资产的平台型企业通过信息技术手段克服车辆管理瓶颈，充分发挥个体车辆分散运作和平台企业集约经营的优势，并有逐步从车货匹配的撮合模式向承担全程责任的无车承运人模式转型的趋势。福佑卡车打造城际整车运输互联网交易平台，整合2万多经纪人，社会闲散车辆15万余辆，通过互联网技术高效匹配经纪人和卡车司机，单月运费收入达到4亿元。实体型企业也通过无车承运人试点积极推动转型。申丝物流推出申丝物流网，定位互联网交易平台，聚焦家电整车干线运输业务，实现直接采购社会运力，在线司机超过2万人，实现运费节约5%～8%。

（二）铁路货运市场

（1）铁路货运量企稳向好。2016年，铁路累计完成货运量33.32亿吨，同比下降0.8%，降幅收窄11.1个百分点。铁路完成货物周转量23792.26亿吨公里，同比由上年下降13.7%上涨为增长0.2%，总体呈现企稳向好的态势。2016年，铁路在公益性运输、重点物资运输和军运、特运等方面依然承担骨干作用。年末全国拥有铁路货车76.4万辆。（如表21所示）

表21　　2012—2016年铁路货运量、货运周转量及其增长速度

年　份	2012	2013	2014	2015	2016
铁路货运量（亿吨）	39.0	39.7	38.1	33.6	33.3
同比增长（%）	-0.8	1.8	-4.0	-11.8	-0.8
铁路货运周转量（亿吨公里）	29187.09	29173.9	27530.2	23754.3	23792.3
同比增长（%）	-0.9	0.0	-5.6	-13.7	0.2

从各月货运量来看，在经历上半年的低迷之后，下半年公路治超导致部分公路货源转向铁路，加上煤炭去产能力度不断加大，部分企业库存吃紧，煤炭价格上涨引起市场短暂活跃，煤炭运量也有所回升。从8月开始，铁路货运量和货运周转量实现连续5个月的同比正增长，实现止跌回升。（如表22所示）

表22　　2016年1—12月铁路货运量、货运周转量及其增长速度

指　标	1月	2月	3月	4月	5月	6月	7月	8月	9月	10月	11月	12月
铁路货运量当期值（万吨）	28126	23547	27433	26100	26575	25700	26349	27931	28560	30721	30493	31579

续 表

指 标	1月	2月	3月	4月	5月	6月	7月	8月	9月	10月	11月	12月
铁路货运量同比增长（%）	-10	-10.7	-6.4	-4.5	-7	-6.3	-5.8	1	7	11.2	13.9	9.8
铁路货物周转量当期值（亿吨公里）	1991.15	1634	1989.07	1859	1869.86	1805.89	1848.72	1997.29	2045.65	2186.44	2208.38	2356.22
铁路货物周转量同比增长（%）	-13.9	-9.1	-4.4	-5.2	-6.6	-4.9	-3.5	3.4	9.7	10.7	14.5	12.8

（2）铁路货运结构调整优化。从货源结构看，大宗物资运量持续下降，2016 年全国铁路煤炭发运量 19 亿吨，同比下降 4.7%，而白货运量增长迅速，国家铁路发送集装箱约 750 万 TEU，发送商品汽车约 290 万台，散货快运量达到 2.6 亿吨左右，同比分别增长 40%、53% 和 25%。

（3）白货市场创新服务模式。铁路以《关于按板块做好白货营销的意见》为指导，将 152 类白货货源作为主要目标市场，细分市场板块，创新“总对总”、物流总包等物流服务模式。2016 年，铁路总公司出台了“总对总”战略合作实施意见，明确了战略合作范围和原则，以及工作流程和相关制度。4 月 16 日，中国铁路总公司和海尔集团签订战略合作协议，开行海尔电器特需专列。各铁路局对接各大中型企业，确定拟合作企业，开展“总对总”战略合作。同时，铁路还重点针对食品饮料、医药、家电、日化、汽车等行业各自特点，分板块组织团队制订专业化、个性化的特色物流服务方案，签订物流总包合同，满足各行业的不同物流需求。

（4）高铁快运服务电商黄金周。从 2016 年 10 月 20 日起，高铁快运服务实现在全国所有高铁列车经停的 505 个城市试运行，为客户提供小件物品全程运送高端服务。“双十一”期间，铁路总公司加强与电商、快递企业合作，推出高铁快运“当日达”“次晨达”及电商班列“一日达”等快捷货运产品，打造铁路“电商黄金周”运输服务品牌。各路局也结合实际情况，推出快运产品，联合快递物流企业，助力“双十一”。11 月 11 日至 20 日 10 天时间，铁路总公司共发送电商快递货物 1525 万件，实现高铁快运与电商、快递的无缝衔接和密切合作。

（5）铁路货运完善价格机制。2016 年，铁路总公司稳步实施运价优化调整，在《铁路总公司关于推进铁路供给侧改革深化铁路现代物流建设若干措施的通知》（铁总运电〔2016〕54 号）中提出扩大铁路局运价调整自主权，其中，直通运输运价自主下浮幅度由15%调整为30%，煤炭运价下浮不超过20%、港口矿石运价下浮不超过20%时均可由路局自定。同时加强运价监督和指导，制定了先降两端杂费、再降运费等相关要求。各铁路局充分用运价杠杆，严格规范操作，分货物品类施策，分不同企业施策，开发启动了一批公路货源回归项目。

（6）铁路深化多方合作。铁路深化与港航企业合作，加强与中国远洋海运等船公司和主要集装箱港口的合作；大力发展铁路箱下水业务，大力发展铁水联运，全路开行了107条集装箱铁水联运班列，基本建立了连接港口与内陆主要腹地的集疏运网络。推进EDI信息共享，实现了与营口、天津、青岛、连云港、宁波、厦门6个港口和中海集装箱运输股份有限公司的数据交换。

（三）水路货运市场

（1）水路货运市场小幅回升。2016年，全国水运完成货运量63.6亿吨，同比增长3.7%，水运货物周转量95399.9亿吨公里，同比增长4%。水运货运量、货运周转量告别往年低迷态势，较上年均有小幅上涨。水运货物周转量占货运总周转量的51.5%，在长途经济运输上具有明显优势。（如表23所示）

表23　　2012—2016年水运货运量、货运周转量及其增长速度

年　份	2012	2013	2014	2015	2016
水运货运量（亿吨）	45.9	56.0	59.8	61.4	63.6
同比增长（%）	7.7	22.0	6.8	2.7	3.7
水运货物周转量（亿吨公里）	81707.58	79435.7	92774.6	91772.5	95399.9
同比增长（%）	8.3	-2.8	16.8	-1.1	4.0

从各月货运量来看，一季度受春节因素有所回升，此后陷入低迷。下半年三季度、四季度受供给侧结构性改革影响，带动大宗商品货运需求回升，水运货运量出现快速回升势头。（如表24所示）

表24　　2016年1—11月水运货运量、货运周转量及其增长速度

指　标	1月	2月	3月	4月	5月	6月	7月	8月	9月	10月	11月
水运货运量当期值（万吨）	48668	42519	47518	50300	52829	54900	53428	54230	55010	57593	60586

续　表

指　标	1月	2月	3月	4月	5月	6月	7月	8月	9月	10月	11月
水运货运量同比增长（%）	1	11.5	3.2	0.7	0.4	2.1	0	2.7	3.2	5.6	7.8
水运货物周转量当期值（亿吨公里）	7454.83	6674.3	7361.38	7101.83	7742.65	8004	7965.9	7890.96	7776.83	7934.63	9334.56
水运货物周转量同比增长（%）	0.6	4.1	-1.3	-7.3	1.6	7	1.4	0.7	4.4	-3.1	16.6

（2）水路运输运力持续下滑。年末全国拥有水上运输船舶16.01万艘，比上年减少3.5%；净载重量26622.71万吨，减少2.3%；集装箱箱位191.04万TEU，减少26.6%。水运运力过剩局面有所缓解，但运力跌幅非常有限，船舶保有量依然过剩。（如图15、表25所示）

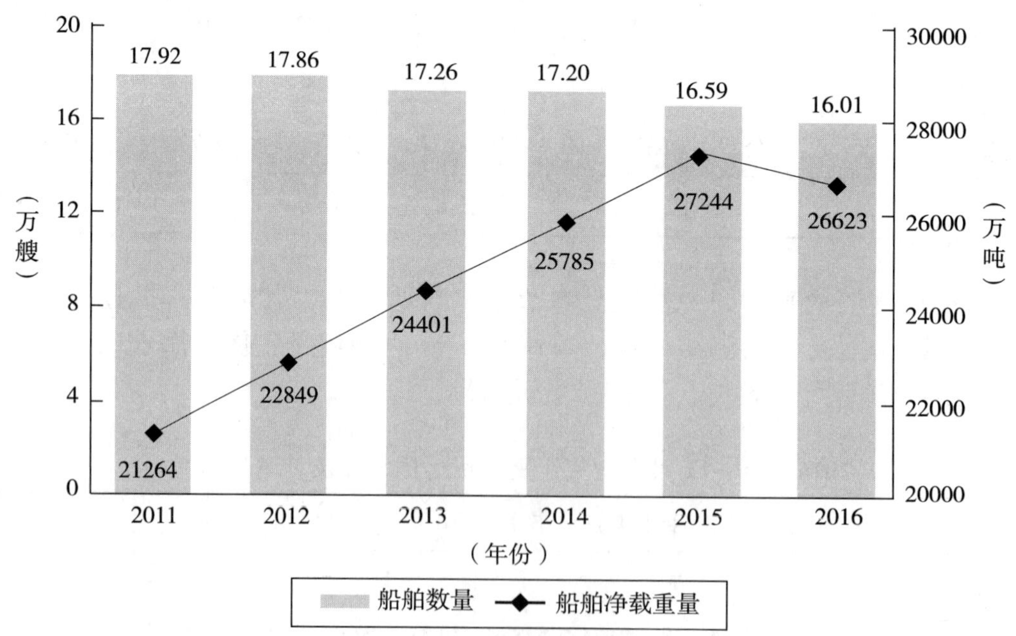

图15　2011—2016年船舶数量及船舶净载重量

表 25　　2016 年全国水上运输船舶构成（按航行区域分）

指　标	计量单位	实　绩	比上年增长（%）
内河运输船舶：			
运输船舶数量	万艘	14.72	-3.5
净载重量	万吨	13360.81	6.9
载客量	万客位	77.44	-1.1
集装箱箱位	万 TEU	29.72	9.9
沿海运输船舶：			
运输船舶数量	艘	10513	-1.9
净载重量	万吨	6739.15	-1.7
载客量	万客位	20.36	-2.6
集装箱箱位	万 TEU	41.91	-21.4
远洋运输船舶：			
运输船舶数量	艘	2409	-10.4
净载重量	万吨	6522.76	-17.4
载客量	万客位	2.42	-5.4
集装箱箱位	万 TEU	119.42	-33.7

（3）沿海散货运输市场呈先抑后扬走势。上半年，沿海散运市场延续上年疲软走势，运价持续探底并累创新低。5 月 13 日，上海航运交易所发布的中国沿海（散货）综合运价指数（CBFI）报收于 771.01 点，为 CBFI 自 2001 年发布以来最低。下半年，在供给侧结构性改革的持续推进下，市场供需情况改善，运价呈“N”字形波动上行。截至 12 月 30 日，上海航运交易所发布的 CBFI 平均值为 917.48 点，同比上涨 7.6%。（如图 16 所示）

（4）出口集装箱市场止跌回升。2016 年，中国出口集装箱运价综合指数（CCFI）先暴跌后震荡上涨，呈现“V”形走势。受春节出货高峰影响，1 月运价大幅上扬，高峰过后由于货量增长不足，运价从 2 月开始直线下滑，于 4 月底跌至 632.36 点的历史最低点；三季度进入传统运输旺季，运价止跌上涨；9 月受韩进海运破产导致舱位紧缺的影响，各大航企持续提升运价，运价于年底涨回年初高位水平，全年运价最高位 811.14 点出现在 2016 年年末。截至 12

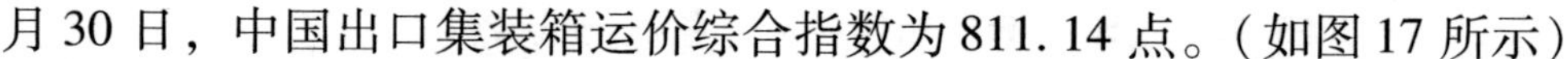

月 30 日，中国出口集装箱运价综合指数为 811. 14 点。（如图 17 所示）

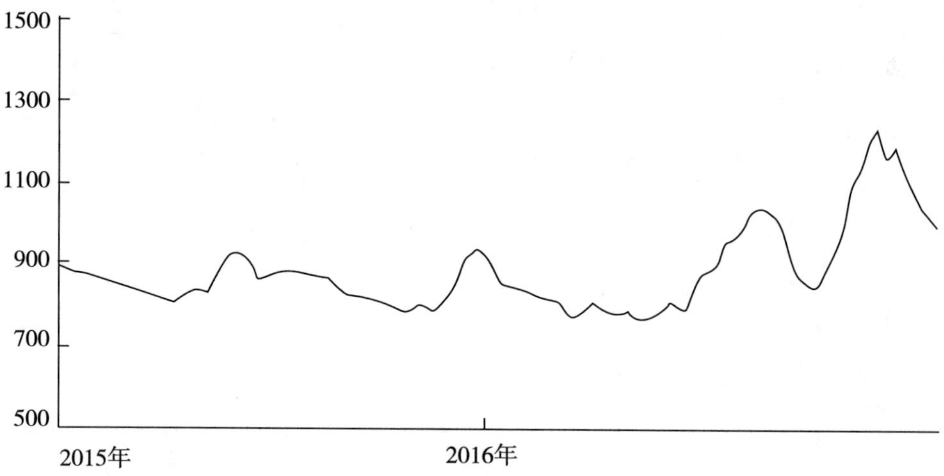

图 16　中国沿海（散货）综合运价指数走势

资料来源：上海航运交易所。

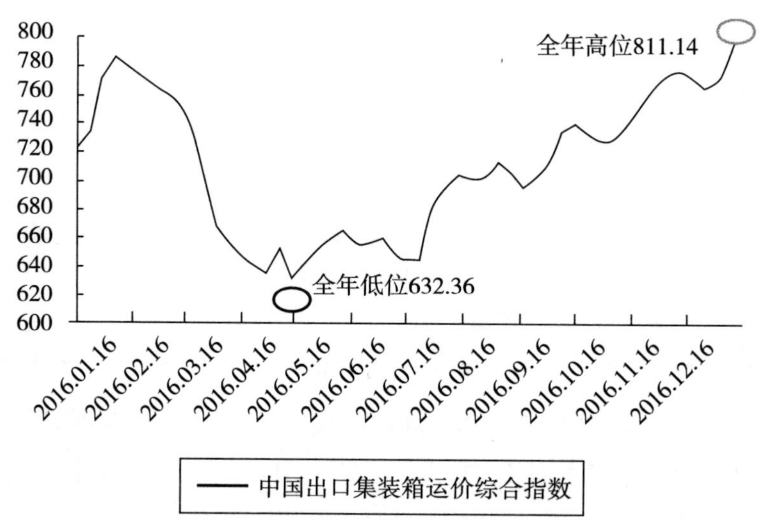

图 17　2016 年中国出口集装箱运输市场运价走势

资料来源：上海航运交易所，上海国际航运研究中心整理。

（5）长江干散货运输市场有所回暖。长江干散货运输保持持续小幅上涨态势。12 月，长江干散货运输综合市场行情继续小幅上扬，干散货综合运价指数为 667. 53 点，达到全年高位，较上月环比上升 0. 08%，与去年同比上升 0. 88%。（如图 18 所示）

（6）长江集装箱运输市场较为平稳。12 月，长江干线集装箱运输市场行情全线上扬，集装箱综合运价指数为 981. 46 点，与上月环比上升 0. 13%，与去年同比上升 0. 41%。（如图 19 所示）

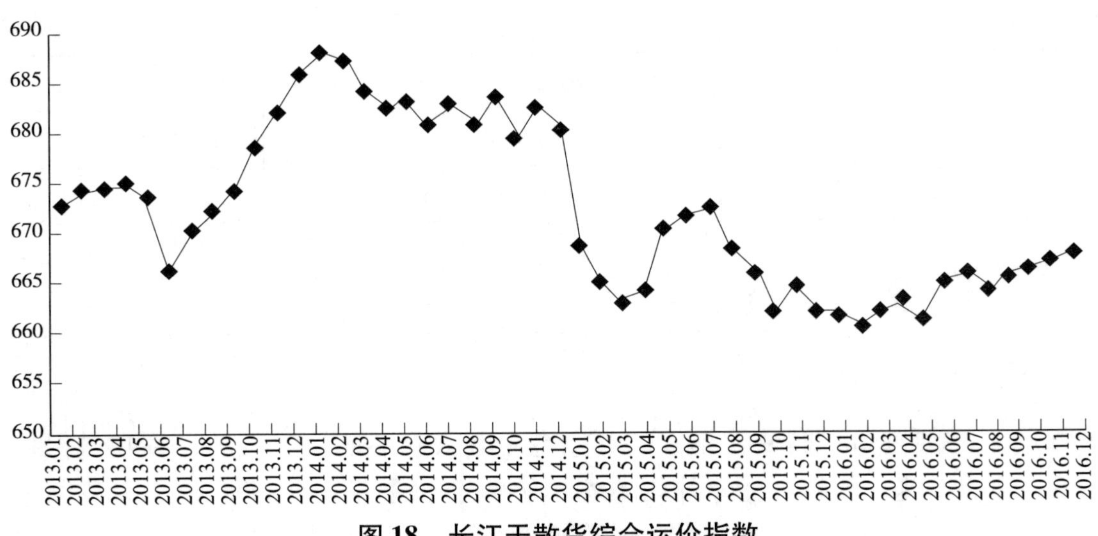

图 18　长江干散货综合运价指数

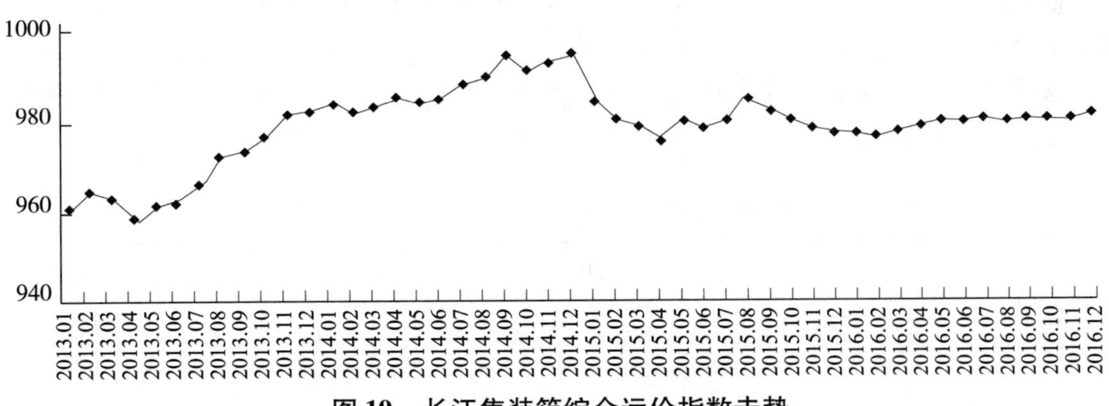

图 19　长江集装箱综合运价指数走势

（7）港口生产总体趋稳回暖。在外贸回暖，外贸下滑增速得到遏制的影响下，我国港口生产增速上年有小幅回升。全年规模以上港口完成货物吞吐量118.3亿吨，比上年增长3.2%，增速较上年回升1.3个百分点。前三季度增速保持在2.3%左右，四季度增速明显提高，达5.8%。其中外贸货物吞吐量37.6亿吨，增长4.1%。规模以上港口集装箱吞吐量21798万TEU，同比增长3.6%。（如表26所示）

表 26　2012—2016 年我国规模以上港口货物吞吐量及集装箱吞吐量

年　份		2012	2013	2014	2015	2016
货物吞吐量	吞吐量（亿吨）	97.8	106.5	112	114	118
	同比增长（%）	7.8	8.9	5.2	1.9	3.2

续 表

年 份		2012	2013	2014	2015	2016
外贸货物吞吐量	吞吐量（亿吨）	30.2	33.1	35	36.14	37.62
	同比增长（%）	9.5	9.6	5.7	3.2	4.1
集装箱吞吐量	吞吐量（亿 TEU）	1.77	1.89	2	2.12	2.2
	同比增长（%）	7.9	6.8	5.8	2.8	3.7

资料来源：交通运输部。

（8）主要港口排名变化不大。苏州港由于太仓港的快速发展，吞吐量保持了6.3%的增速，超越了受爆炸因素影响尚处于恢复期的天津港，成为我国第三大港口。唐山港由于和天津港的合作不断紧密，且通过建立自身船队发展内贸业务，港口吞吐量保持较好的增长，2016 吞吐量达到 5.16 亿吨，超越青岛港位居全国第六。除此之外，受益于我国“一带一路”倡议的推进，我国中西部地区沿海、沿江港口发展迅速，重庆、岳阳、海口、广西北部湾等港口表现良好，港口排位均有晋升。（如表 27 所示）

表 27　　2015—2016 年我国主要港口货物吞吐量排序

排 序	港口名称	2016 年		2015 年	
		吞吐量（亿吨）	同比增长（%）	吞吐量（亿吨）	同比增长（%）
1	宁波舟山港	9.18	3.3	8.89	1.8
2	上海港	7	-2.4	7.17	-5.0
3	苏州（内河）港	5.74	6.3	5.4	12.7
4	天津港	5.5	1.9	5.4	0.0
5	广州港	5.22	0.2	5.21	8.5
6	唐山港	5.16	5.3	4.9	-2.2
7	青岛港	5.01	0.8	4.97	6.9
8	大连港	4.29	3.4	4.15	-3.0
9	日照港	3.51	-2.8	3.61	7.8
10	营口港	3.47	2.7	3.38	1.2
11	烟台港	2.65	5.6	2.51	5.9

续　表

排　序	港口名称	2016 年		2015 年	
		吞吐量（亿吨）	同比增长（%）	吞吐量（亿吨）	同比增长（%）
12	湛江港	2.55	15.9	2.2	8.4
13	黄骅港	2.45	46.7	1.67	-6.2
14	南通（内河）港	2.23	1.4	2.2	0.0
15	南京（内河）港	2.17	0.9	2.15	2.9
16	深圳港	2.14	-1.4	2.17	-2.7
17	厦门港	2.09	-0.5	2.1	2.4
18	北部湾港	2.04	-0.5	2.05	0.5
19	连云港	2.02	-4.3	2.11	0.5
20	秦皇岛港	1.86	-26.5	2.53	-7.7
21	重庆（内河）港	1.72	9.6	1.57	6.1
22	泰州（内河）港	1.68	-13.8	1.95	25.0
23	丹东港*	1.58	5.3	1.5	8.7
24	嘉兴内河*	1.47	-2.0	1.5	48.5
25	福州港	1.46	-4.6	1.53	6.3
26	虎门港*	1.44	9.9	1.31	1.6
27	岳阳（内河）港	1.38	16.9	1.18	-1.7
28	镇江（内河）港	1.31	-11.5	1.48	6.5
29	芜湖（内河）港	1.31	9.2	1.2	9.1
30	江阴（内河）港	1.3	3.2	1.26	1.6
31	泉州港	1.25	2.5	1.22	8.9
32	珠海港	1.18	7.3	1.1	2.8
33	海口港	0.89	8.5	0.82	-7.9
34	徐州*	0.89	-1.1	0.9	-3.2
35	锦州港*	0.88	-12.9	1.01	1.0
36	杭州（内河）港	0.73	-22.3	0.94	-6.0

注：* 表示 2016 年吞吐量为预测值。

资料来源：交通运输部。

（9）外贸货物吞吐量略好于内贸。二季度，在能源市场略有回升的影响下，外贸吞吐量增速好于内贸。三季度，在国内生产与消费持续乏力的影响下，内贸吞吐量甚至呈现负增长态势，外贸相对保持平稳低增长态势。整体来看，2016 年，我国共完成外贸货物吞吐量 36.72 亿吨，外贸货物吞吐量占比达到了 2009 年以来的新高，外贸份额进一步得到回升，占比达到 31.9%，较上年提升 0.2 个百分点。随着集装箱适箱货种范围扩大，建材、钢材、散粮等件货和干散货装箱运输的越来越多，带动了内贸集装箱快速发展。尤其北方的传统能源大港，近两年集装箱量实现快速增长，其中包括与南方港口衔接的内贸集装箱运输量实现快速增长。整体来看，2016 年，我国完成外贸集装箱吞吐量 1.35 亿 TEU，同比增长 3.3%；完成内贸集装箱吞吐量 0.85 亿 TEU，同比增长 6.9%，内贸集装箱吞吐量占整个集装箱吞吐量比重稳步扩大。（如图 20 所示）

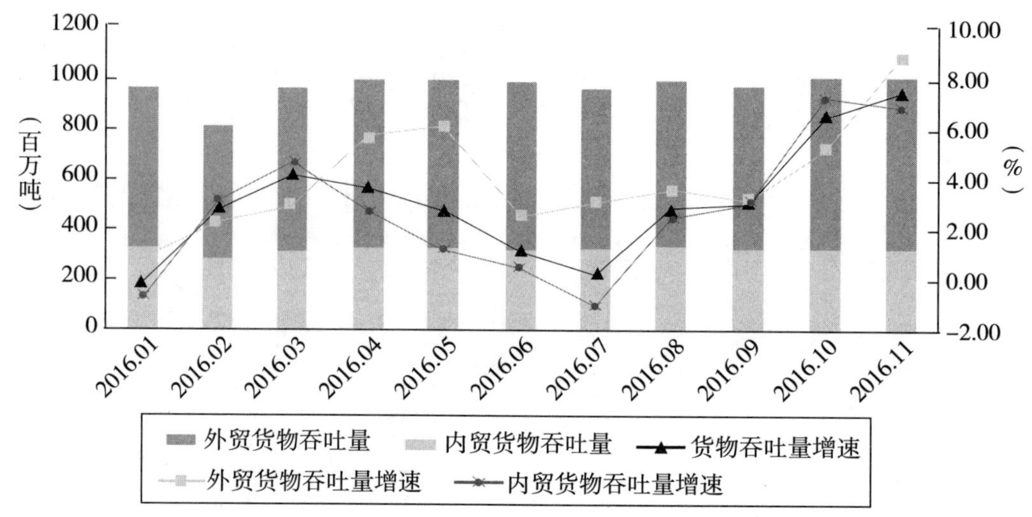

图 20　2016 年 1—11 月规模以上港口内外贸吞吐量

资料来源：交通运输部。

（10）沿海吞吐量增长好于内河港口。吞吐量的增速差距逐步收窄。2016 年，沿海规模以上港口完成货物吞吐量 81.1 亿吨，同比增长 4.7%，内河港口完成货物吞吐量 37.0 亿吨，同比增长 3.8%。其中，由于受 7—8 月长江秋季洪水影响，内河港口吞吐量出现大幅下滑，同比呈现负增长，其余各月沿海和内河吞吐量增速基本相近。（如图 21 所示）

（四）航空货运市场

（1）航空货运市场延续平稳增长态势。2016 年，全国民航累计完成货运量 666.9 万吨，同比增长 6%，全国民航累计完成货物周转量 221.1 亿吨公里，

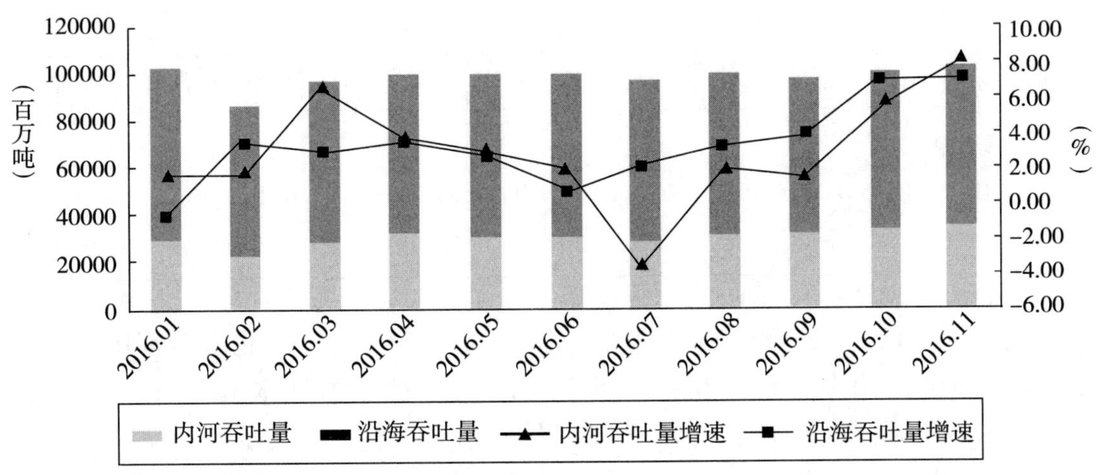

图 21　2016 年 1—11 月规模以上沿海和内河港口吞吐量增速走势

同比增长 6.3%，基本与上年持平。（如表 28 所示）

表 28　　2012—2016 年民航货运、周转量及其增长速度

年　份	2012	2013	2014	2015	2016
民用航空货运量（万吨）	545	561	594	629	666.9
同比增长（%）	-2.2	2.9	5.9	5.9	6.0
民用航空货物周转量（亿吨公里）	163.89	170.29	187.77	208.07	221.1
同比增长（%）	-5.8	3.9	10.3	10.8	6.3

从各月货运量来看，一季度受春节因素影响波动较大，其他各月总体较为平稳，进入四季度出现持续回升态势，市场出现周期性回暖。（如表 29 所示）

表 29　　2016 年 1—12 月民航货运量、货运周转量及其增长速度

指　标	1 月	2 月	3 月	4 月	5 月	6 月	7 月	8 月	9 月	10 月	11 月	12 月
民航货运量当期值（万吨）	59	35	56	54	55	54	52	53	60	59	64	65
民航货运量同比增长（%）	13.5	-13.5	8.5	3.6	3.9	8	6.7	4.7	5.2	8.7	9.5	10.7
民航货物周转量当期值（亿吨公里）	18.66	12.2	18.77	18.15	18.35	18.22	18.24	17.76	18.91	19.7	21.04	21.09

续 表

指　标	1月	2月	3月	4月	5月	6月	7月	8月	9月	10月	11月	12月
民航货物周转量同比增长（%）	13.6	-11.6	10.2	7.5	5	9.3	8.2	4.4	6.1	6	4.6	9.4

机场货邮量前三位依然是上海浦东国际机场344万吨、北京首都国际机场194.3万吨和广州白云国际机场165.2万吨。虽然市场整体出现周期性回暖，但对国内航空承运人而言，经营压力并未减轻。（如表30所示）

表30　　2010—2016年我国机场货邮吞吐量排名

机　场	货邮吞吐量（万吨）						
	2016年	2015年	2014年	2013年	2012年	2011年	2010年
上海浦东	344.0	327.5	318.2	292.9	293.8	308.5	322.8
北京首都	194.3	188.9	184.8	184.4	180.0	164.0	155.2
广州白云	165.2	153.8	145.4	131.0	124.9	118.0	114.5
深圳宝安	112.6	101.4	96.4	91.4	85.5	82.8	80.9
成都双流	61.5	55.7	54.5	50.1	50.8	47.8	43.2
杭州萧山	48.8	42.5	39.9	36.8	33.8	30.6	28.3
郑州新郑	45.7	40.3	37.0	25.6	15.1	10.3	8.6
上海虹桥	42.9	43.4	43.2	43.5	43.0	45.4	48.0
昆明长水	38.3	35.5	31.7	29.4	26.2	27.2	27.4
厦门高崎	32.8	31.1	30.6	30.0	27.2	26.1	24.6

资料来源：中国民用航空局。

（2）航空货运运力快速增长。2016年，快递企业成为航空货运运力投入主要力量。截至2017年2月，顺丰自有加租用全货机已有58架，规划到2020年自有加租用货机规模将达到100架，并计划在湖北鄂州建设专用货机枢纽机场；邮航自有货机机队规模达33架；圆通自有货机已达5架，同时还向波音订购了15架B737-800BCF货机。此外，近年来，客机的交付量远比货机大，航空货运市场新增运力主要来自客机腹仓，特别是新一代宽体客机的腹舱越来越大，导致航空货运运力快速增长。（如表31、图22所示）

表 31　　2016 年我国航空公司货运机队规模数据

航空公司	主要机型						
	B737F	B747F	B757F	B767F	B777F	A300F	合计
CK（中货航）		3			6		9
CA（国货航）		3	4		8		15
CZ（南货航）		2			12		14
Y8（扬子江）	16	3					19
CF（邮政）	22		3				25
O3（顺丰）	17		16	5			38
YG（圆通）	5						5
J5（东海）	7						7
GJ（长龙）	3						3
OK（奥凯）	1						1
UW（友通）		1				3	4
申通		1					1
合计	71	13	23	5	26	3	141

资料来源：民航小站，新闻资料汇总。

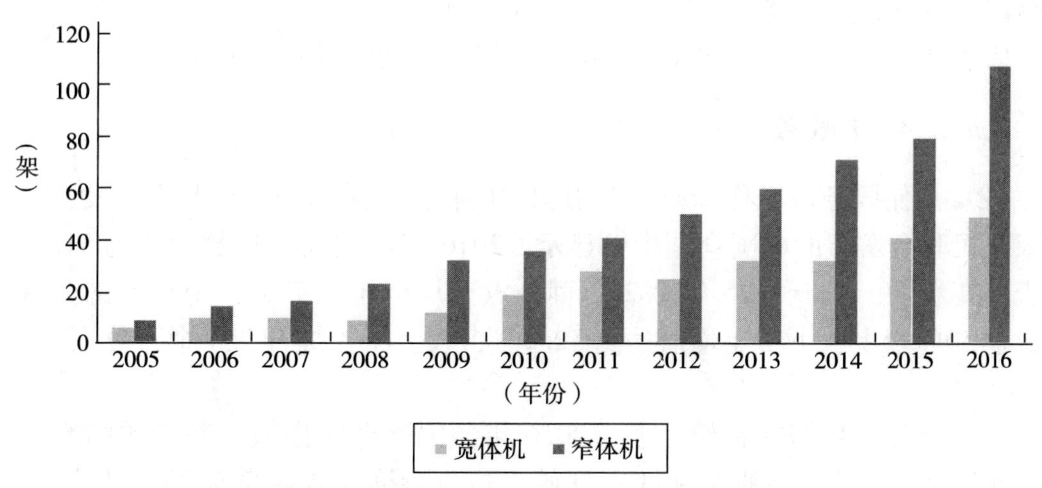

图 22　2005—2016 年我国货机机队规模

资料来源：航空金融与租赁。

（3）航空快递市场保持快速增长。目前，快递行业已拥有 3 家自主航空公司，航空快件占国内民航货邮吞吐量比例已超过一半。到2020年，世界航空货运量年均增长率将达到4.2%，其中航空快件年均增长率高达4.3%。目前，快递企业组建自有航空公司或机队成为企业战略目标，发展势头迅猛。在国内快递企业争相组建货运机队抢占高端快递市场背景下，与国际快递企业相比，我国快递企业发展形势依然严峻。目前，顺丰以58架货机在国内快递排名第一，但全国快递公司的货机加起来才100架左右，其中飞往国外的货机更少，与UPS、FedEx等国际快递巨头相比货机数量相差甚远。（如表32所示）

表32　国内及国际主要航空快递企业全货机数量（截至2017年1月）

企　业	国　内				国　际			
	顺丰	EMS	圆通	申通	UPS	FedEx	DHL	TNT
货机数（2017年1月）	58（自有38、租20）	33	10（自有5、租5）	1	649（自有237、租412）	648	420	50

资料来源：航空金融与租赁。

（4）航空货运企业积极探索出路。在机遇与挑战并存的情况下，我们也要看到国内航空承运人正在积极探索出路，增强核心竞争力。如南航货运引入信息化手段，打造全流程运输服务监控平台；国航延续专业化发展思路，积极加强与国泰合作，优化宽体货机经营，不断提升北京、上海枢纽保障水平；东航谋求向综合物流商转型，积极推动电商、快递、货代等新业务发展。

（五）仓储服务市场

（1）仓储服务市场稳步回升。根据中国物流与采购联合会与中储发展股份有限公司联合发布的中国仓储指数显示，2016年中国仓储指数均值为51.3%，处于较高水平，高于2015年1.2个百分点。从全年走势看，全年大部分月份指数在50%以上，下半年均值达到52.5%，较上半年提升2.4个百分点。（如图23所示）

（2）仓储市场需求持续增长。2016年，中国仓储指数中新订单指数一直保持在较高的水平，特别是从3月开始该指数持续保持在50%的荣枯线以上，7月高达58.3%，为自数据调查以来的第二高点。全年该指数均值达到52.1%的较高水平，高于2015年同期1.1个百分点，意味着仓储行业订单良好，客户需求充足。从全年变化看，下半年新订单指数平均水平高达54.0%，高于上

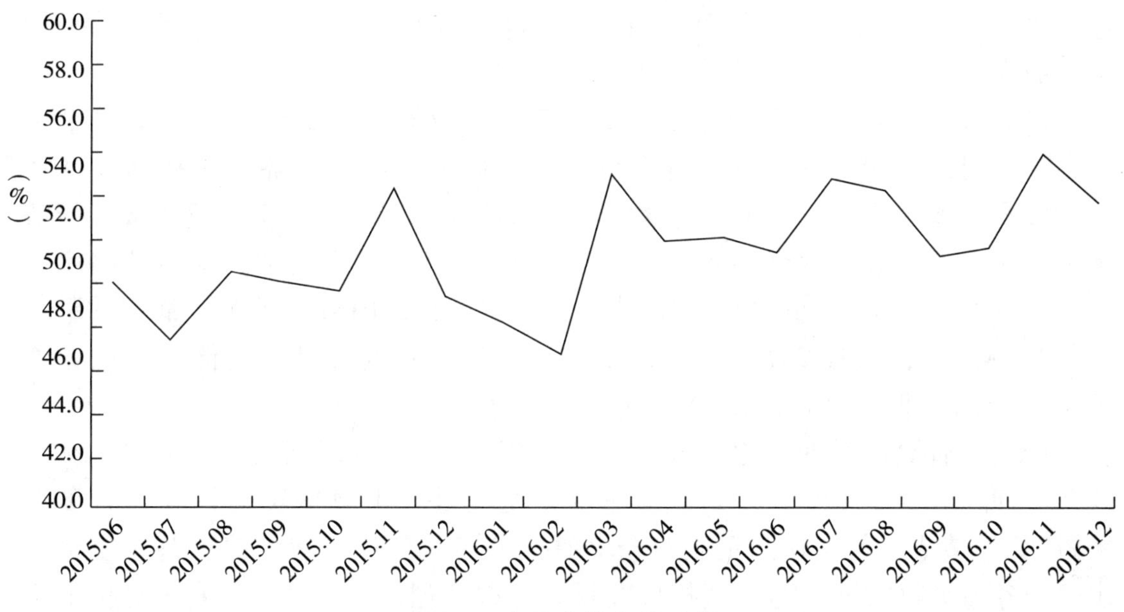

图 23 中国仓储指数走势

半年 3.8 个百分点，显示随着稳增长政策措施不断落地，制造业企业信心回升，生产经营活动全面恢复，特别是大宗商品市场持续恢复，对仓储行业的需求持续增加。

（3）库存周转速度明显加快。2016 年，受需求回暖的拉动，货物周转效率明显加快。全年平均库存周转次数指数均值为 53.8%，较 2015 年同期增长 6.5 个百分点。该指数自 3 月起，连续十个月位于 50% 以上的扩张区间内，特别是下半年以来，有四个月指数保持在 54% 以上的高位水平，表明货物周转速度明显加快，市场需求回升明显。2016 年，期末库存指数均值为 49.9%，较 2015 年同期下降 2.5 个百分点，显示企业备货略显不足。特别是在 9 月期末库存指数低至 43.3%，是在数据调查以来的最低点，10 月虽有所回升，但仍处 46.9% 的低位。

（4）仓储价格出现明显分化。2016 年，收费价格指数均值为 49.6%，低于 2015 年 1.0 个百分点，显示全年仓储行业对外服务价格持续处于低位。仓储价格在不同区域持续分化。根据世邦魏理仕（CBRE）提供的数据，在一线城市，物流仓库的平均租金继续保持高速增长，其中上海市物流仓库平均租金相较上年大涨 8.7%，居全国一线城市之首；深圳市以 6.7% 的涨幅居第二位；广州市物流仓库的平均租金涨幅约为 4.7%；北京市由于供求关系变化，租金上涨幅度不大，涨幅为 2.4%。在二线城市，由于不同地区的供求关系和经济发展情况，物流地产经营出现了一定程度的分化，物流仓库平均租金变动范围为 –3.7% 至 9.4%，其中武汉、重庆等二线城市，由于物流地产供过于求，租金出现了短期调整的迹象，城内部分区域的物流仓库平均租金有所下降。

（5）仓储利润增长受到挤压。2016 年，主营业务成本指数平均水平为 52.3%，较 2015 年同期增长 0.6 个百分点，显示 2016 年仓储行业在延续 2015 年的成本上涨的基础上，还有所增加。特别是进入下半年，主营业务成本指数增势明显，平均水平达到 54.9%，较上半年上升 5.1 个百分点。服务价格水平偏低和成本高企对行业利润空间形成了双重挤压，2016 年，业务利润指数平均水平为 48.1%，虽较 2015 年同期回升 0.1 个百分点，但仍处低位，意味着 2016 年仓储行业延续了 2015 年的利润下滑的局面。

（6）仓储金融性业务逐步规范。2013 年开始，受大宗商品市场低迷影响，仓单质押融资行业爆发一系列风险事件，尤其是“上海钢贸案”和“青岛港融资案”，造成银行、仓储企业对仓单质押融资业务过于审慎严格甚至主动退出，业务量大幅收缩。随着《担保存货第三方管理规范》《仓单要素与格式规范》两项国家标准的颁布实施，中国人民银行已建立了基于互联网的现代担保物权登记公示系统，最高法院也有望出台《仓储合同司法解释》，仓储存货担保融资与担保存货管理业务仍具备巨大发展潜力。

（六）快递服务市场

（1）快递服务市场继续保持高速增长。据国家邮政局统计，2016 年，全国快递服务企业业务量累计完成 312.8 亿件，同比增长 51.4%；业务收入累计完成 3974.4 亿元，同比增长 43.5%。中国快递业已经连续六年每年增长 50% 左右，中国已成全球第一快递大国。（如表 33 所示）

表 33　　2012—2016 年快递业务量、业务收入及其增长速度

年　份	2012	2013	2014	2015	2016
快递量（亿件）	56.9	91.9	139.6	206.7	312.8
同比增长（%）	55.0	61.5	51.9	48	51.4
快递业务收入（亿元）	1055.3	1441.7	2045.4	2769.6	3974.4
同比增长（%）	39.2	36.6	41.9	35.4	43.5

从各月快递业务量来看，全年有 7 个月超过 50% 增长速度，最高增速出现在 3 月为 66.2%，四季度以来快递业务量和业务收入增速均有所放缓。（如表 34、图 24 所示）

表 34　　　2016 年 1—12 月快递业务量、业务收入及其增长速度

指　标	1 月	2 月	3 月	4 月	5 月	6 月	7 月	8 月	9 月	10 月	11 月	12 月
业务量（亿件）	21. 6	12. 5	23. 7	23. 7	25. 3	25. 8	25	25. 2	28. 3	30. 3	37. 6	34
业务量同比增长（%）	49. 1	52. 4	66. 2	56. 7	57. 2	56. 6	52. 2	49. 3	47. 4	55. 9	44. 5	40. 4
快递业务收入（亿元）	291. 7	176. 3	305. 1	300. 9	316. 6	324. 1	311. 4	317. 6	360. 2	376. 2	464. 2	430. 3
快递业务收入同比增长（%）	38. 1	29. 6	54. 9	42	48. 2	43. 3	40. 4	43. 6	50. 2	49. 1	42. 6	37. 3

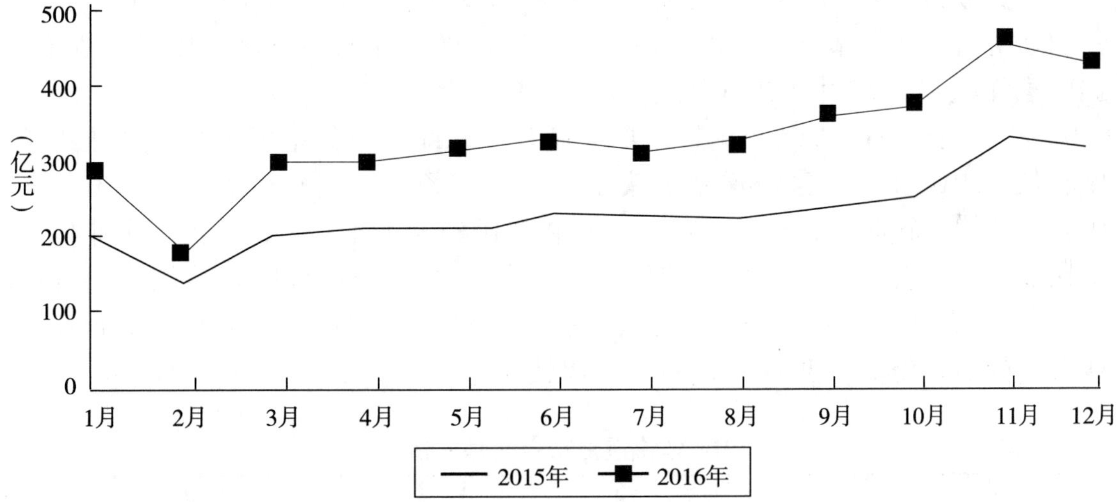

图 24　快递业务收入情况

（2）快递服务结构有序调整。2016 年，快递同城业务收入累计完成 563. 1 亿元，同比增长 40. 5%；异地业务收入累计完成 2099. 3 亿元，同比增长 38. 8%；国际/港澳台业务收入累计完成 429 亿元，同比增长 16. 1%。2016 年，同城、异地、国际/港澳台快递业务收入分别占全部快递收入的 14. 2%、52. 8% 和 10. 8%；业务量分别占全部快递业务量的 23. 7%、74. 3% 和 2%。与去年同期相比，同城快递业务收入的比重下降 0. 3 个百分点，异地快递业务收入的比重下降 1. 8 个百分点，国际/港澳台业务收入的比重下降 2. 5 个百分点。（如图 25 所示）

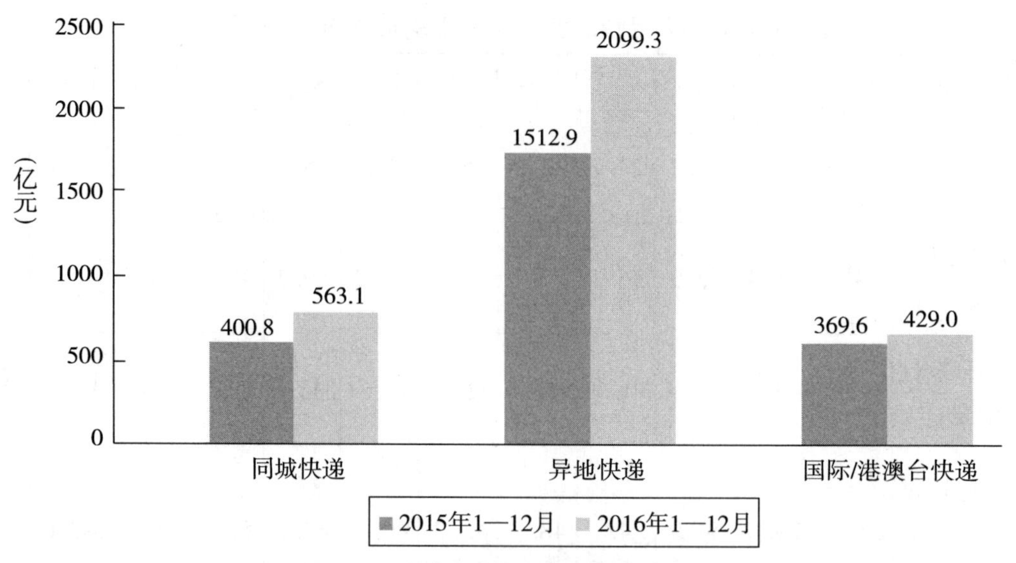

图 25　分专业快递业务收入比较

（3）快递市场品牌集中度提高。据快递物流咨询网的分析，2016 年，民营快递所占业务量市场份额进一步提升，达到 90% 左右；收入占比 83% 左右。据国家邮政局的统计，快递服务品牌集中度指数 CR8 为 76. 7，同比下降了 0. 6。这是由于我国快递产业是以加盟制为主，即品牌集中度很高，产业集中度较低。2016 年，五家快递企业集中上市，市场集中度有望进一步提升。其中，3 家快递企业成功上市，其中一家在美国纽交所上市；2 家快递企业借壳上市获得证监会批准。除顺丰速运是速递板块整体上市外，其他均为特许商（总部）板块上市，即优质板块上市，不是整体上市。这 5 家上市快递企业其业务量的市场份额占到 70% 左右（即时快递除外）。（如表 35 所示）

表 35　　2016 年快递上市企业基本情况

公司名称	借壳公司	更名日期	市值（亿元）	2015 年营业额（亿元）	2015 年业务量（亿件）	业务量年均复合增长率（2013—2015 年）	募集资金
顺丰速运	鼎泰新材	2017. 02. 24	96. 11	473	17	25%	80 亿元
圆通速递	大杨创世	2016. 09. 20	703. 9	120	30. 3	54%	23 亿元
申通快递	艾迪西	2016. 12. 30	436. 28	77	25. 68	32%	28 亿元
韵达速递	新海股份	2017. 01. 18	510. 67	50. 53	21. 68	35. 23%	
中通快递	在美纽交所 IPO	2016. 10. 27	99. 84（美元）691. 24（元）	61	29. 5	80. 70%	14 亿美元

（4）快递服务件均收入小幅下滑。据快递物流咨询网的分析，2016 年快递件均收入为 12.7 元，同比下降 5.5%；国内快递异地件均收入为 9.03 元，同比下降 11.8%；国内同城快递件均收入为 7.6 元，同比上涨 6.6%；国际（港澳台）快递件均收入为 68.5 元，同比下降了 28.5%。2016 年，“电商快件”占比在 75% 左右，同比增长 5 个百分点左右，其占比大大高于发达国家，这与我国快递价格较低有直接的关系。经过多年的“价格战”，快递价格接近成本。

（5）大型快递企业推进跨界竞争。大型快递企业跨界向综合物流转型是大势所趋。根据快递物流咨询网的调研，国外发达国家大型快递企业的发展路径是：由专业的快递企业向综合物流转型，继而向供应链物流集成商升级。综合物流包括快递、项目物流、零担物流、各类仓储及配送、冷链快递、多式联运等。据 5 家上市快递企业公示的内容均有向综合物流转型布局的计划。

（6）快递市场划分进一步细分。随着大型快递企业向综合物流转型，中小型快递企业积极向专业化、个性化细分市场转型。快递市场进一步细分，各细分市场优势企业逐步浮现。（如表 36 所示）

表 36　　快递市场划分情况

序　号	快递细分市场	主要快递企业
1	公务文件	中邮速递
2	商务快递	顺丰速运、中邮速递、“三通一达”（占比较低）
3	高端电商快递	顺丰速运、中邮速递、京东快递、如风达（凡客）、品骏物流（唯品会）等
4	经济型电商快递	“三通一达”、百世快递、天天快递、全峰快递、中邮速递、邮政小包等
5	大包裹快递	中通快运、优速快递、速尔快递、德邦快递、安能快递、龙邦快递、苏宁快递、远成物流等
6	即时快递	百度外卖、饿了么、美团（大众点评）、京东新达达、极客快送、闪送、人人快递等
7	众包快递	人人快递
8	国际快递	中外运敦豪（DHL）、UPS、FedEx（TNT）、中邮速递、顺丰速运、宅急便、佐川急便、“三通一达”等

五、行业细分市场

（一）电商物流

（1）电商物流市场保持快速增长。2016 年，全国电子商务交易额达到 26.1 万亿元，比上年增长 19.8%；全年网上零售额 51556 亿元，较上年增长 26.2%，其中，实物商品网上零售额比上年增长 25.6%，比社会消费品零售总额增速高出 15.2 个百分点，实物商品网上零售额占社会消费品零售总额的比重为 12.6%，比上年提高 1.8 个百分点；在实物商品网上零售额中，吃、穿和用类商品分别增长 28.5%、18.1% 和 28.8%。（如表 37 所示）

表 37　　2012—2016 年网上零售额及其增长速度

年　份	2012	2013	2014	2015	2016
网上零售额（亿元）	13040	18500	27898	38773	51556
同比增长（%）	66.2	42	49.7	33.3	26.2

（2）电商物流实现高速增长。电商物流跟随电商市场的快速发展保持较高的增长速度，中国物流与采购联合会发布的中国电商物流运行指数显示，2016 年总业务量指数平均达到 156.1 点，反映出全年电商物流业务量增速超过 50%。定比指数显示，以 2015 年 1 月为基期 100 点，2015—2016 年总业务量定比指数呈高速增长态势，2016 年 12 月达到 228.1 点，反映出经过两年的增长，总业务量达到基期两倍以上。

（3）电商物流服务能力稳步提升。在业务量高速增长压力下，电商物流和快递企业提升消费旺季和尖峰时刻的应对能力，服务能力与旺盛需求形成了良性互动，行业物流时效、履约水平和运作效率都有明显提高。2016 年中国电商物流运行指数中，物流时效指数平均为 114.8 点，比 2015 年回升 16.7 点，物流送达时效提高 17%，反映出从下订单到送达客户的物流时间缩短，物流时效性明显增强。2016 年履约率指数平均为 103.3 点，比 2015 年略有提升，反映出电商物流企业按照约定时间送达订单的比例进一步提高。2016 年实载率指数平均为 111.5 点，比 2015 年提高约 10%，反映出物流运输设备的利用效率总体保持提升态势。总体来看，电商物流服务能力得到了消费者的充分认可，2016 年电商物流满意度指数为 100.7 点，保持 100 点以上的较高水平。

（4）开放共享成为电商物流发展常态。随着成本的上升和个性化物流需求的增长，单一物流体系支撑整个供应链运营不仅耗费资源，而且难度极大，资源共建共享以及整合协同将是电商物流发展的基本趋势。2016年京东物流启动开放战略，依托自建物流网络，为社会商家提供仓配一体化物流服务。菜鸟网络联合快递企业成立菜鸟联盟，用打造生态的方式形成物流生态平台。

（5）物流供应链服务能力全面提升。电商企业加强全产业链的掌控和服务能力凸显电商物流服务价值。京东物流向社会推出了仓、配、客、售后全供应链一体化服务，为京东平台商家、品牌商、垂直平台等提供线上线下、全渠道的供应链整体解决方案，发挥前台供应链优势，优化整个供应链的效率。苏宁物流加速在供应链物流、仓配物流、电商配送、冷链物流、跨境物流以及农村电商等业务的布局，全面提升物流供给和服务能力。

（6）大宗商品电商市场稳步发展。据中国物流与采购联合会统计，截至2016年年底，我国大宗商品电子交易市场总数达到1231家，同比增长20.6%，总交易规模突破30万亿元。通过传统交易市场的转型升级与较大范围的清理整顿，同时大量具备投资、贸易、互联网等背景的企业进入电子交易市场领域，大宗商品电子交易市场的整体实力有所增强，运营管理更加规范，行业环境持续好转。大宗商品所具有的标准性强、批量大、运输距离较长等特点使得其物流运输易出现流程长、环节多、效率低等现象。长期以来，物流都是大宗商品交易重点关注的问题之一，其存在着整体管理水平不高，经营主体较弱，信息化水平较低的困境。提升物流整体服务能力，强化大宗物流主体已经成为大宗商品电子交易突破瓶颈的关键。

（二）冷链物流

（1）冷链物流市场需求进一步扩大。据中物联冷链委统计预测，2016年全国冷链物流市场需求将达到2200亿元，同比增长22.3%，继续保持较快增长。2016年全国冷库预计新增305万吨，总量达到4015万吨（折合10037万立方米），同比增长8.2%。冷库市场结构趋于合理，冷库扎堆建设情况有所改善。产地冷库建设增多，冷藏库、保鲜库、气调库体量也有所增加。2016年全国冷藏车预计新增22000台，保有量将达到115000台，较上年增长23.6%。（如表38所示）

表38　　2012—2016年全国冷库容量及其增长速度

年　份	2012	2013	2014	2015	2016
库容（万吨）	2122	2411	3320	3740	4015
同比增长（%）	21.8	13.6	37.7	12.6	8.2

（2）企业自建冷链物流逐步走向开放。随着专业能力的提升和体量的增

大，很多商贸企业的内部冷链物流部门被逐步剥离出来成为单独企业，内外服务比例开始倾斜。如原来的双汇物流、领鲜物流、蜀海供应链，现在的京东物流、安鲜达物流等，企业内部的冷链物流资源潜力正在被最大程度的挖掘。

（3）上游企业重视冷链供应链优化。以零售企业为例，随着租金、人工、物流费用的上涨，自建冷链配送中心（DC）成为应对之道。原来由厂家或者经销商直接送货给门店，现在则将货物送到 DC，再统一配送到门店，降低成本的同时也提高了效率。沃尔玛、大润发、家乐福等都开始尝试由供应商直配门店方式，向零售企业主导的配送中心模式转变。

（4）行业竞争加剧企业抱团发展。“抱团合作”是 2016 年冷链圈内的“热词”。一方面因为行业竞争越来越激烈，另一方面客户需求正在发生变化，客户从单一的服务需求上升到全面的需求，从区域的需求发展到全国性的需求。海航冷链产业基金，以及全可冷链，都是抱团发展方面的实践者。

（5）传统企业跨界冷链物流市场。近几年，顺丰、圆通、中国邮政、中远等相继进入冷链物流市场，铁总和各地铁路局开通多条线路的冷链班列，未来还将有更多的传统物流企业分羹冷链市场，凭借庞大的基础网络和设施，雄厚的资金，大量的人才，必将对冷链物流市场格局产生重要影响。

（6）流通渠道变革带来重大转变。“互联网 +”零售、餐饮衍生出多元化、全渠道的流通模式和消费场景，比如生鲜电商、零售 O2O、餐饮外卖等，给冷链企业带来了新的机遇和挑战，机遇在于服务的客户更加多样化，挑战在于传统的服务方式不能满足新的需求。越来越多的冷链企业已经感受到这种变化，并积极去拥抱这种变化。

（7）冷链平台型企业陆续出现。随着冷链行业向精细化、细分化方面不断发展，平台型企业的价值越来越凸显，一类是物流平台型企业，如码上配、唯捷城配；一类是信息流平台企业，比如链库、冷链马甲；一类是商流平台型企业，比如良中行、格利食品网、美菜。它们利用各自掌握的核心价值，影响和改变着现有的冷链模式。

（三）医药物流

（1）医药物流市场需求平稳增长。2016 年上半年全国七大类医药商品销售总额 9273 亿元，扣除不可比因素比上年同期增长 12%，增幅回落 0.4 个百分点。其中，药品零售市场销售总额为 1855 亿元，比上年同期增长 10.1%，增幅上升 1.4 个百分点。据统计，2016 年上半年药品流通直报企业（近 1200 家）主营业务收入 6515 亿元，扣除不可比因素同比增长 12.5%，增幅回落 0.3 个百分点；实现利润总额 111 亿元，扣除不可比因素同比增长 11.5%，与上年基本持平；平均利润率为 1.7%，与上年同期相比上升 0.1 个百分点；平均毛利率为6.8%，与上年同期相比上升0.4个百分点。预计全年医药商品零售总额为1.8万亿元，医药流通直报企业主营业务收入为1.4万亿元，保持平稳增长态势。（如表39所示）

表39　　2012—2016年药品流通行业销售总额及增长速度

年　份	2012	2013	2014	2015	2016（上半年）
药品流通企业主营业务收入（亿元）	11174	13036	15021	16613	9273
同比增长（%）	18.5	16.7	15.2	10.2	12

（2）医药企业向医药物流服务商转型。我国药品流通行业创新突破的核心在于现代物流模式的变革。采用现代化物流设备和先进集成管理系统，实现药品物流信息化、智能化管理，并通过供应链集成、物流延伸项目等，为医药工业企业、医疗机构提供优化库存、规范管理、自动补货一系列增值服务。互联网技术是这场变革中的催化剂，加速推进医药物流模式向扁平化、平台化的方向发展，上下游互相渗透，多仓协同配送，仓储资源和运输资源统一调度，实现流程再造，增强企业竞争能力，提升行业集中度。现代医药物流拓展增值服务的深度和广度，促使药品流通行业向智慧型现代医药服务商转型，但也存在较大的运行压力和困难。

（3）第三方医药物流逐步放开。2016年2月，国务院取消从事第三方药品物流业务的行政审批，鼓励拥有完整质量体系的大型医药商业流通企业向供应链各方开放其物流资源，提高医药物流效率。九州通等大型医药流通企业均在积极开展第三方医药物流业务。同时，这一政策的变化，也意味着社会化第三方物流企业进入医药物流领域的窗口期已经到来，顺丰这样拥有完善网络的企业积极向医药物流领域渗透，并逐步得到行业认可。一些社会化物流企业积极通过资本运作等方式，将各个区域的专业企业整合起来，完善医药物流的网络布局。第三方物流企业对于临床药品物流、检验中心标本等特殊产品的物流服务能力越来越强，涌现出了很多小而专、小而精的专业第三方物流企业。

（4）院内物流外包和供应链管理成为趋势。医院内部物流耗材的外包和供应链服务难度高、更具市场前景。随着行业的摸索，医院物流外包模式越来越多得到行业认同。据不完全统计，大型药品流通企业已为1000多家医疗机构搭建院内药品物流信息管理平台，实现药品、耗材、医疗器械等医疗机构日常用品采购、配送、调配、科室使用全程智能化，助力医院突破信息化管理的瓶颈，不仅巩固深化药品流通业在医院这一核心药品配送终端渠道上的业务发展基础，还带动行业从传统药品批发商向为客户解决服务方案的医药服务提供商的角色转型。

（5）医疗器械物流成为发展亮点。从医药工业数据来看，医疗器械的增长率已经连续三年超过药品，医疗器械物流的总量在逐年增加。从监管层面，药监部门对医疗器械物流的监管越来越严格，2016 年上半年开展了医疗器械冷链管理监督检查，下半年《医疗器械冷链（运输、贮存）管理指南》正式发布。从市场和企业运营角度来看，医疗器械种类繁多，物流要求各不相同，管理极不规范，特别是诊断试剂等温度敏感产品冷链基础薄弱。调研显示，器械生产企业对流通环节的质量管理越来越重视；器械的经营企业面对两票制政策以及监管法规，开始布局物流体系、服务体系。

（6）医药平台企业差异化发展。国内医药电商模式层出不穷，且深入到医药的全产业链过程，医药物流成为重要切入点。面对医药电商的巨大市场，传统的药品流通企业以及行业外的互联网企业均表现出很大的热情。2016 年 8 月 1 日正式停止了第三方平台网上药品零售试点工作。今后，随着《互联网药品交易服务资格证》B 证、C 证审批权下放给省级药监局，企业进入医药电商领域将更为便捷，为电商业务的快速发展提供政策利好，但同时也对企业营利点选择、市场主体定位、资本需求提出了更多的要求，医药电商物流模式成为重要的差异化竞争条件。

（四）汽车物流

（1）汽车物流市场保持高速增长。2016 年，我国汽车产品结构调整和更新步伐持续加快，汽车行业产销量均保持了高速增长态势。据中国汽车工业协会统计数据，2016 年，汽车产销分别为 2811. 88 万辆和 2802. 82 万辆。其中，乘用车产销分别完成 2442. 1 辆和 2437. 7 万辆，比上年同期分别增长 15. 5% 和 14. 9%，增速高于汽车总体 1% 和 1. 3%，其快速增长对于汽车产销增长起到关键作用；商用车产销分别完成 369. 8 万辆和 365. 1 万辆，比上年同期分别增长 8% 和 5. 8%，增幅进一步提高。分车型产销情况看，客车产销比上年同期分别下降 7. 4% 和 8. 7%，货车产销比上年同期分别增长 11. 2% 和 8. 8%，货车 3 月起产销持续上升，拉动作用明显。汽车产销市场快速增长直接影响了汽车物流的快速发展。（如表 40 所示）

表 40　　2012—2016 年中国汽车产销量及增长速度

年　份	2012	2013	2014	2015	2016
中国汽车生产量（万辆）	1927. 18	2211. 68	2372. 29	2450. 33	2811. 88
同比增长（%）	4. 6	14. 76	7. 26	3. 3	14. 46
中国汽车销售量（万辆）	1930. 64	2198. 41	2349. 19	2459. 76	2802. 82
同比增长（%）	4. 3	13. 87	6. 86	4. 7	13. 65

（2）汽车物流企业业务拓展创新。2016 年，长久物流成为首家在国内 A 股上市的汽车物流企业。汽车物流领域的领军企业不断向整个汽车产业链上下游延伸，积极布局和拓展国际市场。在海外业务拓展方面，安吉物流在泰国成立海外分公司，主要经营进出口、入厂、整车、售后四个物流业务。在依托互联网开展新业务模式方面，安吉物流推出了“车好运 App”，为社会车辆提供车辆托运平台。长安民生物流推出“e 车运”，提供汽车和供应链物流一体化服务。

（3）整车物流行业逐渐规范运行。2016 年是行业转折的一年，8 月 18 日交通运输部、国家发展和改革委、工业和信息化部、公安部、国家质量监督检验检疫总局联合印发了《车辆运输车治理工作方案》（交办运〔2016〕107 号），方案中明确了车辆运输车的治理思路、目标及路径，计划利用 1 年 9 个月的时间逐步淘汰不合规的车辆。自 2016 年 9 月 21 日治超以来，在一定程度上杜绝了“双排车”上路运行，汽车整车物流行业的“顽疾”慢慢改善，车辆运输装备加快替换，运输组织效率有所提升，运输价格实现合理回归。

（4）汽车物流综合运输体系更加深化。随着治超工作的顺利进行，铁路和水运的优势不断显现，综合运输体系建设发展迅速。铁路运输在中长距离运输商具有较大优势。中铁特货 2016 年完成汽车整车运输量 291 万辆，较上年增长 55%，增加 3000 辆铁路商品车运输专用车辆。汽车水路运输主要采用滚装运输的模式，我国滚装码头布局初步成形，呈现沿海沿江进出口岸滚装码头为主，其他内陆进口口岸为辅的格局。2016 年，我国滚装运量约为 250 万辆，其中，江运发运量约 95 万辆，海运发运量约 155 万辆，汽车滚装运输占比较上年上涨 3%。

（5）汽车零部件物流市场备受关注。汽车零部件供应物流对于主机厂的正常生产与下游零部件物流环节都有着决定和牵制的作用。目前全球排名前 100 名零部件供应商中 80% 都选择在国内开展业务，对我国零部件产业发展起到利好作用，零部件供应商物流需求十分巨大。零部件入厂物流是与主机厂生产最密切相关的物流环节，配合主机厂订单式、JIT（Just in Time，准时生产模式）等生产模式，入厂物流的精细化管理尤为重要。随着汽车保有量的不断增加带来的是汽车后市场服务需要进一步完善。以售后服务备件物流为核心的汽车后市场物流具有巨大的发展潜力。

（五）危化品物流

（1）危化品物流市场增速放缓。2016 年，石化行业大力推进产业结构调整、创新驱动和化解产能过剩。预计 2016 年年底，我国石油和化工行业产值将达到 16.65 万亿元，比上年增长至少在 7.5% 以上。石油和化学工业规模以上企业 29624 家，实现主营业务收入 13.29 万亿元，增长 1.7%；利润总额 6444.4 亿元，与上年基本持平，分别占全国规模工业主营收入和利润总额的 11.5% 和 9.4%；石油和化工行业主营收入利润率为 4.85%，每 100 元主营收入成本为 84.3 元，全年产成品存货周转天数为 13.2 天，全行业亏损面 13.6%。（如表 41 所示）

表 41　2012—2016 年石油和化学工业规模以上企业主营业务收入及其增长速度

年　份	2012	2013	2014	2015	2016
主营业务收入（万亿元）	12.24	13.3	14.06	13.14	13.29
同比增长（%）	12.2	9.2	5.4	-6.1	1.7

（2）化工园区推进产业集中。随着 2015 年年底工信部印发的《促进化工园区规范发展的指导意见》，化工企业向化工园区搬迁和发展成为重点，2016 年化工企业搬迁入园步伐明显加快。据统计，我国目前已建成国家级、省级大型化工园区就达 200 多个，各类危险化学品生产、储存、运输、使用、废弃处置企业已达 30 多万家，常用化工原料达到 5000 余种，95% 以上化工原料需采用异地运输。据中国仓储协会危险品仓储分会对 7 家国家级化工园区调查统计，化工园区危化品仓储物流企业占据了入驻企业总量的 12% 以上，成为园区组建和发展不可或缺的要素，化工园区已成为危化品仓储企业生存发展的主要载体。

（3）危化品物流运输稳步发展。目前，我国危化品公路运输仍是主要方式。从事危化品货物公路运输的企业已超过 1 万家，预计到 2016 年年底，运输车辆将超过 36 万辆，比 2015 年略有增长。从事危化品运输的驾驶员、押运员和装卸管理员共约 130 万人，全国危险货物运输驾驶员、押运员和装卸管理员数量分别为 64.17 万人、59.23 万人和 8.23 万人。我国从事道路货物运输的经营户合计约 900 万户。其中，从事道路危险货物运输业的户数共计约 1.16 万户。我国总体危化品水路运输规模还处于发展阶段，截至 2015 年年末，全国港口完成液体散货吞吐量 10.81 亿吨，比上年增长 8.5%。

（4）危化品仓储市场缺口较大。最近几年，虽然危化品仓库储存能力有所增加，每年大约增长 6% ~7%，但仍然难以满足市场需求。目前，我国约有各种类型的危化品仓储企业共 5000 家，危化品仓储面积在 1 亿平方米的规模，危化品仓储需求则在 1.3 亿平方米左右，供需缺口大约在 30% 以上，部分区域甚至更高，尤其是对高端仓储的需求缺口更大。从仓储能力分布看，我国东南沿海、长三角、珠三角、环渤海湾地区占我国危化学仓储业的 70% 以上，中西部地区不足 30%，且大多分布在大中城市和能源产地，地域性集中分布的特点非常明显。大型仓库数量占30%，仓库容积可达上万平方米，多为大型石化企业自己建造；小型及以下仓库数量占70%，但储量仅占40%。根据调研数据显示，2016年各类型仓储形式大致占比是：储罐约55%，立体仓约25%，平仓约15%，其他类型仓储约5%。

（5）安全和环保要求不断升级。近年来，危化品行业安全和环保发展越来越受到政府重视，行业多次进行专项整治。交通运输部加大危化品物流安全监管。自2001年全国危险货物道路运输专项整治以来，我国危险货物道路运输企业过小、过弱的情况得到极大改观，日益朝着规模化、专业化和集约化方向发展，危险货物道路运输业将走向良性有序发展。我国安全风险管理已经从过去的事故管理进入隐患管理阶段，并将向风险管理阶段发展。环保部对危化品仓储企业的环保条件提出了高标准、严要求，这些标准和要求已成为危化品仓储企业准入门槛和运营许可的硬道理，绿色物流将是危化品物流行业发展的终极目标。

（六）钢铁物流

（1）钢铁物流需求小幅上升。2016年受钢材价格持续反弹、钢铁企业生产积极性加大影响，我国钢铁产量呈现小幅上升局面。据国家统计局数据，2016年1—12月，我国粗钢累计产量80837万吨，同比增长1.2%；钢材累计产量113801万吨，同比增长2.3%。2016年1—12月粗钢平均日产220.9万吨，较2015年全年平均日产220.2万吨增加了0.7万吨。2016年我国粗钢表观消费量同比止降回升。2014年同比下降3.3%，2015年同比下降5.4%，2016年我国粗钢表观消费量为70707万吨，同比增长1.8%。钢铁产量小幅上升带动钢铁物流需求稳步增长。（如表42所示）

表42　　2012—2016年粗钢产量及同比增速变化

年　份	2012	2013	2014	2015	2016
粗钢产量（万吨）	7.17	7.79	8.23	8.04	8.08
同比增长（%）	3.13	7.54	0.89	-2.3	1.2

（2）钢铁运输成本出现上涨。2016年9月21日起，交通运输部、公安部实行新的《超限运输车辆行驶公路管理规定》，在全国范围内重点开展三个“专项行动”，即开展为期一年的整治货车非法改装专项行动和整治公路货车违法超限超载行为专项行动，开展为期两年的车辆运输车联合执法行动。通过实施新的运输标准，运输车辆最大载重均有不同程度的下调，将直接影响钢铁物流运输的效率，增加运输成本。新的运输标准的实施使得钢铁行业物流运输成

本增加30%以上。

（3）钢铁企业向物流领域拓展延伸。钢铁企业纷纷向上下游拓展和延伸，建立自己的物流产业链，发展现代钢铁物流。现代钢铁物流的发展方向，一方面是钢铁企业新型营销模式服务定位向加工、配送转化，另一方面是钢铁企业新型采购模式向外围资源基地延伸，采购、仓储、运输，三位一体。钢铁企业通过自造船只或与海运企业、船舶公司、货物运输和存放港口建立长期合作关系，降低进口铁矿石的运输成本。钢铁企业重视与终端用户企业建立战略伙伴关系，注重建立具有针对性的加工配送中心，加强增值服务。同时，在重点用钢地区和城市设立贸易公司，在海外设立贸易公司，不断扩大企业自身产品在国内外市场的份额。此外，钢贸企业大力发展钢铁加工、分销的全国连锁营销网络，保有和扩大自己的市场份额。

（4）钢铁物流园区功能拓展。钢铁物流园区通过对钢铁物流的统一规划，多元化服务手段等优势，使生产成本、物流成本，原料成本降到最低，成为钢铁产业链上、下游之间的桥梁和纽带。在交易方面，通过全方位打造电子商务平台，实现网上选货、网上交易和网上支付，实现钢铁交易的业态升级。像华南物流钢铁交易中心发展的钢铁供应商网络现货资源遍布全国各地，利用其现货交易平台，客户就可以享受现货查询、钢铁超市、竞卖竞买等服务，并能够在国内任何仓库实现货物的交收。在仓储方面，传统仓库向现代钢铁物流仓储中心转变，对出入库的钢材进行“信息化、条码化”管理，建立数字式立体仓库。在剪切加工方面，大力吸引钢材深加工企业落户园区，将园区的剪切加工能力从单一化向全面化和精细化发展。在物流金融方面，物流园区应具备使园区企业能够存款、贷款、抵押、贴现、保险、有价证券发行与交易，以及金融机构所办理的各类涉及物流业的中间业务等功能，帮助解决园区内中小企业融资难的问题。

（5）钢铁电商交易规模有所提升。2016年，钢材市场结束了近5年的单边下滑，钢材市场的变化与钢铁行业本身的深刻变局给钢铁电商带来的“红利”得到了显现。据《中国冶金报》对国内欧冶云商、兰格云商、找钢网、天物大宗等12家主要钢铁电商平台的跟踪统计，2016年12家主要钢铁电商平台的总交易量约为2.19亿吨，同比增长20.3%。其中，欧冶云商的总交易量和增幅分别为3876万吨和280%，均排名第一。从电商平台交易规模占我国钢材总产量比例来看，2016年我国钢材产量11.38亿吨，上述统计平台总交易量占比19.2%，比2015年的16.2%高3.0个百分点。

（七）粮食物流

（1）粮食物流需求小幅下降。2016年，全年粮食产量61624万吨，比上年减少520万吨，减产0.8%。其中，夏粮产量13920万吨，减产1.2%；早稻产量3278万吨，减产2.7%；秋粮产量44426万吨，减产0.6%。全年谷物产量56517万吨，比上年减产1.2%。其中，稻谷产量20693万吨，减产0.6%；小麦产量12885万吨，减产1.0%；玉米产量21955万吨，减产2.3%。粮食产量普遍减产，对粮食物流需求小幅下降。（如表43所示）

表43　　2012—2016年粮食产量及其增长情况

年　份	2012	2013	2014	2015	2016
粮食产量（万吨）	58957	60194	60710	62144	61624
同比增长（%）	3.2	2.1	0.9	2.4	-0.8

（2）粮食物流受到政府重视。2016年，国家发展和改革委、国家粮食局印发了《粮食行业“十三五”发展规划纲要》，统筹指导粮食物流行业的发展工作。国家粮食局从完善粮食收储体制机制，加快推动粮食“去库存”，大力发展粮食产业经济，着力提升粮食流通社会化服务水平，推动粮食流通能力现代化建设，进一步强化粮食科技、人才重要支撑作用六个方面出发，印发了《国家粮食局2016年粮食流通改革工作要点和工作方案》和《国家粮食局全面深化改革工作领导小组工作规则》，建立考评督查机制，大力推进粮食流通领域改革。各改革牵头单位积极推进改革，在一些重点事项和关键环节上取得了新进展。

（3）粮食收储供应安全得到保障。2016年“粮安工程”投资53.7亿元，加上前3年中央投资累计达300多亿元，带动地方和企业配套投资近1000亿元，极大改善了粮食流通基础设施条件，进一步提高企业粮食收储能力，对增强市场竞争力和影响力、促进粮食产业经济发展、增强国家粮食安全保障能力发挥了重要作用。山东、安徽、四川、湖北、贵州、河北、重庆、青海、宁夏、甘肃、广西、浙江、陕西、江西共14省（区、市）被确定为2016年“粮安工程”粮库智能化升级重点支持省份。

（4）粮食物流设施建设得到加强。近年来安排中央预算内投资30.3亿元支持建设粮食物流设施，形成了一批多功能粮食物流园区。南宁中国—东盟粮食物流园区、西安粮食物流枢纽、贵州西南粮食城等项目积极推进。2016年新建仓容近100亿千克，现代化仓型比例大幅提高，“危仓老库”维修改造带动了功能提升，一批“危仓老库”经维修改造后新增160亿千克完好仓容，在去年夏季的抗洪保粮中发挥了重要作用。河北省“危仓老库”维修改造基本完成，修建仓容累计602万吨，粮食现代物流项目建设进展有序，承担9亿千克建仓规模的32家企业，已有20家完工，共使用中央预算内补助资金1.62亿元。河南省危仓老库改造全面完成，改造仓房12980栋，涉及总仓容231.3亿千克。

（5）粮食企业作用进一步加强。2016年全国国有粮食企业实现统算盈利110亿元。湖南已有6家粮油企业上市。江苏省通过全面清产核资，摸清企业基本情况，加快兼并重组和资源整合力度，对小、弱、散、偏的国有粮食企业逐步实施退出，促进资产资源向优势企业集中。湖北省以中心粮库、骨干收纳库为基础，每个县市组建一家国有或国有控股粮食收储企业，其他国有粮食企业资产采取参股、出租、出让、破产等形式，依法依规进行处置，放开搞活，加快建立现代企业制度，积极稳妥推进混合所有制改革，规范国有资产监管。

（八）连锁零售物流

（1）连锁零售物流需求小幅下滑。据中国商业联合会、中华全国商业信息中心统计，2016年，全国百家重点大型零售企业零售额同比下降0.5%，降幅相比上年扩大0.4个百分点。从各主要品类商品销售运行情况来看：粮油、食品类零售额同比下降0.5%，增速低于上年同期3.5个百分点。服装类商品零售额同比增长0.2%，增速高于上年同期0.5个百分点。家用电器类零售额同比增长0.5%，增速高于上年同期4.3个百分点。金银珠宝类零售额同比下降9.8%，降幅较上年同期扩大6.3个百分点。化妆品类零售额同比增长1.4%，增速较上年同期回落了0.4个百分点。日用品类零售额同比下降0.4%，降幅相比上年略有收窄。（如表44所示）

表44　2012—2016年全国百家重点大型零售企业零售额增长速度

年　份	2012	2013	2014	2015	2016
同比增长（%）	10.8	8.9	0.4	-0.1	-0.5

（2）零售门店布局加速分化。百货店闭店潮仍在延续。2016年关店数量有所增加，如太平洋百货关闭2家门店，英国老牌百货玛莎关闭10家门店，关店主要集中在一线、二线城市，并且出现向三线、四线城市扩散的趋势。连锁超市加快门店结构调整。沃尔玛2016年新开门店24家，关店13家，测试新卖场形态。高鑫零售新开38家综合性大卖场，其中欧尚新开门店5家，大润发新开33家，关店1家。截至2016年年底，高鑫零售在全国共有446家综合性大卖场，其中大润发门店368家，欧尚78家。家乐福在中国大陆共关闭3家门店，并计划开设40家小型便利店“Easy家乐福”。美宜佳便利店2016年新增1700家门店，占便利店市场份额约10%。永辉超市门店达到455家。中百集团加大了实体门店的调整力度，其中中百仓储超市新增门店2家、关闭门店63家（含重庆超市45家），中百便民超市新增门店72家、关闭53家。

（3）物流配送投入继续加大。截至 2016 年年底，沃尔玛已经在中国开设了 8 家干仓配送中心和 11 家鲜食配送中心。2016 年，沃尔玛深圳配送中心二期项目已正式启用，仓库总建筑面积由原来的 4 万平方米扩大到 7 万平方米，直接为广东、福建、云南等地约 110 家门店提供配送服务，而且对全国多家配送中心提供中转服务。美宜佳每个月新开店的数量超过 100 家，投资 4 亿元建立的配送中心也已开始试运行。近年来，商务部在 22 个城市开展了共同配送试点。随着电商和互联网 + 的快速发展，不仅连锁零售门店还有很大的统一配送需求，各百货店、品牌店的“商圈配送”、O2O 的统一配送、零担货物集货与末端配送、各类批发市场的统一配送等，都将是共同配送的重点领域。

（4）线上线下加快深度融合。2016 年，沃尔玛增持京东，入股新达达，合作开展 O2O 业务，将沃尔玛线下需求导入京东平台，而京东物流将为沃尔玛山姆会员店提供统一高效的仓配一体化物流服务。京东入股永辉超市，加大物流末端网点建设，提升线下客户感知体验，促进线下线上紧密融合。苏宁布局建设改造一批新门店，提升实体门店的休闲、购物、售后、物流等线下综合服务能力，促进苏宁易购与实体门店的虚实互补、虚实结合。

（5）即时物流成为行业热点。平台型电商企业不断丰富和完善自有生态圈，以优质服务为突破口延伸终端领域，用即时物流让本地服务鲜活起来。2016 年，阿里巴巴集团和蚂蚁金服集团联合投资 60 亿元，打造本地生活平台公司——口碑网。2016 年，阿里先后投资饿了么、点我达、盒马鲜生、生活半径等。从物流领域看，在菜鸟网络上已经覆盖了服务本地生活的菜鸟驿站、智能快递柜、即时物流、冷链等服务。2016 年，京东到家与达达配送合并为新达达后，其物流体系的终端更加灵活、便捷。百度外卖在 2016 年年底向平台化转变，对接包括大润发、顺丰等服务资源。

六、区域与国际物流

（一）“一带一路”

（1）基础设施互联互通成为先导。2016 年，G20 杭州峰会上，习近平主席提出“全球基础设施互联互通联盟”倡议，主动与国际社会共商、共建、共享基础设施，推动全球基础设施的互联互通，为世界经济复苏提供正能量，受到与会各方普遍欢迎。我国通过与非盟、东盟、欧盟等国际组织合作，积极参与亚非欧大陆上交通基础设施水平相对落后地区的道路、铁路、港口等建设。

在非洲，中国铁路实现全产业链“走出去”，建成连接埃塞俄比亚和吉布提两国首都的亚的斯亚贝巴—吉布提电气化铁路、安哥拉本格拉铁路（洛比托—卢奥），开工建设肯尼亚蒙内铁路（蒙巴萨港—内罗毕），三条线路总投资接近100亿美元，打通了大西洋和印度洋经非洲大陆的连接通道。在亚洲，中巴经济走廊方向上，中方投资约2.7亿元的喀喇昆仑公路升级改造二期工程开工建设，后续投资约100亿美元的中资港口瓜达尔港开航，中东、北非地区同我国和西亚的陆海连接更加经济便捷；东南亚方向上，我国与印度尼西亚合作的总造价51.35亿美元的雅加达至万隆高速铁路项目正式开工，中越、中老国际铁路共用线路——昆明至玉溪段“试跑”成功，合同额748亿元的马来西亚东部沿海铁路建设协议签署完成，缅甸皎漂港项目中资企业成功中标，柬埔寨金边至西哈努克高速公路项目积极参与。在欧洲，中匈塞三国合作建设的预计投资28.9亿美元的匈塞铁路项目进入实施阶段，中资企业参与的拉脱维亚里加煤码头改造、塞尔维亚高速公路等项目进展顺利。

（2）中欧班列推进“一带一路”物流发展。中欧班列自2011年3月19日开行以来，凭借其“快捷准时、安全稳定、绿色环保”的特点，成为“一带一路”国际物流陆路运输的骨干方式。据中国铁路总公司数据，2016年，中欧班列开行1702列，同比增长109%；其中返程班列572列，同比增长116%。全国已有近20个城市陆续开通了去往德国杜伊斯堡、西班牙马德里等10余个欧洲城市的班列。2016年6月初，国家发展和改革委、中国铁路总公司正式启用“中欧班列”统一品牌。6月20日，国家主席习近平同波兰总统杜达在华沙共同出席统一品牌中欧班列首达欧洲（波兰）仪式。2016年10月8日，为实现中欧班列健康有序发展，推进“一带一路”建设工作领导小组办公室印发了《中欧班列建设发展规划（2016—2020年）》，全面部署今后5年中欧班列建设发展任务。

（3）物流企业积极拓展“一带一路”物流。一批国内物流企业加大沿线国家基础设施布局，促进国际产能合作，取得积极成效。2016年，中远集团收购了希腊比雷埃夫斯港控股股权，并追加大量后续投资。招商局在白俄罗斯明斯克投资建设招商局中白商贸物流园项目，到年底，6500平方米商务中心、2万平方米商务展示中心、5万平方米仓储中心及2万平方米保税堆场建设初具规模，成为中白工业园重要物流配套设施。长久物流于2014年3月成立了德国长久全资子公司，经营“哈欧国际货运班列”，2016年2月27日，新增“哈俄铁路线”，由此扩大了国际物流的运输规模。

（二）京津冀区域

京津冀协同发展持续推进。随着京津冀商贸往来日益密切，京津冀高效成熟的交通物流系统不仅成为区域经济发展的“助推器”，更是区域协调发展的先导手段。在疏解非首都功能持续深化的背景下，发挥京津冀城市优势，整合区域物流资源，加快推进京津冀物流一体化。

北京物流行业在疏解非首都核心功能的大前提下，结合产业优惠政策，加快转型升级。《北京市“十三五”时期物流业发展规划》明确表示：“重点发展基于铁路和公路的生活必需品物资供应物流、基于航空的快递物流、基于内陆口岸及空港口岸的跨境物流等服务功能，对接和保障首都城市运行发展需要。”这为北京物流发展指出了更广阔的发展空间，也为三地物流网络联动布局创造了条件。2016 年，北京新机场主体工程已开工建设，配套设施已完成设计并将陆续开工。根据规划，北京新机场将建设 4 条跑道、150 个机位的客机坪、24 个机位的货机坪、14 个机位的维修机坪。新机场的建设就在于缓解北京地区航空硬件能力的饱和，推进京津冀一体化发展，满足华北地区民航运输需求、构建现代综合交通运输体系。

天津物流行业发展依赖于地理优势，形成了包含铁路、航空、陆路、海港、管道等功能齐备的物流网络。根据《天津市现代物流业发展“十三五”规划》，天津市将高标准建设天津航空物流区，构建全球航空货运枢纽，打造全球航空物流资源配置载体。大力发展航空运输、邮件快递、电子商务、航空金融等，打造特色鲜明、功能完善、产业聚集、协同京津冀面向全球的国家航空物流核心功能区。组建货运航空公司，大力提高全货机规模，扩展国际航空货运网络，通过引入大型航空公司，将天津打造成全球航空物流网络的重要节点。为落实国家“京津冀协同发展”重大战略，天津港通过大力发展环渤海内支线运输，不断完善京冀“无水港”布局，推进以天津港为中心，以唐山港、黄骅港为两翼的科学布局，提升对京津冀地区的港口物流服务水平。

河北抓住京津冀交通一体化的契机，着力建设环京大通道、城际大通道、落后地区大通道和对外交通大通道“四大通道”，与京津地区在铁路、公路、港口、机场等方面实现全面对接。陆续打通了京台、京港澳、京昆等 12 条高速“断头路”和干线公路的“瓶颈路”，共计 1400 余公里。2016 年年初，河北省政府印发《河北省建设全国现代商贸物流重要基地规划（2016—2020 年）》，围绕建设全国重要商贸物流基地，明确了全省商贸物流业的发展目标、发展定位和推进路径。在三地协同发展过程中，定位为“全国现代商贸物流重要基地”的河北省，主动服从服务京津冀协同发展大局，积极承接京津产业转移，把现代商贸物流作为产业发展的重点方向，推进商贸和物流项目的对接和转移。北京新发地、大红门等区域性物流基地、区域性专业市场加速向河北转移。同时，河北省谋划实施空港海港、大宗商品、制造业、农产品等特色商贸物流工程。作为河北省重点项目，总投资 25 亿元的北京铁路局定州物流园区项目正式开工。该项目为国家二级大型商贸物流园区，建成后年物资吞吐量可达 1 亿吨以上，成为京津冀地区首个大型铁路综合物流园区。

（三）长江经济带

（1）长江经济带加大支持力度。2016 年 3 月，国家发展和改革委印发《长江经济带创新驱动产业转型升级方案》。方案提出，加快创新驱动促进产业转型升级，构建长江经济带现代产业走廊。发展长江经济带的重要原因是要充分发挥长江运能大、成本低、能耗少等优势，发展江海联运和干支直达运输，打造畅通、高效、平安、绿色的黄金水道。2016 年，长江干线货运量逆势上扬，完成货物通过 23.1 亿吨，同比增加 6.0%；完成集装箱吞吐量 1520 万 TEU，同比增长 6.8%；长江干线亿吨大港已达 14 个，生产性泊位 3922 个，万吨级泊位 572 个，其中 5 万吨级泊位为 146 个。2016 年 5 月，交通运输部发布《推动长江经济带交通运输发展 2016 年工作要点》。工作要点涵盖以“生态优先、绿色发展”引领综合立体交通走廊建设，继续加强长江干线航道建设，加快推进支流航道建设，推进港口建设与转型升级，全面推进船型标准化，进一步完善综合交通网络建设，促进多式联运和综合运输服务发展。其中，工作要点提出，总结江苏南京以下区域港口一体化改革试点经验，推进港口资源整合。

（2）长江经济带多式联运推进工作启动。目前，长江经济带拥有上海国际航运中心、武汉长江中游航运中心、重庆长江上游航运中心和南京区域性航运物流中心，布局有上海港、宁波舟山港，南京港等枢纽港口，苏州港、温州港等重点港口，以及无锡港等一般港口。2016 年 12 月，国家发展和改革委、交通运输部、中国铁路总公司印发《“十三五”长江经济带港口多式联运建设实施方案》，明确将以长江航运中心和枢纽港口为重点，强化包括江苏南京港、连云港港、南通港、苏州港等在内的港口集疏运服务功能，提升货物中转能力和效率，提高多式联运服务质量，促进交通物流融合发展。12 月 6 日，由江苏省交通运输厅和江苏省经济和信息化委员指导，江苏省交通运输厅运输管理局监制，江苏物润船联网络股份有限公司建设的长江经济带多式联运公共信息与交易平台正式上线，平台综合水路、铁路、公路、港口等多种货物物流数据，能够让客户体验轻松一键竞价、在线支付、票据开具、货运保险、货物动态与视频查询等功能，开启“互联网 + 物流”多式联运新模式。

（四）国际保税物流

（1）保税物流设施建设加快。2016 年我国自由贸易试验区的发展取得了良好的成效，上海、广东、天津、福建自贸试验区建设取得的成效，彰显了自贸试验区的试验田作用。2016 年 9 月，党中央、国务院决定，在辽宁省、浙江省、河南省、湖北省、重庆市、四川省、陕西省新设立 7 个自贸试验区。这代表着自贸试验区建设进入了试点探索的新航程。综合保税区是目前我国境内开放层次最高、优惠政策最多、功能最齐全的海关特殊监管区域，是国家开放金融、贸易、投资、服务、运输等领域的试验区和先行区。2016 年，国务院陆续批复了 7 个综合保税区。截至 2016 年 12 月，我国已设立 60 个综合保税区。

（2）保税物流需求稳定增长。海关数据显示，2016 年 1—12 月，我国海关特殊监管区域（包括保税区、出口加工区、保税港区、综合保税区、保税物流园区和珠澳跨境工业区）进出口累计 5909. 3 亿美元，同比下降 7. 5%；其中出口 2958. 5 亿美元，同比下降 8. 2%；进口 2950. 8 亿美元，同比下降 6. 9%。相比 2015 年，我国海关特殊监管区域总进出口额在 2016 年依然出现大致同水平的下滑，这与国际大环境有一定关系，也与我国政策导向密不可分。同时也可以看到，我国海关特殊监管区域在我国外贸进出口事业中仍然有着举足轻重的作用。

（五）跨境电商物流

跨境电商物流高速增长。海关数据显示，2016 年全国跨境电子商务进出口总值 499. 6 亿元，比上年同期增长 38. 7%，增速比全国进出口总值增速高出 37. 6 个百分点。2016 年，全国共有 60 个城市开展了跨境电商业务，其中 10 个城市经批准开展跨境电商进口业务，批准设立杭州、天津、上海、重庆、合肥、郑州、广州、成都、大连、宁波、青岛、深圳、苏州 13 个国家跨境电商综合试验区。2016 年政府工作报告中明确指出，鼓励商业模式创新，扩大跨境电商试点，支持企业建设出口产品“海外仓”。4 月之后跨境电商新政迅速调整并设立了缓冲期，明确了行业未来发展的税收政策取向，跨境电商竞争环境更加公平有序。随着自贸区、综合试点城市和综合试验区相继出台贸易便利化措施，如简化进出口报关流程，统一跨境电商进口信息系统，释放出制度创新红利。2016 年，郑州通过推动建设郑州自贸区、郑州航空港经济综合实验区等，加快跨境电商物流产业园区建设，推动跨境电商和跨境电商物流的升级，为内陆地区发展外贸经济提供新的亮点。受需求和政策利好双重推动，跨境电商企业数量不断扩大，一些企业加快海外物流网络布局。菜鸟网络物流全球跨境物流日处理能力超过 400 万单；顺丰速运直发业务覆盖全球近 250 个国家和地区；洋码头网购平台布局全球物流中心，将更多采用海外直邮模式，在海外发货通过一次性快递配送到位；网易考拉海购则采用保税进口模式，商品提前备货至国内保税仓，再进行国内配送；大龙网启动中国在欧洲最大跨境电商产业园。跨境电商物流业务出现爆炸式增长，成为我国外贸重要的增长点。

（六）国际航运物流

（1）全球航运物流小幅上涨。2016 年，全球集装箱海运量达 1.81 亿 TEU，同比增长 3.31%，增速有所加快（2015 年增幅仅 2.16%）。国际集装箱班轮运输市场运价经历了 2015 年的滑坡式暴跌后，由于供需矛盾未获根本性缓解和班轮联盟竞争白热化，2016 年运价再次跌至历史低位。（如图 26 所示）

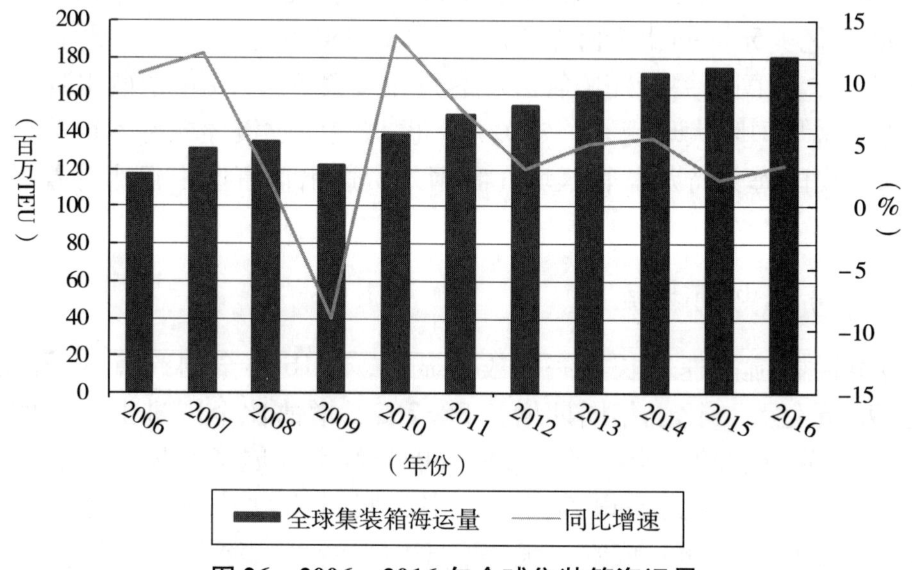

图 26　2006—2016 年全球集装箱海运量

（2）运力规模低速扩张。2016 年全球集装箱运力增速得以控制，运力过剩较 2015 年有所缓解。2016 年全球集装箱总运力为 2005.4 万 TEU，增幅仅为 1.59%，相比 2015 年的 8.2% 大幅降低。2016 年集装箱船舶总量由 2015 年的 5168 艘降至 5115 艘，集装箱船队平均单船大小略增 100TEU 至 3962TEU，较 2015 年增加 2.59%。

（3）兼并重组加快整合。2016 年，一系列兼并重组就接踵而来，各班轮公司强强联手以渡难关。目前的市场集中度 CR4（行业前四名份额集中度）为 47.2%，CR8（行业前八名份额集中度）为 62.3%，上述事件全部完成后，CR4 将升至 50.1%，CR8 将升至 71.4%。市场集中度由低集中寡占型区间上升至中（高）集中寡占型区间，这将在一定程度上改变未来整体集运市场结构。（如表 45 所示）

表 45　　航运企业“兼并重组”情况

时　间	航运企业	具体事件
2015 年 12 月 8 日	法国达飞轮船、东方海皇	法国达飞轮船以 24 亿美元收购南亚最大的集运公司东方海皇，成为 2005 年以来最大的航运界收购案
2016 年 1 月 4 日	中远集团、中国海运	中远集团与中国海运重组成立中国远洋海运集团有限公司
2016 年 5 月 6 日	德国 Bertram Rickmers、Erck Rickmers	德国两家联盟的兄弟船东公司 Bertram Rickmers 和 Erck Rickmers 确认合并
2016 年 11 月 1 日	日本邮船、商船三井和川崎汽船	属于 THE Alliance 联盟的三家日本航运公司日本邮船、商船三井和川崎汽船剥离各自的集运业务，成立一家新公司
2016 年 11 月 24 日	赫伯罗特、阿拉伯轮船	德国赫伯罗特收购阿拉伯轮船事宜，获欧盟委员会批准。待收购完成后，该公司将成为全球第五大班轮公司
2016 年 12 月	马士基、汉堡南美	马士基航运与欧特集团达成协议，将收购德国集装箱航运公司汉堡南美船务集团

资料来源：上海国际航运研究中心整理。

（4）新航运联盟正式启动。2016 年，全球集装箱班轮市场在经历了多次重组调整后，形成了 2M 联盟、Ocean Alliance 联盟以及 THE Alliance 联盟“三足鼎立”的格局，新的集运联盟格局预计在 2017 年 4 月正式开始启动。相对于目前 2M 联盟主要在欧美干线上进行合作，Ocean Alliance 所涉及的合作范围远不止欧美两大干线，而是“全球合作”，增加了远东往返红海、远东往返波斯湾区域航线。此外，THE Alliance 联盟合作的航线在其他区域也有所涉及，新一代联盟合作范围明显扩大。从班轮联盟的共享船舶、共享集装箱、共享舱位来看，未来联盟间将更加深入地应用“共享经济”模式，拉长供应链的合作范围。（如表 46 所示）

表 46　　三大联盟航线产品清单

联　盟	航线产品清单
2M 联盟	在亚欧航线、跨大西洋航线、跨太平洋航线上进行合作，共计 21 条航线

续 表

联 盟	航线产品清单
Ocean Alliance	20 条跨太平洋航线（含 13 条美西航线、7 条美东及美湾航线） 6 条亚洲往返西北欧航线 5 条亚洲往返地中海航线 3 条跨大西洋航线 5 条远东往返波斯湾航线 2 条远东往返红海航线 共计 41 条航线
THE Alliance	8 条亚欧航线（含 3 条地中海航线） 16 条跨太平洋航线 6 条北大西洋航线 1 条中东环路航线（将中国、韩国和东南亚主要港口连接到达曼、朱拜勒和阿拉伯湾枢纽港口） 共计 31 条航线

资料来源：中华航运网、上海国际航运研究中心整理。

（七）全球航空物流

（1）全球航空物流有所复苏。2016 年，全球航空货运市场在经历了年初的疲软后，全球货运量在下半年复苏。强劲旺季、硅原料货运量增加及新出口订单明显好转都推动了下半年市场需求的上涨。货运需求（按照货运吨公里计算）比上年增长 3.8%，大约是近五年行业年均增长率（2%）的两倍。按照可用货运吨公里计算，2016 年货运运力增长 5.3%。就需求而言，2016 年航空货运表现良好。（如图 27 所示）

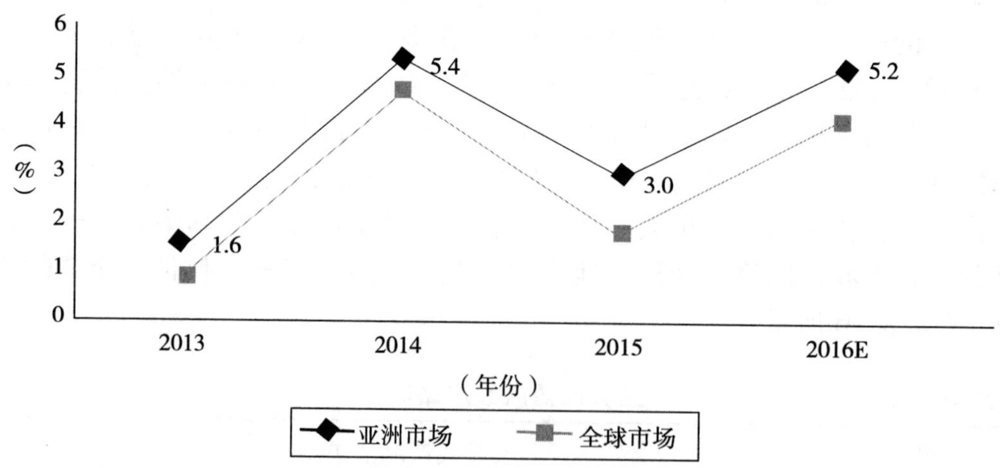

图 27 2013—2016 年全球及亚洲航空货运市场增长率

资料来源：Boeing。

（2）全球航空运力总体过剩。市场需求有好转，但货机载货率以及收益水平却持续走低。主要表现为：近年来，客机的交付量远比货机大，航空货运市场新增运力主要来自客机腹仓，特别是新一代宽体客机的腹舱越来越大；在全球货运市场小幅回升的情况下，2014 年下半年油价下跌使得一些原本“行将就木”的货机重新进入市场，加剧了供大于求的局面，其结果就是货机的载运率和日利用率持续走低。但 2016 年以来油价开始上涨，加上持续走低的载货率，航空货运公司收益能力逐渐恶化。自 2011 年以来，航空货运业务的单位收入持续下跌并将继续保持这一趋势。（如图 28、图 29 所示）

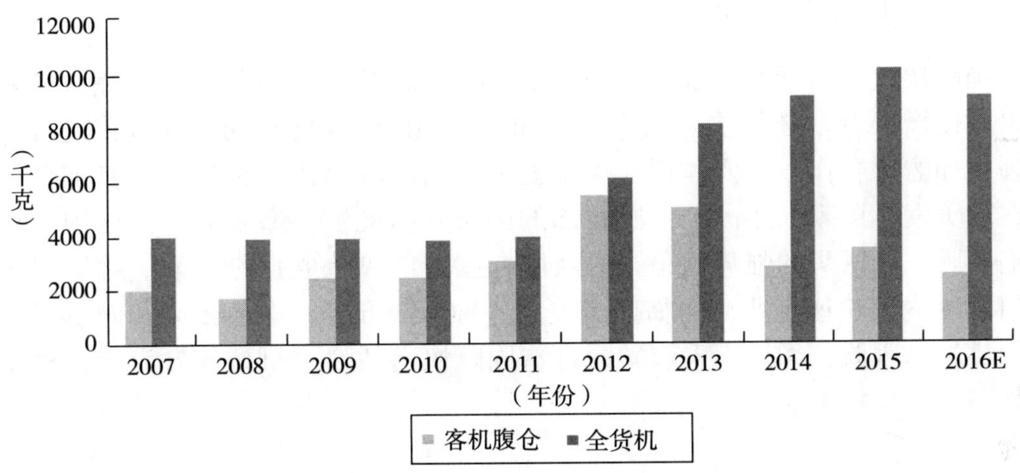

图 28　全球宽体机每年新增的载动力

资料来源：Ascend，IATA。

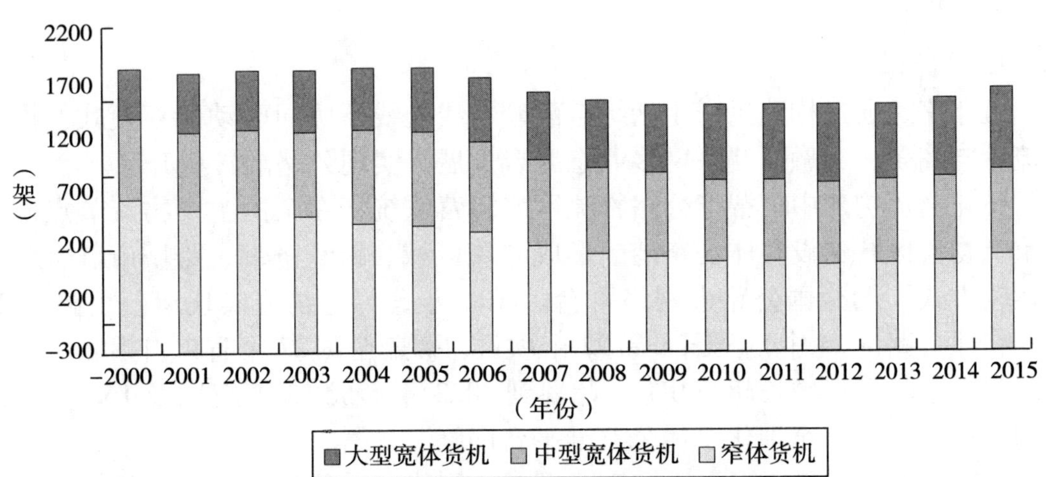

图 29　2000—2015 年全球货机机队规模

资料来源：Boeing。

（3）航空货运市场竞争压力较大。由于中国航空货运市场需求较好，而全球整体运力过剩，使得众多外航纷纷加大中国市场的投入。既有采用加密往来中国的货机航班等传统方式抢占中国市场，如汉莎、华航等；也有采用合资成立新货运航空公司深挖市场需求，如卢森堡货航；另外，阿联酋航、卡塔尔航、伊蒂哈德航、沙特航中东四大航空公司近年均在不断加大中国货机、腹舱运力投入。此外，国内货航整体竞争力落后于欧美外航。汉莎、国泰、大韩等国际传统货航以及 FedEx、UPS、DHL、TNT 等航空快递企业国际化程度高，有较为成熟和完善的国际营销及运营网络，同时凭借其高水平的全程管控与服务保障能力，抢占了大部分高端货源。

（八）国际快递物流

国际快递竞争开始显现。2016 年，国际、港澳台业务收入累计完成 429 亿元，同比增长 16.1%。主要快递企业加大了国际快递的布局。其方式是自建+代理+加盟+合作。主要体现在 5 家上市公司的国际快递布局进一步加快。已经在欧美发达国家、亚洲与中国相邻的国家开始提供快递服务。由于国际快递面临国际三大巨头的强势竞争，以及所在国当地快递企业的竞争，对于“走出国门”的内资快递企业，面临报清关、各种运输方式、集散转运和同行竞争等各种挑战。因此，如果不采取共同打造国际快递品牌，而是各自为政，根本无法与国际巨头抗衡。

七、基础设施建设

（一）物流园区节点

1. 公路港/物流港

近年来，通过构建生产生活综合配套、线上线下协同联动的新模式，推进物流业与商贸、金融、互联网多业态融合发展，实现公路港转型升级。

传化物流构建中国智能公路物流网络运营系统，在全国主要物流节点城市和重点物流区域建设实体公路港，形成“跨区域、跨经济带、跨城市群、跨各种运输方式”的全国公路港网络平台。2016 年，传化物流实现运营公路港 26 个，在建公路港 14 个，全国布局 92 个项目，覆盖全国 27 个省市自治区，运营公路港数量较上年增长超 300%。计划到 2022 年形成 10 枢纽以及 160 基地的全网布局，打造“全国化实体公路港平台网络”。

深国际致力于在全国中心城市建设运营网络化、信息化、标准化现代综合物流港，为城市物流打造功能强大的平台，截至 2016 年 11 月，已与沈阳、石家庄、天津、武汉、无锡、长沙、南昌、合肥、杭州、宁波等 16 个城市签署了综合物流港项目投资协议，协议用地面积约 450 万平方米，部分项目已开发建设并投入运营，计划于 15 年内，在全国范围投资布局 38 个枢纽和重要节点，打造互联互通的“深国际综合物流港”骨干网络体系。

卡行天下通过“互联网 + 物流”的模式，以物流枢纽园区为基础，通过标准化、产品化、信息化的网络平台有效组织小微物流企业，实现公路运输的集约化整合。2016 年，卡行天下已在全国建立了 59 个枢纽中心、26 个园区，覆盖全国 26 个省份、280 多个城市、辐射乡镇 2 万余个，平台交易结算量近百亿。

2. 铁路物流园

中国铁路总公司于 2015 年组织研究编制《铁路物流基地布局规划及 2015—2017 年建设计划》，初步完成铁路物流节点网络规划顶层设计。2016 年各路局积极推进铁路物流中心建设工作，年底前 33 个一级铁路物流中心已全部基本建成投产；二级铁路物流中心基本建成 98 个，占比 56%；三级铁路物流中心基本建成约 50%。北京铁路局紧紧抓住京津冀相关产业转移和新型城镇化建设加快推进的机遇，积极与地方政府对接，结合区域物流市场需求，确定全局物流基地建设项目 55 个。太原铁路局与大秦铁路股份有限公司、山西煤炭运销集团晋中有限公司、晋中公用基础建设投资公司投资建设全国性物流中心——中鼎物流园正式运营，园区占地面积近 4000 亩，总投资约 60 亿元。济南铁路局在山东省规划建设 23 个物流基地，已基本建成 5 个，10 个物流基地将于 2017 年年内陆续建成投产。

3. 物流地产商

截至 2016 年年底，普洛斯在中国已运营园区数量达到 242 个，面积达到 2772 万平方米，占全球物流地产管理面积的 51. 6%，和上一财年末（2016 年 3 月 31 日）相比，园区物业总面积增加了 102 万平方米，园区数量增加了 13 个，市场覆盖增加了 6 个主要城市，继续保持高速的增长。万科等公司在 2015 年纷纷进入物流地产领域后，2016 年继续保持在物流地产领域的投资。万科在 2016 年上半年报告期内，增加物流地产业务项目 2 个，包括万昆长水物流园项目和万佛乐平物流园。同时，2015 年开始开发的物流项目继续推进，建设面积达到 37. 4 万平方米。

4. 电商物流园

根据《中国电子商务园区研究报告（2016)》数据显示，截至 2016 年 3 月，全国电子商务园区数量达 1122 家，同比增长约 120%，其中跨境和县域电商园区迅猛增长。电子商务园区的发展，催生了一批围绕电子商务园区建立的快递物流园区，促进了电商与快递的融合发展。顺丰在广州佛山、山东威海、安徽芜湖等地建设电商物流产业园区，圆通在浙江嘉兴建设圆通全球航空智慧城，德邦与韵达在江苏泰州建设泰州电商速递产业园，中国邮政与恒大地产展开深度合作。普洛斯前五大客户均为第三方物流企业和电商企业，其中京东、唯品会、亚马逊分别在普洛斯客户群中排名第二位、第四位、第五位，总占比接近10%。

（二）综合运输体系

1. 公路

2016年，年末全国公路总里程469.63万公里，比上年增加11.9万公里。公路密度48.92公里/百平方公里，增加1.24公里/百平方公里。公路养护里程459万公里，占公路总里程97.7%。（如图30所示）

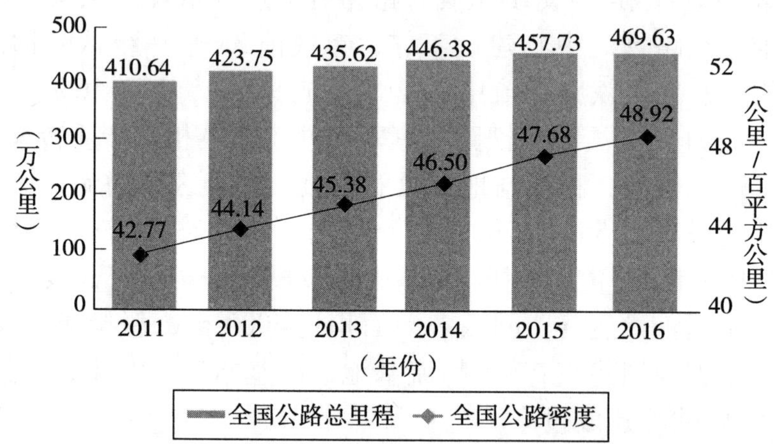

图30　2011—2016年全国公路总里程及公路密度

2016年年末全国四级及以上等级公路里程422.65万公里，比上年增加18.03万公里，占公路总里程90%，提高1.6个百分点。二级及以上等级公路里程60.12万公里，增加2.63万公里，占公路总里程12.8%，提高0.2个百分点。高速公路里程13.1万公里，增加0.74万公里；高速公路车道里程57.95万公里，增加3.11万公里。国家高速公路9.92万公里，增加1.96万公里。（如图31所示）

2017年年末国道35.48万公里，省道31.33万公里。农村公路里程395.98万公里，其中县道56.21万公里，乡道114.72万公里，村道225.05万公里。

2. 铁路

2016年年末全国铁路营业里程达到12.4万公里，比上年增长2.5%，其中高铁营业里程超过2.2万公里。全国铁路路网密度129.2公里/万平方公里，增加3.2公里/万平方公里。铁路营业里程中，复线里程6.8万公里，比上年增

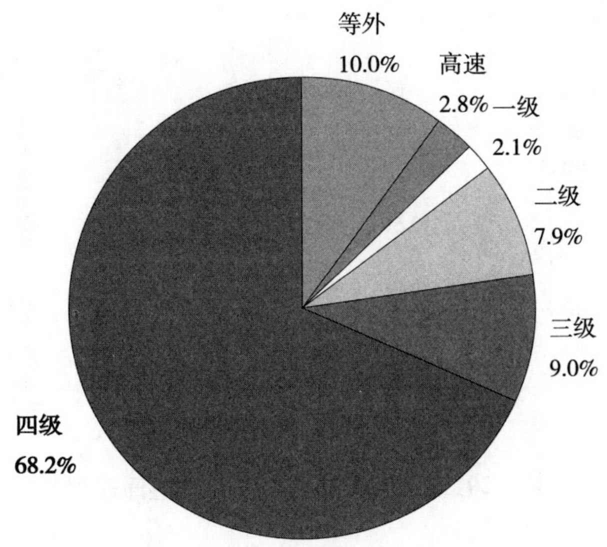

图 31　2016 年全国公路里程分技术等级构成

长 5.2%；电气化里程 8 万公里，增长 7.4%。（如图 32 所示）

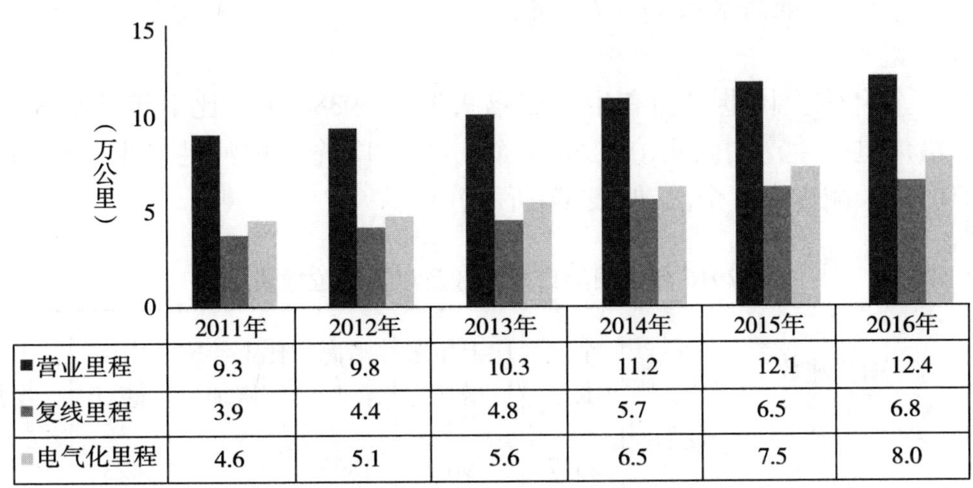

	2011年	2012年	2013年	2014年	2015年	2016年
营业里程	9.3	9.8	10.3	11.2	12.1	12.4
复线里程	3.9	4.4	4.8	5.7	6.5	6.8
电气化里程	4.6	5.1	5.6	6.5	7.5	8.0

图 32　2011—2016 年全国铁路营业里程

3. 水路

（1）内河。

2016 年年末全国内河航道通航里程 12.71 万公里，比上年增加 0.01 万公里。等级航道 6.64 万公里，占总里程 52.3%，提高 0.1 个百分点。其中三级及以上航道 1.21 万公里，占总里程 9.5%，提高 0.4 个百分点。（如图 33 所示）

各等级内河航道通航里程分别为：一级航道 1342 公里，二级航道 3681 公里，三级航道 7054 公里，四级航道 10862 公里，五级航道 7485 公里，六级航

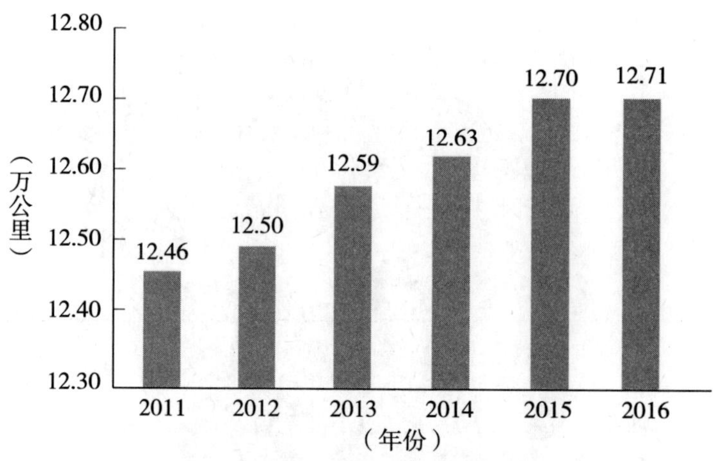

图 33　2011—2016 年全国内河航道通航里程

道 18150 公里，七级航道 17835 公里。等外航道 6.07 万公里。

各水系内河航道通航里程分别为：长江水系 64883 公里，珠江水系 16450 公里，黄河水系 3533 公里，黑龙江水系 8211 公里，京杭运河 1438 公里，闽江水系 1973 公里，淮河水系 17507 公里。

（2）港口。

2016 年年末全国港口拥有生产用码头泊位 30388 个，比上年减少 871 个。其中，沿海港口生产用码头泊位 5887 个，减少 12 个；内河港口生产用码头泊位 24501 个，减少 859 个。（如表 47 所示）

表 47　　2016 年全国港口万吨级及以上泊位数量　　单位：个

泊位吨数	全国港口	比上年末增加	沿海港口	比上年末增加	内河港口	比上年末增加
合　计	2317	96	1894	87	423	9
1 万～3 万吨级（不含 3 万）	814	21	637	18	177	3
3 万～5 万吨级（不含 5 万）	384	15	279	13	105	2
5 万～10 万吨级（不含 10 万）	757	29	628	28	129	1
10 万吨级及以上	362	31	350	28	12	3

2016 年年末全国港口拥有万吨级及以上泊位 2317 个，比上年增加 96 个。其中，沿海港口万吨级及以上泊位 1894 个，增加 87 个；内河港口万吨级及以上泊位 423 个，增加 9 个。（如表 48 所示）

表 48　全国万吨级及以上泊位构成（按主要用途分）　单位：个

泊位用途	2016 年	2015 年	比上年增加
专业化泊位	1223	1173	50
#集装箱泊位	329	325	4
煤炭泊位	246	238	8
金融矿石泊位	83	80	3
原油泊位	74	73	1
成品油泊位	132	133	-1
液体化工泊位	200	184	16
散装粮食泊位	39	38	1
通用散货泊位	506	473	33
通用件杂货泊位	381	371	10

4. 民航

2016 年年末共有颁证民用航空机场 218 个，比上年增加 8 个，其中定期航班通航机场 216 个，定期航班通航城市 214 个。(如表 49 所示)

年旅客吞吐量达到 100 万人次以上的通航机场有 77 个，比上年增加 7 个，年旅客吞吐量达到 1000 万人次以上的有 28 个，比上年增加 2 个。年货邮吞吐量达到 10000 吨以上的有 50 个，比上年减少 1 个。

表 49　2012—2016 年民用航空机场数量

年　份	2012	2013	2014	2015	2016
民用颁证机场	183	193	202	210	218
定期航班通航机场	180	190	200	206	216

八、物流技术与装备

（一）物流技术

1. 智能化

2016 年，京东、顺丰等企业启用无人机配送。敦豪开展机器人测试，利用机器人技术实现自动化订单拣货。京东推智能化仓储管理系统——竖亥小车，可在1秒内自动精准测算出商品的体积，从而为产品的包装和货架存储提供基础数据。菜鸟网络首次正式公开“E. T. 物流实验室”，并展示了包含虚拟增强技术、仓库机器人、智能配送机器人、智能园区巡检等产品组成的未来物流仓库模型。目前末端配送机器人小G、仓内复杂拣货机器人AGV矩阵等产品关键技术已得到突破，并陆续投入使用。京东成立X事业部，聚焦无人机、无人车、无人仓等技术的研发。京东“无人仓”的存储效率更是提升到传统横梁货架存储效率的10倍以上，并联机器人拣选速度可达3600次/小时，相当于传统人工的5～6倍。苏宁宣布成立S实验室。S实验室，囊括云仓自动化、智能算法、机器人矩阵、自动驾驶配送等智能项目，目前已经实现了ABC算法、包裹推荐、快递点布局、运输网络规划等多个智能算法。

2. 大数据

2016年10月，全国首个快递大数据服务地方经济项目义乌市快递数据实时分析系统正式上线。2016年5月，顺丰上线名为“数据灯塔”的大数据产品，产品基于海量数据，提供行业、产品、用户、快递、仓储等方面分析，为电商客户的市场、销售、运营和物流等方面做支持。菜鸟设立“校园智慧物流平台”，在提供校园综合物流服务的基础上，通过系统通知取件、大数据预测等方式，提高校园驿站运营效率。地图慧作为互联网GIS企业，是集地理大数据服务、在线制图、看图、交流地图、企业应用服务及地理商业智能服务于一体的互联网云服务门户。目前，日日顺物流、安得物流、中铁物流、全峰快递、龙邦快递，宅急送等物流企业在快件分单、运输配送、售后服务等多个应用场景中都已使用地图慧的服务。

3. 云计算

2016年8月，网易考拉海购上线国内首个跨境物流云平台——网易考拉物流云。并大规模部署智能化管理系统“祥龙”和云TMS系统“瑞麟”，极大地提高了跨境物流效率。百度云与太原铁路局签订“智慧物流云平台”项目战略合作备忘录，借助百度开放云的云计算、大数据、物联网、人工智能等技术，双方合作共建集铁路、公路、航空为一体的物流云平台。菜鸟网络与天天快递共同启动“云+端”战略合作，利用云计算、移动技术为行业提供数据和协同服务，给商家和消费者提供高品质、低成本的物流服务。签约后，菜鸟网络将帮助天天快递将主要业务系统搬上物流云，并且利用云计算促进天天用户端的便捷交互打通。

4. 物流平台

一年来，以“互联网+”高效物流为标志的物流平台加速起步，催生了一批新模式、新企业、新业态。

一是互联网+高效运输。自2014年下半年以来，在货运市场上出现了一

批像互联网 + 车货匹配、互联网 + 货运经纪、互联网 + 甩挂运输、互联网 + 合同物流等的“互联网 +”创新模式，涌现了一批像运满满、货车帮、卡行天下、正广通等“互联网 +”代表性企业。传统企业积极触网，如，传化物流打造“物流 + 互联网 + 金融”的方式，构建中国智能公路物流网络运营系统。中国物资储运总公司依托自身资源优势，上线“中储智运”。从 12 月起，交通运输部启动无车承运人试点工作，探索公路货运模式转型。

二是互联网 + 智能仓储。智能仓储在快递、电商、冷链、医药等高端细分领域快速推进。如京东商城、苏宁物流、顺丰控股等企业积极开发全自动仓储系统，使用智能仓储机器人，开展无人机配送，充分利用仓储信息，优化订单管理，大幅提高仓储作业机械化、自动化和信息化水平。

三是互联网 + 便捷配送。一批关注末端配送的平台型企业，如日日顺、速派得、云鸟配送等，搭建城市配送运力池，开展共同配送、集中配送、智能配送等模式，致力于解决“最后一公里”痛点。快递物流企业加强末端节点改造，全国布放智能快件箱累计超过 10 万组。随着本地生活服务的需要，美团、百度、饿了么等推出即时配送模式，共享经济模式在物流业试水。

四是互联网 + 智慧物流。货物跟踪定位、无线射频识别、电子数据交换、可视化技术、移动信息服务和位置服务等一批新兴技术在物流行业得到广泛应用，全国道路货运车辆公共平台入网车辆突破 400 万台。越来越多的企业将物联网、云计算、大数据等新技术作为企业战略重点。如菜鸟网络陆续推出物流预警雷达、大数据分单路由、四级地址库等数据服务，引领智慧物流发展趋势。百度打造“物流 + 互联网 + 大数据”三位一体的智慧物流云平台。

（二）物流装备设施

1. 卡车

2016 年我国卡车销量总计 310. 79 万辆，同比增长 8. 82%。其中重型卡车、中型卡车、微型卡车均实现 10% 以上的 2 位数增长，轻型卡车下降，幅度在 1% 以下。

2. 叉车

2016 年，叉车全年销售 37 万台，同比增长 12. 95%，产销量创造历史新纪录。叉车总销售量在稳步增长的同时，车型的需求也在发生着变化。其中，电动叉车和仓储叉车保持着较快增长。2016 年，中国电动叉车总产销量达到 141525 台，同比增长 18% 左右；仓储叉车达到 101540 台，同比增长 24% 左右。电动叉车产销总量占比超过 38%，有了大幅上升。此外，环保、智能、差异化、服务升级成为叉车行业发展的主要趋势。经过测算，到 2016 年年底，中国叉车保有量达到 185 万辆，根据对 50 家叉车租赁企业数据核算，叉车租赁数量达到 8 万辆，年增长 20% 左右。

3. 托盘

截至 2016 年年底，托盘保有量预计达 11 亿片。托盘产量由 2003 年的年产 3500 万片增长到 2016 年的年产 2.87 亿片，增长 8.2 倍左右，其中，新型托盘、环保托盘增长速度较快。高质量标准托盘呈高速增长态势，预计增长速度在 13.5% 以上。标准托盘产销量占比超过 35%，在托盘保有量占比预计达到 26% 左右。标准托盘占比还不高，但随着每年标准托盘更新量的增加，标准托盘保有量占比将稳步提升。

4. 货架

2016 年，预计货架产销量超过 100 亿元左右，同比增长 27%，但货架出货量增长率预计在 18% 左右，与上年相比略有下降。普通的工业货架市场出现市场疲软和需求不振，先进的配送中心和自动化立体库建设加快。电子商务物流、服装物流、医药物流、快消品物流、高端制造等行业对货架需求增长较快，机械、汽车、电子等行业增长平稳。

5. 自动化立体库

2016 年，很多物流系统工程项目纷纷开工，自动化立体库项目建设市场繁荣。据不完全统计，截至 2016 年 12 月，全国自动化立体库保有量超过 3600 座，市场需求增速超过 20%，年立体库建设超过 550 座。

6. 物流系统设备集成

2016 年，经济增长的低迷开始影响物流装备业，企业转型升级投资意愿受到很大影响，已经开工的项目开始出现延期交货，计划开工项目暂缓开工，物流技术装备供应商开始感到经济增长多年下行带来的压力。预计 2016 年物流系统设备集成增长速度略低于 2015 年，同比增长 20% 左右，仍远高于经济发展速度。据不完全统计，目前全国物流系统集成商超过 50 家，其中核心企业 20 多家，内资企业占一半左右。

7. 输送分拣设备

2016 年，输送分拣设备行业预计增长在 20% 以上，市场规模超过 50 亿元，市场需求呈现高速增长态势。2016 年，新的输送分拣技术不断涌现，其中，货到人拣选、交叉带分拣、货到机器人分拣、高速分拣等分拣技术发展最快。电子商务物流的发展对物流输送分拣设备的市场需求日益增长。电子商务配送具有多品种、小批量、高频次特征，是推动快速分拣市场需求增长的基础。

8. 集装单元设备

铁路总公司研发并先期购置 2 万只 35 吨敞顶集装箱，为发端或到端没有专用线的客户提供门到门服务，提高集装箱运用效率和适用范围；研发并购置

10 万只 1.5 吨小型箱，满足汽配、食品、饮料等零散白货运输需求；研制 45 英尺宽体集装箱，适应家用电器等轻泡高附加值货物和出口货物运输需求。组织对我国第一代多式联运公铁驮背运输专用车（QT1、QT2 型）样车进行了试用评审，填补了我国铁路技术装备上的一项空白。

9. 智能自提柜

2016 年，全国布放智能快件箱累计超 11 万组，年投递快件超过 10 亿件。2016 年，由顺丰速运主导的丰巢快递智能自助柜已经铺设 3 万多组，原有存量大约在 8 万组，共计 11 万组左右。

九、行业基础工作

（一）A 级物流企业评估工作

2016 年，根据《物流企业分类与评估指标》国家标准，全年新评出 A 级物流企业 649 家，复核 744 家，A 级物流企业总数达到 3968 家。2016 年首次将电商物流企业纳入 A 级物流企业评估范围，菜鸟科技获评 5A 级物流企业。根据《担保存货第三方管理规范》国家标准和《质押监管企业评估指标》行业标准，完成 24 家担保存货及质押监管企业评估。目前，已评出 93 家质押监管企业。根据《物流企业冷链服务要求与能力评估指标》国家标准，完成 15 家冷链物流企业星级评估。

（二）物流企业信用评价工作

2016 年，中国物流与采购联合会开展了第 18 批、第 19 批物流企业信用评价工作，评出 A 级信用企业 66 家。自 2007 年以来，共评出 A 级信用企业 516 家。

（三）物流示范基地和实验基地评审工作

2015 年，中国物流与采购联合会共评出中国物流示范基地、中国物流实验基地 9 家。16 年来，共评出示范基地和实验基地 151 家。

（四）统计调查工作

中国物流与采购联合会进一步巩固完善现行统计调查制度和指数服务体系。在保持原有的 PMI、物流景气指数、公路物流运价指数等之外，2016 年相继发布了中国仓储指数和中国电商物流运行指数，一批关系国家战略的新指数正在研制。PMI 和物流运行月度分析、物流景气指数分析为国家发展和改革委、交通运输部、商务部等政府部门决策提供数据支持。成功申请了 PMI 及其他几项指数的知识产权和商标保护，为指数可持续发展提供法律保障。

（五）物流标准化工作

2016 年，全国物流标准化技术委员会申请立项国家标准 11 项、行业标准 3 项。完成报批行业标准 6 项，批准发布 5 项。开展了一系列标准“试点、达标、示范”评估工作，培育出一批按照标准执行的典范企业。按照国家标准委要求，全国物流标准化技术委员会开展推荐性标准的集中复审工作。复审标准 173 项，修订了一批、转化了一批、废止了一批国家标准和行业标准。作为国家首批也是物流领域唯一一家团体标准试点单位，中国物流与采购联合会积极推进团体标准工作。先后成立了医药、化工、物流信息平台、汽车、大宗商品、公路货运 6 个“团体标准工作组”。目前，正在制定团体标准 9 项。正式发布了物流行业第一项团体标准《物流诚信共享信息构成要素及交换要求》。

（六）教育培训工作

2016 年，中国物流与采购联合会应对市场变化和企业需求，将原物流师、采购师职业资格认证，调整转换为物流、采购从业人员职业能力等级认证。同时，与美国供应管理协会合作，国际注册采购经理（C. P. M.）认证升级为国际注册供应管理专家（CPSM）。着手开展国际采购与供应管理联盟（IFPSM）的采购与供应管理全球标准认证项目（GS）。与行业标杆企业合作开发能力单元，完成相关领域标准制定。《物流从业人员职业能力要求》第 3、第 4、第 5 部分向社会征求意见，物流能力单元第一版本开发完成；《采购从业人员职业能力要求》和《供应链管理从业人员职业能力要求》行业标准通过立项，进入编制阶段。此外，完成了新一届物流行指委专委会组建工作，成立了教学改革、技能开发、师资建设、校企合作、信息化、国际合作 6 个专业委员会和体系建设与质量保证委员会，并在物流教指委筹建了冷链物流工作组、青年教师工作组和采购工作组。持续推进行业人才培养体系建设。在宁波、青岛、武汉等 10 个省市召开研讨会，宣传推广物流现代学徒制，参与院校和企业达 400 多家，8 个试点项目正在开展。

（七）学术研究工作

2016 年，中国物流学会对课题研究机制进行改革创新，完成 2 个学会重大课题和 8 个学会重点课题，经专家评审确认具有较高的研究水平。面上课题共收到结题报告 241 个。经评审，有 133 个课题获优秀课题成果奖。部分优秀课题汇编成册，出版了《中国物流重点课题报告》。中国物流学术年会收到参评论文736篇，经评审，共有313篇论文获优秀论文奖。

（八）政策研究工作

2016年，中国物流与采购联合会参与了20多项国家规划和政策的制修订工作。重点参与了国务院转发国家发展和改革委《营造良好市场环境　推动交通物流融合发展实施方案》《物流业降本增效专项行动方案（2016—2018年)》，国家发展和改革委《“互联网+”高效物流实施意见》《关于加强物流短板建设　促进有效投资和居民消费的若干意见》，交通运输部《车辆运输车治理工作方案》，商务部《京津冀商贸物流协同发展规划》《关于开展农产品冷链流通标准化示范工作的通知》，财政部、商务部《关于中央财政支持冷链物流发展的工作通知》等文件的编制起草工作。参与了《汽车、挂车及汽车列车外廓尺寸、轴荷及质量限值（GB 1589)》《关于推进改革试点加快无车承运物流创新发展的意见》《道路运输条例》《危险货物道路运输规则》《发展服务型制造专项行动指南》《全国专业标准化技术委员会考核评估办法》等政策措施的研讨工作。对《商品流通法》《标准化法》《食品安全法实施条例》《“十三五”国家应急体系建设》《国内贸易流通“十三五”发展规划》《超限运输车辆行驶公路管理规定》《政府采购货物和服务招标投标管理办法》《关于加快推进平台经济发展的意见》《药品经营质量管理规范》《关于加快冷链物流发展保障食品安全促进消费升级的意见》等国家政策和法律法规提出了修订意见，部分建议得到采纳。

受政府有关部门委托，中国物流与采购联合会承担了一批重大课题的研究工作。如中央有关部门委托的《供应链战略研究》，国家发展和改革委委托的《我国物流业发展战略研究》《服务业PMI实施方案研究》，工信部委托的《“互联网+”时代物流及供应链战略及政策研究》，商务部委托的《“一带一路”战略下加快我国商贸物流发展的对策研究》，国资委委托的《国有企业采购规模统计模型研究》，国家发展和改革委、工信部、科技部委托的《应急物流关键技术研究及应用示范》，国家标准委委托的《物流标准体系框架研究》，人力资源和社会保障部（简称人社部）委托的《PMI与就业问题研究》等。一些课题成果已经得到政府部门采纳，转化成相关政策文件。此外，我会发挥第三方优势，开展国家政策评估工作。如，受国家发展和改革委高新司委托，参与了国家技术经济安全评估工作。受交通运输部综合规划司委托，开展了国家交通运输物流公共信息平台第三方评估工作。受国家邮政局委托，开展了《关于促进快递业发展的若干意见》第三方评估工作。

第三章

2017 年中国物流业发展展望

2017 年是实施“十三五”规划的重要一年，也是供给侧结构性改革的深化之年，更是《物流业发展中长期规划（2014—2020 年）》的承上启下之年。物流业作为支撑国民经济发展的基础性、战略性产业，面临诸多发展机遇和挑战。

一、物流总体运行

2017 年，我国经济运行中的突出矛盾和问题及世界经济发展的不确定因素，同样影响物流运行。综合各方面因素判断，我国物流业 2017 年仍将保持缓中趋稳、稳中向好的基本态势。预计全年全国社会物流总额增速在 6% 左右，社会物流总费用增速在 4% 左右，社会物流总费用与 GDP 的比率继续保持稳中有降态势。

总体来看，随着供给侧结构性改革深入推进，去产能、去库存力度不减，钢铁、煤炭、房地产、建筑业等占比较大的大宗商品物流需求增长乏力，将直接影响行业发展基本面。随着消费对 GDP 的贡献占比增加，城镇化水平持续提升，电商、冷链、快递、配送等与消费相关的社会物流需求继续保持中高速增长。随着《中国制造 2025》进入实施阶段，智能制造、服务型制造要求物流业深度融入企业供应链，推动产业转型升级。受汇率调整影响，传统制造业出口竞争力逐步增强，进出口物流需求有望适度复苏，但也会受到国际贸易保护不确定性的制约。

二、物流企业

随着新一轮治超后续工作和黄标车淘汰工作的推进，黄标车、套牌车、非标车辆加快退出市场，甩挂运输、模块化运输有望得到推广普及，公路货运价格逐步合理回归，市场治理将趋于规范，市场主体将趋于集中。铁路货运改革继续深化，公路运量加快向铁路转移，高铁快递有望走强，铁路货运将会出现结构性、阶段性运力短缺。国家大力推动多式联运，物流园区服务升级和组织联网提升集聚作用，为企业搭建物流枢纽，构建便捷高效的物流服务网络提供新的选择。共享经济模式、平台型企业将获得更多发展机会，物流集群将会加速发展，以物流服务为支撑的产业生态圈逐步形成，市场格局面临新的调整。

从资源要素看，物流业进入高成本时代。全社会劳动年龄人口增速持续下降，人口数量红利消失，人工成本上升趋势明显，企业“用工荒”加剧，“以机器替代人工”将成为必然选择。物流机械化、自动化、智能化有望加快发展，这对物流从业人员的职业素质提出了更高要求。随着土地节约集约利用严格执行，物流用地指标获取难度增加。原有物流用地随着城市扩张加速缩减，存量物流用地资源紧缺。盘活存量土地资源，编织多层次的节点网络，提升周转效率和集聚效应成为趋势。资本市场依然较为紧张，企业上市难度依然较大，风险投资对于企业盈利要求持续增加。

从发展方式看，随着原有市场增速放缓，兼并重组将迎来新一轮热潮，强化领先企业竞争优势，市场主体将趋向集中。轻资产的平台、联盟、加盟、合作等发展方式潜力较大，新理念、新模式、新业态不断涌现，也在一定程度上推动市场集约发展。随着需求升级、供给转型，产业融合、供应链整合渐成趋势。大型企业向供应链转型，产业链分工协作持续优化。环境治理压力加大，企业节能减排约束增加，倒逼绿色物流真正落地。

从增长动力看，新一轮技术革命对行业影响巨大，“大众创业、万众创新”风起云涌，“互联网 +”高效物流引导物流业与互联网深度融合，催生大量新的业态和模式。新兴的互联网平台企业将“虚实结合”，从线上深入线下。传统物流企业将加快拥抱互联网，实现业务在线化，加快产业互联网改造，提升发展内生动力。随着人工智能时代的临近，智能化硬件将迎来发展机遇期，物联网、云计算、大数据、区块链在物流领域的应用效果逐步显现，智能仓库、仓储机器人、无人驾驶、无人机配送进入实质性探索阶段。

三、企业物流

制造业物流融合发展。2017 年，制造业面对经济运行下行压力以及产能过剩的形势，仍需要持续推进制造业供给侧改革，2017 年将再压减钢铁产能 5000 万吨左右，退出煤炭产能 1. 5 亿吨以上。《中国制造 2025》全面实施，以提高发展质量和效益为中心，深化创新驱动。2016 年国务院办公厅转发了国家发展和改革委《物流业降本增效专项行动方案（2016—2018 年）》，部署降低企业物流成本、提高社会物流效率工作，最终实现实体产业的物流降本增效，改变传统的单纯强调降低物流企业成本的做法。制造业与物流业深入融合发展，促进制造业从供应链整体角度降低成本，提高生产效率，促进产业升级，引导物流企业深入对接制造业物流需求，全面提升服务能力和服务水平。制造业物流细分化趋势明显，高技术产业和装备制造业物流需求进入较快增长区间。一批物流企业融入制造供应链，开展供应商管理库存、物流仓配一体化、供应链金融等业务，优化供应链协作关系。

商贸物流加快转型。2017 年年初，商务部发布《商贸物流发展“十三五”规划》（以下简称《规划》），提出了“十三五”时期我国商贸物流发展的总体思路、主要任务、重点工程和保障措施。《规划》确立的发展目标是：“十三五”期间，基本形成城乡协调、区域协同、国内外有效衔接的商贸物流网络；商贸物流标准化、信息化、集约化和国际化水平显著提高，商贸流通领域托盘标准化水平大幅提升，标准托盘使用率达到 30% 左右，先进信息技术应用取得明显成效，商贸物流企业竞争力持续增强；商贸物流成本明显下降，批发零售企业物流费用率降到 7% 左右，服务效率明显提升；政府管理与服务方式更加优化，法治化营商环境更加完善；基本建立起高效集约、协同共享、融合开放、绿色环保的商贸物流体系。围绕发展目标，《规划》提出了 9 个主要任务：构建多层次商贸物流网络；加强商贸基础设施建设；加强商贸物流标准化建设；加强商贸物流信息化建设；推动商贸物流集约化发展；推动商贸物流专业化发展；推动商贸物流国际化发展；促进商贸物流绿色化转型；建设商贸物流信用体系。随着政策环境的改善，我国商贸物流将朝着网络化、集约化、协同化、标准化、信息化、绿色化的方向加快转型发展。

农村物流潜力较大。农村电子商务的发展带动了农村物流业务的活跃度。中国物流与采购联合会发布的中国电商物流指数（ELI）显示，2016 年农村业务量指数平均为 191.5 点，反映物流业务量增长速度接近 200%，比同期总业务量指数高出 35.4 点，增速比总业务量高出 30 个百分点以上。分地区来看，农村业务量指数东部地区 180.1 点、中部地区 209.7 点、西部地区 202.3 点、东北地区 212 点，业务量与去年全年相比均保持了一倍以上甚至两倍的增速。大数据显示，由江苏、河北、浙江、山东、广东、四川、河南 7 省组成的农村电商网络购物第一梯队，东中西东北地区均有省份上榜，合计占全国农村业务量一半以上，反映出随着互联网普及和农村物流网络的完善，制约农村物流信息不畅、物流基础等瓶颈问题在一定程度上得到缓解，中西部特别是偏远地区的消费需求有效释放。农村物流竞争激烈，农村“最后一公里”配送是农村物流发展的瓶颈，也是农村物流发展的机遇所在。

四、基础服务市场

（一）公路货运市场

2017年，公路货运市场延续上年经济基本面上行趋势，特别是车辆超限超载治理影响，仍将保持平稳增长、略有上升态势，预计整体市场增长保持在4%左右，公路货运量增长6%左右。

受去产能、去库存政策影响，钢铁、煤炭、建材等大宗商品货运需求增长乏力，而与消费市场和高端制造相关的快消品、电子、汽车、电商、冷链、快递、配送等货运需求保持较高增长速度。随着新一轮治超的启动，部分不合规车辆加快退出市场。但是由于后续治超政策尚未明确，套牌车辆和不合规车辆难以出清，行业补运力后劲不足，市场供给过剩局面将会扩大，导致货运价格重新走低。货主企业对于降低货运成本仍然是第一要务，受要素成本持续上涨影响，单纯地成本价格竞争难以为继，企业更多向组织化、专业化、信息化要效率，甩挂运输、多式联运等模式更加普遍，以效率提升推动降低成本。大型企业通过上下游延伸服务和跨界竞争加快发展速度，整车零担化、专线快运化、快运快递化渐成趋势。受快递上市影响，兼并重组将迎来新一轮热潮，市场加快向规模企业集中，过于分散的市场格局有望转变。轻资产的平台、联盟、加盟、合作等发展方式潜力较大，受到资本市场青睐，也在一定程度上推动市场集约发展。传统企业将加快拥抱互联网，实现业务在线化，加快产业互联网改造，提升发展内生动力。受车辆治超和铁路运力释放影响，公路运量将加快向铁路转移，铁路运力持续趋紧。

从政策环境看，行业企业比较关注的“营改增”、车辆治超和无车承运试点有望继续推进。随着政府对安全监管的力度加大，将有助于引导行业规范发展。随着国五标准的全国推行，增加了企业投入成本。

（二）铁路货运市场

2017年，铁路货运市场降幅进一步收窄，全年运量增幅有转正趋势。煤炭等大宗物资运量降速趋缓，但仍有下降压力。公路治超工作对公路运输车辆尤其是轿运车影响较大，铁路将购置7000辆专用车，预计铁路小汽车运量将突破400万台，力争达到500万台，其他白货运输需求也将不同程度地有所上升。

铁路将在现有基础上，优化班列结构，构建行包快运、货物快运等快运产品网络；继续推行特需班列，满足客户个性化需求；同时紧着市场脚步，不断推出新的班列产品，完善物流产品谱系。大力发展商品车物流、冷链运输、高铁快运及集装箱运输，积极拓展汽车物流、新型冷链、快运和社会物流市场。铁路将继续配合有关部门，加强与地方政府和沿线国家铁路的沟通协调，建立国际铁路联运合作机制，大力推进中欧班列。在各种交通方式快速发展的形势下，铁路将充分发挥自身优势，加强与其他交通方式融合，大力发展集装箱运输，加快铁路线入企、入港、入园，积极开展铁水联运、公铁联运等多式联运，继续发挥铁路运输的骨干作用。

铁路混合所有制改革将以货运为突破口，积极引进社会资本建立合资公司合作经营，共同推进铁路物流中心等基础设施建设经营，发展完善物流公司组织货源及接取送达，铁路负责干线运输的联运模式。

（三）水路货运市场

2017 年，我国港口生产将保持平稳增长态势，预计货物吞吐量增幅将达到 3% 左右。其中，外贸增幅预计在 3.5% 左右。集装箱吞吐量在我国内贸箱量的带动下仍将保持相对良好的增长势头，预计增速将达 4% 左右。综合考虑经济增速、能源结构调整、环境约束、散煤治理以及天气等因素，初步预测 2017 年煤炭需求将继续下降，主要港口煤炭吞吐量增速将维持在 3% 左右。同样，铁矿石在 2016 年凭借低价的存货积累下，2017 年需求增速将低于 2016 年，预计增速维持在 3% 左右。随着重化工业的发展放缓，经济结构调整，原油需求量增长或将继续下滑，但短期内或将相对稳定，预计 2017 年原油吞吐量将保持在 5% 左右。

2017 年，沿海干散货运输需求将维持低位，预计跌幅 1% ~2%。沿海煤炭运输需求受清洁能源转型影响增速继续下滑，跌幅在 1% ~2%。沿海矿石运输受持续去产能影响需求维持弱势，跌幅约为 0 ~1%。沿海粮食运输受终端需求低位徘徊影响，跌幅约为 1% ~2%。2017 年沿海干散货船舶的交付总量将较 2016 年有大幅下降。同时，由于国家拆船补贴政策将在 2017 年年底到期，船东集中拆船的可能性较大，因此预计 2017 年的沿海干散货船舶拆解数量将出现高峰，在 500 万载重吨附近，沿海干散货船队运力供给得到有效控制。预计 2017 年沿海干散货运价均值较 2016 年有所上涨，涨幅在 5% ~10%，沿海干散货运价指数（CBFI）将保持在 900 ~1300 点，全年走势将呈现前高后低。

2017 年，集装箱运输亚洲区域内航线海运量将继续保持较快增长，亚欧航线的海运量仍预计维持目前的增速水平。中国出口集装箱运价综合指数将维持上年平均水平或稍有提升，全年均值将在 700 ~900 点间。集装箱市场运力供给过剩的情况依旧严峻，但由于 2017 年全球多家集运公司仍处于重组进程中，运营效率或将受影响。班轮公司可能进一步采取加强联盟、多方合作等方式，加大在协调运力、共享船舶和航线网点等方面的力度，以此降低航线经营成本，并为行情回升创造市场基础。

（四）航空货运市场

2017 年，航空货运市场继续保持回升态势，预计我国航空货运市场将保持 6% 左右的增速。

由于客机交付量依然较高，客机腹仓运力增加明显，航空货运运力依然过剩。航空快件对航空货运贡献加大，航空快件占国内民航货邮吞吐量比例超过一半，快递公司加大航空货运公司投入，抢占高端快件市场。快递行业已拥有 3 家自主航空公司，但是与 UPS、FedEx 等国际快递巨头相比货机数量相差甚远。随着电子商务的快速发展，将带动国内航空快递业高速发展。跨境电商助力我国国际航空货运高速增长。采用航空包舱方式的物流专线业务仍将保持较快增长。我国航空公司与欧美等发达国家航空公司在航空冷链运输方面差距较大，医药产品运输份额在 9% 左右，未来发展空间较大，医药冷链将成为航空货运市场新宠。由于生鲜市场发展形势大好，政策支持充足，各大航空货运企业争先开发这片新蓝海。

（五）仓储服务市场

2017 年，仓储服务市场仍将保持稳步增长。电商、线下销售、汽车等消费品行业仍是仓储行业需求主力。我国实施的大规模地方性基础设施建设，对于原材料、半成品及相关产业产品运输和仓储需求将继续增长。

在租金面上，由于不同地区的发展差异和供需面不平衡，不同地区之间将出现分化。一线城市长期处于供不应求状态，预测 2017 年租金将继续保持增长，北上广深四城的租金涨幅在 2% ~4% 。由于我国部分二三线城市面临一定的去库存压力，且在供求面上出现短期的供求失衡状态，将出现一定的分化。

随着社会生产不断变化，供应链模式将得到深入实施。通过降低库存、保持合理库存水平，使供应链体系减负、优化，其中的生产商、贸易商、物流仓储企业边界逐渐模糊化，仓储企业作为专业的物资物料管理专家，进入产销存管的各个环节，承担生产库存管理、地区分拨中心、质押监管中心等复合功能，成为以物流带动商流、资金流、信息流，融会贯通的供应链集成服务商。资产与仓储运营逐步分离，推动仓储业经营方式加快变革。对于仓储运营而言，打破了业务经营团队对资产的惰性依赖，增加了外向压力。对于资产持有业务而言，专业化经营会带来更科学合理的资产布局和规划，更高效的物业管理、物业服务，以及在此基础上更加市场化的资产运营策略。仓储行业将进一步“触网”，无论是在快速消费品领域，还是在大宗生产资料领域，由电商化带来的仓储企业经营变革进一步深化。在新建物流地产项目中，将更多地考虑电商物流的实际需求。在经济新常态下，中小企业融资需求仍客观存在，仓储存货担保融资与担保存货管理业务具备较大发展潜力。

仓储智能化成为仓储企业变革制胜的趋势。仓储物流的发展经历了人工仓储、机械化仓储、自动化仓储、集成自动化仓储、智能自动化仓储五个阶段。目前，国内大部分企业处于自动化仓储阶段，越来越多的企业转向技术升级行列。

（六）快递服务市场

2017 年，快递服务市场继续保持较快增长势头。国家邮政局预测，2017 年快递业务量完成 423 亿件，同比增长 35%；业务收入完成 5165 亿元，同比增长 30%。

快递企业加速跨界向综合物流转型。大型快递企业向综合物流转型，中型快递企业向专业化转型，小型快递企业向个性化转型是大势所趋。据 5 家上市快递企业公示的内容均有向综合物流转型布局的计划。预计 2017 年将是加快向综合物流转型竞争最激烈的一年。主要快递企业基础设施建设的投资力度加大，将有力支撑每年业务量的增长需求，提升服务品质，提升客户美誉度。这也是与竞争对手拉大差距的重要工程。2017 年，预计将是行业投资基础设施建设力度最大的一年。行业兼并重组加快，洗牌淘汰加快。5 家上市快递企业与其他企业差距将进一步拉大。2017 年与之有竞争关系的快递企业将面临市场份额减少以及亏损加大的局面，甚至被淘汰出局。快递“价格战”将开始触底反弹，占有接近 70% 电商快递市场份额的 4 家快递企业上市后，不会再依赖于快递“价格战”的单一竞争手段。将由“价格战”向“质量战”转型；由快件量的市场份额竞争向效益竞争转型，即“浮动式”定价机制将会显现，承诺服务将会显现，不会出现“以价换量”争当业务量“老大”的恶性竞争。

快递包装将向绿色化发展，快递产业与电商产业将建立联动机制，共同推行包装绿色环保的应用。预计，可以降解环保塑料袋的应用将会达到 35% 以上。

五、行业细分市场

（一）电子商务物流

2017 年，电子商务市场仍将保持相对较快的增长速度，特别是在 B2B 电商、农村电商、跨境电商等专业领域。B2B 电商市场竞争格局将加剧，大宗电商平台大量兴起，B2B 线上交易逐渐让行业深入交易环节和配套服务等，实现交易的闭环。网络零售市场格局已基本稳定，淘宝、天猫、京东占据超 90% 以上市场份额。跨境电商市场方面，出口电商平台型企业由亚马逊、eBay、速卖通、敦煌网、Wish 五家占据，进入门槛较高，已树立起行业壁垒。进口电商市场格局尚未稳定，各类模式竞相发展，市场空间巨大，行业仍处于抢占市场份额阶段。受跨境电商新政影响，国内跨境电商将经历一个整合期，重新洗牌在即。农村电商市场，在 2017 年将迎来快速发展期，除阿里、京东、苏宁等电商快速渠道下沉外，农村电商还吸引了包括传统农业企业、物流快递等企业纷纷布局。该市场也尚处于发展初期，行业正处于跑马圈地阶段。电商物流作为电商企业竞争的重要焦点和生态体系的重要参与者，更加受到重视。电商物流的开放、共享和绿色发展正在成为趋势。2017 年，新零售将更广泛深入地发展，并将促进渠道融合、消费升级。在新零售时代，传统与电商之间是一种相互包容、相互弥补的关系，线上与线下相互引流，线上展示、销售商品，而线下则为线上解决“最后一公里”问题，同时提供现线下售后服务。“新零售”离不开新物流的支撑，将物流运用于传统零售，可使传统零售获得新生，使纯电商如虎添翼。

（二）冷链物流

2017 年，随着政府监管力度加大和市场竞争加剧，资本的大量投入，冷链行业的整合继续推进。当前，全国性、综合性冷链龙头企业还没有出现，加速整合势在必行，未来没有核心竞争力和差异化服务的中小企业生存将愈加困难。物流是规模经济，健全的网络是物流企业降本增效、升级转型的基础前提。只具备单点或区域服务能力的企业，越来越无法满足客户扩张需求，价值越来越小，冷链企业加快网络建设。随着食品进出口贸易、食品跨境电商的爆发，有能力的冷链企业逐步在“走出去”，“一带一路”沿线国家和地区，将是企业未来布局的重要地区。同时将会有更多国外冷链企业涌入国内市场。提高资产的运营效率是未来的方向，在一定区域或范围内，把个别的、零碎的、分散而同质的客户集中形成规模。GB 1589 治超的实施，再次倒逼运输领域走向集约化，不断提高效率。冷链物流因其专业化程度高、前期投入大、回报周期长，决定了它进入门槛高、经营难度大。但一旦做好，其关联好的网点布局、上下游渠道、客户资源、设施设备等优势便体现出来，往往可以另辟蹊径，拓展贸易、快递、医药物流等新的领域，实现多元化发展。

（三）医药物流

2017 年，医药市场保持平稳增长态势。2016 年县级医院全覆盖，城市医院医改综合试点省份从原有的4个省份增加到11个省份，医改试点城市扩充到200个城市。控制药品价格和药占比仍然是医改的主旋律之一，辅助用药目录、药品监测管理等政策都是为了控制药占比。随着国家医改的推进和两票制的落地，以及现代物流技术的发展和大型现代医药物流中心的增加，医药流通企业的整合将加速，中小型医药流通企业将被大型企业收购或被迫转型为医药配送企业，医药流通企业的物流属性会越来越突出。院内物流将成为下一个行业热点，两票制的推行使得更多的医院会将药房交由医药流通企业托管经营。随着医药分销渠道的扁平化、医药商业企业间的整合扩张，集团性企业内部的物流网络布局进一步优化，多仓协同、跨区域配送在集团性企业将成为医药供应链发展的趋势。随着国家政策的逐步推行，社会医药物流企业的专业化程度和运营水平将越来越高。

（四）汽车物流

2017年，汽车产销市场增速将有所放缓，车市将转为平稳增长，全年增速预计在7%左右。车辆运输车治理工作还将持续，第二阶段的治理工作对于行业的影响更大，此阶段开始，整车物流企业要按照比例进行不合规车辆运输车的更新置换。物流成本随之上升，需要主机厂、物流总包商、承运商共同应对成本带来的压力。整车公路运输将会发生重大变化，以公路运输为主的长途干线运输量将会逐步转变为以铁、水干线运输为主的多式联模式。铁路运能将提高至500万辆，较2016年同比增长72%，铁路运输装备的大量投入，能够充分运用铁路运力，提高铁路的使用率。随着汽车物流市场不断增长和政策环境的越加规范，汽车物流企业需要利用行业资源的整合，来提高整体物流效益，物流企业间合作、与上下游合作、跨界合作将助力全社会资源快速整合，行业资源的综合利用，跨界资源的有力补充，将会有效推动行业转型升级，降本增效。

（五）危化品物流

2017年，石油和化工市场总体将延续相对平稳的走势，稳中趋升，价格总水平可能重拾涨势。预计石油和天然气开采业价格总水平涨幅在15%左右，化学工业涨幅约5%。随着我国原油产量和原油加工量不断增长，煤化工、天然气、油页岩化工发展速度加快，储罐需求量不断增加，预计储罐将以每年10%以上的增长，未来占比将超过60%，甚至更高。储罐库和立体仓库将主导我国危化品仓储行业。作为先进的发展理念和发展模式，以集约化、规模化、现代化为特征的化工园区成为带动我国石油化工产业发展的强劲动力。随着传统石化产业向中西部迁移和西部大开发政策的深入实施，中西部的能源开发和石化、煤化、气化、盐化等产业发展步伐将进一步加快，中西部危化品仓储设施建设随之被拉动。自2001年全国危险货物道路运输专项整治以来，我国危险货物道路运输企业过小、过弱的情况得到了极大改观，日益朝着规模化、专业化和集约化发展，危险货物道路运输业将走向良性有序。物流业务单独从化工生产企业中剥离出来成为服务性企业、使用第三方物流成为危化品物流发展的一大趋势。

（六）钢铁物流

2017年，钢铁行业去产能将继续深入推进，通过化解过剩产能专项行动实现去产能的总体目标；利用环保执法专项行动，依法查处环境违法行为；利用质量执法专项行动，依法严肃查处“地条钢”生产企业；利用能耗执法专项行动，严格执行节约能源法，对不符合能耗标准企业限期整改，整改不达标依法关停退出。预计2017年因在产产能压减占比的提高，对钢铁产量的影响将有所体现，粗钢产量或将下降到8亿吨以下。钢铁行业充分利用“互联网+”，全面推进钢铁智能制造发展。《钢铁工业调整升级规划》，提出，推动钢铁工业绿色发展、智能制造、服务型制造转变将是钢铁产业发展的方向。钢铁电商平台在运用云计算、云存储等新兴互联网技术的基础上，通过大数据技术的分布式架构、数据挖掘和数据处理，与钢铁生产企业、钢铁流通企业、终端用户企业进行系统对接和数据实时交互，实现平台大数据体系的互融互通。以物联网、云计算技术为基础，以信息化、智能化设备为载体，可以全面推动物流业与钢铁制造业、商贸业的融合，钢铁物流与商流、信息流、资金流的融合，互联网、移动互联网、物联网与车联网的融合，从而提高效率、降低成本，提升钢铁物流业综合服务能力和整体发展水平。

（七）粮食物流

2017年，预计粮食播种面积将可能继续下降。如果天气正常，不出现大的自然灾害，预计2017年全年粮食将减产，夏粮产量将保持持平略增的态势，秋粮可能减产。初步预计，2017年粮食产量预计将减少50亿千克左右。粮食安全事关国家发展、社会稳定与民众生活。2017年国家将努力抓好粮食安全省长责任制考核，把粮食安全生产省长责任制落到实处。将加强市场粮源组织和跨区域调运，完善粮食应急预案，健全应急供应机制，提高应急保障能力，做好节日市场供应、军粮供应以及突发事件应急供应工作，确保粮油市场供应平稳有序。粮食物流发展也将主动适应把握引领经济发展新常态，提升粮食流通现代化水平，增强国家粮食安全保障能力。扎实推进粮食收储制度改革，加快推进粮食“去库存”。在保证粮食安全供给的同时，努力减少粮食非必要性存储，降低存储成本。按照国家粮食安全战略调整部署，加快完善“八大粮食物流通道”，优化“两横五纵”重点线路。合理布局粮食收购、仓储、加工、周转等不同环节基础设施，推动建设一批粮食接发设施，支持建设一批中转仓、铁路专用线、内河沿海码头，支持建设一批重要物流节点项目和综合性物流园区。

（八）连锁零售物流

2017 年，消费对经济增长的贡献显著提高。预测 2017 年社会消费品零售总额增长 10.2%，超过 37 万亿元，最终消费对 GDP 增长的贡献率稳居 70% 以上。随着消费持续升级，连锁零售企业进一步突破传统的思维框架和业务模式，积极推动创新，利用技术来驱动商业变革，迈向“新零售”时代。打通线上线下与物流服务无疑是未来发展的主流方向，拓展全渠道零售亦迫在眉睫。进行全面转型升级，推动智能化、数据化、线上线下一体化的“新零售”业态向前大步迈进。连锁零售企业回归零售本质，加强主营业务，提升购物体验，迈向提质增效之路，以把握未来的发展机遇。同时，龙头企业将实现优化供应链，提升营运能力、大数据能力、物流能力，并形成差异化，提升综合竞争力。与较发达的电商物流相比，连锁零售业的自建物流则显得有些落后，在“新零售”的趋势下，零售企业也不再需要单独去扩建物流网络了，借助电商物流的力量将会是未来业态融合发展的大趋势。这种线上 + 线下的融合和互相借力，将会大大提高双方空置资源的有效利用率，双方可以加快发展齐头并进。

六、区域与国际物流

2017 年，国际集装箱运输市场将保持 3% 以上的增速，亚洲区域内航线海运量将继续保持较快增长，亚欧航线的海运量仍预计维持目前的增速水平。2017 年集装箱市场运力供给过剩的情况依旧严峻。预计 2017 年，拆解量仍将处于历史较高水平；加上运力存量过剩产生的推迟交付现象，世界集装箱船队规模实际增长速度将继续小于计划交付量，市场上的实际有效运力供给可能会低于整体运力增长（3.6%）。集运行业已经普遍处于亏损状态，全球领先的集运公司（如马士基、地中海航运等）或将不再选择通过压低运价占有市场份额的竞争手段，非理性的价格竞争将得到有效的控制，运价逐步回暖。

2017 年，全球航空运输市场航空货邮运输量预计将增长 3.3% 左右，达到 5570 万吨。数据显示，2015—2017 年是全球航空公司整体盈利的历史最好水平：2015 年全球航空公司资本回报率高达 9.3%，预计 2016 年将达到 9.4%，2017 年达到 7.9%，全球航空业连续三年资本回报率高于全球资本成本率，这是20年以来航空业最好的经营记录。波音公司预测，未来五年全球电子商务预计将增长一倍以上，2020年市场规模将达3.7万亿美元。据预测，2020年中国电子商务市场的规模将超过现有的美国、英国、日本、德国、法国五国市场的总和。随着电子商务的快速发展，航空快递业必然也会高速发展。

2017年，中欧班列将实现协同发展。2016年，推进"一带一路"建设工作领导小组办公室印发了《中欧班列建设发展规划（2016—2020年）》，全面部署今后5年中欧班列建设发展任务。这是中欧班列建设发展的首个顶层设计，明确了中欧铁路运输通道、枢纽节点和运输线路的空间布局规划，提出完善国际贸易通道、加强物流枢纽设施建设、加大货源整合力度、创新服务模式、建立完善价格机制、构建信息服务平台、推进便利化大通关7大任务及相关保障措施。计划到2020年，中欧班列年开行5000列左右，基本形成布局合理、设施完善、运量稳定、便捷高效、安全畅通的中欧班列综合服务体系。

七、基础设施

2017年，交通基础设施投资规模将保持稳定。预计公路、水运完成固定资产投资1.8万亿元，新增高速公路5000公里，新改建农村公路20万公里，新增贫困地区7000个建制村通硬化路，新增内河高等级航道达标里程500公里。国家铁路计划完成投资8000亿元，与2016年投资规模相当。

2017年，铁路将建成投产全部538个铁路物流中心。同时做好多式联运场站规划建设及既有货场改造工作，持续推进集装箱中心站等铁路场站向现代物流中心转型，为开行中欧班列、多种运输方式融合发展提供有力支持。借助铁路物流基地逐渐建成投产和铁路专用线加快入园区的机会，具有多式联运能力的物流园区将成为企业仓库选址的重要因素，物流资源要素加速向其集聚。2016年10月，《中欧班列建设发展规划（2016—2020年）》，按照铁路"干支结合、枢纽集散"的班列组织方式，在内陆主要货源地、主要铁路枢纽、沿海重要港口、沿边陆路口岸等地规划设立43个枢纽节点。

2016年底，交通运输部和国家发展和改革委联合印发了《推进物流大通道建设行动计划（2016—2020年）》（交规划发〔2016〕217号），考虑综合运输通道范围内，货物转运集散功能及通过量等多个因素，确定了23个国家骨干联运枢纽（城市）、51个区域重点联运枢纽（城市）和11个陆路沿边口岸枢纽。

2016年6月国家发展和改革委下发的《营造良好市场环境推动交通物流融合发展实施方案》明确指出，当前交通枢纽与物流园区之间布局不衔接、多式联运和供应链物流发展较为落后等问题，提出要创建协同联动的交通物流新模式，推广公路港模式，强化公路港功能，推进公路港等物流园区之间运输、集散、分拨、调配、信息传输等协同作业，鼓励公路港连锁经营。

传统物流园区面对增长迅速的电商物流，将更为积极地进行转型，加强对电商物流的支持力度。对于有条件、有需求的传统物流园区，将通过划分电商物流基地，吸引物流地产商或通过自建电商物流所需基础设施、提供优惠条件吸引电商物流企业，积极参与电商物流发展的大潮，实现物流园区的转型升级。

八、物流技术与装备

（一）物流技术

2017 年，实验性的新技术开发的热点集中人工智能、机器人、无人机配送、无人仓储、大数据与云计算等领域。中高端物流技术创新步伐将加快，各种先进的新技术将不断涌现，前两年出现的新技术将开始探索在现实中应用。如无人配送小车和配送机器人将开始在特定场景应用，无人机配送将得到较大发展。智能物流技术将迎来大发展机遇，随着“互联网 +”的发展，未来智能物流将产生颠覆式创新，人工智能有可能成为颠覆智能物流的利器，尤其是智能物流装备产品将出现智能控制网络化，设备产品感知自动化，将智能设备的“大脑”设在虚拟互联网中，互联网成为控制各种终端智能设备的核心。物流系统将通过物联网、大数据、云计算技术控制智能终端物流设备，智能终端物流设备将变得简单化，具备自动感知和自动化技术即可，这将转变智能物流终端设备的开发理念。

（二）物流装备设施

2017 年，物流装备行业将继续保持稳定快速增长，增长速度预计达到 11% 以上，高于国民经济增长速度。中国物流装备市场继续保持世界第一大市场。2017 年，医药、烟草、机械、汽车、家电、服装等行业物流装备需求继续稳定增长。在应用领域的市场热点将集中在全自动化立体库、新型的快速分拣技术、智能穿梭车与货架系统、智能自提终端、智能搬运、自动装车等方面。从主要产品看，2017 年中国叉车产销量将继续保持稳定增长，预计同比增长 10% 左右，电动叉车、新能源环保型叉车将继续成为市场热点。2017 年托盘市场将继续保持一定速度增长，增长速度趋缓，预计增速在 7% 左右，托盘产量超过接近 3 亿片，托盘保有量继续增加，标准托盘产量增长将超过 20% 。2017 年，预计中国自动化立体库行业将继续保持快速增长，增长速度继续保持在 20% 左右。新建的具有一定规模的自动化立体库将超过 600 座。2017 年，立体库货架市场需求将保持高速增长，普通的工业货架随着物流业进入中速增长阶段，市场需求增长和将趋缓。预计货架系统市场增长将保持中速，增长速度在15%左右，市场规模将达到110亿元以上。随着物流装备市场规模扩大，物流装备的租赁、养护、维修、升级、共享、管理、操作等市场需求即将进入爆发期，物流装备后市场发展空间商机无限，尤其是叉车租赁、托盘租赁、货架租赁、立体库后期改造、维护、升级等专业的后市场服务空间广阔。

九、要素市场

2017年，在物流基础设施投资、物流企业股权融资等领域，均为快速增长的投资热点。随着物流行业资本市场的逐渐成熟，将有更多的投资基金进入物流行业，主要类型包括政府引导基金、物流创投基金、物流融贷基金、物流并购基金等。预计未来3年内，我国物流类上市企业将增加到100家以上，这有助于更大程度上优化资产配置。大批物流企业排队上市，物流行业资产证券化速度加快，获得融资的上市物流企业将加大兼并重组力度，拉开市场内企业差距。得益于信息技术和互联网金融的创新，贷款的申请和评估将变得简单，未来金融机构的评估成本和风控成本也将得到很好控制，中小企业融资难有望得到解决。

2017年，土地的保障任务仍然艰巨。土地政策将坚持最严格的耕地保护和节约用地制度，土地供应结构将进一步调整，重点支持创新驱动战略实施，保障新产业新业态和大众创业万众创新用地需求；重点支持推进新型城镇化、生态文明建设、美丽宜居乡村建设，保障其对生活性、生态性用地需求；继续保障京津冀、长江经济带、“一带一路”“三大支撑带”用地计划，严禁为产能严重过剩行业项目安排新增建设用地计划。增加存量建设用地供应比例，严格控制新增用地，实现建设用地总量控制和减量化管理，未来满足发展用地需求将主要通过建设用地的结构优化、闲置用地处置、低效用地再开发等措施来实现。

2017年，我国就业市场仍处于较高水平。随着老龄化、少子化的到来，目前，我国每年城镇新增就业人数达到历史的最高水平。在面对经济下行压力的情况下，国内产业结构处于转换关键期，经济增长对就业拉动效应下降。随着我国适龄劳动人口比例的降低，每年需要解决的新增就业人数将逐步减少，为此只需要根据经济增长水平的变化维持一定的就业规模就能保持社会就业的稳定。初步预计，2017年我国城镇新增就业规模维持在1100万人以上，但低于上年的水平。从劳动者的构成变化来看，我国劳动力整体的受教育水平在不断提高，未来随着低端就业市场上的文化程度较低、缺乏专项技能的农民工、普通工人以及简单体力劳动者逐步退出劳动力市场和新的具有更高学历层次的就业人群进入市场，劳动力将逐步实现由低教育水平向高教育水平的更替，由此带来劳动力整体质量的提高。

十、政策环境

2017 年，《物流业发展中长期规划（2014—2020 年）》进入承上启下阶段，各部门进一步深化贯彻落实。无车承运人试点要求税收、保险制度跟进，车型标准化促进组织优化、技术改造和装备升级。行业标准化工作有序推进，物流安全监管约束将进一步增强。“互联网＋政务”有望得到推进，“放管服”改革将取得新进展。现代物流工作部际联席会议制度将发挥更大作用，物流业政策环境向着发展稳定、竞争有序、治理规范的方向持续改善。

2017 年，中央经济工作会议把深入推进“三去一降一补”，作为继续深化供给侧结构性改革的首要任务。指出：“降成本方面，要在减税、降费、降低要素成本上加大工作力度。要降低各类交易成本特别是制度性交易成本，减少审批环节，降低各类中介评估费用，降低企业用能成本，降低物流成本，提高劳动力市场灵活性，推动企业眼睛向内降本增效。”由此可见，降低物流成本仍然是新一年经济工作的重点，更是物流行业企业的责任。同样离不开创新行业管理体制和管理方式，提高政府治理能力和政策实施效力。业内企业迫切要求进一步放松行业管制和政策约束，优化提升服务，切实推动已有各项政策真正落地。重点解决税费、通行、土地、审批等长期制约行业发展的突出问题，并支持新动能、新业态、新模式创新发展。

（撰稿：周志成　审稿：贺登才）

参考文献

［1］何黎明. 我国物流业 2016 年发展回顾与 2017 年展望.

［2］恽绵. 2016 年物流企业发展回顾与 2017 年展望.

［3］周志成. 2016 年公路货运发展回顾和 2017 年展望.

［4］张晓东，杨俊杰，韩伯领，等. 2016 年铁路物流发展回顾与 2017 年展望.

［5］赵楠. 2016 年港口物流发展回顾与 2017 年展望.

［6］郑静文. 2016 年国际集装箱运输市场回顾与 2017 年展望.

［7］张永锋，邵斐，顾钱笑，等. 2016 年国际干散货运输市场发展回顾与 2017 年展望.

[8] 李倩雯. 2016年沿海干散货市场回顾与2017年展望.
[9] 曹允春, 许诚, 张凯迪. 2016年航空货运市场回顾与2017年展望.
[10] 李勇昭. 2016年仓储业发展回顾与2017年展望.
[11] 梅赞宾. 2016年国际货代业发展回顾与2017年展望.
[12] 徐勇, 徐梦馨. 2016年快递业发展回顾与2017年展望.
[13] 刘昀皓, 冯耕中, 刘缨缨. 2016年物流地产业发展回顾与2017年展望.
[14] 葛世明, 安宏瑞. 2016年物流金融发展回顾与2017年展望.
[15] 田征. 2016年保税物流发展回顾与2017年展望.
[16] 兰洪杰. 2016年绿色物流发展回顾与2017年展望.
[17] 刘伟华, 申欣冉, 朱冬蕾, 等. 2016年制造业物流发展回顾与2017年展望.
[18] 王国清, 刘长庆. 2016年钢铁行业物流发展回顾与2017年展望.
[19] 张晋姝. 2016年汽车物流发展回顾与2017年展望.
[20] 秦玉鸣. 2016冷链物流发展回顾与2017展望.
[21] 郭威. 2016医药物流发展回顾与2017展望.
[22] 刘宇航. 2016年危化品物流发展回顾与2017年展望.
[23] 吴艳芳, 梁欢, 龚英. 2016年农村物流发展回顾和2017年展望.
[24] 吴志华, 徐文超. 2016年粮食物流发展回顾与2017年展望.
[25] 卢继周, 孙炀炀, 冯耕中, 等. 2016年大宗商品电子交易市场与物流发展回顾与2017年展望.
[26] 万莹. 2016年中国电子商务（网络购物）物流发展回顾和2017年展望.
[27] 王继祥. 2016年物流装备市场发展回顾与2017年展望.
[28] 孙熙军. 2016年托盘行业发展回顾与2017年展望.
[29] 李红梅. 2016年物流标准化工作回顾与2017年展望.
[30] 晏庆华. 2016年物流信息化回顾与2017年展望.
[31] 郭肇明, 上官世霞. 2016年物流教育培训发展回顾与2017年展望.

第二篇

专 题 研 究

第一章

物流服务业

2016 年物流企业发展回顾与 2017 年展望

2016 年，对物流企业而言，一边是不忘初心坚定前行的茫茫大海，一边是不断创新，不断探索的腾空火焰，坚持与创新交织，探索与风险并行，观念在冲突，关系在颠覆，模式在创新，平衡被打破，主动或者被动地在经营的大路上前行。

一、2016 年物流企业发展回顾

（一）新常态下宏观经济发展增速回落，一般物流需求增长趋缓

2016 年，中国经济发展结构的调整不可避免地影响到宏观经济的增长速度。从需求侧看，我国货运量增速放缓、企业物流支出出现负增长、物流管理成本比重增加，企业物流效率提高放到了更为重要的位置，物流外包趋势更加明显。

全年社会物流总额 229.7 万亿元，同比增长 6.1%；而社会物流总费用 11.1 万亿元，同比仅增长 2.9%，明显低于社会物流总额、GDP 增速。物流费用占物流总额的 4.83%。2016 年物流业总收入 7.9 万亿元，比上年增长 4.6%，低于社会物流总额增长，高于社会物流总费用增长，说明社会物流外包给物流企业的比例在增加，有助于物流成本的降低。

2016 年，社会物流费用持续增加。运输费用占比最大为 6 万亿元，占社会物流总费用的 54.1%，同比增长 3.3%，增速比上年提高 0.2 个百分点，超过社会物流总费用增长速度；保管费用 3.7 万亿元，占社会物流总费用的

33.3%，同比增长1.3%，其中占比最大的利息费用占比降低了2个百分点，说明社会商品周转效率在提高；管理费用1.4万亿元，占社会物流总费用的15.6%，增长了5.6%，可见管理费用已经成为中国物流成本中增长最快的部分，既说明了物流外包比例与国际发达水平还有较大的差距，同时也说明了中国物流管理效率还有更大的潜力需要发掘。

2016年，社会物流总费用与GDP的比率在前几年持续降低的基础上进一步降至14.9%，同比2015年的16%快速下降了1.1个百分点。说明单位物流成本在下降，物流企业的单位物流量收入在减少，物流运行效率在提升，物流运行质量在稳步提高。

物流业景气指数（LPI）通过业务总量、新订单、从业人员、库存周转次数、设备利用率5项基础指数加权分析合成，反映着我国物流业经济发展的总体变化情况。2016年中国物流景气指数低开高走，从年初的接近枯荣线到第四季度维持在60%左右，全年均值55.2%，比2015年提高0.2个百分点；与制造业采购经理人指数呈现出较强的正相关，说明了物流企业与中国经济核心制造业的相辅相成关系。（如图1、图2所示）

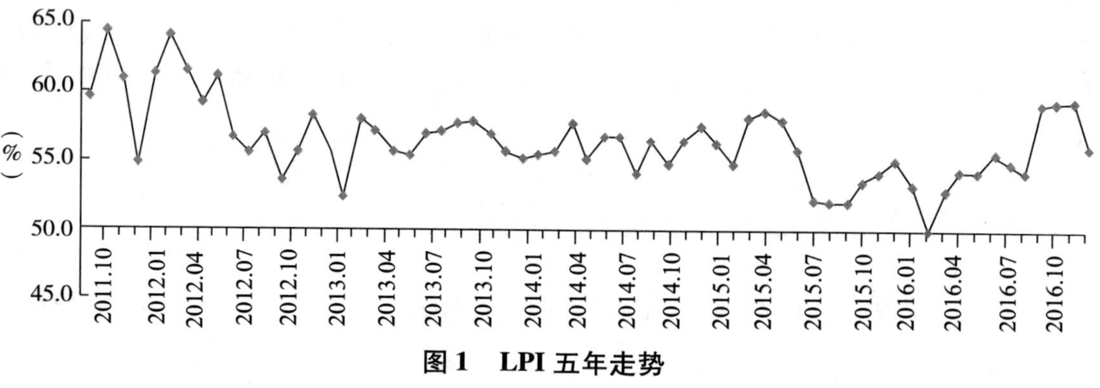

图1　LPI五年走势

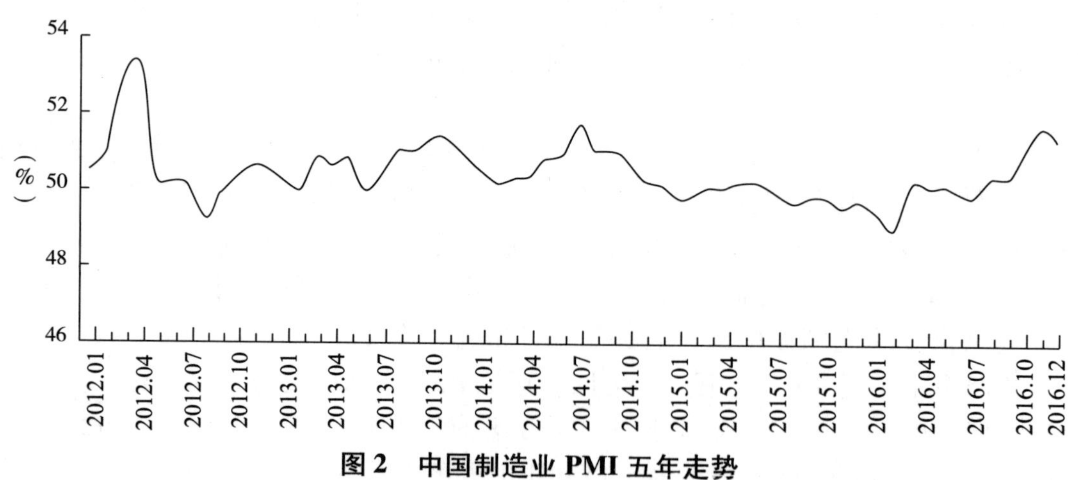

图2　中国制造业PMI五年走势

（二）物流关键要素成本持续增加

2016年物流企业运行成本持续不断上涨。占物流成本比例最大的运输成本中，公路货运成本在2016年呈现快速增长的趋势，特别在“9·21”治超治限新政实施之后，出现了快速上扬，年度曲线翘尾明显，物流企业的运输服务成本骤增，可支配运输资源减少，出现了短期的供需失衡。（如图3所示）

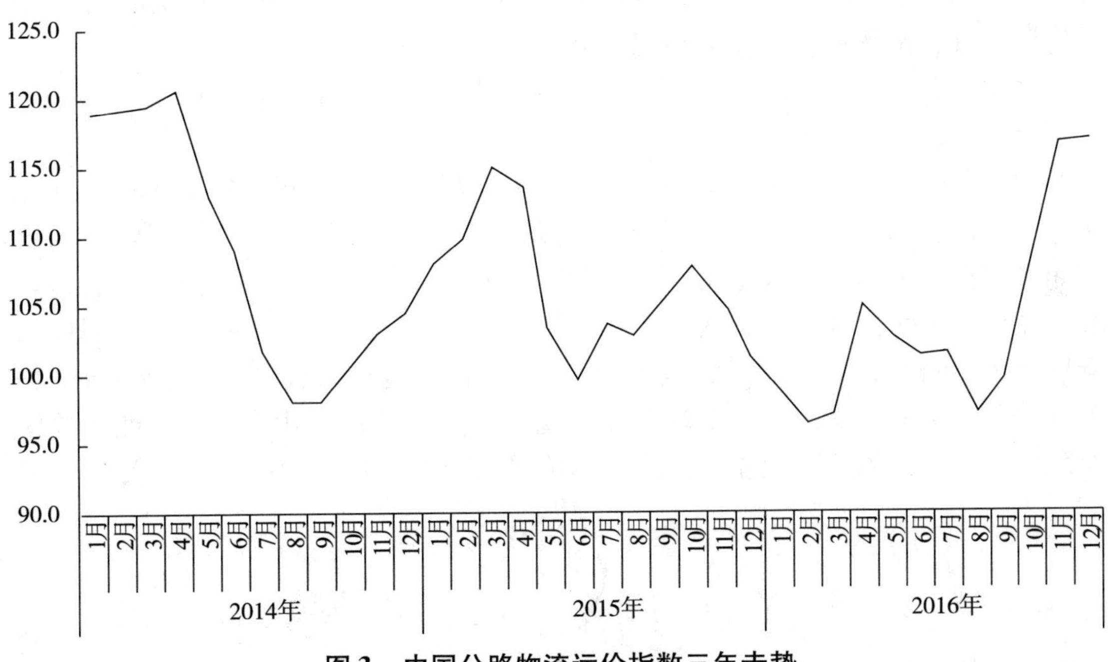

图3　中国公路物流运价指数三年走势

以劳动密集型为特点的物流企业，人力资源成本也在快速增加。根据物流产业大数据平台（隶属络捷斯特物流产业研究院）收集各个招聘平台的大数据分析，2016年典型区域物流人员总薪资出现较大幅度的上涨。（如下表所示）

主要核心区域物流人平均月薪数据统计

区　域	北　京	上　海	广　东
2015年11月	6287元	5794元	4872元
2016年12月	8942元	8412元	8312元
增长（%）	42	45	71

（三）市场需求结构不断进行调整

市场需求是物流企业经营发展最基本的要素。2016年，物流企业的市场需求侧在发生着重要的变化。

在前几年电子商务物流需求快速增长的趋势下，2016 年 O2O（线上 + 线下）的模式开始形成，B2B（企业到企业）的业务出现增长，工业品物流占物流总额的93%，达到214 万亿元，比上年增长6%；仍是物流企业最重要的服务对象市场。进口货物物流总额 10.5 万亿元，增长 7.4%；农产品物流总额 3.6 万亿元，增长 3.1%；再生资源物流总额 0.9 万亿元，增长 7.5%，回落 11.5 个百分点；单位与居民物品物流总额 0.7 万亿元，增长 42.8%，都高于平均增长率，是物流企业新的市场空间。

物流服务需求市场随着现代制造业与消费市场的需求变化向标准化和个性化两个方向发展。

制造业的物流外包快速发展。随着注重全经济结构优化的德国工业 4.0 和注重中国先进制造业转型升级的《中国制造 2025》的实质性推进，中国的高端制造业根据市场的需求也在不断地调整与发展。随着市场竞争激烈，制造业客户需求发生较大的变化，效率放在了第一位。运输、仓储等基础物流服务向着标准化方向发展，而传统的线边物流、JIT 物料管理等传统的自营物流部分也开始呈现出外包的意图。高端制造与现代物流服务相辅相成，开始改变原来的简单甲方乙方的关系，相互促进，形成了物流企业良性发展的新型关系。

（四）制造业及分销业供应链优化与物流企业协同发展

1. 高端制造业供应链优化向深度协同方向发展，与专业物流企业的供应链服务融合发展

2016 年的全球供应链发生了较大的变化。一是全球化浪潮出现了一股逆流，逆全球化现象已经比较明显，影响了供应链的调整。低端制造向东南亚等人力资源成本洼地转移，高端制造的供应链在全球出现重新布局的趋势，物流的需求也有所调整，对供应链物流服务企业也提出了自己的特点。二是高端制造企业的供应链优化越来越得到了共识，跨国高端制造企业率先引领了供应链优化的过程。为物流企业创造了发展的机遇。德利得供应链在 2015 年进入高端制造型客户的物料 VMI 服务和 JIT 服务，2016 年和客户之间进一步优化，进入生产线的线边物流服务，进一步实现了高端制造供应链物流的专业化分工和供应链成本的持续降低，风险降低。供应链物流企业从原材料和成品运输到制造业相关仓储与分拨服务，VMI 服务与 JIT 服务，线边物流，实现了高端制造业的供应链物流一体化服务，实现了制造业和物流业的融合，进一步降低了客户的总成本，提升了效率。

2. 分销业不断创新优化，促进供应链物流服务向一体化方向发展

随着我国电子商务的快速发展，分销行业也在发生深刻的变革，分销物流

服务需求也在不断改变，从过去的一般物流外包类的干线、仓储、配送等基础性业务，向高效率的分销供应链发展，物流企业也在基础层面的操作优势中、在分销客户需求的变化中不断拓展。新三板第一家物流企业“海格物流”在2014年挂牌三年来，不断快速发展，已经从一个综合物流服务商在专业物流服务的同时，推出了针对分销业的云链管家LLP（Lead Logistic Provider）领先物流服务和以海格零售物流中心为核心，以提升客户价值为目标的渠道拓展及线上管理服务。向集物流、商流、贸易和金融于一体的完整的供应链管理公司方向发展。日日顺公司在原有大家电业务的基础上，通过与天猫的深度合作，快速拓展和推出了大件物流一体化服务，上联柔性供应链，下通终端服务，形成了与制造业分销业的紧密结合。

京东、苏宁云商等电子商务企业也纷纷开放第三方物流服务业务，拓展消费品物流服务。适应了电子商务物流服务需求的快速增长。

3. 特种、专业物流服务异军突起，适应监管要求，承担社会责任

随着“互联网+”环境下专业客户的要求越来越高，需求越来越复杂，对物流服务的专业性要求越来越高，国家的管理要求越来越高。社会分工的细化促进了物流的专业化分工，企业也承担着相应的社会责任。冷链物流开始划分出医药与医疗器械物流、食品物流、化工物流等不同的领域，医疗与医疗器械再细分成医药物流、疫苗物流、医疗器械物流、院内物流等不同的服务形式，满足客户在国家法规上的要求。在医药物流领域，既有九州通这样从经销到物流的企业，也有国药、上药、广药的剥离出专业化物流板块，还有德利得供应链、华人物流这样的专业化医药物流服务，顺丰、荣庆等大型快递、快运公司也都成立了医药物流事业部大举进军，各自发挥自己的优势，在医药物流板块深耕细作，快速发展。

危险化学品物流也同样在走专业化的细分市场的道路。

农产品物流是一个需求广阔但分散，组织化程度低的物流市场，在一批电商+物流快速切入农产品市场遇到经营困境的同时，依托农产品生产、销售为一体的首农集团、锦绣大地等农业龙头企业为主体的农业物流服务开始稳步推进，同时京东商城等电商物流板块也利用自有的商业资源，在提供工业品下乡的同时，尝试与农业物流协同的双向物流服务模式。

（五）创新物流服务模式与物流技术促进行业和企业健康快速发展

自国家部署推进“互联网+”高效物流以来，以“互联网+”高效物流为标志的“智慧物流”加速起步，催生了一批新模式、新企业、新业态。物流装备行业的物流装备、机器人、大数据等在物流领域的应用，让仓储更智能、运输更高效。

2016年，国家无车承运人试点企业政策，为物流运输行业的创新打开了大门，公路无车承运人承揽货物并开具运输业增值税专用发票解决了合规与发展的问题，催生和促进古老的公路运输行业赶上了“互联网+”的大潮，一批批车货匹配平台、平台货运经纪人等新的模式开始向“互联网+”实业的方向发展，运满满、货车帮、卡行天下、路歌、共生、正广通、云鸟等“互联网+”的创新型企业快速发展。传统的规模物流企业也不断地转型升级，中国储运总公司拓展了“中储智运”无车承运人业务，传化集团连续创建了“易货嘀”“陆鲸”等专业物流服务平台，在探索中成为2016年中国物流企业发展的主旋律。

在“大众创业、万众创新”的基础上，很多传统的第三方物流企业也在创新物流服务，海格物流拓展了跨境电商业务，德利得供应链与客户的产品链整合形成新的电子商务协同模式，不断在探索物流创新之路。

经过中国物流与采购联合会等行业组织与国家有关部门共同努力，2016年1月29日，科技部、财政部、国家税务总局正式颁布了修订后的《高新技术企业认定管理办法》，“物流与供应链管理技术”正式纳入了高新技术企业认定范围，安得物流、山西丰矿物流、北京德利得物流等物流企业获得了高新技术企业资质，通过加大研发各种专利技术提高物流效率，通过信息系统更新推进提升供应链物流服务能力，通过标准化进一步优化供应链的一体化效率。有力地推进了物流行业坚持供应链技术、管理、服务创新的热情，相应的所得税优惠及各种支持政策为企业创新提供了支撑。

（六）资源整合、兼并重组与资本运营加快

面对更为复杂的市场需求和激烈的竞争局面，“竞合”观点在2016年成为热词，物流企业的融合趋势更为明显。物流企业之间的兼并重组和联盟合作的案例不断增加，影响最大的莫过于已经是行业巨头的中外运长航和招商局物流的合并和中国远洋运输总公司与中国海运总公司重组成立中国远洋海运集团有限公司的案例，成就了多个世界第一的物流能力。中储股份走向海外成功控股英国HB集团，进一步在期货交割物流进入全球化市场。动作不断的铁路总公司开始与海尔集团等大型制造业结成战略合作联盟，改变着物流服务的格局。壹米滴答成功地突破了各地专线“整而不合”的魔咒，迈出了攻城略地全国整合的战略大局。不仅是卡行天下、安得物流等加盟型公路货运企业在加盟模式上不断创新，老牌的德邦也在自营的基础上成立了加盟事业部，目前合伙人已经突破5000家。

同时，物流企业全面进入资本市场，2016年，以长久物流、宝湾物流、圆通速递、申通快递等为代表的一批快递、物流企业相继登陆A股主板市场；德

利得供应链、亚风快运、易流科技、安捷供应链等一批创新型物流企业挂牌“新三板”；卡行天下、运满满、货车帮、天地汇、云鸟等一批平台型新兴企业爆出一轮又一轮的融资消息；平安银行、复星集团、红杉资本、钟鼎创投等投资机构不断加大对物流业的关注与投资，各类资本加快进入物流市场。促进了物流行业的发展与变革，同时不断打破物流行业的原有格局。

（七）国家政策春风频吹

各项物流相关政策继续密集出台。

2016 年，据不完全统计，国务院及有关部门共出台了物流相关政策文件 98 项，围绕全面落实《物流业发展中长期规划（2014—2020 年）》，成为促进物流业发展的重要推动力之一：3 月 3 日，国家发展和改革委发布《关于加强物流短板建设促进有效投资和居民消费的若干意见》，将通过补强物流短板，加大重要物流节点基础设施建设，提高物流效率；5 月 1 日，《营业税改增值税试点实施办法》在物流业全面推开，对物流企业经营模式影响巨大。虽然桥路费等可以列入进项抵扣，但由于相关手段与细则没有跟上，个体运输户、小规模纳税人的开票问题依旧没有解决，部分省市取消或减少了营改增试点财政支持政策，造成了规模物流企业税负不降反升的问题；5 月 23 日，国家发展和改革委发出关于做好现代物流创新发展城市试点工作的通知，确定了天津、上海、南京等 20 个城市为现代物流创新发展试点城市，探索支持大型城市现代物流业健康发展的办法；7 月 20 日，国家发展和改革委印发《中长期铁路网规划》，奠定了全国综合交通运输网络的框架蓝图；9 月 1 日，交通运输部发布关于推进改革试点加快无车承运物流创新发展的意见，原来无车承运的模式得到了国家的正式认可，无车承运人试点政策在全国几十家推进，为物流行业的模式创新提供了政策支持；9 月 21 日，被称为史上最严的《超限运输车辆行驶公路管理规定》正式施行，在解决交警路政执行标准不一、处罚裁量权过大、超限运输审批不便等问题的同时，随着新 GB 1589—2016 的实施，将车货最高总重量从 55 吨降至 49 吨。同时要求，车货总高度从地面计算不超过 4 米，车货总宽度不超过 2.55 米，车货总长不得超过 18.1 米，每超 1 吨罚款 500 元，超限最高罚 3 万元。在第四季度造成了公路物流成本的大幅度上升，同时促进了公铁等多式联运的发展；10 月 13 日，推进国家“一带一路”建设工作领导小组办公室正式印发《中欧班列建设发展规划（2016—2020 年）》，原来万马奔腾的局面开始向汇集力量，有序、整体规划发展，在渝新欧、郑新欧等基础上，正式启用“中欧班列”统一品牌，通过“统一品牌标志、统一运输组织、统一全程价格、统一服务标准、统一经营团队、统一协调平台”，将“中欧班列”打造成铁路国际联运货运品牌。

2016 年国家在继续推进交通物流融合发展、互联网＋高效物流、多式联运、电子商务物流、节能环保、物流业补短板和降本增效等方面出台了一系列政策措施，进一步促进了中国物流行业的健康发展。

二、2017 年物流企业发展展望

2017 年，将是中国物流行业快速变革的重要一年。

（一）物流基础设施与网络节点环境逐步完善，国家战略推进给物流企业带来新机遇

2017 年我国物流关键交通通道建设随着交通基础建设的投融资改革、支持物流业供给侧改革降本增效、政府的管理升级取得较大的进展，交通干线拥堵问题在政府有关部门的努力下将逐步缓解，治超治限在科学计划的前提下稳步推进，有利于不断优化我国交通运输环境，提升物流企业的物流运输效率。

物流基地与园区型物流企业在创新的道路上快速前进，传化物流、天地汇、普洛斯等企业不断创新，在物流节点与物流融合上下功夫，卡行天下、安能物流等企业不断向上下游拓展，将逐步建立覆盖全国、连通物流、融合服务、畅通信息、多式联运的全国性物流运输网络体系。

在国家战略的框架下，物流企业的快速发展机遇来临。围绕“一带一路”战略的国际物流网络建设提速与服务构建的机遇，服务长江经济带、京津冀协同的区域物流发展机遇，雄安新区带来的全新的视角与机遇，农村物流体系建设的机遇等。

（二）物流政策进一步落地，物流业创新发展基础进一步夯实

2017 年在全面实施“十三五”物流规划和商贸、交通各专项规划的基础上，三大重磅政策仍将对物流业的发展产生长远的影响。

“9·21”治超治限新政将会进一步延续拓展，将成为历史上中国治超最成功的一次，有科学的计划、严厉的“一超四罚”，对超限车辆按规定时间、规定流程、规定车型在规定的治理时间段有序退出的运营。到 2017 年年底，将使严重的超限车辆得到大规模的遏制，道路运输将逐步回归本质，造成的运输成本快速上升的情况将会在运输企业和货主共同努力下逐步有所缓解，整体货运价格将逐步回归本源。同时，交通主管部门正在积极研究通过汽车列车，45 英尺、48 英尺、53 英尺大陆集装箱等技术与管理的创新，来不断提升公路运输效率，降低道路运输单位成本。

营改增的全面铺开，对物流企业来说，有利于增加抵扣项，实质性地降低

税负，2017 年桥路费等固定资产投资相关的抵扣项将逐步得到落实，有利于物流行业的长期稳定发展。但由于各地政府在 2016 年起逐步减少或取消了物流企业营改增试点的财政补贴政策，短期内规模物流企业税负有所增加的问题还会延续。

无车承运人试点政策的快速落实，说明了物流行业对组织创新的期待与认可。政策的快速落地，体现出技术创新推动着制度创新，无车承运人在资源整合的同时化解风险，实现了资产的使用权与所有权的分离，并实现了部分公共管理与公共服务的职能，体现出了现代商业文明的特征；同时通过平台的商业监管方式提升物流行业的自治能力，实现行业监管的工具化、透明化，减少人工干预，体现市场公平竞争；政府通过无车承运人平台型企业了解物流运行情况，发挥平台型企业在物流信用体系建设中的作用，同时在治超方面应发挥作用。2017 年路歌、福佑卡车、共生平台等无车承运人企业不仅在运输领域，同时在物流企业相关的人力资源、汽车后服务市场等领域开疆拓土，不断创新服务内容，无车承运人将逐步从试点走向成熟。

（三）物流企业营商环境将进一步改善

在政策大环境不断向好、具体政策不断落实的基础上，物流企业的营商环境将有机会进一步改善。国家推动物流企业在降本增效的大战略下，供应链物流行业纳入国家高新技术企业产业目录，有利于物流企业充分发挥创新主体作用，推进“大众创业、万众创新”，实现技术与模式的不断进步。通过推进五证合一，物流企业工商、税务登记等手续简便。

国家进一步从政策上引导和支持物流企业的融合发展，通过企业众筹，通过实物众筹、股权众筹、挂牌上市等方式，拓宽物流企业创业创新投融资渠道，鼓励金融机构服务物流企业实体，逐步解决物流企业发展的资金问题。

（四）新制造、新零售将激发新的供应链物流服务需求，物流企业加快创新

新制造、新零售的现代制造与商业模式创新将带来供应链、价值链的重大变革，对物流企业的服务链也将产生深远的影响。专业物流企业将可以利用贴近制造业、分销业客户的优势，积极参与到客户的供应链、价值链优化中，在其中找到进一步聚焦的优势服务领域重点突破，与客户逐步加深融合区域，逐步形成层层叠加的竞争壁垒，实现稳步的发展。同时，随着物流企业与现代制造业、流通业的逐步融合，将在聚焦的基础上，获得向广度发展的机会。社会物流服务企业也在平台化的趋势下，通过信息、技术、资源的整合优势进一步延伸服务链与服务能力。目前，德利得供应链已经进入到为

高端制造业客户提供供应链物流协同专员的培训工作，在多业融合的基础上更进一步。

面对新制造、新零售的发展趋势，物流企业有四个重要的抓手。一是标准化抓手，物流企业的降本增效提高效率的关键技术和措施将是标准化。目前，国家快速推进标准化的推广，建立了可以免费查询物流相关标准的信息平台，标准化试点企业快速推进，形成了企业、团体、行业、地方、国家的五级标准化体系，满足供应链与服务链上的服务与协同的需求。二是信息化抓手，在其中大数据和融合型平台系统将是提升的重点，信息系统将从企业层面向供应链层面延伸，新型的商业模式有利于打破企业的界限把上下游企业联系起来，形成高效的一体化服务。2017 年企业在信息化的投入将持续增加，专业的物流企业云服务企业也将快速增加与发展。三是供应链 + 服务链的进一步融合和协同抓手，在深挖供应链服务的同时从服务融合、人员融合入手，创造新的供应链服务蓝海。四是技术创新提升效率的抓手，企业内部不断创新来提高内部流程与操作效率，物流企业的专利申请量将不断增加，为物流企业注入创新的活力。新型物流装备也将在物流行业快速应用，对应人力资源成本的不断上升和服务要求的不断提升。

（五）物流企业的格局将进一步调整

互联网、移动互联网、大数据、云计算、物联网等现代信息技术高速发展，推动了共享经济模式的变革，也成为以劳动密集型为特点的物流行业的重要创新模式之一。私人资源开发再利用、行业资源跨界共享、企业资源开放输出、社会资源深度开发的共享资源发展趋势，从人人快递开始，直到直营典范德邦的合伙人计划，引发了共享经济热潮，部分地区也出台了支持小微企业发展的支持政策，但也会面临一些体制性障碍。

在资本的持续关注下，物流企业的格局调整将加快，其中平台型企业广泛受到资本的关注而快速壮大，但在市场、管理、模式、服务、金融等服务不断创新的时候，相应风险也不断出现，平台型企业也只能在符合我国物流行业发展规律的基础上才能更好地发展。

提供运输、仓储、包装、搬运等基础性服务的物流企业将不断探索突出低价竞争的困境，特别是运输型物流企业在市场价格和“9·21”治超的双重压力下，已经开始突围并且在市场价格的回归、效率提升上取得了一定的成绩，壹米滴答的方兴未艾，德邦、安能在快递上的发力，京东、苏宁的物流进一步开放服务，同时也都在上市的推动下开疆拓土并开始进军国际物流服务市场。

专业物流服务市场在资本相对匮乏的基础上，将不断发掘自身的柔性化服务优势和与客户供应链的深度结合的基础，2017 年将是物流 + 供应链的融合年，同时医药、医疗器械、冷链物流、高端物流服务将更加突飞猛进。进一步协同专业物流企业将向深度快速发展。

2017 年，在国家“一带一路”、长江经济带、京津冀协同发展三大战略及雄安新区确立快速发展的基础上，经济稳步发展，物流行业将乘风破浪，继续远航。

（天津德利得供应链管理股份有限公司　恽绵）

2016 年公路货运发展回顾与 2017 年展望

2016 年，我国公路货运市场总体延续平稳增长的基本态势，受经济基本面逐步走高、总体趋势向好的影响，特别是受新一轮车辆超限超载治理的影响，公路货运市场运量、运价、效率等各项指标出现回升态势，行业补运力短时期出现热潮。客户成本价格压力持续加大，市场逐步向规模型企业或平台型企业集中。细分市场分化调整加剧，产业融合渗透明显提速。“互联网 +”对行业影响持续深入，模式创新、技术应用迎来发展新机遇和新挑战。

一、2016 年公路货运业发展回顾

（一）公路货运市场规模稳步增长

2016 年，公路运输费用 3.4 万亿元，比上年增长 4.1%，增速回落 0.3 个百分点，低于 GDP 增长速度，公路货运市场延续平稳增长态势。公路运输费用占社会物流总费用的 56.7%，超过了其他运输方式运输费用的总和，公路货运市场仍然是我国规模最大和最重要的货运市场。

（二）公路货运量低开高走，实现恢复性增长

2016 年，全社会完成货运量 433.35 亿吨，同比增长 5.7%。其中，公路累计完成货运量 336.34 亿吨，同比增长 6.8%。公路货运量和社会货运量与上年相比均有一定幅度增长，显示社会货运需求正在逐步恢复向好。

公路货运量占全社会货运量的 77.6%，在多种运输方式中所占比重小幅上升，公路运输方式仍然是我国最主要的货物运输方式。（如表 1 和图 1 所示）

表 1　　2012—2016 年货运量及公路货运量完成情况

年　份	2012	2013	2014	2015	2016
货物运输量（亿吨）	410.04	409.89	416.73	417.59	433.35
同比增长（%）	10.9	0.0	1.7	0.2	5.7
公路货运量（亿吨）	318.85	307.67	311.33	315	336.34
同比增长（%）	13.1	−3.5	1.2	1.2	6.8
公路货运量/货物运输量（%）	77.8	75.1	74.7	75.4	77.6

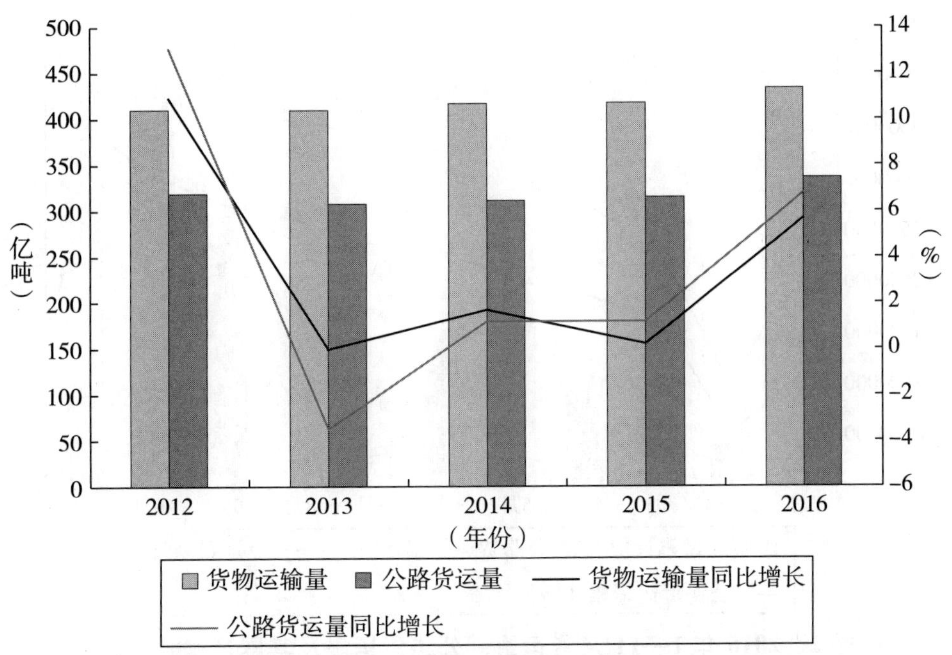

图 1　2012—2016 年货运量及公路货运量增长情况

从各月货运量来看，呈现出低开高走局面，公路货运量在 2016 年年初受 2015 年去产能和春节假期影响探底后逐步回升，四季度进入高位运行，带动社会货运量企稳回升。（如表 2 和图 2 所示）

表 2　　2016 年 1—11 月货运量、公路货运量及其累计增长速度

月　份	1	2	3	4	5	6	7	8	9	10	11
货运量累计值（万吨）	337210	547710	879443	1239300	1608680	1974098	2337157	2714368	3104701	3498253	3909152
货运量累计增长（%）	1.5	0.7	2.2	2.5	2.7	3.1	3.2	3.5	3.7	4.1	4.8
公路货运量累计值（万吨）	260357	404756	661482	944800	1234733	1519447	1802676	2097658	2404362	2706851	3026607
公路货运量累计增长（%）	3	1.3	3.1	3.7	4.1	4.4	4.6	4.8	4.9	5.1	5.7

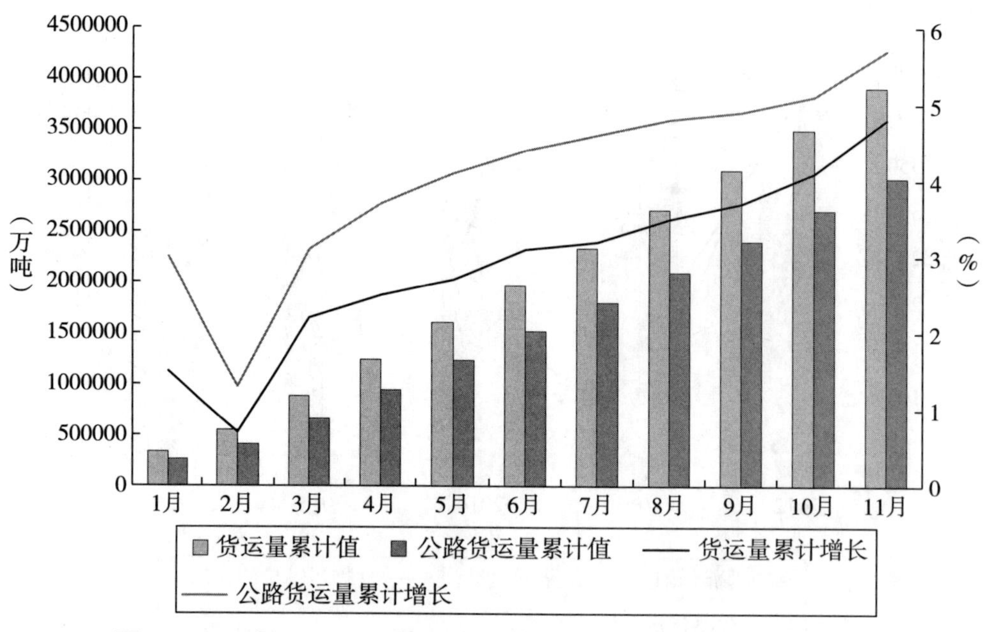

图2　2016 年 1—11 月货运量、公路货运量及其累计增长情况

（三）公路货运市场运力出现阶段性紧缺，过剩局面出现逆转

目前，我国营运货车约为 1400 万辆，其中，12 吨以上重型货车 400 万辆，总体处于供需匹配、略有过剩局面。

2016 年 9 月 21 日，新一轮治超工作全面启动，由于政策预期不明，执行标准不一，导致运力过剩局面短期内出现逆转。企业请车成本上升，行业出现一轮运价上涨行情。特别是对于钢铁、煤炭、建材运输、重货零担等运输企业，成本上涨压力较大。行业调研显示，“9 · 21”之后短期内社会车辆运价上浮在 30% 左右。随着政策的明朗，运价渐趋平稳，但是由于重货装载能力下降 20% 左右，物流企业需要支付的运输成本上涨 15% 左右。

受治超和需求叠加导致的运力不足影响，行业补运力需求旺盛。2016 年，货车产销 315. 1 万辆和 310. 8 万辆，同比增长 11. 2% 和 8. 8%，货车 3 月起产销持续上升，补运力拉动作用明显，市场运力进入新一轮淘汰更新周期。随着货运市场环境的逐步规范，企业规模化经营的积极性提高，车队规模经营渐成趋势。（如图 3 所示）

（四）公路运价扭转低迷势头，实现恢复性增长

2016 年 12 月中国公路物流运价指数为 116. 8 点，比上月回升 0. 06%，比上年同期增长 15. 3%，运价指数连续 4 个月环比回升，达到 3 年来的高位区间。（如图 4 所示）

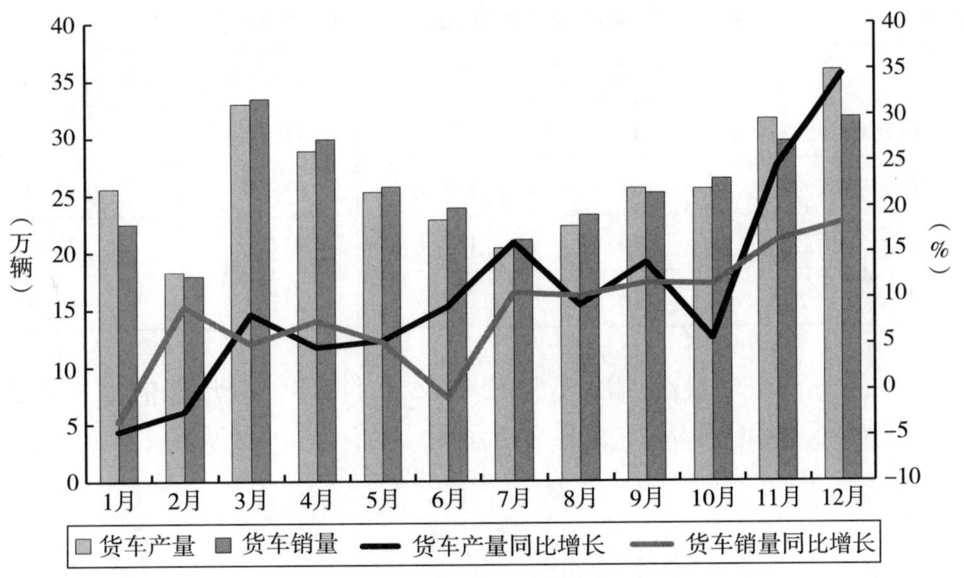

图 3　2016 年货车产销及增幅情况

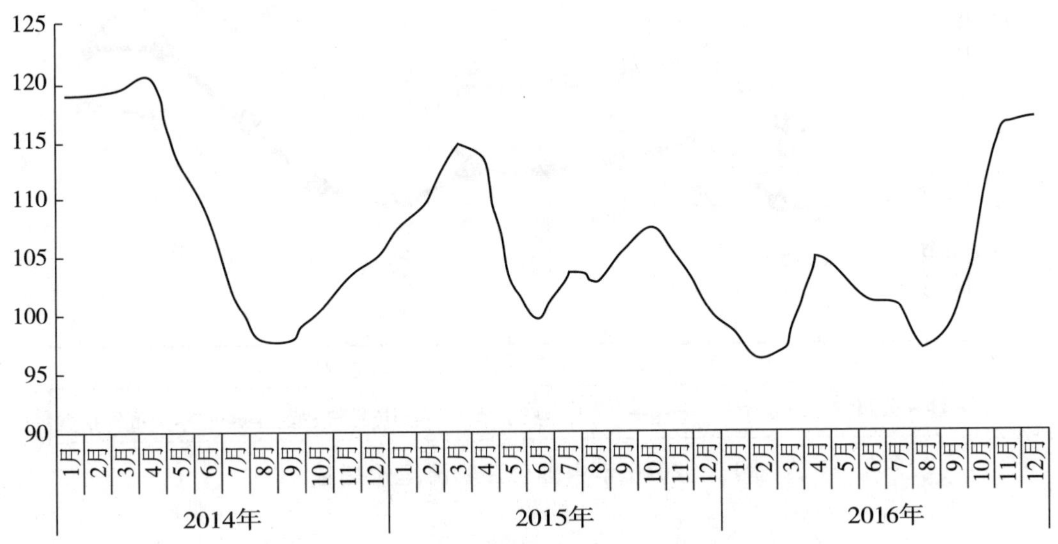

图 4　2014 年以来各月中国公路物流运价指数

从全年公路物流运价指数看，全年均值为 103.4，仍较 2015 年下降 2.9，下降 2.7%。整车指数较 2015 年下降 5.7，下降 5.9%，降幅较大；零担重货指数较 2015 年小幅下降 1.1，下降 1%；零担轻货指数增加 3.9，上涨 3.3%，零担轻货成为运价唯一上涨的细分领域。（如表 3 所示）

从各月中国公路物流运价指数看，前 3 个月受 2015 年基数较低和“去产能”政策影响，运价指数较为低迷；4 月以后受大宗商品物流需求带动，运价指数有所恢复，由于动力不足之后又进入下行区间；进入 8 月后运价指数受国民经济向好影响启动上升通道；9 月以来，受公路治超叠加影响，运价指数呈现

表 3　　2014 年以来中国公路物流运价指数全年均值

	2014 年平均	2015 年平均	2016 年平均	2016 年较 2015 年
中国公路物流运价指数	109	106.3	103.4	-2.9
整车指数	104.5	101.6	95.9	-5.7
零担轻货指数	115.4	112.8	116.7	3.9
零担重货指数	115.9	113.7	112.6	-1.1

加快回升的态势。全年最高值出现在 12 月，为 116.8，全年低值出现在 3 月和 8 月，分别为 96.3 和 96.9。（如图 5 所示）

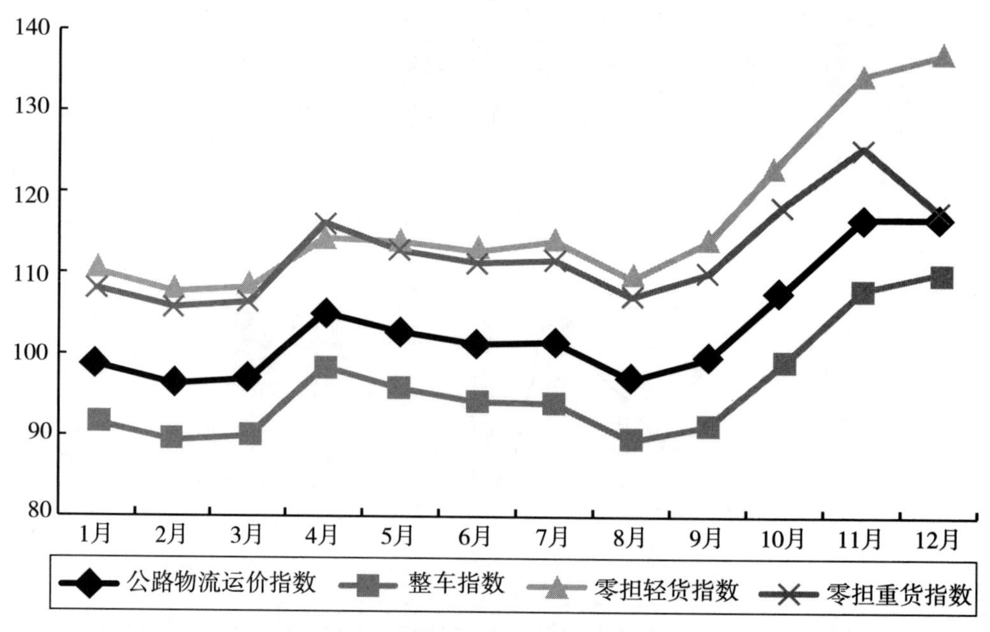

图 5　2016 年中国公路物流运价指数

（五）货运效率有所提升，企业间差距进一步拉大

2016 年 12 月公路货运效率指数 102.57，比上月下降 3.4%，与 2015 年同期基本持平。（如图 6 所示）

2016 年全年平均指数为 100.35，比 2015 年提高 3.1%，全年指数值超过基准数（100）的月份数为 11 个，比上年多 5 个月。除 2 月春假假期原因效率指数较低为 66.83 外，其余月份均高于往年。全年高点在 9 月为 107.81，除企业加大提质增效影响外，与车辆治超也有一定关系。总体上看，全年货运市场效率总体好于 2015 年，与国民经济提质增效的要求相符。（如表 4 所示）

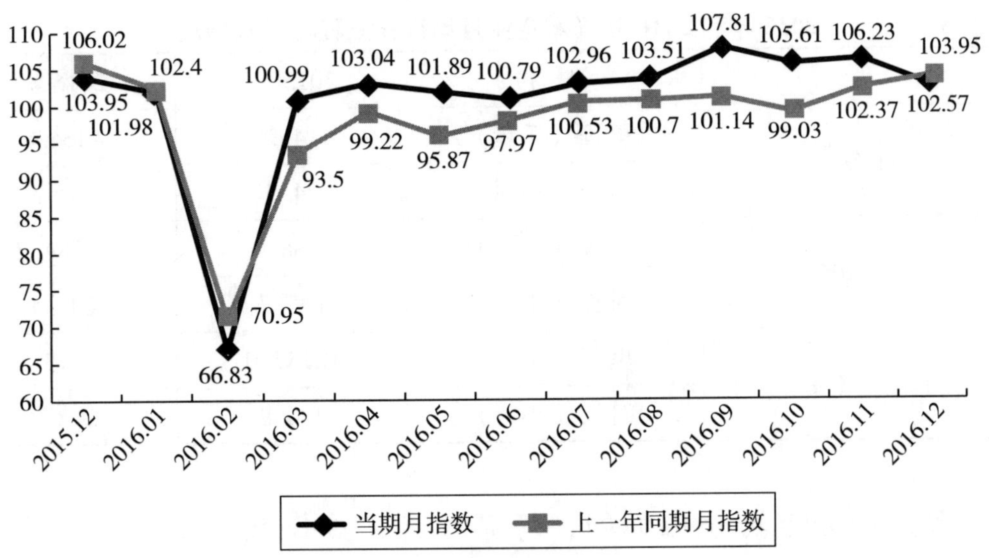

图 6　2016 年各月公路货运效率指数及上一年同期月指数

表 4　　2015 年和 2016 年公路货运效率指数情况

	2015 年	2016 年	年值差
指数在 100 以上月数	6	11	5
年均指数值	97. 30	100. 35	3. 05
第一季度指数均值	88. 95	89. 93	0. 98
第二季度指数均值	97. 69	101. 91	4. 22
第三季度指数均值	100. 79	104. 76	3. 97
第四季度指数均值	101. 78	104. 80	3. 02

样本企业月均行驶里程为 4464. 8 公里，较 2015 年增长 7. 7%；月均行驶时长为 101. 4 小时，较 2015 年增长 7. 3%。

效率领先的前 20% 的样本企业月均行驶里程为 10384. 7 公里，较 2015 年增长 6. 1%；月均行驶时长为 207. 4 小时，较 2015 年增长 6%。前 10% 的样本企业月均行驶里程为 12713. 5 公里，较 2015 年增长 4. 6%；月均行驶时长为 242. 9 小时，较 2015 年增长 5. 2%。前 20% 的样本企业比一般样本企业月均行驶里程高 5919. 9 公里，月均行驶时长多 106 小时。前 10% 的样本企业比一般样本企业月均行驶里程高 8248. 7 公里，月均行驶时长多 141. 5 小时，均有逐步拉大趋势。（如表 5 所示）

表5　2015年和2016年样本企业月均行驶里程与时长情况

	单　位	2015年	2016年
月均	里程（千米）	4145.8	4464.8
	时长（小时）	94.5	101.4
月均前20%	里程（千米）	9788.4	10384.7
	时长（小时）	195.7	207.4
月均前10%	里程（千米）	12157.0	12713.5
	时长（小时）	230.8	242.9

（六）细分市场分化加剧，跨界渗透日益普遍（如表6所示）

表6　货运市场细分情况

类　型	单票重量	平均价格（元/千克）	服务对象	经营主体	货源结构	运输方式	代表企业
快件运输	30千克以下	5～10	个人、企业、电商企业	快递企业、合同物资企业、中货运企业	消费品	中心分拨	顺丰速运、EMS、三通一达
零担运输（快运）	30～300千克	1.5	工商企业、个体经营户、个人	网络型和区域型货运企业	小批量产成品	中转或直达运输	德邦物流、天地华宇、佳吉快运等网络型企业
零担运输（专线）	300～3000千克	0.5	工商企业、合同物流企业	中小货运企业、货运经纪人	大批量产成品	直达运输	专线市场中的物流企业、卡行天下等平台型企业
整车运输	3000千克以上	0.5～1.5	商贸企业、合同物流、零担物流	中小货运企业、车队、个体司机	大批量原材料、产成品	直达运输	合同物流企业

1. 零担快运市场集中度稳步上升

以自营为主的德邦物流全年收入170亿元，同比增长31.6%以上，净利润3.8亿元，继续保持行业第一。行业第二梯队的佳吉物流、盛辉物流保持稳定增长，收入差距有所扩大。自安能物流实施网点加盟模式以来，一批以加盟为主的零担快运企业实现较快扩张，推动市场加快集中。

网络密度抬高进入门槛。截至2016年年底，德邦物流网点数约8000个，服务网络覆盖全国，高密度的网点充分发挥了规模优势。加盟模式聚焦网络布点。2015年启动的以区域加盟的壹米滴答，其线路数和网点数都实现了翻番。为填补网络空白，实现轻资产扩张，德邦物流自2015年启动网点加盟模式，截至2016年年底，签约加盟事业部合伙人突破5000家，有效弥补了“门到门”的快递业务对终端网点密度和深度的更高要求。

跨界渗透成为趋势。自2013年德邦物流跨界进入快递市场，快递业务保持了高速增长态势，2016年增长超过60%。2016年，德邦物流推出整车运输新产品“整车精准专车”，开通全国特优产品线路近300条。快递和整车运输业务充分依托零担网络优势，共享干线运力资源，实现了服务延伸和新的增长点。安能物流正式获得快递业务经营许可证，全面进入快递市场。远成物流发力零担快运，全国门店达到8000多家，其中直营门店6000多家。此外，快递企业纷纷进入零担市场，如中通快递、韵达速递宣布进入快运市场，而百世快递、顺丰速运、全峰快递等快递企业的快运业务初具规模。快递和快运市场由于客户需求趋同和运营模式趋同，正加快相互间的融合与渗透，挤占了传统零担快运企业的收入和利润。

2. 零担专线市场需求有所萎缩

随着电子商务的快速发展，传统商贸企业大批量、少批次的流通模式逐步转变为小批量、多批次模式，订单碎片化、个性化趋势明显，零担专线部分传统业务被零担快运和快递挤占，货源需求有所萎缩。零担专线企业积极转型应对。

一是加快发育快运网络。部分有实力的专线企业加快发育区域分拨配送网络，由点对点向点对面乃至面对面运营模式转变，依托自身干线运输优势，构建区域快运网络。

二是积极深化联盟合作。部分区域专线企业抱团取暖开展线路联盟合作，整合线路资源，统一品牌、产品、服务、价格等要素，开发快运产品，精耕特色线路。

三是加大干线运力投入。部分专线企业加大自有运力投入，强化干线运输优势，承接快运、快递、整车等外包运输业务。

四是逐步转型第三方物流。部分专线企业利用客户资源优势承接整体物流业务，提供仓储、运输、配送等一体化服务，转型第三方物流企业。

平台整合促进集约发展。零担专线企业由于直达运输的运营模式，普遍规模较小。近年来，轻资产的货运平台加快整合零担专线市场。卡行天下通过打造线上网络交易平台和线下扩展运输服务网络，截至 2016 年年底，加盟网点和线路 10000 多家，城际直发线路 7000 条，运力资源 20 万家，活跃数 5 万家，平台交易结算量接近 100 亿元，有效地促进了零担专线市场的集约化发展。

3. 整车运输市场出现分化

轻资产的整车合同运输企业运价承压。“9·21” 治超后企业外请运力普遍上涨，而整车合同运价往往是由年度合同约定，难以实现顺畅传导，导致轻资产企业利润下滑。而自有运力较多的整车运输企业受影响较小，由于成本自身可控，在价格竞争上优势显现。由于客户对一体化、专业化服务要求提升以及对降低成本价格的要求，市场加快向规模型的合同物流企业集中。合同物流企业向物流解决方案提供商延伸服务，通过整合分散物流资源，开发增值服务，实现降低物流成本、保障服务时效、提升客户满意度和自身利润水平。

随着物流企业干线外包成为趋势，大车队型的整车运输企业迎来发展机遇。狮桥物流打造“超级车队”，为物流企业提供运力定制服务，2016 年自有运力超过 3000 辆，实现了快速增长。志鸿物流从专线物流转型为“大车队”运营模式，承接快递快运企业干线运输业务，整合社会车辆资源超过 1 万台。

轻资产的平台型企业通过信息技术手段克服车辆管理瓶颈，充分发挥个体车辆分散运作和平台企业集约经营的优势，并有逐步从车货匹配的撮合模式向承担全程责任的无车承运人模式转型的趋势。截至 2016 年年底，运满满注册货主 80 万名，司机 350 万名，汇聚全国 90% 的货源信息及 70% 的重卡司机。福佑卡车整合 2 万多名经纪人，拥有社会闲散车辆 15 万余辆，通过互联网技术高效匹配经纪人和卡车司机。2016 年，单单从德邦物流一家获得收入 4 亿元。

（七）资本市场总体偏冷，领先企业继续获得青睐

2016 年，公路货运市场风险投资总体偏冷。资本更多关注商业模式清晰、行业位置领先的企业。如卡行天下、运满满相继拿到 D 轮融资，G7、云鸟拿到 C 轮融资，货车帮、福佑卡车、天地汇、志鸿物流等相继拿到 B 轮投资。除平台型企业外，轻资产的网络型企业也较受关注。如壹米滴答、中铁物流等。继车货匹配、无车承运、零担快运后，城市配送成为新的投资热点，如云鸟、新达达、快狗速运、码上配等。

2016 年公路货运市场部分融资企业名单，如表 7 所示。

表 7　　　　2016 年公路货运市场部分融资企业名单

公司名称	融资时间	融资金额	投资方
雷丰骑士	2016 年 1 月	数百万元	小饭桌、中路资本
天天有货	2016 年 1 月	数千万元	未透露
车满满	2016 年 1 月	数百万美元	零一创投
云鸟	2016 年 1 月	1 亿美元	华平投资、红杉资本等
贝朗科技	2016 年 2 月	数百万元	未透露
鲜急送	2016 年 2 月	数千万元	SIG、长石资本
码上配	2016 年 3 月	数百万元	大河创投、英诺天使
曹操到	2016 年 3 月	500 万元	星河互联
快乐接力站	2016 年 3 月	数百万元	贵格天使
乡间货的	2016 年 3 月	数千万元	山行资本
菜鸟网络	2016 年 3 月	100 亿元	GIC、淡马锡、春华资本等
马上送吧	2016 年 4 月	数百万元	深圳中国
货运中国网	2016 年 4 月	数千万元	北极光创投
58 货运	2016 年 4 月	400 万元	未透露
迅蚁网络	2016 年 4 月	数百万元	天使湾、九合创投
卡哥科技	2016 年 4 月	数千万元	松禾资本
货车帮	2016 年 4 月	3500 万美元	原生资本、腾讯等
福佑卡车	2016 年 4 月	1 亿元	钟鼎创投
人人快递	2016 年 4 月	5000 万美元	未透露
G7	2016 年 4 月	4500 万美元	钟鼎创投、淡马锡等
叭叭速配	2016 年 5 月	未透露	中科乐创
熊猫快收	2016 年 5 月	2000 万元	鸵鸟电台
货拉拉	2016 年 5 月	1000 万美元	概念资本、清流资本等
快狗速运	2016 年 5 月	数千万美元	新天域资本、阿里巴巴等
沙师弟	2016 年 6 月	800 万元	前海梦创
优速快递	2016 年 6 月	3 亿元	钟鼎创投、嘉里物流等
天地汇	2016 年 6 月	未透露	鸿沛资本、启创资本等

续 表

公司名称	融资时间	融资金额	投资方
叭叭速配	2016年7月	3000万元	中科乐创
呼呼快送	2016年7月	500万元	茶马古道资本
58货运	2016年7月	400万元	PreAngel、阿米巴等
点我达	2016年7月	1.5亿美元	饿了么
老虎快跑	2016年8月	500万元	未透露
闪送	2016年8月	1000万美元	天图资本
斑马快跑	2016年8月	1.5亿元	博嘉创投
好运虎	2016年9月	数百万元	肥猫创投
壹米滴答	2016年9月	亿元及以上	普洛斯、源码资本等
OTMS	2016年9月	2500万美元	百度、成为资本等
百世物流	2016年9月	7.6亿美元	菜鸟、中信等
飞狐配送	2016年10月	200万元	旺瓜食品
快金数据	2016年10月	数千万元	启赋资本
唯智信息	2016年10月	9000万元	同创伟业、远翼投资等
新达达	2016年10月	3.36亿元	沃尔玛
集行神州	2016年11月	200万元	优势资本
找好运	2016年11月	70万美元	Global From Day
志鸿物流	2016年11月	2亿元	创瑞坚木、縫子财富等
车满满	2016年11月	7750万元	传化智联
心怡科技	2016年11月	未透露	怡诺投资
中铁物流	2016年12月	7.5亿元	中国华融等
壹米滴答	2016年12月	亿元及以上	凯辉基金、普洛斯等
货车帮	2016年12月	1.15亿美元	IFC、腾讯等
卡行天下	2016年12月	亿元及以上	远翼资本、远东宏信等
运满满	2016年12月	1.1亿美元	纪源资本、襄禾资本等

资料来源：亿欧网及资料整理。

上市融资通道加快开放。随着快递企业纷纷上市，快递企业携资本优势纷纷进入零担快运、整车运输市场。在公路货运市场领先的德邦物流加快上市步伐，上市申请被证监会受理。一些科技型、平台型、网络型企业纷纷在新三板上市，如易流科技、亚风快运等。

（八）基础设施加快升级，建设布局渐成网络

2016 年 6 月 21 日，国务院办公厅转发国家发展和改革委的《营造良好市场环境推动交通物流融合发展实施方案》，明确要求构建线上线下联动公路港网络。加大政府支持力度，加快全国公路港建设，重点构建一批综合型、基地型和驿站型公路港。鼓励龙头企业牵头组建全国公路港联盟，推动行业内资源共享和跨区域运输组织。在我国，公路港模式经过十几年的实践，已经形成了较为成熟的运营模式。近年来，通过构建生产生活综合配套、线上线下协同联动的新模式，实现了物流业与商贸、金融、互联网多业态融合发展，实现公路港转型升级。

目前，行业领先的传化物流构建中国智能公路物流网络运营系统，在全国主要物流节点城市和重点物流区域建设实体公路港，开发建设集分运配高效协同、智能调度和物流过程透明化管控的智能物流信息系统，形成“跨区域、跨经济带、跨城市群、跨各种运输方式”的全国公路港网络平台。2016 年，传化物流实现运营公路港 26 个，在建公路港 14 个，全国布局 92 个项目，覆盖全国 27 个省、自治区、直辖市，运营公路港数量较上年增长超 300%。

卡行天下通过“互联网 + 物流”的模式，以物流枢纽园区为基础，通过标准化、产品化、信息化的网络平台有效组织小微物流企业，实现公路运输的集约化整合。2016 年，卡行天下已在全国建立了 59 个枢纽中心、26 个园区，覆盖全国 26 个省份、280 多个城市、辐射乡镇 2 万余个，平台交易结算量近百亿元。

（九）政策环境持续改善，规范治理成为行业共识

2016 年，公路货运相关的政策陆续出台，特别是车辆治超、营改增扩围和无车承运人等几项重点政策的出台，对行业未来发展影响深远。

1. GB 1589 国家标准修订出台

2016 年 7 月 26 日，国家质检总局、国家标准委批准发布了强制性国家标准《汽车、挂车及汽车列车外廓尺寸、轴荷及质量限值》（GB 1589—2016），对 2004 年版标准进行了修订。与原版标准相比，新版 GB 1589 国家标准对车辆长度、宽度、高度、质量限值等做了修订，对行业影响较大的修订有：一是取消了 48 英尺（14. 6 米）厢式半挂车的例外规定，厢式半挂车长度为 45 英尺（13. 95 米）；二是取消了 17. 5 米平板半挂车和 53 英尺（16. 5 米）厢式半挂车

的例外规定；三是统一了车货总重限值认定标准，六轴汽车列车总质量限值49吨，统一了公路和交通两家管理机构的执法标准；四是增加了中置轴车辆运输列车的限值为22米，货车列车长度限值继续保持20米；五是增加了外廓尺寸测量规定，提出了尾板、导流装置等尺寸测量时不在测量范围的装置清单。GB 1589 国家标准也成为新一轮治超方案出台的主要依据。

2. 新一轮治超工作启动

2016年8月18日，交通运输部、工业和信息化部、公安部、国家工商总局、国家质检总局联合召开全国货车非法改装和超限超载治理工作电视电话会，决定从9月21日开始，在全国范围内重点开展三个“专项行动”，即开展为期一年的整治货车非法改装专项行动、整治公路货车违法超限超载行为专项行动和开展为期两年的车辆运输车联合执法行动，并出台了相关工作意见、行动方案和管理规定。（如表8所示）

表8　　2016年公路货运相关政策

交通运输部、公安部	关于印发《整治公路货车违法超限超载行为专项行动方案》的通知	交办公〔2016〕109号	8月18日
交通运输部、国家发展和改革委、工业和信息化部公安部、国家质检总局	关于印发《车辆运输车治理工作方案》的通知	交办运〔2016〕107号	8月18日
交通运输部、工业和信息化部、公安部、国家工商总局、国家质检总局	关于进一步做好货车非法改装和超限超载治理工作的意见	交公路发〔2016〕124号	8月18日
交通运输部	超限运输车辆行驶公路管理规定	交通运输部令2016年第62号	8月19日

总体来看，货运与物流行业坚决拥护和支持国家开展治超工作，希望通过规范车辆治理，统一车型标准，保障公平竞争，推进安全高效运输。此次治超统一了车货总重限值认定标准，建立了公路和交通联合执法机制，双排车辆运输车得到遏制，取得了一定积极成效。但是由于行业前期导入不够，对于超重和超限是否同期治理行业预期不明，导致市场运力出现不正常波动。据行业大数据显示，9月21日，全国货运车辆运营数下跌近1/4。其中，在京津冀区域内，当日货车进出车流总量为19936辆车次，相较平日3万辆车次左右的车流

量，减少了近 1/3。经过中物联公路货运分会积极反映，以及相关部门的支持，行业明确了专项行动主要治理超重的政策预期，市场运力逐步恢复。

10 月 18 日，交通运输部、公安部正式下发《关于规范治理超限超载专项行动有关执法工作的通知》（交办公路〔2016〕130 号），该通知明确：载运标准集装箱的挂车列车，重点检查其车货总质量是否超过限载标准的行为，专项行动期间暂不对外廓尺寸进行检查。低平板半挂车运输普通货物的整治工作另行部署，专项行动期间重点查纠其车货总质量超过限载标准和假牌套牌违法行为。

总体来看，此次治超工作对重货运输的影响要大于抛货运输，对长途运输的影响要大于短途运输；且各地执行标准和执行力度不一，导致企业无所适从。由于此次治超将 6 轴汽车列车由原公路管理机构执行的 55 吨超载标准统一到 49 吨，货物载货能力下降 20% 左右，增加了货运车辆的运力需求。物流企业运输成本约上涨 10%。同时，由于 17.5 米平板半挂车和 16.5 米厢式半挂车治理方案尚未出台，下一步治超工作预期不明，政策不清，影响了企业建设投资和日常运营。

3. “营改增”全面扩围

2016 年 3 月 23 日，财政部、国家税务总局下发《关于全面推开营业税改征增值税试点的通知》（财税〔2016〕36 号），决定从 5 月 1 日起，“营改增”试点全面推开，建筑业等四个行业纳入试点范围。物流业进项抵扣范围有所扩大，税负水平小幅下调，但税负增加问题仍没有得到解决。

财税 36 号文首次将“道路通行服务（包括过路费、过桥费、过闸费等）”纳入经营租赁服务，适用 11% 的税率，行业税负有望得到根本降低。但财税 36 号文同时规定，试点前开工的高速公路可以选择适用简易计税方法，减按 3% 的征收率计算应纳税额。从政策实施情况看，公路经营企业都选择了 3% 的简易计税方法，路桥通行费无法纳入进项抵扣，降低行业税负的政策预期难以落地。为此，4 月 30 日，财政部、国家税务总局下发《关于进一步明确全面推开营改增试点有关劳务派遣服务、收费公路通行费抵扣等政策的通知》（财税〔2016〕47 号，规定 5 月 1 日至 7 月 31 日的过渡期内，经营性高速公路通行费按 3% 抵扣进项，政府还贷高速公路通行费不能抵扣。8 月初，财政部、国家税务总局下发《关于收费公路通行费增值税抵扣有关问题的通知》（财税〔2016〕86 号），自 2016 年 8 月 1 日起，通行费继续按照规定的政策抵扣，而且暂时不设置截止期限，停止执行时间另行通知。

由于经营性公路仅占收费公路的 57%，行业实际享受的抵扣率仅为 1.72%。根据交通运输部《2015 年全国收费公路统计公报》数据显示，2015 年全国高速公路收费 4097.8 亿元，可抵扣进项额仅为 70 亿元，按 70% 的货运车辆份额，全行业仅可抵扣不到50亿元。通行费作为物流企业特别是运输型企业重要成本支出之一，占成本支出的3成以上，由于抵扣水平偏低，对于物流企业的减税力度不够、减税效应不足。

公路货运业税负增加的主要问题是进项抵扣不足。由于承担公路货物实际运输服务的主要是个体运输业户，按照小规模纳税人管理，无法给下游整合运力的货运企业开具11%的增值税专用发票。个体运输业户作为消费链条的实际消费者，他们车辆购置费用、燃油费、路桥通行费、维修费、保险费等进项成本，难以通过开具足额的销项票把税负传递给下游货运企业，导致货运和物流企业进项抵扣不足。此外，由于公路货运业具有网络化经营的特征，个体业户区域性或全国性异地经营是市场常态。当前税收征管制度对个体运输业户异地开票的限制没有解决，个体业户无法为下游企业提供发票，增值税抵扣链条出现断裂，更增加了货运企业的税收负担。

4. 无车承运人试点启动

2015年以来，国务院多次发文，鼓励依托互联网平台的无车承运人发展。9月1日，交通运输部印发《关于推进改革试点加快无车承运物流创新发展的意见》（交办运〔2016〕115号），启动无车承运试点工作。无车承运人是以承运人身份与托运人签订运输合同，承担承运人的责任和义务，通过委托实际承运人完成运输任务的道路货物运输经营者。试点目的是逐步调整完善无车承运人在许可准入、运营监管、诚信考核、税收征管等环节的管理制度，建立健全无车承运人在信息共享、运输组织、运营服务等方面的标准规范，推动大数据、云计算等先进技术在物流领域的广泛应用，培育一批理念创新、运作高效、服务规范、竞争力强的无车承运人。截至2016年12月，共确定285家无车承运试点单位。试点实施阶段为2016年12月至2017年11月。

无车承运试点急需财税政策落地。财税36号文首次将“无运输工具承运业务”纳入应税科目，并规定“按照交通运输服务缴纳增值税”，适用税率从6%变为11%，理顺了增值税抵扣链条，受到物流行业的一致好评。但是由于缺乏相关税收征管细则和配套资质认定，该项税收征管政策难以落地。在税收征管方面，无运输工具承运业务税收政策的落实仍然聚焦在公路货运行业，主要仍是受个体运输业户分散经营格局的影响，个体运输业户无法为无运输工具承运人即无车承运人提供11%的增值税专用发票，导致整个增值税抵扣链条出现断链。由于相关的税收政策不配套，也影响了“无车承运人”政策落地。

5. 多式联运推进工作

2015年7月，交通运输部联合国家发展和改革委印发了《关于开展多式联运示范工程的通知》（交运发〔2015〕107号）。2016年6月，交通运输部办公厅与国家发展和改革委办公厅联合公布第一批多式联运示范工程项目名单，16 个项目入选。

2016 年 6 月 21 日，国务院办公厅转发《国务院办公厅关于转发〈国家发展和改革委营造良好市场环境推动交通物流融合发展实施方案〉的通知》（国发〔2016〕43 号），部署推动交通物流融合发展，发展多式联运成为交通物流融合发展的突破口。10 月 31 日，国家发展和改革委、交通运输部、中国铁路总公司启动实施交通物流融合发展第一批重点项目。

2017 年 1 月，交通运输部等 18 个部门发布《关于进一步鼓励开展多式联运工作的通知》（交运发〔2016〕232 号），要求力争实现 2020 年多式联运货运量比 2015 年增长 1.5 倍。从全链条角度对多式联运各环节进行了梳理分工，涉及 18 个政府有关部门，明确了责任主体。围绕主要目标，提出了 5 个方面 18 项重点任务。与基础设施“硬环境”相比，运营管理、信息共享、标准规范、市场监管等“软环境”约束对多式联运影响更大，有待相关政策进一步落实。

6. 取消道路运输车辆强制二级维护

2016 年 1 月 22 日，交通运输部重新颁布了《道路运输车辆技术管理规定》（交通运输部令 2016 年第 1 号），自 2016 年 3 月 1 日起实施。规定细化明确了经营者、管理者的道路运输车辆技术管理职责；全面改革了道路运输车辆维护制度；将车辆维护周期由管理部门统一规定，改为由经营者自行确定车辆维护周期，自行组织实施，将保持车辆良好技术状况的责任落实到经营者。各地陆续取消二级维护强制性检测，改为由经营者自行决定。道路运输管理机构以采信汽车综合性能检测机构出具的车辆技术等级评定结论证明，作为配发《道路运输证》和审验车辆的依据。为促进甩挂运输发展，不再要求挂车进行综合性能检测和技术等级评定。

7. 货运枢纽和物流园区建设

2016 年 4 月 2 日，交通运输部印发《货运枢纽（物流园区）投资补助项目管理办法（暂行）》（交规划发〔2016〕59 号），继续利用车购税资金对符合条件的货运枢纽（物流园区）项目的投资补助。投资补助资金应用于与物流活动直接相关的内容，主要包括：公共仓储设施、公共停车场、公共堆场；联运换装作业设施设备；物流信息系统。这是继“十二五”时期交通运输部实施支持货运枢纽（物流园区）政策的延续和提升。

8. 国五标准加快实施

2016 年 1 月 14 日，环境保护部、工业和信息化部发布 2016 年第 4 号公告，为贯彻《中华人民共和国气污染防治法》，严格控制机动车污染，全面实施《轻型汽车污染物排放限值及测量方法（中国第五阶段）》（GB 18352.5—

2013）《车用压燃式气体燃料点燃式发动机与汽车排气污染物排放限值及测量方法（中国Ⅲ、Ⅳ、Ⅴ阶段）》（GB 17691—2005）中第五阶段排放标准要求，根据油品升级进程分区域实施机动车国五标准，行业加快装备升级换代，也在一定程度上增加了企业和司机的负担。

国五排放实施时间，如表 9 所示。

表 9　　国五排放实施时间

<table>
<tr><th colspan="2">时　间</th><th>车　辆</th><th>范　围</th></tr>
<tr><td>2016 年</td><td>4 月 1 日</td><td rowspan="2">所有进口、销售和注册登记的轻型汽油车、轻型柴油客车、重型柴油车（仅公交、环卫、邮政用途）</td><td rowspan="2">东部 11 省市（北京、天津、上海、辽宁、河北、山东、江苏、浙江、福建、广东、海南）</td></tr>
<tr><td rowspan="2">2017 年</td><td>1 月 1 日</td></tr>
<tr><td>7 月 1 日</td><td>所有制造、进口、销售和注册登记的重型柴油车</td><td rowspan="2">全国</td></tr>
<tr><td>2018 年</td><td>1 月 1 日</td><td>所有制造、进口、销售和注册登记的轻型柴油车</td></tr>
</table>

9. 跨省异地缴纳交通罚款

按照财政部、公安部、中国人民银行联合印发《关于扩大跨省异地缴纳交通违法罚款试点范围的通知》（财办库〔2016〕62 号）的要求，2016 年 5 月 1 日起，在现有河北省、安徽省、山东省、四川省、贵州省、云南省六个跨省异地缴纳交通违法罚款试点省的基础上，新增十个试点省（市），即北京市、山西省、辽宁省（含大连市）、黑龙江省、上海市、浙江省（含宁波市）、福建省（含厦门市）、湖南省、重庆市、陕西省。当事人凭十六省（市）公安机关交通管理部门出具的《公安交通管理行政处罚决定书》或者《公安交通管理简易程序处罚决定书》，可以在十六省（市）范围内确定的代理银行网点跨省异地缴纳交通违法罚款。这为司机异地缴纳罚款提供了便利。

10. 降低高速公路收费

为降低物流成本，各地陆续出台降低高速公路收费的优惠政策。安徽省已正式调整收费公路货车通行费优惠政策，货运车辆使用安徽交通卡支付通行费，享受 8.5 折优惠，优惠期暂定 3 年。通行山西省政府还贷高速公路的货车，办理山西省 ETC 卡，最高可享受 50% 的优惠。

2016 年公路货运相关规划和政策文件要目，如表 10 所示。

表 10　　2016 年公路货运相关规划和政策文件要目

序　号	发文单位	题　目	文　号	发文时间
1	交通运输部	关于推进长江航运科学发展的若干意见	交政研发〔2015〕199 号	
2	交通运输部	道路运输车辆技术管理规定	交通运输部令 2016 年第 1 号	1 月 29 日
3	国家发展和改革委、商务部、工业和信息化部、交通运输部、农业部、财政部、人民银行、证监会、国家邮政局、供销合作总社	关于加强物流短板建设促进有效投资和居民消费的若干意见	发改经贸〔2016〕433 号	2 月 29 日
4	交通运输部	交通运输部 2016 年立法计划	交法函〔2016〕106 号	3 月 15 日
5	财政部、国家税务总局	关于全面推开营业税改征增值税试点的通知	财税〔2016〕36 号	3 月 23 日
6	交通运输部	关于印发《交通运输部货运枢纽（物流园区）投资补助项目管理办法（暂行）》的通知	交规划发〔2016〕59 号	4 月 2 日
7	交通运输部	关于进一步规范《道路运输车辆技术管理规定》实施工作的通知	交办运〔2016〕59 号	4 月 20 日
8	财政部、公安部、中国人民银行	关于扩大跨省异地缴纳交通违法罚款试点范围的通知	财办库〔2016〕62 号	4 月 27 日
9	交通运输部	道路危险货物运输管理规定	交通运输部令 2016 年第 36 号	4 月 25 日
10	交通运输部	交通运输信息化“十三五”发展规划	交规划发〔2016〕74 号	4 月 25 日

续 表

序 号	发文单位	题 目	文 号	发文时间
11	财政部、国家税务总局	关于进一步明确全面推开营改增试点有关劳务派遣服务、收费公路通行费抵扣等政策的通知	财税〔2016〕47 号	4 月 30 日
12	交通运输部	交通运输部关于印发交通运输标准化“十三五”发展规划的通知	交科技发〔2016〕15 号	5 月 18 日
13	国家发展和改革委、交通运输部	印发《关于推动交通提质增效提升供给服务能力的实施方案》的通知	发改基础〔2016〕1198 号	6 月 6 日
14	交通运输部	交通运输部关于废止 20 件交通运输规章的决定	交通运输部令 2016 年第 57 号	6 月 7 日
15	交通运输部	交通运输节能环保“十三五”规划		6 月 13 日
16	交通运输部、国家发展和改革委	关于公布第一批多式联运示范工程项目名单的通知	交办运〔2016〕79 号	6 月 14 日
17	国家发展和改革委、交通运输部、住房城乡建设部、国土资源部	关于加强干线公路与城市道路有效衔接的指导意见	发改基础〔2016〕1290 号	6 月 14 日
18	国务院办公厅	国务院办公厅关于转发《国家发展和改革委营造良好市场环境推动交通物流融合发展实施方案》的通知	国发〔2016〕43 号	6 月 21 日
19	商务部	关于确定智慧物流配送示范单位的通知		7 月 19 日
20	国家质检总局、国家标准委	关于批准发布《汽车、挂车及汽车列车外廓尺寸、轴荷及质量限值》等 4 项国家标准的公告	国家标准公告 2016 年第 12 号	7 月 26 日
21	交通运输部	综合运输服务“十三五”发展规划		7 月 27 日
22	国家发展和改革委	关于印发《“互联网 +”高效物流实施意见》的通知	发改经贸〔2016〕1647 号	7 月 29 日

续　表

序　号	发文单位	题　目	文　号	发文时间
23	国家发展和改革委、交通运输部	关于印发《推进“互联网+”便捷交通 促进智能交通发展的实施方案》的通知	发改基础〔2016〕1681号	7月30日
24	财政部、国家税务总局	关于收费公路通行费增值税抵扣有关问题的通知	财税〔2016〕86号	8月3日
25	交通运输部	关于推进供给侧结构性改革 促进物流业“降本增效”的若干意见	交规划发〔2016〕147号	8月11日
26	交通运输部	关于加强综合运输服务示范城市建设动态管理工作的通知	交办运〔2016〕102号	8月16日
27	交通运输部、公安部	关于印发《整治公路货车违法超限超载行为专项行动方案》的通知	交办公〔2016〕109号	8月18日
28	交通运输部、国家发展和改革委、工业和信息化部公安部、国家质检总局	关于印发《车辆运输车治理工作方案》的通知	交办运〔2016〕107号	8月18日
29	交通运输部、工业和信息化部、公安部、国家工商总局、国家质检总局	关于进一步做好货车非法改装和超限超载治理工作的意见	交公路发〔2016〕124号	8月18日
30	国务院	关于印发《降低实体经济企业成本工作方案》的通知	国发〔2016〕48号	8月22日
31	交通运输部	超限运输车辆行驶公路管理规定	交通运输部令2016年第62号	8月30日
32	交通运输部	关于推进改革试点加快无车承运物流创新发展的意见	交办运〔2016〕115号	9月1日
33	交通运输部	关于推进交通运输行业数据资源开放共享的实施意见	交办科技〔2016〕113号	9月2日

续 表

序　号	发文单位	题　目	文　号	发文时间
34	交通运输部	关于进一步做好车辆运输车治理工作的通知	交办运函〔2016〕1034 号	9 月 13 日
35	国务院	关于转发《国家发展和改革委物流业降本增效专项行动方案（2016—2018 年）》的通知	国办发〔2016〕69 号	9 月 26 日
36	交通运输部、公安部	关于规范治理超限超载专项行动有关执法工作的通知	交办公路〔2016〕130 号	10 月 18 日
37	交通运输部	关于进一步加强农村物流网络节点体系建设的通知	交办运〔2016〕139 号	10 月 31 日
38	国家发展和改革委、交通运输部、中国铁路总公司	关于启动实施交通物流融合发展第一批重点项目的通知	发改办基础〔2016〕2293 号	10 月 31 日
39	交通运输部、国家发展和改革委、公安部、财政部、国土资源部、住房和城乡建设部、农业部、商务部、供销合作总社、国家邮政局、国务院扶贫办	关于稳步推进城乡交通运输一体化提升公共服务水平的指导意见	交运发〔2016〕184 号	11 月 9 日
40	交通运输部	关于做好在用不合规车辆运输车信息申报工作的通知	交办运函〔2016〕1359 号	11 月 22 日
41	交通运输部、公安部、国家安全监管总局	关于进一步加强道路运输安全管理工作的通知	交运明电〔2016〕35 号	12 月 9 日

续　表

序　号	发文单位	题　目	文　号	发文时间
42	国家邮政局、公安部、国家安全部	关于发布《禁止寄递物品管理规定》的通告		12月16日
43	财政部、科技部、工业和信息化部、国家发展和改革委	关于调整新能源汽车推广应用财政补贴政策的通知	财建〔2016〕958号	12月29日
44	交通运输部、外交部、国家发展和改革委、科技部、工业和信息化部、公安部、财政部、国土资源部、住房城乡建设部、商务部、人民银行、海关总署、税务总局、国家工商总局、国家质检总局、国家统计局、保监会、中国铁路总公司	关于进一步鼓励开展多式联运工作的通知	交运发〔2016〕232号	1月4日

二、2017年公路货运业发展展望

2017年是实施“十三五”规划的重要一年，受上年经济基本面上行趋势，特别是车辆超限超载治理影响，公路货运市场仍将保持平稳增长、略有上升态势，预计整体市场增长保持在4%左右，公路货运量增长6%左右。

从货运需求看，受去产能、去库存政策影响，钢铁、煤炭、建材等大宗商品货运需求增长乏力，而与消费市场和高端制造相关的快消品、电子、汽车、电商、冷链、快递、配送等货运需求保持较高增长速度。

从货运供给看，随着新一轮治超的启动，部分不合规车辆加快退出市场。但是由于后续治超政策尚未明确，套牌车辆和不合规车辆难以出清，行业补运力后劲不足，市场供给过剩局面将会扩大，导致货运价格重新走低。

从竞争焦点看，货主企业对于降低货运成本仍然是第一要务，受要素成本持续上涨影响，单纯的成本价格竞争难以为继，企业更多向组织化、专业化、信息化要效率，甩挂运输、多式联运等模式更加普遍，以效率提升推动降低成本。

从发展方式看，大型企业通过上下游延伸服务和跨界竞争加快发展速度，整车零担化、专线快运化、快运快递化渐成趋势。受快递上市影响，兼并重组将迎来新一轮热潮，市场加快向规模企业集中，过于分散的市场格局有望转变。轻资产的平台、联盟、加盟、合作等发展方式潜力较大，受到资本市场青睐，也在一定程度上推动市场集约发展。

从增长动力看，新兴的互联网平台企业将“虚实结合”，从线上深入线下，模式迭代成效初显。传统企业将加快拥抱互联网，实现业务在线化，加快产业互联网改造，提升发展内生动力。随着人工智能时代的临近，智能化硬件将迎来发展机遇期，物联网、云计算、大数据在货运领域的应用效果逐步显现。

从运输方式看，公路货运仍然是最主要的运输方式，随着运输组织方式的优化，车辆月均行驶里程持续增长。受车辆治超和铁路运力释放影响，公路运量将加快向铁路转移，铁路运力持续趋紧，价格水平偏高，这对铁路货运进一步市场化改革和物流体系建设提出了更高的要求。

从基础设施看，公路港型的物流园区升级速度加快，一批有经验的公路港开始输出管理，加大对地方公路港型物流园区的规划、运营、管理，编织公路港物流园区网络，社会化、专业化的公路港网络体系加快成型。

从资源要素看，受国际市场影响，燃油价格进入新一轮上涨通道。受全社会劳动年龄人口增速持续下降影响，人口数量红利消失，企业人工成本上涨趋势明显，“以机器替代人工”将成为必然选择，智慧货运有望加快。

从政策环境看，行业企业比较关注的“营改增”、车辆治超和无车承运试点有望有所推进。货运企业增值税进项抵扣范围有望有所扩大，下一轮车辆治超方案有望出台。无车承运人试点将完成一年试点期，有望得到全行业推广。随着国五标准的全国推行，增加了企业投入成本。

（中国物流与采购联合会　周志成
中国物流与采购联合会公路货运分会　陈征）

2016 年铁路物流发展回顾与 2017 年展望

2016 年是“十三五”开局之年。这一年，铁路货运系统面对经济发展新常态及供给侧结构性改革带来的政策与市场变化新形势，主动适应，积极创新，各项工作都取得了新的进展。

一、2016 年铁路物流发展回顾

（一）铁路货运生产经营企稳回升

2016 年，铁路在公益性运输、重点物资运输和军运、特运等方面依然承担骨干作用。在供给侧结构性改革新形势下，铁路改革不断深入，取得了一系列成效。铁路全年累计完成货运量 33.32 亿吨，同比下降 0.8%，降幅收窄 11.1 个百分点。大宗物资运量持续下降，2016 年全国铁路煤炭发运量 19 亿吨，同比下降 4.7%，而白货运量增长迅速，国家铁路发送集装箱约 750 万 TEU（标准集装箱），发送商品汽车约 290 万台，散货快运量达到 2.6 亿吨左右，同比分别增长 40%、53% 和 25%。铁路全年完成货物周转量 23792.26 亿吨公里，同比由 2015 年下降 13.7% 上涨为增长 0.2%。2016 年下半年公路治超导致部分公路货源转向铁路，加上煤炭去产能力度不断加大，部分企业库存吃紧，煤炭价格上涨引起市场短暂活跃，煤炭运量也有所回升。铁路货运量及货物周转量在经历上半年的低迷之后，从 8 月开始实现连续 5 个月的同比正增长，总体呈现企稳向好的态势，如图 1、图 2 所示。

（二）铁路基础设施建设有序推进

1. 现代铁路运输网络逐步成型

2016 年，铁路建设以中西部地区为重点，注重提升路网整体能力，路网规模不断扩大。全年全国铁路固定资产投资完成 8015 亿元，投产新线 3281 公里，复线 3612 公里，电气化铁路 5899 公里；沪昆高铁全线运营，云桂铁路、渝万高铁相继投产。截至 2016 年年底，全国铁路营业里程达到 12.4 万公里，其中，中西部铁路营业里程达 9.5 万公里，高速铁路 2.2 万公里以上。一个布局均衡、覆盖广泛、层次清晰的铁路网络正逐步成型，为既有线释放运能，高速铁路开展快运业务创造了良好条件。

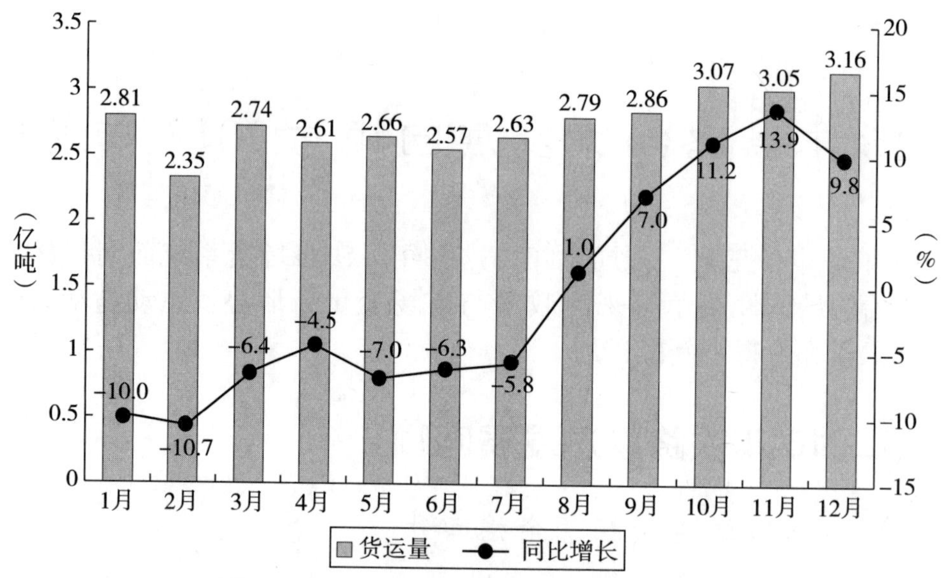

图 1　2016 年各月铁路货运量及同比增长

资料来源：国家统计局。

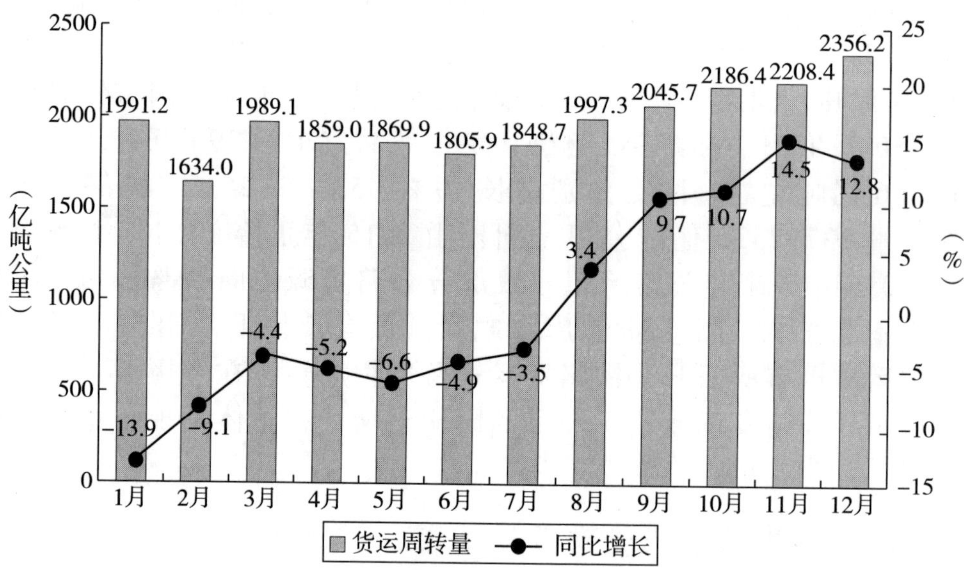

图 2　2016 年各月铁路货运周转量及同比增长

资料来源：国家统计局。

2. 铁路物流节点建设运营不断推进

在中国铁路总公司于 2015 年组织研究编制《铁路物流基地布局规划及 2015—2017 年建设计划》，初步完成铁路物流节点网络规划顶层设计的基础上，2016 年各路局积极推进铁路物流中心建设工作，年底前 33 个一级铁路物流中心已全部基本建成投产；二级铁路物流中心基本建成 98 个，占比 56%；三级铁路物流中心基本建成约 50%。规划的三级铁路物流中心全部建成后，将基本覆盖通达铁路的重要城市；基本联结“一带一路”“长江经济带”和“京津冀地区”三大国家战略规划的相关城市。

为深化供给侧结构性改革，推进铁路传统货场向现代物流中心转型升级，更好地指导铁路物流中心标准化、规范化建设工作，2016 年铁路总公司联合铁道第三勘察设计院集团有限公司、北京交通大学等单位研究编制并正式出台了《铁路物流中心设计规范》。该规范的编制借鉴了社会现代物流节点发展的经验，以物流需求调查、物流需求预测、物流组织为主线，遵循模块化设置、个性化选择的原则，着重强调了铁路物流中心建设应该在有效的市场调查基础上进行针对性设计，突出了对多式联运的适应性，体现了融入全社会物流系统、合作发展的设计新要求，为后续铁路与其他交通方式融合发展提供了保障。

在上述规划、规范的引领下，铁路还通过与社会企业合资合作，运用现代物流理念与技术，在中鼎物流园等一批现代物流节点探索了新型运营模式。2016 年 11 月 7 日，正式开园运营的中鼎物流园位于山西转型综改示范区的核心区域，是由太原铁路局与省内外企业共同打造的全国首家以铁路为主导的多式联运现代物流园。园区包括多式联运港、铁路港、公路港、综合集散港、国际保税港和信息服务港，提供快递快运类、电商、车货信息匹配及各类综合物流服务。园区依托云计算、大数据及物联网等技术，与百度等公司合作开发了“智慧物流云平台”，利用平台“系统智能化派单”“仓库一体化管理”“车货数字化驱动”“资源信息化共享”及“市场实时化分析”五大技术优势打通线上线下，构建了铁路、公路、航空、水运等融合发展的多式联运物流生态体系。再如铁路集装箱中心站在原有基础上不断开拓创新，在做好基本运输业务的同时开发综合物流服务，拓展场站经营服务，2016 年营业收入平均上涨 33%，在推动铁路传统场站向现代物流中心转型的过程中取得了良好的成效，成为“一带一路”中欧、中亚班列组织开行的重要作业基地。

3. 《中长期铁路网规划》绘就蓝图

2016 年 7 月，国家发展和改革委结合国家发展的新形势新要求，修编并印发了《中长期铁路网规划》。作为指导我国铁路发展的纲领性文件，该规划为推进铁路建设提供了基本依据。该规划以“支撑引领、创新发展”“科学布局、共建共享”“层次清晰、协调优化”“衔接高效、开放融合”“安全可靠、绿色集约”为原则，目标到 2020 年，铁路网规模达到 15 万公里，其中高速铁路 3 万公里，覆盖 80% 以上的大城市，为完成“十三五”规划任务、实现全面建成小康社会目标提供有力支撑。到 2025 年，铁路网规模达到 17.5 万公里左右，其中高速铁路 3.8 万公里左右，网络覆盖进一步扩大，路网结构更加优化，骨干作用更加显著，更好发挥铁路对经济社会发展的保障作用。路网规划情况如图 3 所示。展望到 2030 年，基本实现内外互联互通、区际多路畅通、省会高铁连通、地市快速通达、县域基本覆盖。形成以“八纵八横”主通道为骨架、区域连接线衔接、城际铁路补充的高速铁路网，打造区际快捷大能力通道和面向“一带一路”的国际通道，绘就了我国铁路未来发展的宏伟蓝图。

（三）铁路物流技术装备不断创新

为适应经济新常态，积极推进供给侧结构性改革，2016 年铁路加大创新研发和投入，努力提升物流技术装备水平。研发并先期购置 2 万只 35 吨敞顶集装箱，为发端或到端没有专用线的客户提供门到门服务，提高集装箱运用效率和适用范围；研发并购置 10 万只 1.5 吨小型箱，满足汽配、食品、饮料等零散白货运输需求；研制 45 英尺宽体集装箱，适应家用电器等轻泡高附加值货物和出口货物运输需求；针对国内冷链运输需求，设计推出了可提供电源的“1 +8”新型车组，并在大连、青岛、防城港投入运输，开行了百色至北京的冷藏水果专列。

在运输车辆方面，2016 年 11 月 10 日至 11 日，中国铁路总公司组织对我国第一代多式联运公铁驮背运输专用车（QT1、QT2 型）样车进行了试用评审，填补了我国铁路技术装备上的一项空白，为我国加快发展多式联运，降低社会物流成本提供了重要的装备支持。

此外，铁路积极开拓铁路物流“互联网 +”新格局，铁路总公司深化货运电商平台等技术研究，优化 95306 网功能，通过微信公众号、微博等平台进行货运营销；铁路局开发上线“上铁捷运”快捷货运平台、“掌上滨江”App 等各类平台开展物流服务。

（四）铁路物流服务品牌逐步建立

1. “中欧班列”品牌推进“一带一路”

自 2011 年 3 月 19 日首列中欧班列开行以来，中欧班列凭借其“快捷准时、安全稳定、绿色环保”的特点，成为“一带一路”国际物流陆路运输的骨干方式，成为推进“一带一路”建设的重要平台和载体，发展日益活跃。2016 年，中欧班列开行范围不断扩大、回程班列显著增加、货物种类日益丰富、运量大幅增长、货值显著提升，发展势头良好。

据中国铁路总公司数据，2016 年，中欧班列开行 1702 列，同比增长 109%；其中返程班列 572 列，同比增长 116%。重庆、成都等城市中欧班列运营情况较好，2016 年全年从重庆始发中欧班列 420 列，其中去程 278 列、回程 142 列，总货值 170.4 亿美元；从成都始发 453 列，其中去程 287 列，回程 166 列，总货值 15.07 亿美元。广州等地首发中欧班列，伦敦等欧洲主要城市也首次成为中欧班列的终点。全国已有近 20 个城市陆续开通了去往德国杜伊斯堡、西班牙马德里等10余个欧洲城市的班列。

2016年6月初，国家发展和改革委、中国铁路总公司正式启用“中欧班列”统一品牌，如图3所示。6月20日，国家主席习近平同波兰总统杜达在华沙共同出席统一品牌中欧班列首达欧洲（波兰）仪式。统一品牌的发布对打造“中欧班列”国际竞争力和信誉度，推进中欧班列发展具有重要意义，也是中国铁路建立铁路物流品牌，走向国际的重要里程碑。

图3 “中欧班列”品牌统一标识

2016年10月8日，为实现中欧班列健康有序发展，推进“一带一路”建设工作领导小组办公室印发了《中欧班列建设发展规划（2016—2020年）》，全面部署今后5年中欧班列建设发展任务。这是中欧班列建设发展的首个顶层设计，明确了中欧铁路运输通道、枢纽节点和运输线路的空间布局规划，提出完善国际贸易通道、加强物流枢纽设施建设、加大货源整合力度、创新服务模式、建立完善价格机制、构建信息服务平台、推进便利化大通关7大任务及相关保障措施。计划到2020年，中欧班列年开行5000列左右，基本形成布局合理、设施完善、运量稳定、便捷高效、安全畅通的中欧班列综合服务体系。

2. “电商黄金周”品牌助力“双十一”

继2014年7月首列电商快递班列正式运行以来，面对电商、快递高速发展，中国铁路总公司在经过两年的局部试点的基础上，从2016年10月20日起，高铁快运服务实现在全国所有高铁列车经停的505个城市试行，为客户提供小件物品全程运送高端服务，开启了高铁全面探索物流市场的系统尝试。

2016年“双十一”期间，铁路总公司借鉴铁路旅客运输黄金周组织模式，充分依托高铁快运、铁路干线运输优势，加强与电商、快递企业合作，推出高铁快运“当日达”“次晨达”及电商班列“一日达”等快捷货运产品，打造铁路“电商黄金周”运输服务品牌，各路局也结合实际情况，推出快运产品，联合快递物流企业，助力“双十一”（如表1所示）。11月11日至20日10天时间，铁路总公司共发送电商快递货物1525万件，通过高铁快运与电商、快递的无缝衔接和密切合作，加快了电商货物送达速度，降低了社会物流总成本，也为进一步融合发展开辟了新的空间。

表1　　　　各铁路局“电商黄金周”服务情况一览

序　号	铁路局	“电商黄金周”服务情况
1	哈尔滨铁路局	开行11趟高铁快运列车和12趟跨省快速班列、东北货物快运等货运列车；与顺丰、邮政、韵达等物流企业签订合作协议
2	沈阳铁路局	每天利用8列载客高铁列车开展跨局高铁快运业务；与顺丰等快递企业开展合作
3	北京铁路局	运用26列高铁列车和4列电商专列，搭建电商物流快递通道
4	太原铁路局	推出高铁快运“当日达”促销活动
5	呼和浩特铁路局	分城市推出“当日达”“次晨达”等产品；与邮政物流和顺丰等快递企业对接联系
6	郑州铁路局	打造两日达“中原普速快运品牌”和当日达、次晨达“高铁快运品牌”；组织人员与顺丰、圆通等物流公司接洽合作
7	武汉铁路局	推出高铁快运“当日达”“次晨达”及电商班列“一日达”等快捷物流产品；与顺丰等快递企业开展合作
8	西安铁路局	推出高铁快运“当日达”“次晨达”“次日达”“隔日达”4个产品；与顺丰合作快递速运业务
9	济南铁路局	推出高铁快运“当日达”“次晨达”和电商班列等多种快捷货运产品；与顺丰、韵达、京东等多家快递企业洽谈合作
10	上海铁路局	推出47趟高铁快运当日达、次晨达产品，8趟电商班列
11	南昌铁路局	与电商和快递企业合作，在赣闽两省始发开行的13列高铁列车上办理“当日达”高铁快运业务
12	广铁集团	开办高铁快运“当日达”“次晨达”业务；携手京东、顺丰等电商和快递企业，开行3趟电商班列
13	南宁铁路局	打造南宁至武汉、南宁至杭州两条高铁快运当日达精品线路
14	成都铁路局	推出高铁快运批量运输、行李车限时快运、电商班列等货运新产品；与顺丰、京东、邮政等电商、快递企业合作

续 表

序 号	铁路局	“电商黄金周”服务情况
15	昆明铁路局	推出“快速班列”“特需班列”“云岭快运”三种货运产品
16	兰州铁路局	推出“当日达”“次晨达”等产品，推出“双十一”体验价优惠活动；与顺丰、京东、邮政等电商、快递企业合作
17	乌鲁木齐铁路局	开展局管内高铁快运业务；与顺丰开展合作
18	青藏铁路公司	推出部分城市间“当日达”产品

资料来源：根据网络资料整理。

（五）铁路物流创新改革持续深化

1. 创新合作模式

铁路面对白货市场，以《关于按板块做好白货营销的意见》为指导，将152类白货货源作为主要目标市场，细分市场板块，创新“总对总”、物流总包等物流服务模式。

2016年，铁路推进“总对总营销”成果显著。铁路总公司出台了“总对总”战略合作实施意见，明确了战略合作范围和原则，以及分级洽谈、板块营销、协议签订、项目落实、评价考核等工作流程和相关制度。4月16日，中国铁路总公司和海尔集团在山东青岛海尔集团总部签订战略合作协议，开始在全国多地为海尔集团开行海尔电器特需专列。此外，铁路还与格力、茅台等各行业大型企业开展总部间战略合作，各铁路局走访对接各大中型企业，筛选确定拟合作企业，开展“总对总”战略合作。

同时，铁路还重点针对食品饮料、医药、家电、日化、汽车等行业各自特点，分板块组织团队制订专业化、个性化的特色物流服务方案，签订物流总包合同，满足各行业的不同物流需求。

2. 完善价格机制

铁路总公司稳步实施运价优化调整，在《铁路总公司关于推进铁路供给侧改革深化铁路现代物流建设若干措施的通知》（铁总运电〔2016〕54号）中提出扩大铁路局运价调整自主权，实现货运量止跌回升，其中直通运输运价自主下浮幅度由15%调整为30%，煤炭运价下浮不超过20%、港口矿石运价下浮不超过20%时均可由路局自定。同时加强运价监督和指导，制定了先降两端杂费、再降运费等相关要求。各铁路局充分运用价格杠杆，严格规范操作，分货物品类施策，分不同企业施策，开发启动了一批公路货源回归项目。

3. 推动融合发展

铁路深化与港航企业合作，加强与中国远洋海运等船公司和主要集装箱港口的合作；大力发展铁路箱下水业务，大力发展铁水联运，全路开行了107条集装箱铁水联运班列，基本建立了连接港口与内陆主要腹地的集疏运网络。推进EDI（电子数据交换）信息共享，实现了与营口、天津、青岛、连云港、宁波、厦门6个港口和中海集装箱运输股份有限公司的数据交换。

（六）外部政策市场环境深刻变化

2016年7月26日，质检总局、国家标准委正式批准发布了《汽车、挂车及汽车列车外廓尺寸、轴荷及质量限值》（GB 1589—2016），对公路货运车辆外廓尺寸等做出了要求；8月18日五部委联合发布《关于进一步做好货车非法改装和超限超载治理工作的意见》，明确治超进入重点整治阶段，将逐步塑造公平竞争的良好环境，各种运输方式的比较优势得以科学发挥，一定程度上为铁路参与物流市场竞争提供了有利条件。

运输市场方面，我国全社会货源结构正持续发生着深刻变革，大宗物资需求下降明显，白货运量上升显著。2016年全国规模以上煤炭企业原煤产量33.64亿吨，同比下降9.4%，消费量下降4.7%，连续3年下降；与大宗物资相比，2016年中国汽车产销分别完成2811.9万辆和2802.8万辆，同比分别增长14.5%和13.7%；冰箱、洗衣机、手机等主要白货产销量均不同程度地持续增长；港口全年完成集装箱吞吐量2.2亿TEU，同比增长3.6%。货源结构变化对铁路物流发展提出了挑战，也提供了新的机遇。

此外，2016年，中央持续推进供给侧结构性改革，以适应和引领经济发展新常态，降本增效与融合发展成为交通运输业发展主题。国务院和交通运输部等相继发布了《物流业降本增效专项行动方案（2016—2018年）》《关于推进供给侧结构性改革促进物流业"降本增效"的若干意见》等一系列政策文件，对物流业降本增效提出了要求与指导。铁路凭借其运能大、效率高、排放少等特点成为未来交通运输业发展重点，迎来了良好的机遇。而加强交通物流融合发展是国家降低全社会物流成本、提质、增效的重要选项，国务院发布的《营造良好市场环境推动交通物流融合发展实施方案》提出了铁路集装箱化发展的主要任务和相关政策措施，对加快推进铁路货运向现代物流转型发展，充分发挥铁路在社会物流体系中的骨干作用具有重要意义，成为下一阶段指导我国铁路发展和改革的重要文件，为铁路物流后续发展奠定了基础。

二、2017 年铁路物流发展展望

2017 年是供给侧结构性改革深化之年，根据铁路工作会议的总体要求，铁路将围绕“强基达标、提质增效”主题，以提高发展质量和效益为中心，以推进铁路建设、产品开发、信息化建设等方面工作为重点，加快从运输生产型企业向运输物流型企业转型，开创铁路物流改革新局面。

（一）紧抓路网场站建设，不断夯实发展基础

完善的基础设施网络是开展铁路物流业务的基础。2017 年，全国铁路投资仍将保持 2016 年 8000 亿元左右的规模，建设将继续以西部为重点，优化空间布局；按照《中长期铁路网规划》和“十三五”铁路建设规划的要求，注重与其他交通方式互联互通，有序推进现代铁路基础网络建设。

铁路场站建设方面，将以《铁路物流基地布局规划及 2015—2017 年建设计划》为依据，以《铁路物流中心设计规范》为标准，结合地方实际物流需求布局，继续推进铁路物流中心建设，预计在 2017 年建成投产全部 538 个铁路物流中心。同时，做好多式联运场站规划建设及既有货场改造工作，持续推进集装箱中心站等铁路场站向现代物流中心转型，为开行中欧班列、多种运输方式融合发展提供有力支持。在场站运营方面，积极与社会企业合资合作，吸引企业投资、入驻，建设铁路物流节点有望取得突破；同时积极开展装卸、仓储、分拣等全方位服务，不断加大铁路物流节点的综合经营开发力度。

同时，合理布局铁路物流中心、铁路集装箱中心站及末端配送服务设施，扩大货物集散服务网络。按照“无缝化”衔接要求，完善货运枢纽多式联运、集装箱运输、邮政快递运输、国际联运以及集疏运等“一站式”服务设施，提升枢纽集散能力和服务效率。以发展枢纽型园区经济为导向，推进传统货运场站向城市物流配送中心、现代物流园区转型发展。

（二）做好市场监测营销，努力提高服务质量

综合考虑国家经济增速、散煤治理及能源结构调整、环境约束等因素，2017 年煤炭需求可能将继续下降。据统计，2017 年煤炭产需衔接合同量 19.83 亿吨，与铁路 2016 年煤炭运量相当，预计铁路 2017 年煤炭等大宗物资运量降速趋缓，但仍有下降压力。公路治超工作对公路运输车辆尤其是轿运车影响较大，铁路抢抓时机，将于 2017 年购置 7000 辆专用车，预计铁路小汽车运量将

突破400万台，力争达到500万台，其他白货运输需求也将不同程度地有所上升。

在全社会大宗物资货运量逐年下降，白货运输需求上升的大背景下，做好物流市场监测及营销工作是铁路获取第一手货源、稳定运量的重要途径。铁路将扎实做好市场监测分析和营销策略研究，健全市场营销机制。通过规范市场监测的周期、内容及形式，全面调查分析与分板块调查分析有机结合，建立常态化的市场监测机制。研究制定的市场分析方法，与市场监测工作机制衔接配套，对监测结果进行系统深入的分析，并与营销工作紧密结合，将市场调查分析与市场营销有机结合。结合监测分析结果，有针对性地制订物流方案，开发物流产品，改进物流服务，提高自身综合服务质量，有效增强铁路的市场竞争力。

（三）完善物流产品谱系，积极拓展物流市场

随着物流的不断发展，客户需求越来越多样化，对物流产品的要求也越来越高。铁路路网建设的稳步推进及技术进步为铁路推出多样化的物流服务，推进供给侧结构性改革提供了有力支持。铁路将在现有基础上，优化班列结构，构建行包快运、货物快运等快运产品网络；继续推行特需班列，满足客户个性化需求；同时紧跟市场脚步，不断推出新的班列产品，完善物流产品谱系。大力发展商品车物流、冷链运输、高铁快运及集装箱运输，积极拓展汽车物流、新型冷链、快运和社会物流市场。

（四）着力推进融合发展，探索经营模式创新

在各种交通方式快速发展的形势下，铁路将充分发挥自身优势，加强与其他交通方式融合，大力发展集装箱运输，加快铁路线入企、入港、入园，积极开展铁水联运、公铁联运等多式联运，继续发挥铁路运输的骨干作用，努力扩能提效，为物流业降本提质增效贡献力量。

2017年，中国铁路总公司工作会议提出要落实经营权责，提高铁路资本经营效益。其中，铁路混合所有制改革、债转股、资产证券化和企业改制上市是提高铁路经营效益的重要方式。2017年，政府工作报告也提出“深化混合所有制改革，在电力、石油、天然气、铁路、民航、电信、军工等领域迈出实质性步伐”。预计铁路混合所有制改革将保持“稳中求进”的思路，以货运为突破口，积极引进社会资本建立合资公司合作经营，共同推进铁路物流中心等基础设施建设经营，发展完善物流公司组织货源及接取送达，铁路负责干线运输的联运模式。尝试通过债转股和资产证券化的手段降低总公司的债务负担，谋求更多铁路企业上市。

中欧班列是落实国家"一带一路"战略的重要手段，铁路将继续配合有关部门，加强与地方政府和沿线国家铁路的沟通协调，建立国际铁路联运合作机制，大力推进中欧班列；通过与国内外物流企业、货代企业合作，加大班列尤其回程班列组织力度，构建国际铁路物流体系；加大中欧、中亚班列的品牌宣传力度，提高中欧、中亚班列的知名度及中国铁路的影响力。

（五）提高物流信息化水平，打造资源共享平台

铁路将积极实施"互联网+"战略，广泛运用互联网、大数据等手段，全面深化物流信息化建设。大力推进铁路物流数字化，扩大铁路物联网的应用范围，推进市场分析、货运受理、生产管理、追踪查询、物流配送等系统的深度融合，为客户提供更好体验。同时，利用铁路的资源优势，联合社会物流企业、快递企业、代理企业等，完善95306网站功能，打造多式联运配货平台等社会物流资源共享平台，推动社会物流资源集成和多种运输方式深度融合，实现物流行业共享发展。

总之，可以预计，铁路将进一步内夯基础，对外开放，在我国多式联运、综合运输及现代物流服务体系中发挥越来越重要的作用。

参考文献

［1］国家发展和改革委员会．2016年全国铁路货运生产情况［EB/OL］. http：//www. sdpc. gov. cn/jjxsfx/201701/t20170123_ 836292. html.

［2］国家发展和改革委员会．2016年全国铁路煤炭运输简况［EB/OL］. http：//www. sdpc. gov. cn/fzgggz/jjyx/mtzhgl/201701/t20170125_ 836788. html.

［3］陈东福．强基达标 提质增效 奋力开创铁路改革发展新局面——陆东福在中国铁路总公司工作会议上的报告（摘要）［N］．人民铁道报，2017-01-05（A1）.

［4］发改基础〔2016〕1536号．关于印发《中长期铁路网规划》的通知［Z］．北京：国家发展和改革委员会，2016.

［5］网易．2017年中欧班列步入发展"快车道"［EB/OL］. http：//money. 163. com/17/0209/05/CCQF2N92002580S6. html.

［6］张依．铁路"电商黄金周"运输受欢迎［N］．人民铁道报，2016-11-21（A1）.

［7］中国煤炭工业协会．2016年全国煤炭经济运行情况及2017年预测［EB/OL］. http：//coal. in-en. com/html/coal-2425827. shtml.

［8］国家统计局．中华人民共和国2016年国民经济和社会发展统计公报［EB/

OL]. http: //www.stats.gov.cn/tjsj/zxfb/201702/t20170228_1467424.html.
[9] 新华网. 2016年中国汽车产销量连续八年蝉联全球第一 [EB/OL]. http: //news.xinhuanet.com/auto/2017-01/13/c_1120301685.htm.
[10] 中华人民共和国国务院办公室. 交通运输部举行2017年交通运输等情况新闻发布会 [EB/OL]. http: //www.scio.gov.cn/xwfbh/gbwxwfbh/xwfbh/jtysb/Document/1540845/1540845.htm.

（北京交通大学交通运输学院物流工程系　张晓东　杨俊杰
中国铁路总公司运输局　韩伯领　李辰中）

2016年港口物流发展回顾与2017年展望

一、2016年港口物流发展回顾

2016年，是我国“十三五”时期的开局之年，也是供给侧结构性改革的攻坚之年。面对复杂的国内外经济形势，我国经济运行保持平稳，并在积极的政策作用下实现筑底企稳。总体来看，2016年我国GDP增速达到6.7%，经济增速重回世界第一，且GDP增速呈现逐季上扬态势。2016年，我国供给侧结构性改革取得初步成效，服务业增加值增长9.3%，成为九大一级细分行业中规模仅次于工业的第二大行业。

从外贸形势来看，由于世界经济复苏依然缓慢且不均衡，我国进出口总额仍然呈现负增长，但负增长趋势较2015年有所收窄，且2016年下半年开始企稳回升，呈现正增长趋势。2016年，我国货物进出口总值24.33万亿元，比2015年下降0.9%。其中，出口13.84万亿元，下降2%；进口10.49万亿元，增长0.6%；贸易顺差3.35万亿元，收窄9.1%。

在这种背景下，2016年我国港口生产总体保持相对平稳的增长态势，在高基数的影响下，吞吐量增速虽不及前几年，但较2015年有明显回升。（如图1所示）

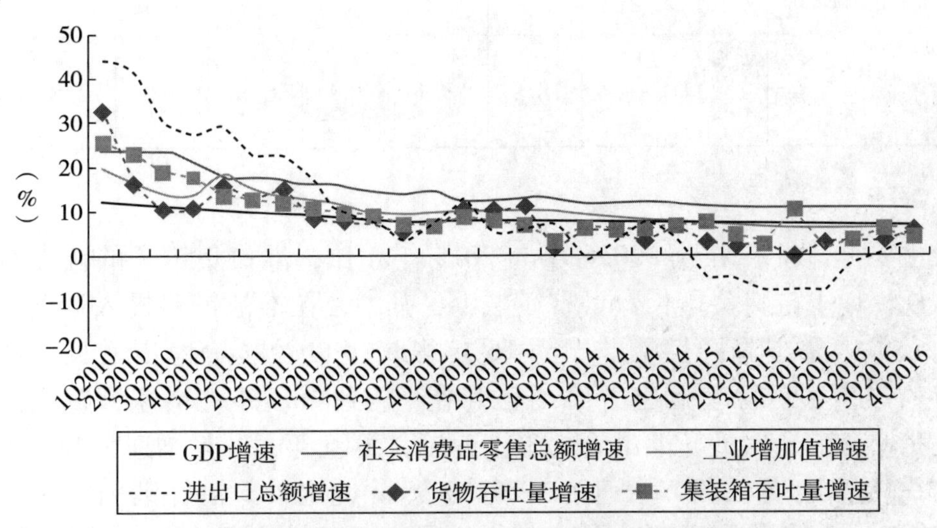

图1　我国主要经济指标与港口吞吐量增长变化趋势

资料来源：国家统计局，中华人民共和国交通运输部。

（一）港口生产趋稳回暖

2016 年，在国内经济增速筑底企稳，外贸回暖，外贸下滑增速得到遏制的影响下，我国港口生产增速较 2015 年有小幅回升。2016 年，我国规模以上港口完成货物吞吐量达到 118 亿吨，同比增幅达到 3.2%，较 2015 年提升 1.3 个百分点。货物吞吐量的增长受益于内贸和外贸的双向提振，其中，外贸吞吐量完成 37.62 亿吨，同比增长 4.1%。规模以上港口完成集装箱吞吐量达到 2.2 亿 TEU，较 2015 年增长 3.7%，增速回升近一个百分点。（如表 1 所示）

表 1　　2008—2016 年我国规模以上港口货物吞吐量及集装箱吞吐量

年份		2008	2009	2010	2011	2012	2013	2014	2015	2016
货物吞吐量	吞吐量（亿吨）	58.7	69.7	80.2	90.7	97.8	106.5	112	114	118
	同比增长（%）	11.6	18.7	15.1	13.1	7.8	8.9	5.2	1.9	3.2
外贸货物吞吐量	吞吐量（亿吨）	18.99	21.8	24.73	27.57	30.2	33.1	35	36.14	37.62
	同比增长（%）	6.0	14.8	13.4	11.5	9.5	9.6	5.7	3.2	4.1
集装箱吞吐量	吞吐量（亿 TEU）	1.29	1.22	1.45	1.64	1.77	1.89	2	2.12	2.2
	同比增长（%）	13.2	-5.4	18.9	13.1	7.9	6.8	5.8	2.8	3.7

资料来源：交通运输部。

从主要港口发展来看，2016 年与 2015 年相比，港口负增长的幅度有所收窄，且规模以上港口负增长数量有所减少。其中，在淮池铁路投入运营后，煤炭运输成本大幅下降，且受益于 2016 年煤炭进口吞吐量稳步增长，黄骅港 2016 年吞吐量实现持续高速增长，全年增速达到 46.7%，增速领跑我国主要港口。受此影响，秦皇岛港由于货源被分流，2016 年吞吐量增速大幅下滑，完成货物吞吐量 1.86 亿吨，增速为 -26.5%。除此之外，湛江港因宝钢投产及原油和铁矿石运量增加，2016 年港口吞吐量实现双位数增长，达到 2.55 亿吨，同比增长 15.9%。除此之外，大多数港口吞吐量保持低速小幅增长，港口生产形势稳定。

从港口排名来看，主要港口排名变化不大。苏州港由于太仓港的快速发展，吞吐量保持了6.3%的增速，超越了受爆炸因素影响尚处于恢复期的天津港，成为我国第三大港口。唐山港由于和天津港的合作不断紧密，且通过建立自身船队发展内贸业务，港口吞吐量保持较好的增长，2016年吞吐量达到5.16亿吨，超越青岛港位居全国第六。除此之外，受益于我国“一带一路”倡议的推进，我国中西部地区沿海、沿江港口发展迅速，重庆、岳阳、海口、广西北部湾等港口表现良好，港口排位均有晋升。（如表2所示）

表2　　2014—2016年我国主要港口货物吞吐量排序

排　序	港口名称	2016年		2015年		2014年	
		吞吐量（亿吨）	同比增长（%）	吞吐量（亿吨）	同比增长（%）	吞吐量（亿吨）	同比增长（%）
1	宁波舟山港	9.18	3.3	8.89	1.8	8.73	7.8
2	上海港	7	-2.4	7.17	-5.0	7.55	-2.7
3	苏州（内河）港	5.74	6.3	5.4	12.7	4.79	5.5
4	天津港	5.5	1.9	5.4	0.0	5.4	7.8
5	广州港	5.22	0.2	5.21	8.5	4.8	5.5
6	唐山港	5.16	5.3	4.9	-2.2	5.01	12.3
7	青岛港	5.01	0.8	4.97	6.9	4.65	3.3
8	大连港	4.29	3.4	4.15	-3.0	4.28	5.2
9	日照港	3.51	-2.8	3.61	7.8	3.35	8.4
10	营口港	3.47	2.7	3.38	1.2	3.34	4.4
11	烟台港	2.65	5.6	2.51	5.9	2.37	6.8
12	湛江港	2.55	15.9	2.2	8.4	2.03	12.8
13	黄骅港	2.45	46.7	1.67	-6.2	1.78	4.1
14	南通（内河）港	2.23	1.4	2.2	0.0	2.2	7.3
15	南京（内河）港	2.17	0.9	2.15	2.9	2.09	3.5
16	深圳港	2.14	-1.4	2.17	-2.7	2.23	-4.7
17	厦门港	2.09	-0.5	2.1	2.4	2.05	7.3
18	北部湾港	2.04	-0.5	2.05	0.5	2.04	9.1

续 表

排 序	港口名称	2016 年		2015 年		2014 年	
		吞吐量（亿吨）	同比增长（%）	吞吐量（亿吨）	同比增长（%）	吞吐量（亿吨）	同比增长（%）
19	连云港	2.02	-4.3	2.11	0.5	2.1	4.0
20	秦皇岛港	1.86	-26.5	2.53	-7.7	2.74	0.4
21	重庆（内河）港	1.72	9.6	1.57	6.1	1.48	8.0
22	泰州（内河）港	1.68	-13.8	1.95	25.0	1.56	2.0
23	丹东港*	1.58	5.3	1.5	8.7	1.38	15.0
24	嘉兴内河*	1.47	-2.0	1.5	48.5	1.01	-8.2
25	福州港	1.46	-4.6	1.53	6.3	1.44	13.4
26	虎门港*	1.44	9.9	1.31	1.6	1.29	17.3
27	岳阳（内河）港	1.38	16.9	1.18	-1.7	1.2	9.1
28	镇江（内河）港	1.31	-11.5	1.48	6.5	1.39	-1.4
29	芜湖（内河）港	1.31	9.2	1.2	9.1	1.1	18.3
30	江阴（内河）港	1.3	3.2	1.26	1.6	1.24	-1.6
31	泉州港	1.25	2.5	1.22	8.9	1.12	1.8
32	珠海港	1.18	7.3	1.1	2.8	1.07	7.0
33	海口港	0.89	8.5	0.82	-7.9	0.89	6.0
34	徐州*	0.89	-1.1	0.9	-3.2	0.93	12.0
35	锦州港*	0.88	-12.9	1.01	1.0	1	17.6
36	杭州（内河）港	0.73	-22.3	0.94	-6.0	1	6.4

注：* 表示 2016 年吞吐量为预测值。

资料来源：交通运输部。

1. 货物吞吐量增速年底回暖，外贸增速略好于内贸

2016 年，我国港口货物吞吐量走势呈现正弦曲线，二季度和四季度表现良好，尤其在四季度需求增加的情况下增速大幅回暖，11 月当月货物吞吐量增速达到 7.5%，较 2015 年同期增速提升近 5 个百分点，也是本年度增速最高的月份。三季度吞吐量增速下滑一方面受季节因素如长江秋季洪水影响，内河港口吞吐量下滑；另一方面受英国脱欧影响，大宗商品价格暴跌，消费市场信心

受到打击，导致全球消费需求不旺。三季度过后，英国脱欧影响减退，全球经济稳定性增长，整体向好，大宗商品价格出现企稳，且进入到圣诞和春节拉动消费增长的阶段，四季度我国港口内外贸吞吐量均稳步向好，拉动吞吐量增速快速回暖，实现以良好增速收尾。

从内外贸增长情况来看，内贸与外贸增速基本相近，外贸略好于内贸。二季度，在能源市场略有回升的影响下，外贸吞吐量增速好于内贸。三季度，在国内生产与消费持续乏力的影响下，内贸吞吐量甚至呈现负增长态势，外贸相对保持平稳低增长态势。整体来看，2016 年，我国共完成外贸货物吞吐量 36. 72 亿吨，外贸货物吞吐量占比达到了 2009 年来的新高，外贸份额进一步得到回升，占比达到 31. 9%，较 2015 年提升 0. 2 个百分点。（如图 2 所示）

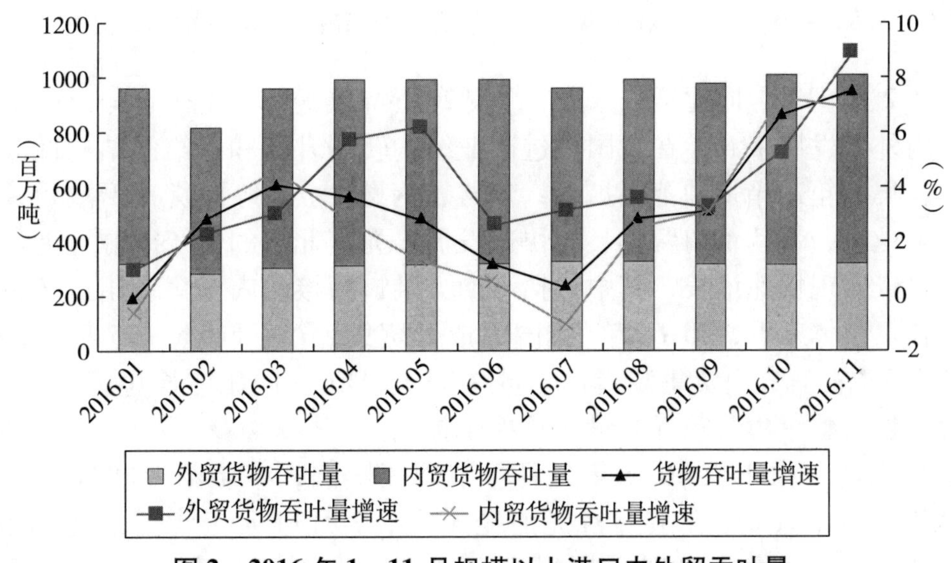

图 2　2016 年 1—11 月规模以上港口内外贸吞吐量

资料来源：交通运输部。

就沿海和内河港口吞吐量增长情况来看，一直延续沿海港口吞吐量增长好于内河港口的趋势，但吞吐量的增速差距逐步收窄。2016 年，沿海规模以上港口完成货物吞吐量 81. 1 亿吨，同比增长 4. 7%，内河港口完成货物吞吐量 37 亿吨，同比增长 3. 8%。其中，由于受 7—8 月长江秋季洪水影响，内河港口吞吐量出现大幅下滑，同比呈现负增长，其余各月沿海和内河吞吐量增速基本相近。（如图 3 所示）

2. 集装箱吞吐量增速企稳，内贸箱拉动作用明显

2016 年，随着政府出台进一步支持外贸稳增长调结构的政策措施逐步落地，政策效应逐步显现，内贸需求稳步提升，进出口呈现回稳向好势头。在此背景下，我国港口集装箱吞吐量增速较 2015 年有明显回升，全年完成集装箱

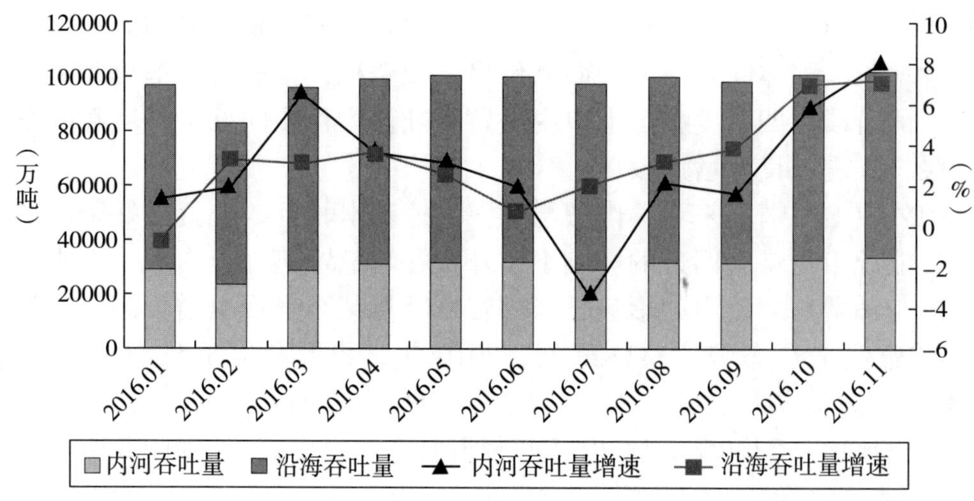

图3　2016 年 1—11 月规模以上沿海和内河港口吞吐量增速走势

吞吐量 2.2 亿 TEU，同比增长 3.7%，较 2015 年增速回升 1 个百分点。

从内外贸发展来看，在我国推进产业结构转型升级和供给侧结构性改革的背景下，集装箱适箱货种范围扩大，建材、钢材、散粮等件货和干散货装箱运输的越来越多，带动了内贸集装箱快速发展。尤其北方的传统能源大港，近两年集装箱量实现快速增长，其中包括与南方港口衔接的内贸集装箱运输量实现快速增长。整体来看，2016 年，我国完成外贸集装箱吞吐量 1.35 亿 TEU，同比增长 3.3%；完成内贸集装箱吞吐量 0.85 亿 TEU，同比增长 6.9%，内贸集装箱吞吐量占整个集装箱吞吐量比重稳步扩大。

逐月来看，由于受 2015 年 2 月春节因素影响，集装箱吞吐量处于年度低谷状态，而 2016 年春节因素提前至 1 月，2 月进入正常贸易生产状态，导致 2016 年 2 月增速出现大幅提升。此外，进入三季度后，受圣诞节和春节因素影响，集装箱吞吐量增速实现大幅提升，8 月出现年内小高峰（如图 4 所示）。

从航线来看，近两年我国外贸内支线增长势头良好，2016 年增幅达到 42.7%，反映出我国枢纽港地位作用不断增强，干支配合的港口网络体系越加成熟。从外贸航线来看，虽然，外贸航线增速不及 2015 年，但外贸出港量增速保持相对较高的水平，增幅达到 4.21%。就国际航线部分来看，2016 年，我国至日本、韩国、新加坡等国家的集装箱量都有不同程度的萎缩或增速下滑现象，一方面反映了我国部分枢纽港口在区域中的枢纽地位得到进一步夯实。另一方面我国至美国、欧洲的箱量虽有增长，但增幅也未实现大幅增长，可见我国在“一带一路”战略的推进下，至 21 世纪海上丝绸之路沿线国家的箱量实现了良好的增长。（如表 3 和表 4 所示）

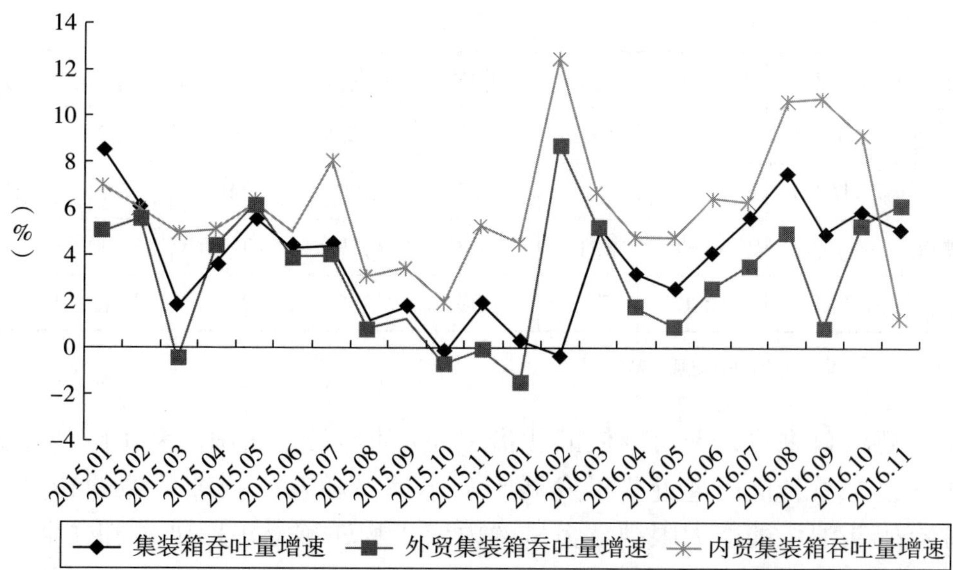

图 4　2015—2016 年 1—11 月我国规模以上港口集装箱吞吐量增幅走势

资料来源：中华人民共和国交通运输部。

表 3　　2013—2016 年中国港口集装箱内、外贸吞吐量

前 11 个月累计值	外贸—国际航线		外贸—内支线		内贸	
	总量	出港	总量	出港	总量	出港
2016 年（万 TEU）	10220	5298	2784	990	7560	3796
增速（%）	1. 69	4. 21	42. 70	3. 56	4. 67	5. 18
2015 年（万 TEU）	10050	5084	1951	956	7223	3609
增速（%）	3. 15	0. 73	6. 32	9. 26	5. 43	5. 46
2014 年（万 TEU）	9743	5047	1835	875	6851	3422
增速（%）	5. 80	6. 70	2. 50	−0. 30	7. 80	7. 90
2013 年（万 TEU）	9207	4731	1790	878	6358	3172

资料来源：中华人民共和国交通运输部。

表 4　　2013—2014 年中国港口部分国际航线集装箱吞吐量

前 11 个月累计值	中国香港	日本	韩国	新加坡	中国台湾	美国	欧洲
2016 年（万 TEU）	1085	702	648. 8	349	232	1809	1939
增速（%）	−0. 7	0. 9	2. 2	−2. 0	−2. 1	0. 8	4. 6
2015 年（万 TEU）	1093	696	635	356	237	1794	1854

续 表

前 11 个月累计值	中国香港	日本	韩国	新加坡	中国台湾	美国	欧洲
增速（%）	-3.9	-4.1	2.9	-8.5	-3.7	7.9	-1.9
2014 年（万 TEU）	1137	726	617	389	246	1662	1889
增速（%）	5.30	2.10	2.86	0.70	13.60	3.00	8.90
2013 年（万 TEU）	1080	712	600	386	216	1613	1735

资料来源：中华人民共和国交通运输部。

就主要港口来看，上海港依旧凭借 1.6% 的增长稳居国内和国际的双第一。从增长速度来看，虎门港近些年发展十分迅速，随着广州港功能的转型升级，以及原有码头泊位的能力限制，大量的内贸货物转移至虎门港装卸作业，带动了虎门港吞吐量近两年的大幅增长。此外，唐山港凭借京唐港和曹妃甸港集装箱业务的快速发展，引导我国北方内贸货物通过水路运至南方，京唐港与天津港的合作不断深化，京唐港已然成为天津港的重要外贸内支线，在此带动下，京唐港吞吐量实现快速增长。北部湾港、江门港等我国西南地区港口凭借对东南亚的区位优势，在“一带一路”战略下积极发展至东南亚的航线，带动了箱量的增长。（如表 5 所示）

表 5　　2016 年我国港口集装箱吞吐量排名

排　名	港口名称	吞吐量（万 TEU）		同比增长
		2016 年	2015 年	（%）
1	上海港	3713	3655	1.6
2	深圳港	2411	2421	-0.4
3	宁波舟山港	2157	2062	4.6
4	广州港	1858	1740	6.8
5	青岛港	1801	1743	3.3
6	天津港	1450	1411	2.8
7	厦门港	960	918	4.6
8	大连港	959	945	1.5
9	营口港	601	592	1.6
10	苏州（内河）港	540	510	5.8

续　表

排　名	港口名称	吞吐量（万 TEU）		同比增长
		2016 年	2015 年	（%）
11	连云港	469	502	-6.5
12	虎门港*	361	250	44.4
13	佛山（内河）港	318	302	5.2
14	日照港	301	281	7.1
15	南京（内河）港	281	307	-8.5
16	烟台港	260	245	6.1
17	福州港	257	237	8.4
18	泉州港	210	201	4.5
19	丹东港	199	183	8.7
20	唐山港	193	152	27.0
21	北部湾港	179	141	27.0
22	珠海港	165	134	23.1
23	中山港*	135	134	0.7
24	嘉兴港	134	123	8.9
25	海口港	134	127	5.5
26	汕头港*	124	118	5.1
27	江门港*	124	106	17.0
28	重庆（内河）港	115	109	5.5
29	武汉（内河）港*	108	104	3.8

注：*表示 2016 年数据为预测值。

从全球港口排名来看，我国港口依旧表现良好，宁波舟山港发展迅速，尤其在 2016 年推进宁波港与舟山港运营的实质性整合，对于其生产业务的发展有着积极的作用。相较其他境外港口而言，我国主要港口增速相对保持平稳的正增长，涨势好于其他地区。（如表 6 所示）

表 6　　　　2016 年全球前 20 大港口集装箱吞吐量排名

港口名称	集装箱吞吐量（万 TEU）		
	2016 年	2015 年	增长率（%）
上海港	3713	3655	1.6
新加坡港	3090	3092	-0.1
深圳港	2411	2421	-0.4
宁波舟山港	2157	2062	4.6
中国香港港	1963	2007	-2.2
釜山港	1946	1947	-0.1
广州港	1858	1740	6.8
青岛港	1801	1743	3.3
迪拜港	1539	1559	-1.3
天津港	1450	1411	2.8
巴生港*	1305	1173	11.3
鹿特丹港	1239	1223	1.3
高雄港	1046	1026	1.9
安特卫普港	1004	965	4.0
丹戎帕拉帕斯港*	998	876	13.9
厦门港	960	918	4.6
大连港	959	945	1.5
汉堡港	891	882	1.0
洛杉矶港	886	816	8.6
长滩港	678	719	-5.7

注：*表示 2016 年数据为预测值。

3. 大宗散货吞吐量保持良好增长

2016 年以来，受煤炭需求不足以及煤炭行业化解过剩产能政策实施的影响，煤炭产销量均出现下滑，同比分别下滑 9.4% 和 5.6%，但由于国内煤炭的限产政策，刺激进口煤炭大幅增加，2016 年全国进口煤炭 2.56 亿吨，同比增长 25.2%；出口 878 万吨，增长 64.5%；净进口 2.47 亿吨，同比增加 4800 万吨，增长 24.2%。2016 年，我国煤炭及制成品吞吐量约 21 亿吨，同比增长 1.4%。2016 年准池铁路开通，使得发往黄骅港的煤炭综合运输成本低于发往秦皇岛港的运输成本，黄骅港对内蒙古地区煤炭全面敞开，使黄骅港、天津港吞吐量快速增长，而秦皇岛港、曹妃甸港和国投京唐港三港煤炭发运量同比出现大幅下降。其中，黄骅港 2016 年完成煤炭吞吐量 1.92 亿吨，天津港完成煤炭吞吐量 1.097 亿吨，同比大幅增长 1511 万吨，创天津港历史最高纪录。

2016 年铁矿石价格一改 2013—2015 年震荡下跌的疲态，重心逐步上移。由于钢厂在 2015 年年末的过度减产减少对矿石的需求，进入 2016 年受政策性刺激利好影响，加之产业链较低的流通库存，放大市场需求，为市场宽幅波动创造条件。其中，铁矿石进口量保持了稳定增长，2016 年我国进口铁矿石量达到 10.24 亿吨，同比增长 7.5%。就铁矿石吞吐量来看，2016 年我国共完成铁矿石吞吐量 17.3 亿吨，同比增长 5.5%。日照港铁矿石吞吐量达到 1.25 亿吨，同比增长 5.3%。湛江港由于宝钢湛江钢铁基地顺利投产，带动铁矿石吞吐量大幅增长至 3216 万吨，同比增长 60.7%。

中国原油产量自 2015 年 6 月开始持续下降，产量下降的同时原油对外依存度持续上升。2015 年，中国原油进口依赖度达到 60.6%，2016 年，我国的原油进口量一直保持着较高的增速，其增长主要动力是地方炼油厂获得原油进口配额。此外，新的石油战略储备库陆续投入使用，也拉动了原油的增长。2016 年，我国规模以上港口完成原油吞吐量 5.2 亿吨，同比增长 8.3%。

（二）港口新增产能缩减

我国港口产能供需关系矛盾依旧突出，港口建设继续回归理性，新增产能大幅缩减。2016 年，新建生产性泊位 172 个，改造减少生产性泊位 20 个，净增生产性泊位 152 个，同比减少 3.8%，净增通过能力 3.25 亿吨，同比减少 36%。

截至 2016 年年底，全国沿海港口拥有生产性泊位超过 7～300 个（其中万吨级以上深水泊位超过 2～400 个），总通过能力突破 90 亿吨（其中集装箱通过能力接近 2 亿 TEU）。随着沿海港口产能规模跃上新台阶，应对运输需求波动的弹性进一步增强，全国沿海港口总体呈现适度超前状态。

2016 年，主要运输系统码头建设均有推进，其中煤炭运输系统唐山港曹妃甸港区华能煤炭码头工程，新增深水泊位 5 个、能力 5000 万吨。原油运输系统新增投产了烟台港西港区原油码头工程，新增泊位 1 个、总能力 1625 万吨，其中接卸能力 1470 万吨。福州港 15 万吨级集装箱码头正式投入使用。（如表 7 所示）

表 7　　2016 年我国主要沿海港口建设项目

港口类型	港　口	项目名称	投资额
散杂货码头	湄洲湾港	罗屿作业区 8～15 号泊位	首期投资 45 亿元
	惠州港	惠州港荃湾港区煤炭码头一期	已完成约 16.9 亿元
	日照港	石臼港区南区焦炭码头工程	14.9 亿元
	广西北部湾港	钦州港煤炭码头即将试运行	14.855 亿元
	海口港	海口港马村港区三期散货码头	2.6 亿元
	嘉兴港	嘉兴港粮食码头扩建水工部分通过验收	2.2 亿元
	湛江港	东海岛港区首个公共深水码头开建	9 亿元
	黄骅港	黄骅港三期工程竣工	44.5 亿元
	惠州港	荃湾港区煤炭码头	24.9 亿元
	宁波舟山港	舟山港衢山港区鼠浪湖矿石中转码头	49.1 亿元
原油码头	宁波舟山港	宁波舟山港大榭港区实华二期 45 万吨原油码头	1.65 亿元
	惠州港	惠州港拟建 5 万吨级石化码头	约 2.9 亿元
	惠州港	惠州港中海炼油马鞭洲码头	10.6 亿元
	惠州港	华瀛石化燃料油调和配送中心及码头	32 亿元
	日照港	岚山港区 30 万吨级原油码头工程	11.73 亿元
	惠州港	荃湾港区石化区	2.9 亿元
	惠州港	惠州港燃料油调和配送中心码头预计 2017 年下半年建成	7.6 亿元
集装箱码头	惠州港	惠州国际集装箱码头	19.58 亿元
	福州港	福州港 15 万吨级集装箱码头正式投入使用	工程一期总投资 10.5 亿元
	江苏港	泰州国际集装箱码头项目二期、三期工程全面开工建设	12 亿元
	大连港	大窑湾四期	暂未明确
	汕头港	汕头广澳港区二期工程	暂未明确

资料来源：中国港口网站，各省政府部门网站政务公开信息。

二、2017 年港口物流发展展望

（一）港口生产形势稳中向好

2017 年是中国实施“十三五”规划的重要一年，也是供给侧结构性改革的深化之年。虽然，2017 年国际经济贸易形势依旧复杂且面临许多不确定性因素，但随着积极财政政策发力、改革攻坚力度加大、新的制度红利不断释放，中国经济增长形势将持续向好。美国总统选举对于贸易的全球化将有一定负面影响，外贸增长需求在这一影响下将保持与 2016 年类似的增长速度。在此背景下，预计 2017 年我国港口生产形势将保持与 2016 年同等的增速水平，货物吞吐量在高基数的影响下或有小幅下降，预计货物吞吐量增幅将达到 3% 左右。其中，外贸增幅预计在 3. 5% 左右。

集装箱吞吐量在我国内贸箱量的带动下仍将保持相对良好的增长势头，预计增速将达 4% 左右。综合考虑经济增速、能源结构调整、环境约束、散煤治理以及天气等因素，初步预测 2017 年煤炭需求将继续下降，主要港口煤炭吞吐量增速将维持在 3% 左右。同样，铁矿石在 2016 年凭借低价的存货积累下，2017 年需求增速将低于 2016 年，预计增速维持在 3% 左右。而随着中国城镇化和工业化进程的不断推荐，中国经济进入“新常态”，重化工业的发展放缓，经济结构调整，原油需求量增长或将继续下滑，但短期内或将相对稳定，预计 2017 年原油吞吐量将保持在 5% 左右。

（二）港口群资源整合得到进一步深化

2016 年，我国港口群资源整合得到进一步深化，武汉新港、浙江省港口整合进一步推进。其中，浙江省 2016 年年中整合宁波港集团和舟山港集团组建宁波舟山港集团，在此基础上，年末进一步整合，宁波舟山港集团与浙江省海港集团实现全面整合。这一整合不仅实现了宁波舟山港区的整合，同时也将浙江省温州、台州等港口整合进来。这不仅实现了运营的整合，同时将运营与投资实现一体化整合。

2017 年，港口群资源整合进入攻坚之年。一方面，已整合的港口需在 2017 年进一步理顺整合后的体制，并不断完善整合内容；另一方面，对于尚未真正实现港口资源整合的地区，将加速推动区域内港口资源整合，诸如江苏、山东、辽宁等地将全面探索因地制宜建立省内港口群资源整合的具体方案。

（三）多式联运业务将实现快速发展

随着我国“一带一路”战略的推进，各港口都在寻找契机将港口打造为海、陆、空综合交通联运枢纽。其中环渤海地区，利用与日韩的近距离优势，大力发展近洋运输加跨境铁路运输业务，推动海铁联运的快速发展。而内陆地区的一些内河港口，也大力推进铁路通道建设，将铁路通道与水路运输相连，打造陆上的国际出口。

从国家层面来看，交通运输部联合十八个部门参与起草的《关于进一步鼓励开展多式联运工作的通知》经国务院同意，正式印发实施，首次从国家层面明确多式联运战略定位，开启了我国多式联运发展的新征程。国家将大力鼓励开展多式联运，通过试点形式解决多式联运中的瓶颈问题，海铁联运、河海联运等将实现快速发展。

（四）港口智能化将上新台阶

2017 年，交通运输部印发《推进智慧交通发展行动计划（2017—2020年）》（以下简称《计划》），将选择重点物流园区、客运枢纽、港口开展智能化示范应用，完善道路运输行政许可“一站式”服务，推进许可证件（书）数字化，实现跨部门、跨区域政务信息共享。《计划》提出将选择重点客运枢纽、港口，开展智能化示范应用。其中，洋山全自动化码头将于 2017 年正式投入运营。而且依托于港口，港口企业将着力整合船代、货代、货主、口岸监管等方面的信息，打造智慧化的港口信息系统，并利用信息手段实现网上操作，进一步提升港口的智慧化水平。“智能技术”应用将渗透于码头作业的各个环节，从数据采集、作业指令一直到作业方案，全部实现数字化操作、智能化管理，并最终实现科学化决策。

（上海海事大学　上海国际航运研究中心　赵楠）

2016 年国际集装箱运输市场发展回顾与 2017 年展望

一、2016 年国际集装箱运输市场发展回顾

（一）2016 年全球集装箱运输市场海运量回顾

（1）全球集装箱海运量实现小幅增长。由于 2016 年全球经济稍有复苏，集装箱运输需求也随之回暖。2016 年全球集装箱海运量达 1. 81 亿 TEU，同比增长 3. 31%，增速有所加快（2015 年增幅仅 2. 16%）。（如图 1 所示）

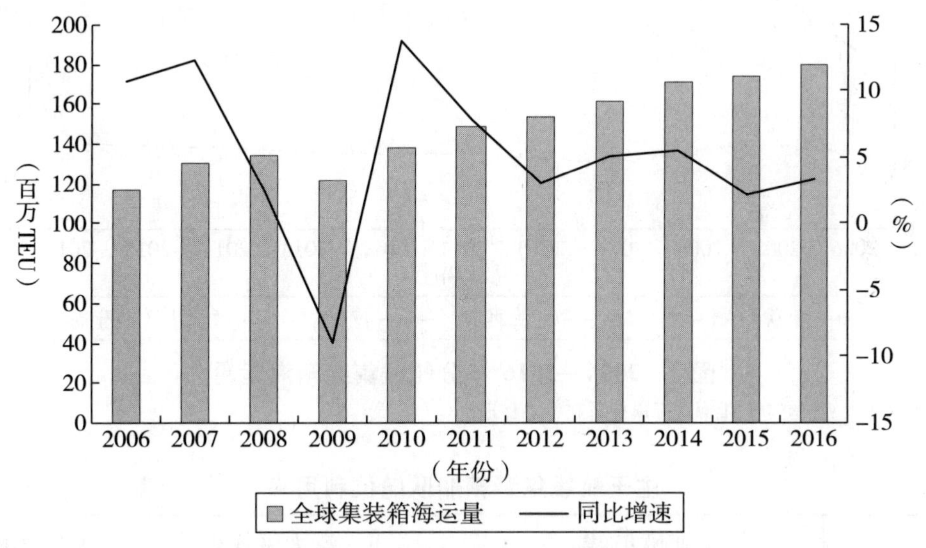

图 1　2006—2016 年全球集装箱海运量

资料来源：克拉克森，上海国际航运研究中心整理。

（2）亚欧航线海运量实现正增长，南北航线海运量近乎“零增长”。2016 年，欧元区经济缓慢复苏，亚欧航线在经历了 2015 年的负增长后，于 2016 年重现增长趋势，但增速仅为 1. 38%；太平洋航线海运量保持 3% 的增速，与 2015 年同期增速基本持平。由于拉美、非洲等发展中国家经济增速放缓，南北航线内生动力减弱，海运量增长近乎为零；受亚洲区域内经济增长带动，区域内航线运量增长率高达 5. 42%，成为运量增幅最大的区域。（如表 1、图 2 和表 2 所示）

表 1　　分航线集装箱海运量及增长情况

年份	泛太平洋航线		亚欧航线		大西洋航线		区域内航线		南北航线	
	海运量（百万TEU）	同比增速（%）	海运量（百万TEU）	同比增速（%）	海运量（百万TEU）	同比增速（%）	海运量（百万TEU）	同比增速（%）	海运量（百万TEU）	同比增速（%）
2015	22.9	3.15	21.8	-1.8	6.8	3.03	70.1	2.94	30.7	1.32
2016	23.6	3.06	22.1	1.38	6.9	1.47	73.9	5.42	30.8	0.33

资料来源：克拉克森。

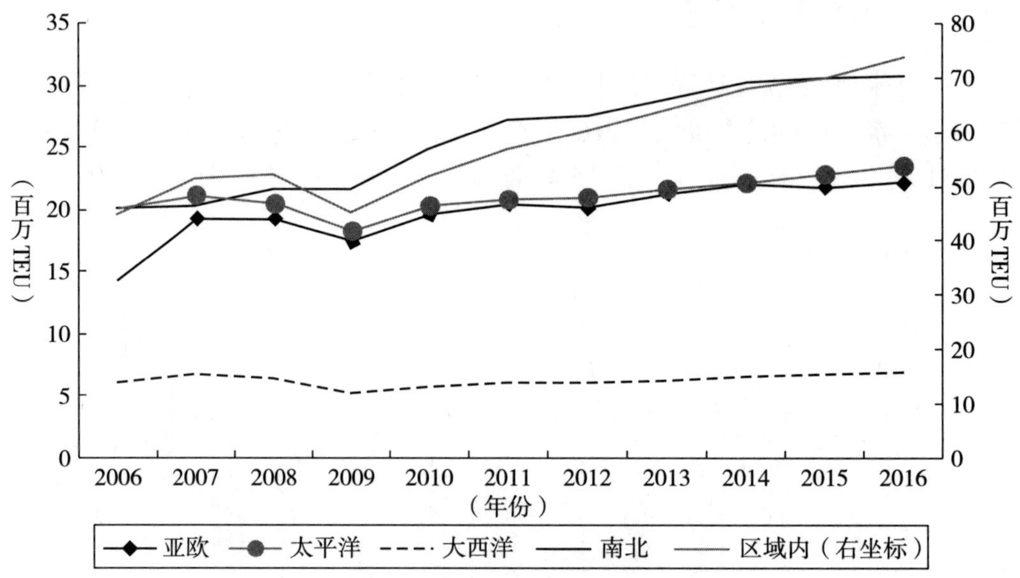

图 2　2006—2016 年分航线集装箱海运量

资料来源：克拉克森，上海国际航运研究中心整理。

表 2　　主干航线集装箱船队舱位利用率

年份	亚欧航线				泛太平洋航线		大西洋航线	
	亚洲—北欧		亚洲—地中海		东行	西行	东行	西行
	东行	西行	东行	西行				
2015	58.3%	87.3%	54.5%	84.6%	90.0%	41.4%	84.1%	59.8%
2016	58.7%	92.3%	51.0%	80.7%	92.8%	43.9%	85.5%	60.6%

资料来源：德鲁里，上海国际航运研究中心整理。

（二）2016 年全球集装箱运力回顾

运力规模低速扩张，平均船型略有增长。2016 年全球集装箱运力增速得以控制，运力过剩较2015年有所缓解。2016年全球集装箱总运力为2005.4万TEU，增幅仅为1.59%，相比2015年的8.20%大幅降低。2016年集装箱船舶总量由2015年的5168艘降至5115艘，集装箱船队平均单船大小略增100～3962TEU，较2015年增加2.59%。班轮公司加强在亚欧和泛太平洋地区的运力投放控制，其中，亚欧航线有效运能减少6%，泛太平洋航线有效运能减少1%。（如表3和图3所示）

表3　　主干航线集装箱船队有效运能情况

年　份	亚欧航线		泛太平洋航线	
	运力（千TEU）	增幅（%）	运力（千TEU）	增幅（%）
2015	20368	4	19773	2
2016	19070	-6	19549	-1

资料来源：克拉克森，上海国际航运研究中心整理。

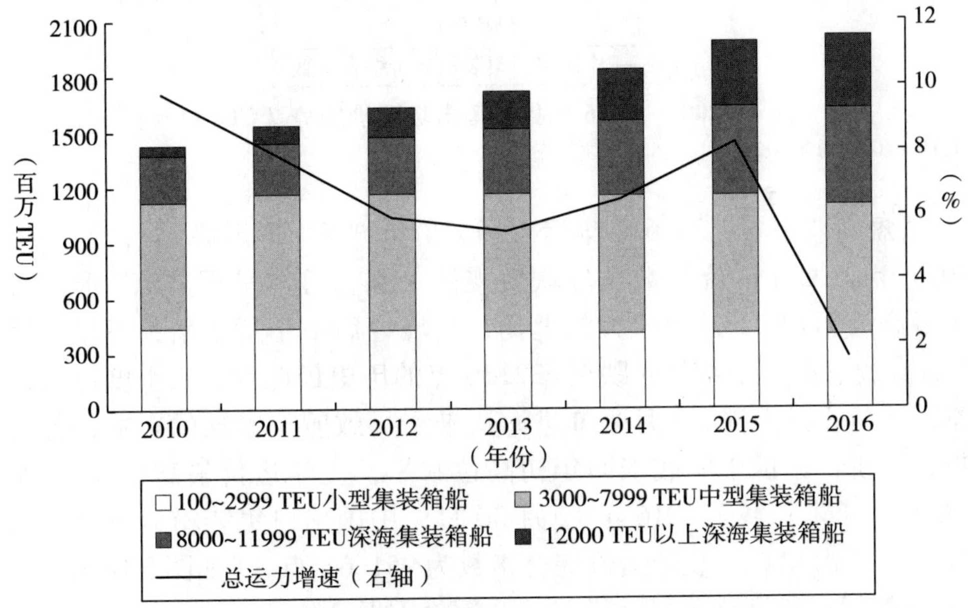

图3　2010—2016年全球集装箱市场总运力（按船型分布）

资料来源：克拉克森，上海国际航运研究中心整理。

（三）2016年全球集装箱航线运价回顾

1. 从长周期来看，国际集装箱市场运价再创新低

国际集装箱班轮运输市场运价经历了2015年的滑坡式暴跌后，由于供需矛盾未获根本性缓解和班轮联盟竞争白热化，2016年运价再次跌至历史低

位。截至 2016 年 12 月 30 日，中国出口集装箱运价综合指数均值为 710. 96 点，跌破 2015 年 875. 53 点的前历史最低点，较 2015 年下跌 18. 80%。（如图 5 所示）

图 4　2006—2016 年集装箱市场运价走势（CCFI）

资料来源：上海航运交易所，上海国际航运研究中心整理。

2. 从短周期来看，2016 年集运市场运价呈“V”形走势

2016 年，CCFI 运价指数先暴跌后震荡上涨，总体呈现“V”形走势。受春节出货高峰影响，1 月运价大幅上扬，高峰过后由于货量增长不足，运价从 2 月开始直线下滑，于 4 月底跌至 632. 36 点的历史最低点；三季度进入传统运输旺季，运价止跌上涨；9 月受韩进海运破产导致舱位紧缺的影响，各大航企持续提升运价，运价于年底涨回年初高位水平，全年运价最高位 811. 14 点出现在 2016 年年末。截至 2016 年 12 月 30 日，中国出口集装箱运价综合指数为 811. 14 点，上海出口集装箱运价综合指数为 951. 66 点。（如图 5 所示）

3. 分航线运价涨跌各异，南美航线运价重返高位

2016 年欧洲航线、日本航线、南美航线、澳新航线运价一改 2015 年下跌颓势，逆势上扬。其中，南美航线运价重回高位，SCFI 均值达 1625. 76 美元/TEU，为 2015 年的 3. 5 倍；欧洲航线得益于海运量增长与运力收缩的双重利好，运价止跌上扬。由于世界经济整体复苏进程依然缓慢，供需矛盾未有实质性改善，其余航线运价均延续 2015 年的下行态势。随着巴拿马运河的扩建，美东航线运力大幅升级，航线运价跌幅达三成；受亚洲区域内货量增长放缓影响，东南亚、韩国等近洋航线运价大跌。（如表 4 所示）

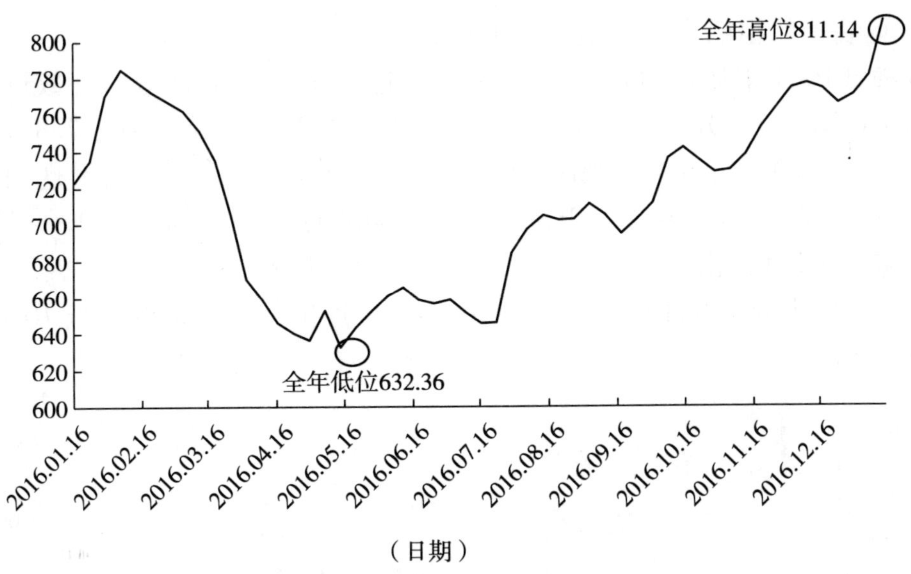

图5　2016 年中国出口集装箱运输市场运价走势

资料来源：上海航运交易所，上海国际航运研究中心整理。

表4　　分航线即期市场运价（SCFI）

日期	中国—欧洲（基本港）（＄/TEU）		中国—地中海（基本港）（＄/TEU）		中国—美西（基本港）（＄/FEU）		中国—美东（基本港）（＄/FEU）		中国台湾（高雄）（＄/FEU）	
	运价	同比增幅（%）	运价	同比增幅（%）	运价	同比增幅（%）	运价	同比增幅（%）	运价	同比增幅（%）
2015	607.82	-46.31	713.12	-45.92	1481.08	-19.87	3132.92	-9.12	195.22	-9.80
2016	688.88	13.34	686.55	-3.87	1256.71	-15.22	2065.20	-34.08	154.16	-21.03
日期	中国-东南亚（新加坡）（＄/TEU）		日本关西（基本港）（＄/TEU）		日本关东（基本港）（＄/TEU）		中国香港（香港）（＄/TEU）		韩国（釜山）（＄/TEU）	
	运价	同比增幅（%）	运价	同比增幅（%）	运价	同比增幅（%）	运价	同比增幅（%）	运价	同比增幅（%）
2015	186.51	-15.64	117.84	-54.76	142.35	-48.74	56.22	-13.80	160.47	-10.24
2016	68.49	-63.28	185.51	57.43	184.16	29.38	55.12	-1.96	103.57	-35.46
日期	南美（桑托斯）（＄/TEU）		澳新（墨尔本）（＄/TEU）		南非（德班）（＄/TEU）		西非（拉各斯）		波斯湾（迪拜）（＄/TEU）	
	运价	同比增幅（%）	运价	同比增幅（%）	运价	同比增幅（%）	运价	同比增幅（%）	运价	同比增幅（%）
2015	445.02	-55.67	477.53	-29.83	686.96	-6.31	1439.00	-20.54	516.71	-33.01
2016	1625.76	265.32	514.71	7.79	564.92	-17.77	1173.35	-18.46	401.22	-22.35

资料来源：上海航运交易所、CTS。

4. 集装箱船租船市场租金全线大跌

虽然2016年集运运力仅以1.59%的增速扩张，由于总运力基数过大，集运市场闲置运力于2015年10月31日超159万TEU，闲置比例达7.8%，创历史新高。加上2015年租船市场租金增长过快，2016年租船市场出现回调，集装箱船租金价格全线下跌无一上涨。其中，4400TEU型船的6~12个月租金价格跌幅最为明显，由2015年的11817美元/天跌至5055美元/天，跌幅超50%；跌幅最小的1000TEU型船，其6~12个月租金跌幅依然接近10%。（如图6所示）

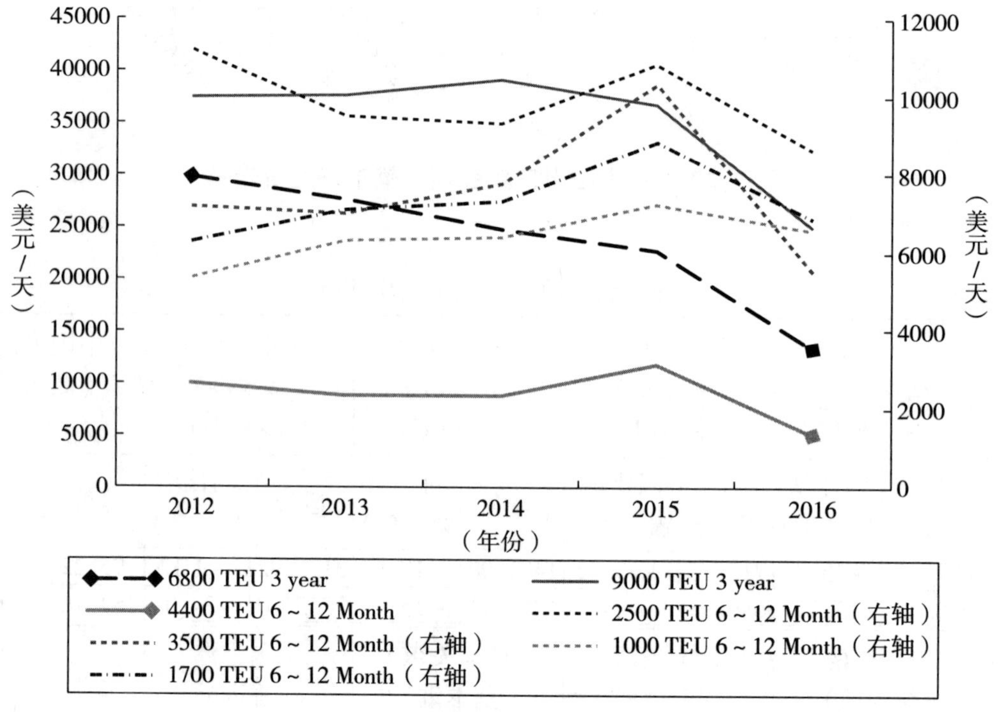

图6 集装箱船租金价格水平

资料来源：克拉克森，上海国际航运研究中心整理。

2016年市场主要趋势及特点分析：

（1）巴拿马运河扩建开通，主干航线船舶大型化加剧。

新巴拿马运河的开通推动了主干航线的船舶大船化进程，集装箱船舶大型化在亚欧航线表现尤为明显，投入亚欧航线的13300+TEU型船较2015年进一步增多，该船型占比由50%增至66%。受巴拿马运河扩建影响最大的为太平洋航线，2016年该航线约一半的传统巴拿马型船被替换为7500+TEU的VLCS，太平洋航线VLCS型船占比接近七成。（如图7所示）

（2）船舶拆解量反弹上升，传统巴拿马船型成主力。2016年全球有173艘、累计运力规模59.30万TEU的集装箱船进入拆解市场，大约为去年同期的

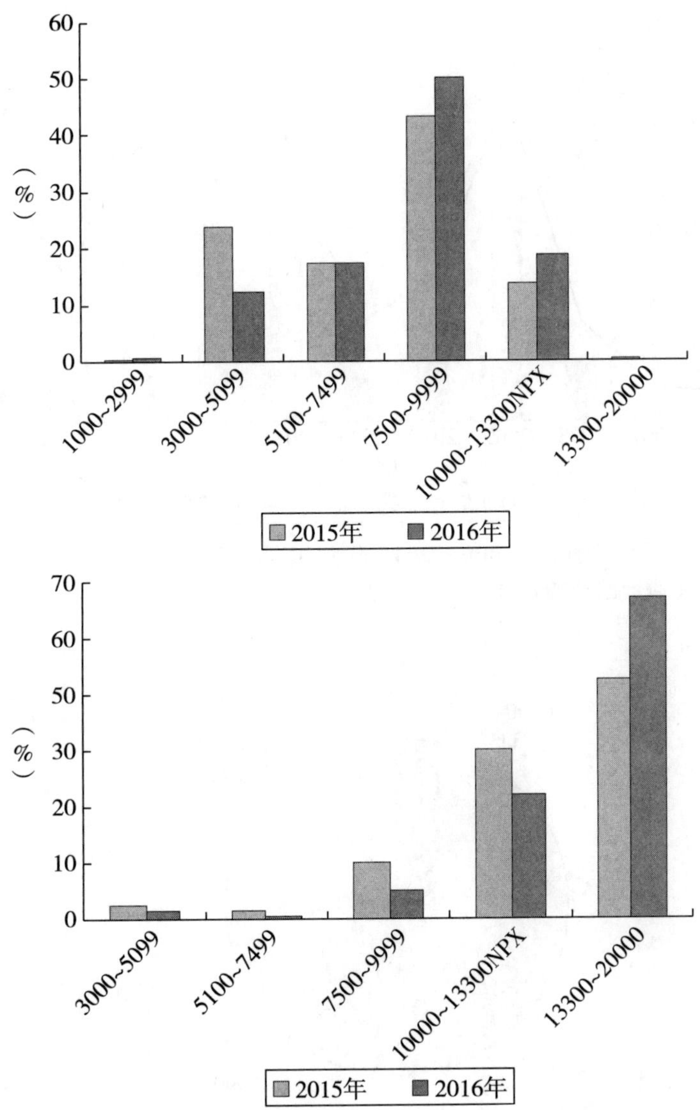

图 7 2015 年及 2016 年太平洋航线（上）/亚欧航线（下）船型结构（按运力）

资料来源：Alphaliner，上海国际航运研究中心整理。

4 倍之多，其中，3000 ~ 5999TEU 的传统巴拿马型船是拆船市场的主力船型，运力占比为 65.75%。在新巴拿马运河的开放运营后，传统型巴拿马型集装箱船将可能被淘汰，成为过剩运力，引发更多拆船活动，导致船舶拆解呈年轻化趋势，2016 年集装箱船舶拆解平均船龄再次创下新纪录，船龄仅为 19 年，达到十年以来的新低。（如图 8、图 9 所示）

（3）班轮巨头对市场的影响力增强，但行业整体经营情况惨淡。班轮巨头占市场份额越来越大，影响力越来越强。相反中间区域的班轮公司表现相对较差，部分班轮公司的运力相比 2015 年甚至有所下降，班轮巨头变强对处于中间区域班轮公司的挤压增强。据 Alphaliner 公布的 2016 年 12 月运力数据显示，

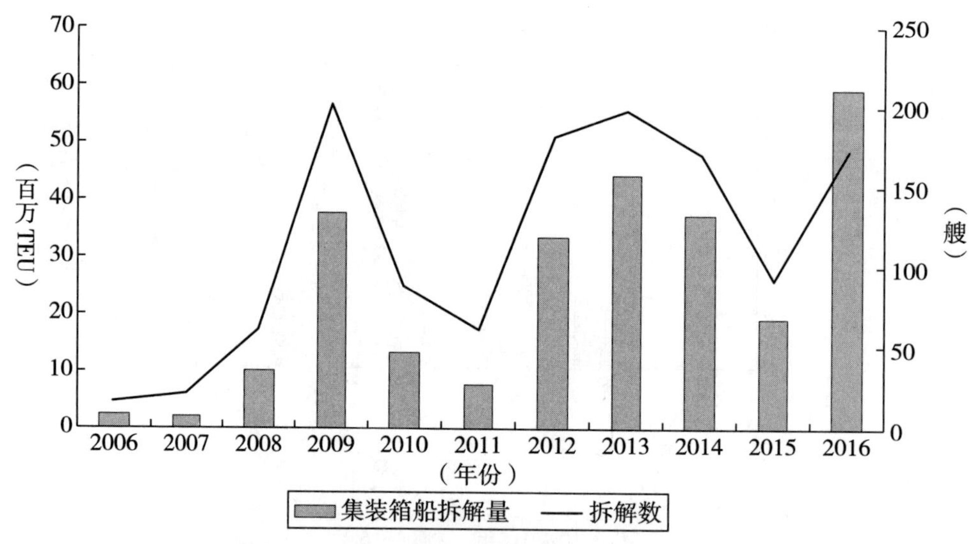

图8　2006—2016 年集装箱船舶拆解量

资料来源：Alphaliner，上海国际航运研究中心整理。

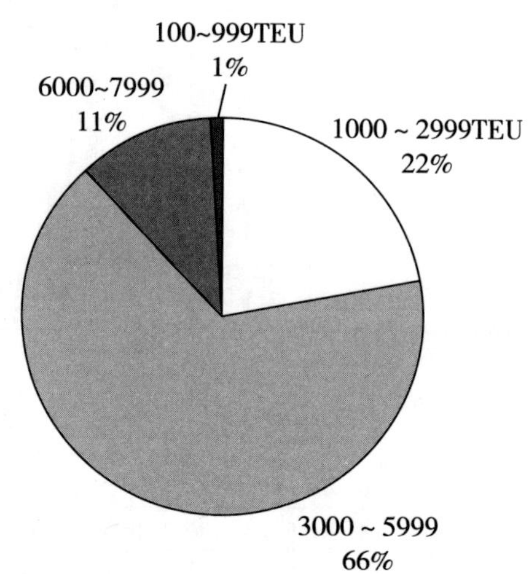

图9　2016 年集运市场各船型拆解比例

资料来源：克拉克森，上海国际航运研究中心整理。

全球前 20 大班轮公司中，马士基航运、地中海航运、达飞轮船依然稳居前三甲，三家公司占全球运力份额达到了 39.5%，且其他企业的排名变化较大。（如表 5 所示）

表 5　　　2016 年前 20 大班轮运输企业排名同比变化

排名变化	具体分析
跌出前 20 名	韩进海运：2017 年 2 月 17 日，韩国首尔中央地方法院宣布韩进海运正式破产。这家韩国最大、全球第 7 大海运企业将成为历史

续　表

排名变化	具体分析
新进前20名	X－Press Feeders Group、高丽海运、伊朗航运：分列第18位至第20位
排名不变	马士基航运、地中海航运、达飞轮船：稳居前三甲，三家公司占全球运力份额为39.5%
中远海运集运	由中远集运和中海集运合并而成，现排名第4位（中远集运和中海集运不排名）
其　他	除赫伯罗特由第4位降至第6位，商船三井由第10位降至11位外，其余班轮企业同比2015年排名均上升
总　结	班轮巨头占市场份额越来越大，影响力越来越强；相反中间区域的班轮公司表现相对较差，部分班轮公司的运力相比2015年甚至有所下降，班轮巨头变强对处于中间区域班轮公司的挤压增强

资料来源：航运评论、上海国际航运研究中心整理。

2016年，燃油成本虽然呈上升态势，但总体继续维持低位，均值同比下跌23.96%，不过集装箱班轮市场运价屡创新低，班轮企业经营情况整体惨淡，“亏声一片”。全球前20大班轮公司中，作为行业巨头的马士基出现亏损，而赫伯罗特则扭亏为盈，万海航运表现优异，全年保持盈利，其余班轮公司则出现不同程度的亏损，“减亏”成为了当前集装箱班轮行业的重要目标。（如表6所示）

表6　　2009—2015年主要班轮公司营运利润　　单位：百万美元

航运公司	2009年	2010年	2011年	2012年	2013年	2014年	2015年	2009—2015年总计
马士基	－2088	2820	－482	525	1571	2504	1431	6281
达飞轮船	—	—	—	—	708	956	894	2558
东方海外	－326	923	－118	229	57	230	276	1271
万海船务	－2	343	－12	98	75	171	122	795
赫伯罗特	－893	779	131	34	92	－509	407	41
长荣海运	－392	436	－169	－37	－25	120	－117	－184
川崎汽船	－702	350	－465	64	－1	160	－15	－609

续 表

航运公司	2009 年	2010 年	2011 年	2012 年	2013 年	2014 年	2015 年	2009—2015 年总计
日本邮船	-553	402	-519	-24	-7	39	37	-625
韩进航运	-652	612	-486	-154	-300	137	119	-724
阳明海运	-563	528	-363	-65	-293	88	-197	-865
现代商船	-489	580	-323	-226	-161	-215	-216	-1050
中海集运	-927	677	-423	72	-399	316	-383	-1067
以墨航运	-675	115	-259	-206	-161	-12	118	-1080
美国总统轮船	-707	492	-424	-250	-234	-139	-98	-1360
中远集运	-1144	544	-1010	-415	-163	-164	162	-2190
商船三井	-609	471	-361	-109	-1410	-204	-180	-2402
合　计	-10722	10072	-5283	-464	-651	3478	2360	-1210

资料来源：American Shipper、上海国际航运研究中心整理。

（4）2016 年集运业兼并重组不断，未来进一步整合空间有限。在当前的市场条件下，班轮联盟已无法支撑满足航运企业走出困局，各大班轮公司寻求更加直接的手段，以更好地实现资源的优势互补和优化配置，提高国际竞争力。2016 年，一系列兼并重组就接踵而来，各班轮公司强强联手以渡难关。目前的市场集中度 CR4（行业前四名份额集中度）为 47.2%，CR8（行业前八名份额集中度）为 62.3%，上述事件全部完成后，CR4 将升至 50.1%，CR8 将升至 71.4%。市场集中度由低集中寡占型区间上升至中（高）集中寡占型区间，这将在一定程度上改变未来整体集运市场结构，2017 年大规模的行业整合或将告一段落。（如表 7 所示）

表 7　　航运企业“兼并重组”情况

时　间	航运企业	具体事件
2015 年 12 月 8 日	法国达飞轮船、东方海皇	法国达飞轮船以 24 亿美元收购南亚最大的集运公司东方海皇，成为 2005 年以来最大的航运界收购案
2016 年 1 月 4 日	中远集团、中国海运	中远集团与中国海运重组成立中国远洋海运集团有限公司

续　表

时　间	航运企业	具体事件
2016 年 5 月 6 日	德国 Bertram Rickmers、Erck Rickmers	德国两家联盟的兄弟船东公司 Bertram Rickmers 和 Erck Rickmers 确认合并
2016 年 11 月 1 日	日本邮船、商船三井和川崎汽船	属于 THE Alliance 联盟的三家日本航运公司日本邮船、商船三井和川崎汽船剥离各自的集运业务，成立一家新公司
2016 年 11 月 24 日	赫伯罗特、阿拉伯轮船	德国赫伯罗特收购阿拉伯轮船事宜，获欧盟委员会批准。待收购完成后，该公司将成为全球第五大班轮公司
2016 年 12 月	马士基、汉堡南美	马士基航运与欧特集团达成协议，将收购德国集装箱航运公司汉堡南美船务集团

资料来源：上海国际航运研究中心整理。

（5）新航运联盟的深度和广度进一步扩大，但顺利运行仍面临诸多问题。2016 年，全球集装箱班轮市场在经历了多次重组调整后，形成了 2M 联盟、Ocean Alliance 联盟以及 THE Alliance 联盟“三足鼎立”的格局，新的集运联盟格局预计在 2017 年 4 月正式开始启动。相对于目前 2M 联盟主要在欧美干线上进行合作，Ocean Alliance 所涉及的合作范围远不止欧美两大干线，而是“全球合作”，增加了远东往返红海、远东往返波斯湾区域航线。此外，THE Alliance 联盟合作的航线在其他区域也有所涉及，新一代联盟合作范围明显扩大。从班轮联盟的共享船舶、共享集装箱、共享舱位来看，未来联盟间将更加深入地应用“共享经济”模式，拉长供应链的合作范围。总的来讲，新航运联盟四个共性的关键趋势为“更紧密的合作关系”。（如表 8 所示）

表 8　　三大联盟航线产品清单

联　盟	航线产品清单
2M 联盟	在亚欧航线、跨大西洋航线、跨太平洋航线上进行合作，共计 21 条航线
Ocean Alliance	20 条跨太平洋航线（含 13 条美西航线、7 条美东及美湾航线） 6 条亚洲往返西北欧航线 5 条亚洲往返地中海航线 3 条跨大西洋航线 5 条远东往返波斯湾航线 2 条远东往返红海航线 共计 41 条航线

续 表

联　盟	航线产品清单	
THE Alliance	8 条亚欧航线（含 3 条地中海航线） 16 条跨太平洋航线 6 条北大西洋航线 1 条中东环路航线（将中国、韩国和东南亚主要港口连接到达曼、朱拜勒和阿拉伯湾枢纽港口）	共计 31 条航线

资料来源：中华航运网、上海国际航运研究中心整理。

由于联盟的重新划分，往昔的竞争对手变成了合作伙伴，每家公司几乎都还面临着复杂纷乱的内部关系调整。此外，联盟的稳定性还将受到利益分配、行业景气、自身差异以及财务状况等因素的影响。（如表 9 所示）

表 9　　三大联盟内部调整分析

联　盟	内部调整
2M 联盟	马士基航运面临着一场巨大的内部结构重组 马士基忙于收购汉堡南美 母公司马士基集团宣布拆分为运输与物流公司和能源公司
Ocean Alliance	达飞轮船正在忙于整合刚刚收编不久的美国总统轮船公司 中远海运忙于整合中远和中海 长荣创始人张荣发去世之后，家族内部的纷争尚未理清头绪
THE Alliance	赫伯罗特忙于整合阿拉伯轮船的航线业务，以及迎接董事局新成员的到来 同时要会同三家日本公司和阳明一起筹划即将开张的新联盟的服务航线规划 部分银行希望取消对阿拉伯轮船的贷款，赫伯罗特不得不推迟并购阿拉伯轮船 日本邮船、商船三井和川崎汽船要完成合并成一家公司将面临种种棘手的决策和艰难的谈判

资料来源：航运评论、上海国际航运研究中心整理。

（6）反全球化思潮愈演愈烈，进一步冲击新兴市场国家。2016 年被一些人称为“反全球化元年”。因为在这一年中，全球化进程不仅受到了空前的质疑，遍布全世界尤其是欧美国家的反建制、反精英、反自由贸易的民粹主义思潮风起云涌。其实在全球化进展的初期，就一直能听到来自“第三世界”反全球化的声音，发展中国家对于西方国家通过全球链条掠夺资源、制造贫困的行为频频指责。2008 年金融危机以来，世界经济停滞不前，全球化进程缓慢。尤其是近两年来与这一趋势相背离的事件层出不穷，这一系列事件以前所未有的密度预示着反全球化思潮有愈演愈烈之势。（如图 10 所示）

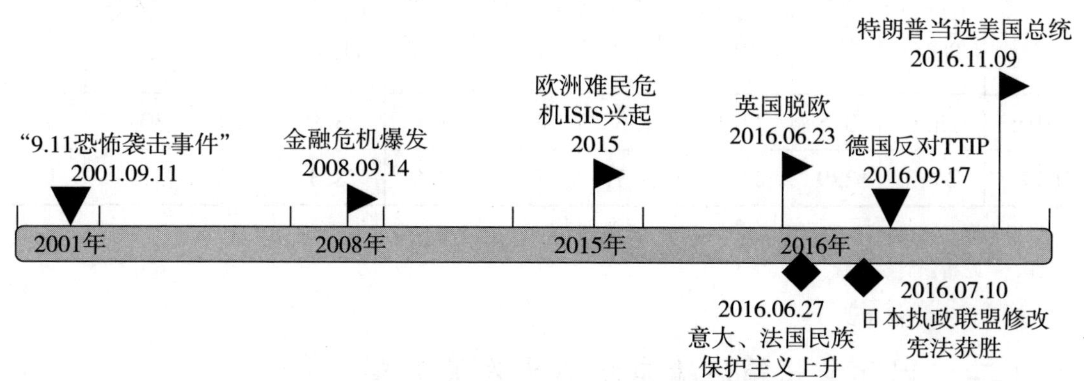

图 10　2001—2016 年主要反全球化事件

资料来源：上海国际航运研究中心整理。

在贸易保护主义抬头的大环境下，对出口依赖较高的新兴市场国家将面临更加严峻的外部环境，博弈局面将更加激烈。美国新当选总统特朗普有着明显的贸易保护主义倾向，如果世界第一大经济体的经济政策调转船头，有自由贸易转向贸易保护主义，那毫无疑问会对全球经济产生深刻影响，这些因素将进一步冲击对制造品出口依赖度较高的新兴市场国家。

二、2017 年国际集装箱运输市场发展展望

（一）国际集装箱运输市场海运量发展展望

2016 年，国际集装箱运量增长提速，同比增长 3.3%，共计 1.8 亿 TEU（2015 年增速仅为 2.2%），这主要得益于远东至欧洲航线海运量恢复增长以及亚洲区域内航线运量增长保持较高水平。2017 年，全球经济增长趋势仍存在较大不确定性，拉丁美洲及非洲地区经济陷入泥潭，欧洲经济或将受英国脱欧事件以及新一轮政府换届的影响，贸易保护主义愈演愈烈，除非全球经济贸易出现大幅回暖，需求端难有较大改善。但同时，中国经济发展趋稳，印度经济的强势扩张，新兴市场和发展中国家将继续成为拉动世界经济增长的主要引擎。IMF 预计，2017 年国际贸易将增长 3.8%，增速较 2016 年加快 1.9 个百分点。亚洲区域内航线海运量将继续保持较快增长，亚欧航线的海运量仍预计维持目

前的增速水平。（如表 10 所示）

表 10　　主要航线集装箱海运量增长预测

日　期	泛太平洋航线		亚欧航线		大西洋航线		区域内航线		南北航线	
	海运量（百万TEU）	增幅（%）	海运量（百万TEU）	增幅（%）	海运量（百万TEU）	增幅（%）	海运量（百万TEU）	增幅（%）	海运量（百万TEU）	增幅（%）
2016	23.6	3.5	22.1	1.3	6.9	1.6	73.9	5.4	30.8	0.3
2017*	24.3	2.9	22.8	3.1	7.1	2.9	78.1	5.6	31.1	1.0

资料来源：克拉克森，上海国际航运研究中心整理。

注：*是指预测数据。

（二）国际集装箱运输市场运力发展展望

2016 年集装箱船舶运力增长大幅放缓，全年运力同比增长仅为 1.4%（2015 年增速为 8.1%），这主要是由于多数船东延迟船舶交付计划同时船舶拆解量大幅增加所致。2017 年预计交付 173.5TEU，达到 2016 年的两倍，2017 年集装箱市场运力供给过剩的情况依旧严峻。虽然船舶拆解量在 2016 年达到峰值后可能回落，但预计 2017 年的拆解量仍将处于历史较高水平；加上运力存量过剩产生的推迟交付现象，预计 2017 年世界集装箱船队规模实际增长速度将继续小于计划交付量。加入闲置运力和拆船率的因素综合考虑，2017 年，市场上的实际有效运力供给可能会低于整体运力增长（3.6%）。

从克拉克森的预测分析，2017 年亚欧和泛太航线的运能增幅均较 2016 年继续扩张，分别增长 4.4% 和 3.6%。（如表 11、表 12 所示）

表 11　　全球集装箱运力预测

年　份	运力规模（万 TEU）	同比增长（%）
2013	1714.8	5.5
2014	1826.3	6.5
2015	1974.4	8.1
2016	1998.5	1.2
2017（不考虑拆解）	2167.0	8.4
2017（考虑拆解）	2069.9	3.6

资料来源：克拉克森，上海国际航运研究中心整理。

表12　主干航线运能预测

年　份	泛太平洋航线（千 TEU）		亚欧航线（千 TEU）	
	东向	西向	东向	西向
2015	20813	18732	19254	21483
2016*	20578	18520	18029	20111
2017*	21315	19184	18826	20996

资料来源：克拉克森，上海国际航运研究中心整理。

注：*是指预测数据。

（三）国际集装箱运输市场运价发展展望

截至2016年12月，中国出口集装箱运价综合指数年均710.96点。预计2017年运价指数将维持2016年平均水平或稍有提升，CCFI全年均值将在700～900点。

从整体运力增速情况看，2017年集装箱市场运力供给过剩的情况依旧严峻，但由于2017年全球多家集运公司仍处于重组进程中，运营效率或将受影响；加之，过去5年集运行业深度调整引发悲观预期，集运公司对2017年度市场判断均偏谨慎，经营策略以控制运力、保障运价为主。

从需求端看，发达国家经济增速预计仍将保持平缓，新兴国家经济增速则将较2016年有所增长，拉动全球经济。但受英国退欧、特朗普当选美国总统、欧洲多数国家政府换届影响，2017年全球经济增长趋势仍存在较大不确定性，需求端难有较大改善。

从市场给竞争情况来看，鉴于2017年全球集运市场基本面对运价回升的支撑力度不大，班轮公司可能进一步采取加强联盟、多方合作等方式，加大在协调运力、共享船舶和航线网点等方面的力度，以此降低航线经营成本，并为行情回升创造市场基础。同时，集运行业已经普遍处于亏损状态，全球领先的集运公司（如马士基、地中海航运等）或将不再选择通过压低运价占有市场份额的竞争手段，非理性的价格竞争将得到有效的控制，运价逐步回暖。

（上海海事大学　上海国际航运研究中心　郑静文）

2016 年国际干散货运输市场发展回顾与 2017 年展望

一、2016 年国际干散货运输市场发展回顾

（一）世界经贸发展回顾与展望

1. 2016 年世界经贸发展回顾

2016 年世界经济增速继续放缓。2016 年世界经济增速进一步下滑，连续 5 年低速增长。主要发达经济体经济增长滞缓，发展中经济体与新兴市场国家在改革、经济转型的过程中遭遇阻力较大，但其经济增长仍具韧性，增长区域稳定。据国际货币基金组织预计，2016 年全球经济将增长 3.1%，较 2015 年下降了 0.1 个百分点。（如表 1 所示）

表 1　世界主要经济体及国家 GDP 增长率情况

机构名称	2015 年	2016 年	变化
IMF	3.2%	3.1%	↓0.1
OECD	2.9%	3.0%	↑0.1
World Bank	2.4%	2.4%	—

资料来源：IMF（2016.10）、OECD、World Bank（2016.10），上海国际航运研究中心整理。

2. 2017 年世界经贸发展展望

2017 年世界经济增速将呈现小幅回暖。世界经济仍将处于金融危机以来的深度调整阶段，低速复苏的态势仍将持续，但表现强劲的发展中经济体与新兴市场预计将继续呈现企稳回升态势。发达经济体总体增长继续放缓，经济增长有所复苏。（如表 2 所示）

表 2　主要机构对 2017 年世界经济的预测　单位：%

主要机构	发达经济体	发展中经济体	世界经济
IMF	1.8	4.6	3.4
World Bank	1.7	3.5	2.8

资料来源：IMF、World Bank，上海国际航运研究中心整理。

（二）2016 年国际主要干散货产量及价格情况

1. 铁矿石产量及价格分析

（1）主要矿山矿石产量继续增加，中国矿石消费对外依存度持续提高。

2016 年世界铁矿石供给量预计在 19. 68 亿吨，需求量预计在 18. 50 亿吨。从目前四大矿山的生产情况和此前的计划产量来看，预计全年增产 4500 万～5000 万吨，产量合计达到 11. 45 亿～11. 5 亿吨，同比增长 4%～4. 5%。

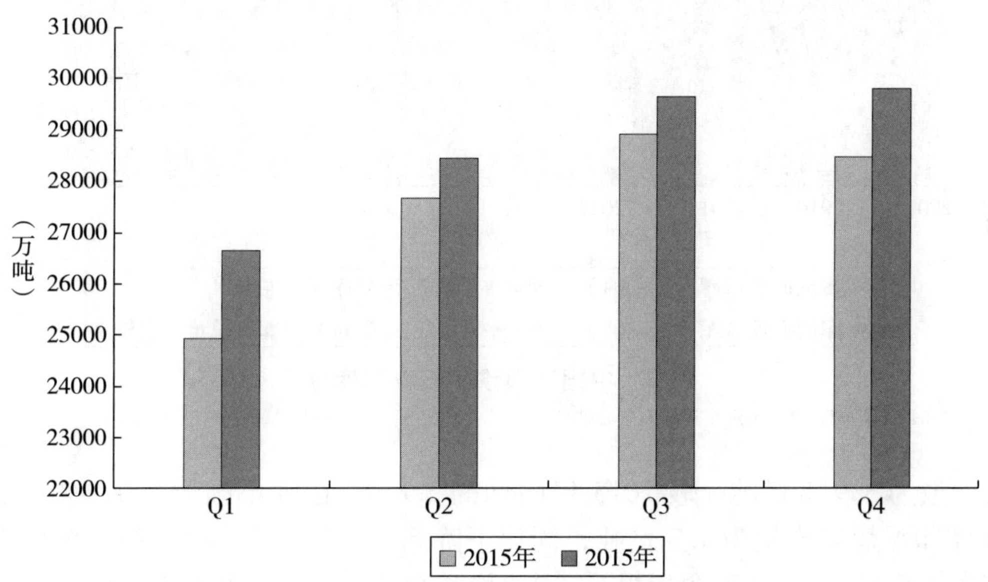

图 1　2015—2016 年四大矿山铁矿石季度产量

资料来源：矿山年报，MRI，上海国际航运研究中心整理。

2016 年 1—11 月中国铁矿石产量累计 11. 769 亿吨，同比下降 6. 2%。2016 年中国供给侧改革进入攻坚阶段，前三季度产能落后的矿山关闭退出的有 780 家，占到全行业企业总数的 1/3。在国产矿走弱的影响下，中国铁矿石消费对外依存度进一步强化至 88%。（如图 2 所示）

（2）高品位铁矿石结构性紧缺，上游集中助长铁矿石提价。

普氏 62% 铁矿石指数，12 月 5 日的价格为每吨 79 美元，较 2016 年年初涨幅已近 100%。12 月 30 日，直接进口铁矿石 62% 品位干基粉矿到岸价格为 78 美元/吨，国产铁矿石 62% 品位干基铁精矿含税价格为 606. 3 元/吨。

2. 煤炭产量及价格分析

（1）国际主要国家煤炭产量有所下滑，中国去产能政策初见成效。

据美国能源信息署（EIA）数据显示，2016 年美国煤炭产量预计为 6. 74 亿吨，同比下降 17%。印度政府最新公布数据显示，2016 年 4—11 月，印度

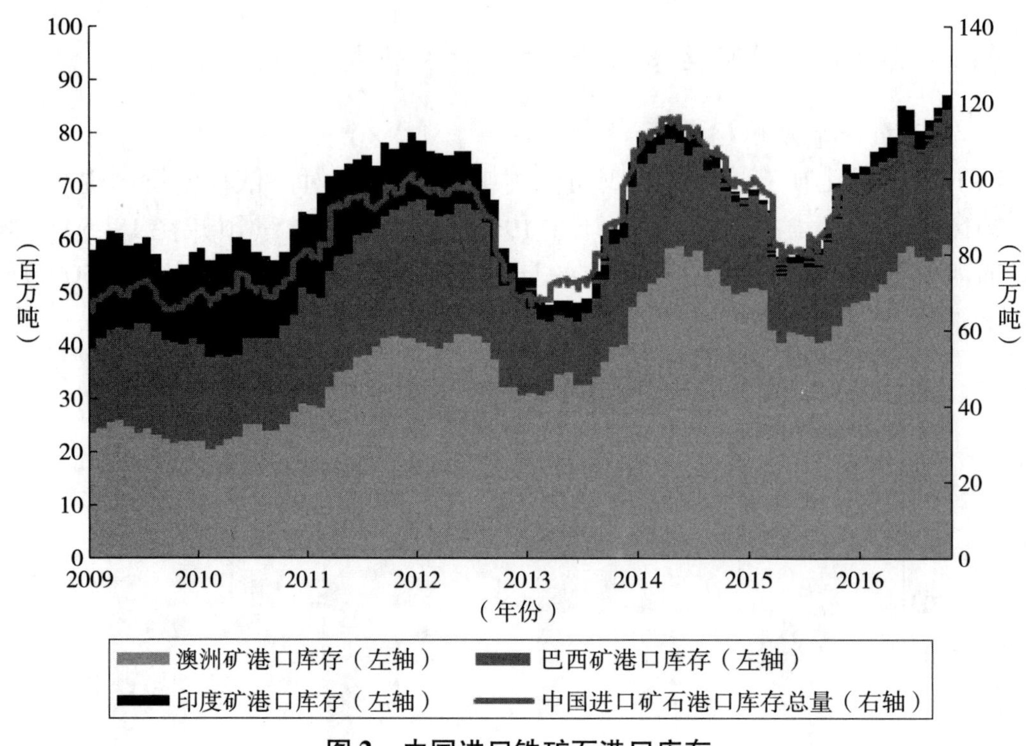

图 2　中国进口铁矿石港口库存

资料来源：Wind，上海国际航运研究中心整理。

煤炭产量为 3.911 亿吨，较 2015 年同期的 3.8511 亿吨小幅增长 1.6%。预计 2016 年印尼煤炭产量为 4.3 亿吨，同比下降 6.5%。2015—2016 财年澳大利亚原煤产量 5.67 亿吨（不含褐煤），同比增长 0.02%。（如表 3 所示）

表 3　　2016 年世界主要产煤国产量汇总

国　家	时　间	产量（亿吨）	同比增加（%）
美国	1—10 月	6.11	-20.20
俄罗斯	1—11 月	3.48	3.65
乌克兰	1—11 月	0.37	1.70
波兰	1—10 月	1.08	-3.50
蒙古	1—10 月	0.25	30.20
哈萨克斯坦	1—10 月	0.81	-5.60
加拿大	1—9 月	0.45	-2.30
印度	4—11 月	3.91	1.60
印度尼西亚	全年	4.3	-6.50
澳大利亚	2015 年 7 月—2016 年 6 月	5.67	0.02

资料来源：我的钢铁网，上海国际航运研究中心整理。

我国原煤产量一直保持负增长的态势，2016 年 1—11 月全国规模以上原煤产量 30.5 亿吨，同比下降 10%，其中动力煤产量 25.46 亿吨，累计同比下降 7.41%。

（2）国际煤炭供需矛盾加剧，煤炭价格震荡上行。

国际煤炭主要出口国，受天气、港口检修等因素影响，外运量有所减少，对煤价上涨形成支撑。中国煤炭供给侧改革大幅减产、澳洲伊拉瓦拉煤矿的短期停产、美国大型煤企减少供应以及印度钢厂需求增加等因素推高了国际煤炭价格。（如图 3 所示）

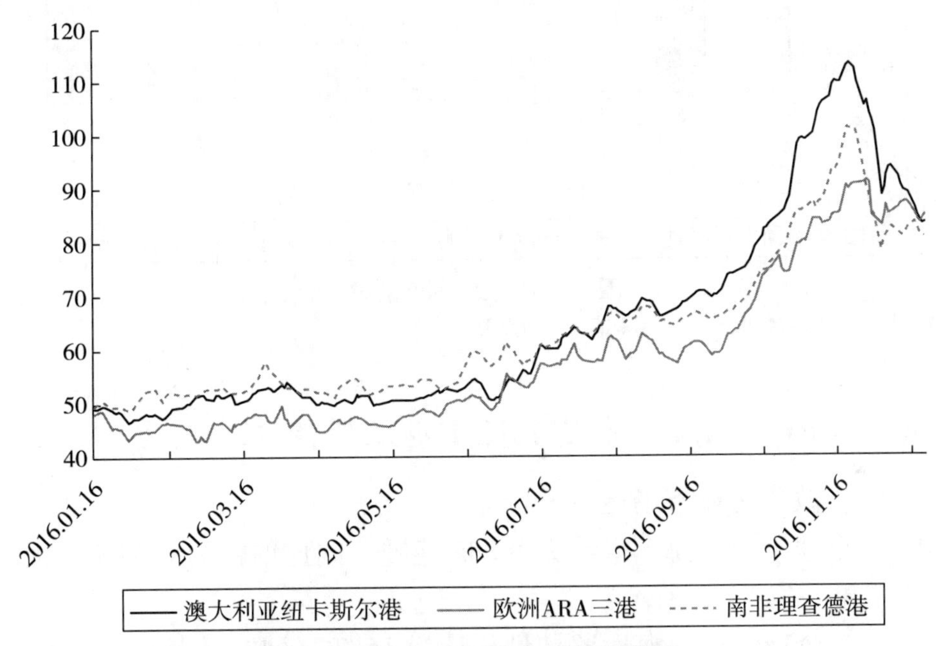

图 3　2016 年国际动力煤价格指数

资料来源：Clarksons，上海国际航运研究中心整理。

3. 谷物产量及价格分析

（1）国际大豆产量增速明显，全球玉米供给过剩。

据美国农业部（USDA）最新报告显示，2016—2017 年度全球大豆产量预估 3.38 亿吨，较上年度增长 7.88%。主产国美国、巴西、印度产量增幅明显，中国国产大豆产量增长，国储库存充足。（如图 4 所示）

（2）谷物全球供应充足，谷物价格指数小幅下挫。

谷物价格指数小幅下挫，原因是全球供应充足，以及阿根廷和澳大利亚的丰收前景等因素对报价产生影响。全球谷物库存量将增至 6.7 亿吨，比上年增长 1.4%。小麦库存将增加到 2.385 亿吨的创纪录水平，增量主要来自中国、美国和俄罗斯。

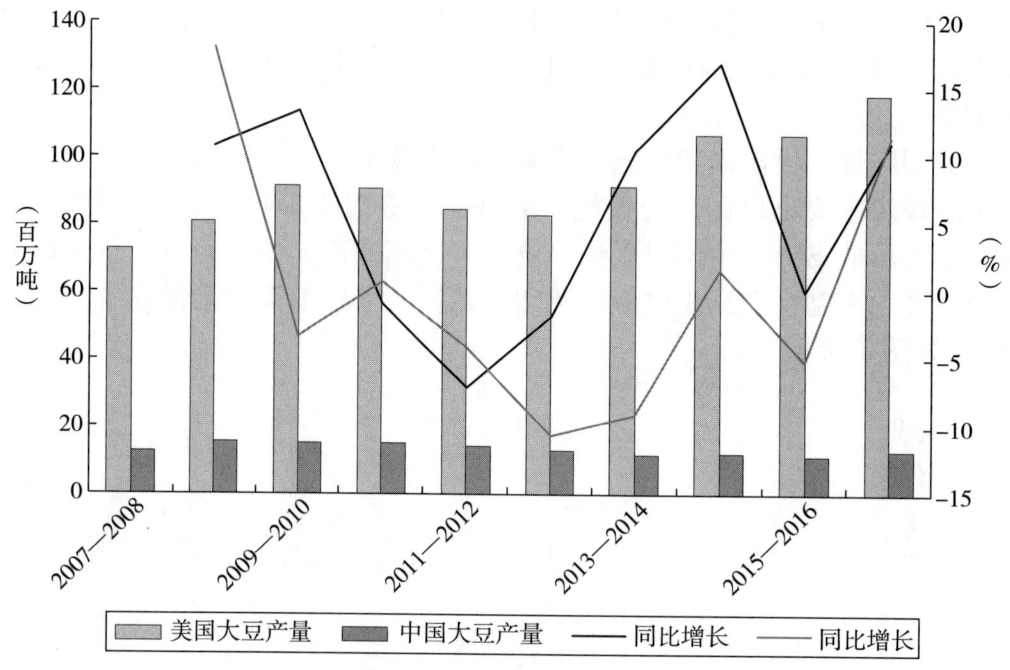

图 4　中美大豆产量对比

资料来源：国际谷物理事会，上海国际航运研究中心整理。

（三）2016 年国际干散货航运市场发展情况

1. 国际干散货运输市场运量分析

2016 年全球干散货海运量约为 48.85 亿吨，同比增幅为 1.34%，需求增速略有回暖迹象。（如图 5 所示）

2016 年，全球铁矿石海运贸易量预计为 14.26 亿吨，同比增长 5%，增幅明显上涨。作为全球铁矿石贸易的最大驱动力，中国铁矿石海运进口量增长势头强劲，增幅升至 8%，欧洲、日本和韩国铁矿石进口海运量基本维持不变，其他进口国家和地区进口量增长疲弱，整体需求乏力。从出口来看，加拿大铁矿石出口海运量止跌为涨，增幅为 12%，巴西、澳大利亚铁矿石出口增幅略有放缓，印度铁矿石出口海运量增幅激增 41%。

2016 年，全球煤炭海运贸易量预计为 11.23 亿吨，同比下跌 1%。炼焦煤海运量同比下降 3% 至 2.41 亿吨。全球动力煤海运量同比下降 0.46% 至 8.82 亿吨，美国、中国动力煤进口量下降幅度尤为突出。中国煤炭供需矛盾得到缓解，内贸煤价格有所回调。印度煤炭公司由于产能过剩减少进口，转而使用国内煤代替，动力煤进口量明显下跌。

2016 年，全球粮食海运贸易量预计为 4.71 亿吨，同比增长 2.7%。巴西大豆产量下降，国内供应紧张，出口量锐减；南美粮食季节较往年提前结束，

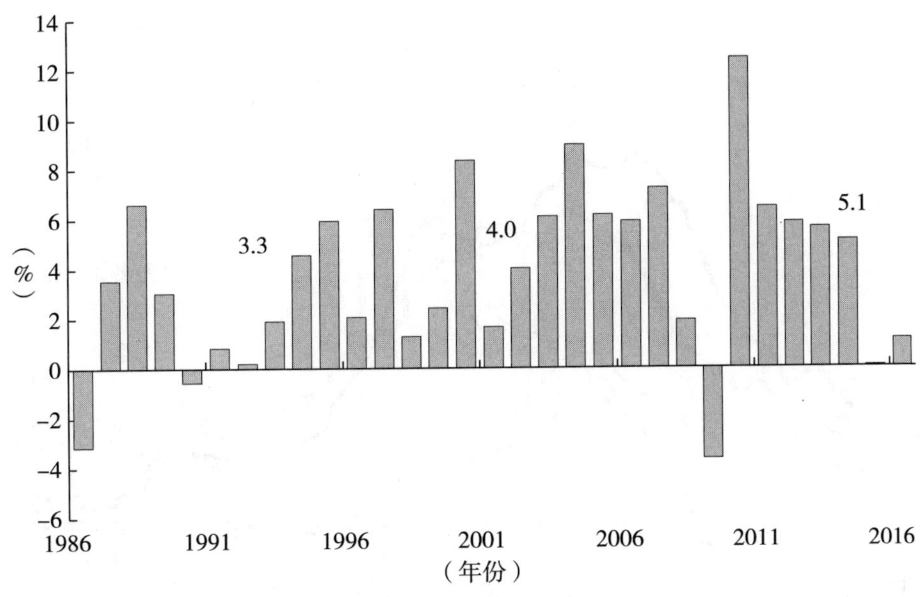

图 5　1986—2016 年国际干散货运输市场需求增速

资料来源：Clarksons，上海国际航运研究中心整理。

阿根廷大豆市场稳中有涨，出口量随之大幅上升。

2016 年，全球小宗散货海运贸易量为 18.65 亿吨，与 2015 年基本持平。一方面，作为磷矿的主要增产国，摩洛哥、约旦、中国磷矿供给持续增加。另一方面，由于来自马来西亚的铝土矿海运量因该国铝土矿开采禁令而锐减；此外，镍矿海运量也因为菲律宾矿业整顿导致供应减少，整体进出口量表现低于预期。

2. 国际干散货运输市场船舶运力分析

干散货船队总运力增速乏力。截至 2016 年 12 月，由于交付运力的显著下降和船舶拆解量持续高位，世界干散货船队共计 10858 艘，7.93 亿载重吨，运力仅增长 2.18%。大船运力增速持续放缓，大灵便型船运力增速依然处于高位。(如图 6 所示)

3. 国际干散货运输市场运价分析

从长周期来看，BDI 持续低位震荡且呈现触底反弹。2016 全年 BDI 指数均值为 673 点，较 2015 年全年均值 718 点下降 6.3%。2016 年 BDI 第一季度一直在历史低位徘徊，2 月 10 日更是以 290 点创历史最低纪录。第二季度开始逐渐回暖，直至 11 月小幅反弹至 1000 点以上。(如图 7 所示)

从细分指数来看，BCI 和 BPI 的回暖是引导 BDI 快速回升的核心动力，同时其他小型船舶的市场运费稳步回暖也为 BDI 的上涨提供了支持保障。不过，由于下游需求并未真正回暖，BCI 指数回升过程较为曲折，波动幅度较大。(如图 8 所示)

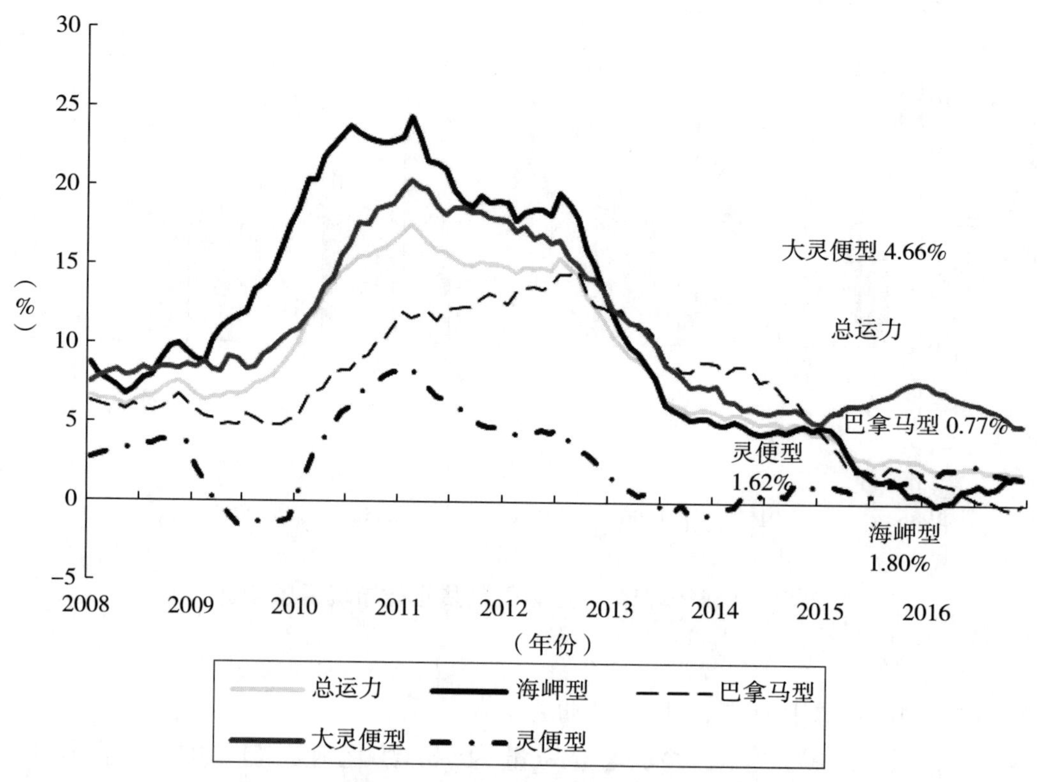

图 6　2008—2016 年全球干散货运力增长结构

资料来源：Clarksons，上海国际航运研究中心整理。

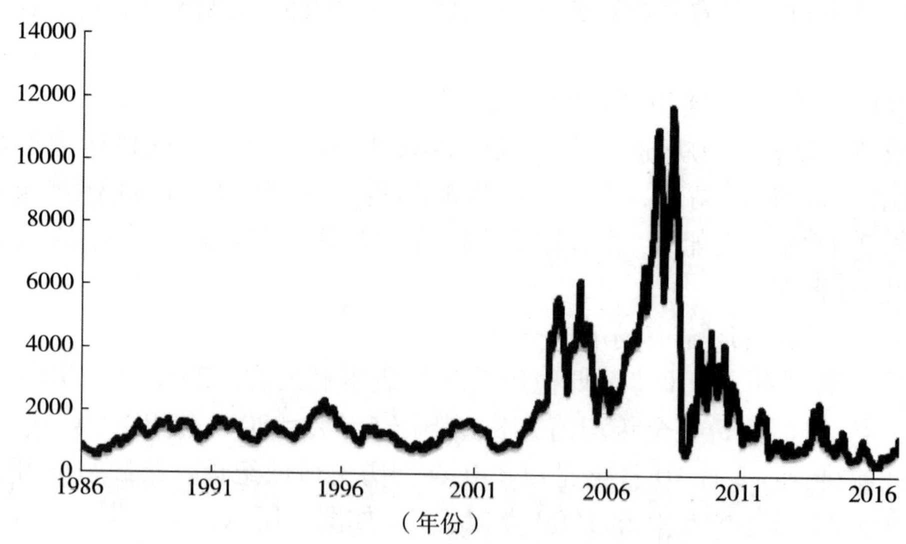

图 7　1986—2016 年波罗的海干散货运价指数波动

资料来源：波罗的海航运交易所，上海国际航运研究中心整理。

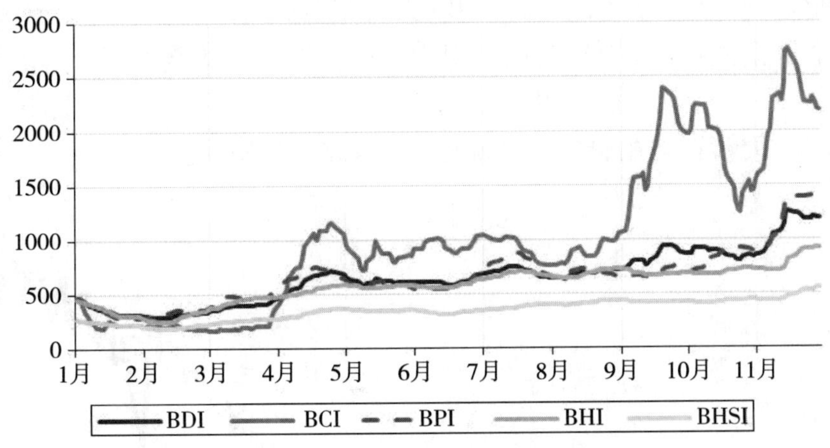

图 8　2016 年波罗的海干散货各运价指数

资料来源：波罗的海航运交易所，上海国际航运研究中心整理。

（四）2016 年国际主要干散货市场消费情况

1. 世界主要钢厂钢材生产情况

（1）钢铁“巨头”粗钢产量全球占比过半，钢企优结构、降低成本以渡难关。

2015 年世界前 50 钢铁公司粗钢产量合计为 9.42 亿吨，占全球粗钢产量的 58.11%。从全球排名前五十的钢铁公司的国家分布来看，中国钢铁企业上榜数量占半壁江山，由此也反映出中国钢铁企业对全球钢材市场的影响。（如图 9 所示）

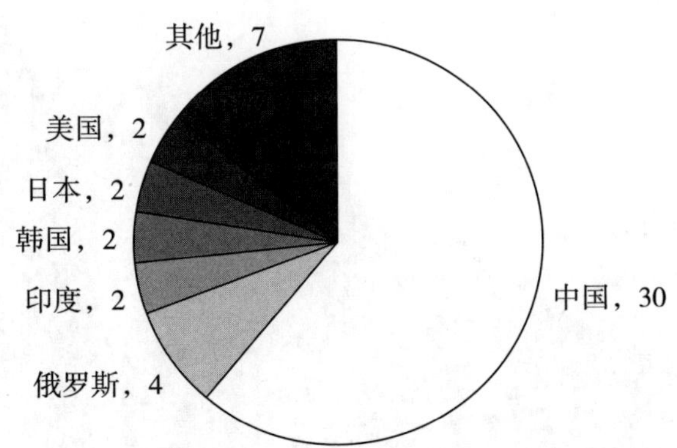

图 9　2015 年全球排名前 50 的钢铁公司国家分布

资料来源：世界钢铁协会，上海国际航运研究中心整理。

注：其他是指土耳其、奥地利、巴西、德国、乌克兰、伊朗、卢森堡。

中国压缩过剩产能初见成效，截至 2016 年 11 月底，2016 年地方所报的压缩炼钢产能达到8630万吨，远超4500万吨的计划量。

（2）全球钢铁生产缓慢复苏，中国钢铁生产增长低速发展。

2016年1—11月，世界钢铁生产总体缓慢复苏，且每个月粗钢产量的同比增长率呈现由负转正、由低到高的趋势。（如图10所示）

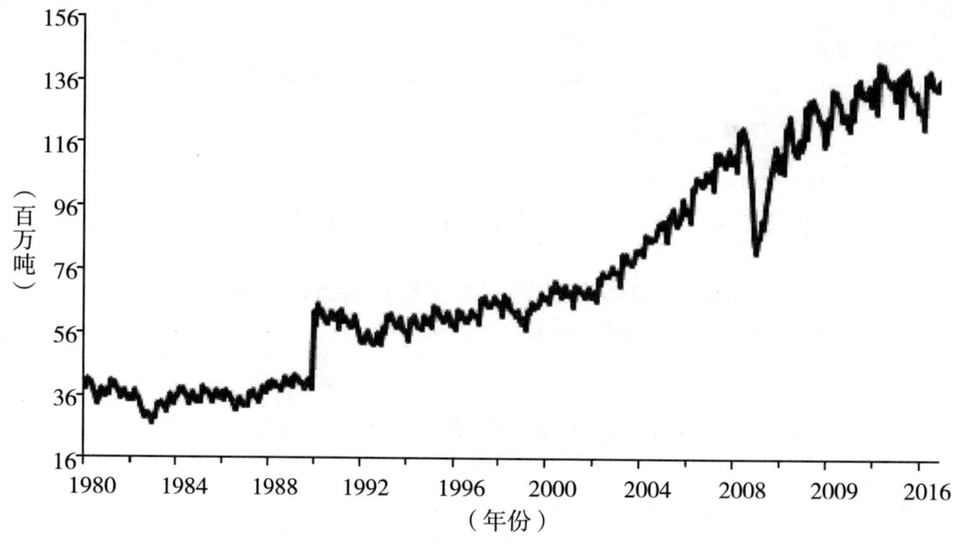

图10 1980—2016年全球粗钢月度产量

资料来源：世界钢铁协会，上海国际航运研究中心整理。

2016年1—11月，印度累计生产粗钢8753万吨，同比增长7.1%，印度钢铁产量的增长势头异常强劲。（如图11所示）

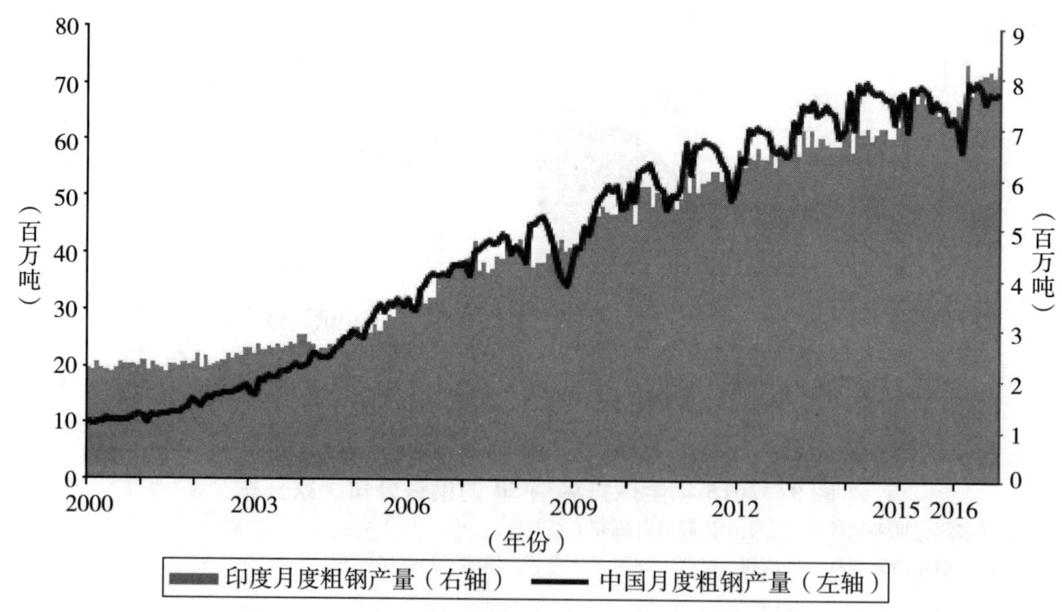

图11 2000—2016年中国和印度月度粗钢产量

资料来源：世界钢铁协会，上海国际航运研究中心整理。

2. 成品钢材消费情况

(1) 全球钢材消费需求进一步下降，中国基建、房地产等推动钢材消费增长。

根据世界钢铁协会发布的《世界钢铁统计数据 2016》显示，2015 年全球成品钢材表观消费量为 15 亿吨，同比下降 3. 03%。中国、美国、印度、日本、韩国是全球钢材消费大国，这 5 个国家钢材年度消费量均超过 5000 万吨。(如图 12 所示)

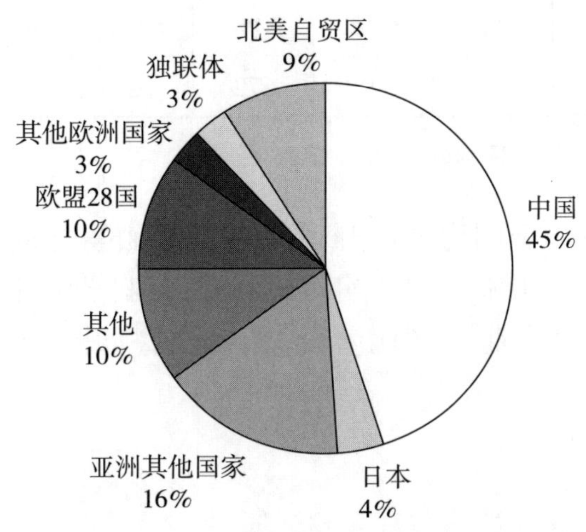

图 12　2015 年全球成品钢材消费地区分布

资料来源：《世界钢铁统计数据 2016》，上海国际航运研究中心整理。

注：其他地区包括：非洲 2. 6%，中南美洲 3. 0%，中东 3. 5%，澳大利亚和新西兰 0. 5%。

中国供给侧改革大环境下，从 2015 年开始的房价上涨到 2016 年年初的新版“四万亿”新增信贷，房地产投资快速反弹，基建投资发力，下游钢材消费需求回升。此外，汽车行业国内需求有所上涨，机械、造船和集装箱的需求略有下行趋势。(如表 4 所示)

表 4　　2009—2016 年中国粗钢表观消费结构　　单位：百万吨

行业＼年份	2009	2010	2011	2012	2013	2014	2015	2016E
建筑	315	336	369	395	423	435	410	412
机械	95	106	115	118	123	127	125	122
汽车	34	42	43	46	50	54	56	61. 2
造船	15	23	23	20	17	17	16	15. 1
家电、五金等	8	9	11	12	12	12	13	13. 1

续　表

行业＼年份	2009	2010	2011	2012	2013	2014	2015	2016E
管道	6	7	8	9	10	10	11	11.4
集装箱	1	6	7	8	10	10	10	8.5
行业加总	475	530	576	608	643	667	640	643.3
主要行业占比	85%	87%	89%	90%	88%	90%	92%	94.2%
粗钢表观消费量	561	610	648	672	729	738	704	683

资料来源：钢联云终端，上海国际航运研究中心整理。

2016 年 1—11 月，全国房地产开发投资完成额累计同比增长 6.5%，累计新开工面积同比增长 7.6%。2016 年 1—11 月基础设施投资（不含电力、热力、燃气及水生产和供应业）同比增长 18.9%。（如图 13 所示）

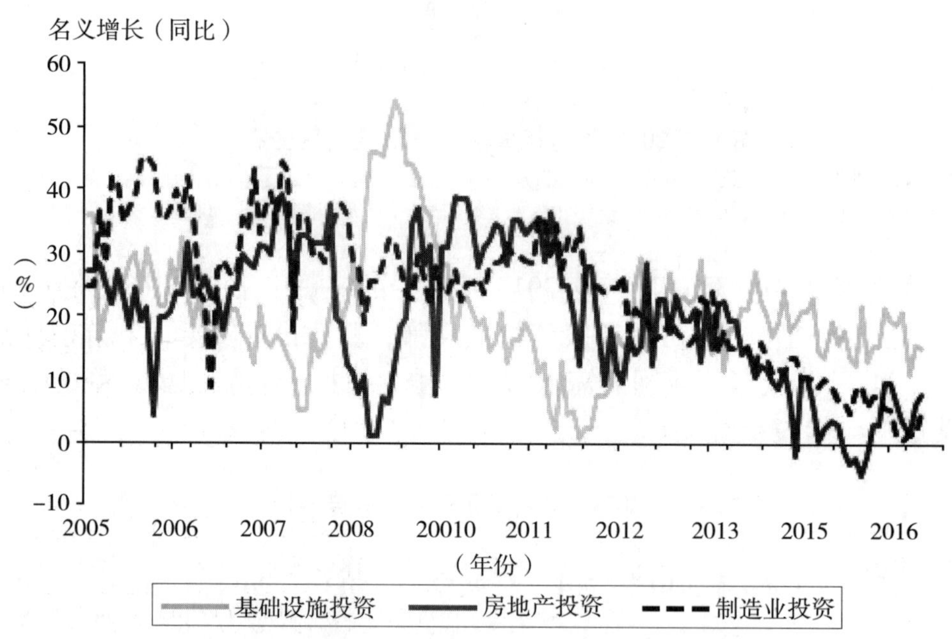

图 13　2005—2016 年中国固定资产投资增长

资料来源：Wind，上海国际航运研究中心整理。

2016 年 1—11 月中国出口钢材 10068 万吨，同比下降 1%。在国内钢材出口量保持高位的同时，中国钢铁出口却频繁遭遇反倾销。2016 年以来，美国、加拿大、印度、马来西亚、欧盟等国家和地区，多次针对中国钢铁产品发起反倾销调查。面对越来越频繁的反倾销，后期中国钢铁出口所面临的压力或将越来越大。

(2) 东南亚钢材消费逐年攀升，建筑业钢材消费占比最大。

从中国钢材出口流向来看，出口东南亚、中东地区钢材占全国钢材出口总量的比重逐年攀升，出口欧美发达地区以及南美洲地区钢材比重逐年降低。(如图 14 所示)

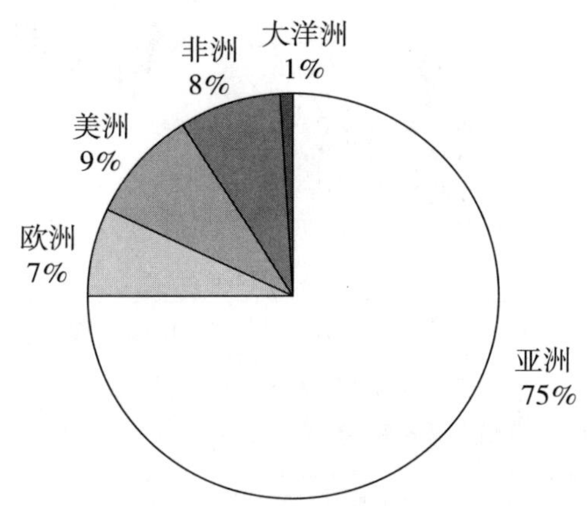

图 14 2016 年 1—11 月中国钢材出口流向

资料来源：我的钢铁网，上海国际航运研究中心整理。

东南亚地区最大的钢铁消费行业是建筑业，占 73.5% 左右的用钢总量，其中菲律宾、新加坡和越南的建筑用钢占用钢总量的 80% 以上，而印度尼西亚、马来西亚和泰国所占份额仅在 60% 左右，主要是因为后三个国家拥有强大的制造业，如汽车、电器、机械设备等。汽车是东南亚地区第二大钢铁消费行业，占比在 11% 左右。

3. 煤炭消费情况

(1) 全球煤炭消费需求下滑，中美煤炭消费需求大幅下降。

美国因廉价天然气和《汞与有害气体排放标准 (MATS)》而导致的燃煤电厂退役，促使煤炭发电量下降 15%。2016 年 1—11 月中国煤炭消费总量约 34.9 亿吨，同比下降 1.6%，其中动力煤消费量为 25.25 亿吨，同比下降 3.15%，炼焦煤消费量为 4.96 亿吨，同比微降 0.38%。(如图 15 所示)

印度发电煤耗居首位，越南发电用煤需求持续上升。

2010 财年至 2016 财年，印度煤炭的消耗总量增加了两倍。其中，发电仍然占据印度煤炭消耗排行榜的首位，约有 64%；其次为钢铁和水泥产业，分别占到印度煤炭消耗总量的 8% 和 5%。

越南政府预测称，2016 年国内煤炭需求预计达 4750 万吨。2016 年的煤炭需求量中，大约 70% (3320 万吨) 为发电所用。越南国内生产的煤炭，大多数供应当地电力、水泥及其他工业使用。

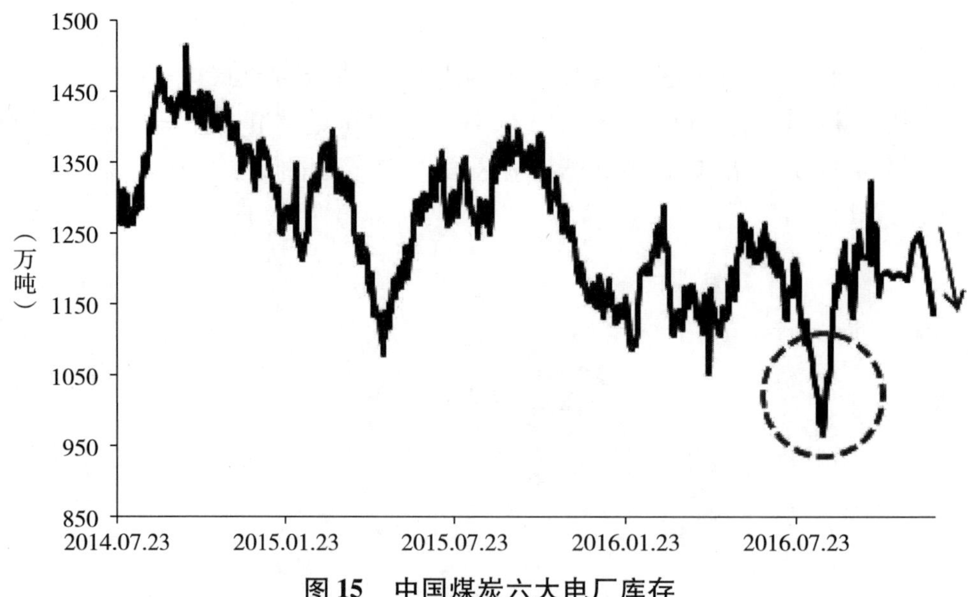

图 15　中国煤炭六大电厂库存

资料来源：我的钢铁网，上海国际航运研究中心整理。

4. 谷物消费情况

世界谷物总消费量增长，粗粮小麦饲料用量创新高。

2016—2017 年度世界谷物总消费量预报数达到 20. 557 亿吨，同比增加 3. 68%。粗粮总利用量预测为 13. 26 亿吨，同比增长 1. 4%。（如图 16 所示）

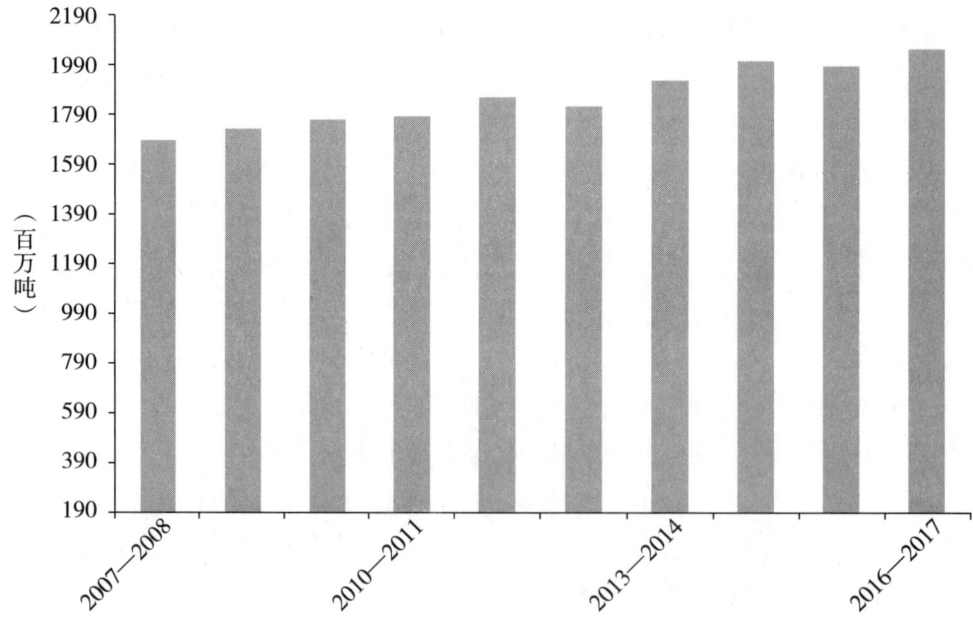

图 16　2007—2016 年全球谷物消费量

资料来源：联合国粮食及农业组织，上海国际航运研究中心整理。

二、2017 年国际干散货运输市场发展展望

（一）2017 年国际干散货运输市场供应链趋势分析

1. 国际主要干散货产量及价格趋势分析

对铁矿石而言，虽然 2017 年中国房地产投资增速将会有所下降，但随着中国矿山的进一步去产能，PPP 项目的加速落地，基建行业用钢需求的稳步上升，加之钢厂将会进一步提高入炉品位，降低焦比，降低成本增加粗钢产量，以及各大矿山的进一步扩张产量，因此，预计中国 2017 年铁矿石进口需求，尤其是高品位铁矿石，将会持续走高。

对煤炭而言，中国能源消费结构以及能源发电结构将在 2017 年得到进一步改善，动力煤消费量将会进一步下降，但随着中澳自贸协定的进一步推进，中国自澳洲进口动力煤比例将进一步上调。印度方面，动力煤进口在电力结构转变以及政府推动使用国内煤炭政策下将会进一步锐减，炼焦煤受到国内供应缺口以及钢厂需求增加的影响其进口量将会进一步稳步上升，进口煤炭总量将会进一步小幅下降。越南方面，受到本土煤炭生产与进口煤成本倒挂以及钢铁行业加快建设的影响，2017 年将由出口国向进口国转变。虽然中美煤炭需求大减，但受到中国国内煤炭供应减少、东南亚煤炭需求持续发展和澳洲增产等影响，因此全球煤炭贸易量 2017 年将小幅上升。

对谷物而言，随着巴西和美国大豆产量的进一步提升以及中韩等需求上涨影响，2017 年全球大豆贸易量将进一步持续上涨，此外美国受到反倾销及中国国内玉米库存影响，美国玉米及干玉米酒糟出口将向越南、韩国等地转移。

2. 国际主要干散货航运市场发展趋势分析

对运力而言，虽然 2016 年上半年船公司进行了大规模的拆解并进行了订单推迟交付，但后期随着 BDI 指数的回升，市场预期看好，二手船交易量开始增加，2016 年船舶交付率持续走低至 58%，受到订单的大幅减少影响，2017 年预计交付量仅 5832 万 DWT，同比减少 28%，因此 2017 年运力增长压力较小。

3. 国际主要干散货市场消费趋势分析

对钢厂而言，2017 年中国去产能阻力加大，步伐将会有所放缓，钢材价格支撑力度不大，因此产量将小幅下滑。出口贸易方面，在美国特朗普上台后预计将会采取更为严厉的贸易保护措施，中国钢材至美国的直接出口量将会有所减少，但转口贸易量有望增加。此外虽然越南等东南亚国家在大力支持本地钢铁产业发展，开始对中国钢材进口发起反倾销措施，但其发展速度缓慢，国内供需缺口较大，因此 2017 年中国钢材出口市场将会进一步集中在东南亚市场。

对电厂而言，2017 年随着中国能源利用结构的进一步优化，火力发电将会

进一步萎缩。

对于磷肥等化肥产品而言，2017 年原磷肥和尿素关税取消，扣除关税后部分中国磷肥企业的成本将低于美国和非洲，出口竞争力将提升；同时化肥补贴政策未变及印度卢比汇率回升，2017 年印度化肥进口量将好转。

（二）2017 年国际干散货运输市场发展展望

1. 国际干散货运输市场运量展望

预计 2017 年国际干散货海运贸易量将继续温和上涨 1.5%。中国铁矿石进口仍将保持增长，高品位矿石需求提高；受到钢材和煤炭等行业去产能影响，中国煤炭进口增速预计将会减缓，粗钢产量有所下降；虽然受益于东南亚地区煤炭钢材等需求的快速增长，部分航线运量将会有所上涨，但煤炭和钢材总体运量将继续小幅下行，其他散货运量各有亮点。因此，2017 年国际干散货海运贸易量将持续温和回升。

2. 国际干散货运输市场运力展望

预计 2017 年国际干散货运输船队将保持 3% 左右增速。虽然近两年的新船订单量较少，但受之前的推迟交付订单影响，2017 年积压订单较多，交付运力压力仍然较大，预计交付率将会小幅上涨至 60%，结构性拆解已经接近尾声，拆解量将会继续下滑。

3. 国际干散货运输市场运价展望

综上所述，受益于海运量的回升以及运力的持续控制，2017 年国际干散货运输市场的形势将有望温和回升，BDI 指数全年均值位置在 800 ~ 900 点。2016 年的 BDI 新低验证了上海国际航运研究中心在 2016 年年报中指出的市场底部下移，2017 年运价整体呈小幅回升态势，其中巴拿马型船舶受益于各亮点航线增长影响，运价增长幅度稍大。（如表 5 所示）

表 5　　2017 年 BDI 及分指数预测

指　数	均值下界	均值上界
BCI	1300	1400
BPI	800	900
BSI	700	800
BHSI	400	500
BDI	800	900

资料来源：上海国际航运研究中心预测。

（上海国际航运研究中心　张永锋　邵斐　顾钱笑　冀颖　王姗姗）

2016 年沿海干散货市场回顾与 2017 年展望

2016 年下半年，中国沿海干散货运输市场局势突然逆转，一部分因素缘于下半年经济形势的稳中向好，但最主要是依靠国内供给侧结构性改革力度的不断加码，煤炭、钢材和矿石价格均出现不同程度的大幅上涨，拉动沿海干散货运价出现短期快速回升，刷新近两年历史最高值。预计 2017 年运输需求将稳中有升，运价水平有所上涨。

一、2016 年沿海主要干散货运输市场回顾

（一）沿海干散货运价下半年大幅攀升，波动明显加剧

2016 年上半年，国内经济形势依旧严峻，下游工业、制造业等产业仍然面临较大下行压力，火力发电在全社会发电量中的占比延续下滑；钢铁行业虽然产量较高，但钢厂对铁矿石的采购始终保持随采随用的策略，铁矿石大量堆积于港口；粮食下游行业需求持续不振，导致沿海散货运输需求维持低迷。加之运力供给出现微幅下降，运力过剩现象未得到有效缓解依然是沿海散货运输市场上半年持续低位的主要因素。但下半年沿海散货市场局势突然逆转，全年波动性较上年明显增强。截至 2016 年 11 月底，上海航运交易所发布的中国沿海散货综合运价指数（CBFI）全年平均值为 898.12 点，较 2015 年涨幅为 6.11%。(如图 1 所示)

1. 沿海煤炭运价下半年上涨迅猛

截至 2016 年 11 月底，新版沿海煤炭运价指数全年均值 597.41 点，较 2015 年上涨 17.64%。年内，第一季度，受北方冰冻封港和春节假期影响，运价持续下行。第二季度，受经济形势影响，下游需求收紧，加之电厂煤炭库存相对高位，沿海煤炭运价低位徘徊略有回暖。7—8 月进入高温天气，“迎峰度夏”开始发挥作用，下游火力发电上扬，沿海煤炭运量上涨；与此同时，国内煤炭价格受国内淘汰落后煤矿产能影响而大幅攀升，拉动运价短期快速回升。回落后在 11 月，受国内煤价仍然持续上涨及国内“电煤冬储”的刺激作用带动下，运价再次大幅上涨至年内最高点。

2. 沿海矿石运价步入下行通道

截至 2016 年 11 月底，金属矿石综合运价指数全年均值 793.22 点，较 2015 年上涨 10.96%。年内，钢铁市场价格迎来了久违的反弹行情，宏观政策

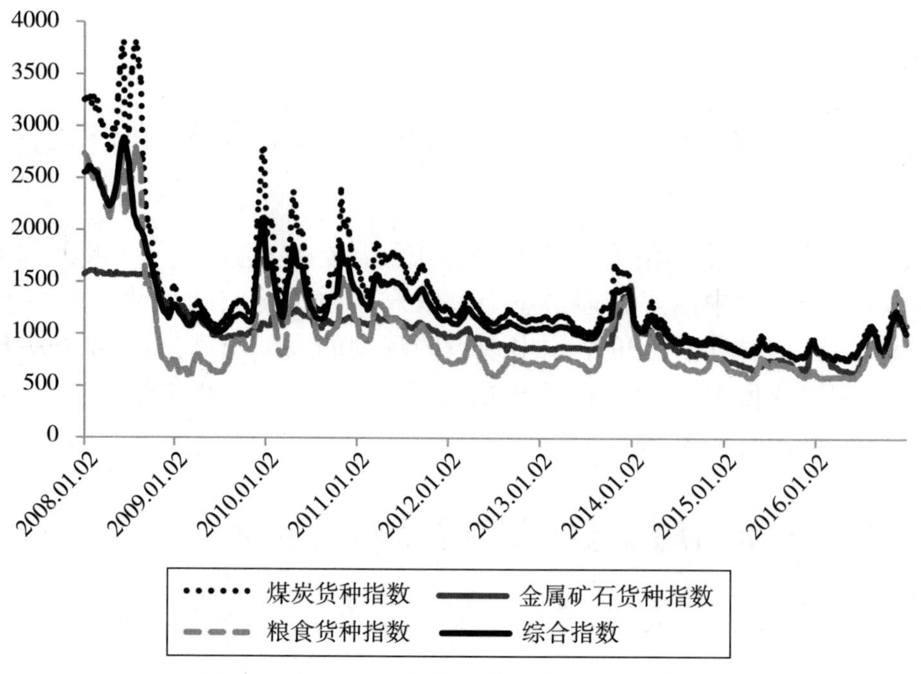

图 1　2008—2016 年沿海散货综合运价指数走势

资料来源：上海航运交易所。

层面针对钢铁的去产能以及针对房地产的去库存政策，对钢铁供需两端均形成利好。中国沿海铁矿石运价年初开始震荡下跌，下半年开始逐渐回升，接着平稳运行至 9 月上旬，受煤炭运输市场下跌影响，再次步入下行通道。由于钢厂产量整体维持高位，对矿石需求形成较大支撑，11 月金属矿石运价延续上涨走势，全年总体呈现“W”形走势。

3. 沿海粮食运价受整体行情拖累继续下跌

截至 2016 年 11 月底，沿海粮食运价指全年均值为 665. 5 点，同比上涨 10. 7%。年内，第一季度受国家临储收购影响，加上港口库存较为充足，下游贸易商采购意愿不强，沿海粮食运输市场低位徘徊；直到第二季度末开始，受前期补货不足影响，贸易商发运积极性提高，加上沿海煤炭运输市场快速上涨拉动沿海粮食运价有所好转；第三季度末期，受沿海煤炭运输市场回落影响，粮食运价再度下跌；第四季度，随着南方港口粮食库存下降明显，提货需求迅速增加，加之沿海煤炭运输市场的迅速攀升导致沿海运力相对紧俏，粮食运价再次出现较大幅度上涨。

（二）沿海干散货运量基本维持低位

2016 年全球经济增长仍旧低迷，政治和经济事件的不确定性和美联储加息步伐加快是全球经济动荡的主要原因。在此大背景下，中国经济稳中向好，国家与地方供给侧结构性改革发力，去产能取得积极成效，沿海干散货运输需求波动下滑。从全年来看，2016 年中国沿海干散货运量基本维持低位，1—11 月中国沿海干散货三大货种总运量达 9.66 亿吨，同比上涨 0.3%，全年走势前低后高。

1. 沿海煤炭运量微幅下滑，火力发电量占比弱势运行

2016 年 1—11 月，全国主要沿海港口内贸煤炭发运量累计 55214 万吨，同比微幅下滑 0.71%。首先，虽然全年火力发电量同比上涨，但大量进口煤炭抢占了国内煤炭市场。2016 年 1—11 月，全国火力发电 39464.3 亿千瓦时，同比上涨 4.19%，占总发电量 73.88%，同比下滑 1.12 个百分点。受政府出台的煤炭行业严格执行 276 个工作日的限制和三年内不再审批新建煤矿项目的影响，国内煤炭的产量大幅下降 10%，导致国内煤价大幅上涨，进口煤炭填补国内供给缺口。1—11 月中国煤炭进口总量为 22869 万吨，同比大幅增长 22.67%。其次，下半年国内煤炭价格大幅上涨，下游煤炭企业恐慌性采购。全年沿海煤炭运量增势主要集中在下半年，主要影响因素为煤炭去产能导致国内煤炭价格大幅上涨，环渤海 5500 大卡动力煤综合平均价格下半年增速加快，全年累计增幅达到 59.84%，带来下游煤炭企业恐慌性采购拉运。（如图 2、图 3 所示）

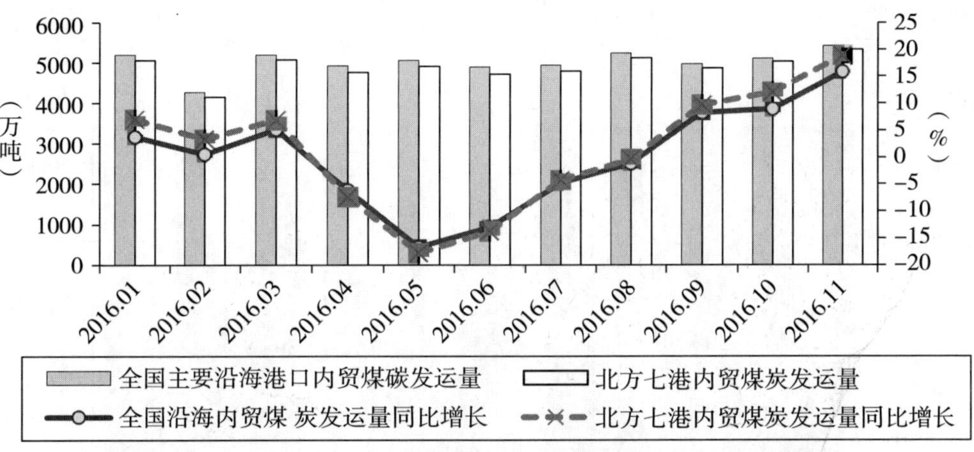

图 2　2016 年 1—11 月全国主要沿海港口内贸煤炭发运量

资料来源：我的钢铁网。

2. 沿海矿石运量止跌微涨，钢材生产居高不下

2016 年 1—11 月，全国主要沿海港口内贸铁矿石出港量累计 2.26 亿吨，同比增加 3.5%。沿海矿石运量此次上涨主要依赖于国内房地产市场投资及施工面积、新开工面积的增速回升，加之国内钢材市场供给侧结构性改革步伐加快，钢材价格出现明显回升，2016 年钢材产量居高不下。2016 年 1—11 月，全国生铁产量 63770.9 万吨，同比下跌 0.35%；全国粗钢产量 73946.2 万吨，

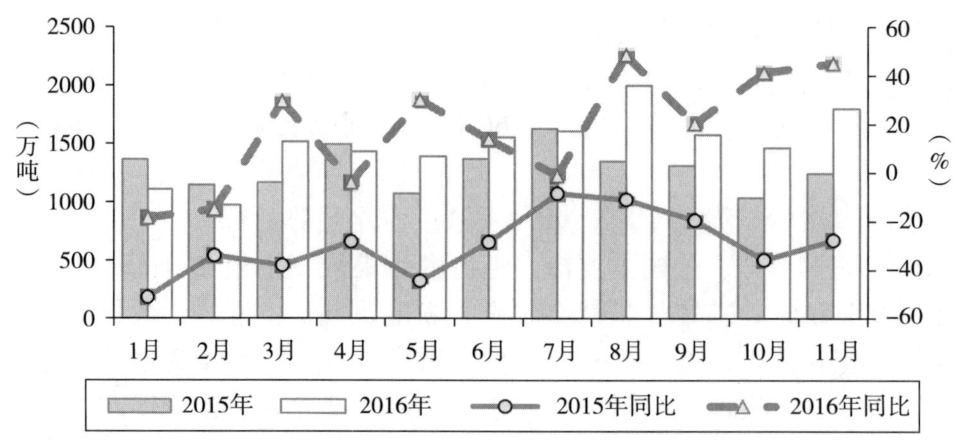

图 3　2015—2016 年 1—11 月全国煤炭进口量

资料来源：中国煤炭资源网。

同比上涨 0.45%；全国钢材产量 104337.9 万吨，同比上涨 1.44%。与此同时，铁矿石供应在港口库存端快速堆积。由于 2016 年矿价波动频繁，钢厂采取“低库存、多批次”的采购策略，港口矿石库存大幅上升，钢企铁矿石库存属于偏低水平。截至 2016 年 12 月 30 日，全国主要港口铁矿石库存 11439 万吨，而钢厂国产矿和进口矿的铁矿石库存可用天数基本维持在 5 天和 25 天左右。（如图 4、图 5 所示）

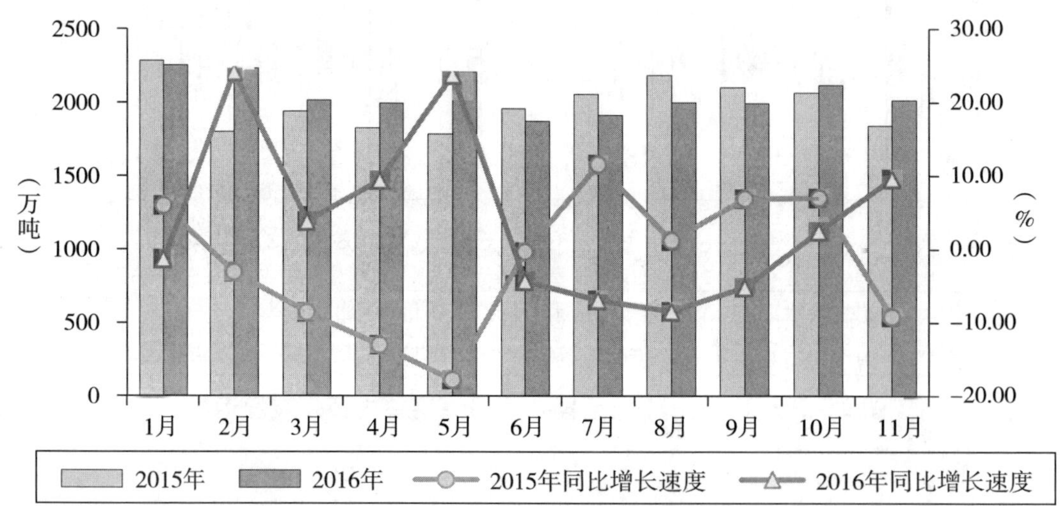

图 4　2015—2016 年全国主要沿海港口内贸铁矿石出港量统计

资料来源：交通运输部综合规划司。

3. 沿海粮食运量下滑明显，港口库存大幅升高

2016 年 1—11 月，全国主要沿海港口内贸粮食出港量累计 4028.24 万吨，同比下降 3.8%。需求方面，受宏观经济形势、养殖及深加工需求低迷等影响，

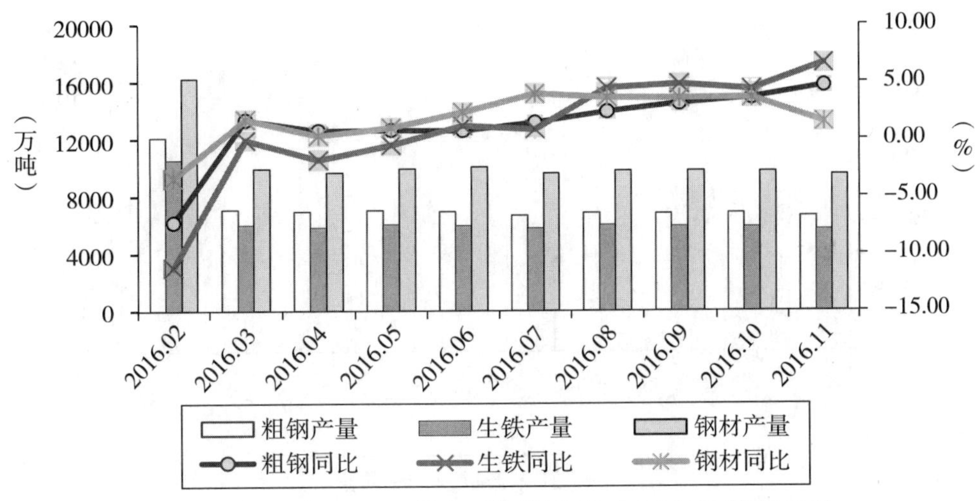

图 5　2016 年 1—11 月全国钢铁行业主要产品月度产量

资料来源：我的钢铁网。

国内粮食市场供需形势整体继续保持宽松，其中玉米、稻谷仍供大于求，小麦供需略为宽松，大豆仍需依赖进口。全年来看，沿海粮食需求表现整体偏弱。供给方面，2017 年取消实施多年的临时收储项目，加之暴雨天气使得南方作物受损，是国内粮食产量下滑的主要原因。（如图 6、图 7 所示）

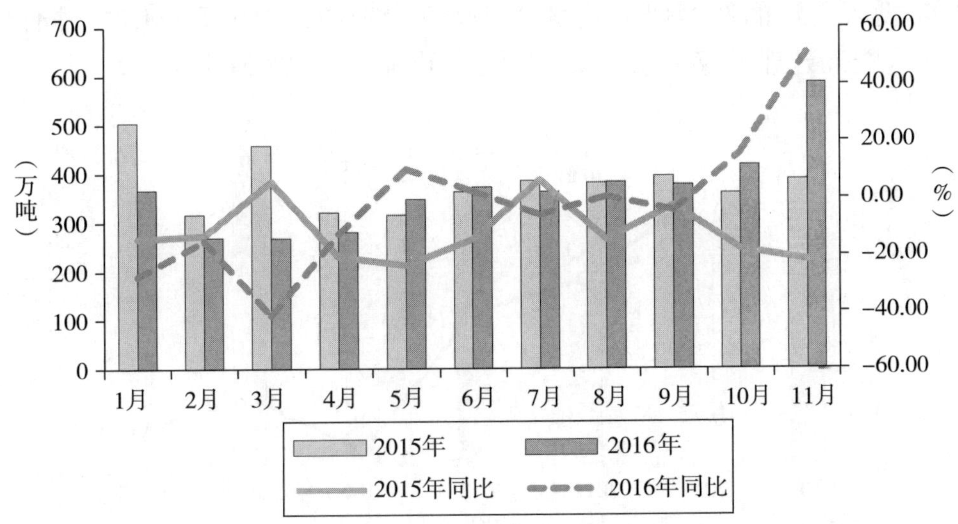

图 6　2015—2016 年全国主要沿海港口内贸粮食出港量统计

资料来源：交通运输部综合规划司。

（三）沿海干散货船队规模高位徘徊，新投入船舶数量仍然较多

受航运市场低迷及国家拆船补贴政策的影响，船公司主动调整船队结构，大量未达到强制报废船龄的老旧船舶也退出营运，使得 2016 年中国沿海干散货船

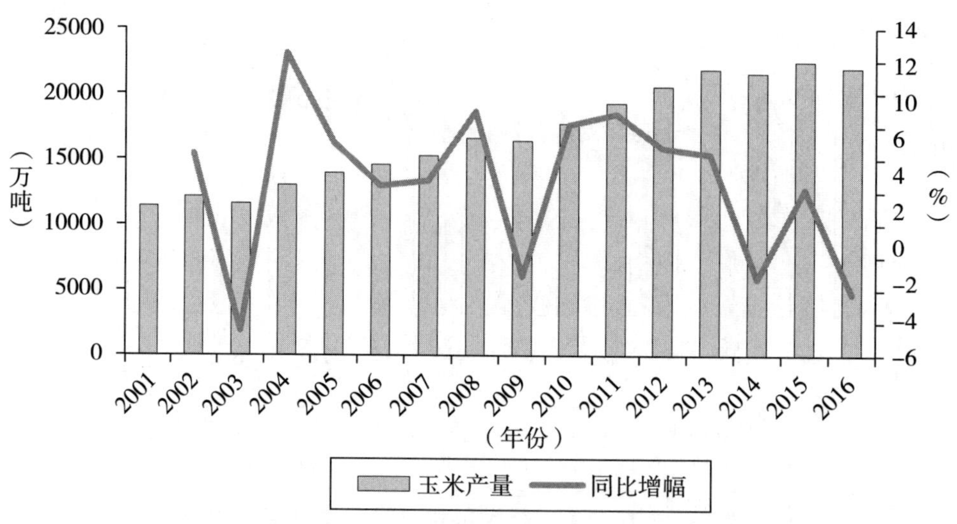

图 7 2015—2016 年全国玉米产量

资料来源：国家统计局，中国粮油中心。

舶运力继续下滑，但跌幅非常有限。其中主要原因在于虽然新建干散货船舶数量得到明显削弱，但其他闲置船舶、船舶修造、改造等投入导致沿海干散货新投入营运的船舶数量仍然较多。截至 2016 年 6 月 30 日，从事国内沿海运输的万吨以上干散货船共计 1692 艘，5419. 56 万载重吨，载重吨降幅为 0. 86%。其中，2016 年上半年投入营运的新增船舶数量合计为 71 艘，218. 97 万载重吨，同比下跌 38. 1%；包含新建船舶仅 13 艘，23. 48 万载重吨。（如图 6 所示）

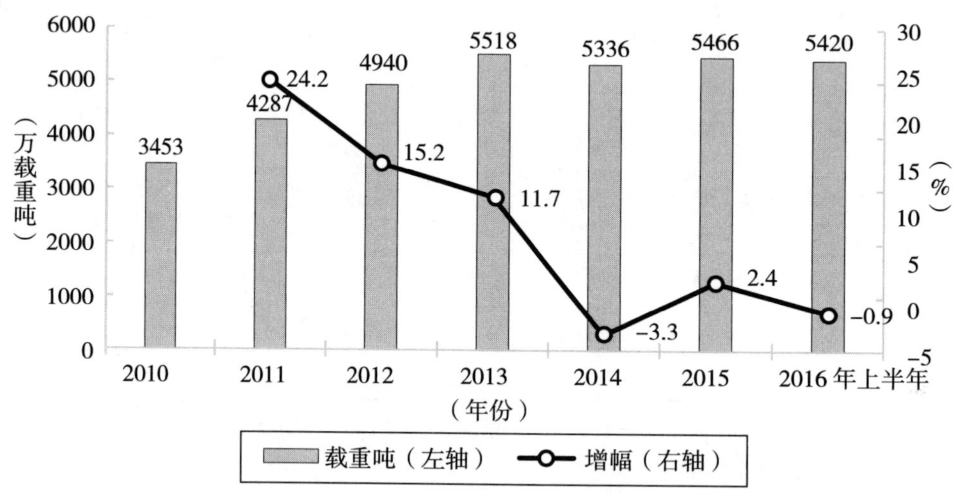

图 8 2010—2016 年上半年沿海干散货船运力情况

资料来源：交通运输部。

1. 沿海干散货船舶年轻化、大型化发展停滞

受航运市场长期不振、企业主动调整运力结构和国家鼓励老旧运输船舶提

前报废更新政策等影响，大量老旧运输船舶持续以低于33年的报废年限提前处置退出市场，然而缺乏新建的年轻船舶加以补充，加之其他闲置船舶、船舶修造、改造等船舶转入沿海散货营运，导致沿海万吨以上干散货船的平均船龄出现反弹，较2015年年末增加0.56年达到8.1年。截至2016年上半年，仅有1艘干散货船达到强制报废船龄而退出市场，而其他82艘、255.77万载重吨干散货船均为提前报废，拆解总量维持高位。同时，近年来新投入营运的新增船舶的单船规模微降至3万载重吨左右，其中新建船舶的单船规模下滑至1.8万载重吨。而拆解船舶的单船规模微升至3.1万载重吨左右，2016年沿海干散货运输船队的平均吨位也基本维持在上年水平，截至2016年上半年，沿海干散货运输船队的平均吨位为3.20万载重吨，较2015年年底下降0.01万载重吨。

2. 沿海运输相关企业纷纷转型，多数公司盈利困难

2016年，受中国远洋、中国海运两大航运巨头重组合并，浙江交投对浙江远洋、温州海运和台州海运3家公司实施破产清算等事件影响，中国沿海运输相关企业的竞争格局及上市公司情况均有较大幅度调整。目前，经营中国沿海散货运输的上市公司仅剩长航凤凰、宁波海运等，中国远洋（现更名为中远海控）已从上市公司中剥离干散货运输业务，中海发展（现更名为中远海能）主营业务变更为油品运输及LNG运输，中昌海运（现更名为中昌数据）、中海海盛（现更名为览海投资）也纷纷转型。就企业净利润来看，包含沿海干散货运输业务的上市企业中，除中海发展依靠资产重组获得较大利润外，仅宁波海运一家企业在2016年1—9月实现了微弱盈利，其他均为小幅亏损，可见大部分公司仍然盈利困难。

二、2017年沿海干散货运输市场展望

（一）沿海干散货运输需求维持低位

当前，世界经济面临增长动力不足、需求不振、金融市场动荡、国际贸易和投资持续低迷等多重风险和挑战。2016年，中国经济总体运行平稳，全年GDP增速为6.7%，基本完成政府预订的经济增长目标。2017年，供给侧结构性改革仍将持续，去产能、去库存、去杠杆、降成本、补短板“五管齐下”，持续发力供给侧，积极成效已经显现。预测2017年中国经济增速将继续承压下行，国内GDP增速预计在6.5%左右。预计2017年沿海干散货运输需求将维持低位，预计跌幅1%～2%。

1. 清洁能源建设抑制煤炭运输需求

2016年，我国能源生产消费结构均呈现出向清洁能源转型的大趋势。从能

源消费结构看，非化石能源和天然气消费比重分别提高 1.3 个和 0.4 个百分点，清洁能源消费比重接近 20%，而煤炭消费比重则下降 1.7 个百分点。从能源生产结构看，非化石能源占比由 2015 年的 14.5% 提高到 17%，煤炭占比则降到 70% 以下。当前能源行业的供给侧结构性改革是能源发展的重中之重，2017 年更是尤为关键的一年，预计 2017 年煤炭贸易需求降幅将比 2016 年下降约 3%，煤炭价格“高开稳走”，出现大幅波动的可能性不大，不利于沿海煤炭运输需求的生成。因此，预计 2017 年中国沿海煤炭运输需求增速继续下滑，跌幅在 1% ~2%。

2. 钢铁持续去产能不利矿石运输需求

2017 年，因城施策将在控风险与去库存基调下不断深化，热点城市面临量价回调，而三四线城市有望延续平稳走势。因此，预计 2017 年房地产市场表现仍将持续分化，一二线城市销售面积下降，投资增速趋缓。加上 2017 年是钢铁去产能深化之年，钢铁行业产能严重过剩的基本面亟待改变，钢材价格的上涨空间非常有限，未来钢材价格总体呈现在成本支撑下的薄利区间内低位运行的走势，不利于沿海矿石运输需求的上涨。因此，预计 2017 年中国沿海矿石运输需求维持弱势，跌幅为 0 ~1%。

3. 终端需求不振导致粮食运输需求低位徘徊

我国饲料行业目前处于稳定发展时期，主要表现有产量增长率呈下降趋势，需求总量增速放缓，利润率维持在较低的水平。我国饲料工业起步于 20 世纪 70 年代，较西方晚了 70 多年，饲料行业经过多年的发展，目前增速已经下降明显，处于去产能阶段。与产量变化情况一致，我国饲料需求增速放缓，饲料企业毛利率处于最近十年较低水平，企业的盈利能力非常弱。而粮食深加工行业产量小幅增长，出口继续小幅回暖，质量安全追溯等信息化管理能力提升，总体呈现出稳中有进的良好态势。因此，预计 2017 年的粮食采购总体维持弱势，终端刚性需求难有有效提振，沿海粮食运输需求低位徘徊，跌幅为 1% ~2%。

（二）沿海干散货运力规模再次下滑

受航运市场长期低迷，企业运营资金紧张影响，沿海干散货新造船订单跌至冰点，2017 年沿海干散货船队运力有望出现明显下滑。根据上海国际航运研究中心测算，2016 年年底国内沿海运输万吨以上干散货船将达到 5476 万载重吨左右，全年运力增幅在 0.2% 左右；全年投入营运的新增船舶将达 490.92 万载重吨左右，同比有所下滑。而 2017 年是拆船补贴政策延长的最后一年，船东集中拆船可能性较大，加上 2016 年新增船舶订单量极低，船舶交付量萎缩明显，运力将实现 2% ~3% 较大幅度的下滑。

1. 新造船交付量继续大幅萎缩

根据交通运输部2016年上半年的运力数据和克拉克森的订单统计数据进行测算，预计2016年全年的沿海干散货船舶总交付量将达到490.92万载重吨，较2015年全年下滑7%；2017年中国船东将有59艘，309.87万载重吨的沿海干散货船舶等待交付，较2016年全年下跌36.9%。受2015年、2016年新增船舶订单量大幅缩减的影响，2017年交付的船舶中，近八成船舶为2014年以前签订的造船合同，其中大部分已连续多年延迟交付。

2. 手持订单以延迟交付订单为主

根据克拉克森的全部手持订单数量统计，从订单签订年份来看，受此前老旧船舶报废更新政策影响，大量订单都集中于2014年签订，该年度新造干散货船舶订单的载重吨在订单总量中的占比高达38.58%，其次为2015年的25.5%和2013年的23.49%。其余手持订单的签订年份最早可以追溯到2010年，2010—2012年期间签订的新造干散货船舶订单的载重吨在订单总量中的占比为11.28%。可见，目前的沿海干散货船舶手持订单主要为延迟交付的船舶，2016年新增手持订单跌至历史冰点。

3. 运力有望再度下滑2%～3%

由于2016年的沿海干散货船舶的新增订单量已经跌至冰点，2017年交付的新增船舶中大部分为前期延迟交付的订单，数量有限，因此，2017年沿海干散货船舶的交付总量将较2016年有大幅下降。同时，由于国家拆船补贴政策将在2017年年底到期，船东集中拆船的可能性较大，因此，预计2017年的沿海干散货船舶拆解数量将出现高峰，在500万载重吨附近。预计到2017年年底，沿海干散货船舶运力有望达到5310～5365万载重吨，较2016年年底的预测值（5476万载重吨）下滑2%～3%，沿海干散货船队运力供给得到有效控制。（如图7所示）

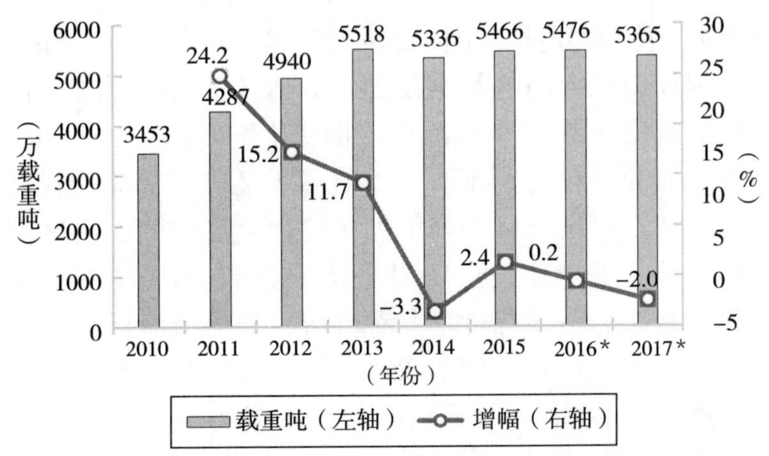

图9　国内沿海运输的万吨以上干散货船总运力预测

注：*为上海国际航运研究中心预测值。

（三）沿海干散货运价均值企稳回升

根据上文预测，中国沿海干散货运量维持低位，同时沿海干散货船舶运力降幅在 2% ~3%，运力过剩局面略有好转，预计 2017 年沿海干散货运价均值较 2016 年有所上涨，涨幅在 5% ~10%，沿海干散货运价指数（CBFI）将保持在 900 ~1300 点，全年走势前高后低。分市场方面，沿海煤炭运输市场随煤炭价格攀升上涨明显，总体走势前高后低，因运输供需基本面改善不明显，上涨后回落速度也较快；沿海矿石运输市场在国内基建项目的支撑下，缓中趋稳；沿海粮食运输市场的季节性特征较为显著。（如图 10 所示）

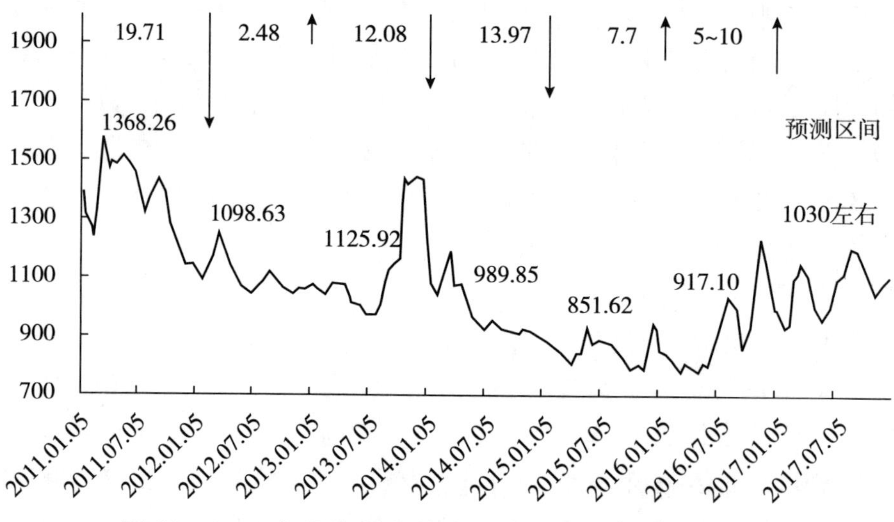

图 10　2017 年沿海散货综合运价指数（CBFI）预测

资料来源：上海国际航运研究中心。

1. 沿海煤炭运价受煤炭价格和季节性因素影响有望上涨

2017 年全球经济缓慢复苏，国内经济处于结构调整期，高耗能产业将继续保持低速增长，预计全社会用电量维持上涨，火力发电所占比例将继续下降，国内煤炭需求增长幅度预期进一步减弱。但 2017 年煤炭去产能政策的执行力度不会减弱，去产能的量仍有可能在 1.5 亿 ~2 亿吨，加上全国煤矿实行 276 个工作日制度的影响，煤炭价格上半年仍有较大上涨空间，由此带动沿海煤炭运输价格的大幅上涨。下半年，沿海煤炭运价主要受国内经济形势及夏季高温、冬季储煤等因素影响，将有短时上涨行情，加上沿海运力将有所下滑的预期，市场有望继续回升。因此，预计 2017 年沿海煤炭运价全年有明显回升，预计均值小幅上涨 10% 左右。

2. 沿海矿石运价低位企稳

2017 年国内宏观经济由于加速结构调整，经济增长速度预计有所放缓。中国加强环境治理和对钢铁行业加大落后产能淘汰，各地淘汰高耗能钢铁企业正在紧张地进行当中。随着宏观经济的筑底企稳，粗钢产量将持平或微幅增加，铁矿石需求保持稳健，略有增长。此外，钢厂矿石“随采随用”的模式也将为沿海铁矿石运价增加一定的不确定性，同时天气因素也会对沿海铁矿石运价产生一定影响。因此，预计 2017 年沿海铁矿石运价将小幅上涨，全年均值涨幅在 5% 左右。

3. 沿海粮食运价季节性特征仍较显著

2017 年国内饲料行业增速预计继续放缓，粮食刚性需求以及工业用粮的支撑乏力，沿海运量或将维持弱势。但目前国内已出台多项政策限制国外粮食进口量，预计将对粮食运输市场形成一定支撑。由于沿海粮食运价受沿海煤炭运价影响较大，当沿海煤炭运输市场运价上涨带动沿海运力紧俏之时，也将拉动沿海粮食运价随之上涨。因此，预计 2017 年沿海粮食运价增幅将与沿海煤炭运价保持基本一致，运价有所回升，全年均值上涨 12% 左右，且沿海粮食运输市场季节波动特征较为显著。

（上海海事大学　上海国际航运研究中心　李倩雯）

2016 年航空货运市场发展回顾与 2017 年展望

2016 年，世界主要经济体经历了英国脱欧、美国大选和意大利公投三件“黑天鹅”事件，英国脱欧和美国大选的结果与之前普遍的市场预期大相径庭，意大利公投的结果导致意大利总理辞职，面临政府改组。同时，在货运行业也是风云变幻。韩国最大、世界十大船运公司之一的韩进海运破产，东方航空剥离物流业务，中国多家快递企业重组上市，中英航空新协议取消货运航班数量限制……错综复杂的市场环境下，全球航空货运发展依然可圈可点。(如图 1 所示)

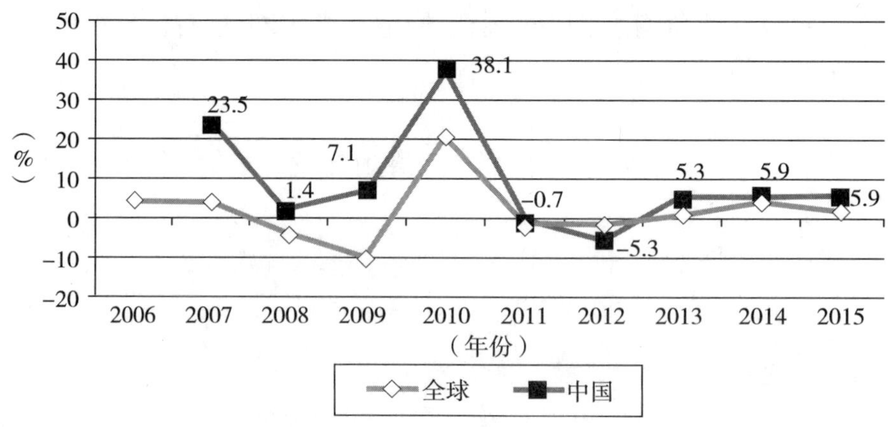

图 1　2006—2015 年全球和中国航空货运周转量增长率

资料来源：IATA。

一、2016 年航空货运市场发展回顾

（一）全球航空货运市场“渐入佳境”

自 2008 年经济危机后，全球航空货运市场一直举步维艰。2010 年有略微增长但 2011 年再次停滞不前，2012 年全球航空运输量再次跌入低谷，同比下降 1. 9% 。冰点过后，全球航空货运市场开始回暖，2014 年增长率高达 4. 8% 。2016 年全球航空货运市场在经历了年初的疲软后，全球货运量在下半年复苏。强劲旺季、硅原料货运量增加及新出口订单明显好转都推动了下半年市场需求的上涨。货运需求（按照货运吨公里计算）比上年增长 3. 8% ，大约是近五年行业年均增长率（2% ）的两倍。按照可用货运吨公里计算，2016 年货运运力增长5.3%。就需求而言，2016年航空货运表现良好。除此之外，中国农历新年的提前到来也可能对12月的需求增长起到了一定的推动作用。2016年12月全球航空货运需求同比增长9.8%，航空货运量同比增长3.2%。（如表1所示）

表1　　2016年12月全球航空货运市场

区　域	市场份额（%）	货源吨公里（%）	可用货运吨公里（%）	载运率（%）	载运率同比变化（%）
整体市场	100.0	9.8	3.2	46.1	2.8
非洲	1.6	13.6	5.3	29.6	2.2
亚太	37.5	9.8	5.7	55.1	2.1
欧洲	23.5	16.4	5.9	49.7	4.5
拉美	2.8	-1.0	-7.9	36.5	2.6
中东	13.9	11.2	5.9	44.9	2.1
北美	20.7	3.7	-1.4	36.3	1.8

资料来源：IATA。

波音公司预测，2017年全球航空货运量增速将逐步加快，并将在2018年回到长期增长态势。预计在未来20年年均增速将达到4.2%，亚洲和中国市场分别以5.5%和6.2%的增速快速扩张并继续引领世界航空货运的发展。（如图2、图3所示）

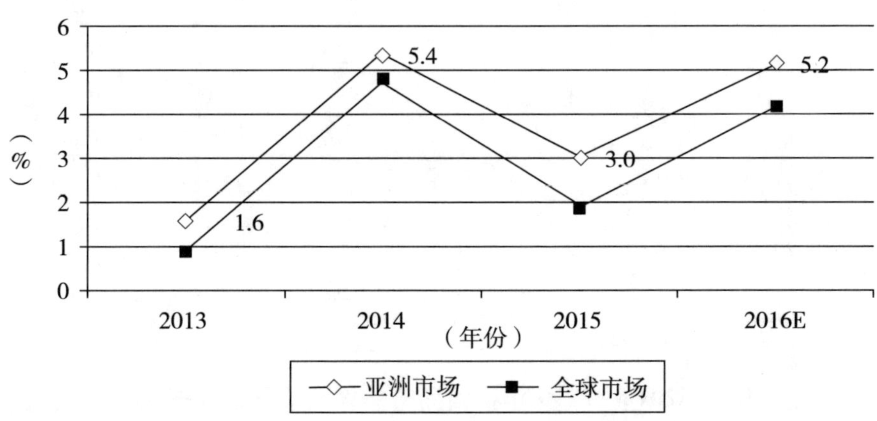

图2　2013—2016年全球及亚洲航空货运市场增长率

资料来源：Boeing。

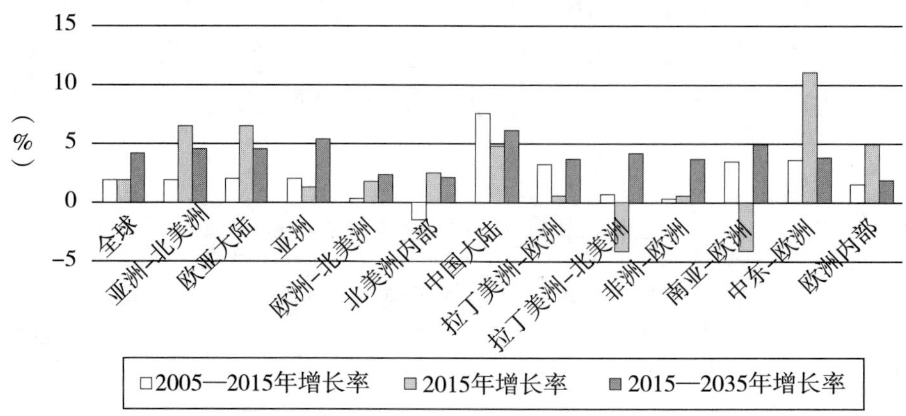

图3　全球航空货运增长率（按区域）

资料来源：Boeing。

（二）中国航空货运市场“喜忧参半”

相比全球航空货运市场，中国航空货运市场复苏动能更强。货邮运输量在经历2011年、2012年持续两年下滑后，需求逐步回升，2013—2016年我国民航货邮运输量实现四连增，平均增长率5.2%。国内机场货邮吞吐量排名变动不大。机场货邮量前三甲依然是上海浦东国际机场344万吨、北京首都国际机场194.3万吨和广州白云国际机场165.2万吨。虽然市场整体出现周期性回暖，但对国内航空承运人而言，经营压力并未减轻。（如图4、图5、表2所示）

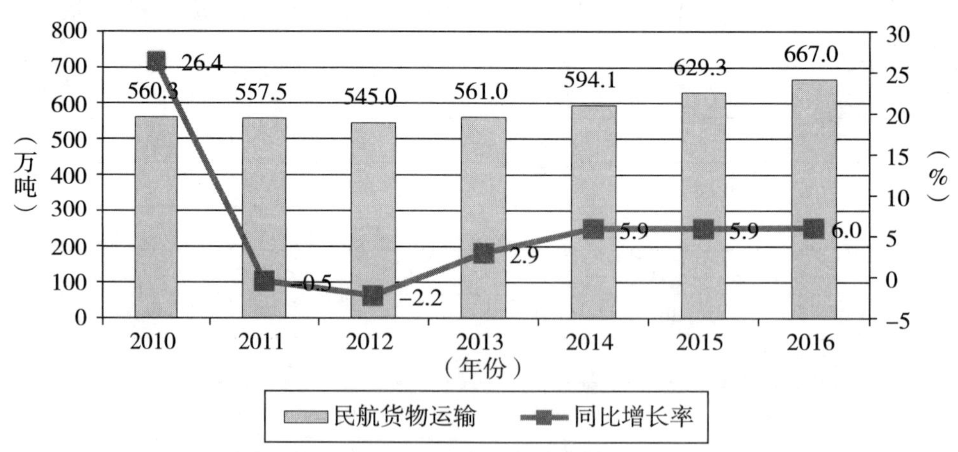

图4　2010—2016年我国民航货物运输量及增长率

资料来源：中国民用航空局。

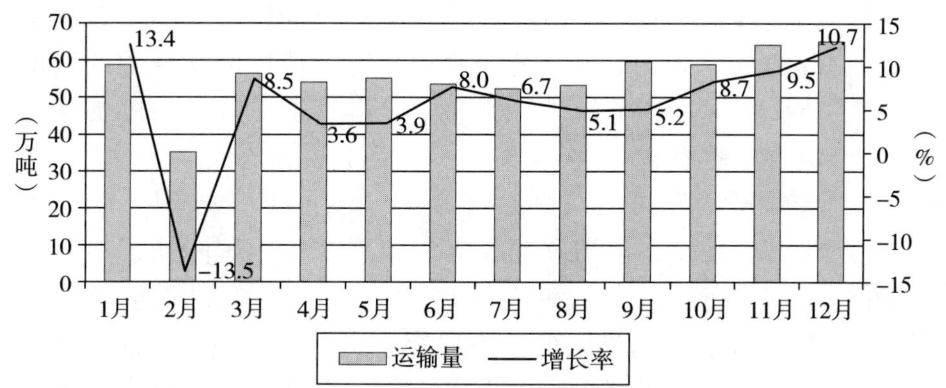

图5　2016年1—12月我国航空运输量及增长率

资料来源：中国民用航空局。

表2　　2010—2016年我国机场货邮吞吐量排名

机　场	货邮吞吐量（万吨）						
	2016年	2015年	2014年	2013年	2012年	2011年	2010年
上海浦东	344.0	327.5	318.2	292.9	293.8	308.5	322.8
北京首都	194.3	188.9	184.8	184.4	180.0	164.0	155.2
广州白云	165.2	153.8	145.4	131.0	124.9	118.0	114.5
深圳宝安	112.6	101.4	96.4	91.4	85.5	82.8	80.9
成都双流	61.5	55.7	54.5	50.1	50.8	47.8	43.2
杭州萧山	48.8	42.5	39.9	36.8	33.8	30.6	28.3
郑州新郑	45.7	40.3	37.0	25.6	15.1	10.3	8.6
上海虹桥	42.9	43.4	43.2	43.5	43.0	45.4	48.0
昆明长水	38.3	35.5	31.7	29.4	26.2	27.2	27.4
厦门高崎	32.8	31.1	30.6	30.0	27.2	26.1	24.6

资料来源：中国民用航空局。

1. 国内市场有增量，但难收增效

航空货运受公路、铁路等运输方式冲击分流明显，增量主要来自电商快递蓬勃发展带来的航空快递需求。“十二五”期末，我国快递业务量突破200亿件，继2014年首次突破100亿件后再登新量级，稳居全球首位，最高日处理量突破100亿件，成为中国经济的一匹“黑马”；我国航空货邮量平均增长率3.5%，这其中电商快递货源贡献不少，但运价水平却在持续下滑，快递企业面临单件快递收入下降的危机。“十二五”期间，虽然快递业务量和收入分别增长7.8倍和3.8倍，但单件快递收入却下降了近50%。成本上升的困局，在其集中掌握货源的背景下，对航空公司要求降价，转移成本压力的议价能力越来越强。除了传统运输方式分流外，快递企业自营货机步伐不断加快，对高端快递货源的分流效应越发明显。

2016年国家邮政局发布的《邮政业发展“十三五”规划》明确指出，壮大快递航空运输机队规模，打造联通亚太、辐射全球的国际快递航空枢纽，布局建设邮件快进出境通道；《快递业发展“十三五”规划》也明确指出，到2020年要建设一批辐射国内外的航空快递货运枢纽，企业自主航空运输能力大幅提升。积极打造“快递航母”，形成3~4家年业务量超百亿件或年业务收入超千亿元的快递企业集团，培育2个以上具有国际竞争力和良好商誉度的世界知名快递品牌。截至2017年2月，顺丰自有加租用全货机已有58架，规划到2020年自有加租用货机规模将达到100架，并计划在湖北鄂州建设专用货机枢纽机场；邮航自有货机机队规模达33架；圆通自有货机已达5架，同时还向波音订购了15架B737-800BCF货机。

可以预计，未来国内航空市场机遇与挑战并存，货运量有增长但运价难理想，收入增长难保障。对于航空公司而言，要抓好国内快递发展机遇的最优选择唯有深入与快递企业合作，继续利用航点多、覆盖面广的腹舱资源，提升服务保障，共同做大做强腹舱快递运输；同时，引进中小型货机与快递企业合作运营也将是一项值得研究的备选方案。（如表3所示）

表3　　2016年我国航空公司货运机队规模数据

航空公司	主要机型						
	B737F	B747F	B757F	B767F	B777F	A300F	合计
CK（中货航）		3			6		9
CA（国货航）		3	4		8		15
CZ（南货航）		2			12		14
Y8（扬子江）	16	3					19
CF（邮政）	22		3				25
O3（顺丰）	17		16	5			38
YG（圆通）	5						5
J5（东海）	7						7
GJ（长龙）	3						3

续　表

航空公司	主要机型						
	B737F	B747F	B757F	B767F	B777F	A300F	合计
OK（奥凯）	1						1
UW（友通）		1				3	4
申通		1					1
合　计	71	13	23	4	26	3	140

资料来源：民航小站，新闻资料汇总。

2. 国际市场发展潜力巨大，但负面因素依然存在

中国国际航空货运市场在经历了2011—2013年的负增长后，在2014年出现明显反弹，连续三年平均增长率高达7.8%，国际市场规模达到193.1万吨。在经济层面，虽然我国经济增速有所放缓，但在全球主要经济体中仍位居前列，随着国家持续推进产业转型升级，中国在未来较长时间内将继续保持“世界工厂”和全球第一大货物贸易国地位；在战略层面，随着加强对外开放、加速全球融合、实施“一带一路”发展战略、积极推动自贸区建设、鼓励跨境电商等新型外贸模式发展，未来中国对外贸易往来将会更加频繁。因此，中国国际航空货运市场潜力巨大。不过要分享市场发展红利，国内航空承运人还必须克服以下不利因素。（如图6所示）

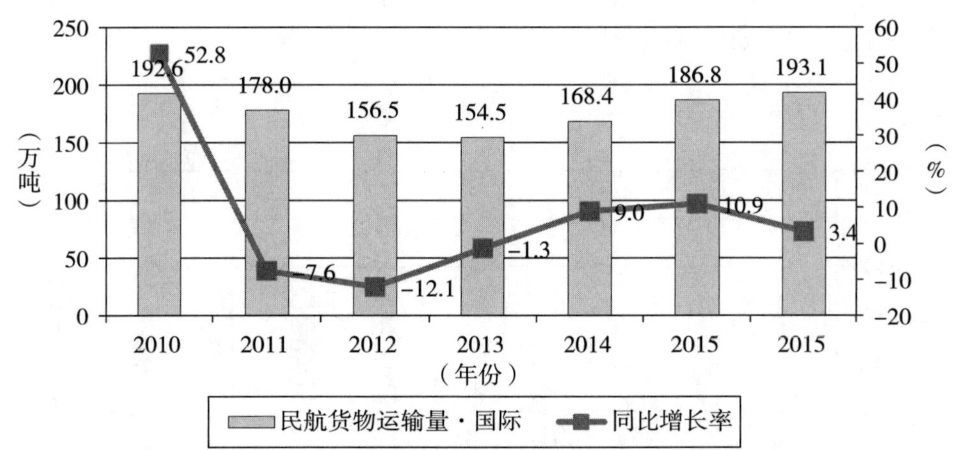

图6　2010—2016年我国国际市场民航货物运输量及增长率

资料来源：中国民用航空局。

（1）重点航线经营压力不减。由于国际产业分工，长期以来，中国主要承担商品制造职能，而欧美等发达国家扮演商品消费者角色，因此中欧以及中美

航线均是国际航空货运的黄金市场，但近年来这两条重点航线经营却在持续受压。

（2）竞争对手不断增加投入，加剧中国市场竞争。中国市场需求较好，而全球整体运力过剩，使得众多外航纷纷加大中国市场投入。

（3）国内货航整体竞争力落后于欧美外航。与国内货航相比，汉莎、国泰、大韩等国际传统货航以及 FedEx、UPS、DHL、TNT 等航空快递企业国际化程度高，有较为成熟和完善的国际营销及运营网络，开拓业务不仅局限于点对点的运输市场，更注重围绕其高效优质的枢纽，发挥全球网络效应以支撑其货运业务经营。同时凭借其高水平的全程管控与服务保障能力，在与国内货航竞争时抢占了大部分高端货源，如冷链温控、鲜活易腐货物、限时以及全球商业快件等。

（三）全球航空货运运力过剩，中国市场竞争加剧

1. 运力过剩，载运率持续走低

市场需求有好转，但货机载货率以及收益水平却持续走低。主要表现为：①近年来，客机的交付量远比货机大，航空货运市场新增运力主要来自客机腹仓（特别是新一代宽体客机的腹舱越来越大）；②在全球货运市场小幅回升的情况下，2014 年下半年油价下跌使得一些原本“行将就木”的货机重新进入市场，加剧了供大于求的局面，其结果就是货机的载运率和日利用率持续走低。但 2016 年以来油价开始上涨，加上持续走低的载货率，航空货运公司收益能力逐渐恶化。自 2011 年以来，航空货运业务的单位收入持续下跌并将继续保持这一趋势。（如图 7 至图 11 所示）

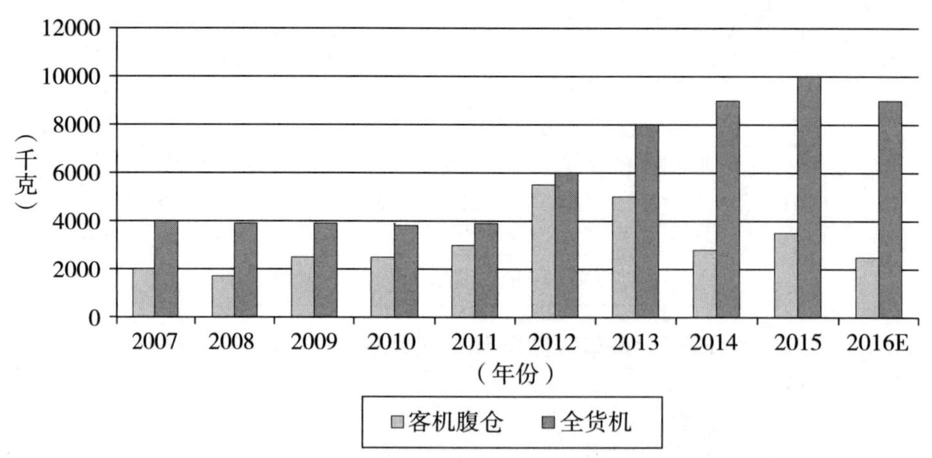

图 7　全球宽体机每年新增的载动力

资料来源：Ascend，IATA。

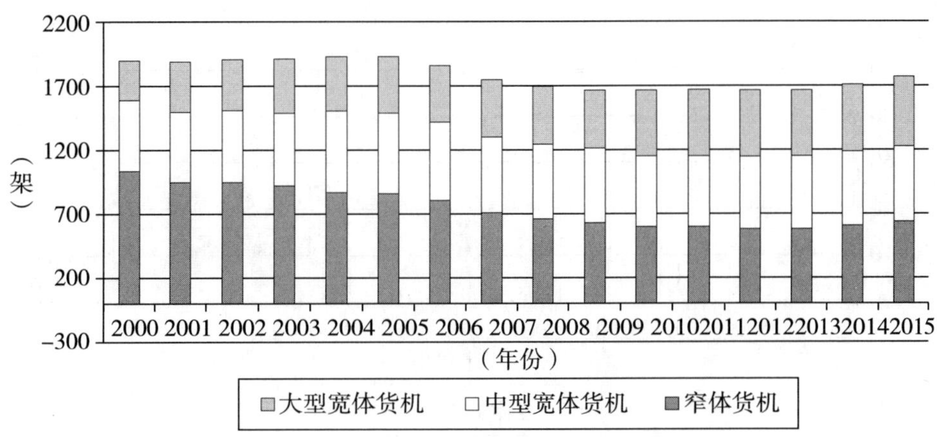

图 8　2000—2015 年全球货机机队规模

资料来源：Boeing。

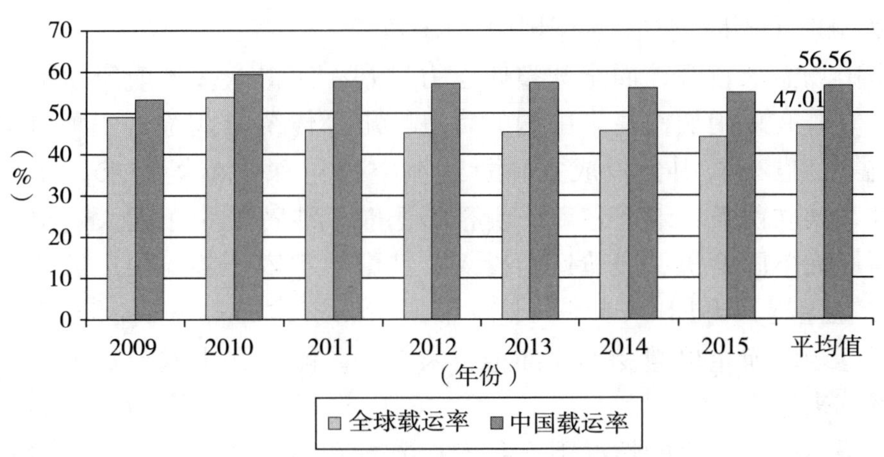

图 9　2009—2015 年全球 & 中国货机载运率

资料来源：IATA。

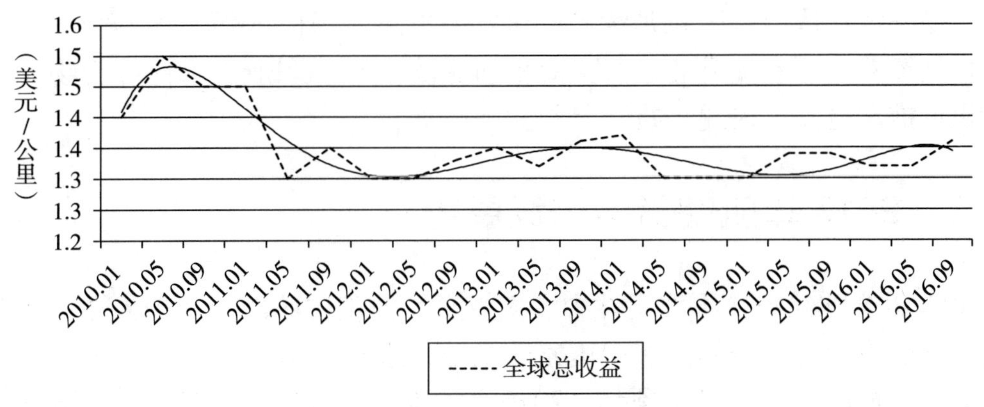

图 10　2010—2016 年全球航空运输业收益

资料来源：IATA。

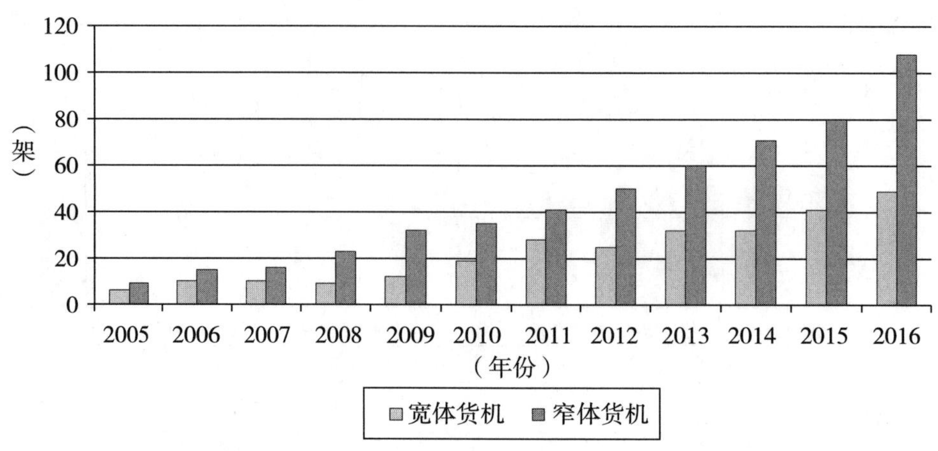

图 11　2005—2016 年我国货机机队规模

资料来源：航空金融与租赁。

2. 竞争对手不断增加，加剧中国市场竞争

中国市场需求较好，而全球整体运力过剩，使得众多外航纷纷加大中国市场的投入。既有采用加密往来中国的货机航班等传统方式抢占中国市场，如汉莎、华航等；也有采用合资成立新货运航空公司深挖市场需求，如卢森堡货航；另外，阿联酋航、卡塔尔航、伊蒂哈德航、沙特航中东四大航空公司近年均在不断加大中国货机、腹舱运力投入，其影响不容小觑。中东航企所在枢纽的地理位置优越，再加上国家产业政策扶持、资本雄厚、机制灵活，以至汉莎、国泰等老牌航企也遭受不少冲击，未来中国航企在中欧市场上受中东航企的冲击将越来越大。

在机遇与挑战并存的情况下，我们也要看到国内航空承运人正在积极探索出路，增强核心竞争力。如南航货运不断完善高端产品体系，推出温控等运输产品承接生鲜、药品等高端货源，引入信息化手段，打造全流程运输服务监控平台，提升客户体验；国航延续专业化发展思路，积极加强与国泰合作，优化宽体货机经营，不断提升北京、上海枢纽保障水平；东航谋求向综合物流商转型，积极推动电商、快递、货代等新业务发展。

二、2017 年航空货运市场展望

2016 年全球经济在不确定性中缓慢恢复，但英国脱欧、美国大选、美联储加息以及以中印为代表的发展中国家的全球化进程都给全球经济带来新机遇和新挑战。根据国际货币组织预估，2016 年全球 GDP 增长 2. 2%，预测 2017 年全球 GDP 增长 2. 5% 左右。在此背景下，2016 年全球航空货邮运输量增长 3. 3%，将达到 5390 万吨。同时，IATA 预测 2017 年全球航空货邮运输量将增长3.3%左右，达到5570万吨。数据显示，2015—2017年是全球航空公司整体盈利的历史最好水平：2015年全球航空公司资本回报率高达9.3%，2016年达到9.4%，2017年将达到7.9%，全球航空业连续三年资本回报率高于全球资本成本率，这是20年以来航空业最好的经营记录。2017年中国航空货运市场的发展情况可从以下7个方面进行分析。

（一）快递企业争相上市融资，组建航空货运公司如火如荼

1. 快递公司上市突围，逐鹿资本市场

在刚刚过去的2016年，多家快递公司上市突围，逐鹿资本市场。继国内快递企业第一股——圆通借壳上市之后，国内快递企业加速融资上市的步伐。韵达作价180亿元，借壳新海股份；申通作价169亿元，借壳艾迪西；中通快递也将在香港或美国上市，融资10亿美元。从2016年各大快递公司争相上市的趋势来看，2017年快递行业利用资本进行全方位整合必将是一大热点。民营快递的NO1——顺丰作价433亿元，借壳鼎泰新材，于2017年2月24日在深圳证券交易所敲钟上市。在借力资本市场的同时，行业的竞争格局也将发生升级与转换，除了传统的产品价格、服务网络、服务质量等竞争手段，资本运作能力及资源整合能力将成为未来行业竞争的战略高点。（如图12所示）

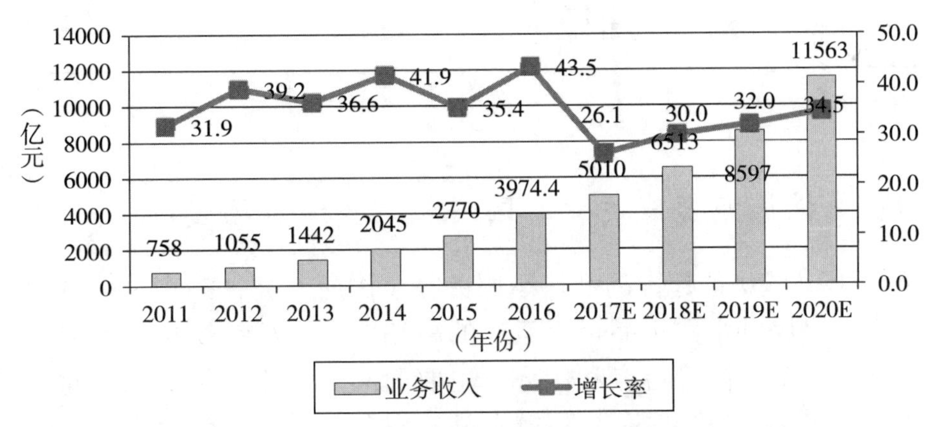

图12　2011—2016年我国快递业发展情况及预测

资料来源：国家邮政局，中投顾问。

2. 组建航空货运公司，抢占高端快件市场

“十二五”以来，我国快递业年均增速超过50%，成为经济转型中的“黑马”。快递行业已拥有3家自主航空公司，航空快件占国内民航货邮吞吐量比例已超过一半。到2020年，世界航空货运量年均增长率将达到4.2%，其中航空快件年均增长率高达4.3%，航空快递市场发展形势一片大好。

俗话说“天下武功唯快不破”，传统快递模式已经存在了十几年，随着行

业的发展遇到瓶颈，除了纷纷上市融资以获得巨额的资金来发展新的运营模式并找出新的增长点之外，组建自有航空公司或机队也成为快递公司未来战略目标，国内及国际快递巨头无不拥有自己的航空货运机队说明了这一点。顺丰航空自有全货机38架，邮政航空自有全货机33架，圆通航空“淘宝号”2015年9月首航，截至目前自有全货机5架并与波音签订15架全货机，申通快递2016年11月（中国—欧洲）全货机顺利首航，申通董事长陈德军还表示，如果合适会考虑去买一家航空公司。在国内快递公司争相组建货运机队抢占高端快递市场的背景下，航空快递企业发展形势依然严峻。目前，顺丰以58架货机在国内快递排名第一，但全国快递公司的货机加起来才100架左右，其中飞往国外的货机更是少之又少，与UPS、FedEx等国际快递巨头相比货机数量相差甚远。（如表4所示）

表4　国内及国际主要航空快递企业全货机数量（截至2017年1月）

企业	国内				国际			
	顺丰	EMS	圆通	申通	UPS	FedEx	DHL	TNT
货机数（2017年1月）	58（自有38、租20）	33	10（自有5、租5）	1	649（自有237、租412）	648	420	50

资料来源：航空金融与租赁。

（二）高铁快递全线运营，国内航空快递市场受冲击

2016年10月20日起，高铁快运服务在全国所有高铁列车经停的505个城市试行，为客户提供小件物品全程运送的高端服务。高铁快递具有时效快、品质优、标准高、全天候等特点和优势，主要面向批量小、价值高、时效强的商务文件、电商包裹、生物医药、冷链食品、应急物品等市场，提供当日达、次晨达、次日达、隔日达等服务。与航空快递相比，高铁的特点是快捷、便捷、发车频次多、安全、受天气影响小；与陆路快递相比，航空在800公里以上距离更能体现快捷的优势。据估算，一列高铁可以运输大约相当于8架B737-300型飞机的货量。在可以预见的将来，高铁快递的持续高速发展必然会对我国航空快递市场产生冲击。但高铁快递仅仅对800公里以下中短途航空货运产生冲击和分流，在不久的将来大力发展空铁多式联运，变竞争为合作，高铁和空运有望携手共赢。

（三）跨境电商力推我国国际航空快递的高速增长

2016 年我国跨境电商交易规模达到 6.3 万亿元，占整个外贸规模的 25.9%，2008—2016 年连续 9 年年均增长率达到 47.7%。同时，我国商务部推进落实加工贸易梯度转移差异化政策，深入推进跨境电商、市场采购和外贸综合服务企业等新业态试点，继续加大出口信保和金融支持力度，着力提高贸易便利化水平，进一步加强与“一带一路”国家贸易合作，实行积极有效的进口政策等，这也对我国跨境电商的发展起到了积极的助推作用。众所周知，跨境电商 B2C 的运输方式一般是商业快递、邮政 EMS、跨境专线。商业快递模式一般是卖家联系国际快递公司，目前国际常用的商业快递为 UPS、FedEx、DHL、TNT 等；国内邮政物流有 EMS、E 邮宝、E 特快、中国邮政挂号大小包等几种，一般也需要邮政航空的参与运输；跨境专线物流一般是通过航空包舱的方式将货物运输到国外，再通过合作公司进行目的地国的国内派送，对于传统的货运航空公司有一定的市场，也是比较受欢迎的物流方式，目前 B2C 电商使用最普遍的物流专线包括美国专线、欧洲专线、澳洲专线、俄罗斯专线等。虽然近年来我国力推的海外仓模式冲淡了跨境电商对航空货运市场的影响，但是中国的跨境电商市场庞大，对于航空货运市场来说前景依然非常可观。（如图 13 所示）

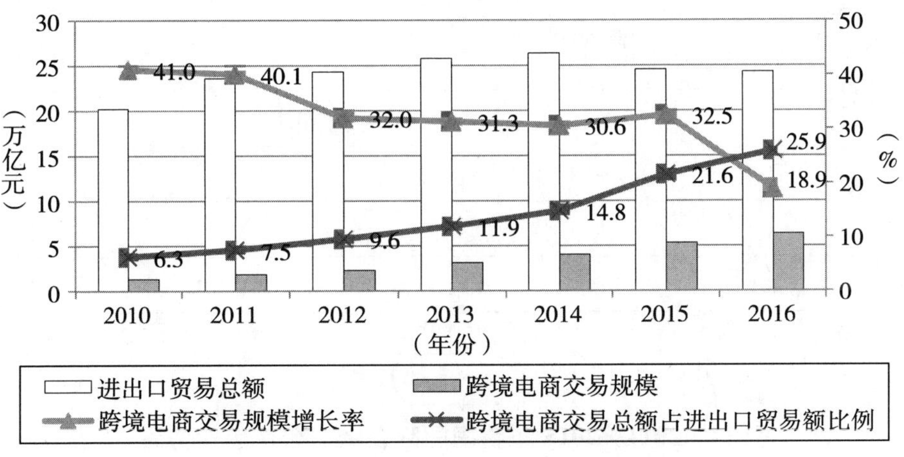

图 13 中国进出口贸易总额及跨境电商交易总额

资料来源：国家统计局。

1. 南航积极拓展布局跨境电商业务

2016 年 1—6 月，南航跨境携手全球合作伙伴共完成跨境电商进口包裹量 107 万件，比去年同期增长了 234%，稳居广州空港跨境物流行业龙头地位。目前，“南航跨境购”在线销售商品超 1300 个，网站日均访问量过万。同时，南航积极响应国家“一带一路”战略号召，加快布局国际市场，继续加大国际长航线运力投入的同时，也进一步优化了东南亚航线，推动了与东盟国家的互联互通。截至2016年，南航已开通国内至东南亚国家航线45条，通航城市达18个。

2. 邮政航空积极构建完善跨境电商一体化综合服务平台

2015年中国邮政国际寄递业务量6.3亿件，同比增长24%；其中跨境小包（2千克以下）寄递业务量达5.3亿件，同比增长71%，市场占有率达70%。目前中国邮政速递物流股份有限公司（以下简称邮政速递物流）为适应跨境电子商务以及大陆与港澳台之间电商物品寄递的需要，整合邮政速递物流网络优势资源，与主要电商平台合作推出国际及港澳台电子商务业务。主要针对澳大利亚、中国香港、日本、韩国、美国、英国、西班牙、法国、俄罗斯、巴西等国家和地区开展国际包裹、国际EMS、国际E邮宝、国际E速宝业务。未来几年，邮政EMS和邮政航空将国际业务作为重点发展方向，进一步加快产品拓展、加快海外布局。在国际运力投放方面，邮航将借助中国邮政跨境电商业务的整体优势，密切配合EMS国际战略发展需求，建立一支不同运力级别的机队，以拥有15吨运力级别（B737系列）及28吨运力级别（B757系列）机型为主，适时引进宽体货机开通欧美国际航线。（如图14所示）

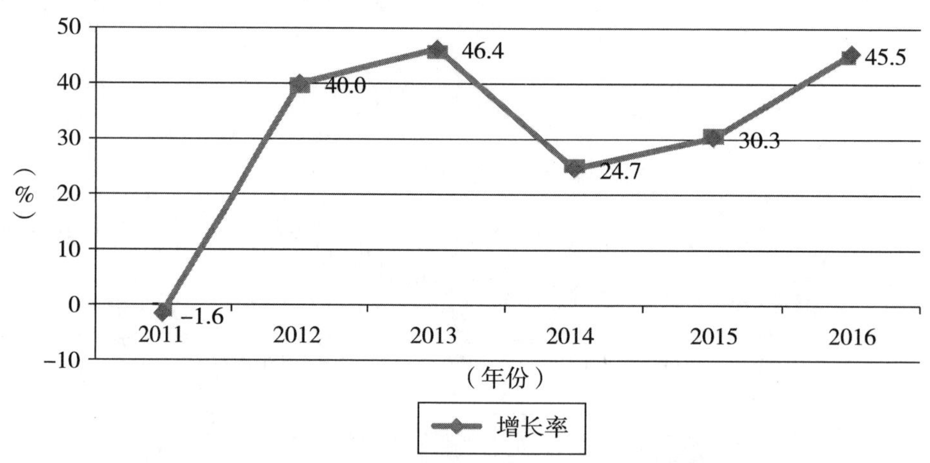

图14　2011—2015年我国国际及港澳台快递业务量

资料来源：国家邮政局。

（四）电子商务持续刺激国内航空快递的快速发展

随着电商的不断发展，作为其配套的物流行业也在迅速成长。2016年，商务部、中央网信办、国家发展和改革委三部门联合发布《电子商务“十三五”发展规划》（以下简称《规划》）。《规划》指出，“十二五”期间，我国电子商务实现跨越式增长，交易规模连续五年增速超过35%，网络零售额连续3年位居世界第一，实物商品网络零售额占社会消费品零售总额比例超过1/10。同时《规划》还确立了2020年电子商务交易额超过40万亿元、网络零售总额达到10万亿元左右，相关从业者超过5000万人3个具体发展指标。

波音公司预测，未来5年全球电子商务预计将增长1倍以上，2020年市场规模将达3.7万亿美元。在过去的15年里，美国的电子商务销售额平均每年增长15%，2015年达到了3420亿美元。亚太地区电子商务贸易增长最快，与中国一起走在前列。中国是世界上最大的电子商务市场，2015年电子商务市场高达5900亿美元，并于2013年首次超过美国，年平均增长率高达56%。据预测，2020年中国电子商务市场的规模将超过现有的美国、英国、日本、德国、法国五国市场的总和。随着电子商务的快速发展，国内航空快递业必然也会高速发展。（如图15所示）

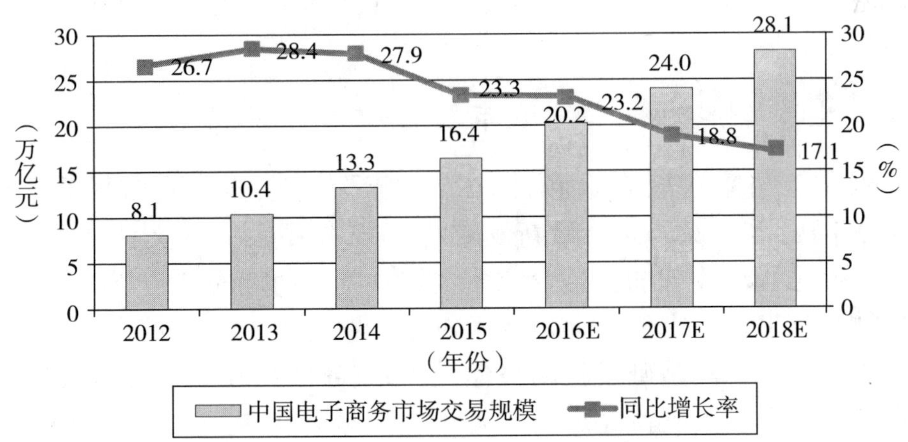

图15　2012—2018年中国电子商务市场交易规模及增长率

资料来源：艾瑞咨询。

（五）医药冷链已成航空货运市场新宠

据统计，我国医药行业工业产值已经达到每年2.5万亿元，医药流通货值达1.5万亿元，并以每年超过10%的速度稳定增长。医药行业的快速发展必然要求各种运输方式提供完备的解决方案，特别是空运业。在国外，印度已成为最热门的药品生产商，医药行业全球增速最快，每年估计以10%的速度发展，全球一些最知名的生物技术企业已经落户印度。随着印度医药运输需求的增长，汉莎航空货运公司于2011年5月在印度海得拉巴国际机场建立了医药运输中心；海湾航空公司也瞄准了印度医药市场并于同年成立了猎鹰货运公司，专门运输高价值货物。除此之外，阿联酋航空公司也非常关注这一领域的产品，要求所有航站都开展冷链知识的培训。公司在迪拜的货站拥有宽敞的温度控制处理区和存储区，以及成立了专门的冷链处理小组，防止药品在酷热难耐的迪拜出现任何问题。在国内，顺丰在很早就开始关注冷链物流的细分市场，2014 年便单独成立了医药物流事业部。2015 年，顺丰宣布成立五大事业群后，医药物流事业部一直被归入供应链事业群中。2016 年年初，顺丰正式成立了“冷运事业部”，分离医药冷链和生鲜冷链资源，并力争全年医药冷链做到 4 亿元。

制药产品的运输要求不同于其他行业，受到包装要求、服务流程、操作规范、标准法规、安全检验检疫等诸多因素的制约，我国航空公司与欧美等发达国家航空公司在航空冷链运输方面差距较大，货物损毁、货源流失、收入下滑等问题接连发生，医药产品运输份额从 41% 下降为 9%。对于航空公司而言，普货运输处于“红海”竞争之中，市场空间越来越窄，利润和增长前景也越来越黯淡。残酷的竞争迫使航空公司寻找亟待开拓的市场空间，医药冷链将成为航空货运市场新宠。

（六）生鲜冷链为航空货运市场打开一片蓝海

据中国物流与采购联合会预测，2016 年全国冷链物流市场需求将达到 2200 亿元，同比增长 22.3%。最新发布的 2017 年中央一号文件《关于深入推进农业供给侧结构性改革加快培育农业农村发展新动能的若干意见》中，加强农产品冷链物流建设再次成为促进我国农业发展的重点。意见指出，加强农产品产地预冷等冷链物流基础设施网络建设，完善鲜活农产品直供直销体系。由于发展形势大好，政策支持充足，生鲜市场领域各大航空货运企业摩拳擦掌，争先开发这片新蓝海。

1. 生鲜“打飞的”，到新疆只要 3 天

江苏的大闸蟹，“打飞的”3 天就可端上新疆的餐桌，两天可以“爬”上北京、深圳、广州市民的餐桌。2017 年 EMS、顺丰等物流大企业在大闸蟹快递上下足血本。中国邮政准备了 2 架专机、7 条冷链专线，并调动南京、无锡两个集散中心，投入阳澄湖大闸蟹配送服务；而顺丰在苏南就安排了 3 架以上的螃蟹航班，江浙沪次日中午送到，新疆云南也只要 3 天。

2. 樱桃为敲门砖，南航货运试水跨境进口生鲜领域

2017 年年初，来自塔斯马尼亚的樱桃作为南航货运跨境物流试水跨境进口生鲜领域的首例商品，成为客户追捧的热点。来自各大合作电商平台的订单在整个樱桃季达到九万单以上，每天南航墨尔本至广州航班至少运输 2 ~ 6 个集装箱的樱桃，截至 2 月 2 日，樱桃运量超过 100 吨，但还是远远满足不了市场的需求。

从生鲜“打飞的”到南航货运试水跨境进口生鲜领域，生鲜冷链市场一片红火，航空货运市场坐享一片蓝海。（如图 16 所示）

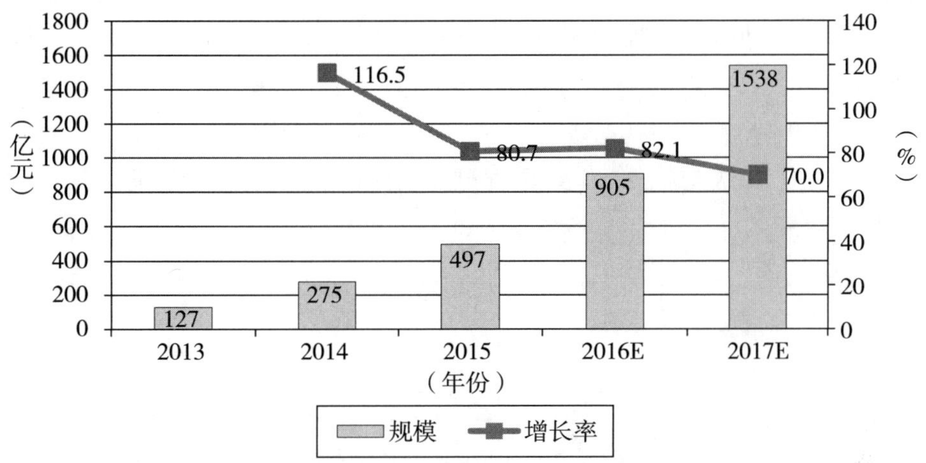

图 16　中国生鲜电商市场规模及预测

资料来源：中国冷链物流网，艾瑞咨询。

（七）航空邮件渐成“明日黄花”

播音预测，2005—2015 年，全球航空邮件平均增长率仅 2. 6% 并且在未来的 20 年里，这一增速还将继续下降，仅为 1. 7%，反观我国航空邮件市场，发展更是惨不忍睹。国家邮政局数据显示，2016 年我国邮政函件业务累计完成 36. 2 亿件，同比下降 21%；包裹业务累计完成 2793. 6 万件，同比下降 34. 2%；报纸业务累计完成 179. 9 亿份，同比下降 4. 3%；杂志业务累计

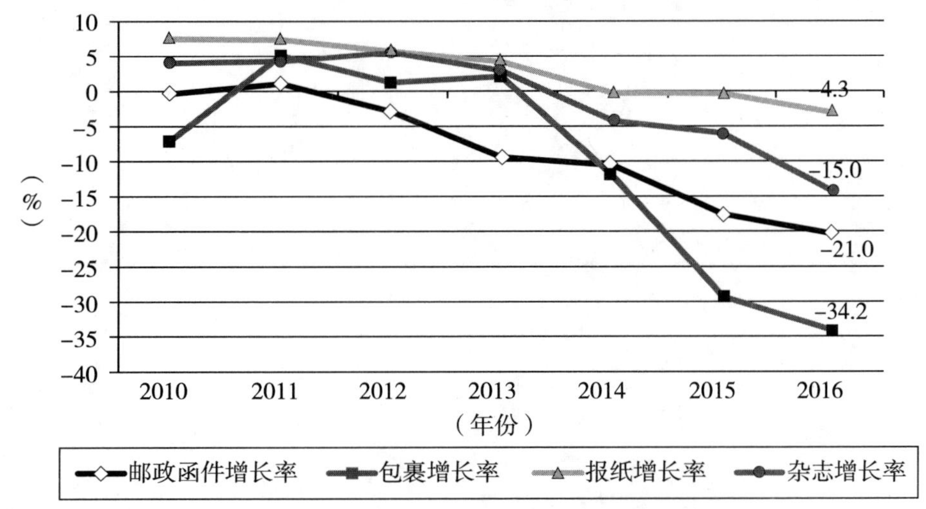

图 17　2010—2016 年我国邮政行业发展情况

资料来源：国家邮政局。

完成8.5亿份，同比下降15%；汇兑业务累计完成5804.4万笔，同比下降29.8%。根据统计数据，我国邮件市场持续负增长，7年间年均增长率为-5.5%，到2016年负增长率高达18.6%。而在我国邮件市场中国航空邮件占比不足1%，可见航空邮件市场走向没落，渐成“明日黄花”已是大势所趋。

（中国民航大学临空经济研究中心　曹允春　许诚　张凯迪）

2016年仓储业发展回顾与2017年展望

一、2016年仓储业发展回顾

2016年，伴随着中国经济进入减速换挡、动能转换、结构优化的新常态，仓储业作为服务于实体经济的重要产业，2016年既是深刻调整的一年，又是谱写新意的一年。

根据公开数据显示，2016年仓储业主营业务收入约4800亿元，同比增长9.1%；净资产收益率为4.5%，较上年提高0.65个百分点；中国仓储指数中的主营业务成本指数全年均值为52.3%，较上年增长0.6个百分点；行业运营成本延续上涨压力，特别是进入下半年，主营业务成本增势明显，下半年主营业务成本指数平均水平达到54.9%，较上半年上升5.1个百分点。

从固定资产投资增长率显示，2012—2015年仓储业固定资产投资复合增长率为28.5%，高于同期全国固定资产投资增速，也高于物流行业固定资产投资增速，2016年仓储业固定资产投资额约4200亿元，同比增长达到34.6%，行业资产总额1.7万亿元，全国营业性通用仓库面积达到8.6亿平方米，冷库总容积超过1亿立方米。

从行业户数及活跃度显示，截至2016年年底，全国仓储企业约2.44万家，从业人员达70余万人，中国仓储指数中的仓储企业员工指数除第一季度受春节因素影响整体均值较低外，从第二季度开始该指数基本保持在50%以上的扩张区间内运行，全年均值为50.1%，较2015年提高0.4个百分点，反映出仓储行业吸纳就业的能力较强。

回顾2016年，仓储业作为物流行业的一大基础行业有以下几大看点：

（1）宏观层面对仓储业发展的关注度和指引性进一步提高，政府政策利好频现。尤其是3月17日，《中华人民共和国国民经济和社会发展第十三个五年规划纲要》（以下简称“十三五规划纲要”）正式发布。在这一指导国家“十三五”时期发展的全局性文件中，18次提及“物流”发展，2次提及“仓储”，为行业发展打了一剂“强心剂”。随后，各省地方政府纷纷将物流业发展写入地方政府发展规划，仓储业政策利好得到进一步细化落实。

2016年9月，国务院办公厅转发国家发展和改革委《物流业降本增效专项行动方案（2016—2018年）》，部署降低企业物流成本、提高社会物流效率，大力推进物流业转型升级和创新发展。《方案》提出，到2018年，社会物流总费用占国内生产总值（GDP）的比重较2015年降低1个百分点以上；工业企业物流费用率（物流费用与销售总额之比）由2014年的8.9%降至8.5%左右，批发零售企业物流费用率由7.7%降至7.3%左右，并提出了完善落实支持物流业发展用地政策的具体政策措施。

（2）行业指数和行业标准推动仓储业进入规范化发展新阶段。2016年1月6日，中国物流与采购联合会正式发布中国仓储指数。该指数是由中国物流与采购联合会与中储发展股份有限公司（SH600787）于2014年年底联合研究建立，经过一年多的试运行后正式向社会公开发布，以下是中国仓储指数自发布至2016年12月的数据走势图。数据显示，全年中国仓储指数均值保持在51.3%的较高水平，高于2015年1.2个百分点。从全年走势看，下半年达到52.5%，较上半年提升2.4个百分点。（如下图所示）

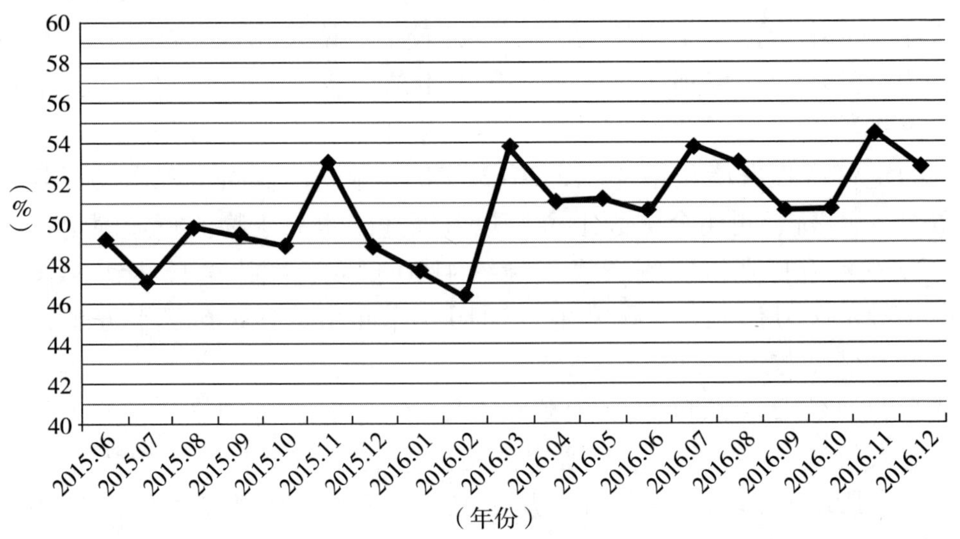

中国仓储指数走势

国内仓储物流龙头企业中储发展股份有限公司向社会做出“存货不会短少，单据真实有效，盈余货物返还，服务优质高效”的公开承诺，在国内仓储物流界发起打造“中国放心库”活动，推动仓储行业服务标准化。

（3）大宗商品价格宽幅震荡、大涨大跌的走势导致仓储业经营起伏较大。自2011年到2015年，大宗商品市场经历了连续5年的深度下跌，文华商品指数由2011年2月28日的223.94，下跌至2015年11月24日的106.06，下调幅度高达52.6%。随着供给侧结构性改革的不断深化，大宗商品价格连续探底下调，导致社会库存逐步萎缩，部分以大宗商品为主的仓储企业触及市场底部。而2016年，大宗商品价格在底部反弹并剧烈波动，市场涨跌分歧加剧，大宗商品价格大起大落。仓储企业作为大宗商品的蓄水池，经营状况严重依赖大宗商品市场景气度，因此，许多仓储企业在2016年的经营起伏比较大。

（4）“营改增”、简政放权的全面推进，推动仓储企业网络化布局。自2016年5月1日起，“营改增”试点范围扩大到建筑业、房地产业、金融业、生活服务业，并将所有企业新增不动产所含增值税纳入抵扣范围。该项改革通过进一步消除重复征税，扩大物流交通行业的进项税抵扣范围，降低企业税收负担。结合增值税立法，物流企业可按照现行增值税汇总缴纳有关规定申请实行汇总纳税，从而鼓励物流企业一体化、网络化、规模化运作。

在简政放权方面，由国家发展和改革委推动的物流企业降本增效各项措施得到落实。在确保企业生产运营安全的基础上，国家清理、归并和精简具有相同或相似管理对象和管理事项的物流企业和物流从业人员的证照资质，改为加强事中事后监管；物流领域商事制度改革，实行“五证合一、一照一码”“先照后证”和承诺制，简化了仓储物流企业的注册登记程序，有利于物流企业网络化经营布局。

（5）城乡共同配送，尤其是农村仓储物流加速发展。2016年1月27日，中央一号文件再次聚焦三农，要求加快农产品批发市场升级改造，完善流通骨干网络，加强粮食等重要农产品仓储物流设施建设；完善跨区域农产品冷链物流体系，开展冷链标准化示范，支持农产品营销公共服务平台建设；开展降低农产品物流成本行动，促进农村电子商务加快发展，形成线上线下融合、农产品进城与农资、消费品下乡双向流通格局；支持农产品营销公共服务平台建设，开展降低农产品物流成本行动，促进农村电子商务加快发展，形成线上线下融合、农产品进城与农资和消费品下乡双向流通格局。

2月15日，国家发展和改革委在京组织召开“推动物流短板建设促进城乡消费座谈会”。明确了加强物流短板建设的总体要求和重要任务。城乡共同配送不仅是城市共同配送，也包括跨城市的区域配送、城乡一体化深度配送。例如京东在全国2200个区县投资50亿元建立仓储物流体系；中国邮政以“邮掌柜”农村电商仓储服务系统为媒介，设立了11万个农村线下网点、275个运营中心和100个仓储配送中心；“菜鸟网络”与合作伙伴推出的山东樱桃冷链，服务范围覆盖了全国109个城市，樱桃从产地到消费者手上最多不超过48个小时，极大地疏通了农产品销售流通渠道。

（6）仓储业固定资产投资增速明显，商业物流地产业务扩张。在供给侧结构性改革的大背景下，仓储资源供求结构性矛盾加剧，因经济结构调整和物流需求的变化导致一些仓储企业主营业务萎缩，效益下滑，客观上面临退出市场压力；受益于2016年资产价格再度走高，土地市场成交活跃，让仓储企业主观上有业态改造的能动性；同时，随着城市化战略布局调整，仓储企业依据地区发展规划，紧贴重点建设的交通物流结点，主动调整布局和结构。仓储资源供求地区性矛盾迫切要求仓储企业依据“十三五规划纲要”明确的城市化战略布局，即着眼构建以陆桥通道、沿长江通道为横轴，以沿海、京哈京广、包昆通道为纵轴，大中小城市和小城镇合理分布、协调发展的“两横三纵”城市化战略格局中，围绕枢纽城市、节点城市，完善全国性的仓库骨干网络，寻找新的业务增长点。

（7）仓储行业贯彻绿色发展，环保先行。2 月 6 日，国务院发布《关于进一步加强城市规划建设管理工作的若干意见》，提出了提高建筑节能标准，制定分布式能源建筑应用标准，推广应用太阳能发电等新能源技术，完善绿色节能建筑和建材评价体系等行业发展意见。在这一意见指导下，仓储行业发力引进新技术改造原有基础设施，例如仓库屋顶光伏发电、新能源叉车、用于商超对接的物流周转箱循环共用、标准托盘的循环共用系统、电商重复利用包装、循环材料使用技术、智能穿梭车与密集型货架系统、仓库 LED 节能照明系统改造、库架一体化冷库节能技术集成应用等。

二、2017 年仓储业展望

2017 年是供给侧结构性改革深化的一年，钢铁、煤炭、水泥等过剩行业的落后产能将进一步被淘汰，而创新、绿色、节能、环保等新兴行业将得到迅速发展，市场的不确定性伴随着丰富的业务扩张变革机会。从经济总量来看，无论是大宗商品市场，还是生活快速消费品市场，仓储行业面对的仍然是一片蓝海。在社会生产水平以及居民消费不断升级的形势下，存量市场的仓储服务模式必须变阵，市场机会只属于敢于求新求变，敢于自我变革的胜出者。

展望 2017 年，我们认为将有以下几大发展趋势：

（1）供应链模式下仓储企业与产业链深度整合，服务走向集成化。在传统商贸物流模式下，生产商、贸易商、物流仓储企业各自功能独立，仓储仅作为商贸物流的一个环节发挥仓储保管功能，业务的物理范畴在仓库内。而随着社会生产的不断进化，商贸物流模式逐渐被供应链模式替代。供应链管理的核心是库存管理，通过降低库存、保持合理库存水平，使供应链体系减负、优化，其中的生产商、贸易商、物流仓储企业边界逐渐模糊化，仓储企业功能集成化，仓储企业作为专业的物资物料管理专家，进入产销存管的各个环节，承担生产库存管理、地区分拨中心、质押监管中心等复合功能，成为以物流带动商流、资金流、信息流，融会贯通的供应链集成服务商。

（2）“互联网＋”“＋互联网”变革商业模式，带动仓储业电商化。无论是在快速消费品领域，还是在大宗生产资料领域，由电商化带来的仓储企业经营变革进一步深化。在快速消费品领域，仓储业正在与快递业深度融合，与各类商品电子交易平台的对接、仓储 O2O 与商品交易 O2O 的融合，结合各百货店、品牌店的“商圈配送”、零担货物集货与末端配送、各类批发市场的统一配送等，将地区调拨配送中心的延伸功能进一步延展，由传统仓储转向仓、配一体化、智能化。电商平台的竞争最终转变为后端物流之争，谁的物流服务好，谁将赢得更多客户，与传统零售相比，电子商务对仓储配送物流的依赖度更高，高达 60%。

在大宗生产资料领域，受生活快速消费品转向电商模式影响，涌现出了一批大宗商品网上交易平台，而仓储企业作为大宗生产资料的存货监管方，在大宗商品线上交易环节中承担着存货真实性担保的作用，成为大宗交易线上化不可或缺的核心环节。

（3）仓储金融性业务逐步规范化。2013 年开始，受大宗商品市场低迷影响，仓单质押融资行业爆发一系列风险事件，尤其是“上海钢贸案”和“青岛港融资案”，范围之广，金额之大，客观上造成银行、仓储企业对仓单质押融资业务过于审慎严格甚至主动退出，业务量大幅收缩。但同时在经济新常态下，中小企业融资需求仍客观存在，企业以处在仓储物流环节中的大宗物资为抵押或质押担保物向银行申请融资是一种正常的商业行为，在有效监管的条件下，这种融资行为理应支持。随着《担保存货第三方管理规范》《仓单要素与格式规范》两项国家标准的颁布实施，人民银行已建立了基于互联网的现代担保物权登记公示系统，最高法院也有望出台《仓储合同司法解释》，仓储存货担保融资与担保存货管理业务仍具备巨大发展潜力。

（4）资产与运营分离趋势下仓储业经营方式加快变革。近年来仓储业资产规模明显扩张，这一方面是业务增量的实际结果，另一方面是企业资产负债表扩张的驱动。仓储物流类业务与资产持有类业务适用的经营模式和管理方法不同，传统的仓储业经营思维必须革新。资产与仓储运营分离，对于仓储运营而言，无异于打破了业务经营团队对资产的惰性依赖，增加了外向压力，仓储运营业务势必求新谋变，从而有效激发仓储运营活力。对于资产持有业务而言，专业化经营会带来更科学合理的资产布局和规划，更高效的物业管理、物业服务，以及在此基础上更加市场化的资产运营策略。

（5）市场细分加强，仓储行业进一步精细化。随着仓储企业供给侧结构性改革深化、市场竞争加剧、居民消费水平提升以及社会生产不断精细化，对原材料、产成品的加工和运输需求在同步升级，对商品的储存流通也就提出了更高的服务要求。例如特定温度湿度要求的中医药材存储、城乡低温库、冷藏食品分拨中心仍有一定的市场空间。同时，专业细分市场的发展也是仓储业不断集成化、电商化、金融化发展的必然选择和结果，针对不同需求提供及时周到、便捷高效的服务，才能进一步促进仓储企业供应链集成功能的发挥，增强电商仓储服务能力，延展金融属性的增值服务。

（6）仓储智能化成为仓储企业变革制胜的一大利器。仓储物流的发展经历了人工仓储、机械化仓储、自动化仓储、集成自动化仓储、智能自动化仓储五个阶段。人工仓储、机械化仓储已为大家所熟知，目前国内大部分企业处于自动化仓储阶段，即在机械化仓储的基础上引入 AGV（自动导引小车）、自动货架、自动存取机器人、自动识别和自动分拣等先进设备系统。而进一步的集成自动化仓储则以集成系统为主要特征，实现整个系统的有机协作；智能自动化仓储则以人工智能技术为发展方向，信息技术成为仓储自动化的核心。智能仓储与传统仓储相比，从空间利用率、作业效率、人工成本等指标来看，优势显著，降本增效明显，智能仓储将是未来的发展方向。

（中储发展股份有限公司　中国物资储运协会　李勇昭）

2016 年国际货代业发展回顾与 2017 年展望

2016 年，在国内外诸多矛盾叠加、风险隐患交汇的严峻挑战下，我国经济和社会发展实现了“十三五”良好开局。对外贸易回稳向好，但国际航运市场总体低迷的大势仍未根本改观。我国国际货代业坚持稳中求进，保持了规模、效益和增长的均衡发展。展望 2017 年，国际货代业将进一步把握引领经济发展新常态，抓住“一带一路”建设和开放型经济的新空间，通过引入供应链管理提升集成化服务能力，加快转型升级，不断提升发展质量。

一、2016 年国际货代业发展回顾

（一）新常态引领行业新发展

当前，增速下滑、结构调整和动力转换是我国经济全面进入新常态的三个基本特征。在新常态的大背景下，2016 年，国际货代业发展呈现如下特点。

其一，行业收入增长整体缓慢。主营业务收入规模是衡量企业竞争力、抗风险能力的一个重要指标。2016 年，我国货物贸易进出口总值 24.33 万亿元，比 2015 年下降 0.9%，进出口降幅虽大幅收窄，但增速显著放缓、加之海运费大幅下降和船东经营惨淡以及国家实行“营改增”税制改革造成税金由价内调整到价外等，这些因素综合作用导致国际货代企业收入增长缓慢、收入规模难以大幅提升，除少数中小企业由于快速拓展新业务导致收入仍可实现 10% 的高速增长外，包括大企业在内的多数企业业务收入呈 3% ~5% 的低速增长甚至负增长态势。国际货代是一个典型的资源整合型行业，稳定的收入增长是效益增长的基础和依托，而新常态背景下行业总体收入放缓将在一定程度上削弱企业效益提升的空间。

其二，行业结构调整步伐加快。互联网的兴起使得去中间化成为一种硬趋势。近两年来，传统外贸方式增速放缓，而以一达通为代表的外贸综合服务和跨境电商等新兴外贸业态逆市上扬，增长率高达 30% 左右。2016 年，马士基、CMA、中远海运、ZIM 等全球主要集装箱班轮公司纷纷通过推出舱位宝、电子订舱等便捷化服务，加大同外贸综合服务企业的直接合作，加快传统航运业与信息、金融业的融合，这给传统国际货代企业的生存空间带来较大挑战，倒逼其因势而变，加快转型升级步伐，主要体现在两方面：一方面，用互联网改造提升传统货代主业，实现线上线下一体化服务，降低经营成本；另一方面，抓

住“一带一路”建设和国内制造业转型升级和商贸业降低流通成本等历史机遇，大力开拓新市场和新业务，积极发展中高端的国际物流（如工程物流）和国内物流（如汽车、电子、化工等合同物流业务）。

“十二五”期间，中欧进出口贸易总额30230亿美元，同比增长33%。得益于中欧合作扩大和贸易发展，自2011年起开行的中欧班列异军突起，国内外辐射范围不断扩大，成为中欧之间快速便捷、绿色环保的一条物流大通道。2016年6月，启用了中欧班列统一品牌标识。中国外运等行业大型企业是中欧班列的主要运营商之一。截至2016年年底，中国外运已累计开行东向、西向、中向14条中欧中亚班列线路，承运30699个集装箱，同比2015年增长247%，粤满欧、粤新欧、兰州号发展顺利。中小货代虽不具备运营中欧班列的条件，但始终是中欧班列的主要供货商，同样为中欧班列运营做出了重要贡献。

服务网络尤其是海外网络缺乏，网络化经营水平低，是长期以来国际货代业存在的突出问题之一。“十二五”时期，大中型国际货代企业伴随上游客户“走出去”，以海外项目为依托，加紧在非洲、中东、东南亚、中亚等“一带一路”沿线国家布局海外网点，不断加大对既有海外网点的实体资产投资，积极拓展船代、货代、合同物流、商贸物流等属地化综合服务和第三国服务，并加强国内外网络的对接和协同，全面提升国际化经营水平。

据统计，截至2015年，我国在境外设立的物流（含交通运输、仓储和邮政业）企业数量是839家，占同期中国对外直接投资境外企业总数量的2.7%，物流业（含交通运输、仓储和邮政业）对外直接投资流量和存量分别为27.3亿美元和399.1亿美元，在国民经济的18个行业大类中分别占比1.9%和3.6%，排名分别是第十位和第六位[①]。相对于中远海运、招商局集团这类重资产经营的大型骨干运输企业，国际货代企业的海外资产少，经营规模小，跨国化指数低，但数量多，网点增速快，创业意识强，功能相对完善，已成为我国物流企业国际化经营的一支重要力量。

（二）政策环境的持续优化给行业发展带来便利和机遇

2016年，国务院继续大力推行“放管服”改革，船舶代理行政许可资格被取消，办理无船承运业务登记更加简便快捷；99.5%的境外投资实现了备案管理，对外投资便利化水平大大提高；全国通关一体化改革落地生根，全面清理和规范进出口环节收费，2016年海关行政性收费项目已全部取消。这些将给国际货代企业的经营持续带来“红利”。

① 商务部，国家统计局，国家外汇局：《2015年度中国对外直接投资统计公报》，中国统计出版社，第12、21页。

“十二五”以来，中国对外直接投资和对外工程承包持续较快增长，重大项目不断增加（如下表所示），这带来了工程物流服务的大发展。其中，“一带一路”沿线成为我国对外经贸合作的重点区域。2016 年，我国已与“一带一路”沿线 40 多个国家和组织签署战略对接与共建协议，我国企业在“一带一路”沿线直接投资 145.3 亿美元，与“一带一路”沿线国家新签对外承包工程合同额 1260 亿美元，占同期我国对外承包工程新签合同额的 51.6%，完成营业额 760 亿美元，占比 47.7%。2016 年年底，我国企业在“一带一路”沿线国家建立初具规模的境外经济合作区 56 家，累计投资 185.5 亿美元，入区企业 1082 家。这些为国际货代企业加快“走出去”开展国际化经营提供了良好基础。

2011—2016 年中国对外承包工程新签大项目情况

年 份	新签合同额 5000 万美元以上项目				新签合同额 1 亿美元以上项目				10 亿美元以上项目
	项目（个）	合同额（亿美元）	同比（%）	占比（%）	项目（个）	合同额（亿美元）	同比（%）	占比（%）	
2011	491	1096.50	5.0	77.0	258	932.70	5.5	64.90	20
2012	580	1244.6	13.5	79.50	324	1064.10	14.1	68	17
2013	684	1344.0	8.0	78.3	390	1134.50	6.6	66.1	12
2014	662	1578.20	17.4	82.3	365	1357.80	19.70	70.80	25
2015	721	1758.50	11.4	83.70	434	1558.50	14.80	74.20	27
2016	815	2066.9	17.5	84.7	481	1829.1	17.4	75	33

资料来源：商务部合作司整理。

近年来，货代行业组织积极推动国际交流，引领行业规范发展。2016 年 9 月，中国国际货代协会（CIFA）联合世界货运联盟（WCA）在上海成功举办第 13 届中外货代物流企业洽谈会，来自 120 多个国家和地区的 1100 余名代表参加会议，该洽谈会已实至名归地成为各国同业企业寻求商机、积累资源、共谋发展的重要平台。2016 年，中国国际货代协会还组织修订《国际货代企业备案办法》（建议稿），协助政府探讨实施行业重点企业联系人制度。

二、2017 年国际货代业发展展望

2017 年，世界经济将在脆弱复苏中加速增长，国际贸易和投资的不确定性增加，全球产业投资转移步伐将持续加快；中国经济将在结构调整、动能转换

中回稳向好。加大供给侧结构性改革，提高中高端供给水平是“十三五”时期中国经济发展的一条主线。基于国际货代业的现状，引入供应链管理思想，通过向两端延伸（海外段和国内段）延伸，提升专业化和集成化服务能力，并拓展国内外新市场，是未来行业转型升级的应有之义。

1. 通过专业化提升传统货代服务物流化的比重

物流是国际货代转型发展的方向。国际货代与国际物流的区别在于功能整合的强弱、专业化程度的高低以及同核心客户的合作关系不同。很多国际货代业务如海运拼箱、冷藏运输、危险品运输等都可以通过功能的整合、链条的延长、专业的服务而升级为物流服务。再如，空运货代关注国际航空运输全程尤其是机场两端的地面配送，具有仓储、车辆等资产设施的空运货代本身就是一个准物流企业，通过加强细分市场和专业服务，完全可转型为专业的第三方物流企业。

另外，标准化程度高的传统国际货代业务如集装箱运输、报关等，应进一步通过信息化降低成本，提升运营质量和效益。大型企业可通过实施“互联网+”，完善订舱平台交易功能，以控制上游渠道，做大经营规模，加快与贸易、金融等上下游业务互动，推行线上线下一体化服务；一些暂不具备物流服务的中小货代企业或标准化程度不高的业务如散杂货和大件运输等，应在完善功能、延伸服务上下功夫，走“专、精、特”的差异化服务之路。

2. 通过构建服务供应链与价值共创提升集成化能力

客户（Customer）主导、变化（Change）迅速、竞争（Competition）激烈（简称3C）构成了现代市场环境的基本特征。环境的动态变化使得价值链管理和供应链管理思想应运而生。

供应链是一条快速响应客户需求、注重培养核心能力、讲求成员协同运作的供需链。供应链管理强调客户需求、核心主业、风险共担、流程再造等现代企业关注的重大问题，既是一种模式创新，更是一种技术进步。供应链分为产品供应链和服务供应链。产品供应链关注的核心是库存管理，而服务供应链关注的核心则是服务能力管理。

当前，在新兴的工程物流和一些低端的合同物流等物流服务中，存在着过多拼价格、客户黏性不强、综合服务绩效低等突出问题，其产生归根结底是物流企业集成化专业能力不强所致，可以尝试运用物流服务供应链理论系统解决。物流服务供应链是产品供应链的子供应链，是物流服务集成商作为供应链的核心企业构建的功能物流服务商—集成物流服务商—客户的网状结构，通过集成流程管理、服务能力管理、顾客价值管理和服务绩效管理，实现服务价值增值、供应链绩效的提升及环境适应性的增强。

服务IHIP（无形性、异质性、同步性和易逝性）的特质使得服务企业的营销和管理较生产制造企业困难得多。按照服务主导逻辑等新型服务理论，营销的目的不再简单定义为“满足客户需求”，而是“支持客户价值创造的过程”。在物流服务供应链中，物流服务集成商不能单独创造价值，只能提出价值主张（物流解决方案），主要运用知识、技能等操作性资源（Operant Resources），适度通过整合车、船、库等有形的对象性资源（Operand Resources），在服务互动中与客户共同创造价值（主要指使用价值）。

国内外专家将这种通过资源整合、资源共享和价值共创所构成的网络称为服务生态系统（行业生态圈）。当前，外部竞争环境的变化使得物流企业通过构建服务生态系统（圈）与客户、物流分包商、政府等相关利益方共创价值、实现包容性发展有望成为一种趋势。

3. 通过深耕国内外新市场而拓宽发展空间

与传统饱和的外贸市场相适应，传统国际货代业务主要集中在欧美和日韩等这三大传统外贸市场。而“一带一路”沿线国家及非洲、拉美、南太等新兴海外市场，外贸增长较快，对外投资和工程承包规模大，是下一步国际货代企业需要重点锁定的目标市场。虽然这些市场物流发展环境较差，经营风险大，但需求旺盛，国内企业进入有先发优势，可成为我们输出物流服务和管理、优化市场和业务结构、谋划国际化经营的重点区域。

借鉴跨国物流公司国际化的成功经验，未来中国物流企业的国际化会遵循“走出去”“走进去”“走上去”三个阶段。如前文分析，近年来，不少国际货代企业跟随上游客户“走出去”，在“一带一路”沿线国家的海外网络布局明显提速，现在到了加大实体资产投入，以境外产业园区为平台，开展属地化服务的“走进去”关键阶段。在此阶段，只有稳扎稳打，防控好风险，培养好人才，才能最终实现向多数跨国公司追求的全球配置人才、知识、技能等资源的“走上去”阶段的跨越。

随着国家“新四化”（新型工业化、城镇化、信息化、农业现代化）战略和《中国制造 2025》行动以及京津冀协同发展、长江经济带、中部崛起等区域发展战略的实施，国内物流需求大，韧性足，前景广。制造业和商贸业是产生国内物流需求的两大领域。相对于国际物流，国内一些中高端合同物流注重流程管理、价值驱动和服务创新，有较强的客户黏性，但市场竞争充分，强调仓储、车辆、装备等实体资源的前期投入和行业经验的累积。因此，国际货代企业经营国内物流，一要有仓储等实体资源投入，二要搞好市场细分。实践中，可选择电子、汽车零配件、化工、危险品、冷链、逆向物流等中高端的精益物流和合同物流领域，一些领先企业还可积极涉足入厂物流、采购物流等供应链管理服务。

4. 发挥货代协会在促进行业转型升级中的积极作用

法规相对滞后、基础数据缺失是国际货代业多年来面临的两大突出问题，政府部门应加紧出台修订完善《国际货代企业备案办法》，充分发挥货代协会在企业备案和信息公示、业务备案数据采集和分析等方面的重要作用，加强行业的事中和事后监管；同时，鉴于国际化已成为很多国际货代企业谋划发展的重点，商务部门应联合财政、发改、国资等政府部门加强调研，将前些年国务院提出的支持国际物流发展的相关政策指向具体落到实处；坚持问题导向，加强对供应链理论和运用的研究，有条件的货代协会应设立工程物流、保税物流、跨境电商等专业委员会，以加强对专业物流发展的指导和自律，助力行业转型升级。

（中国外运长航集团有限公司　中国国际货代协会　梅赞宾）

2016 年快递业发展回顾与 2017 年展望

一、2016 年我国快递产业发展回顾

2016 年是我国快递业进入“十三五”时期的第一年，快递业连续 6 年保持高速增长态势，并连续三年保持全球快件量第一大国的地位。更为突出的是，2016 年有 3 家快递企业成功上市，2 家获得证监会上市批准，成为我国快递产业有史以来最辉煌的一年。

（一）2016 年快递业发展基本概况

据国家邮政局统计，2016 年，全国快递服务企业业务量累计完成 312.8 亿件，同比增长 51.4%；业务收入累计完成 3974.4 亿元，同比增长 43.5%。其中，同城业务收入累计完成 563.1 亿元，同比增长 40.5%；异地业务收入累计完成 2099.3 亿元，同比增长 38.8%；国际/港澳台业务收入累计完成 429 亿元，同比增长 16.1%。（如图 1、图 2 所示）

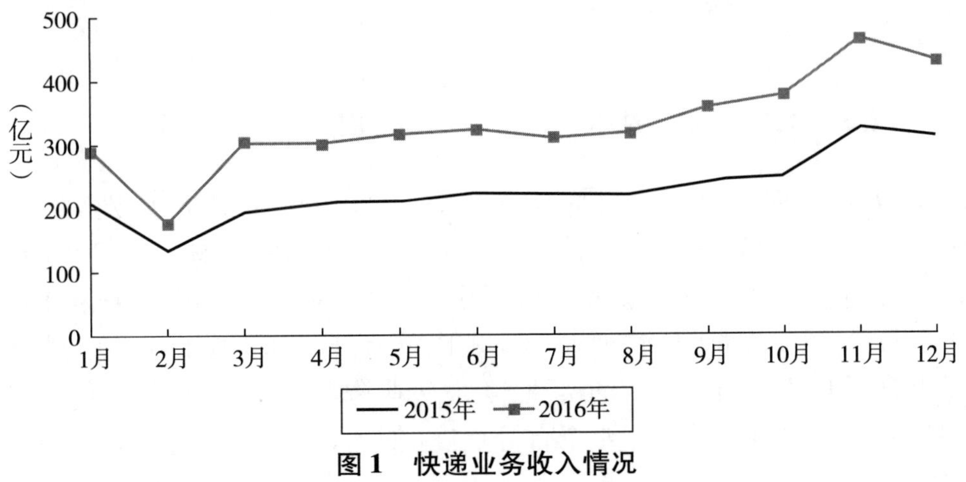

图 1　快递业务收入情况

2016 年，同城、异地、国际/港澳台快递业务收入分别占全部快递收入的 14.2%、52.8% 和 10.8%；业务量分别占全部快递业务量的 23.7%、74.3% 和 2%。与 2015 年同期相比，同城快递业务收入的比重下降 0.3 个百分点，异地快递业务收入的比重下降 1.8 个百分点，国际/港澳台业务收入的比重下降 2.5 个百分点。（如图 3、图 4 所示）

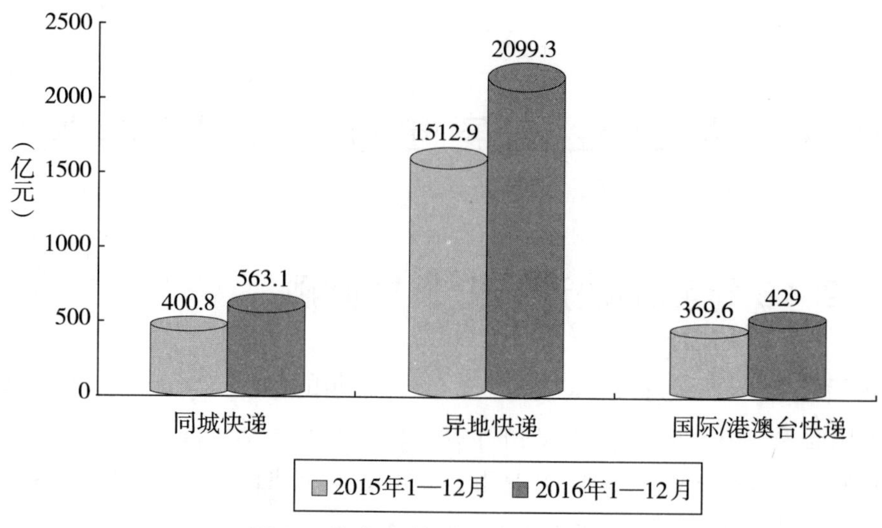

图 2　分专业快递业务收入比较

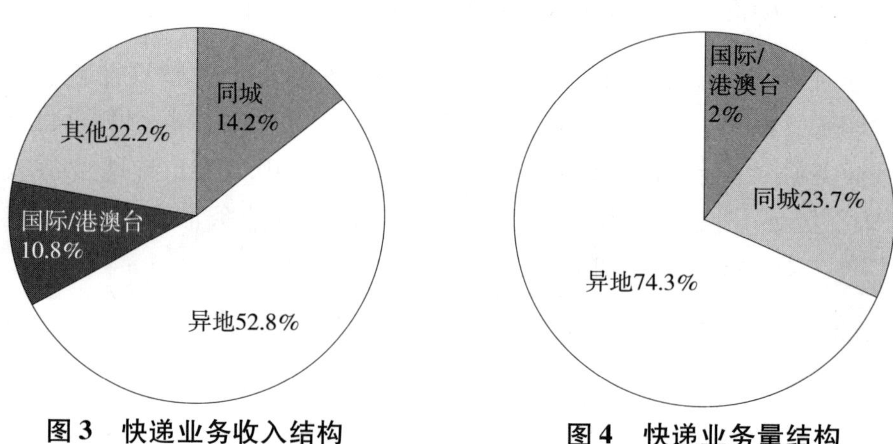

图 3　快递业务收入结构　　**图 4　快递业务量结构**

2016 年，东部、中部、西部地区快递业务收入的比重分别为 81. 1%、10. 7%和 8. 2%，业务量比重分别为 80. 9%、11. 9%和 7. 2%。与 2015 年同期相比，东部地区快递业务收入比重下降了 0. 8 个百分点，快递业务量比重下降了 1. 1 个百分点；中部地区快递业务收入比重上升了 0. 4 个百分点，快递业务量比重上升了 0. 7 个百分点；西部地区快递业务收入比重上升了 0. 4 个百分点，快递业务量比重上升了 0. 4 个百分点。（如图 5、图 6、表 1 至表 3 所示）

表 1　　全国各省快递服务企业业务量和业务收入情况

地　区	快递业务量累计（万件）	同比增长（%）	快递收入累计（万元）	同比增长（%）
全国	3128315. 1	51. 4	39743601. 3	43. 5
北京	196029. 0	38. 6	2565681. 3	41. 2

续　表

地　区	快递业务量累计（万件）	同比增长（%）	快递收入累计（万元）	同比增长（%）
天津	41005.4	60.0	634879.9	45.8
河北	90392.4	64.6	942582.7	67.8
山西	18665.2	62.6	221412.2	44.8
内蒙古	8470.6	56.6	185011.0	50.4
辽宁	39825.9	61.4	556909.3	40.7
吉林	13894.0	54.1	251313.4	48.2
黑龙江	21769.8	72.3	331634.7	55.4
上海	260274.4	52.4	7095143.5	55.9
江苏	283823.2	23.9	3391633.5	16.7
浙江	598770.0	56.3	5412544.6	41.0
安徽	68878.3	72.5	705619.0	53.0
福建	128985.8	45.3	1348336.3	33.7
江西	38304.6	63.2	412915.5	49.2
山东	120533.9	64.2	1389811.6	43.2
河南	83875.3	63.0	943664.1	49.5
湖北	77348.1	52.1	871650.5	46.3
湖南	48603.5	52.9	515976.6	52.2
广东	767241.6	53.0	8802789.8	42.9
广西	22835.4	82.1	338879.1	55.6
海南	4869.4	64.9	100338.6	58.2
重庆	28382.5	38.3	389617.2	36.0
四川	80147.8	64.2	963552.7	53.2
贵州	11260.1	60.1	217919.1	64.6
云南	17445.8	57.0	289569.0	44.0
西藏	734.4	27.0	20713.0	23.1
陕西	36901.6	81.3	456462.2	67.3

续 表

地 区	快递业务量累计（万件）	同比增长（%）	快递收入累计（万元）	同比增长（%）
甘肃	6065.1	71.3	125040.5	72.4
青海	1078.6	50.5	30040.5	64.7
宁夏	3241.5	45.2	58591.2	21.2
新疆	8661.9	22.9	173369.1	34.1

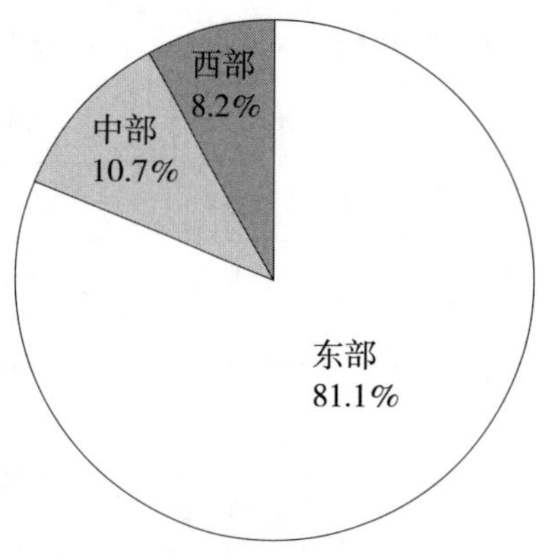

图5　地区快递业务收入结构

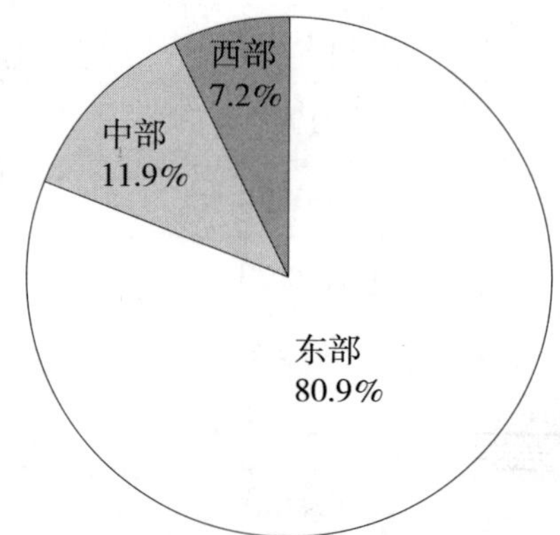

图6　地区快递业务量结构

表2　　快递业务量前50位城市情况

排 名	城 市	快递业务量累计（万件）	排 名	城 市	快递业务量累计（万件）
1	广州市	286698.2	11	泉州市	55419.5
2	上海市	260274.4	12	武汉市	54760.6
3	深圳市	204503.2	13	宁波市	50677.5
4	北京市	196029.0	14	台州市	49250.1
5	杭州市	180473.3	15	南京市	47229.6
6	金华市	168962.4	16	郑州市	42374.8
7	东莞市	106895.6	17	天津市	41005.4
8	苏州市	85093.3	18	揭阳市	36316.5
9	成都市	61463.1	19	无锡市	34752.7
10	温州市	58652.7	20	嘉兴市	33227.7

续　表

排　名	城　市	快递业务量累计（万件）	排　名	城　市	快递业务量累计（万件）
21	合肥市	30324.2	36	湖州市	18682.0
22	佛山市	29683.2	37	保定市	18173.7
23	重庆市	28382.5	38	徐州市	17377.7
24	西安市	27716.4	39	南昌市	17149.7
25	石家庄市	27643.0	40	常州市	16435.8
26	济南市	26745.8	41	惠州市	15886.7
27	福州市	26427.2	42	哈尔滨市	15528.2
28	长沙市	26028.2	43	廊坊市	12864.5
29	青岛市	24978.4	44	临沂市	12195.1
30	中山市	24499.9	45	昆明市	11775.4
31	绍兴市	24411.8	46	太原市	11424.6
32	汕头市	23086.0	47	南宁市	11407.7
33	南通市	21628.0	48	宿迁市	11156.8
34	厦门市	20303.9	49	扬州市	10736.3
35	沈阳市	19289.1	50	潍坊市	10442.9

表3　　快递业务收入前50位城市情况

排　名	城　市	快递业务收入累计（万元）	排　名	城　市	快递业务收入累计（万元）
1	上海市	7095143.5	8	苏州市	1141460.7
2	深圳市	2983449.2	9	成都市	692310.4
3	广州市	2754615.6	10	天津市	634879.9
4	北京市	2565681.3	11	南京市	605723.4
5	杭州市	1956943.8	12	武汉市	600679.5
6	东莞市	1226028.8	13	宁波市	583874.3
7	金华市	1196523.3	14	郑州市	518040.7

续　表

排　名	城　市	快递业务收入累计（万元）	排　名	城　市	快递业务收入累计（万元）
15	温州市	484986.5	33	沈阳市	240690.4
16	泉州市	462273.7	34	南通市	232568.8
17	无锡市	448137.9	35	哈尔滨市	224967.8
18	重庆市	389617.2	36	绍兴市	220890.7
19	佛山市	373903.2	37	南昌市	194381.5
20	嘉兴市	359947.9	38	汕头市	189918.7
21	青岛市	345091.9	39	昆明市	184839.4
22	台州市	341953.1	40	保定市	178000.5
23	西安市	331604.9	41	惠州市	176004.3
24	济南市	321886.8	42	南宁市	171039.9
25	合肥市	319580.1	43	大连市	167369.1
26	厦门市	307403.7	44	长春市	156956.9
27	石家庄市	305226.1	45	徐州市	144585.7
28	中山市	287243.7	46	湖州市	141157.7
29	长沙市	282125.1	47	烟台市	136052.2
30	福州市	272787.9	48	廊坊市	127141.7
31	揭阳市	255856.8	49	潍坊市	121581.9
32	常州市	245364.3	50	莆田市	118005.4

2016年国内快递专用货机达到81架，全国快递服务网点乡镇覆盖率超过80%；全年农村地区收投包裹超过80亿件；全国铺设的快递智能自助柜在11万台左右。

据快递物流咨询网的测算，2016年我国专职从事快递人员在185万左右，从业人员的平均年龄在28岁左右，农村剩余劳动力占到了85%左右，男性占到87%左右。

根据国家邮政局发布的《中国快递领域绿色包装发展现状及趋势报告》数据显示，并由此推导2016年全国共消耗快递运单约314.3亿枚、编织袋约46亿条、塑料袋约125.4亿个、封套约47亿个、包装箱约150.5亿个、胶带约

257.1 亿米、内部缓冲物约 45.1 亿个。

（二）2016 年快递业发展特点

1. 快递业务量和快递收入继续保持高速增长，继续保持全球快件量第一

2016 年，全国快递服务企业业务量累计完成 312.8 亿件，同比增长 51.4%；业务收入累计完成 3974.4 亿元，同比增长 43.5%。

据快递物流咨询网的分析，2016 年快递件均收入为 12.7 元，同比下降 5.5%；国内快递异地件均收入为 9.03 元，同比下降 11.8%；国内同城快递件均收入为 7.6 元，同比上涨 6.6%；国际（港澳台）快递件均收入为 68.5 元，同比下降了 28.5%，其趋势如图 7 所示；“电商快件”占比在 75% 左右，同比增长 5 个百分点左右，其占比大大高于发达国家，这与我国快递价格较低有直接的关系。

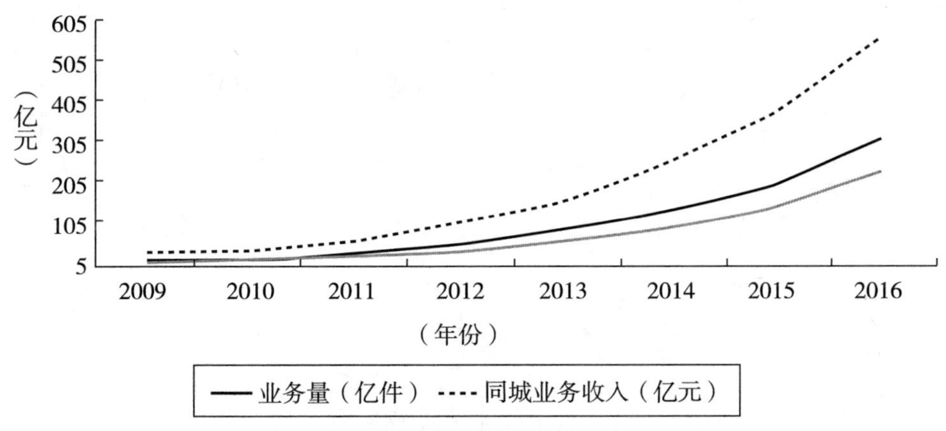

图 7 2009—2016 年快递件均收入趋势

表 4 五家快递企业上市相关情况

公司名称	顺丰速运	圆通速递	申通快递	韵达速递	中通快递
借壳公司	鼎泰新材	大杨创世	艾迪西	新海股份	在美纽交所 IPO
更名日期	暂未	2016.09.20	2016.12.30	2017.01.18	2016.10.27
市值（亿元）	96.11	703.9	436.28	510.67	99.84（美元） 691.24（元）
2015 年营业额（亿元）	473	120	77	50.53	61
2015 年业务量（亿件）	17	30.3	25.68	21.68	29.5

续　表

公司名称	顺丰速运	圆通速递	申通快递	韵达速递	中通快递
2015 年件均收入（元）	27.8	3.9	2.9	2.3	2.1
业务量年均复合增长率（2013—2015 年）（%）	25	54	32	35.23	80.70
转运中心（个）	58	72（自有 60）	82（自有 48）	57（自有 54）	74（自有 68）
直营转运中心比例（%）	—	73	59	95	92
加盟商（个）	直营	2610	1495	3253	3541
服务网点（万家）	1.3	2.4	2	2	2.5
干线运输车辆（万辆）	1.5	3.2（另未来三年计划新增采购干线运输车辆共 1156 辆）	2（另未来三年计划在收购第三方物流公司车辆基础上，新增采购干线运输车辆共 1640 辆）	2.8（自有 0.84）	0.33
全货机（架）	36（另租赁 20，预定 25）	5（另租赁 4，预定 15）	无	无	无
铁路电商班列车享	26 节（3 个铁路中转基地连接京津冀、长三角、珠三角）				

续　表

公司名称	顺丰速运	圆通速递	申通快递	韵达速递	中通快递
冷运仓库	33 个（超过 8 万方平，自有冷运车 123 台，外协储备 8595 台）				
募集资金	80 亿元	23 亿元	28 亿元		14 亿美元
募资用途	用于顺丰控股航材购置及飞行支持项目、冷运车辆与温控设备采购项目、信息服务平台建设及下一代物流信息化技术研发项目、中转场建设项目	用于转运中心建设及智能设备升级项目、运能网络提升项目和智慧物流信息一体化平台建设项目	用于中转仓配一体化项目、运输车辆购置项目、技改及设备购置项目以及信息一体化平台项目（包括采购安检机 2100 万元，计泡机 17240 万元，分拣机 5000 万元，巴枪 1400 万元）		

据快递物流咨询网的分析，2016 年业务增长的结构中，微商的贡献快速增长，据估算其贡献率在 8% 以上。

据快递物流咨询网的分析，2016 年，民营快递所占业务量市场份额进一步提升，达到 90% 左右；收入占比 83% 左右。据国家邮政局的统计，快递服务品牌集中度指数 CR8 为 76. 7，同比下降了 0. 6。这是由于我国快递产业是以加盟制为主，即品牌集中度很高，产业集中度较低。

2. 从国家到地方陆续出台各种利好政策，促进快递产业向集约化发展

2016 年 1 月中央一号文件发布，首次将实施“快递下乡”工程写入其中；6 月，国家邮政局要求做好《快递安全生产操作规范（YZ 0149—2015）》贯彻

实施工作。由此，快递企业贯彻收寄验视、实名收寄、过机安检三项制度的自觉性大大增强；8月，国家邮政局出台《推进快递业绿色包装工作实施方案》，谋划快递业绿色包装工作；北京按照“三统一”模式，解决了困扰行业多年的电动三轮车规范“上路”问题，为全国破解快递电动三轮车“上路难”的问题起到了示范效应。

3. 五家快递企业集中上市，奠定快递企业规范发展基础

2016年，有3家快递企业成功上市，其中一家在美国纽交所上市；2家快递企业借壳上市获得证监会批准。除顺丰速运是速递板块整体上市外，其他均为特许商（总部）板块上市，即优质板块上市，不是整体上市。在国内上市的4家快递企业均为有条件上市，有对赌条件，即有三年业绩承诺。这5家上市快递企业其业务量的市场份额占到70%左右（即时快递除外），其有关上市相关情况如表4所示。

4. 快递业新技术应用突飞猛进

快递进入了“五机一柜两车时代”，即全货机、自动化分拣机、快递装卸伸缩机、电子运单打印机、安检机、快递智能自助柜、电动三轮车和电动汽车。主要品牌快递企业电子运单使用率已经达到70%左右；全行业新能源汽车使用量超过4000辆；全国布放智能快件箱累计超11万组，年投递快件逾10亿件；快递企业使用自动化分拣机超过60套；使用快件装卸伸缩机超过2000套；使用安检机超过2万套。

5. 快递企业联盟建立“黑名单”制度效果显现

由5家快递企业发起，共有33家快递企业、物流企业和协会参与的快递物流征信信息管理联盟，已经覆盖了快递物流业200多万从业人员。该平台将30种不良行为的个人和单位纳入“黑名单”。其中，包括盗窃快件、寄递危险品和违禁品等。截至2016年12月31日，快递物流征信系统内失信数据“黑名单”共有21744人。其中，男性占到了81%，女性占到了19%。这个征信平台对快递物流企业招聘筛选应聘者是否是“黑名单”人员、对不依法依规的从业人员起到了威慑作用。

6. 国际快递竞争已经开始显现

2016年，主要快递企业加大了国际快递的布局。其方式是自建+代理+加盟+合作。主要体现在5家上市公司的国际快递布局进一步加快。他们已经在欧美发达国家、亚洲与中国相邻的国家开始提供快递服务。由于国际快递面临国际三大巨头的强势竞争，以及所在国当地快递企业的竞争，对于“走出国门”的内资快递企业，面临报清关、各种运输方式、集散转运和同行竞争等各种挑战。因此，2017年快递企业的国际化依然是“烧钱”抢占市场份额，并且是一项长期的战略。如果不采取共同打造国际快递品牌，而是各自为政，根

本无法与国际巨头抗衡。

7. 快递业同质化竞争格局依然处于主导地位

据对快递加盟商的调研，我国内资快递企业除了顺丰速运和邮政速递外，大多是加盟制模式+代理，其业务量占到80%以上。他们的特点是，快递产品单一，主要以最快的速度送达快件；竞争手段单一，主要是价格战；对电商的依赖度很高，电商快递的比重占到80%～90%；加盟商的利润率较低，呈现年年下滑趋势，其利润率在3%～5%。快递加盟制总部利润较高，一般在8%～20%。

8. 快递智能自助柜竞争加剧，盈利模式仍在探索

由顺丰速运主导的丰巢快递智能自助柜已经铺设3万多台，原有存量在8万台左右，共计11万台左右。但是，由于互联网思维“先占有资源再打造盈利模式、先亏损再盈利”的认知，造成涉足这个“最后一公里”配送最佳模式的快递智能自助柜均处于亏损的状态。由于它是一个重资产的项目，恶性竞争造成铺设成本居高不下，对运维企业的资金压力巨大，市场盈利模式需要培育，部分运维企业面临出局的尴尬困境。

二、2017年我国快递业展望

2017年，由于5家快递企业上市获得资本市场的支撑，我国快递市场竞争的格局将会发生较大的变化，出现拐点，主要表现在以下方面。

（一）快递发展增速放缓

一是5家快递企业上市，有业绩承诺，自身体量已经形成规模，从发展的战略上更加注重快递的品质和效益，单纯追求业务量的动力趋缓。二是我国的快递量基数较大，继续呈现50%以上的增长不符合经济规律。三是由于同质化竞争伴随着加盟网点持续盈利能力下降，基本已经触底，“以价换量”的发展模式造成业务量越大亏损越大。因此，预计2017年我国的快递业务量增速在40%～45%；收入增长在35%～40%。国家邮政局预测，2017年快递业务量完成423亿件，同比增长35%；业务收入完成5165亿元，同比增长30%。

（二）快递与物流企业加速跨界向综合物流转型

“十三五”时期，大型快递企业向综合物流转型，中型快递企业向专业化转型，小型快递企业向个性化转型是大势所趋。根据快递物流咨询网的调研，国外发达国家大型快递企业的发展路径是：由专业的快递企业向综合物流转型，继而向供应链物流集成商升级。综合物流就是建立各种产业所需的物流方

式。包括快递、项目物流、零担物流、各类仓储及配送、冷链快递、多式联运等。据5家上市快递企业公示的内容均有向综合物流转型布局的计划。2017年将是加快向综合物流转型竞争最激烈的一年。

（三）主要快递企业基础设施建设的投资力度加大

根据5家上市企业融资的计划看，主要用于基础设施建设，包括购买土地建设转运中心、购买飞机和车辆提高运力；快递的信息化建设、冷链项目投资、各种技术改造、自动化分拣系统、装卸伸缩机等。这种基础设施建设将有力支撑每年业务量的增长需求，提升服务品质，提升客户美誉度。这也是与竞争对手拉大差距的重要工程。2017年，将是行业投资基础设施建设力度最大的一年。

（四）兼并重组加快，洗牌淘汰加快

2017年伊始，苏宁物流收购了天天快递，由此拉开2017年兼并重组的序幕。兼并重组将分为四类，一是上下游之间的兼并重组，像苏宁物流并购天天快递；二是鉴于5家上市公司向综合物流转型，只要有合适的标的就会收购；三是资本推动的兼并重组。即由PE、基金等将相关快递企业进行重组；四是特许商（总部）与加盟商之间的收购重组。

2017年，如果继续走“以价换量”的路子，将是加盟网点盈利最艰难的一年。如果特许商（总部）不采取“浮动式”定价机制，不实行差异化竞争的策略，不加大扶持力度或者重组的力度，部分加盟商将会濒临亏损，甚至倒闭。

同时，由于5家快递企业都是上市公司，在资本的强势支撑下，他们作为第一梯队企业将会与其他竞争对手大大拉开差距，抢占市场份额的力度将会更大。因此，2017年与之有竞争关系的快递企业将面临市场份额减少以及亏损加大的局面，甚至被淘汰出局。

（五）快递“价格战”将开始触底反弹，“价格浮动”机制显现

经过多年的“价格战”，快递价格接近成本。占有接近70%电商快递市场份额的4家快递企业上市后，不会再依赖于快递“价格战”的单一竞争手段。将由“价格战”向“质量战”转型；由快件量的市场份额竞争向效益竞争转型，即“浮动式”定价机制将会显现，承诺服务将会显现。

“浮动式”的定价机制就是按照供需关系用“价格”的杠杆调节市场需求。预计2017年快递的“价格战”将会趋缓，下半年开始“浮动式”的定价机制开始显现，特别是在“双十一”时候更加凸显，不会出现“以价换量”

争当业务量“老大”的竞争。

（六）航空快递成为新的竞争领域

据国家邮政局统计，2016 年快递行业拥有全货机 81 架，占到我国全货机的 68%。这些全货机分布在三家快递企业（顺丰速运、邮政速递、圆通速递）。其中，顺丰速运的拥有量在 50 多架。2017 年，预计还有 2 家快递企业将筹办航空货运公司或者包机业务。届时，航空快递的竞争将会进一步加剧。

（七）快递包装材料将向“绿色”转型

国家邮政局出台相关政策，大力推广使用中转箱、环保袋、笼车等物品设备，以降低对环境的污染。对于快递产业来说，主要是使用可以降解的包装塑料袋。由于包装袋（箱）主要是以电商提供为主，快递企业提供为辅。因此，2017 年，快递产业与电商产业将会建立一个联动机制，共同推行包装绿色环保的应用。预计可以降解环保塑料袋的应用将会达到 35% 以上。

（八）电动三轮车将成为城市末端配送的主流工具之一

2016 年，北京市政府按照“三统一”模式，解决了困扰行业多年的电动三轮车规范“上路”问题，为全国破解快递电动三轮车“上路难”的问题起到了示范效应。受此影响，2017 年将会有更多城市采取“北京模式”——对快递电动三轮车解禁。电动三轮车以其方便快捷和节能环保的特点，2015 年北京市内快递业务量接近 20 亿件，电动三轮车数量超过 4 万余辆。

（九）快递市场的划分更加明晰（如表 5 所示）

表 5　快递细分市场情况

序　号	快递细分市场	主要快递企业
1	公务文件	中邮速递
2	商务快递	顺丰速运、中邮速递、“三通一达”（占比较低）
3	高端电商快递	顺丰速运、中邮速递、京东快递、如风达（凡客）、品骏物流（唯品会）等
4	经济型电商快递	“三通一达”、百世快递、天天快递、全峰快递、中邮速递、邮政小包等
5	大包裹快递	中通快运、优速快递、速尔快递、德邦快递、安能快递、龙邦快递、苏宁快递、远成物流等

续 表

序　号	快递细分市场	主要快递企业
6	即时快递	百度外卖、饿了么、美团（大众点评）、京东新达达、极客快送、闪送、人人快递等
7	众包快递	人人快递
8	国际快递	中外运敦豪（DHL）、UPS、FedEx（TNT）、中邮速递、顺丰速运、宅急便、佐川急便、“三通一达”等

（快递物流咨询网　徐勇　徐梦馨）

2016年物流地产业发展回顾与2017年展望

2016年，全球主要经济体经济增长疲弱，外界政治和经济不确定性增强，贸易摩擦增加，中国经济在党和政府的领导下，克服困难，稳中求新，实现了经济的平稳增长。在这一大背景下，中国物流地产业建设持续发力，发展水平不断提高，成为我国物流业发展乃至整体经济社会发展的重要推动力。

2016年3月发布的《中华人民共和国国民经济和社会发展第十三个五年规划纲要》中明确指出，加强物流基础设施建设，促进生产性服务业专业化，推动京津冀、长三角等区域性物流基地建设。在这一纲领下，2016年6月，国家发展和改革委发布了《营造良好市场环境推动交通物流融合发展实施方案》，对交通与物流的融合发展提出了16条政策措施，在物流网络基础建设上提出了纲领性要求。2016年9月颁布的《物流业降本增效专项行动方案（2016—2018年）》，对物流基础设施的布局和建设提出了要求，并在政策层面对物流业降本增效给予了规范与扶持。国家在宏观层面给予物流地产业发展足够的重视，颁布的规章文件对物流地产业发展与提升有一定的指导意义。

一、2016年物流地产业发展回顾

2016年是我国“十三五”发展规划的关键时期，我国物流业各项指标平稳增长，物流固定资产持续增长，物流结构持续优化，物流地产发展环境不断改善，物流地产服务水平不断提升，整体发展态势良好。

（一）物流相关行业固定资产投资稳步增长

据国家统计局发布的初步数据，2016年全国共完成固定资产投资额59.65万亿元，增速由2015年的10%滑落为8.1%，其中，全国交通运输、仓储和邮政业固定资产投资保持增长，累计投资额达到53628亿元，累计增长率为9.5%，增速高于我国固定资产投资额增速，成为我国固定资产投资一大增长点。2012—2016年全国交通运输、仓储和邮政业固定资产投资额如下图所示，2016年各季度全国交通运输、仓储和邮政业固定资产投资累计增长速度如下表所示。

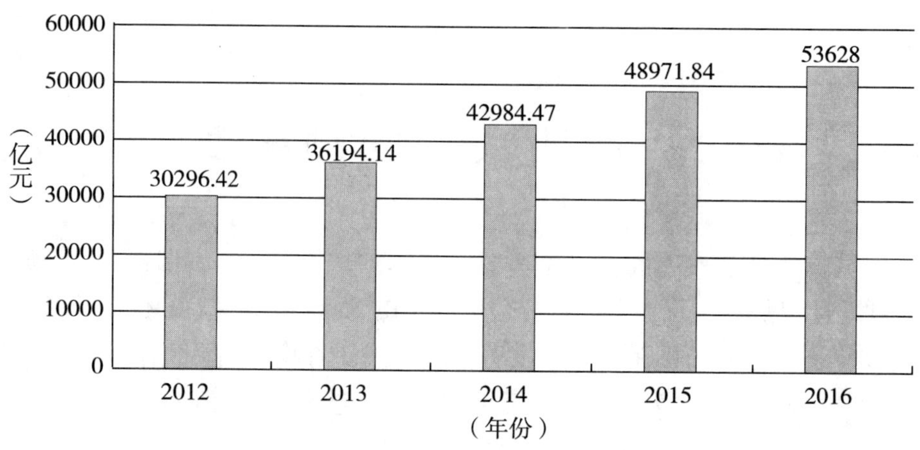

全国 2012—2016 年全国交通运输、仓储和邮政业固定资产投资额

2016 年我国交通运输、仓储和邮政业固定资产投资情况

指　标	2016 年第一季度	2016 年第二季度	2016 年第三季度	2016 年全年
交通运输、仓储和邮政业固定资产投资额累计值（亿元）	7210. 53	22376	37593. 9	53628
交通运输、仓储和邮政业固定资产投资额累计增长（%）	7. 9	12	11. 9	9. 5

2016 年，我国道路运输业固定资产投资额为 32937 万亿元，同比增长 15. 1%，进一步巩固了其在我国物流相关行业固定资产投资中的地位；铁路运输业固定资产投资额为 7748 亿元，同比下降 0. 2%；航空运输业固定投资额为 2219. 62 亿元，同比增长 20. 6%，成为我国交通运输、仓储和邮政业固定资产投资的主要增长点；仓储业固定资产投资额为 6983. 5 亿元，同比增长 5. 5%，呈先高后低的态势，表明我国仓储业固定资产投资相对较为稳定，是我国物流地产行业稳定发展的一大体现。

（二）物流地产经营整体平稳，部分项目面临经营压力

2016 年，由于国际经济形势较为复杂，市场不确定性增强，同时，国内经济正处于转型升级期，面临着一定的经济下行压力，且存在一定的供需矛盾。在党中央、国务院的领导下，我国经济实施有力改革，加快经济结构优化，推进供给侧结构性改革，降低初级产业在经济中的比重，进一步激发市场主体活力，有力保障了当前经济的稳定发展。

在这一大背景下，物流地产市场整体经营良好，有较大的发展空间。根

据商业地产服务和投资公司世邦魏理仕（CBRE）提供的数据，当前北京、上海、广州等一线城市物流设施投资净回报率6%～8%，高于商业地产的4%～5%，远高于住宅地产的2%～3%，继续成为当前地产行业投资的一大亮点。

但在部分地区和企业经营状况出现分化。根据世邦魏理仕（CBRE）提供的数据，在一线城市，物流仓库的平均租金继续保持高速增长，其中上海市物流仓库平均租金相较于2015年平均水平大涨8.7%，居全国一线城市之首；深圳市以6.7%的涨幅居第二位；广州市物流仓库的平均租金涨幅约为4.7%；北京市则由于供求关系变化，租金上涨幅度不大，涨幅为2.4%。在二线城市，由于不同地区的供求关系和经济发展情况，物流地产经营出现了一定程度的分化，物流仓库平均租金变动范围为－3.7%～9.4%，其中武汉、重庆等二线城市，由于物流地产供过于求，租金出现了短期调整的迹象，城内部分区域的物流仓库平均租金有所下降。

（三）外资投资物流地产热情不减，内资热情持续升温

2016年，中国房地产市场增长迅速，价格普遍上涨，根据国家统计局的数据，2016年12月，我国70个大中城市住宅价格同比增长10.5%。根据国土资源部的数据，2016年第四季度，全国105个主要监测城市住宅用地平均价格达到5918元/平方米，同比上涨7.91%。在房地产企业获取较高利润的同时，也积累了一定的风险。在这一大环境下，发展较为稳定、风险相对较低的物流地产成为房地产和物流企业固定资产投资的热点。

2016年，外资在物流地产领域继续保持较高水平的投资。全球最大的物流地产商普洛斯，截至2016年年底，在中国已运营园区数量达到242个，面积达到2772万平方米，占全球物流地产管理面积的51.6%，和上一财年末（2016年3月31日）相比，园区物业总面积增加了102万平方米，园区数量增加了13个，市场覆盖增加了6个主要城市，继续保持高速的增长。

与此同时，中资企业在物流地产领域表现愈加活跃，以求在物流地产领域实现更大突破。8月18日，中集集团与普洛斯公司在深圳签署战略合作协议，凭借自身丰富的土地资源和物流设备优势，进入物流地产开发领域，对中集集团闲置土地资源进行开发和整合，实现更高的增长与收益。

传统房地产企业在物流地产领域加大投资。万科等公司在2015年纷纷进入物流地产领域后，2016年继续保持在物流地产领域的投资。万科在2016年上半年报告期内，增加物流地产业务项目2个，包括万昆长水物流园项目和万佛乐平物流园。同时，2015年开始开发的物流项目继续推进，建设面积达到37.4万平方米。

物流快递企业在物流地产领域也纷纷加大投入，提高其在物流领域的竞争优势。顺丰在广州佛山、山东威海、安徽芜湖等地建设电商物流产业园区，圆通在浙江嘉兴建设圆通全球航空智慧城，德邦与韵达在江苏泰州建设泰州电商速递产业园，中国邮政与恒大地产展开深度合作。物流快递企业在物流地产领域成为发展的排头兵。

（四）物流地产金融化趋势明显，融资途径日趋多样化

物流地产具有投资较大、周期较长、回报率较低、风险较低的特点，在经济快速发展状态下，难以吸引追求高回报高风险的民间资本，故在物流地产领域，使用金融工具成为了一条解决资金问题、提供投资渠道的重要途径，在推动物流业发展的同时，保障低风险资金的投资权益。

2016 年，物流地产领域金融活动较为频繁。截至 2016 年年底，普洛斯在中国运营两只物流产业基金，共 100 亿美金，在中国物流地产领域表现活跃；嘉民中国在 2009 年与加拿大养老基金投资董事会合作成立嘉民中国物流基金（GCLP）后，保持较高规模的投资，并历经数次增资和补充投入。截至 2016 年年底，嘉民中国物流基金总投资额达到 19. 8 亿美元，完成开发项目 29 个，总面积达到 420 万平方米。

同时，国内物流产业基金表现较为活跃。2016 年 11 月，中国保险投资基金与招商局集团共同成立中保投招商国协仓储物流股权投资基金，基金规模达到 50. 08 亿元，重点布局节点城市的仓储物流项目，实现投资的增值与增长。2016 年 6 月，以政府为主导的上合组织（连云港）国际物流园发展基金正式以基金方式进行运作，通过对江苏省连云港国际物流园进行投资，推动当地物流地产的发展与整个物流体系的建设。

在物流地产领域，金融创新也较为活跃。2016 年 5 月，苏宁云商发布《关于以部分供应链仓储物业为标的资产开展创新型资产运作模式》的公告，以不低于 16. 53 亿元价格出售自有物流资产，且将由中信证券旗下的中信金石基金公司发起成立的资产支持专项计划（ABS）。这些资产包括成都、南昌、无锡等六处供应链自有仓储物业。基金由中信金石基金相关方发起设立，并由苏宁金石（天津）基金公司提供支持性服务。这标志着物流地产资产证券化（ABS）正式成为中国物流投资市场的重要一员。

2016 年，物流地产行业公司加快上市步伐，上市成为较为耀眼的融资途径。2016 年 7 月，中国物流资产（CNLP，股票代码 1589）在香港联合交易所挂牌上市，成为首家登陆香港联交所市场的中国本土物流地产企业，融资 33. 6 亿港元，以扩张其在中国物流地产市场上的份额。2016 年 4 月，中集集团发布定向增发报告，募集资金约 60 亿元，部分融资资金用于物流地产领域，提升

其在物流地产领域的发展水平。2016 年 10 月，中通快递在美国上市。在其招股说明书中，表明本次募集资金主要用于购买土地等投资。

（五）“一带一路”战略助推外向物流地产实施转型

2013 年 9 月，国家主席习近平在哈萨克斯坦纳扎尔巴耶夫大学发表演讲，正式提出了用创新的合作模式，共同建设“丝绸之路经济带”的战略构想。在 2016 年 3 月发布的《中华人民共和国国民经济和社会发展第十三个五年规划纲要》中，提出要推进“一带一路”建设，打造陆海内外联动、东西双向开放的全面开放新格局，并在正文中着重强调要建设上合组织国际物流园和中哈物流合作基地，将“一带一路”上的物流地产项目上升到国家战略高度。

2016 年 9 月，江苏省政府办公厅出台《关于支持上合组织（连云港）国际物流园和中哈物流合作基地建设发展的意见》，意见中对两大物流园的发展定位、发展规划、发展方向予以明确，并给予了具体的支持政策。

2016 年，全国共有 60 个城市开展跨境电商业务，其中有 13 个城市建设了国家跨境电商综合试验区。根据海关统计数据显示，2016 年，全国跨境电子商务进出口总值为 499.6 亿元，比 2015 年同期增长了 38.7%。

2016 年，由于国际形势和中国经济发展的波动，中国外贸面临一定的发展阻力。根据国家统计局发布的初步数据，截至 2016 年年底，中国进出口总值约为 3.68 万亿美元，较 2015 年下降了 6.8%。在这种情势下，物流地产对于对外贸易的支持显得尤为重要，跨境电商物流成为对外贸易新的增长点，跨境电商产业物流园建设也加快进度。2016 年 10 月，北京商务委、北京海关等部门正式宣布，天竺综合保税区园区、北京邮政综合服务园区等 6 家跨境电商产业园区获得授牌，助力跨境电商和跨境电商物流发展。2016 年，郑州通过推动建设郑州自贸区、郑州航空港经济综合实验区等，加快跨境电商物流产业园区建设，推动跨境电商和跨境电商物流的升级，为内陆地区发展外贸经济提供新的亮点。

（六）电商物流大发展，促进物流地产持续升级转型

2016 年，中国电商物流继续保持高速增长，对于中国物流业和物流地产行业的影响力明显增加。根据艾瑞咨询提供的数据显示，2016 年，中国电子商务交易额初步估算为 20.2 万亿元，比 2015 年增长 19.8%，其中实物商品网上零售额比上年增长 25.6%，占社会消费品零售总额的 12.6%，比 2015 年增长 1.8%，2016 年单位与居民物品物流总额可比增长 42.8%。根据中国物流与采购联合会和京东集团联合发布的中国电商物流指数显示，2016 年，

中国电商物流总业务量指数平均达到156. 1点，反映出全年电商物流业务量增速超过50%，其中农村业务量指数平均为191. 5点，反映物流业务量增长速度接近200%。

在物流地产领域，电商物流已经成为物流地产的主要客户群体，对物流地产的发展有十分重要的影响。根据普洛斯发布的2016年年报显示，普洛斯前五大客户均为第三方物流企业和电商企业，其中京东、唯品会、亚马逊分别在普洛斯客户群中排名第二、第四、第五位，总占比接近10%。根据易商红木集团官方发布的信息，其物流地产项目中，核心用户中电商企业如亚马逊、一号店等占据了主要的位置，也是他们利润的主要来源之一。电商物流的发展，使得物流地产的发展更具有保障。

由于电商物流的特殊性，其对于高端物流地产的需求也促进了物流地产行业的转型升级。根据戴德梁行的资料，为了服务于电商物流，相比较于传统物流地产项目，物流地产建设与运营商普遍提高了建设与运营标准，并使用更多先进仓储设施，应用更多信息化手段以实现货物的快速运营与传递，保障电商物流运营的效果。普洛斯等物流地产商针对于电商物流的发展，设计了更有针对性的服务方案，帮助电商物流提升自身效率的同时，提升自身物流地产项目的附加值，提升高端物流地产在自身设施建设中的比例。

二、2017年物流地产业发展展望

2017年是中国经济转型与发展的关键之年，中国经济将继续保持稳定增长，改革与发展依然是主基调，物流地产行业也将乘经济发展东风，保持发展与增长，并在多方面提升物流地产的效率与服务水平，为物流行业乃至中国社会与经济发展提供助力与保障。

（一）物流地产行业总体保持平稳发展，固定资产投资稳定增长

物流地产行业服务于物流业发展，更服务于中国经济与社会的总体发展。2017年，随着物流地产行业重要性的凸显，物流地产行业将总体保持平稳发展，物流相关行业固定资产投资将继续保持稳定增长。

2017年，在保增长与控通胀的目标下，基建投资将继续成为我国稳定投资及稳定增长的主要投资力量。根据专家估计，2017年，全国固定资产投资将不少于45万亿元，其中基建投资将占据主要位置，成为我国经济增长的一大保障。2017年，中国铁路总公司计划完成投资8000亿元，进一步完善我国铁路运输网络，搭建经济增长的助推器。贵州在2017年公布的高速公路项目11个，预计总投资1664亿元。新疆公布了高达1. 5万亿元的投资计

划，其中新疆交通建设领域投资项目计划达到2933个，总投资额达到7571亿元，加快建设丝绸之路经济带核心区交通枢纽中心，并通过建设南北疆大通道，改扩建乌鲁木齐国际机场，建设交通枢纽，构建一个较为完整的立体交通运输体系。

在这一大背景下，受益于我国政府与全社会的固定资产投资，我国2017年物流相关行业固定资产投资将保持高速增长状态，预计总投资额将达到5.7万亿元左右。物流地产行业作为物流行业的支撑性产业，也将保持一定的增长速度，为我国经济发展和社会建设提供力量。

（二）物流地产市场需求持续扩大，租金面部分城市出现分化

在总体经济持续增长、电商等社会需求不断发展、物流领域投资热情不减的大背景下，物流地产市场需求将继续扩张。

根据世邦魏理仕发布的《CBRE大中华区房地产市场展望报告》，预计2017年，电商、线下销售、汽车等消费品行业仍是2017年物流地产行业需求的绝对主力。由于在线下销售和电子商务领域的竞争逐渐加大，在快速扩张的背景下，相关行业通过选择第三方物流企业为自身降低物流将成为一大选择，使得第三方物流行业获得较快发展，并能推动第三方物流公司在物流地产行业的客户群体中不断扩大。

我国实施的大规模地方性基础设施建设，对于原材料、半成品及相关产业产品运输和仓储需求将继续增长。同时，国家通过进行交通物流投资，疏通交通环节，加快物资流通，也将提升对于我国物流地产领域的需求，物流地产行业将迎来进一步发展。

在租金面上，由于不同地区的发展差异和供需面不平衡，不同地区之间将出现分化。

我国一线城市在亚洲物流地产供求面上处于较低水平，长期处于供不应求状态，如根据CBRE统计，上海市空置率仅为12.6%，且空置主要是非传统物流区域，传统物流区域如闵行等仓库依然严重短缺。由于2016年土地市场成交火热，土地价格出现了超过20%的增长，使得新投资的物流地产项目成本有明显增长。故预测2017年，一线城市仓库租金将继续保持增长，北、上、广、深四城的租金涨幅在2%～4%。

与此同时，由于我国部分二三线城市面临一定的去库存压力，且在供求面上出现短期的供求失衡状态，故将出现一定的分化。对于已经解决去库存问题、甚至出现供不应求状态的二三线城市，将会出现一定程度的租金上涨，但上涨幅度预计将小于一线城市。对于部分出现供过于求的二线城市，租金将会出现一定程度的短期调整。对于新疆等国家重点投资的区域，租金水平将保持

较高水平，以平衡市场需求。

（三）物流地产证券化进程将加快，行业融资途径增加

物流地产在2016年进入证券化和多途径融资的快车道后，解决了一定资金问题。经过2015年中国金融市场的波动后，2016年，中国金融市场监管层面颁布诸多措施，规范和保障中国金融市场的健康发展。2016年年底《私募投资基金服务业管理办法（试行）（征求意见稿）》公开征求意见，对于私募投资基金服务业的管理进行进一步约束和规范，将进一步限制私募基金中存在的不规范行为，保障私募基金的发展；2017年年初，中国证券投资基金业协会（基金业协会）发布《私募资产管理计划备案管理规范第4号》，对房地产领域信托基金使用进行进一步约束，引导房地产领域投资资金合理使用。2017年，在中国经济进一步发展，金融市场进一步活跃的情况下，物流地产证券化步伐将进一步加快，物流地产基金建设将进一步升级。

此外，物流地产企业将通过上市、定向增发、发行公司债等途径进行融资。2016年，顺丰速运开始进入借壳上市的程序，预计2017年将通过借壳上市登陆资本市场，充实建设自身物流体系，特别是物流基础设施的资金。物流地产开发及运营商易商红木集团在2017年年初已经获得约3亿元的上市前融资，预计将进一步推进融资上市步伐。2017年年初，东百集团宣布将投资设立总额约5亿元的物流地产产业基金，以1∶3的资金杠杆，投资佛山红信物流电子商务产业园的建设。

物流地产的多元化融资，将进一步增强物流地产企业的投资能力和抗风险能力，保障中国物流地产行业的快速发展，而更加规范的政策与更加健全的融资市场建设，将保障物流地产行业资金得到更为科学的配置，在推动我国物流地产科学化建设、规范化建设上将有更大的作为。

（四）物流地产服务升级持续，整体服务质量提升

近年来，物流地产的转型升级一直是物流地产行业发展的一大重点，在经济形势较为复杂的2017年，物流地产转型升级的重要性将更为凸显，物流地产行业的转型升级将会成为在激烈的竞争中获取竞争优势、提高附加利润、推动物流地产行业进一步发展的重要途径，也将成为物流地产企业在投资建设中重点关注的领域。

2016年6月国家发展和改革委颁布的《营造良好市场环境推动交通物流融合发展实施方案》明确指出，当前交通枢纽与物流园区之间布局不衔接、多式联运和供应链物流发展较为落后等问题，提出要创建协同联动的交通物流新模式，推广公路港模式，强化公路港功能，推进公路港等物流园区之间

运输、集散、分拨、调配、信息传输等协同作业，鼓励公路港连锁经营。整合货源、车辆（舱位）、代理、金融等信息，为物流企业提供运营支撑、系统支持。鼓励推广生产生活综合配套、线上线下协同联动的新模式，促进多业态融合发展。同时，加强技术标准支持与保障，依托现有研究机构和行业协会，加强交通物流技术标准、大数据处理等研究，加快完善物流园区相关标准规范。

2017 年 2 月，商务部等五部门印发《商贸物流发展“十三五”规划》，其中明确加强物流园区公共基础设施建设，完善多式联运和集疏运体系，提高仓储、中转及配送能力。加强物流园区经营管理，建立以市场化运作为主，规划引导、依法监管、协调服务相结合的园区开发建设模式。支持物流园区拓展服务功能，提供供应链设计、设备租赁、法律咨询、信用评价等商务服务，引进工商、税务、报关、报检等政务服务，提升服务水平。加强物流园区与外部交通网络的有效连接，鼓励物流园区之间、物流园区与产业园区、商品市场、公共平台之间加强合作，实现联动发展。

2016 年 11 月，示范物流园区工作座谈会在郑州召开，会上 29 家国家示范物流园区代表围绕园区示范特色、存在问题、政策诉求和工作建议进行了汇报交流，多地发展改革部门介绍了各省的情况。以第一批 29 家示范物流园区为起点，预计用五年左右时间，完成 100 家左右物流园区的评审创建工作。示范物流园区，将会有较为明显的示范效用，其发展方式与路径，将会先期一股物流园区转型升级的浪潮。

预计 2017 年，物流地产行业将会进一步推进物流园区的转型与升级，推动物流地产行业发展的步伐。

（五）电商物流继续发展，传统物流地产转型加快

2016 年 3 月 23 日，商务部、国家发展和改革委、交通运输部、海关总署、国家邮政局、国家标准委制定了《全国电子商务物流发展专项规划（2016—2020 年）》（以下简称《规划》），《规划》明确，到 2020 年基本形成“布局完善、结构优化、功能强大、运作高效、服务优质”的电商物流体系，信息化、标准化、集约化发展取得重大进展。

2017 年，随着中国互联网技术的高速发展、互联网和相关基础设施的不断完善、互联网和网络购物用户数量的持续增长，中国电商与电商物流市场规模将继续保持高速增长的态势。据艾瑞咨询的估算，2017 年，中国电子商务市场交易规模将达到 24 万亿元，增长率预计将达到 18.6%，其中网络购物市场交易规模将达到 56 万亿元，增长速度预计为 19.1%。同时，更多的线下商贸企业将投入到电子商务的发展中，电商的供给与需求将双双保持高

速的增长。

电子商务的发展，将带动电商物流的高速增长，电商物流的需求将在整个物流地产行业中占据重要的位置，与传统商贸物流、大件物流呈鼎立局势。在这种情况下，物流地产行业将进一步“触网”，在新建物流地产项目中，将更多地考虑电商物流的实际需求，在传统物流项目中，将继续保持转型升级的进度。

在2017年，传统物流园区拥有较为丰富的物流园区经营经验和扎实的基础设施建设能力，面对增长迅速的电商物流，将更为积极地进行转型，加强对电商物流的支持力度。对于有条件、有需求的传统物流园区，将会通过划分电商物流基地，吸引物流地产商或通过自建电商物流所需基础设施、提供优惠条件吸引电商物流企业，在传统物流领域保持平稳发展的同时，积极参与电商物流发展的大潮，在未来的发展中占得先机，实现物流园区的转型升级，做到传统物流与电商物流的协同发展。

（六）物流高新科技持续投入，改变物流地产面貌

科技的发展，是推动社会进步的动力。在物流地产领域，通过使用高新科技，进一步改变物流地产的运营效率与服务能力，提高物流地产的管理与服务水平，推动物流地产在运营中的跨越式发展。

2017年，在物流地产行业竞争日趋激烈的情况下，将有更多企业投入到高新科技的怀抱中，实现经营能力的提升。《商贸物流发展“十三五”规划》明确提出，实施商贸物流创新发展工程，推广使用自动识别、电子数据交换、货物跟踪、智能交通、物联网等先进技术装备，探索区块链技术在商贸物流领域的应用，大力发展智慧物流；大力推进仓配一体化，推动物流企业一体化运作、网络化经营，促进商贸物流转型升级。同时，将实施商贸物流绿色发展工程，鼓励企业全面推进绿色仓储设施与设备应用，鼓励企业全面推进绿色仓储设施设备与技术应用，推动大型商贸企业实施绿色供应链管理，重点推动冷库提升节能技术水平，仓储设施利用太阳能等清洁能源，广泛应用电动叉车、智能穿梭车与密集型货架系统，推广新能源配送车辆，实现绿色仓储与配送可持续发展。

2017年，租户对智能仓储需求的日益增长将催化新技术在仓库中的应用，并引领未来仓库硬件设备发展的方向。从更长远的角度看，仓库行业的智能化将推动开发商向提供解决方案的综合服务商的角色进一步演变。

在企业层面，将会有更多物流与物流地产公司转向到技术升级的行列中。圆通公司的招股说明书明确提到，重点将资金投向了转运中心建设和智能设备升级项目中，并投入巨资实施智慧物流信息一体化平台建设项目，以实现设施

的升级换代。

2017 年，技术升级将会成为物流企业、物流地产企业、政府、学术界共同关注的话题，技术的变革将掀起物流地产升级的新浪潮。

（西安交通大学管理学院　刘昀皓　冯耕中
西安市商用信息系统分析及应用工程实验室　刘缨缨）

（本项研究获国家自然科学基金项目（71390333 和 71572145）支持）

2016 年物流园区发展回顾与 2017 年展望

一、2016 年物流园区发展回顾

2016 年，面对复杂多变的国内外经济形势，我国经济运行保持平稳，物流业各项指标缓中趋稳，物流园区发展取得新进展。

（一）基础设施投资稳步增长，物流园区投资增速放缓

2016 年 2 月，国家发展和改革委、财政部等 10 个部门发布《关于加强物流短板建设促进有效投资和居民消费的若干意见》，要求通过加强物流短板建设，健全重要节点物流基础设施，改善城乡末端配送设施条件，完善农产品冷链物流体系，为物流基础设施投资指明了方向。据《2016 年国民经济和社会发展统计公报》显示，2016 年我国交通运输、仓储和邮政业的固定资产投资额为 53628 亿元，同比增长 9.5%，增速高于全社会固定资产投资，但投资状况出现了分化。道路运输业和航空运输业固定资产依然保持 15% 以上的高速增长，铁路运输业固定资产投资保持平稳，水上运输业和管道运输业固定资产投资下滑幅度加大。与物流园区投资相关度较高的仓储业固定资产投资额为 6983.50 亿元，同比仅增长 5.5%，与 2015 年相比，增速下降 22.8 个百分点。仓储业固定资产投资增速的下降，其中一个重要原因就是国有建设用地供应呈下降趋势，特别是仓储用地供应减少。据统计，2016 年，全国国有建设用地供应 51.8 万公顷，同比下降 2.9%；其中，工矿仓储用地 12.08 万公顷，同比下降 3.2%。北上广深等一线城市，物流仓储用地更加紧缺，而重庆、武汉、南京等二线城市也开始减少工矿仓储用地供应。

（二）PPP 助推园区开发建设，资本市场看好物流地产

政府和社会资本合作（PPP）模式是指政府为增强公共产品和服务供给能力、提高供给效率，通过特许经营、购买服务、股权合作等方式，与社会资本建立的利益共享、风险分担及长期合作关系。物流园区是为众多企业提供物流设施和服务的物流产业集聚区，具有一定的基础性、公共性和公益性。采用 PPP 模式开发建设物流园区，充分发挥社会资本在公共服务中的供给作用，有利于加快物流产业集聚和物流网络构建，推进我国物流转型升级。随着 PPP 项

层设计的逐渐完善，PPP 试点开始在传统基础设施领域推广。2016 年 8 月，国家发展改革委发布《关于切实做好传统基础设施领域政府和社会资本合作有关工作的通知》（发改投资〔2016〕1744 号），将物流园区列入传统基础设施领域推广 PPP 模式重点项目之一。目前，PPP 已在重庆西部现代物流产业园、鄂尔多斯空港物流园区、张家港市东沙物流园等部分物流园区中起步尝试。

在政府将资本引入物流行业的同时，物流地产企业资本运作频繁，加快园区网络布局。传化股份以 200 亿元的价格，收购传化物流 100% 股权，同时募集 45 亿元用于实体公路港网络建设项目和 O2O 物流网络平台升级项目。南山控股以发行 A 股股份换股方式吸收合并深基地，实现对宝湾物流的高度控股，并以定向增发的形式募集资金 11.28 亿元，用于物流园区类项目建设。苏宁云商进一步尝试资产证券化，以不低于 16.53 亿元的价格将旗下 6 处自有物流资产转让给中信金石基金公司的相关方拟发起设立的资产支持专项计划，实现资金循环加速，轻资产化、高周转运营，促进仓储物流资源加速布局。此外，拥有充足资金的财团也投资物流地产项目。11 月，中国主权财富基金中投公司、厚朴投资等财团拟以 90 亿美元的报价，向国际物流地产龙头普洛斯发起收购要约。普洛斯是中国物流地产的龙头企业，截至 2016 年年底，业务遍及中国 38 个城市，拥有 242 个园区，物业总面积约 2777 万平方米。在土地资源趋紧的环境下，财团对普洛斯的收购，透露出资本对物流地产的浓厚兴趣和发展前景的看好。

（三）市场需求继续分化，园区结构深度调整

“去产能、去库存、去杠杆、降成本、补短板”，是 2016 年推进供给侧结构性改革的五大重点任务，其中“去产能”被放在第一位。2 月，国务院发布《关于煤炭行业化解过剩产能实现脱困发展的意见》和《钢铁行业化解过剩产能实现脱困发展的意见》，要求淘汰落后产能，拉开了“去产能”帷幕。尽管受房地产影响，钢铁、煤炭等大宗物资稍有回暖，但整体增长依然乏力。全年粗钢、原煤产量分别为 8.0836 亿和 34.1 亿吨，分别同比增长 0.6% 和下降 9%。钢铁、煤炭需求增长的乏力，导致大宗商品物流园区闲置率上升，一些小型的商贸市场和园区开始陆续退出市场或转为他用。

另外，消费市场仍将保持平稳较快发展态势，全年社会消费品零售总额 33.23 万亿元，比上年增长 10.4%。全年网上零售额 5.16 万亿元，同比增长 26.2%。其中网上商品零售额 4.19 万亿元，增长 25.6%，比社会消费品零售总额增速高出 15.2 个百分点，占社会消费品零售总额的比重为 12.6%。消费驱动型经济，特别是电子商务的快速增长，加上政府的大力支持，使物流资源要素聚集形态发生了重新组合，正渐渐改变原有的流通体系，全国电子商务园

区特别是跨境和县域电商园区迅猛增长。电子商务园区的发展，催生了一批围绕电子商务园区建立的快递物流园区，促进了电商与快递的融合发展。数据显示，2016 年农村电商物流增长近一倍，农产品“进城”和工业品“下乡”双向流通格局加快“渠道下沉”；全国跨境电子商务进出口总值 499.6 亿元，同比增长 38.7%，比进出口总值增速高出 37.6 个百分点。

（四）《规范》夯实铁路物流中心发展基础，铁路加速融入社会物流网络

2016 年铁路总公司联合铁道第三勘察设计院集团有限公司、北京交通大学等单位编制出台了《铁路物流中心设计规范》（以下简称《规范》）。《规范》强调铁路物流中心与市场需求的衔接，完善铁路物流中心功能，设计了铁路物流组织流程，制定了铁路物流设施的相关标准，是推动我国铁路物流中心（基地）转型升级的重要标准。《规范》的出台，为铁路物流中心设计与建设提供了依据。各铁路局以《规范》为指导，按照《铁路物流基地布局规划及 2015—2017 年建设计划》的要求，大力推进铁路物流园区建设。北京铁路局紧紧抓住京津冀相关产业转移和新型城镇化建设加快推进的机遇，积极与地方政府对接，结合区域物流市场需求，确定全局物流基地建设项目 55 个。太原铁路局与大秦铁路股份有限公司、山西煤炭运销集团晋中有限公司、晋中公用基础建设投资公司投资建设全国性物流中心——中鼎物流园正式运营，园区占地面积近4000 亩，总投资约60 亿元。济南铁路局在山东省规划建设23 个物流基地，已基本建成 5 个，10 个物流基地将于 2017 年年内陆续建成投用。同时，根据《营造良好市场环境推动交通物流融合发展实施方案》，全国 80% 左右的主要港口和大型物流园区引入铁路的要求，各地物流园区也积极引进铁路专用线，铁路融入社会物流网络的进度加快。

（五）线上线下密切协同，连锁复制互联互通

发展“互联网 +”高效物流，是适度扩大总需求、推进供给侧结构性改革的重要举措。物流园区作为货物集散中心、物流信息中心和物流活动控制中心，推动“互联网 +”与物流园区深度融合，有利于构建互联互通的网络体系，降低社会物流成本。防城港东湾物流园区开发了集管理平台、运营平台和公共信息平台“三位一体”的信息平台，不仅实现了各企业和基础设施的精细化管理，还把港口、铁路、公路、仓储、船代、货代等行业及政府相关信息整合起来，实现信息资源共享。中鼎物流园与百度、清华同方等知名企业合作，开发“智慧物流云平台”。平台集物流电商、云仓库、支付结算、商品交易、金融服务、数据交换等 10 大功能于一体，融合了 11 个铁路信息系统，成为园

区多式联运体系的“指挥中枢”。

一些平台型企业也加快布局，通过物流园区互联互通、线上线下融合发展，快速发展壮大。卡行天下在全国建立了59个枢纽中心、26个园区，覆盖全国26个省份、280多个城市、辐射乡镇2万余个，平台交易结算量近百亿元。货车帮完成除西藏和海南以外所有地级城市服务机构的设立，472个服务机构分布在全国约290个城市。

（六）业务模式不断创新，服务能力逐步提高

随着竞争加剧，依靠租金、信息服务费等传统业务模式生存的园区，已难以适应市场需求。通过整合资源、优化流程、技术创新等方式，不断创新业务发展模式，成为物流园区转型升级的主旋律。9月，交通运输部办公厅发布《关于推进改革试点加快无车承运物流创新发展的意见》，决定在全国开展道路货运无车承运人试点工作，以传化、林安为代表的公路港相继推出相关货运产品。传化物流“精准运力”模式，通过整合相关企业的干线、网点资源，形成全国干线网络，打造干线网络无车承运人平台。林安“城市配送”模式，吸纳众多专线企业在林安物流园驻点，集中收货、分拣，纳入“城市配送车”系统，实行共同配送。而有些园区开始尝试推出免费入驻，整合资源，抢占市场。贵州长和长远的湖南长远城际共配中心，采用“上仓下店、前店后厂、仓运配一体”设计模式，通过免费入驻整合省际联盟平台、省内联盟平台、城市配送中心3个平台，搭建综合物流服务平台。

在园区业务模式不断创新的同时，园区服务水平不断提升，增强了入驻企业对园区的黏性。普洛斯与麦肯锡咨询合作方开发了园区选址工具，为客户提供合适的物流中心选址，优化供应链方案。传化获得保险经纪牌照，将依托传化物流陆鲸、易货嘀、运宝网等场景，深度挖掘用户需求，定制放空履约保险、短途险等创新险种。林安利用第三方支付，为客户租金缴纳、会员费缴纳、运费支付、订单货款支付、信息发布费、车辆跟踪费、短信联系费、车辆停靠费、货物搬运费等互联网支付功能。天地汇整合优质资源，切入物流后服务市场，为会员用户提供卡车团购，汽配维修、司机住行等相关产品和服务，打造物流行业综合类电子商城——天地优汇。

（七）首批示范物流园区公布，树立园区发展典型

2016年7月，由国家发展和改革委、国土资源部、住房和城乡建设部发起，中国物流与采购联合会组织评定的首批示范物流园区名单公布，确定北京通州物流基地等29个物流园区为首批示范物流园区。这29家物流园区在基础设施、服务服务、运营效率和社会效益等方面，都处于行业领先地位，对其他

物流园区发展具有借鉴意义。10 月，三部委联合发布了《关于做好示范物流园区工作的通知》，要求高度重视物流园区示范工作，突出示范工作重点，加大示范物流园区政策支持，加强示范工作的组织实施和评估考核。11 月，示范物流园区工作座谈会在郑州召开，首批 29 家示范物流园区代表围绕园区示范特色、存在问题、政策诉求和工作建议作了汇报交流。2017 年 3 月中旬，中物联物流园区专委会组织会员单位，到示范物流园区交流学习。此外，浙江、江苏、江西、福建等省市也开展了省级示范物流园区创建的工作。示范物流园区工作的开展，有利于我国物流网络构建，发挥示范园区的示范带头作用，从整体上提高我国物流园区的服务水平。

二、2017 年物流园区发展展望

2017 年，随着供给侧结构性改革不断深入，我国物流园区也进入深度调整期。国家战略的深入推进，经济发展动能转换、物流仓储用地供应缩紧、多式联运发展速度加快等，都给物流园区发展带来了新的机遇和挑战。

（一）物流园区服务国家战略，物流服务网络更趋完善

2016 年 10 月 17 日，国家发展和改革委公布了《中欧班列建设发展规划（2016—2020 年）》，按照铁路“干支结合、枢纽集散”的班列组织方式，在内陆主要货源地、主要铁路枢纽、沿海重要港口、沿边陆路口岸等地规划设立 43 个枢纽节点。2016 年 12 月 7 日，交通运输部和国家发展改革委联合印发了《推进物流大通道建设行动计划（2016—2020 年）》（交规划发〔2016〕217 号），考虑综合运输通道范围内，货物转运集散功能及通过量等多个因素，确定了 23 个国家骨干联运枢纽（城市）、51 个区域重点联运枢纽（城市）和 11 个陆路沿边口岸枢纽。2017 年 2 月 8 日，商务部等五部委印发《商贸物流发展“十三五”规划》，以服务于“一带一路”建设、京津冀协同发展、长江经济带发展等国家战略为基础，确定了 39 个具有国际竞争力、区域带动力的全国性商贸物流节点城市和 64 个具有地区辐射能力的区域性商贸物流节点城市。围绕“一带一路”建设、京津冀协同发展、长江经济带发展三大战略，物流节点城市定位逐渐明确，有利于引导物流园区合理规划建设，加快物流资源集聚，促进园区分工合作、差异发展，构建层次分明的物流网络，从而加快支撑、引导产业在区域之间梯度转移和跨区域产业合作。

（二）基础设施投资保持稳定，衔接配套更加顺畅

2017 年，经济下行压力仍然存在，加快供给侧改革，扩大有效投资、精准

投资，是经济稳增长的重要手段。预计 2017 年我国固定资产投资增速将在 8% 左右。基建将继续成为稳定投资乃至稳定增长的主要力量，2017 年基建投资增速将保持在 20% 左右的水平，整体规模预计在 16 万亿元左右。

目前，虽然我国交通物流网络初步形成，但交通物流基础设施衔接不畅，是补短板的重点领域。习近平总书记强调，综合交通运输进入新的发展阶段，各种运输方式都要融合发展，提高效率、提升质量。当前，加快推进现代综合交通运输体系建设，关键要促进各种运输方式在更广范围、更高层次、更大程度上融合。交通基础设施网络的融合是加快构建现代综合交通运输体系的三个重点任务之一。2017 年全国交通运输工作会议指出，要加大交通基础设施投资力度，强化规划引领，加快推进基础设施网络化布局，扩大合理有效投资。预计公路、水运完成固定资产投资 1. 8 万亿元，新增高速公路 5000 公里，新改建农村公路 20 万公里，新增贫困地区 7000 个建制村通硬化路，新增内河高等级航道达标里程 500 公里。中国铁路总公司工作会议提出，2017 年中铁总计划完成投资 8000 亿元，全国铁路行业投资将保持去年规模，全面完成国家下达的固定资产投资计划。

（三）多式联运迎来发展机遇，将与物流园区联动融合

多式联运是依托两种及以上运输方式有效衔接，提供全程一体化组织的货物运输服务，具有产业链条长、资源利用率高、综合效益好等特点。随着交通运输供给侧结构性改革的深化，多式联运作为物流业降本增效的重要举措，将迎来发展新机遇。在运输结构方面，自 2016 年 9 月 21 日启动治超工作以来，公路运价有所回升，铁路货运量同比增长。铁路物流基地加速建设，也为铁路与其他交通运输方式融合发展提供了机遇。在政策环境方面，交通运输部等 18 个部门于 2017 年 1 月发布《关于进一步鼓励开展多式联运工作的通知》（交运发〔2016〕232 号），提出夯实发展基础，提升支撑保障能力；深化行业改革，创新运输服务模式；推动信息共享，加快装备技术进步；深化对外合作，拓展国际联运市场等 5 方面 18 项重点任务，力争实现 2020 年多式联运货运量比 2015 年增长 1. 5 倍。可见，在市场和政府合力推动下，多式联运将迎来发展黄金期。

国家对多式联运发展的大力支持和公路运输价格合理回归，为中长距离货物运输由公路有序转移至铁路、水路等运输方式创造了条件，也给物流园区带来了新机遇。为降低运输费用，借助铁路物流基地逐渐建成投产和铁路专用线加快入园区的机会，企业将加快调整网络布局，交通优势明显、具有多式联运能力的物流园区将成为企业仓库选址的重要因素，为物流资源要素集聚创造了有利条件。在交通运输部办公厅与国家发展改革委办公厅联合公布的第一批多

式联运示范工程中，联运效应已初步显现，有16个符合条件的建设项目，纳入交通运输部“十三五”货运枢纽（物流园区）建设项目库。物流资源向具有多式联运能力的物流园区集聚，又给多式联运发展提供了稳定的货源。如此循环往复，物流园区与多式联运联动的“正反馈”效应逐渐形成，将成为我国物流业降本增效的重要抓手。

（四）新零售对物流提出新要求，物流园区自动化、智能化发展提速

零售电商的发展有效激发用户购物潜力，拉动国内消费需求，预计未来几年仍将保持合理增速。网络零售市场进入相对“成熟期”，零售进入线上线下融合发展的新时代。新零售时代的到来，对物流服务提出了更高要求，物流活动将更加复杂，物流园区也将来新的发展机遇。在人工成本、土地成本不断上涨的环境下，企业将加快新技术的研发、应用与普及来提高效率，降低成本，满足新零售发展需求。2016年11月，苏宁推出“苏宁云仓”，其结合了线下连锁和线上电商等不同订单作业需求场景，配备了多种先进的智能仓储物流解决方案，实现了从入库、补货、拣选、分拨、出库的全流程智能化。未来，苏宁物流还将对北京、南京、广州、成都、沈阳、武汉、西安、深圳、杭州、重庆、天津11个中心城市的仓库升级，建起一张覆盖全国的智能云仓体系。而《“互联网+”高效物流实施意见》（发改经贸〔2016〕1647号）也要求，结合国家级物流园区示范工作，引导企业在重要物流节点和物流集散地规划建设或改造一批国家智能化仓储物流示范基地（园区），推动仓储设施从传统结构向网格结构升级，建立深度感知智能仓储系统，实现存、取、管全程智能化。在发展需求与政策利好的双重推动下，物流园区自动化、智能化发展有望加速。

（五）新增土地供应趋于紧张，存量土地开发备受青睐

随着供给侧结构性改革力度加大，国土资源供给结构也将随之发生变化。2016年4月12日，国土资源部发布《国土资源“十三五”规划纲要》（国土资发〔2016〕38号），明确提出“十三五”期间，要实现建设用地总量得到有效控制，单位国内生产总值建设用地使用面积降低20%，存量建设用地挖潜力度进一步加大。由于物流业是支撑国民经济社会发展的基础性产业，同等面积土地GDP产出难以达到制造业和商贸业的水平。在建设用地供应逐渐有减少、单位土地面积GDP增加的情况下，政府出让土地用于物流的意愿将下降，特别是一线、二线物流节点城市，仓储用地供应将趋于紧张。

近年来，虽然我国物流园区规模持续扩大，到2015年年底全国园区仓储

业营业性通用仓库面积约为10亿平方米，但其中仍有很大一部分仓储设施存在库容小、功能单一、设施落后等问题，仓库标准化、机械化、信息化水平较低，运作效率不高，不适应现代物流快速周转、增值服务的需要。随着我国经济的转型升级，电子商务及高端制造业需求旺盛，高端标准设施的缺口仍然存在。2016年，中集集团与普洛斯公司签署战略合作协议，未来对中集集团现有的闲置土地资源开发整合，将优先与普洛斯合作。绿地控股与中国远洋海运集团有限公司启动全面战略合作，双方将共同探索城市产业转型过程中老码头、厂房等工业工地的改造利用。未来，闲置土地的开发利用和老旧设施的改造升级，将是增加有效供给的主要力量。

（六）土地使用税减半征收政策延续，示范园区工作又有新进展

自2012年以来，财政部、国家税务总局先后两次发文，对物流企业大宗商品仓储设施用地城镇土地使用税实行减半征收政策，取得明显效果，受到企业欢迎。2017年4月26日，财政部、国家税务总局发出《关于继续实施物流企业大宗商品仓储设施用地城镇土地使用税优惠政策的通知》（财税〔2017〕33号），明确指出：自2017年1月1日起至2019年12月31日止，对物流企业自有的（包括自用和出租）大宗商品仓储设施用地，减按所属土地等级适用税额标准的50%计征城镇土地使用税。土地使用税减半征收政策的延续有利于继续拉动企业投资，优化园区布局和结构，推动物流园区转型升级，是落实物流企业降本增效、推进供给侧结构性改革的重要手段。

为进一步发挥试点示范带动作用，引导我国物流园区健康有序发展，提高物流整体服务水平，2017年3月，国家发展和改革委、国土资源部和住房城乡建设部发布《关于开展第二批物流园区示范工作的通知》（发改办经贸〔2017〕526号），继续委托中国物流与采购联合会组织开展第二批示范物流园区评选工作，示范物流园区数量有望进一步增加。同时，为及时推广首批示范物流园区发展经验，发挥示范物流园区引领和带动作用，国家发展和改革委员会、中国物流与采购联合会将联合出版《示范物流园区创新发展报告》，展现示范物流园区风采，为物流园区持续健康发展抓典型、树样板。

（中国物流与采购联合会物流园区专业委员会　黄萍　陈凯）

2016 年物流金融业发展回顾与 2017 年展望

物流金融是近年来，随着物流产业的逐步成熟与完善，出现的一批专门围绕物流行业提供服务的金融产品及相关服务的金融服务的统称。它与供应链金融最显著的区别在于，物流金融的服务对象主要是物流企业，服务的金融产品包括贷款、投资、保险等多种类型，而供应链金融的服务对象主要是供应链上的生产制造和流通企业，服务的金融产品主要是基于存货、应收或应付账款的抵押贷款。

中物联金融委根据两者的特征，分别对物流金融和供应链金融的发展进行了广泛的调研，尤其是物流金融领域，由于概念新、内容多、数据匮乏，需要克服的难题很多。中物联金融委联合行业权威媒体《现代物流报》，通过大量的市场调研、数据分析和专家访谈，初步整理出了我国物流金融领域的基本情况，详细内容将在 5 月出版的《中国物流与供应链金融发展报告（2016）》中予以呈现，本文摘录其中部分内容，提前发布，文中不足之处，还望物流及金融行业的专家学者、企业家及资深人士予以批评指正。

一、2016 年物流金融业发展回顾

（一）政策环境和经济环境

通过国务院与国家发展和改革委的相关文件可以看出，目前国家对于物流金融的发展非常重视，政策的导向也是积极、鼓励、支持、引导，预计随着物流行业的发展，国家将会出台更多、更有力的政策来鼓励物流金融行业的发展。（如表 1 所示）

表 1　　2011—2016 年我国物流金融相关政策梳理

时　间	名　称
2011. 08. 02	关于促进物流业健康发展政策措施的意见
2012. 08. 03	关于深化流通体制改革加快流通产业发展的意见
2014. 07. 24	关于完善和创新小微企业贷款服务提高小微企业金融服务水平的通知
2014. 09. 12	关于印发《物流业发展中长期规划（2014—2020 年）》的通知

续　表

时　间	名　称
2015.08.28	关于推进国内贸易流通现代化建设法治化营商环境的意见
2015.09.29	关于推进线上线下互动加快商贸流通创新发展转型升级的意见
2015.10.26	关于促进快递业发展的若干意见
2015.05.07	关于大力发展电子商务加快培育经济新动力的意见
2015.07.18	关于促进互联网金融健康发展的指导意见
2015.09.08	关于促进金融租赁行业健康发展的指导意见
2016.02.29	关于加强物流短板建设促进有效投资和居民消费的若干意见
2016.03.24	关于全面推开营业税改征增值税试点的通知
2016.06.21	关于转发国家发展改革委《营造良好市场环境推动交通物流融合发展实施方案》的通知

资料来源：中物联金融委整理。

进入2015年，中国的经济发展告别了高速发展时期，进入平稳、持续发展阶段，产业结构进入调整时期。中国GDP增长率从过去六年前的两位数逐渐降至7%左右，中国经济进入了持续平稳、结构调整、注重质量、改善民生的“新常态”。中国经济发展的“新常态”必然会对物流金融发展产生很大的影响。（如表2所示）

表2　　2015年我国物流金融经济环境分析

影　响	简　介
国民经济保持中高速增长，物流行业尤为突出	中国经济良好的总体发展环境为中国物流金融行业的发展奠定了坚实的基础。2015年中国国内生产总值达到67.67万亿元，按可比价格计算，比上年增长6.9%。其中第三产业增加值341567亿元，增长8.3%。比例已经连续三年超过第二产业增加值，而物流产业隶属于国民经济的第三产业范畴，是未来增长发展的产业之一。伴随着物流产业的发展，物流金融也将成为未来发展的重要领域
全国工业生产平稳增长，扩大了对物流产业的需求	隶属于第二产业的工业生产总体处于平稳发展势态，2015年中国规模以上工业增加值为22.9万亿元，比上年增长6.1%；工业生产品的增加扩大了对物流产业的需求，进而增加对于物流金融的需求

续 表

影 响	简 介
国内消费需求较快增长，拉动物流业务的增长	2015 年中国社会消费品零售总额达到 30.09 万亿元，比上年增长 10.7%，国内消费需求的拉动作用直接推进了中国物流产业增长，具体体现在：货物运输和仓储能力及城市配送能力增加等方面的增长，作为物流的辅助行业，物流金融亦将伴随物流行业扩大其市场规模
国际进出口贸易增速回落	受到国际金融危机的影响，中国的进出口贸易额产生了很大的变动，2015 年，我国货物贸易进出口总值 24.59 万亿元，比 2014 年下降 7%。进出口货物总额的变化直接影响到国际物流、港口物流、报税仓储物流等行业的发展，进而影响物流金融业务的发展

资料来源：中物联金融委整理。

（二）物流金融的贷款市场概况

1. 投资领域贷款

根据市场调研了解，我国物流主要的投资领域包括：园区、仓储、网点布局以及物流信息平台建设等领域。

（1）园区金融市场稳定增长，但是增速有所放缓。

2015 年数据显示，全国物流园区投资领域的金融服务市场规模最大能够达到 7895.39 亿元，且近五年保持了稳定增长。

（2）仓储金融市场快速增长，未来发展前景广阔。

从金融角度来看我国仓储业，2015 年资金需求市场规模为 6619.97 亿元，而其中新建项目的金融市场规模最大，占比为 78.81%，扩建和改建次之。另外，全年仓储行业资产投资金融市场规模各细分领域均保持在 25% 以上的增长率，预计未来仓储行业仍将会存在巨大的金融市场需求。

（3）网点金融市场增长趋势良好，合作型网点投资成为重点。

根据中国国家邮政局《邮政行业发展统计公报》数据显示，近五年全国快递服务营业网点数量保持稳定增长，从 2011 年的 7.5 万处增长到了 2015 年的 18.3 万处，主要是因为我国快递行业的多家龙头企业放开了企业的加盟制度，吸引了大量的合作型的网点，2015 年全国合作型网点数量为 8.5 万处，已逐渐赶上自有型网点数量。

从金融角度来看，我国快递新增网点投资的金融市场规模最大能够达到 102 亿元左右，且未来增长趋势良好，合作型网点成为金融市场重点。

2. 生产领域贷款

根据市场调研了解，我国物流的生产领域主要包括：车辆、设备、燃油费、公路局通行以及运费等。

（1）货车金融市场规模持续下降，中、重卡销量下降是主因。

2015 年，我国载货车行业在艰难中前行，继续延续下降趋势，全年共生产载货车 283. 30 万辆，销售 285. 59 万辆，同比分别下降 11. 35% 和 10. 32%。我国经济进入新常态后，经济增长速度放缓，传统行业产能过剩，增长速度下降或呈负增长，载货车行业也相应进入一个下降调整的时期。

从金融市场规模来看，根据综合测算，2015 年全国货车金融市场总额为 3167. 88 亿元，较 2014 年下降了 15. 75%，主要是受到了中、重卡销售下降的影响。

（2）叉车销量、销售金额齐下降，未来金融市场将趋于平稳。

中国物流与采购联合会数据显示，2015 年，我国叉车市场全年共销售机动工业车辆 236976 台，与 2014 年的 268910 台相比，下降了 11. 88%。全年实现销售金额 119. 34 亿元，较 2014 年略有下降，主要是受到了经济放缓的影响。

所以，从金融角度来看，2015 年全国叉车领域的金融市场规模能够达到 119. 34 亿元，存在着不小的市场前景。

（3）托盘保有量稳定增长，租赁前景广阔。

2015 年，托盘业因自身的特殊性，虽然盛况略衰，但上升态势依旧。依据托盘市场供需情况测算，截至 2015 年年底，我国托盘保有量为 10. 2 亿片，较 2014 年增长 16%。

现阶段我国托盘（包含笼式周转箱）租赁总量约为 1200 万个。其中，木托盘租赁量约占托盘租赁总量的 70%，塑料托盘租赁量约占托盘租赁总量的 30%。

（4）燃油金融市场规模庞大，但是下降趋势明显。

2015 年，国内成品油消费量约 3. 27 亿吨，同比增长 2. 8%，增速较 2014 年下滑了 1. 4 个百分点。其中，汽油消费量 1. 24 亿吨，增长 9. 3%，继续保持旺盛；煤油消费量（含保税）0. 30 亿吨，增长 9. 0%，略有放缓；柴油消费量 1. 74 亿吨，下降 2. 3%，明显萎缩。

从金融角度来看，我国燃油金融市场规模约为 13704 亿元，市场规模庞大，但是通过近期走势情况来看，未来将会呈现逐渐下降趋势。

（5）公路通行费金融市场规模保持增长，未来增速趋于平稳。

2015 年度，全国收费公路通行费收入为 4097. 8 亿元，较 2014 年增长了 4. 44%，增长幅度有所放缓。而支出总额为 7285. 1 亿元，通行费收支缺口 3187. 3 亿元。

从金融领域来看，2015 年全国物流商用车通行费领域的金融市场规模为1576.8 亿元，由于近三年总费用增长率呈现下降走势，预测未来全国物流商用车领域的金融市场规模增速将会逐渐的趋于平稳。

（6）运费金融市场规模稳定增长，未来增幅将会放缓。

《2015 年全国物流运行情况通报》显示，2015 年，社会物流总费用 10.8 万亿元，比 2014 年增长 2.8%，增速比 2014 年回落 4.1 个百分点。在整个运输成本里，公路运输占比最高，达到了 74.0%，总额为 4.3 万亿元，较 2014 年增长了 2.4%。

就公路运输外包结算费用领域的金融市场来看，全国 2015 年总体规模约为 2.8 万亿元，由于近几年成本占 GDP 比例保持下降，预计未来随着国家诸多政策的实施以及物流行业的发展，该市场规模增速将会逐渐放缓。

（三）物流金融的资本市场概况

1. 风险投资

（1）风险投资规模爆发增长，中投参与竞购 Asciano 占半壁江山。

根据国家统计数据显示，2016 年，由于国家政策提出了供给侧的改革要求，使得物流行业得到诸多支持，行业投资亦保持快速增长，全行业风险投资金额激增到了 580 亿元。

另外，数据显示，在所有风险投资事件中，投资金额最大的是中投参与竞购 Asciano 事件，项目投资 890000 万澳元，约为人民币 462.32 亿元。

（2）风投机构信心增强，投资物流企业激增。

2011 年，全国物流行业风险投资企业的投资方有 80 家，达到了历史最高点。2012 年，由于受经济放缓及社会需求下降的影响，使得全国进入物流行业的风险投资企业仅有 9 家，下降率接近 90%。

2013 年和 2014 年，风投机构企业信心有所回暖，两年进入物流行业的风险投资企业数量保持在 17 家。2015 年，受国家大环境及相关有利政策的影响，全年投资物流行业的企业达到了 37 家。随着物流行业《2014—2020 年发展政策》以及各种相关鼓励政策的逐步实施，2016 年，全国物流行业风险投资企业数量增长到了 74 个。

（3）物流领域政策护航，风投项目事件保持高位。

我国经济保持快速发展，物流行业也在吸引着全国的目光，整体风险投资事件呈现井喷式增长。2011 年，全国物流行业风险投资事件达到了近百件；2012 年，由于经济的放缓，全年物流行业风险投资事件仅有 11 件，较 2011 年大幅下滑。

而后，随着全国经济的稳定增长，物流行业风险投资事件呈现逐步回暖态势，2013 年达到了 24 件，2014 年，受全球石油价格暴跌及经济的放缓的影响，事件数量下降至 21 起。

2015 年和 2016 年，国家在物流行业领域发布了众多的有利政策，刺激了风投机构的投资欲望，使得全行业风险投资事件达到了 55 件和 51 件。

2. 资本市场

（1）A 股整体市值先降后升，“中坚力量”占据主导。

全国经济进入了新常态，影响着整体产业结构，物流行业发展也随之而改变，截至 2016 年年底，全国物流 A 股上市企业 44 家，总体市值为 9402.23 亿元，较 2015 年的 10279.19 亿元下降了 8.53%，主要是受到了全国经济增速放缓的影响。

通过各区间市值来看，全国物流 A 股市值存在三方力量，分别是龙头集团、中坚力量以及小型势力。龙头集团是以上港集团、大秦铁路、圆通速递以及宁波港这四家市值超过 500 亿元的企业为主；中坚力量是以中远海控、中远海发、建发股份等为带头的市值在 100 亿 ~500 亿元的 23 家企业；而市值低于 100 亿元的 17 家小型上市企业则形成了第三股势力。

（2）新三板市值四季度爆发增长，个股穿山甲突破百亿大关。

2016 年，新三板市场的发展突飞猛进，挂牌企业数量超过万家，在全球范围成为企业最多的资本市场。随着挂牌企业增多，新三板企业总市值较 2015 年增长近七成。其中物流行业新三板上市企业市值亦保持稳定增长，在第四季度实现爆发增长。

纵观 2016 年物流行业新三板企业，总计有 92 家，其中市值在 100 亿元以上的企业仅有穿山甲 1 家，截至 2016 年年底，市值达到了 120.81 亿元；市值在 10 亿 ~100 亿元的企业有 6 家，整体市值为 113.38 亿元；市值在 1 亿 ~10 亿元的企业有 28 家，1 亿元以下的企业有 57 家。可见，目前全国物流新三板上市企业主要是以小型企业为主。

（四）物流金融的保险市场概况

1. 车险

卡车保费仍处于低位，中重卡下降趋势明显

交通运输部和交管局 2015 年数据显示，全国汽车保有量为 17200 万辆，其中卡车保有量为 1389.19 万辆。而全国车辆保险费用总额为 6199.00 亿元，其中卡车保费为 500.67 亿元，占车辆保险总额的 8.08%，体现了我国目前卡车保费金额仍处于低位。

从金融角度来看，全国卡车的保费市场规模为 500.67 亿元，而通过卡车销量看出全国卡车的保费呈现下降走势，其中中重卡的保费市场规模下降幅度

要大于轻微卡。（如表3所示）

表3　　2015年全国卡车车险保费市场规模情况

	车险保额费用（亿元）	占比（%）
货车	500.67	8.08
其他	5698.33	91.92
总　计	6199.00	100.00

资料来源：中国汽车协会、国家统计局、金融委测算。

2. 货运险

市场总体规模快速下降，未来下降趋势依旧明显。

“十二五”初期，全国货运险保持稳定增长，由2011年的97.83亿元增长到了2013年的102.94亿元。但是之后却呈现大幅下滑走势，下降到了2015年的88.2亿元，年均降幅在7%以上，主要是受到了全国经济放缓，企业成本压力过大的影响。从金融角度来看，全国货运险金融市场规模即为总体的货运保费金额，为2015年的88.2亿元，但是纵观近两年的走势及全国经济的发展情况，预计未来货运险金融市场规模将会呈现持续下降趋势。（如下图所示）

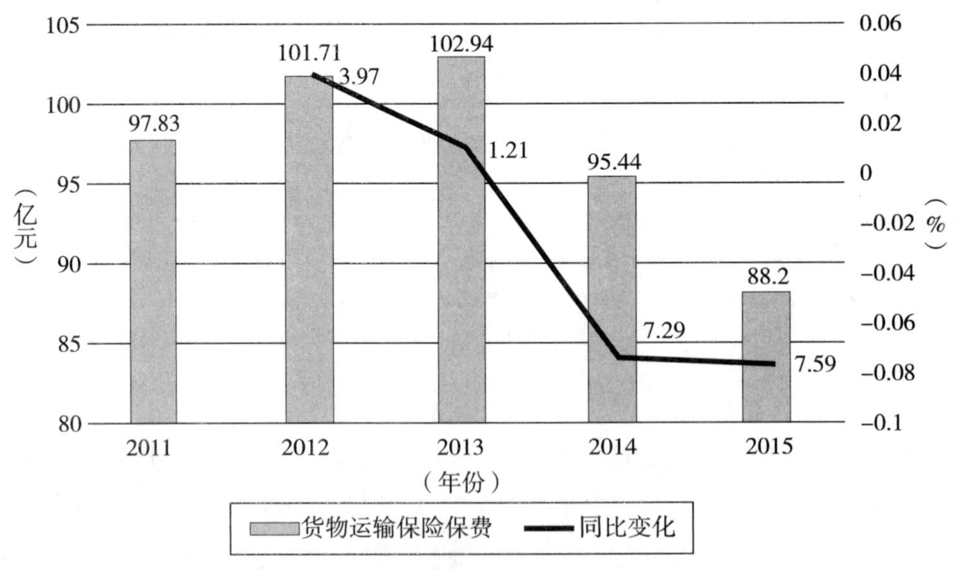

2011—2015年全国货运险保费情况

资料来源：国家统计局。

二、2017 年物流融业展望

（一）中小型客户比重将上升

数量庞大的中小企业，一直被银行等传统金融机构视为鸡肋。得益于信息技术和互联网金融的创新，贷款的申请和评估将变得简单，未来金融机构的评估成本和风控成本也将得到很好控制。

（二）投资基金企业将显著增加

在物流基础设施投资、物流企业股权融资等领域，均为快速增长的投资热点。预计未来三年，随着物流行业资本市场的逐渐成熟，将有更多的投资基金进入物流行业，主要类型包括政府引导基金、物流创投基金、物流融贷基金、物流并购基金等。预计未来三年内，我国物流类上市企业将增加到500家以上，这有助于更大程度上优化资产配置，加速行业整合。大批物流企业排队上市，表明物流行业资产证券化速度加快，一方面将带动物流投融资市场的活跃，另一方面获得融资的上市物流企业们很可能进行行业并购活动。

（三）大数据金融潜力巨大

在摸索中发现，通过搭建电子商务资金结算、清算和托管及信贷资金监管等综合金融服务平台，运营主体完全可以将借记、信用、公司结算及行业应用等功能进行整合，撬装加油、加气、充电等一卡通，针对一些信用较好的市场主体，可推出“汽车贷”和“车船融资租赁”等产品创新，服务物流企业。

（中国物流与采购联合会物流金融专业委员会　葛世明　安宏瑞）

2016 年保税物流发展回顾与 2017 年展望

中国保税物流行业在 2016 年又迈上了一个新台阶。新设立 7 个自贸试验区，综合保税区也有所增加，跨境电商的保税物流逐渐步入正轨，“一带一路”沿线的保税运输又为保税物流增添了新的生命力。

一、2016 年保税物流发展回顾

（一）自由贸易试验区建设快速推进

2016 年我国自由贸易试验区的发展取得了良好的成效，上海、广东、天津、福建自贸试验区建设取得的成效，彰显了自贸试验区的试验田作用。2016 年 9 月，党中央、国务院决定，在辽宁省、浙江省、河南省、湖北省、重庆市、四川省、陕西省新设立 7 个自贸试验区。这代表着自贸试验区建设进入了试点探索的新航程。

新设的 7 个自贸试验区，将继续依托现有经国务院批准的新区、园区，继续紧扣制度创新这一核心，进一步对接高标准国际经贸规则，在更广领域、更大范围形成各具特色、各有侧重的试点格局，以推动全面深化改革、扩大开放。

新增的自贸试验区特点及发挥的功能如下：

（1）辽宁省是提升东北老工业基地发展整体竞争力和对外开放水平。

（2）浙江省是推动大宗商品贸易自由化，提升大宗商品全球配置能力进行探索。

（3）河南省是建设贯通南北、连接东西的现代立体交通体系和现代物流体系，建设服务于“一带一路”建设的现代综合交通枢纽。

（4）湖北省是承接中部地区产业转移、建设一批战略性新兴产业和高技术产业基地，实施中部崛起战略和推进长江经济带建设。

（5）重庆市是发挥重庆战略支点和连接点重要作用、加大西部地区门户城市开放，带动西部大开发。

（6）四川省是西部地区门户城市开放力度以及建设内陆开放战略支撑带，打造内陆开放型经济高地，实现内陆与沿海沿边沿江协同开放。

（7）陕西省是西部地区门户城市开放，打造内陆型改革开放新高地，探索内陆与“一带一路”沿线国家经济合作和人文交流新模式。

（二）综合保税区数量稳步增加

与自由贸易试验区的发展情况不同，综合保税区的审批推进则继续以升级改造为主。综合保税区是目前我国境内开放层次最高、优惠政策最多、功能最齐全的海关特殊监管区域，是国家开放金融、贸易、投资、服务、运输等领域的试验区和先行区。截至 2016 年 12 月，我国已设立 60 个综合保税区。而 2016 年，国务院陆续批复了 7 个综合保税区。

新增综合保税区的情况如下：

1. 江阴综合保税区

2016 年 1 月 14 日，国家批准设立江阴综合保税区。作为保税中心的升级版，江阴综合保税区集保税区、出口加工区、保税物流区、港口的功能于一身，在现有基础上可以全方位发展国际中转、配送、采购、转口贸易和出口加工等业务，这对进一步做强、做大临港产业是一项重大利好。综合保税区获批后，将集中力量做好封关运行前的各项准备工作，主动对接“一带一路”和长江经济带等国家战略，积极借鉴上海自贸区可复制的经验，加大综保区功能的政策宣传力度，吸引优质企业进驻，让区内企业充分享受到改革红利。

江阴国家综保区将严格按照海关总署对综保区的验收要求，以打造一流口岸为目标，以服务腹地企业为宗旨，继续集聚产业链，全力打造智能制造中心、现代物流中心、展示交易中心和贸易结算中心，并积极争取跨境电子商务试点，加快建成现代产业集聚区、保税物流示范区、服务贸易特色区。

2. 昆明综合保税区

2016 年 2 月 24 日，国家批准成立昆明综合保税区。昆明综合保税区分为 A 区和 B 区。其中，A 区位于经开区昆明出口加工区内，规划面积 0.58 平方千米，目前已封关运行。B 区选址于昆明长水国际机场附近，规划面积 1.42 平方千米。其中，A 区将重点发展具有云南省，以及周边国家特色优势的资源性产业、珠宝玉石、生物医药及食品等产业，突出保税加工、保税物流功能。B 区将以长水机场为依托，重点发展国际转口贸易、仓储、加工等产业，突出保税贸易、保税服务、保税物流、保税加工、保税展示等功能。

按照昆明市的规划，昆明综合保税区将与滇中产业新区共同完成昆明综合保税区 B 区围网建设，确保顺利通过国家验收并封关运行。此外，2017 年将启动昆明综合保税区产业功能配套区的基础设施建设。昆明市提出，力争 2020 年昆明综合保税区 A 区、B 区外贸进出口总额占到云南省的 20%。

3. 南昌综合保税区

2016 年 2 月 24 日，国务院批准成立南昌综合保税区。该区将建设成为南昌开放型经济的新平台、促进南昌临空经济区发展的新引擎，打造成为昌九一体化的重要节点，内陆地区“大通关”示范区、区域性货物集散中心、承接产业转移的新型基地、中三角重要的采供销平台。南昌综合保税区总规划面积为2平方千米，其中区块一为原南昌出口加工区A区，区块二位于临空经济区内。南昌综合保税区封关验收后，原出口加工区未纳入综合保税区的区域围网予以撤除。

国务院批复明确要求，南昌综合保税区应发挥区位优势和政策优势，发展保税加工、保税物流、保税服务等业务；地方政府要严格履行土地利用报批手续，拟定综合保税区的开发实施方案和产业发展规划；海关等相关部门要切实做好监管和服务工作，促进南昌综合保税区健康有序发展。

4. 哈尔滨综合保税区

2016年3月16日，国家正式批复成立哈尔滨综合保税区。哈尔滨自2015年启动综合保税区一期建设以来，先后完成区内道路基础施工、围网架设以及综保区综合业务楼主体封顶等建设，目前综保区一期围网内1.13平方千米的面积已达到封关标准。区内新建道路6条，总长度8.4千米，形成“二横三纵一环”的道路网络，拉伸起园区整体框架；供水、排水、电力、通信、供热、燃气等管线也全部配套到位，能够为入区企业提供“七通一平”的基础配套。

哈尔滨综合保税区内设跨境电商保税仓库、进口汽车整车仓库、航空零部件仓库、艺术品仓库、一般保税仓库等，金银金属、珠宝首饰、精密仪器、航空零件加工区。同时，还设有食品分装、贴标分装、液体分装以及其他保税加工区。此外，保税区还建设金融、工商、税务、海关等相关部门咨询工作区等。

根据各个区域的设置，哈尔滨综合保税区将具有口岸、物流、加工等三大功能，具体业务分为办理存储进出口货物和其他未办结海关手续的货物，国际转口贸易，国际采购、分销和配送，国际中转，检测和售后服务维修，商品展示等多项业务。

5. 武汉新港空港综合保税区

2016年3月22日，国务院正式批复成立武汉新港空港综合保税区。武汉新港空港综合保税区总规划面积4.05平方千米，采用“一区两园”的模式，即毗邻阳逻港的阳逻港园区和依托武汉东西湖保税物流中心的东西湖园区。其中，阳逻港园区规划面积1平方千米，东西湖园区依托武汉东西湖保税物流中心进行建设，总规划用地面积约为3.05平方千米。两个园区将通过差异化发展实现优势互补，形成“资源共享、错位布局、互为补充、共同发展”的战略局面。阳逻港园区重点开展国际采购、分销和配送，进出口贸易服务（含展览展示）、航运金融（含金融、保险）、船舶租赁、航运交易等新型服务业，实现内陆型海关特殊监管区域由货物贸易为主向货物贸易和服务贸易并举的转型升级；东西湖园区重点发展航空零部件生产、研发、飞机维修，高端电子产品生产，快速消费品分拨配送等业务，打造湖北省临空产业基地、面向世界的中部国际物流集散中心。

6. 威海综合保税区

2016年7月21日，国务院批复成立威海综合保税区。威海综合保税区将享受一系列优惠政策，包括：境外货物入区保税或免税；货物出区进入境内区外销售按进口货物的有关规定办理报关手续，并按货物实际状态征税；境内区外货物进区视同出口，实行退税；区内企业之间的货物交易免征增值税和消费税。

设立威海综合保税区将有利于促进土地等资源要素向区内聚集，提高园区产业聚集度和节约集约发展水平，加快推进全市重点区域和市域一体化建设。有利于更好地发挥政策叠加优势，加快发展保税加工、保税物流、保税服务、虚拟口岸等功能，同中韩自贸区地方经济合作示范区建设、服务贸易创新发展试点互相促进、共同提升。

7. 马鞍山综合保税区

2016年8月26日，国务院批复成立马鞍山综合保税区。马鞍山综合保税区选址在马鞍山郑蒲港新区现代产业园区内，北至望江一路、东至和州大道、南至郑蒲大道、西至347国道，规划面积2.0平方千米。保税区主要建设有核心区、保税物流区、保税加工区、联合查验区、产品展示区及保税企业区等。其中核心区规划用地面积140823平方米（约211亩），总建筑面积26317平方米，规划建设“一横五纵一环”道路及外围道路15.99千米。

马鞍山综合保税区作为承接产业转移的重要平台，根据马鞍山郑蒲港新区现代产业园区发展电子信息、装备制造、生物医药等产业的定位，将吸引众多国内外高端项目落户，并带动上下游产业链集聚。马鞍山综合保税区的建设发展，必将进一步提升全市乃至全省的对外开放水平，成为全省向外型经济发展的重要增长极。

截至2016年12月，全国综合保税区情况，如表1所示。

表1　　截至2016年12月全国综合保税区情况

序　号	名　称	成立时间	规划面积（平方千米）	备　注
1	苏州工业园综合保税区	2006.12.17	5.28	国内首个综合保税区
2	天津滨海新区综合保税区	2008.03.10	1.967	

续 表

序 号	名 称	成立时间	规划面积（平方千米）	备 注
3	北京天竺综合保税区	2008. 07. 23	5. 944	国内第一家直接依托空港口岸设立的综合保税区
4	广西凭祥综合保税区	2008. 12. 19	8. 5	国内第一个在陆地边境线上设立的综合保税区
5	海口综合保税区	2008. 12. 22	1. 93	国内第一个省会城市综合保税区
6	黑龙江绥芬河综合保税区	2009. 04. 21	1. 8	
7	上海浦东机场综合保税区	2009. 07. 03	3. 59	
8	江苏昆山综合保税区	2009. 12. 20	5. 86	
9	重庆西永综合保税区	2010. 02. 15	10. 3	国内面积最大综合保税区
10	广州白云机场综合保税区	2010. 07. 03	7. 385	全国最大的空港综合保税区
11	苏州高新技术产业开发区综合保税区	2010. 08. 25	3. 51	全国首家通过“信息化围网”技术来进行监管的综合保税区
12	成都高新综合保税区	2010. 10. 18	4. 68	
13	郑州新郑综合保税区	2010. 10. 24	5. 073	
14	潍坊综合保税区	2011. 01. 25	5. 17	
15	西安综合保税区	2011. 02. 14	6. 17	西北地区第一个综合保税区
16	阿拉山口综合保税区	2011. 05. 30	5. 6	新疆首个综合保税区
17	武汉东湖综合保税区	2011. 08. 29	5. 41	湖北首个综合保税区
18	沈阳综合保税区	2011. 09. 07	7. 1982	东北地区内陆城市第一个综合保税区
19	长春兴隆综合保税区	2011. 12. 16	4. 89	
20	无锡高新区综合保税区	2012. 05. 10	3. 497	

续　表

序　号	名　称	成立时间	规划面积（平方千米）	备　注
21	济南综合保税区	2012. 05. 15	5. 22	
22	盐城综合保税区	2012. 06. 18	2. 28	苏北第一家综合保税区
23	淮安综合保税区	2012. 07. 19	4. 92	
24	曹妃甸综合保税区	2012. 07. 30	4. 59	
25	太原武宿综合保税区	2012. 09. 02	2. 94	山西省第一家综合保税区
26	银川综合保税区	2012. 09. 10	4	
27	南京综合保税区	2012. 09. 17	5. 03	
28	西安高新综合保税区	2012. 09. 22	3. 64	
29	舟山港综合保税区	2012. 09. 29	5. 85	
30	衡阳综合保税区	2012. 10. 25	2. 5743	湖南省第一家综合保税区
31	南通综合保税区	2013. 01. 03	5. 29	
32	苏州太仓港综合保税区	2013. 05. 30	2. 07	
33	湘潭综合保税区	2013. 09. 09	3. 12	
34	贵阳综合保税区	2013. 09. 14	3. 01	国内首个山地生态型综合保税区
35	红河综合保税区	2013. 12. 17	3. 29	云南省第一个综合保税区
36	深圳盐田综合保税区	2014. 01. 22	1. 16	
37	合肥综合保税区	2014. 03. 27	2. 6	安徽省首个综合保税区
38	岳阳城陵矶综合保税区	2014. 07. 08	2. 98	
39	兰州新区综合保税区	2014. 07. 15	3. 39	
40	临沂综合保税区	2014. 08. 08	3. 7	
41	新疆喀什综合保税区	2014. 09. 02	3. 56	新疆第二个、南疆首个综合保税区
42	石家庄综合保税区	2014. 09. 15	2. 86	河北省第二个综合保税区
43	南阳卧龙综合保税区	2014. 12. 02	3. 03	河南省第二个综合保税区
44	贵安综合保税区	2015. 01. 19	2. 2	

续　表

序　号	名　称	成立时间	规划面积（平方千米）	备　注
45	吴中综合保税区	2015. 01. 31	1. 38	出口加工区改造升级
46	吴江综合保税区	2015. 01. 31	1. 00	出口加工区改造升级
47	常熟综合保税区	2015. 01. 31	1. 27	出口加工区改造升级
48	镇江综合保税区	2015. 01. 31	2. 53	出口加工区改造升级
49	常州综合保税区	2015. 01. 31	1. 66	出口加工区改造升级
50	武进综合保税区	2015. 01. 31	1. 08	出口加工区改造升级
51	嘉兴综合保税区	2015. 01. 31	2. 98	出口加工区改造升级
52	东营综合保税区	2015. 05. 06	3. 1	山东省第五个综合保税区
53	南宁综合保税区	2015. 11. 02	2. 37	保税物流中心改造升级
54	江阴综合保税区	2016. 01. 14	3. 6	保税物流中心改造升级
55	昆明综合保税区	2016. 02. 24	2	出口加工区改造升级
56	南昌综合保税区	2016. 02. 24	2	出口加工区改造升级
57	哈尔滨综合保税区	2016. 03. 16	3. 29	
58	武汉新港空港综合保税区	2016. 03. 22	4. 05	
59	威海综合保税区	2016. 07. 21	2. 29	
60	马鞍山综合保税区	2016. 08. 26	2	全省第 3 个综合保税区

2006—2016 年我国综合保税区批复成立的数量。（如图 1 所示）

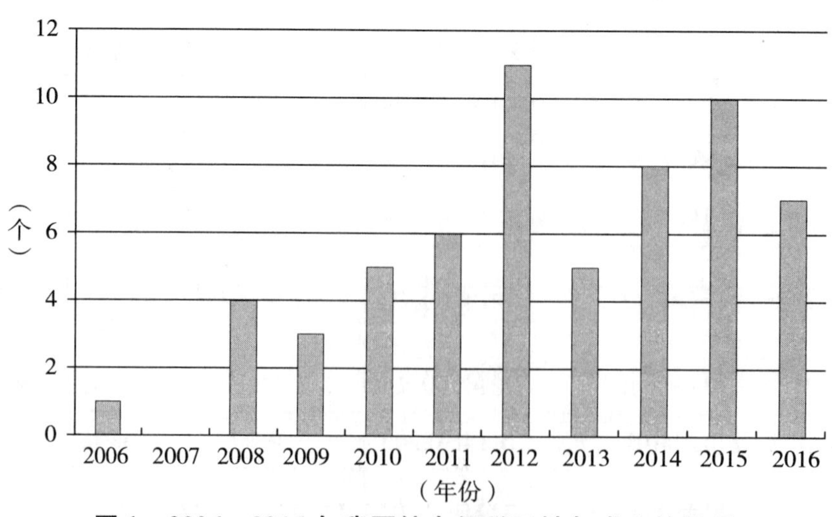

图 1　2006—2016 年我国综合保税区批复成立的数量

（三）海关特殊监管区域全年进出口数据分析

海关数据显示，2016 年 1—12 月，我国海关特殊监管区域（包括保税区、出口加工区、保税港区、综合保税区、保税物流园区和珠澳跨境工业区）进出口累计 5909.3 亿美元，同比下降 7.5%；其中出口 2958.5 亿美元，同比下降 8.2%；进口 2950.8 亿美元，同比下降 6.9%。相比 2015 年，我国海关特殊监管区域总进出口额在 2016 年依然出现大致同水平的下滑，这与国际大环境有一定关系，也与我国政策导向密不可分。同时也可以看到，我国海关特殊监管区域在我国外贸进出口事业中仍然有着举足轻重的作用。相关数据如表 2、图 2 所示。

表 2　2016 年 1—12 月全国海关特殊监管区域进出口、出口和进口数值

时　间	进出口（亿美元）	同比（%）	出口（亿美元）	同比（%）	进口（亿美元）	同比（%）
2016.01	448.3	-8.6	234.5	-7.4	213.9	-9.9
2016.02	345.0	-8.8	173.6	-11.4	171.5	-6.0
2016.03	515.1	6.5	251.4	8.3	263.6	4.9
2016.04	478.8	0.2	233.5	1.9	245.4	-1.4
2016.05	475.8	-2.8	233.4	-5.4	242.4	0.5
2016.06	497.0	-6.2	240.7	-6.8	256.4	-5.6
2016.07	489.4	-7.6	244.6	-5.5	244.9	-5.6
2016.08	525.0	-2.9	255.9	-6.9	269.1	1.3
2016.09	554.1	-9.4	279.1	-10.5	275.0	-8.2
2016.10	514.5	-10.5	272.5	-10.0	241.9	-11.0
2016.11	583.1	-7.1	302.9	-5.3	280.2	-8.9
2016.12	595.1	-9.8	298.2	-11.8	296.9	-7.8
合计	5909.3	-7.5	2958.5	-8.2	2950.8	-6.9

（四）不同类型海关特殊监管区域发展概况

纵观 2016 年 12 个月的数据，可以看出：我国综合保税区以 2293.6 亿美元的进出口数额领先于其他各类海关特殊监管区域，从同比增量上，2016 年各海

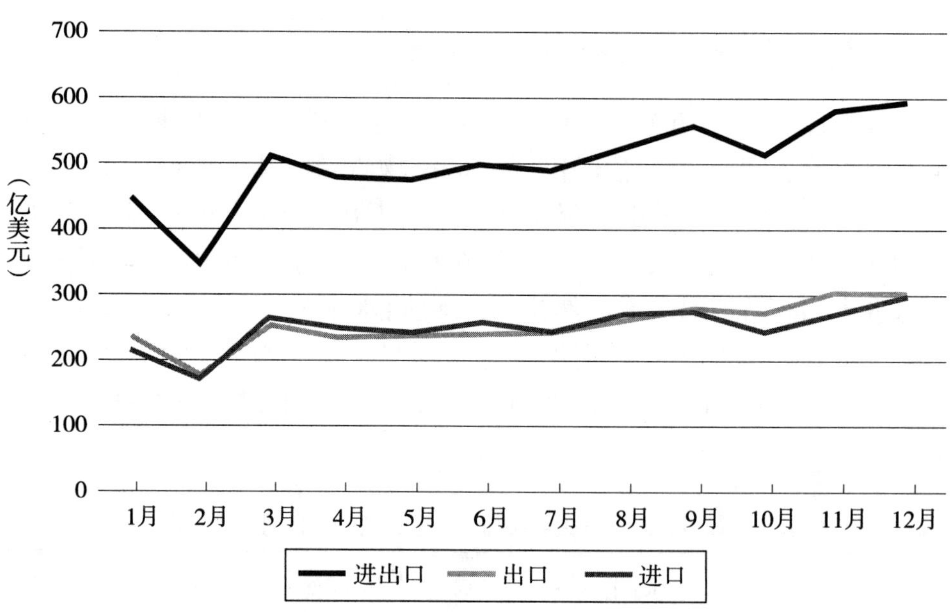

图2　2016 年 1—12 月海关特殊监管区域进出口价值

关特殊监管区均出现负增长。我国珠澳跨境工业区更是出现了 38.6% 的负增长。（如表 3 所示）

表 3　　2016 年 1 -12 月海关特殊监管区域进出口数值汇总

监管区域类型	进出口（亿美元）	同比（%）	进口（亿美元）	同比（%）	出口（亿美元）	同比（%）
保税区	1907.6	-5.2	1234.7	-4.5	672.8	-6.4
出口加工区	982.9	-19.4	394.3	-18.2	672.8	-6.4
保税港区	608.3	-1.7	354.4	-0.3	253.9	-3.5
综合保税区	2293.6	-4.6	915.6	-6.5	1378.0	-3.3
保税物流园区	116.9	-12.4	50.8	-13.2	66.2	-11.7
珠澳跨境工业区	2.8	-36.3	1.2	-33.1	1.6	-38.6

1. 全国保税区进出口情况

2016 年 1—12 月全国保税区进出口累计 1907.6 亿美元，同比增长 -5.2%；其中出口 672.8 亿美元，同比增长 -6.4%；进口 1234.7 亿美元，同比增长 -4.5%。2016 年有 9 个月保税区的进出口额呈现负增长，直接影响 2016 年保税区进出口额全年负增长。（如表 4 和图 3 所示）

表 4　　2016 年 1—12 月全国保税区进出口、出口和进口数值

时　间	进出口（亿美元）	同比（%）	出口（亿美元）	同比（%）	进口（亿美元）	同比（%）
2016.01	448.4	-8.6	234.5	-7.4	213.9	-9.9
2016.02	345.0	-8.8	173.6	-11.4	171.5	-6.0
2016.03	171.5	2.7	58.3	6.4	113.2	0.9
2016.04	156.3	0.1	58.6	14.0	97.7	-6.7
2016.05	162.9	10.9	60.7	17.9	102.2	7.1
2016.06	168.7	3.5	60.2	13.1	108.6	-1.2
2016.07	168.1	1.6	61.4	10.8	106.7	-3.1
2016.08	164.4	0.2	59.5	1.3	104.9	-0.4
2016.09	173.2	-10.2	63.3	-14.8	109.9	-7.2
2016.10	142.5	-12.4	49.3	-18.1	93.2	-9.1
2016.11	180.0	-3.2	60.2	-17.1	119.9	5.8
2016.12	185.3	-16.8	62.0	-27.7	123.3	-10.0
合计	1907.6	-5.2	672.8	-6.4	1234.7	-4.5

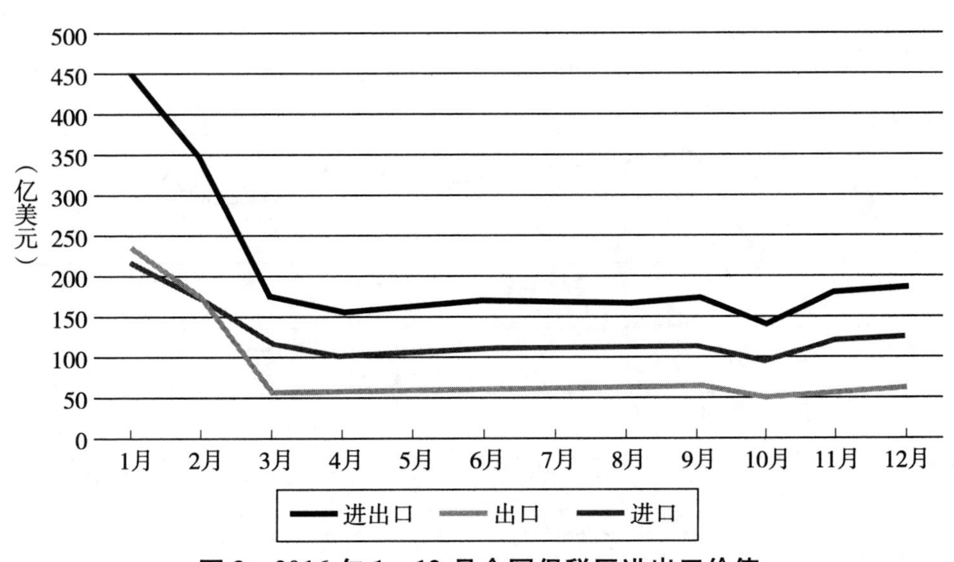

图 3　2016 年 1—12 月全国保税区进出口价值

2. 全国出口加工区进出口情况

2016 年 1—12 月全国出口加工区进出口累计 982.9 亿美元，同比增长 -19.4%；其中出口 588.6 亿美元，同比增长 -20.1%；进口 394.3 亿美元，同比增长 -18.2%。与 2015 年相比，全国出口加工区进出口总体下滑较为明显。（如表 5 和图 4 所示）

表 5　2016 年 1—12 月全国出口加工区进出口、出口和进口数值

时　间	进出口（亿美元）	同比（%）	出口（亿美元）	同比（%）	进口（亿美元）	同比（%）
2016.01	80.5	-10.5	48.4	-12.7	32.0	-26.7
2016.02	62.1	-9.1	38.3	-10.2	23.7	-7.3
2016.03	94.4	12.1	53.8	8.5	40.6	17.4
2016.04	90.7	1.0	51.5	-1.5	39.2	4.3
2016.05	89.8	-4.4	52.2	-12.8	37.6	10.5
2016.06	86.5	-12.2	49.6	-15.5	36.9	-7.4
2016.07	83.2	-23.6	51.1	-20.5	32.2	-28.1
2016.08	91.4	-16.8	54.0	-20.9	37.4	-10.1
2016.09	78.8	-27.1	45.9	-30.7	32.9	-21.5
2016.10	77.7	-25.9	45.2	-30.2	32.5	-18.8
2016.11	90.8	-27.7	56.4	-24.6	34.4	-32.3
2016.12	95.3	-30.4	59.7	-25.5	35.6	-37.3
合计	982.9	-19.4	588.6	-20.1	394.3	-18.2

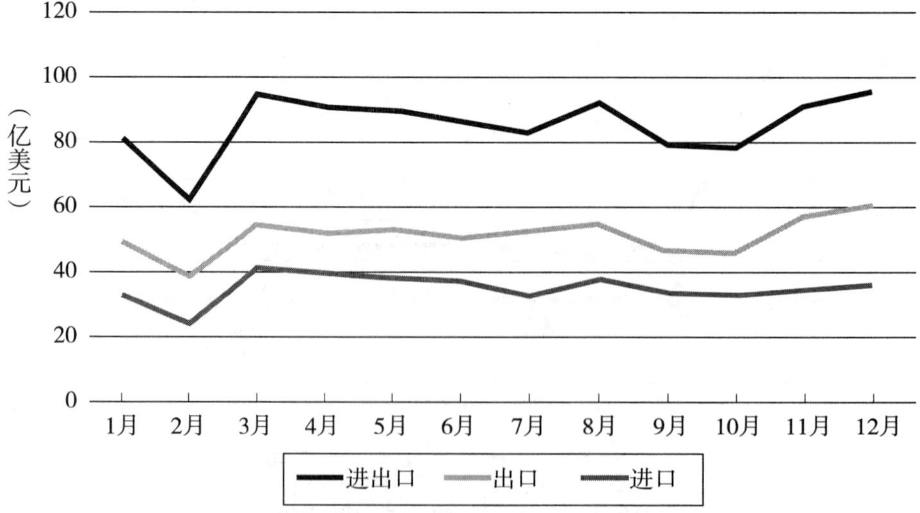

图 4　2016 年 1—12 月全国出口加工区进出口价值

3. 全国保税港区进出口情况

2016 年 1—12 月全国保税港区进出口累计 608.3 亿美元，同比增长 -1.7%；其中出口 253.9 亿美元，同比增长 -3.5%；进口 354.4 亿美元，同比增长 -0.3%。保税港区 2016 年表现要好于 2015 年，降幅收窄。（如表 6 和图 5 所示）

表 6　　2016 年 1—12 月全国保税港区进出口、出口和进口数值

时　间	进出口（亿美元）	同比（%）	出口（亿美元）	同比（%）	进口（亿美元）	同比（%）
2016.01	41.2	-12.9	21.7	-2.8	19.5	-21.9
2016.02	34.5	-13.2	14.4	-24.0	20.1	-3.5
2016.03	46.8	16.2	17.5	-2.4	29.4	30.9
2016.04	54.5	17.2	18.0	1.0	36.5	27.3
2016.05	42.9	-8.6	19.6	-6.3	23.4	-10.5
2016.06	52.3	-13.5	20.4	-19.2	31.9	-9.4
2016.07	53.5	-3.4	23.2	-1.4	30.2	-5.0
2016.08	65.3	25.7	27.8	19.4	37.6	30.8
2016.09	59.5	-3.5	26.8	6.1	32.7	-10.2
2016.10	45.6	-17.0	20.5	-17.7	25.2	-16.5
2016.11	53.3	-3.9	22.5	19.3	30.8	-15.9
2016.12	60.6	4.6	22.3	-7.9	38.3	13.7

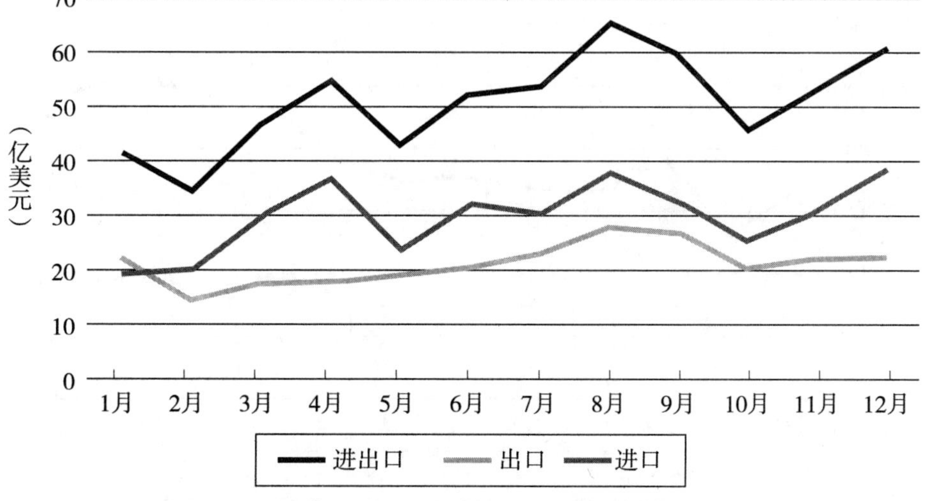

图 5　2016 年 1—12 月全国保税港区进出口价值

4. 全国综合保税区进出口情况

2016 年 1—12 月全国综合保税区进出口累计 2293. 6 亿美元，同比增长 -4. 6%；其中出口 1378. 0 亿美元，同比增长 -3. 3%；进口 915. 6 亿美元，同比增长 -6. 5%。和 2015 年比较，2016 年综合保税区进、出口均出现了负增长。这说明 2016 年我国外贸形势异常严峻。（如表 7 和图 6 所示）

表 7　2016 年 1—12 月全国综合保税区进出口、出口和进口数值

时　间	进出口（亿美元）	同比（%）	出口（亿美元）	同比（%）	进口（亿美元）	同比（%）
2016. 01	165. 9	-6. 9	97. 4	-10. 3	68. 5	-1. 5
2016. 02	128. 2	-7. 3	77. 7	-9. 7	50. 5	-3. 4
2016. 03	191. 4	6. 3	116. 1	12. 0	75. 4	-1. 4
2016. 04	165. 0	-3. 5	97. 7	-3. 3	67. 3	-3. 8
2016. 05	167. 4	-10. 9	93. 6	-13. 4	73. 8	-7. 3
2016. 06	177. 2	-9. 1	102. 7	-10. 6	74. 5	-7. 0
2016. 07	173. 2	-8. 1	101. 8	-6. 7	71. 4	-10. 1
2016. 08	191. 3	-6. 7	106. 7	-9. 9	84. 6	-2. 2
2016. 09	234. 0	-2. 0	138. 0	-1. 4	96. 0	-2. 8
2016. 10	243. 0	0. 6	155. 0	5. 1	88. 0	-6. 4
2016. 11	259. 5	4. 0	164. 9	12. 2	94. 6	-7. 8
2016. 12	245. 1	6. 1	151. 4	7. 3	93. 7	4. 4
合计	2293. 6	-4. 6	1378. 0	-3. 3	915. 6	-6. 5

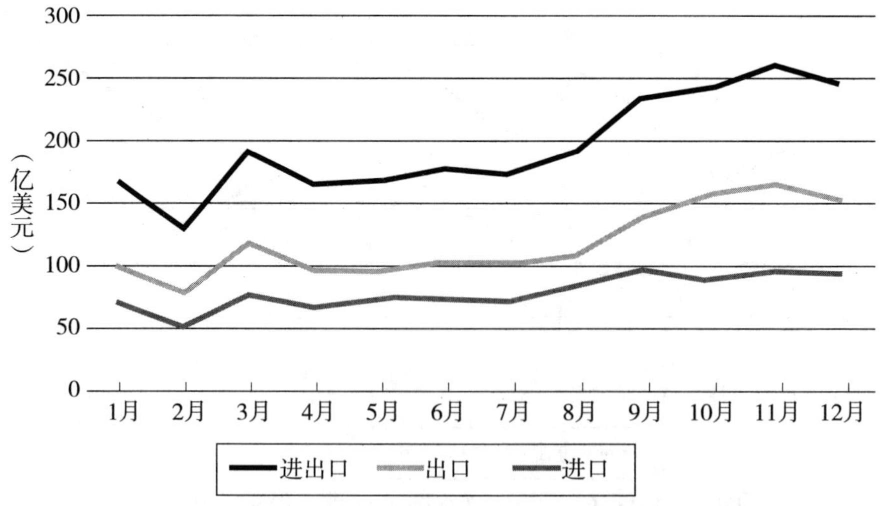

图 6　2016 年 1—12 月全国综合保税区进出口价值

5. 全国保税物流园区进出口情况

2016 年 1—12 月全国保税物流园区进出口累计 116.9 亿美元，同比增长 -12.4%；其中出口 66.2 亿美元，同比增长 -11.7%；进口 50.8 亿美元，同比增长 -13.2%。（如表 8 和图 7 所示）

表 8　　2016 年 1—12 月全国保税物流园区进出口、出口和进口数值

时　间	进出口（亿美元）	同比（%）	出口（亿美元）	同比（%）	进口（亿美元）	同比（%）
2016.01	10.7	-14.8	7.1	-7.2	3.6	-26.7
2016.02	8.1	-12.5	4.4	-32.5	3.7	34.7
2016.03	10.7	-6.3	5.8	-5.2	5.0	-7.6
2016.04	12.2	-13.2	7.6	19.3	4.6	-40.1
2016.05	12.6	6.4	7.3	20.1	5.3	-7.9
2016.06	11.6	-5.6	7.2	21.6	4.4	-30.8
2016.07	11.2	3.1	6.9	11.0	4.3	-7.5
2016.08	12.5	31.4	7.8	27.5	4.6	38.5
2016.09	8.4	-15.7	5.0	-18.3	3.4	-11.6
2016.10	5.5	-45.2	2.6	-49.4	2.9	-40.9
2016.11	5.7	-45.1	2.4	-59.4	3.2	-25.1
2016.12	8.6	-24.8	2.7	-60.7	5.9	28.2
合计	116.9	-12.4	66.2	-11.7	50.8	-13.2

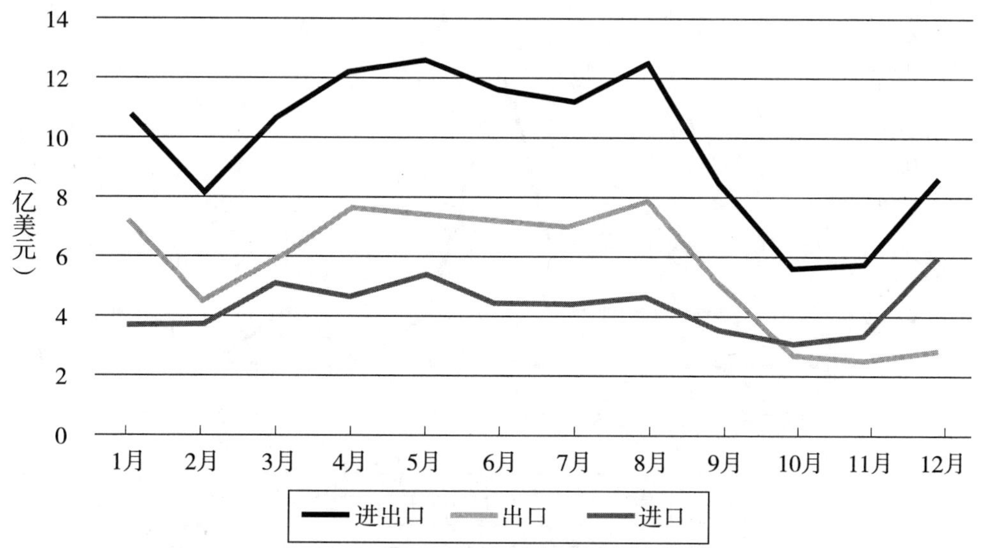

图 7　2016 年 1—12 月全国保税物流园区进出口价值

6. 珠澳跨境工业区进出口情况

2016 年 1—12 月珠澳跨境工业区进出口累计 2.8 亿美元，同比增长 -36.3%；其中出口 1.6 亿美元，同比增长 -38.6%；进口 1.2 亿美元，同比增长 -33.1%。（如表 9 和图 8 所示）

表 9　2016 年 1—12 月珠澳跨境工业区进出口、出口和进口数值

时　间	进出口（亿美元）	同比（%）	出口（亿美元）	同比（%）	进口（亿美元）	同比（%）
2016.01	0.2	-14.3	0.1	-24.5	0.1	-1.0
2016.02	0.1	-32.1	0.0	-57.1	0.1	-4.5
2016.03	0.2	-55.2	0.1	-28.4	0.1	-63.1
2016.04	0.2	-60.8	0.1	-66.5	0.1	-56.0
2016.05	0.2	-62.6	0.1	-72.8	0.1	-46.2
2016.06	0.7	73.0	0.6	118.1	0.1	-17.7
2016.07	0.2	-24.9	0.1	41.6	0.1	-55.7
2016.08	0.1	-27.3	0.1	-24.7	0.1	-29.3
2016.09	0.2	-11.2	0.1	10.0	0.1	-24.9
2016.10	0.1	-75.7	0.1	-85.9	0.1	-17.6
2016.11	0.2	-64.6	0.1	-83.7	0.2	34.0
2016.12	0.2	-8.3	0.1	-1.9	0.1	-14.4
合计	2.8	-36.3	1.6	-38.6	1.2	-33.1

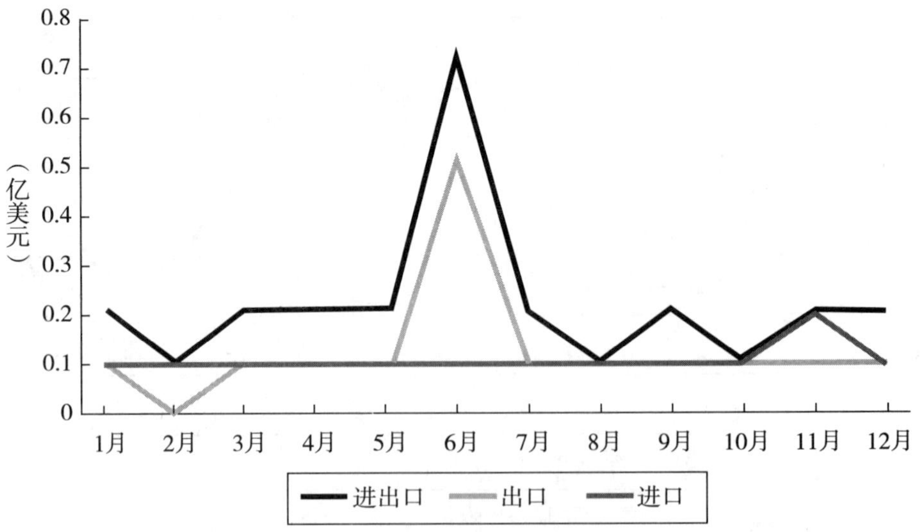

图 8　2016 年 1—12 月全国珠澳跨境工业区进出口价值

（五）跨境电商发展一波三折

2015 年，杭州成为首个跨境电子商务综合试验区，2016 年年初，广州、深圳、天津、上海、重庆、大连等 12 个市新设跨境电商综试区，复制推广杭州“六大体系、两大平台”的经验做法。2016 年 1—11 月，杭州跨境电商出口占全市出口总额的 12.7%。各综试区在 B2B 业务监管流程、跨境电商数据标准、B2B 信用保障业务等方面创新，从海关监管、检验检疫、“单一窗口”、仓储物流、财政税收、金融支付等方面量身定做支持措施。各综试区共提出 593 条创新政策清单，目前已落实 334 条，落实率达到 56%。

2016 年 4 月 8 日，开始实施的跨境电子商务零售进口税收新政。新政规定，跨境电商零售进口商品不再按“个人物品”征收行邮税，而是按“货物”征收关税、增值税、消费税等。一时间，业内呼声强烈。终于，5 月 24 日，海关总署正式下发《关于执行跨境电子商务零售进口新的监管要求有关事宜的通知》，给出了新政监管过渡期，过渡期内在上海、杭州等 10 个试点城市，继续按照税收新政实施前的监管要求进行监管，过渡期到 2017 年 5 月 11 日。

随着跨境电商被提至外贸增长新引擎的高度，鼓励企业出口的“海外仓”站上政策风口，成为中国制造的海外支点。

所谓“海外仓”，是指跨境电商企业按照一般贸易方式，将商品批量出口到境外仓库，电商平台完成销售后，再将商品送达境外的消费者。支持企业建设一批出口产品“海外仓”，既是推动跨境电子商务发展外贸商业模式的创新，也是实现外贸稳增长和优化升级的一项重要部署。

对企业而言，“海外仓”建设有利于降低成本。传统出口模式需经过外国进口商、外国批发商、外国零售商 3 个环节才能将产品送到消费者手中。“海外仓”建设可以让出口企业将货物批量发送至国外仓库，不仅扩大产品品类、节约成本，还减少了中间环节，实现本地销售、本地配送。

此外，“海外仓”也是展示品牌、售后、咨询的窗口。据估算，“海外仓”物流环节较零售直邮方式成本可降低 20% ~50%，货运时间从 20 天左右缩短到 3 ~5 天。

对于监管而言，“海外仓”等跨境电商 B2B 模式实现清关的规模化和规范化，有利于降低监管成本，提高通关效率，避免偷税漏税。

（六）“一带一路”红利将加速释放

习近平主席“一带一路”倡议日益受到相关各国欢迎。3 年多来，已经有 100 多个国家和国际组织积极响应支持，40 多个国家和国际组织同中国签署合作协议。2016 年 11 月，在第 71 届联合国大会上，193 个会员国一致赞同将

“一带一路”倡议载入联大决议，呼吁国际社会为开展“一带一路”建设提供安全环境，再次印证坚持“共商、共建、共享”原则的“一带一路”倡议获得国际社会积极响应和普遍认同。2016 年，“一带一路”沿线国家共同聚焦政策沟通、设施联通、贸易畅通、资金融通、民心相通，亚投行、丝路基金牵引的金融合作不断深入，一批有影响力的标志性项目逐步落地。

2016 年 8 月 5 日，全国首列全冷藏集装箱过境班列在大连港开通，中俄间稳定、高效、便捷的冷藏产品贸易全新物流通道就此建立。

此次开行的全冷藏集装箱过境班列全程 8600 千米，运输时间约 10 天。该班列装载着河北鲜梨、广东蜜柚、山东大蒜等总货值达 15 万美元的冷鲜货物，在山东潍坊港集结装箱，经大连港环渤海内支线运抵大连发运，货物到达俄罗斯后贝加尔车站换装至俄罗斯铁路公司提供的冷藏车组，预计 10 天后运抵莫斯科。与以往海陆运输相比，全冷藏集装箱班列全程运输时间节省 60% 以上。

作为东北地区唯一列入国家“一带一路”总体规划的港口，大连港过境班列产品不断“亮相”。2016 年以来，先后开行“大连—俄罗斯卡卢加”三星班列、“大连—白俄罗斯明斯克”过境班列以及“俄罗斯新西伯利亚—大连”回程班列，构建和形成了以大连港为转运中心的国际物流大通道。7 月 20 日，又开通大连—莫斯科商品车班列，为长城汽车出口俄罗斯的高端商品车提供专项定制服务。2016 年上半年，大连港过境班列十余列，箱量逆势增长 55%，在满洲里口岸排名上升至第二位，此次全冷藏集装箱班列的成功开通，为国家多式联运示范工程建设注入了新的内涵。全冷藏集装箱过境班列的开行提升了冷藏产品运输的时效性，有效促进国内企业对俄罗斯冷藏产品跨境物流的开展，进一步带动国内果蔬、肉类产品生产加工业的发展，助力国内产业结构转型升级。同时还能够充分发挥铁路大规模、长距离、全天候运输的优势，积极推动港口、铁路及交通运输业的供给侧结构性改革。

二、2017 年保税物流展望

（一）自由贸易试验区的批复将会放慢

2013 年，我国批复成立了第一个自贸区—上海自由贸易试验区。2014 年我国集中批复成立了天津、广东、福建 3 个自贸区。2016 年我国又集中批复成立了第三批一共 7 个自贸区，第三批自贸区数量最多，且主要集中在内陆省份。

目前，我国一共批复成立了 11 个自贸区。虽然国内各省份申报自贸区的热情依然很高且以后自贸区的范围有可能继续扩大，但应该不会无限制地增加而成为一项普惠政策。未来一段时间内也不会有太密集的公布，因为要考虑到试点的效果和可复制的经验取得情况，前两次公布中间间隔大概在 1～2 年，应该不会太快公布第四批。

随着第三批自贸区的公布，我国也会认真探索自贸区的运营经验，而不会盲目追求数量。而是更加注重提质增效，探索出自贸区发展的新路子。

（二）跨境电商综合试验区发展将进入快速轨道

跨境电商新政过渡期实施以来，跨境电商零售进口平稳发展，对于引导企业积极适应规范的监管要求、地方不断创新监管服务等发挥了重要作用。同时，相关部门也在从有利于促进行业健康发展、有利于维护消费者利益和安全健康的角度研究优化监管安排。

为稳妥推进跨境电商零售进口监管模式过渡，上述过渡期进一步延长至 2017 年年底。从目前跨境电商的发展来看，国家将在 2017 年积极探索跨境电商的相关政策，将逐步明确相关政策，给跨境电商行业早日吃上“定心丸”：以促进行业的健康稳步发展。对于跨境电商，国家是持鼓励支持的态度，相关地区和企业要进一步规范经营、努力提高企业经营管理水平，积极应对国家对跨境电商行业的政策调整。

（三）海关特殊监管区域汽车平行进口试点工作深入

2016 年 3 月，商务部等 8 部委印发了《关于促进汽车平行进口试点的若干意见》，加快推动汽车平行进口试点政策措施落地，促进试点工作取得实效。

2017 年 1 月 6 日，由 51 进口车主办的“达斯特冒险家”中国独家首发活动在宁波梅山保税港区隆重举行，首款以平行进口车方式进口并平价销售的原装进口“SUV 雷诺达斯特冒险家”受到热捧。此次首发活动对宁波梅山保税港区汽车整车进口口岸和平行进口汽车销售市场建设均有非凡的意义。自 2014 年 1 月，宁波梅山汽车整车进口口岸正式运营以来，基础设施日臻完备，整车进出口、会展、交易、服务、体验、国际 F2 赛车场、汽车文化以及“互联网 +”等功能齐备的全产业链格局初具雏形，通关通检效率稳居国内汽车口岸前列。

2017 年 1 月 4 日，钦州保税港区分别与广西光耀供应链管理有限公司、深圳市道尔轮胎科技有限公司签署平行进口汽车和特种轮胎加工贸易项目合作框架协议。3000 台/年进口汽车项目和计划总投资 45 亿元的开式结构不爆轮胎项目正式落户钦州保税港区。

未来，在国家的大力支持下，各地及相关企业将会更加积极地探索汽车平行进口业务。这也是推进汽车领域供给侧结构性改革，加快汽车流通体制创新发展，激发汽车市场活力的重要举措。

（四）外贸形势严峻影响保税物流

2016 年，中国进出口总值 17.53 万亿元，比 2015 年同期下降 1.9%（下同）。其中，出口 10.06 万亿元，下降 1.6%；进口 7.47 万亿元，下降 2.3%，降幅均低于 2015 年同期水平。2016 年前三季度，中国出口产品共遭遇来自 21 个国家（地区）发起的 91 起贸易救济调查案件，同比上升 44%；涉案金额 109 亿美元，同比上升 90%。中国的钢铁、铝业和光伏等领域成为遭受国外贸易摩擦的重灾区，严重影响相关行业出口。

这使我国保税物流的发展面临更为严峻的挑战。但是，“一带一路”和国际产能合作带动装备制造业出口不断增长。跨境电商、市场采购贸易、外贸综合服务企业等外贸新业态保持快速增长。

2017 年保税物流行业将是机遇与挑战并存，因此保税物流的相关经营主体应该抓住机会，迎难而上，更好地提升经营管理水平和应对风险的能力。

（大连海事大学　田征）

2016 年应急物流发展回顾与 2017 年展望

2016 年是“十三五”开局之年。我国应急物流行业在应对突发事件的实践探索中，不断创新发展，逐步在检验中得到提高，取得了较为丰硕的建设成果，同时也应当看到还存在一定的矛盾和问题，具有较大的发展空间和发展潜力。

一、2016 年应急物流发展回顾

2016 年，我国应急物流按照国家部委有关政策文件精神，继续加快建设步伐，在应急物流关键技术研发、应急物流学术交流、应急物流社会力量整合等方面取得了进步。由于我国自然灾害以洪涝、台风、风雹和地质灾害为主，旱灾、地震、低温冷冻、雪灾和森林火灾等灾害也均有不同程度发生，应急物流在自然灾害突发事件应对中发挥了积极作用，得到全社会一致认可。

（一）应急物流关键技术研发迎来重要契机

贯彻创新驱动发展战略，应急物流关键技术研发迎来了历史性机遇。2016 年 7 月，科学技术部下达了“公共安全风险防控与应急技术装备”专项的“应急物流关键技术研究与应用示范”项目。该项目由中国普天物流技术有限公司牵头，研究内容包括需求不确定条件下的模块预储、平转急动态响应高速转运、综合指挥调度、末端快速精准投送、国家应急产品信息综合服务平台等关键技术；开发高效应急仓储系统、航空集装器自动组板系统、“五跨”（跨地域、跨部门、跨层级、跨环节、跨系统）综合指挥调度信息平台、末端快速精准投送调度系统和国家应急产品信息综合服务平台等；制定应急物流技术体系和标准体系框架；在四川、广东、郑州、武汉、北京等地开展试点演练、应用示范。项目设置了“应急物流技术体系研究”“需求不确定情况下的模块预储关键技术研究”“平转急动态响应的高速转运关键技术研究和装备开发”“平急结合、快速转换的多模式高效应急仓储系统研发”“末端快速精准投送调度系统及其关键技术研究”和“国家应急产品信息综合服务平台技术研究及开发”等 8 个课题。11 月，国家应急物流关键技术研究及应用示范工作推进会在四川遂宁举行，以“创新驱动发展”为主题，项目组与相关用户单位进行了开放式座谈和需求对接。随着项目研究的深入，可望实现仓储设施与货物的实时跟踪、网络化管理以及库存信息的高度共享，为突发事件应急物流提供可靠的技术解决方案。

（二）应急物流企业联盟推动组织形态创新

国家发展和改革委于2016年7月发布《“互联网+”高效物流实施意见》（发改经贸〔2016〕1647号），明确提出“发展高效便捷物流新模式”，组织“‘互联网+’物流企业联盟”，“支持以资源整合、利益共享为核心的物流企业联盟……提升物流服务能力和效率，带动广大中小企业集约发展”。贯彻落实文件精神，中国物流与采购联合会应急物流专业委员会牵头发起，50家物流企业积极响应，于10月在河南漯河召开了“军民融合应急物流企业联盟”成立大会。该联盟坚持服务社会，致力于公益事业，培育国家应急物流企业队伍，为各级政府应对突发事件提供力所能及的应急物流服务保障；贯彻军民深度融合发展战略，发挥桥梁和纽带作用，搭建军民融合应急物流企业服务平台，努力成为国家应急物流企业的孵化器；组织、引导应急物流行业自律，推动军民融合应急物流产业持续健康发展；贯彻执行国家关于应急物流行业发展的方针、政策，密切军地协调协作，加强需求对接，聚合产业势能，推动企业转型，助力企业创新发展。该联盟以大型物流企业为骨干、中小物流企业为主体，聚合了一批分布广泛的物流企业，打造了一支具有良好发展潜力的应急物流力量军。军民融合应急物流企业联盟是一项具有重大而深远的应急物流实践创新成果。继依托单一物流企业（园区）建设应急物流基地后，军民融合应急物流企业联盟是一种新型组织形态，具有行业协会牵头组织、物流企业自愿参加、地方政府属地调用的运行特征，对于整合社会物流资源，发挥军地物流资源力量的优势具有重要意义。

（三）物流企业积极投身应急物流服务保障

2016年，安得物流、恒路物流等一大批物流企业积极参与灾害应急救援，主动对接政府部门和行业协会，组织开展了应急物流服务保障。特别是6月江苏盐城龙卷风冰雹特别重大灾害发生之后，深圳市恒路物流股份有限公司迅速成立救灾指挥机构，紧急驰援灾区，展开应急物流服务保障行动，得到当地党委政府、红十字会以及社会各界的充分肯定和普遍赞誉。该公司所属盐城分拨中心在当地党委政府的指导下，累计投入经费近30万元，先后投入10台各型车辆参与应急物资运输，分两个批次组织36人次深入一线参加救助。历时5天时间，为灾情最严重的板湖、新沟和陈良等3个村庄的受灾群众筹措和发放生活帐篷300顶，凉席、蚊帐、被褥等生活物资600套，以及大量的藿香正气水、板蓝根冲剂等防暑防病应急药品和矿泉水、方便面等应急食品，救助受灾群众300余户。在遂行应急物流服务保障行动中，该公司注重运用信息化手段，依托电子商务平台“恒路ERP物流管理系统”处理业务数据，加强救援现场数据采集，将各环节数据进行详细记录，有效提高了应急救灾物资的运输和配送分发效率；该公司还组织了卓有成效的个性化应急采购和配送分发，按照现场收集的受灾群众具体需求，华东分公司在上海集中采购群众急需的帐篷、消毒液、蚊帐、衣物、食品、药品等物资，装箱组配后经干线运输发运至盐城，再由分拨中心调派面包车或租用小三轮车分送，按照村委会和红十字会的要求合理选择物资发放点，点对点地将应急救灾物资发放到受灾群众手中，并现场指导受灾群众搭建防蚊、防潮生活帐篷。

（四）应急物流运行管理机制更加健全完善

我国初步建立健全了应急物流运行管理机制，应急物流服务保障效率和效益得到大幅提升。国家减灾委员会办公室发布《“十二五”时期中国的减灾行动》，我国已经建立了国家减灾委成员单位参加的应急联动、信息管理、监测预警、物资储备、资金保障等运行管理机制。特别是救灾物资储备机制的建立健全，为应急物流提供了“有物可流、物畅其流”的重要基础条件。截至2016年10月，全国共设立中央救灾物资储备库19个，红十字会备灾救灾中心或物资库350个，国家级公路交通应急物资储备中心13个，各省（自治区、直辖市）以及多灾、易灾的地市和县都设立了本级救灾物资储备库，“中央—省—市—县”四级救灾物资储备体系基本建立。中央救灾物资品种不断丰富，涵盖救灾帐篷、救灾被服和救灾装具等三大类17个品种。建立涵盖民政、财政等部门的中央救灾物资应急采购机制，建立健全民政、发展改革、交通运输、民航、铁路等部门以及军队参加的救灾物资紧急调拨协同保障机制，建立涵盖民政、商务、质量监督、食品药品监管等部门的救灾物资的市场供应和质量保障机制。地方政府有关部门采用代储、预购、协议供货等形式，与本地骨干企业、大型超市等建立救灾物资协议储备制度，救灾物资供给和保障能力显著增强。四川省市两级都成立了物流办，开展了应急物流试点建设，探索建立了应急物流的实时监测、协同指挥机制。国家标准化管理委员会发布的《应急物资投送包装及标识》正式实施，应急物流标准化运行管理迈出了坚实的步伐。

也应该看到，我国应急物流依然存在诸多矛盾和问题。主要是“一案三制”建设还有短板弱项，信息资源难以有效共享，军地之间、政企之间、部门之间、行业之间、地域之间的协同还存在一定障碍；标准化建设起步较晚，标准规范仍有欠缺，军地以及行业兼容较差，宣传贯彻力度较弱；先进技术普及应用不够，制约整体效能的关键技术研发还需加强，缺乏有效的顶层设计，研发投入相对不足，区域发展不够平衡；统计工作比较薄弱，统计渠道尚未明确，统计指标体系尚未建立。

二、2017 年应急物流发展展望

2017 年，我国将着力实施创新驱动发展战略，扎实推进供给侧结构性改革，积极落实“一带一路”战略部署，推动实现全面建设小康社会的伟大目标。在新常态、新格局下，我国应急物流将向融合化、智慧化、法治化、精益化、全球化加速发展。

（一）应急物流将更加融合化

军民深度融合发展已经成为国家战略。随着社会各界对应急物流的认识理解逐步加深，社会力量也将更多地加入到应急物流队伍中，参与力量将更加多元。建设融合物流，就是要按照政府引导、市场参与的基本思路，发挥军队的骨干和突击作用，依托市场，面向突发事件处置现场，动员广大企业和社会力量积极参与，进一步优化整合和配置军地物流资源，形成军民融合、平急结合的应急物流力量体系。主要是进一步完善军民融合应急物流基地、军民融合应急物流企业联盟的运行管理，进一步建立健全军队、政府、企业的沟通协调机制，对接军地标准规范，推动搭建实时互联共享的信息平台，实现突发事件应急物流的及时预警和高效响应。

（二）应急物流将更加智慧化

随着大数据、物联网、云计算等先进信息技术的快速发展，“互联网 +”、绿色生态等服务理念不断涌现，推动应急物流朝着智能化、集成化、柔性化、敏捷化的方向发展。建设智慧物流，就是要运用集成智能化技术、物联网技术，使物流系统能够模仿人的智能，自主获取和分析信息，进行推理判断，自行解决应急物流运行中的需求预测、路径优化、网点选址、精确配送等问题，打造实时感知、资源可视、智能决策、全程可控的应急物流体系。主要是按照国家发展和改革委《“互联网 +”高效物流发展实施意见》有关“发展高效便捷物流新模式”的精神，运用信息资源整合技术，布设实时传输的传感器和信息网络，建设信息共享的数据中心，对收集到的各部门、各系统的应急物流信息数据进行有效的挖掘整合，形成可供决策指挥的参考依据；开发基于大数据的跨层次、跨部门、跨系统、跨环节的应急物流综合指挥调度信息平台，支持多环节多任务环境下的并行调度，实现信息资源实时共享，有效解决多源异构跨网数据的采集、存储、处理和挖掘利用等问题；研究末端配送调度关键技术，实现末端配送的精确指挥调度，有效解决战场实时感知、需求分析、配送调度等问题。

（三）应急物流将更加法治化

习近平主席指出，要强化法治信仰和法治思维。完善法规制度，实现法治物流，是确保应急物流规范运行的重要条件。当前，应急物流亟须通过法规制度来引领规范。建设法治物流，就是要推动应急物流进入法律法规，研究制定规章制度，健全完善标准规范，着力加强宣传贯彻，切实做到有法必依、违法必究、执法必严，实现应急物流法治化、标准化、规范化。主要是推动应急物流进入国家法律和有关法规，进一步建立健全应急物流管理体制机制，修订完善应急物流预案，研究出台鼓励引导应急物流良性发展的政策制度，加快制订应急物流成本构成与核算、应急物流统计指标体系、应急物流设施建设、应急物流机械设备编配等应急物流领域的国家标准、行业标准和企业标准。

（四）应急物流将更加精益化

应急物流由于其保障活动的特殊性，始终强调要在合适的时间、合适的地点，以合适的方式，向合适的对象提供合适的服务，要求整个物流过程特别是末端物流要更加精准、高效。建设精益物流，就是要系统整合应急物流的管理流程、业务流程和信息流程，从细节入手，优化每一个物流作业环节，着力强化核心保障能力，充分发挥专业团队的优势，有效提高应急物流的时效性和精确性。主要是着眼应急物流个性化需求和精确化配送，充分运用物联网、云计算、大数据等先进技术，探索解决资源力量的综合集成问题，实现应急物流需求实时感知、资源可视掌控、决定及时正确、配送精确定向、行动全程调控。

（五）应急物流将更加全球化

适应经济全球化、社会信息化的新趋势，我国积极实施“一带一路”战略，推动打造人类命运共同体，这就要求我们强化国际视野，推动应急物流“走出去”。建设全球物流，就是要着眼海上重点战略方向，依托驻外企业、重大施工援建项目基地，以及海外物流基地、保障点等，完善海外运输补给力量，围绕国际救援、国际维和、护航维权、跨境联演等海外重大行动，打造军地结合、陆海联动的应急物流力量体系。近些年来，在应对重特大自然灾害和人道主义危机中，我国多次向亚洲、非洲、拉美、南太平洋等地区的国家提供救灾资金和物资援助，派出救援队、医疗队驰援受灾国家，支持有关国家救灾及灾后重建工作。应当加强应急物流领域的国际合作交流，切实增进国内外应急物流相关政府部门、非政府组织、跨国企业等的相互了解，有效对接规划计划和标准规范，为国际救援奠定坚实的基础。

（中国物流与采购联合会应急物流专业委员会　后勤学院
军事物流系　黄定政）

2016 年绿色物流发展回顾与 2017 年展望

一、2016 年绿色物流发展回顾

（一）2016 年绿色物流发展环境

2016 年全年社会消费品零售总额 33.2 万亿元，同比增长 10.4%。初步测算，商贸流通业实现增加值 9.6 万亿元，增长 6.8%。2016 年社会物流总费用 11.1 万亿元，占 GDP 的比重为 14.9%。我国物流需求增长迅速，物流成本虽然有所降低，但与发达国家如美国、日本相比还有一定差距。在面临物流需求较大与物流成本较高的局面下，高效、低碳的物流体系亟待发展。而发展绿色物流可以整合物流资源、提高物流效率、降低物流成本，同时响应国家绿色、协调发展的道路。因此，需要进一步提高绿色物流水平。

下面将从 4 个角度分析中国的绿色物流发展环境。

1. 政策环境

随着《物流业发展中长期规划（2014—2020 年）》的发布，中国逐步加快现代物流业发展，提升了物流标准化、信息化、智能化、集约化水平。同时，各级政府更加关注物流业的绿色、协调发展。2016 年 3 月，国家发展和改革委发布《“十三五规划”纲要》，文中指出要大力发展绿色物流；2016 年 8 月，国家邮政局出台《推进快递业绿色包装工作实施方案》，谋划快递业绿色包装工作，提高快件包装领域资源利用效率，降低包装耗用量，减少环境污染；2016 年 9 月，国家发展和改革委发布《物流业降本增效专项行动方案（2016—2018 年）》，提出要根据行业发展需求，加快制修订绿色物流标准；2017 年 2 月，商务部发布《商贸物流发展“十三五”规划》，在发展任务中提到引导企业创新绿色物流运作模式，建立绿色节能低碳运营管理流程和机制，加快淘汰落后用能设备，并鼓励企业全面推进绿色仓储设施设备与技术应用、推进绿色包装、运输等绿色物流重点工程。

2. 法律法规环境

我国现阶段与绿色物流相关的立法主要体现在环境保护、资源再生与回收利用等方面。如 20 世纪 80 年代制定的《环境保护法》《大气污染防治法》；20 世纪 90 年代制定的《固体废物污染环境防治法》《环境噪声污染防治法》；2000 年前后制定的《报废汽车回收管理办法》《清洁生产促进法》；2008 年制定的《循环经济促进法》《废弃电器电子产品回收处理管理条例》，以及其他相关法律、法规。这些法律、法规虽然未对绿色物流加以系统专门的规制，但在立法精神上对于绿色物流加以肯定，相关立法也适用于物流作业活动，成为我国发展绿色物流的基本法律依据。

通过以上分析可以看出，国家通过法律法规约束正在完善国内绿色物流发展体系。但是法律法规没有绿色物流的针对性内容，存在“立法空白”。

3. 行业环境

（1）物流规模。

从物流业发展来看，社会物流需求增速稳定。2016 年，中国全年货物运输总量 440 亿吨，比上年增长 5. 7%；邮政行业业务收入累计完成 5379. 2 亿元，同比增长 33. 2%；全国快递服务企业业务量累计完成 312. 8 亿件，同比增长 51. 4%；业务收入累计完成 3974. 4 亿元，同比增长 43. 5%。当前在物流经济的发展过程中，经济发展需求与物流资源保护之间的矛盾不断凸显。因此，在今后的发展中建设绿色物流体系已经刻不容缓。

（2）企业环境。

对于企业来说，降低物流成本、获得最大效益是企业的终极目标。而通过发展绿色物流可以有效配置企业的物流资源、降低企业经营成本、提高物流集约化水平。2016 年年底，中国物流与采购联合会对全国范围内从事物流活动的企业进行绿色物流指标的问卷调查。调研共回收调查表 167 份，有效率 91. 6%。食品类、医药类物流企业注册资本统计如图 1、图 2 所示。由图 1 和图 2 可知，两类物流企业的注册资本均有 90% 以上集中在 0 ~ 20000 万元。这说明，大型集约化的物流企业还较少。

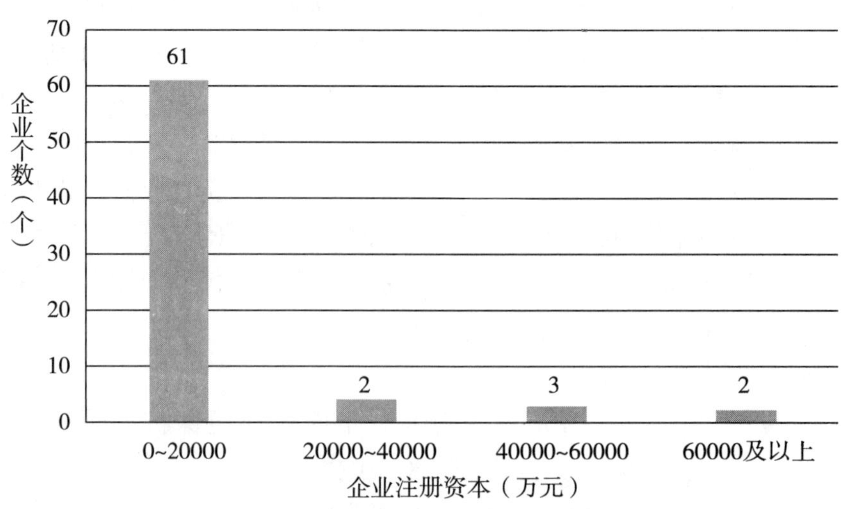

图 1　食品类物流企业注册资本统计

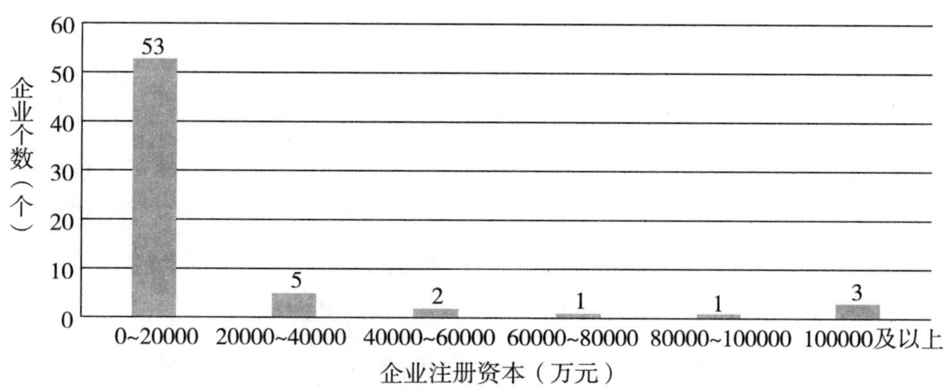

图 2　医药类物流企业注册资本统计

食品、医药类企业对绿色物流指标认同率如图 3 所示。由图 3 可知，医药类物流企业对给出指标的认同率普遍高于食品类物流企业，说明医药类物流企业的环保意识更强、对绿色关注度更高。

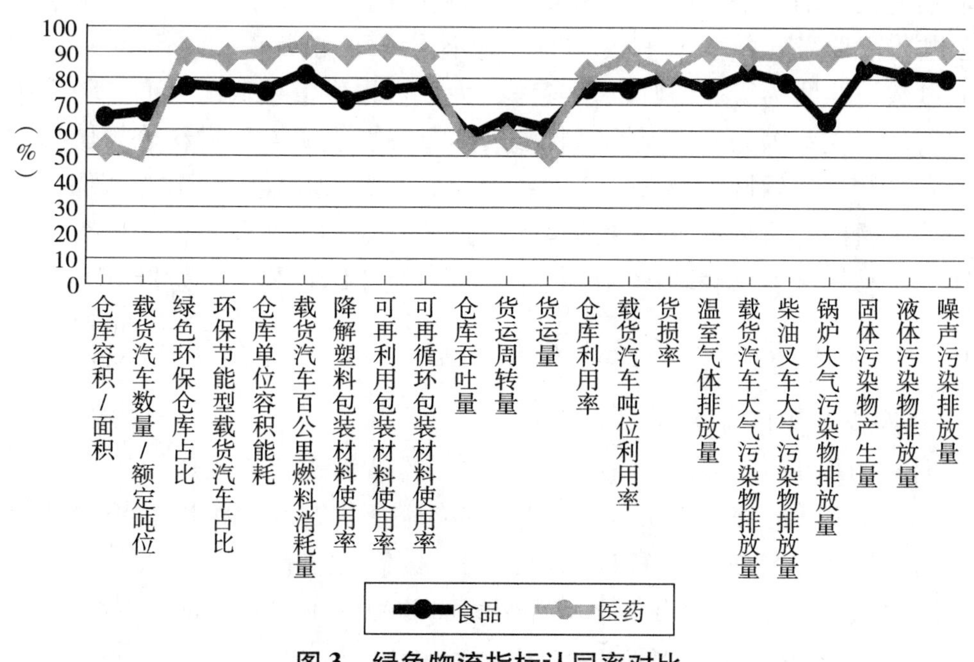

图 3　绿色物流指标认同率对比

4. 技术环境

物流活动包括包装、装卸、运输、储存、流通加工、配送等作业，这些作业会涉及包装材料回收、废弃物处理、能源利用、尾气排放等影响环境的问题，而作业技术水平的提高也会成为物流业降本增效的新的利润增长点。因此，绿色物流在以上几个方面提出了技术的要求或指导。

《绿色仓库要求与评价》（SB/T 11164—2016）行业标准，2016 年已经公开颁布。该标准从仓库屋顶光伏分布式发电技术、仓库规划与设计节能技术、仓库绿色建筑节能技术、仓库暖通节能技术、仓库区域给排水技术、仓储照明节能技术、冷库建筑节能集成技术等方面对绿色仓库提出相关要求，标准注重综合评价，企业可以通过宣贯标准和评估认证开展这项工作。

另外，为了加快新能源汽车产业发展，推进节能减排，促进大气污染治理，2013 年，财政部、科技部、工业和信息化部、国家发展和改革委启动了新能源汽车推广应用工作，并发布了《关于继续开展新能源汽车推广应用工作的通知》等系列政策性文件。在 2016 年 9 月，中国邮政在全国 13 个省、42 个城市共投入纯电动汽车 900 辆，电动汽车零排放，少污染。以纯电动汽车为代表的新能源汽车将成为行业发展的方向。

信息平台的建设可以使企业用户合理选择运输工具和运输路线，克服迂回运输和重复运输，可缓解由物流活动造成的环境污染，平台思维正改变着物流模式。2012 年，交通运输部正式启动国家物流平台建设，经过 4 年的发展，国家交通运输物流公共信息平台可提供三大类政府基础服务产品——标准服务、交换服务、公共信息服务，并推出了园区通、跨境电子商务等八款“平台 +”应用产品，通过数据互联为行业监管提供参考，为社会提供信息资讯查询。随着国家对科技的重视，在我国的交通运输、物流、信息、新能源、新材料等领域都加大了科研投入，在这些领域中孕育着新的技术突破。新材料技术、节能环保技术、云计算等技术目前都得到较为快速的发展，这些都对物流行业的技术升级有巨大的促进作用。整体来看，我国国内的技术环境有利于绿色物流的发展。

（二）2016 年绿色物流发展的特征

1. 政府支持力度加大

政府大力提倡绿色物流，在交通运输、产品包装、流通加工等多方面出台了一系列的政策和实施方案。相关部门对物流企业的环评标准也更为严格。此外，政府对绿色物流加大资金投入。例如，提倡使用新能源车，企业购入新能源车时能享受政府财政上的支持。使用清洁能源的企业，也能享受政府补贴。

2. 物流技术发展迅速

随着“互联网 +”时代的到来，现代物流逐渐与“互联网 +”技术深度融合。以互联网、物联网、云计算、大数据等先进信息技术为支撑的综合性物流系统发展迅速，配载技术、路径优化技术、装卸技术、包装技术、过程控制技术、条码与自动识别技术、物流自动化技术、GIS 与 GPS 技术等都得到进一步发展。部分物流企业开始使用电子化、少纸化办公，也初步使用一体化供应链设计方案，这在一定程度上减少了不必要的工作，提高了物流效率。很多企业注重创新能力的发展，从管理、技术等多方面进行创新，德利得供应链管理股份有限公司成立 IE 部，申请了整托运输防护装置、气囊减震运输装置等多项专利，提高物流效率，实现节能减排。上海中石化工物流股份有限公司采用调度软件，提升了自身的资源整合能力。京东自主研发全降解包装袋，开发园区车辆管理系统，提高了车辆的有序性和安全性。

3. 绿色物流发展迅猛

根据《2016 年中国电商物流绿色包装统计分析报告》显示，2016 年快递业务量达到 310 亿件，电商物流快递业务量突破 235 亿件。物流的迅猛发展给物流企业带来了很大挑战。

很多物流企业响应政府号召，在降低能耗、提高效率、降低成本等方面取得了很大进展。

例如，北京五环顺通物流中心采用 LED 照明；淘汰不合规的车辆，使用国四和国五排放标准车辆；进行燃油测试，严格控制百吨公里油耗，减少污染。

北京三新物流从管理方面进行改革，通过分时段配送，减少冷库开关门次数，较少能耗。北京华欣物流通过包装优化，降低了货损率。

德利得供应链管理股份有限公司采用 LED 照明、可降解包装材料，使用带板运输和标准化托盘，提高物流效率。

上海中石化工物流股份有限公司建立了 ISO 9001 质量管理系统、ISO 14001 和 ISO 28001 管理体系，并通过了 RSQAS 评估；公司的危险废弃物都严格按照要求合规处理。

上海九州通医药有限公司采用电气配合的空调系统和太阳能加电力的热水系统，降低了成本，减少了能耗。

上海普洛斯宝山物流园采用钢纤维地坪、ALC 板内墙等无机材料，采用无窗设计、植草砖停车位、太阳能路灯、自然采光结合高效灯具采光，设计了雨水回收系统，设置垃圾分类回收点。

京东已购进 90 辆新能源车，干线采用甩挂运输的模式，使用雨水调节池，仓库内采用雷达式感应 LED，在原有基础上再降低 75% 能耗。推行简约包装、减量化包装，并且开始在全国推行包装物回收，提高了资源利用率，减少了污染。

（三）2016 年绿色物流发展中的问题

1. 政策法规不健全

各级政府越来越重视绿色物流的体系建设和完善，但是，目前的绿色物流政策多以规划、意见、通知、纲要等形式出台，政策目标大多较为宏观抽象，缺少明确的量化目标，实施对策和保障措施也多为原则性、方向性的指导，可操作性较差，政策执行力度不足。

我国正在逐步制定再生资源利用、低碳物流方面的法律法规，但是相关法律法规仍有待完善。另外，近年来我国制定并颁布了很多治理环境污染方面的法律法规，但针对物流行业污染问题的法律法规仍处于缺失状态。已经颁布的法律法规的执行力度也有不足。

2. 标准化程度不高，缺乏衡量企业绿色化的标准

现代物流在“互联网+”的转型过程中，物流标准化建设成为转型升级的必要前提。我国物流业起步较晚，虽然已经制定并实施了相关国家标准与行业标准，但仍存在“标准与实际生产脱节、新产品缺少标准、标准执行有难度”等问题。大多数物流企业属于中小型企业，物流设施和设备标准化程度仍然较低，操作理念和规范比较陈旧。各种运输方式之间装备标准不统一、物流器具标准不配套、物流包装标准与物流设施标准之间缺乏有效的衔接等，这使得我国物流行业的机械化和自动化水平发展缓慢，影响了运输工具的装载率、装卸设备的荷载率以及仓库的利用率。另外，很多企业的物流都依赖自己的仓库和车队，物流标准化意识淡薄，标准化程度低且货损率较高，大大降低了物流速度，增加了物流成本。

目前，我国物流行业协会和管理部门暂未制定相关绿色物流标准。物流企业存在企业类型、地域性、规模、客户群、产品等多方面的差异，不同类型的企业对同一指标的敏感度相差较大，有些关键指标很难衡量，这就给绿色物流标准的制定带来了较大困难。企业参与的环评类型也五花八门，所以，制定一套权威的企业绿色物流评价标准势在必行。

3. 资源浪费严重、排放量大

2016 年，我国社会物流总额继续增大。伴随而来的还有资源浪费和污染问题。

不少物流企业在节能方面做了很多努力。通过技术的改进和管理方式的改善，在节电、节水、节气、节热等方面取得较大进展，但物流企业的总体耗能仍然较大。

在机动车污染物排放中，全国货车排放的氮氧化物和 PM（颗粒物）明显高于客车，其中重型货车是主要贡献者；如果按燃料分类，全国柴油车排放的氮氧化物接近汽车排放总量的 70%，PM（颗粒物）超过 90%。我国公路运输所占比例较大，多式联运发展滞后，货物运输产生的碳排放量较大。另外，根据国家有关排放标准进行测算，柴油叉车年度颗粒物排放是轿车的 114 倍。

根据《2016 年中国电商物流绿色包装统计分析报告》显示，2016 年大中城市电商包装垃圾占清运生活垃圾增量 85%，电商物流消耗包装箱 141 亿个、塑料袋 117 亿个、快递运单 240 亿张、编织袋 37 亿条、封套 16 亿个、胶带

230 亿米、包裹内部缓冲物 42 亿个。而且，电商快递只是物流业的一部分，物流全行业消耗的资源更多。

物流过程中产生了大量的包装材料。包装用的胶带、塑料袋、纸箱、泡沫填充物等大部分不能循环利用，甚至部分包装材料还有一定毒性，危害人体健康。而且存在不同程度的过度包装和劣质包装的现象。近年来，我国包装废弃物的回收工作在国家和地方政府主管部门有关政策和法规的指导下，虽取得较大进步，但仍存在包装废弃物分类回收工作滞后、回收渠道混乱等问题，包装废弃物回收处理的立法也有待于加强和完善。

交易过程中经常会有退货，很多物流企业的仓库中长期放置退货产品，周转较慢，占用企业大量资源。回收的劣质品的处理方法也五花八门，存在很多不合规的现象，尤其是危化品的运输过程发生泄漏或者不合格品的处理，方式不当会对环境产生极大的危害。

4. 观念落后、基础设施不完善

绿色物流的理念尚未完全确立，人们对绿色物流的认识非常有限。一些政府领导对绿色物流的认识仅仅停留在思想上，在制订区域经济发展规划时，片面追求局部效应和短期经济效益。大多数中小型物流企业经营者甚至认为绿色物流仅是一种环保理念，不仅不能为企业带来任何经济效益，还会增加物流成本。在成本与环保发生矛盾的时候更为关注成本，不少企业从来没有关注过大气污染和固液废弃物，更没有统计过相关数据。众多消费者则认为发展绿色物流是政府和企业的事情，与自己无关。这在一定程度上阻碍了绿色物流的发展。

政府提倡新能源车，主要是以燃气车和电车为主。新能源车在减排方面有较大优势，但加气站和充电桩等基础设施不完善，这在一定程度上阻碍了新能源车的推广。此外，机械化、自动化水平不高，影响了物流效率。

5. 人才方面的制约

由于我国绿色物流的理念形成不久，许多物流企业还没有完全建立发展绿色物流的概念，没有超前意识去承担社会责任，只是象征性地适应时代和环境的需要。目前许多企业还没有既具有环境知识又具有物流知识的复合型人才，绿色物流的研究理论与应用实践脱节。我国高校对这方面关注程度也不够，这从根本上影响了绿色物流的实施进程。

二、2017 年绿色物流发展展望

（一）2017 年绿色物流发展趋势

近年来，通过信息技术优化物流资源配置，引导企业创新绿色物流运作模式，是实现节能降耗的重要途径。随着互联网 + 物流的发展，共享物流逐步成为绿色物流创新发展的新趋势。同时物流企业加强能源管理体系建设，建立绿色节能低碳运营管理流程和机制，加快淘汰落后设备，逐步使绿色物流在包装、仓储及设施能源等各个方面取得进一步发展。具体体现为以下几方面。

1. 物流包装绿色化

2016 年中国快递业务量已突破 310 亿件，继续稳居世界第一。电子商务的蓬勃发展带动包装的大量需求，为包装行业带来了更多发展机遇。然而，从另一个角度看，目前过度包装问题普遍存在，包装废弃物数量也逐渐增长，这已经成为当前全社会关注的焦点问题，因此绿色包装将成为 2017 年绿色物流发展的新趋势。具体体现为：一是根据商品的特性，综合外包装瓦楞纸箱以及内部缓冲填充物的保护性能及其成本，优化包装结构，推出高强度轻型瓦楞纸箱，制订最合理的电商包装解决方案，避免过度包装；二是减少电商包装辅助材料的使用，如电子运单代替纸质运单等；三是通过推广环保材料及可降解的新型包装材料等以提高材质利用率，鼓励使用绿色循环低碳产品；四是建立包装回收利用制度等措施，从而实现包装材料、包装方式和包装作业过程的绿色化。

2. 发展绿色仓储，建设绿色物流园区

仓库建设应布局合理，防止布局过于密集而增加运输次数、增加资源消耗，或布局过于松散，空载率高，降低运输效率。一是通过采用先进仓储设备，如使用仓储专用货架、托盘循环共用，开放式托盘与周转箱循环共用系统等来提升仓储利用率。二是提高仓库建设水平，降低环境污染。通过实行分区域仓储、分类型仓储等方式，有效提高仓储建设水平。同时，通过选用环保材料和先进技术设备，降低仓储环境污染。此外，仓库建设之前应进行相应的环境影响评价，加强仓库建筑创新与节能减排技术应用。

3. 推广节油技术和绿色节能运输设备

合理选择运输工具及路线，实现节能减排；改进内燃机技术，使用清洁燃料，提高效能；避免运输过程中危险物品泄露，避免对局部地区造成严重的环境污染；配送企业使用新能源车、经济型节油车、轻量化起重搬运设备等，如国五排放车辆，电动叉车会逐渐被越来越多的企业所运用。

（二）2017 年绿色物流发展建议

1. 完善绿色物流的政策法规

绿色物流的发展与国家政策法规的规范与引导密切相关。政府部门可加快绿色物流的立法，制定绿色物流行政法规，使保护环境以及节约资源向着制度化发展。如建立绿色物流企业政策性专项补贴、制定物流企业污染环境的税收奖惩措施等，为我国绿色物流行业的管理提供有力的保障，创造适合绿色物流发展的政策法规环境。

2. 制定绿色物流国家标准

标准化是对资源的整合，包括设备设施，信息标准化和管理规范化的重要依据。制定绿色物流标准，如建立健全物流企业的碳排放标准体系，完善与之相对应的计量标准，若出现超出标准规范规定的情况，可以实施相关惩罚。还可构建与推广绿色仓库及其他物流设备等的建设标准，从而减少货损率，减小物流成本。而对于多数企业而言，有关部门或协会需制定一套衡量企业物流绿色度的标准体系，以便更有效地对企业的节能减排情况进行定性定量衡量。

3. 物流活动的低碳化

对物流活动的低碳化主要体现在运输、包装、仓储上。运输方面，物流企业在运输过程中会消耗大量能源，应完善汽车尾气排放标准，加强新能源交通工具的推广，如国五排放车辆、电动叉车等，减少排放量；包装方面，应鼓励使用环保、可降解包装材料，奉行简单包装，要尽量避免一次性包装和过度包装；仓储方面，尽量使用绿色环保材料建设仓库，采用先进仓储设备，如使用仓储专用货架等来减少装卸对货物的损耗。

4. 全面普及绿色物流的发展理念

当前，人们对绿色产品以及绿色消费理念已经有了一定的了解，但大多数人对绿色物流的理念仍缺乏认识，特别是对于多数企业来讲，对如何解决成本与环保间的矛盾还很迷茫。所以，我国绿色物流要得到健康长足发展，必须加强绿色物流理念的宣传，让民众都能够充分地意识到绿色物流对我国经济可持续发展的重要性，让企业认识到节能减排的重要性，从而推动绿色物流的发展，可以利用政府的宣传优势，利用电视、报刊以及网络等媒体大力宣传绿色物流的重要性，逐步普及绿色物流理念。

5. 加强绿色物流的基础设施建设

当前我国物流行业的基础设施仍不完善，物流行业的发展受到一定制约，难以满足绿色物流发展的要求。绿色物流要想快速发展，一定要结合我国物流行业的发展现状，合理进行规划与整体设计。不仅要对现有的物流基础设施加强改造，减少重复性建设以及资源浪费，还要对新建的物流基础设施进行功能整合以及宏观调控，如为适应新能源车的发展，应适当加强加气站、充电桩等基础设施的建设。还要重视各种运输方式的有效衔接，推进多式联运的发展，提升物流效率，减少能源的耗费。

6. 加大人才的培养力度

绿色物流的发展，离不开物流人才的支撑。培养和造就一大批熟悉绿色环保、节能经济的物流人才也事不宜迟。应鼓励各高等院校及科研院所，紧紧围绕绿色物流发展开设相关教育课程，鼓励企业加大实用型绿色物流人才培训，同时加大国际绿色物流人才引进力度，不断提高我国绿色物流人才整体质量，推动绿色物流持续健康发展。

（北京交通大学经济管理学院　兰洪杰）

第二章

行业物流

2016 年制造业物流发展回顾与 2017 年展望

一、2016 年我国制造业物流发展回顾

2016 年是我国“十三五”规划的开局之年，也是建设全面小康社会关键的一年。受世界整体经济形势下滑、国内经济结构转型升级的影响，我国经济呈现中速增长的新常态。经济增长的动力在企稳回升，经济结构在继续优化。

全球经济缓慢复苏，外贸呈低速增长，我国工业生产整体呈缓中趋稳、稳中有进、稳中提质态势。工业经济增长动能转换加速，工业生产保持平稳增长。物流业深入推进供给侧结构性改革，主动适应经济发展新常态，总体运行保持了稳中有进、降本增效的基本态势，社会物流运行质量和效益稳中见升。总体来看，制造业物流加快转型升级，高端制造和服务制造成为主流趋势，深入推进融合发展，涌现了许多创新的物流服务模式。

（一）2016 年我国制造业发展主要特点

1. 经济增速总体放缓，工业运行稳中向好

受世界整体经济格局以及国内产业经济结构调整影响，我国经济增速总体放缓。GDP 增速呈现中速增长趋势，从 2013 年的 7.7% 下滑到 2015 年的 6.9%，进一步下降到 2016 年的 6.7%（其中第一季度、第二季度、第三季度 GDP 增速是 6.7%，第四季度保持 6.8%）。从产业情况来看，我国三大产业呈现出不同的发展增速，第一产业作为基础产业，稳中有降，2016 年增速为

3.5%。由于经济结构的转型升级，服务业越来越受到重视，第三产业一直保持较高增速增长，2016 年增速为 7.6%。以制造业为主的第二产业，增速与 2014 年、2015 年基本持平，保持 6.1%。具体趋势如图 1 所示。

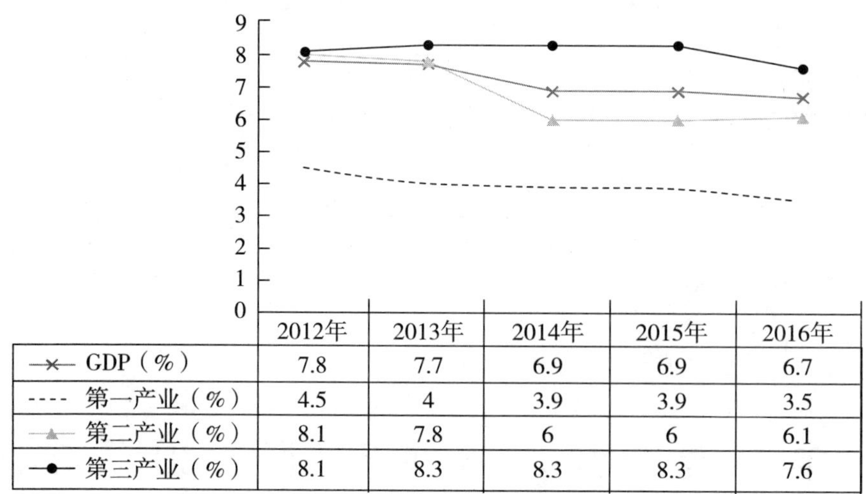

	2012年	2013年	2014年	2015年	2016年
GDP（%）	7.8	7.7	6.9	6.9	6.7
第一产业（%）	4.5	4	3.9	3.9	3.5
第二产业（%）	8.1	7.8	6	6	6.1
第三产业（%）	8.1	8.3	8.3	8.3	7.6

图 1　2012—2016 年 GDP 及三大产业增速

资料来源：国家统计局。

根据国家统计局中国经济景气监测中心报告，全国规模以上工业增加值同比增长 6%，运行总体平稳，如图 2 所示。在规模以上工业中，分门类看，采矿业下降 1%，制造业增长 6.8%，电力、热力、燃气及水生产和供应业增长 5.5%。工业增速保持稳定，对于宏观经济平稳运行发挥了重要作用。

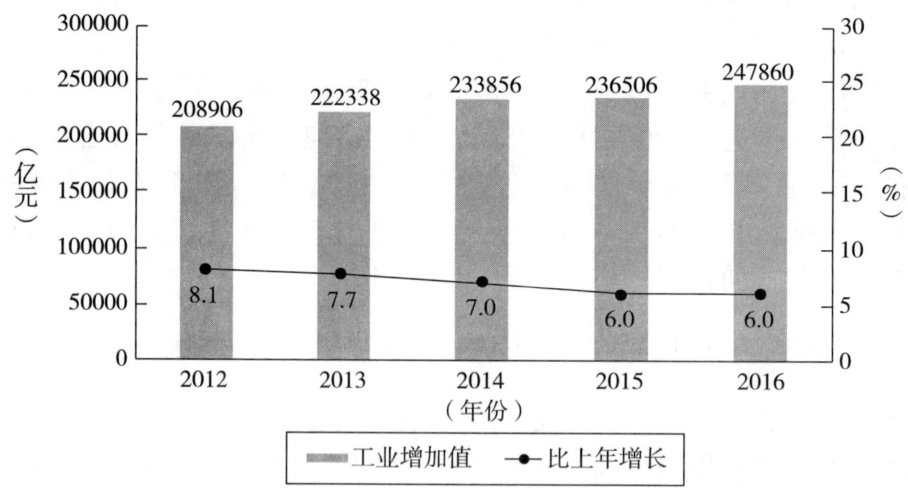

图 2　2010—2016 年全部工业增加值及增速

2. PMI 指数稳步小幅回升，企稳态势巩固，向好发展趋势明显

PMI 指数（制造业采购经理人指数）是国际上通行的宏观经济监测指标体

系之一，也被称为“荣枯线”，PMI 高于 50%，反映制造业经济扩张，低于 50%，反映制造业经济萎缩。2011—2016 年，我国官方 PMI 如表 1 所示。可以看到，2016 年全年制造业 PMI 平均水平 50.3%，高于荣枯线。PMI 指数稳步小幅回升，第一季度略低于 50%，第二季度、第三季度回升至 50% 以上，四季度回升加快，回升到 51% 以上，全年平均水平 50.3%，高于 2015 年 0.4 个百分点，显示经济运行中的积极因素增多，企稳态势逐渐巩固，向好发展态势更为明显。

表 1　　2011—2016 年制造业 PMI

月　份	2011 年 PMI（%）	2012 年 PMI（%）	2013 年 PMI（%）	2014 年 PMI（%）	2015 年 PMI（%）	2016 年 PMI（%）
1 月	52.9	50.5	50.4	50.5	49.8	49.4
2 月	52.2	51.0	50.1	50.2	49.9	49.0
3 月	53.4	53.1	50.9	50.3	50.1	50.2
4 月	52.9	53.3	50.6	50.4	50.1	50.1
5 月	52.0	50.4	50.8	50.8	50.2	50.1
6 月	50.9	50.2	50.1	51.0	50.2	50.0
7 月	50.7	50.1	50.3	51.7	50.0	49.3
8 月	50.9	49.2	51.0	51.1	49.7	50.4
9 月	51.2	49.8	51.1	51.1	49.8	50.4
10 月	50.4	50.2	51.4	50.8	49.8	51.2
11 月	49.0	50.6	51.4	50.3	49.6	51.7
12 月	50.3	50.6	51.0	50.1	49.7	51.4
全年平均	51.4	50.8	50.8	50.7	49.9	50.3

资料来源：中国物流与采购联合会数据汇总整理。

分企业规模看，大型企业的 PMI 为 53.2%，仍高于临界点，是制造业平稳运行的主要支撑；中型企业的 PMI 为 49.6%，落至临界点以下；小型企业的 PMI 为 47.2%，比上月下降 0.2 个百分点，继续位于收缩区间。因此，中小企业的企业态势仍需稳固与加强。

3. 工业经济运行质量有所提升，企业效益稳步向好

如表 2 所示，根据国家统计局数据，1—11 月，主营业务收入 1031208.4

亿元，同比增长4.4%，其中制造业主营业务收入930886.9亿元，同比增长5.2%。1—11月，全国规模以上工业企业实现利润总额60334.1亿元，规模以上工业利润同比增长9.4%，企业效益向好态势逐步稳固。分项来看，制造业利润率呈现一枝独秀，同比增长13.7%，而采矿业、电力、热力、燃气及水生产和供应业则分别呈现-36.2%和-10.1%的负增长。

表2　　2016年1—11月规模以上工业企业主要财务指标

分组	主营业收入		利润总额	
	1—11月（亿元）	同比增长（%）	1—11月（亿元）	同比增长（%）
总计	1031208.4	4.4	60334.1	9.4
其中：采矿业	44135.5	-5.9	1549.8	-36.2
制造业	930886.9	5.2	54306.8	13.7
电力、热力、燃气及水生产和供应业	56186.0	1.0	4477.5	-10.1
其中：国有控股企业	208311.4	-0.9	10974.9	8.2
其中：集体企业	6061.5	-0.4	420.6	-3.7
股份制企业	732748.2	5.1	41342.4	9.9
外商及港澳台商投资企业	227568.6	2.9	15073.6	10.8
其中：私营企业	367679.0	6.3	21169.0	5.9

资料来源：国家统计局统计数据。

从具体行业的数据来看，2016年1—11月，在41个工业大类行业中，30个行业利润总额同比增加，1个持平，10个减少。在主要行业利润增长情况中，呈现出两极分化的趋势。一方面，新兴的制造业和国民经济需求较大的制造业利润增速较快。石油加工、炼焦和核燃料加工业增长2.2倍，黑色金属冶炼和压延加工业增长2.7倍，有色金属冶炼和压延加工业增长37.4%，计算机、通信和其他电子设备制造业增长17.7%，化学原料和化学制品制造业增长14.4%，汽车制造业增长12.7%，电气机械和器材制造业增长12%，非金属矿物制品业增长11.3%。另一方面，传统的制造业增速较缓，农副食品加工业增长6.3%，纺织业增长4.4%，专用设备制造业增长3.5%，通用设备制造业增长1%。

4. 去产能工作任重道远，行业兼并重组力度加大

产能过剩问题是“十二五”以来国家经济建设的重要问题之一，2010 年国务院印发《关于进一步加强淘汰落后产能工作的通知》，近年来相继发布了《关于化解产能严重过剩矛盾的指导意见》（国发〔2013〕41 号）、《关于钢铁行业化解过剩产能实现脱困发展的意见》（国发〔2016〕6 号）等文件。2016 年去产能成为我国供给侧结构性改革的五大任务之首。2015 年，在国家政策的指导下，钢铁、煤炭、玻璃、电解铝等产能严重过剩的行业爆发了“倒闭潮”，钢铁煤炭等价格暴跌，部分行业如水泥、平板玻璃、生铁、粗钢的累计产量分别下降了 4.6%、8.3%、3.3%、2.2%，去产能工作初见成效。2016 年全年压减 6500 万吨钢铁产能和 2.9 亿吨以上煤炭产能，降成本政策效果初步显现。

为进一步加快去产能工作力度，9 月 22 日，宝钢股份、武钢股份两家公司同时发布《吸收合并报告书》，宝钢集团成为重组后的母公司，武钢集团整体无偿划入，成为其全资子公司。宝钢武钢合并跻身全球第二大钢企。12 月 1 日，中国宝武钢铁集团有限公司在上海揭牌成立，此次重组是业内首个集团重组与上市公司合并同步推进的央企联合重组。宝钢与武钢合并后，部分核心产品的市场占有率将大幅提升，如二者取向硅钢的市场占有率达到 70%，高端汽车板市场占有率约 60%。合并后的公司产能超过 7000 万吨，跃居全国第一，对于铁矿石的需求约 1 亿吨，约占全球铁矿石贸易总量的 7%，央企巨无霸诞生。

宝钢武钢重组方案的出台，开启了钢铁行业新一轮重组整合的序幕。国家层面的计划，到 2025 年，钢铁产业的集中度提升至 60% 以上，全国要形成 10 家左右的大型钢铁集团。2016 年，钢铁行业另有多家国企上市公司涉及并购重组事件，如华菱钢铁、重庆钢铁、山东钢铁、鲁银投资、韶钢集团等。在一些重组措施的指引下，2016 年，供给侧结构性改革的五大重点任务在工业领域取得阶段性成果。钢铁、煤炭行业完成了去产能的年度目标任务，11 月末，钢铁、煤炭、水泥、平板玻璃等行业库存同比继续下降，延续年初以来的去库存态势，去产能政策初见成效。

5. 高端制造业发展迅速，制造业行业细分趋势明显

2016 年，我国工业内部新旧动能转换的迹象明显。经初步季节调整，2016 年第三季度，装备制造业生产合成指数为 108.9（去年同期为 100），比上季度上升 0.7 点，连续 3 个季度生产增速持续加快，前三季度，高技术产业和装备制造业增加值同比分别增长 10.6% 和 9.1%，较上半年加快 1.0 个和 0.4 个百分点，分别比规模以上工业增速高 4.6 个和 3.1 个百分点。另外，随着持续快速增长，高技术产业和装备制造业的比重不断提高，对工业发展推动作用明显增强。前三季度高技术产业和装备制造业占规模以上工业增加值比重比去年同

期提高 1.8 个百分点，已经接近 45%。其中，高新技术制造业比重达到 12.2%，对工业增长的贡献率超过了 20%。由表 3 和图 3 装备制造业景气指数及趋势可以看出，装备制造业需求回升，发展态势良好。

然而，制造业细分行业之间存在明显差异。在监测的行业中，钢铁、煤炭、IT 设备制造、有色金属行业景气指数上升，特别是煤炭行业景气指数比第二季度上升 0.9 点，对于工业景气指数保持平稳发展发挥了积极作用。相比较而言，石油、文娱用品、医药和服装行业景气指数有所下降。

表 3　　中国装备制造业景气指数

季度＼年份	2014	2015	2016
第一季度	95.9	94.7	93.8
第二季度	95.0	94.0	94.0
第三季度	94.9	93.8	94.7
第四季度	94.8	93.8	—

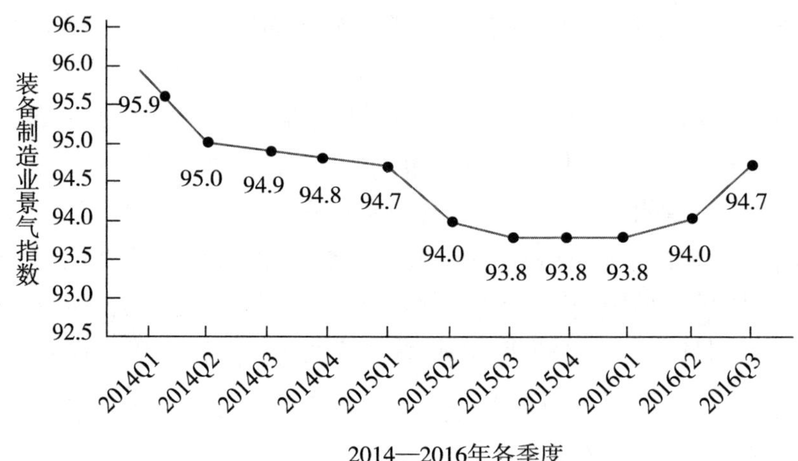

图 3　2014—2016 年装备制造业景气指数

6. 制造业出口形势严峻，民间投资增速持续下滑

出口作为拉动经济增长的“三驾马车”之一，对我国的经济的持续增长有着重要的意义。目前，全球贸易延续萎缩姿态，外需持续低迷。2016 年全球经济将增长 3.1%，连续第五年低于长期均值。受美加息预期升温、贸易保护主义抬头、“逆全球化”趋势凸显、地缘政治风险上升等政治经济因素影响，我国进出口持续“双降”局面。从表 4 可以看出，中国对主要经济体的出口情况

大多呈下降趋势，特别是东盟和巴西，下降幅度明显。外需的持续低迷直接导致我国净出口总值的持续下降，据海关统计，2015年我国净出口总额下降7%，出口总额下降1.8%；2016年上半年净出口总额和出口总额分别下降3.3%和2.1%。表4反映了2016年1—12月我国对主要经济体出口增长率情况，可看出2016年我国出口几乎都是呈负增长（俄罗斯除外），形势十分严峻。

表4　　2016年1—12月中国对主要经济体出口情况

国家/地区	出口额（美元）	同比增速（%）
美国	385203733	-5.9
欧盟	338961544	-4.7
东盟	255571521	-7.8
日本	129244936	-4.7
印度	58317412	0.2
俄罗斯	37297041	7.3
巴西	21968124	-19.9

2016年，我国工业和制造业投资增速持续放缓。前十个月，工业投资增速基本呈逐月放缓态势，制造业投资增速连续五个月在3%上下波动。同时，我国投资率与投资效益之间的矛盾更加凸显。部分省份投资与GDP之比超过100%，最高达130%。而工业企业投资回报率却持续下滑，目前仅为4%左右，远低于2015年6.4%的水平。工业投资回报率远低于房地产投资，甚至低于一年期基准贷款利率，导致工业发展后劲不足，经济脱实向虚问题加重。

受行业准入限制、融资约束、投资回报率低等多重因素影响，工业领域民间投资低迷问题更为明显。2016年1—10月，工业领域民间投资同比仅增长2.6%，连续八个月低于工业投资增速，较2015年同期下降6.6个百分点。而民间投资占工业投资份额高达79.6%。民间投资持续低迷，导致整个工业投资的萎缩，阻碍实体经济中长期增长。

（二）2016年我国制造业物流发展主要特点

1. 物流业运行总体平稳，物流需求增速稳中有升

如图4所示，根据中国物流信息中心统计数据显示，2016年，中国社会物流总额为229.7万亿元，按可比价格计算，同比增长6.1%，增速比上年同期提高0.3个百分点。其中，中国工业品物流总额214万亿元，按可比价格计

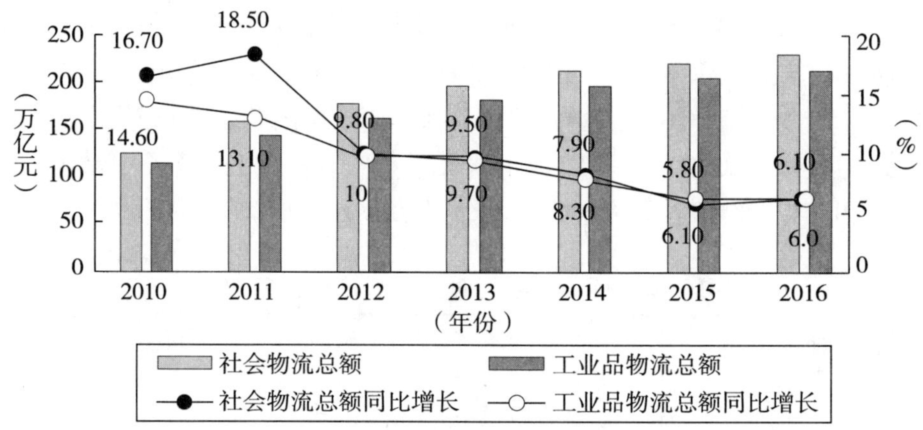

图 4　2010—2016 年社会物流总额和工业品物流总额及其同比增长值

算，同比增长 6.0%，比上年同期回落 0.1 个百分点。工业品物流占社会物流总额的 93.16%，自 2010 年以来连续多年呈现稳步增长趋势。（折线上方数据为社会物流总额同比增长值，下方数据为工业品物流总额同比增长值）。

随着我国供给侧结构性改革的不断深入，我国物流需求的结构得到明显的改善。如图 4 所示，工业品物流费用占比增加，需求回升，结构调整明显，新旧动能转换加快，产业逐步向中高端迈进。一方面，采矿等传统高耗能行业物流需求持续回落。2016 年前三季度，采矿业同比下降 0.4%，上半年增长 0.1%；六大高耗能行业同比增长 5.8%，较上半年回落 0.4 个百分点，采矿等高耗能行业各季度呈回落走势；另一方面，高新技术产业物流需求加速增长。装备制造业和高新技术产业物流需求同比分别增长 9.1% 和 10.6%，比上半年分别提高 1 和 0.4 个百分点；装备制造业和高新技术产业占工业比重分别达到 32.6% 和 12.2%，比 2015 年同期分别提高 1.2 和 0.6 个百分点。

2. 降本增效政策相继发布，物流成本持续回落

中央经济工作会议将降成本列入 2016 年五项重点经济工作之一，提出要开展降低实体经济企业成本行动，打出“组合拳”。物流业作为国民经济的重要基础性行业，政府明确提出“要降低物流成本，推进流通体制改革”。2016 年以来，国家发展和改革委率先在 6 月 10 日发布《营造良好市场环境推动交通物流融合发展实施方案》，提出加强交通物流融合发展，降低全社会物流成本。紧接着又在 9 月 13 日印发《物流业降本增效专项行动方案（2016—2018 年）》，从五个方面提出了 21 项措施，对今后一个时期开展降低实体经济企业成本工作做出全面部署，国务院办公厅也对此文进行了转发（国办发〔2016〕69 号），许多省市纷纷出台相关工作落实方案。交通运输部在 8 月 15 日发布《促进物流业“降本增效”的若干意见》，提出到 2020 年，基本建成经济便捷、高效优质的交通运输物流服务体系，物流运行效率明显提升，降低实体经

济物流成本取得积极成效。

在“降本增效”等一系列组合措施的引导下，2016 年我国的物流成本持续回落，物流运行质量有所提升。根据中国物流与采购联合会、中国物流信息中心于 2016 年 12 月 30 日发布的《全国重点企业物流统计调查报告》，2015 年工业企业物流费用率（物流费用占销售额的比重）为 8.9%，比上年下降 0.2 个百分点。（如图 5 所示）2008 年以来，我国工业企业物流费用率总体呈下降走势，2015 年降至近年来最低水平，比 2008 年下降 1.1 个百分点。

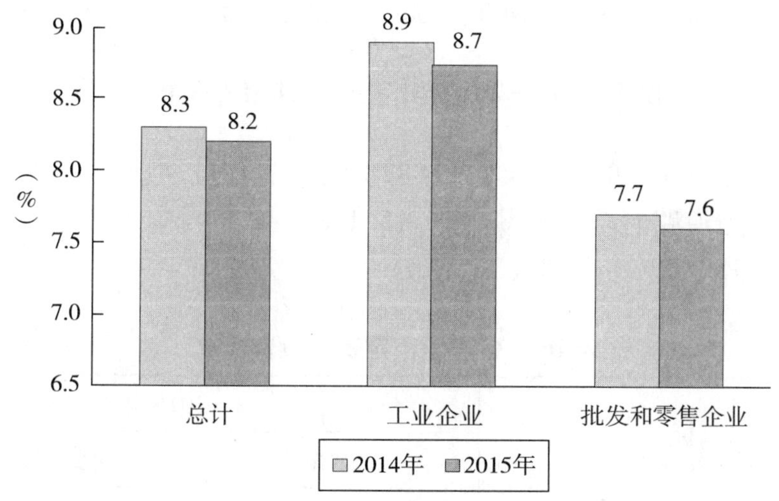

图 5　工业、批发和零售业企业物流费用率情况

此外，工业企业购销比率稳中有降，库存资金占比费用显著下降。根据中国物流与采购联合会、中国物流信息中心于 2016 年 12 月 30 日发布的《全国重点企业物流统计调查报告》，2015 年工业企业购销比率（企业购进总额与销售总额的比率）为 74.5%，下降 1.3 个百分点，达到 2008 年以来的历史新低，如图 6 所示。这一比率的下降反映出 2015 年工业企业原材料库存及资金占用成本有所下降，采购环节更为合理，物流管理水平有所提升，是企业降本增效的体现。

3. 物流业投资增速趋缓，基础设施建设向自动化、智能化转型

2016 年我国推行供给侧结构性改革以来，投资结构出现明显变化，投资增速显著回落。2016 年，全国固定资产投资（不含农户）596501 亿元，比上年名义增长 8.1%（扣除价格因素实际增长 8.8%），从环比速度看，12 月固定资产投资（不含农户）增长 0.53%。分产业看，第二产业中，工业投资 227892 亿元，比上年增长 3.6%，其中，采矿业投资 10320 亿元，下降 20.4%，降幅扩大 0.2 个百分点；制造业投资 187836 亿元，增长 4.2%，增速比 1—11 月提高 0.6 个百分点。第三产业中，基础设施投资（不含电力、

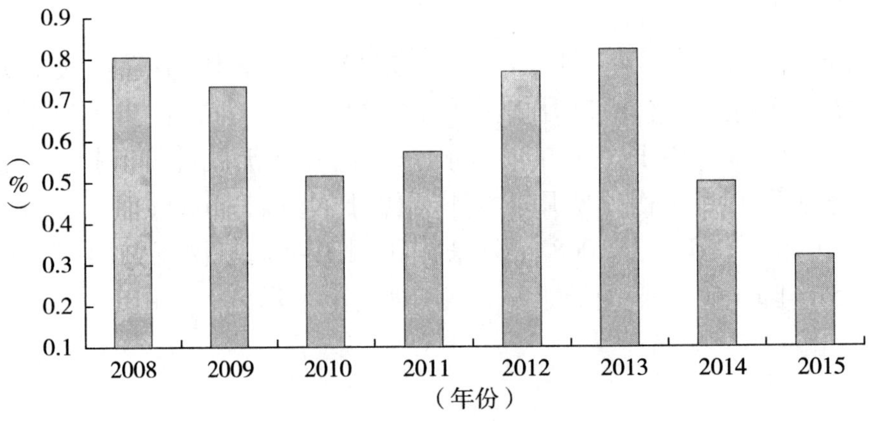

图6　2008—2015 年工业企业购销比率情况

热力、燃气及水生产和供应业）118878 亿元，比上年增长 17.4%，其中，与物流业相关的道路运输业投资增长 15.1%，增速回落 1.8 个百分点；铁路运输业投资下降 0.2%。（如表 5 所示）

表 5　　2016 年各产业固定资产投资情况

指　标	2016 年	
	绝对量	同比增长（%）
全国固定资产投资（不含农户）	596501	8.1
分产业：第二产业	231826	3.5
第三产业	345837	10.9
分行业：交通运输、仓储和邮政业	53628	9.5
其中：铁路运输业	7748	-0.2
道路运输业	32937	15.1

制造企业加快物流系统升级改造。根据《中国仓储行业发展报告（2016）》显示，我国营业性通用仓库面积已近 10 亿平方米，其中立体仓库接近 30%。各类专业仓储设施建设持续向好，自助仓储进入快速发展期和整合期，各类仓配技术普及与创新应用取得较大进展，仓储机械化、信息化、自动化水平有所提高，托盘、货架、输送分拣设备等的应用不断升级，智能仓储、仓储互联网化引领行业转型升级。许多制造企业采用工业机器人、自动化立体仓库等智能制造装备，推进智能化物流系统集成，物流自动化进程加快。

（三）2016 年制造业与物流业联动发展进程

1. 2016 新形势对两业联动发展的影响

2016 年，我国经济、技术和竞争形势都出现了新特点和新变化，供需格局出现了调整，对制造业与物流业联动（以下简称“两业联动”）发展产生了重要影响。

从需求方面看，首先，随着供给侧结构性改革深入推进，去产能、去库存力度不减，钢铁、煤炭、房地产、建筑业等占比较大的大宗商品物流需求增长乏力，将直接影响行业发展基本面。其次，制造业的大规模定制化发展使得与之联动的物流业也向大规模定制化方向发展，物流运作更趋于小批量多批次，物流的响应速度也需要不断提升。受此影响，传统的物流外包的模式并不能适应新的需求模式，两业联动开始朝供应链合作模式发展，联动的机制体制开始创新。

从供给方面看，受“互联网 +”发展形势影响，越来越多物流信息平台开始兴起并在物流运行中发挥重要的作用。然而，目前两业联动还是“一对一”联动为主，制造企业与物流企业的运行系统都是独立的、封闭的，让物流信息平台企业无法加入到联动中。其次，平台作为资源整合商，其运用模式有其标准化规定，难以满足制造业一些个性化物流需求，使得物流信息平台企业和制造业难以进行联动。基于上述特点，目前物流信息平台多是作为物流企业的提供商，为物流商提供运力支持而间接加入到两业联动中来，但难以直接加入到两业联动。

从技术方面看，从《中国制造 2025》到无人仓、自动分拣系统、智能仓库机器人在物流领域的应用，技术变革让物流业和制造业的智能化水平都得到了提升。依托 RFID、GPS、无线射频等先进的现代化设备，物流业能够为制造业提供实时的物流跟踪，两业联动的模式日趋透明化。此外，物流技术的变革推动了供应链一体化平台的建设，如海尔日日顺，已经涵盖了从采购到渠道分销的整条供应链，技术的应用有效地提高了联动的效率，大大地降低了运营、管理成本。

从管理模式方面看，“互联网 +”时代下，制造业都纷纷开启线上渠道，这就使得原来的联动开始转向“线上 + 线下 + 物流”三方面发展。制造企业与物流企业联手开始开展建设与线上销售渠道匹配的物流渠道，以保证其市场占有率。一些新的商业模式变革让两业联动更加紧密，促进了“产销结合”的发展，目前一些制造企业如海尔集团采取“制造订单即物流订单”模式，一切以客户订单为中心，开展“直产直销”的新纪元。

2. 制造业和物流业联动发展相关进展分析

2016 年，制造业与物流业两业联动发展出现新局面，在联动范围、联动关系和联动模式上都呈现出新的特点。

首先，在两业联动的范围方面看，联动开始由原来单一业务外包开始转向供应链合作，联动范围越来越广。最初，制造企业仅仅是将自己的部分供应链业务，如运输配送、仓储管理或原材料物流外包给物流企业，而目前随着制造业成本压力不断增大、物流企业服务能力的不断提高以及联动风险管控水平的加强，许多制造企业开始寻求供应链服务的总包商，如华为将整条供应链都外包给 DHL 和中外运。

其次，从两业联动的关系上而言，制造企业和物流企业由原来的契约关系转为战略合作关系。之前的两业联动均是简单的外包形式，制造业和物流业往往是站在谈判桌的两端，寻求自身利益的最大化，而随着联动的不断深入，制造业和物流业的命运变得息息相关，形成互赢共生的战略合作伙伴关系。

最后，从两业联动的具体运营上看，出现多种运营方式。一是多式联运开始广泛应用。在运输方式上，因为制造业销售需求形势欠佳，所以对物流企业的成本管控就提出了更高的要求。在运输模式上，多式联运有利于降低物流成本，成为制造业与物流业联动创新的突破口，被物流企业广泛采纳。二是供应链逐步实现全程透明化。透明化的管理能够有效的控制成本、提高服务水平。例如，在快递企业，利用 GPS、GIS 等技术，能够对制造企业的订单物流信息进行全程跟踪，对制造企业的生产配件提供实时支持。三是技术进步驱动了两业联动管理模式的创新。移动互联、大数据等技术为两业联动的发展提供了无限的想象空间，例如海尔跟日日顺的合作，在技术支持下，海尔工厂和日日顺实现了信息的实时共享，统一生产和物流订单，并且取消物流成品缓存区，使“直产直销”成为可能。四是两业信息系统开始转为开放共享方向发展。两业联动之前多采用一对一的联动方式，物流业和制造业的 EDI 系统都是封闭的、独立的，专供两个企业的信息交换使用，带来极高的建设成本和维护成本。而目前的信息系统开始转为开放、共享型。尤其是多家小型制造企业和物流企业使用同一套的信息系统，有效地降低了信息建设方面的成本。

3. 制造业和物流业两业联动面临的问题

随着两业联动的深入发展，在物流企业建设、制造企业建设、政府政策完善以及联动的环境等方面出现新的问题。根据对中外运北京公司、中外运苏州公司和广州风神物流、海尔日日顺物流、天津德利得物流公司、中铁快运等公司的调研访谈，目前两业联动过程中存在如表 6 所示的问题。

表6　　两业联动过程中出现的相关问题

现存问题分类	问题内容
物流企业本身	物流企业人才、技术、装备相对制造业不匹配
	企业资金较少，面临信息系统、设施设备等投资及管理方式上的压力
	达不到透明化的要求
	缺少专业化的管理团队，需要建立专业化的团队，提高专业服务能力
	企业自身缺乏机制创新
制造企业本身	制造业不景气，导致与之联动的物流企业面临着巨大的成本以及市场规模增长后劲不足的压力
	信息保密等原因导致制造业对于物流业合作开放的深度不够
	制造企业供应端的物流没有释放
政府本身	国家在产业扶持政策方面对物流企业的扶持力度不够
	政府对物流企业的信息化扶持力度不够
	运输治理使得物流企业面临巨大成本压力
两业联动环境	两业联动依赖的基础活动，如末端城市配送，操作效率没有得到提高
两业联动方式	两业联动的信任缺乏第三方信用评价体系
	企业间没有形成内在驱动力
	双方对联动服务及效益评价的认定不一致
	大型制造企业还是采取一对一的联动方式，平台介入较少

资料来源：本研究团队于2016年11—12月的一项全国调查。

在物流企业建设方面，制造业正在迅速地向自动化和智能化方向发展，但物流企业人才、技术、装备均未得到技术上的提升。政府在投资上偏向制造业较多而对物流业扶持较少，物流企业面临着信息系统、设施设备等投资资金及管理方式上的压力。同时，物流企业还无法实现客户对物流运输透明化的要求，缺少专业化的管理团队也是当前两业联动的难点。

在制造企业建设方面，由于制造业不景气，导致与之联动的物流企业面临着巨大的成本以及市场规模增长后劲不足的压力。同时，产品制造信息保密等原因导致制造业对于物流业合作开放的深度不够。尽管物流企业希望能够更多地融合到制造企业的供应链中，但制造企业供应端方面的物流释放空间仍然很大。

从政策角度来看，一方面，中央和地方各级政府在产业政策扶持方面，对制造企业与物流企业的关注不平衡。例如，广州风神物流公司反映，从工业4.0的提出开始，政府对制造企业的智能化升级扶持政策及扶持资金都有相继推出，但是这些政策的受惠群体却不包括物流企业。另一方面，“治限治超”政策对制造业物流影响较大，使得物流企业面临巨大成本压力，但政府在降低物流业成本方面的推动作用还需要进一步发挥。

在两业联动方的发展环境仍有待进一步完善。例如，现有的制造业与物流业联动还是以一对一的单点联动方式为主，物流信息平台企业的介入作用尚需进一步发挥；已有的两业联动发展政策的针对性不强，企业联动内在驱动力不足。目前两业联动缺乏第三方信用评价体系和两业联动评估体系，造成制造企业服务要求没有量化或评价标准不明确，导致供需双方理解容易出现偏差，也导致双方对联动服务及效益评价的认定不一致。

二、2017年制造业物流发展展望

2016年12月14日举行的中央经济工作会议明确指出，稳中求进是2017年经济工作的总基调，2017年是实施“十三五”规划的重要一年，是供给侧结构性改革的深化之年。全球经济将呈现缓慢复苏态势，我国经济内生增长动力继续增强，工业经济将保持平稳增长。制造业物流将呈现出以下发展趋势。

（一）制造业供给侧改革持续推进，制造业物流运作绩效得到持续提升

中国经济正在经历速度变化、结构优化、动力转化的发展新常态，处于转型升级的关键历史转折点，传统的格局正在被打破，新的增长力量还在孕育中，制造业面对经济运行下行压力以及产能过剩的形势，2017年仍需要持续推进制造业供给侧改革，政府工作报告指出，2017年煤钢去产能仍将持续推进，将再压减钢铁产能5000万吨左右，退出煤炭产能1.5亿吨以上。此外，要以提高发展质量和效益为中心，以推进供给侧结构性改革为主线，深化创新驱动，全面实施《中国制造2025》，着力深化制造业与互联网融合发展，着力保持工业经济平稳增长，着力加快产业结构调整优化，着力推进信息通信业转型发展，着力营造行业发展良好环境。要积极发展服务型制造，引导制造业企业以产需互动和价值增值为导向，由提供产品向提供全生命周期管理转变，由提供设备向提供系统解决方案转变，有利于改善供给体系质量和效益，顺应消费结构升级的需要。

2016年，国务院办公厅转发了国家发展和改革委《物流业降本增效专项行动方案（2016—2018年）》（以下简称《方案》），部署降低企业物流成本、

提高社会物流效率工作，大力推进物流业转型升级和创新发展。最终实现实体产业的物流降本增效，改变传统的单纯强调降低物流企业成本的做法，为供给侧结构性改革提供推力与支撑。《方案》的出台，延续和落实了《物流业发展中长期规划（2014—2020 年）》的要求。2017 年国家发展和改革委将坚持落实《方案》，同时结合当前供给侧结构性改革的调整，积极落实中央关于“三去一降一补”的推进工作，对我国物流业及相关行业的降本增效和绩效提升将产生重大推力，因此，制造业物流运作绩效将在 2017 年得到整体提升。

（二）制造业与物流业两业深化融合，相关政策陆续出台

现代物流是提升制造企业核心竞争力的重要手段，制造业是物流业发展的需求基础。制造业与物流业深入融合发展，有利于制造业从供应链整体角度降低成本，提高生产效率，促进产业升级；有利于物流企业深入对接制造业物流需求，全面提升服务能力和服务水平。2017 年，制造业与物流业将加快两业融合发展。两业融合发展是两业联动发展的深化。根据《国家促进物流业发展三年行动计划（2014—2016 年）》，国家发展和改革委要继续深入推动制造业与物流业联动发展，鼓励制造业企业分离外包物流业务，释放物流需求。提高物流企业的供应链一体化服务能力，发挥好物流业对制造业转型升级的支撑带动作用，到 2016 年年底，培育一批制造业与物流业联动发展示范企业。此项工作将在 2017 年展开。

《物流业降本增效专项行动方案（2016—2018 年）》中，也明确提出了要继续推动物流业与制造业联动发展，并将之列为第 19 项专项方案。结合《中国制造 2025》战略部署，鼓励物流企业面向制造业转型升级需求，拓展提升综合服务能力，为生产企业提供采购物流、入厂物流、交付物流、回收物流等精细物流服务，重塑业务流程，建立面向企业用户的一体化智慧供应链管理服务体系，推动物流业与制造业协调发展，进一步降低产业物流成本。此项行动方案由国家发展和改革委、工业和信息化部按职责分工负责，持续推进。

（三）智慧物流成为发展趋势，制造业物流服务模式不断创新

当前，伴随新一轮科技变革的兴起，我国物流业加快与互联网深度融合，智慧物流快速起步，顺应了全面推进产业进程，降低企业成本，提升物流运作效率，有效支撑国民经济的时代需求。随着“互联网 +”的发展，智能化和信息化技术在制造业生产与物流中快速普及应用，所有生产与流通环节开始变得更加“智能”。在制造业物流领域，出现了产品的智能物流可追溯系统、物流过程的可视化智能管理网络系统、智能化的企业物流配送中心、智慧供应链等物流服务模式，制造业物流服务模式不断创新，出现了“互联网 + 高效运输”

“互联网 + 智能仓储”“互联网 + 便捷配送”等创新模式。产品市场预估更加准确有效，产品的配送更加便捷，物流服务更加柔性化，供应链运作更加协同，制造业物流的运作透明度更高。

（四）制造业物流细分化趋势明显，高端制造业物流受到重视

从我国制造业整体发展形势上看，制造业物流细分化趋势明显。一方面，大型制造企业通过整合重组，提升竞争力，在全球范围内开拓市场；另一方面，中小型制造企业尤其是出口型企业的增长乏力，受全球客户需求变化和成本控制能力影响较大。受此趋势影响，制造业物流细分化趋势将在 2017 年变得更加明显。从需求看，工业品物流中，高技术产业和装备制造业物流需求进入较快增长区间，预计 2017 年增速在 10% 左右；与消费相关的单位与居民物品物流总额，预计全年保持 40% 以上的高速增长态势。

前瞻产业研究院《2016—2021 年高端装备制造产业发展前瞻与投资战略规划分析报告》预计：到 2025 年，我国装备制造业规模将由现在占全球 30% 达到 35% 以上，高端装备制造业占装备制造业比例将由现在的 20% 达到 35% 以上，出口规模占全球贸易超过 20%。未来，我国将会出现一批具有国际资源整合能力、“软硬结合”的大型装备制造企业。在我国高端制造业的发展驱动下，一批物流企业融入制造供应链，开展供应商管理库存、物流仓配一体化、供应链金融等业务，优化供应链协作关系。例如，招商局物流集团计划投资 6 亿元在无锡建设物流供应链集成服务项目。日日顺物流发布大件物流解决方案，提供仓储配送安装全程无断点服务，制定供应链服务新标杆。

（五）“一带一路”战略持续推进，制造业物流格局变化加快

伴随“一带一路”等国家重大战略的实施，制造业物流格局将在 2017 年变化更加明显。

一方面，制造业物流加快“走出去”步伐。以共建“一带一路”战略构想为标志，中国制造企业大规模“走出去”，参与沿线国家基础设施互联互通建设，并在全球范围内输出高铁、核电、工程机械、通信基础设施等高端装备和钢铁、水泥、建材等优势过剩产能。这些优势制造产业走出去，带动了工程设备物流需求的持续增长。例如，华为作为中国最优秀的通信基础设备制造商，早在 2009 年已经在匈牙利投资兴建了欧洲供应中心，覆盖欧洲、中亚、中东非洲等近 70 个国家和地区。2013 年 12 月，又在匈牙利投资建设了欧洲物流中心，仓储面积达 3 万平方米，年内进出口货物金额达 15 亿美元，物流吞吐量预计达到 50 万立方米，辐射欧洲、中亚、中东非洲国家。

另一方面，以中欧班列为代表物流通道建设，将推动制造业区域物流格局

变化明显。2016 年 10 月，国家发展和改革委发布了《中欧班列建设发展规划（2016—2020 年）》。截至 2016 年 6 月底，中欧班列累计开行 1881 列，其中回程 502 列，国内始发城市 16 个，境外到达城市 12 个，运行线达到 39 条，实现进出口贸易总额约 170 亿美元。中欧班列全程服务平台组建运行，服务范围逐步拓展，全程服务能力稳步提升。中欧班列的快速发展，对国内制造业物流发展格局也带来了深远的影响，这一影响将在 2017 年继续得到推进。我国是区域差异特征明显的国家，东、中、西部制造业差异明显。东部地区是我国制造业集中区域，在“一带一路”国家战略和中欧班列发展的影响下，制造业加速梯度转移，中西部可发挥低劳动力成本、低土地成本等方面的优势，直接承接国内、国际产业的转移，制造业物流的区域变化将更加明显，中西部地区的制造业物流市场份额加快增长，制造业物流的平均路径有望缩短与优化，制造业物流的合理化发展趋势更加明显。

（天津大学管理与经济学部　刘伟华　申欣冉　朱冬蕾　窦梦頔）

（本项研究获国家自然科学基金项目（71372156 和 71672121）支持）

2016年钢铁行业物流发展回顾与2017年展望

2016年，我国以推进供给侧结构性改革为主线，适度扩大总需求，坚定推进改革，妥善应对风险挑战，经济结构继续优化，质量和效益提高，经济社会保持平稳健康发展，实现了“十三五”良好开局；一些重要经济指标逐步稳定向好，工业增加值增速、企业效益、固定资产投资均企稳回升，尤其是民间投资止跌回稳，PPI由负转正并进一步上升，社会预期得到新的改善。经济大环境变化对钢铁行业产生影响，钢铁行业去产能持续开展，钢材价格震荡大幅上行，钢铁企业经营状况普遍好转，盈利水平得到明显改善，钢铁行业物流运行环境得以优化。

一、2016年钢铁行业物流发展回顾

（一）2016年我国钢铁价格震荡大幅上行

2016年，我国钢铁市场结束了“十二五”时期长达5年的持续下行周期，进入震荡上行的通道。兰格钢铁云商平台监测数据显示，截至2016年12月30日，兰格钢铁全国钢材综合价格指数为135.3，同比上升70.1%。其中，长材价格指数为135.0，同比上升63.0%；板材价格指数为136.1，同比上升78.8%；型材价格指数为132.1，同比上升60.3%；管材价格指数为135.2，同比上升65.4%（如图1所示）。

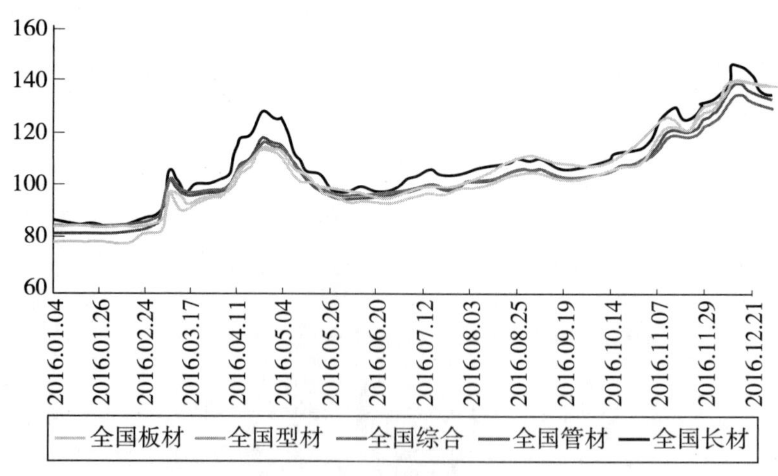

图1　兰格钢铁价格指数（LGMI）走势

资料来源：兰格钢铁研究中心。

（二）钢铁产量同比小幅上升，粗钢表观消费量止降回升

2016 年受钢材价格持续反弹、钢铁企业生产积极性加大影响，我国钢铁产量呈现小幅上升局面。据国家统计局数据，2016 年 1—12 月，我国粗钢累计产量 80837 万吨，同比增长 1.2%；钢材累计产量 113801 万吨，同比增长 2.3%。2016 年 1—12 月粗钢平均日产 220.9 万吨，较 2015 年全年平均日产 220.2 万吨增加了 0.7 万吨（如图 2 所示）。

2016 年我国粗钢表观消费量同比止降回升。2014 年同比下降 3.3%，2015 年同比下降 5.4%，2016 年我国粗钢表观消费量为 70707 万吨，同比增长 1.8%。

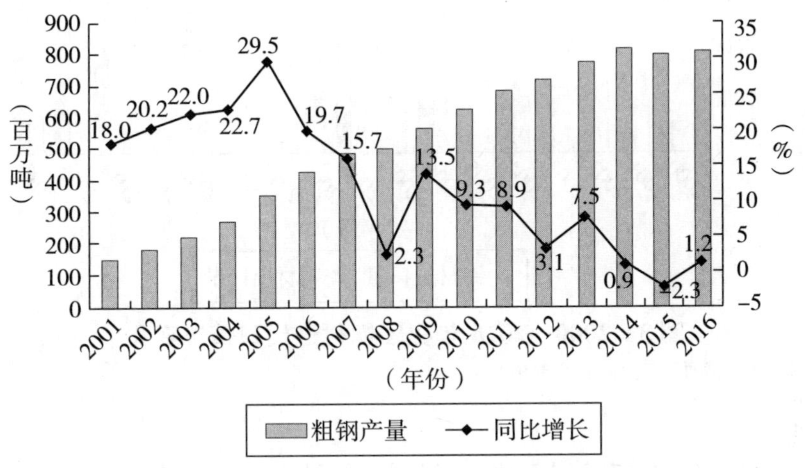

图 2　2001—2016 年粗钢产量及同比增速变化

资料来源：国家统计局，兰格钢铁研究中心。

（三）钢材出口量自 2010 年以来首次同比下滑，钢材进口现回升

2016 年，在我国钢材价格持续震荡上行以及钢铁贸易摩擦频发的情况下，我国钢材出口同比出现回落。海关统计数据显示，2016 年 1—12 月，我国累计出口钢材 10843 万吨，同比下降 3.5%；我国累计进口钢材 1321 万吨，同比增长 3.4%；同期我国净出口钢材 9522 万吨，同比下降 4.4%（如图 3 所示）。

2016 年是我国钢铁行业贸易摩擦高发的一年。5 月，美国国际贸易委员会对中国输美碳钢产品发起中国钢铁贸易史上首次“337 调查”，涉及宝钢、河钢、武钢、首钢、沙钢、鞍钢等 40 家中国钢铁企业及美国分公司。这一年，除 337 调查之外，反倾销、反补贴、保障措施调查也对我国钢铁产品持续开

展。据兰格钢铁研究中心监测数据显示，2016 年 1—12 月，我国钢铁出口产品遭遇来自 20 个国家和地区发起的 48 起贸易救济调查，其中反倾销案件 32 起，反补贴案件 9 起，保障措施案件 7 起；与 2015 年相比，国家数量增加 6 个，案件数量上升了 29.7%。贸易摩擦的频发对钢铁出口产生较大抑制作用，以美国为例，2016 年我国出口美国钢材 116.8 万吨，2015 年同期为 242.4 万吨，同比下降 51.8%。

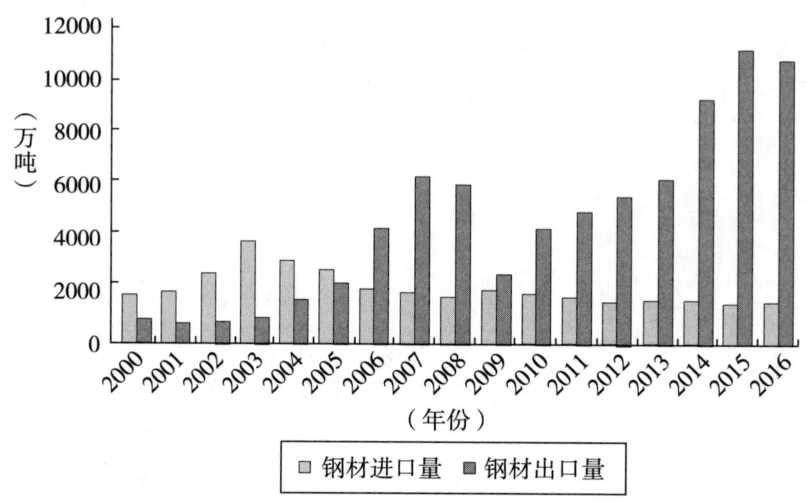

图 3　2000—2016 年我国钢材进出口情况变化

资料来源：中国海关，兰格钢铁研究中心。

（四）钢铁企业经营好转，行业盈利大幅上升

2016 年由于钢材价格涨幅明显，钢铁行业利润大幅上升。据国家统计局数据显示，2016 年 1—12 月，黑色金属冶炼和压延加工业主营业务收入为 63174.3 亿元，同比下降 0.7%；利润总额 1659.1 亿元，同比增长 232.3%，由 2015 年的负增长转变为大幅正增长（如图 4 所示）。就销售利润率来说，2016 年 1—12 月，黑色金属冶炼和压延加工业销售利润率由 2 月的 0.29% 持续震荡上升，12 月创下年内高点，为 2.63%。

2016 年，中国钢铁工业协会统计的会员钢铁企业实现销售收入 28022 亿元，同比下降 1.81%；利润总额为 303.78 亿元，同比实现扭亏为盈；会员钢铁企业的亏损面和亏损额均大幅下降。2016 年，会员钢铁企业销售利润率只有 1.08%，虽然比 2015 年明显改善，但仍处于工业行业较低水平。

2016 年钢铁业上市公司业绩全面好转，八成公司实现盈利。据统计，35 家钢铁业上市公司中，32 家公布了 2016 年业绩预告，其中 28 家预告盈利，4 家预告亏损，盈利公司占比达八成，近五成公司实现扭亏为盈。

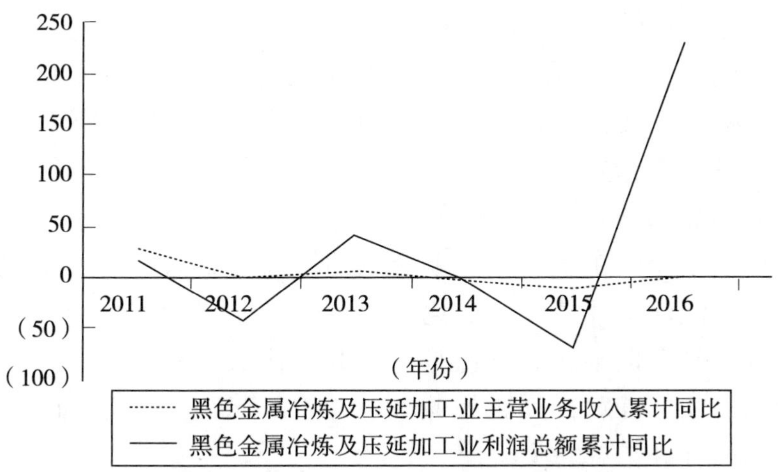

图4 钢铁行业主营业务收入及利润总额同比变化

资料来源：国家统计局，兰格钢铁研究中心。

(五) 化解过剩产能取得成效，超额完成2016年去产能目标任务

2016年2月，国务院发布《关于钢铁行业化解过剩产能实现脱困发展的意见》6号文，明确5年时间化解钢铁过剩产能1亿~1.5亿吨。随着5月18日财政部《工业企业结构调整专项奖补资金管理办法》的发布，有关钢铁、煤炭化解过剩产能方面的奖补资金、财税支持、金融支持、职工安置、国土、环保、质量、安全在内的八项配套政策以及整体实施方案全部出台，我国钢铁行业去产能进入全面执行期。各省市在三季度陆续公布各自的化解过剩产能的目标，据兰格钢铁研究中心监测数据显示，全国27个省市自治区以及宝钢、武钢、鞍钢三大央企2016年公布去产能目标超9000万吨，是国家制定的2016年去产能目标4500万吨的2倍之多。

2016年，国务院及各大部委积极开展环保检查和去产能督查工作；工信部、国家发展和改革委会同相关部门联合开展淘汰落后、违法违规建设项目清理和联合执法三个专项行动，带队赴地方开展专项督查、验收抽查和调研工作，严肃处理一批违法违规企业。2016年我国压减落后过剩钢铁产能6500万吨以上，和原计划4500万吨相比，完成度为超额的144%，有力促进了钢铁行业效益回升和提质增效，企业和社会信心不断增长。

(六) 新的运输标准出台，推升钢铁产品整体流通成本

2016年9月21日起，交通运输部、公安部实行新的《超限运输车辆行驶公路管理规定》，在全国范围内重点开展三个“专项行动”，即开展为期一年的整治货车非法改装专项行动和整治公路货车违法超限超载行为专项行动，开

展为期两年的车辆运输车联合执法行动。通过实施新的运输标准，运输车辆最大载重均有不同程度的下调，将直接影响钢铁物流运输的效率，增加运输成本。新的运输标准的实施使得钢铁行业物流运输成本增加30%以上，部分地区的运输费用上调幅度达到80%。

新的运输标准从国家层面明确规定了汽车运输的超限标准，属于强制性国家标准，是钢铁物流汽车运输时必须遵循的标准。钢铁物流可依托新的运输标准，开展钢铁物流汽运环节的标准化相关工作，建立钢铁物流汽运环节的行业标准框架体系，确定框架体系下各对应标准的构成，开展相关标准的制定、修订工作。新的运输标准对开展钢铁物流标准化工作可以起到推动和促进作用，也具有重要的引导和指导意义。

（七）全国物流标准化技术委员会钢铁物流标准化工作组成立

2016年11月15日，全国物流标准化技术委员会钢铁物流标准化工作组在北京成立。全国物流标准化技术委员会钢铁物流标准化工作组秘书处设在冶金工业规划研究院，负责钢铁物流标准化工作，组织制修订钢铁物流标准，开展标准宣贯和培训，指导和推动钢铁物流的标准化应用和发展。这将为解决我国钢铁物流标准化严重滞后的问题带来组织保证；也将为建立及健全我国钢铁物流标准体系、提升钢铁物流标准化水平贡献力量，为钢铁物流健康有序发展提供保障和动能。

（八）钢铁企业积极参与“一带一路”建设，推进国际产能合作

2016年是“十三五”规划的开局之年，也是国际产能合作的布局之年，国际产能合作将形成世界经济增长的新动能和国际产业体系重构的新动力。我国钢铁企业契合“一带一路”建设，积极推进国际产能合作，加快国际化进程，不断提高国际合作竞争力，逐步在更高层次上嵌入世界产业发展链条，实现优势互补与合作发展。

2016年，鞍钢独家中标巴基斯坦城市轨道交通项目首批8000吨钢轨需求合同，这是鞍钢继中标大沃风电工程供货任务后，在“一带一路”建设方面又一重要收获。宝武鄂钢获得中马友谊大桥的桥梁钢供货权，成为该桥梁项目的国内唯一供货企业。

河钢与塞尔维亚共和国政府正式签署了斯梅代雷沃钢厂收购协议，这是中国钢铁企业国际化经营的重要成果，得到习近平主席的充分肯定。文安钢铁与中冶集团签订合作备忘录，共同在马来西亚投资30亿美元，建设年产500万吨钢、300万吨水泥、200万吨焦炭的资源综合利用型钢铁企业。

（九）2016 年钢铁电商交易规模和占比均有所提升

2016 年，钢材市场结束了近 5 年的单边下滑，供给侧结构性改革对钢铁行业带来的深远影响进一步深化。钢材市场的变化与钢铁行业本身的深刻变局给钢铁电商带来的“红利”得到了显现。

据《中国冶金报》对国内欧冶云商、兰格云商、找钢网、天物大宗等 12 家主要钢铁电商平台的跟踪统计，2016 年 12 家主要钢铁电商平台的总交易量约为 2.19 亿吨，同比增长 20.3%。其中，欧冶云商的总交易量和增幅分别为 3876 万吨和 280%，均排名第一。扣除欧冶云商的交易量后，其他 11 家平台合计的总交易量增幅为 5%。

从电商平台交易规模占我国钢材总产量比例来看，2016 年我国钢材产量 11.38 亿吨，上述统计平台总交易量占比 19.2%，比 2015 年的 16.2% 高 3.0 个百分点。

（十）钢铁电商平台在线供应链金融获得进展

融资难和融资贵，一直是钢铁行业长期面临的产业难题，目前较多的钢铁电商平台引入供应链金融。钢铁电商平台通过提供在线供应链金融服务，能够为平台的中小钢贸企业会员提供线上融资服务，具体包括代采购融资服务、货押融资服务和保理融资服务等模式，解决中小钢贸企业的融资难的问题，降低企业融资成本，同时增加电商平台的盈利增长点。

2016 年各大钢铁电商平台的供应链金融获得比较大的进展。2016 年欧冶云商平台融资发生额 200 亿元，同比 2015 年增长了 5 倍；天物大宗在 2016 年获得中国电子商务创新推进联盟颁发的“电子商务与供应链融合创新奖”，天物大宗获得银行授信 300 亿元，累计放款 64 亿元；五矿阿里钢铁平台的金融产品“赊销宝”2016 年获得金融机构 20 亿元授信，买家会员通过审核后即可享受最高 100 万元额度的 30 天采购账期。

钢铁电商平台以分布式云仓管理为基础，整合分拨、配送、加工、包装等一体化服务，利用互联网信息技术实时掌握供应链条中的交易、结算、配送、融资等过程，从而实现商流、物流、信息流、资金流四流合一的封闭循环，提供“从预付到应收”全链条一体化的钢铁供应链金融服务。

二、2017 年钢铁行业物流发展展望

当前中国经济正处于 L 形探底阶段，在旧增长方式后继乏力、新增长方式尚未建立的关键转型时期，内部和外部一系列新的不确定因素叠加，使得中国

经济虽有回稳态势，但下滑压力依然存在；预计2017年我国经济增长速度将达到6.5%。2017年是供给侧结构性改革的深化之年，也是钢铁行业去产能的攻坚年，我国将更加严格控制新增产能，更加坚决淘汰落后产能，更加严厉打击违法违规行为，钢铁行业秩序将不断规范，运行效率得以显著提升。

（一）2017年钢铁行业去产能将继续深入推进

2017年钢铁行业去产能依然是实现供给侧改革的重点，通过化解过剩产能专项行动实现去产能的总体目标；利用环保执法专项行动，依法查处环境违法行为；利用质量执法专项行动，依法严肃查处“地条钢”生产企业；利用能耗执法专项行动，严格执行节约能源法，对不符合能耗标准企业限期整改，整改不达标依法关停退出。

自2017年1月1日起，国家发展和改革委、工业和信息化部联合出台的《关于运用价格手段促进钢铁行业供给侧结构性改革有关事项的通知》正式实施，对钢铁行业将实行更加严格的差别电价政策和基于工序能耗的阶梯电价政策，电价杠杆的实施将加快落后产能淘汰。

河北省作为钢铁大省仍居钢铁去产能之首，2017年河北省计划压减炼铁产能1624万吨，炼钢产能压减1562万吨。据兰格钢铁研究中心监测数据显示，目前共有河北、江苏、山西、吉林、天津、广东、内蒙古给出较为明确的去产能目标任务，除江苏计划利用2017—2018年两年时间压减粗钢产能1170万吨的两年计划外，其他6个省市自治区制定2017年的钢铁（包括炼铁、炼钢产能）去产能目标共计4121万吨。同时，2017年中央企业钢铁去产能目标为595万吨。

2017年，中频炉、地条钢将成为重点治理对象，实质性的去产能目标任务将增加，预计2017年全国钢铁去产能任务在3000万吨以上，对于同质化严重的、竞争能力弱的企业来说，将是今后去产能的对象，但去产能的难度也会加大，去产能的有效推进将有利于改善市场供需关系。预计2017年因在产产能压减占比的提高，对钢铁产量的影响将有所体现，粗钢产量或将下降到8亿吨以下，较2016年有所下降。

（二）充分利用“互联网+”，全面推进钢铁智能制造发展

2016年11月，工信部发布的《钢铁工业调整升级规划》，“十三五”期间，产业升级将是我国钢铁行业发展的主旋律。而推动钢铁工业绿色发展、智能制造、服务型制造转变将是钢铁产业发展的方向。

《钢铁工业调整升级规划》指出要在全行业推进智能制造新模式行动，总结可推广、可复制经验。重点培育流程型智能制造、网络协同制造、大规模个

性化定制、远程运维4种智能制造新模式的试点示范，提升企业品种高效研发、稳定产品质量、柔性化生产组织、成本综合控制等能力。规划鼓励优势企业充分利用“互联网+”，探索搭建钢铁工业互联网平台，汇聚钢铁生产企业、下游用户、物流配送商、贸易商、科研院校、金融机构等各类资源，共同经营，提升效率；支持有条件的钢铁企业在汽车、船舶、家电等重点行业，以互联网订单为基础，满足客户多品种、小批量的个性化需求。可见，“互联网+”钢铁将带动钢铁行业实现深刻变革。

（三）物联网、云计算发展带动钢铁物流业的发展

钢铁电商平台在运用云计算、云存储等新兴互联网技术的基础上，通过大数据技术的分布式架构、数据挖掘和数据处理，与钢铁生产企业、钢铁流通企业、终端用户企业进行系统对接和数据实时交互，实现平台大数据体系的互融互通。

钢铁产业链相关企业可以借助云技术去挖掘潜在的客户资源，研究如何提高客户的忠诚度，给客户提供动态和个性化的高效率服务。这种产品和服务的个性化，包括产品本身的个性化（钢材品种、规格、材质、重量、体积、功能等）和服务过程的个性化（包装、剪切再加工、配送、传递时间、交付的及时性等）。在电子商务和信息化技术的作用下，服务的快速响应优势和服务运作可视化将逐步取代钢铁产品的质量、价格、成本等优势，成为钢铁流通市场竞争的焦点。服务运作可视化使供应链各环节对自己、上下游乃至终端用户的活动、资源状况、客户订单和处理进度能够及时掌控。钢铁产业链相关企业为灵活适应生存环境所建立的弹性化组织、虚拟组织、动态联盟等都是建立在电子商务基础之上，从而实现企业间信息共享与交换，共同管理订单，快速响应客户需求。钢铁产业链企业可以借助网络创新营销活动的形式和手段，增强企业在信息发布、渠道支持、用户互动、效果监测方面的能力。

以物联网、云计算技术为基础，以信息化、智能化设备为载体，可以全面推动物流业与钢铁制造业、商贸业的融合，钢铁物流与商流、信息流、资金流的融合，互联网、移动互联网、物联网与车联网的融合，从而提高效率、降低成本，提升钢铁物流业综合服务能力和整体发展水平。

2017年是全面实施“十三五”规划的重要一年，稳增长项目和PPP项目将有所放量，钢铁需求有望维持平稳；从去产能来说，2017年钢铁行业去产能将进一步深入，在产产能去除占比提升，供需关系继续改善。兰格钢铁云商平台市场监测数据显示，2016年国内钢铁市场综合均价为2875元/吨，较2015年均价上涨12.2%；2017年年初国内钢铁市场综合价格已位于3700元/吨的

高位，预计2017年国内钢铁市场仍将延续频繁震荡，但均价有望进一步上移，涨幅或超越2016年。

当前，“供给侧改革”“互联网+”对传统钢铁产业提出新的要求，传统钢铁物流呈现新趋势，生产型服务企业面临新发展，钢铁行业已进入去产能集中加速、产业链深度融合与行业生态系统重塑期，钢铁行业集成电商化正在加速，我国钢铁物流将沿着绿色化、信息化、电商化方向高效发展。

（北京兰格电子商务有限公司　王国清　刘长庆）

2016 年汽车物流发展回顾与 2017 年展望

一、2016 年汽车物流发展回顾

（一）汽车物流市场保持高速增长态势

汽车行业作为我国经济发展的支柱型产业之一，近些年一直保持稳定增长态势。2016 年，我国汽车产品结构调整和更新步伐持续加快，汽车行业产销量均保持了高速增长态势。据中国汽车工业协会统计数据，2016 年，汽车产销分别为 2811.88 万辆和 2802.82 万辆。其中，乘用车产销分别完成 2442.1 辆和 2437.7 万辆，比上年同期分别增长 15.5% 和 14.9%，增速高于汽车总体 1.0% 和 1.3%，其快速增长对于汽车产销增长起到关键作用；商用车产销分别完成 369.8 万辆和 365.1 万辆，比上年同期分别增长 8% 和 5.8%，增幅进一步提高。分车型产销情况看，客车产销比上年同期分别下降 7.4% 和 8.7%，货车产销比上年同期分别增长 11.2% 和 8.8%，货车 3 月起产销持续上升，拉动作用明显。

汽车产销市场快速增长直接影响了汽车物流的快速发展，汽车物流沿着零部件供应商物流、入厂物流、整车物流、售后服务备件物流等产业链的上下游纵向拓展，各环节物流发展快速。

（二）整车物流行业逐渐规范运行

“全行业违规”“超限超载”一直是汽车整车物流行业的顽疾，“双排车”成为汽车整车物流运输的主要工具，车辆违规运输导致车辆安全性差、违规运输罚款成本高、带路费情况普遍、运输价格过低等一系列问题，严重影响并制约了汽车整车物流行业的发展。2016 年是行业转折的一年，8 月 18 日交通运输部、国家发展和改革委、工业和信息化部、公安部、国家质量监督检验检疫总局联合印发了《车辆运输车治理工作方案》（交办运〔2016〕107 号），方案中明确了车辆运输车的治理思路、目标及路径，与以往治超不同的是，此次车辆运输车治理突出特点是“多部门协调，分阶段治理”，文件由交通、公安、工信、发改、质检五部门联合印发，通过“双排”变“单排”“单排”变“合规”的路径，利用 1 年 9 个月的时间逐步淘汰不合规的车辆。自 2016 年 9 月 21 日治超以来，一定程度上杜绝了“双排车”上路运行，汽车整车物流行业的“顽疾”慢慢改善，虽然在治理过程中，仍存在不按过渡期执法、带路人员威胁、交带路费上路等个别现象，但整车物流运营环境得以改善，整车物流行业总体发展趋势良好。

全行业通过4个多月的治理，整车物流行业发生了巨大的变化，主要表现在以下四个方面。一是运输装备更加先进，原有的合规车型——六位半挂车，单次运输量小，运输效率低，不能满足市场的需求，新国标中增加中置轴车辆运输车这一新车型，能够有效提高运输效率，目前多家专用车厂已经研发了中置轴车辆运输车，陆续完成相关公告，预计2017年上半年将会面向市场广泛销售。二是运输效率不断提升，车辆运输车的单车运输效率下降了近30%，为了弥补单次运力造成的运力损失，企业通过调整运输组织来增加运输效率，单车平均月运输里程有所增加。三是运输价格回归合理。由于原有的车辆运输车采取超限运输方式，成本混乱不清，因之形成的整车物流合作价格扭曲，公路运价低至0.8元/车·公里，治超后，全行业运输价格上涨，恢复到合理运输价格。四是铁路和水运能力进一步释放，综合运输体系不断发展。

（三）综合运输体系建设更加深化

随着治超工作的顺利进行，公路的运输价格不断上涨，铁路和水运的优势不断显现，物流企业急迫需要通过采用多式联运、循环运输等组织模式来降低物流成本，综合运输体系建设这一年发展迅速。

1. 汽车物流铁路运输发展情况

中铁特货是全国铁路专业从事汽车物流业务的主体，对全国铁路汽车运输物流业务实行统一管理、统一组织、统一运作。2016年完成汽车整车运输量291万辆，较2015年增长55%，增加3000辆铁路商品车运输专用车辆，全国建有35个整车物流基地，占地面积达到223万平方米，可同时存储11万辆车。铁路运输效率也不断提升，2016年整车运输周转时间为11.2天，相比2015年提高23.8%。

铁路运输发展迅速，铁路具有安全、环保、大批量的运输特点，相对于公路来说，在500千米以上的中长距离运输上具有很大的优势。同时，铁路运输也在不断地创新，中铁特货采取了多种多样的铁路运输模式，主要有站到站、站到店、站到库、厂到店，可根据不同需求进行选择。其中，铁路汽车整车“库前移”模式是中铁特货公司和各主机厂、物流公司合作中最成功的一种物流运作模式，在整体物流运作上将双方的优势发挥到了极致，具有提高周转速度、产品调拨快捷、物流运输灵活、物流成本降低等诸多优势。

2. 汽车物流水路滚装运输发展情况

汽车整车水路运输主要采用滚装运输的模式，目前全国沿海沿江已经成熟开展商品车整车滚装水运业务的港口有：大连港、天津港、烟台港、上海港、广州港、海口港、重庆港、武汉港、芜湖港、南京港等，我国滚装码头布局初步成形，呈现沿海沿江进出口岸滚装码头为主，其他内陆进口口岸为辅的格局。

2016 年有 2 个滚装码头投入使用，一是江苏盐城大丰港，于 2016 年 1 月由中甫（上海）航运有限公司的“世源”轮顺利圆满完成大丰港汽车滚装码头开港首航任务。大丰港汽车滚装码头包括一个 7 万总吨滚装泊位，年商品车吞吐能力 40 万台；二是宁波舟山港梅西汽车滚装码头于 2016 年 8 月正式启用，在这之前韩国 EUKOR 海运、中甫航运、安盛船务等均在该码头做过内外贸小批量运输。

2016 年，我国滚装运量约 250 万辆，其中，江运发运量约 95 万辆，海运发运量约 155 万辆，汽车滚装运输占比较去年上涨 3%。我国沿海沿江主要从事内贸滚装运输的企业并不多，其中，中甫航运、安盛船务主要提供沿江及沿海航线滚装运输服务；中远航运、中海汽船和深圳长航主要提供沿海航线滚装运输服务；武汉长航、民生物流主要提供沿江航线滚装运输服务。2016 年 8 月新增一家重庆华阳嘉川船务，提供沿江航线滚装运输服务。

目前，国内内贸滚装航运企业运营中的滚装海船共有 34 艘，其中安盛船务有 11 艘、深圳长航有 13 艘、中远航运有 5 艘、中甫航运有 4 艘、大丰港悦达物流有 1 艘沿海滚装船。目前，国内内贸滚装航运企业运营中的滚装江船共有 39 艘，其中民生物流运营 17 艘、武汉长航运营 11 艘、安盛船务运营 7 艘、华阳嘉川船务运营 4 艘江船。其中，2016 年国内内贸滚装运输船共计新增 11 艘，我国水运市场发展十分迅速。

3. 汽车物流集装箱运输发展情况

集装箱是多式联运的主要载体，由于汽车产品的特殊性，目前国内对于汽车集装箱运输使用的并不广泛。中海集研发了海运集装箱运输汽车，采用汽车支架对乘用车进行装载加固，放入集装箱中进行运输，目前汽车支架可适于 40 英尺高箱和 40 英尺标准集装箱，最大可装运 4 辆汽车，20 英尺标准集装箱最大装运 2 辆汽车，集装箱箱体加宽和对车架的改进以装运更多的车辆是研究热点，集装箱运输可以有效解决汽车物流多式联运过程中乘用车装载的次数，减少货损，提高运输质量，同时将汽车作为普通货物运输，减少了公铁水等专用运输装备的研发，有利于推动多式联运的发展。

（四）整车后市场物流越来越受到关注

在整车物流新领域方面，主要体现为个人在用车物流、二手车物流、报废汽车物流等方面。

个人在用车物流是指由于个人旅游和探亲等情况产生的异地用车物流需求。随着人们对生活质量要求的提高，人们对于旅程舒适度的要求也越来越高，异地用车的需求也较为旺盛，个人车辆的物流需求会逐渐增加，目前整车物流企业已经开始关注这一领域，实现个人用户异地使用私家车的需求。

二手车物流是由二手车异地销售引起的，由于各地限购政策不同、区域间汽车保有量不同、消费水平存在差异等因素，异地销售二手车已经成为市场趋势。据中国汽车流通协会的数据统计，2016 年全年二手车交易量累计同比增长 10.33%，达到 1039.07 万辆，市场增长带来的是旺盛的物流需求。

伴随着我国汽车保有量的不断增加，报废汽车量将不断增加，报废汽车的回收和再利用成为业内讨论的热点话题，同样带来的回收物流领域更加值得关注。

（五）汽车零部件物流市场备受关注

从供应链的角度来看，目前汽车物流主要分为零部件供应商物流、零部件入厂物流、整车物流、售后服务备件物流。其中，零部件供应商物流、零部件入厂物流、售后服务备件物流属于汽车零部件物流，上游正从零部件入厂物流向汽车零部件供应商的管理上延，下游从主机厂售后服务备件物流向更广义的维修保养和美容等后市场物流服务延长，零部件物流的发展备受企业、行业的关注。

1. 零部件供应商物流

汽车零部件供应物流对于主机厂的正常生产与下游零部件物流环节都有着决定和牵制的作用，在整个供应链物流中有着十分重要的作用。目前全球排名前 100 名零部件供应商中 80% 都选择在国内开展业务，对我国零部件产业发展起到利好作用，同时也对中国自主零部件生产企业造成了巨大的压力。零部件供应商物流需求十分巨大，但是运作方式相对松散，外资企业、合资企业、本土企业在零部件供应方面有各自的体系，合作发展与资源共享能力不足，今后通过利用公共信息平台等方式，实现不同企业间的物流资源整合，从而有效提高零部件供应效率，降低物流成本。

2. 零部件入厂物流

零部件入厂物流是与主机厂生产最密切相关的物流环节，汽车零部件入厂物流要领先于其他行业的生产物流环节，配合主机厂订单式、JIT（Just in Time，即时生产模式）等生产模式，入厂物流的精细化管理尤为重要。

在零部件供应物流与入厂物流的管理中，零部件包装器具使用与管理是与物流成本息息相关的重要内容，零部件包装器具的标准化、系列化、模块化，以及包装器具的循环使用、清洗保养、回收利用等一直是困扰零部件物流企业的难点。专业的第三方包装器具企业探索研究了多种多样的包装解决方案，为汽车物流企业提供服务，从汽车物流的实际问题出发，提供包装器具租赁和管理服务，包装器具的第三方管理模式不仅可以避免主机厂以及汽车零部件企业包装器具的一次性投入，还能提供更加专业、更加系统化的包装器具管理，减少遗失率和报废率。

3. 售后服务备件物流

截至2016年年底，全国汽车保有量达1.94亿辆，新注册量和年增量均达历史最高水平。汽车保有量保持迅猛增长趋势，2016年新注册登记的汽车达2752万辆，保有量净增2212万辆，均为历史最高水平。汽车保有量的不断增加带来的是汽车后市场服务需要进一步完善，汽车售后服务备件物流是后市场物流服务中的核心板块，越来越受到重视，同时，汽车美容、保养、维修等带来的物流机遇是汽车物流行业需要抓住的重要领域，以售后服务备件物流为核心的汽车后市场物流成为各汽车物流企业关注的重点板块，未来具有巨大的发展潜力。

（六）汽车物流企业业务不断拓展创新

汽车物流领域的领军企业在原有业务的基础上不断向整个汽车产业链上下游延伸，依托互联网发展新的业务模式，拓展跨界领域，积极布局和拓展国际市场，对推动行业发展起到了至关重要的作用。

在海外业务拓展方面，安吉物流在泰国成立海外分公司，主要经营进出口、入厂、整车、售后四个物流业务，运作仓储面积达到2.76万平方米，运输线路覆盖全泰国地区；长久物流于2014年3月成立了德国长久全资子公司，经营“哈欧国际货运班列”，2016年2月27日，新增“哈俄铁路线”，由此扩大了国际物流的运输规模。

在依托互联网开展新业务模式方面，安吉物流推出了“车好运App”，为社会车辆提供高效的车辆托运平台，所服务的对象涵盖二手车、租赁车、商务用车、旅游用车等所有类型的车辆，全面满足物流公司、中小企业及个人的长途整车运输需求；长安民生物流推出“e车运”，是一个O2O汽车托运电商服务平台，通过此平台提供整车物流、零部件仓储配送、取货物流、多式联运、国际货代、售后物流、KD件包装、出口加工及报税物流、其他增值服务等汽车和供应链物流一体化服务。

汽车物流企业业务的不断发展积极的推动了整个行业的进步，2016年，长久物流作为首家在国内A股上市的企业，代表着汽车物流行业也逐步向资本市场靠近，未来汽车物流企业的发展会越来越好。

（七）汽车物流标准不断完善

1. 车辆运输车相关标准出台，中置轴车辆运输车合法化

2016 年 7 月 26 日，由工业和信息化部组织全国汽标委修订的强制性国家标准《汽车、挂车及汽车列车外廓尺寸、轴荷及质量限值》（GB 1589—2016）由质检总局、国家标准委正式批准发布。GB 1589 中对车辆运输挂车的长度和宽度进行了调整，半挂车的长度增加为 13.7 米，宽度为 2.55 米，此次标准引入了新的车型——中置轴车辆运输列车，此车型在国外被普遍应用，可以有效提高车辆装载率，提升车辆运输效率。

国家标准《车辆运输车通用技术条件》（GB/T 26774—2016）也同时发布。此标准对于车辆运输车的通用技术做了明确规定，对于车辆通用交换性有具体要求。车辆标准的出台为汽车整车物流行业技术装备水平的提升起到了至关重要的作用

2. 汽车物流行业标准体系继续完善

在全国物流标准化技术委员会推动下，分会和上海海通码头、北京交通大学牵头的《汽车整车出口物流标识规范》（20132702 - T - 469）国家标准进入报批阶段。《乘用车物流质损判定及处理规范》《乘用车运输服务规范》《乘用车水路运输服务规范》《乘用车仓储服务规范》四项行业标准进行修订，预计 2017 年发布。

3. 组建汽车物流团体标准化工作组

根据《中国物流与采购联合会团体标准管理办法》（物联标字〔2015〕107 号）文件要求，经联合会领导批准，汽车物流分会牵头组建了汽车物流团体标准化工作组，标准工作组由来自零部件物流、整车物流、标准制定等多个领域的企业、高校、协会专家构成，陆续开展团体标准制定工作。

（八）行业研究工作进一步深入

汽车物流行业的研究包括行业数据统计、政策研究解读、企业项目研究、行业报告发布等多个方面，全面分析、研究、总结行业中发展遇到的问题，以及创新发展的探索。

1. 汽车物流政策研究不断深入

由汽车物流分会组织，通过专家解读、研究分析积极推动汽车物流相关政策的实施与宣传。2016 年，分会发布了《关于车辆运输车治理过渡期有关事宜的指导意见》，帮助企业更好地理解过渡期运行政策；同时，针对车辆运输车全行业超限超载导致的运输成本混乱不清，制定了影响整车物流公路运输成本和价格的指标体系，供企业参考。

2. 行业数据统计工作持续开展

自2015年开始，为了解汽车物流行业发展现状，分析行业发展中遇见的问题，开展了汽车物流企业统计指标的调查活动，包括汽车物流企业总体情况、零部件物流业务、整车物流业务、售后服务备件物流业务等4个板块126项指标的数据调研，并进行了数据分析和系统总结，帮助企业对标，为评选行业标杆企业提供依据。

3. 行业权威报告持续发布

2016年下半年发布了《中国汽车物流发展报告（2016）》，报告中涵盖了汽车物流调查报告、专题报告、创新报告等众多部分，对汽车物流年度的总结和发展起到了重要的意义。同时，发布了“全国整车物流多式联运节点及仓储资源分布图”，图中标注了全国汽车物流整车仓储资源，为主机企业全国布局、仓储选址、寻求优质物流合作伙伴提供规划参考，同时也推动物流企业在整车物流主营业务基础上发展其他增值业务。

4. 企业创新研究不断开展

2016年，各汽车物流企业在行业创新方面进一步探索，在汽车整车物流、零部件入厂物流、售后服务备件物流、综合类等四个方面涌现出36个优秀创新项目。

二、2017年汽车物流发展趋势

2016年是我国汽车物流市场转变的一年，主要表现为三个方面。一是行业结束了近十年“双排车”运输的违规现象，汽车整车物流行业由原先低价竞争模式逐步向高质量的物流服务转变，行业更加注重资源整合、运输组织优化、设施设备改进带来的运输效率提升，铁路、水路运输比例明显提升，以多式联运为载体的综合运输体系进一步完善。二是汽车物流向汽车产业链上下游不断延伸，向相关专业物流领域及跨界领域横向拓展，同时汽车物流各环节服务的专业化、精细化程度不断提升。三是汽车物流发展更加注重技术创新与应用，不断使用新技术、新装备，基于互联网建立汽车物流服务平台，提供新的服务方式，拓展新的业务模式。2016年汽车物流行业前进的步伐并没有停歇，2017年行业将会有新的发展机遇与挑战。

（一）整车物流行业治超带来的影响将持续

2017年，车辆运输车治理工作还将持续，第二阶段的治理工作对于行业的影响更大，此阶段开始，整车物流企业要按照比例进行不合规车辆运输车的更新置换，其带来的影响主要体现在三个方面，一是车辆更新置换需求量大。新国标出台以后，汽车物流企业普遍会考虑使用中置轴车辆运输车替代原有半挂车，中置轴车辆运输车通过工信部汽车公告以及交通运输部燃油公告将会陆续量产，但是也有企业表示中置轴车辆运输车的成本高于半挂车，会继续使用合规半挂车，2017 年汽车物流行业的车辆置换将对卡车市场销售起到了促进作用。二是车辆装载高度问题仍旧存在。车辆运输车采用双层装载的模式，对于 SUV、微面等较大乘用车车型来说，双层装载后高度要超过车辆限值4m，不符合上路运行的法规要求，这可能会成为新的罚款点，这一隐患将对治理工作的落实带来新的困难。三是物流成本将继续上升。2017 年整车物流市场将有 60% 的不合规车辆运输车恢复到标准车型，其单车运输量减少了一半，物流成本随之上升，需要主机厂、物流总包商、承运商共同应对成本带来的压力。

（二）综合运输体系建设将进一步完善

随着治理工作的开展，整车公路运输将会发生重大变化，以公路运输为主的长途干线运输量将会逐步转变为以铁、水干线运输为主的多式联运模式。据了解，中铁特货为了满足市场发展需要，正在积极投入商品车运输专用车型的生产，预计 2017 年增加 7000 辆专用车，总保有量达到 20000 辆，运能将提高至 500 万辆，较 2016 年同比增长 72%，铁路运输装备的大量投入，能够充分运用铁路运力，提高铁路的使用率。汽车物流铁路和水路运输量占比的不断提升，能够充分降低物流成本，综合利用社会资源，对于汽车物流行业发展起到积极的作用。

（三）整车后市场物流将成为新的业务增长点

汽车产销量逐年增加，汽车整车物流在新车物流领域已经发展较为成熟，未来将会进一步规范运营，而现存车辆的物流需求将逐渐扩大，主要有两方面的趋势。一是个人在用车和二手车市场将成为整车物流重要板块。目前，我国汽车保有量已经达到 1. 94 亿辆，2016 年，二手车与新车的出售比例为 1∶2. 7，而发达国家成熟市场比例为 1∶1，我国的二手车市场还有很大的进步空间，同时国家限迁政策的逐渐放开，无疑会加速二手车的发展速度，这对于整车物流来说都是新的业务增长。二是报废汽车物流问题将会凸显。我国 2002 年年底汽车保有量仅有 2000 多万辆，近 15 年汽车产业飞速发展，汽车报废回收问题也将会凸显，同时带来的是汽车整车回收物流如何做好市场保障，这一问题将会成为行业未来探讨的热点，汽车物流企业也要做好应对市场变化的准备，把握住发展机遇。

（四）技术创新将会改变汽车物流原有的运作模式

在德国工业4.0和《中国制造2025》的发展大潮下，我国新技术、新装备已经应用到了各行各业，这些新技术将会直接影响汽车物流行业的创新发展。通过物联网、大数据、云计算、人工智能等信息新科技，对汽车物流运行过程中的运行状况进行检测，在定位跟踪、实时监控、危险预警、紧急处理、数据统计分析等方面提供技术保证；智能机器人、自动导引技术、可穿戴设备、语音及体感识别、智能分拣等技术装备的研发与应用对于汽车零部件物流仓储与分拣发展起到了重要作用；货运车辆的大型化、轻量化、标准化等运输装备技术提高了汽车物流产品质量保障，提高了物流效率。对于汽车物流企业来说，不断创新发展才是企业的生存之道，日新月异的市场对于汽车物流企业充满了机遇与挑战，但是总的来说机遇大于挑战，在原有运营网络和运作模式的基础上，结合应用新技术，不断拓展业务模式，保持汽车物流企业的竞争力。

（五）电商模式将逐渐影响汽车物流行业变革

基于互联网的电子商务、移动互联等模式对传统行业产生着方方面面的影响，信息化手段的提升加速社会发展的进程，消费者已经不再满足于传统的流通渠道，汽车销售及汽车物流作为传统行业必然也会受到影响，商流的变化直接影响物流的变化，新的商业环境将会影响物流发展方向，汽车物流作为汽车行业生产、销售的服务支撑环节，需要适应新的商业发展模式，推陈出新，提高客户的体验感受，开创新的物流服务模式，通过利用移动互联技术开发手机客户终端，将实体线下业务转变为终端线上业务，满足不同用户的个性化需求；通过建立电子商务平台，实现汽车零配件线上销售与线下配送的有机结合。商业模式的变革对于汽车物流企业来说机遇大于挑战，是汽车物流转型升级的助推器。

（六）新能源汽车发展将改变汽车物流原有格局

经过十多年的发展，我国围绕汽车生产企业形成的汽车物流产业格局已经形成，物流总包企业、承运商、技术服务企业已形成了相对稳定的格局，但是新能源汽车的快速发展，将会改变原有物流市场格局。一是新能源汽车零部件具有特殊性，电池等新型零部件的物流供应和保障将改变原有零部件物流的运作模式。二是对新能源汽车的仓储、运输，要更加注重防水防潮，还要充分考虑充电桩的设置，原有大型客车采用的地跑模式已经不适用于新能源客车，新的运输装备和运输方式有待研究。

（七）资源快速整合将助力行业发展

随着汽车物流市场不断增长和政策环境的越加规范，汽车物流企业需要利用行业资源的整合，来提高整体物流效益，物流企业间合作、与上下游合作、跨界合作将助力全社会资源快速整合，行业资源的综合利用，跨界资源的有力补充，将会有效推动行业转型升级，降本增效。

总而言之，汽车物流行业随着社会环境和政策环境的不断改变，正在发生着巨大的转变，汽车物流行业同样需要进行供给侧结构性改革，改变原有不合规的运作方式，合理应用新技术、新科技，整合全社会、全行业资源，有效降低物流成本。希望汽车物流行业在新的一年继续迎接时代的挑战和机遇，引领我国物流行业继续快速发展和进步。

（中国物流与采购联合会汽车物流分会　张晋姝）

2016 年冷链物流发展回顾与 2017 年展望

一、2016 年冷链物流发展回顾

2016 年，我国经济发展所面临的内、外部环境依然复杂，世界经济虽已呈现出回暖迹象，但步履维艰，贸易保护主义风潮仍旧有蔓延趋势。国民经济处于潜在增长率下移、结构调整和深层次改革的叠加阶段，结构性矛盾突出，经济运行存在着特有的复杂性和不确定性，仍然存在较大的下行压力。

在宏观经济和物流大环境下，冷链物流市场中部分传统业务受到一定的影响，但由于国家对食品安全的监管和消费水平的不断上涨，整体依然处于稳步发展态势，呈现出以下几方面的特点。

一是市场需求进一步扩大，基础设施建设更趋理性。据中物联冷链委统计预测，2016 年全国冷链物流市场需求将达到 2200 亿元，同比增长 22.3%。2016 年全国冷库预计新增 305 万吨，总量达到 4015 万吨（折合 10037 万立方米），同比增长 8.2%。冷库市场结构趋于合理，冷库扎堆建设情况有所改善。产地冷库建设增多，冷藏库、保鲜库、气调库体量也有所增加。2016 年全国冷藏车保有量预计新增 22000 台，将达到 115000 台，比 2015 年同比增长 23.6%。随着新国标 GB 1589 的出台实施，对规范和推动冷藏车市场发展将提供新的驱动力。

二是政策和标准环境持续改善。2016 年以来，中央和地方政府因势利导出台多项冷链产业政策，《财政部、商务部关于中央财政支持冷链物流发展的工作通知》《福建省冷链物流发展规划》等，明确提出了“十三五”冷链产业发展方向。标准方面，商务部和国标委出台了《关于开展农产品冷链流通标准化示范工作的通知》，进一步建立健全冷链流通标准体系。国家发展和改革委正式发布了《肉与肉制品冷链物流作业规范》《道路运输 食品冷藏车功能选用技术规范》等行业标准，细分领域的标准更加完善。

三是企业自建冷链物流体系逐步走向第三方服务。过去很长时间，企业自建物流往往服务于内部业务体系，随着专业能力的提升和体量的增大，很多企业的内部物流部门被剥离出来成为单独企业，内外服务比例开始倾斜。比如原来的双汇物流、领鲜物流、蜀海供应链，现在的京东物流、安鲜达物流等都是如此，物流的资源正在被最大化的挖掘。

四是流通渠道变革导致冷链企业服务对象和服务方式在发生转变。移动互联网+零售、餐饮，衍生出多元化、全渠道的流通模式和消费场景，比如生鲜电商、零售O2O、餐饮外卖等。这也给冷链企业带来了新的机遇和挑战，机遇在于服务的客户更加多样，挑战在于传统的服务方式不能满足新需求。有很多冷链企业已经感知到这种变化，并积极去拥抱这种变化。

五是成本的不断上涨使得甲方企业更加重视供应链优化。以零售企业为例，随着租金、人工、物流费用的上涨，企业开始在供应链管理上寻求破解之道，而自建冷链DC就是其中妙招。以前是由厂家或者经销商直接送货给各地门店，现在则需要将货物送到DC，再统一配送到门店，降低成本的同时也提高了效率。这种由供应商直配门店方式，向零售企业主导的配送中心模式转变，沃尔玛、大润发、家乐福等都开始尝试。

六是行业竞争加剧企业抱团发展。“抱团合作”是今年冷链圈内的“热词”，为什么要抱团？一方面因为行业竞争越来越激烈，另一方面客户需求正在发生变化，客户从单一的服务需求上升到全面的需求，从区域的需求发展到全国性的需求。海航冷链产业基金，以及全可冷链，都是抱团发展方面的实践者。

七是传统物流大鳄跨界冷链物流市场。近几年，顺丰、圆通、中国邮政、中远等相继进入冷链物流市场，铁总和各地铁路局更是开通多条线路的冷链班列，未来还将有更多的传统物流企业分羹冷链市场，它们有庞大的基础网络和设施，有雄厚的资金，有大量的人才，必将对今后的冷链物流市场格局产生影响。

八是自贸区和跨境电商带动冷链新业务增长。上海、福州、广州、天津自贸区的食品贸易业务日益增多，很多冷链企业和设施已经在自贸区建立并运营，比如洋山港冷链交易中心、福建马尾电子保税冷链库。而继杭州之后，国务院于2016年同意在天津市、上海市、重庆市、郑州市等12个城市设立跨境电子商务综合试验区，也给冷链发展提供了绝佳的发展机会，大连港、郑州机场等也已经率先开展冷链布局。

九是与冷链相关的平台型企业陆续出现。随着冷链行业向精细化、细分化方面不断发展，平台型企业的价值越来越凸显，一类是物流平台型企业，如码上配、唯捷城配；一类是信息流平台企业，比如链库、冷链马甲；一类是商流平台型企业，比如良中行、格利食品网、美菜。它们利用各自掌握的核心平台价值，正在影响和改变现有的冷链模式。

二、2017年冷链物流发展展望

“春江水暖鸭先知”，这些行业的变化各个企业应该有着更早、更为深刻的感受。2017 年，中国的冷链行业势必还将迎来全新的变化，将呈现以下发展趋势。

一是行业整合加速。政府监管力度的加大，竞争的加剧，资本的大量投入，加快了行业的整合。未来没有核心竞争力和差异化服务的中小企业生存将愈加困难。冷链行业竞争还处在小组赛，全国性、综合性冷链龙头企业还没有出现。企业想要迅速脱颖而出，进入半决赛甚至决赛的竞争，加速整合势在必行。

二是网络化扩张。物流是规模经济，健全的网络是物流企业降本增效、升级转型的基础前提。只具备单点或区域服务能力的企业，越来越无法满足客户扩张需求，价值越来越小。

三是国际化发展。食品进出口贸易、食品跨境电商的爆发，是冷链国际化发展的主因。有能力的冷链企业逐步在“走出去”，先是空运、航运、铁路，然后是公路运输。“一带一路”沿线国家和地区，将是企业未来布局的重要地区，比如广西就是要发展成为东盟冷链物流中心。同时将会有更多国外冷链企业涌入国内市场。

四是集约化发展。提高资产的运营效率是未来的方向，集约化是很好的方式，在一定区域或范围内，把个别的、零碎的、分散而同质的客户集中形成规模。GB 1589 治超的实施，再次倒逼运输领域走向集约化，不断提高效率。

五是向多元化和个性化发展。冷链物流因其专业化程度高、前期投入大、回报周期长，决定了它进入门槛高、经营难度大。但一旦做好，其关联好的网点布局、上下游渠道、客户资源、设施设备等优势便体现出来，往往可以另辟蹊径，拓展贸易、快递、医药物流等新的领域。

六是冷链物流人才越来越稀缺。随着更多竞争者的进入，不管是一线的驾驶员和操作工、中层的运营管理人员，还是高级管理者，都会越来越难招，企业必须建立自己的人才培养梯队。

（中国物流与采购联合会冷链物流专业委员会　秦玉鸣）

2016 年医药物流发展回顾与 2017 年展望

一、2016 年医药物流发展回顾

2016 年是我国医药产业充满变革的一年，产业政策调整频繁，行业增速进一步放缓。根据工信部统计数据，2016 年 1—6 月，医药工业规模以上企业实现主营业务收入 13635.65 亿元，同比增长 10.14%，其中增长最快的是中药饮片、医疗仪器设备及器械；药品流通直报企业主营业务收入 6515 亿元，同比增长 12.5%，增幅回落 0.3 个百分点。

政策层面，从影响整个药品商业渠道、营销模式变革的两票制、营改增，到涉及医药经营企业服务模式、服务水平升级的药品监管政策，乃至疫苗、医疗器械等医药细分领域，在 2016 年均有相关政策出台。这里对产业、政策环境变化引发的一些行业热点做简要分析。

首先，是第三方医药物流的发展。2016 年 2 月，国务院取消从事第三方药品物流业务的行政审批，鼓励拥有完整质量体系的大型医药商业流通企业向供应链各方开放其物流资源，提高医药物流效率，像九州通等大型医药流通企业均在积极开展第三方医药物流业务。同时，这一政策的变化，也意味着专业的社会化第三方物流企业进入医药物流领域的窗口期已经到来，像顺丰这样拥有着完善网络的企业在积极向医药物流领域渗透，并逐步得到行业认可。根据分会对北上广代表性第三方医药物流企业的走访调研显示，营业额平均增长在 20% 以上，部分企业医药物流业务则呈现倍数增长。

从 2016 年第三方医药物流整体的发展来看，有两个特点。一是随着政策门槛的弱化，医药物流的社会化程度越来越高。虽然社会化物流企业能够参与的环节主要集中在干线运输和配送环节，但这种变化是可喜的。很多社会化物流企业也在积极地通过资本运作等方式，将各个区域的专业企业整合起来，完善医药物流的网络布局。二是第三方物流企业的专业度在提高。我们能够看到社会化物流企业对医药流通监管政策的理解更加深入，对标准的执行更加严格。同时，对于临床药品物流、检验中心标本等特殊产品的物流服务能力越来越强，涌现出了很多小而专、小而精的专业第三方物流企业。

其次，是医疗器械物流和 SPD。从医药工业数据来看，医疗器械的增长率已经连续三年超过药品，这意味着医疗器械物流的总量在逐年增加。从监管层面，药监部门对医疗器械物流的监管越来越严格，上半年开展了医疗器械冷链管理监督检查，下半年《医疗器械冷链（运输、贮存）管理指南》则正式发布。从市场和企业运营角度来看，医疗器械种类繁多，物流要求各不相同，管理极不规范，特别是诊断试剂等温度敏感产品，冷链基础薄弱，这是发展的基本面。在下半年对重点区域医疗器械生产、经营企业的调研过程中，器械生产企业对流通环节的质量管理越来越重视；器械的经营企业面对两票制政策以及监管法规，开始布局物流体系、服务体系，而不再将关注点放在单一的产品销售上，并且在未来，这一套物流、质量、服务的体系一定是开放的、服务行业的。

把医疗器械物流和SPD放在一起来讲是因为在SPD业务中，耗材的供应链服务是难度更高、更具市场前景的。目前，业内对SPD的讨论很多，也有一些相对成熟的案例，但总体仍处于探索发展阶段，从事这一业务的主体大多是医药商业企业，从服务延伸的角度来开展这一业务。随着行业的摸索，医院能否成为推动SPD的主体力量，从提升内部效率、外购服务的角度来推动SPD的发展？行业里是否会出现专业从事SPD业务的第三方服务企业？这些有待未来去验证，这极有可能是未来的一个趋势。

过去的2016年，从医疗器械行业的发展来看，有几个特点也非常值得我们关注。

一是两票制推动经营企业转型和第三方物流规范化。

目前，我国高值耗材招标以省标为单位，在即将全面推行的两票制市场环境中，市场面临洗牌，只有省内一级代理商才能生存下去，中小型的代理商要么出局要么转型。普通耗材和试剂也有相似的问题，两票制推行，厂商渠道下沉，代理商格局改变已成必然。面对行业格局的变化，中小代理商是否已经做好转型的准备？转向哪里？大中型企业如何借势发展完成整合？从当前的市场需求和行业发展来看，第三方物流可谓中小型代理商转型的重要出路之一。

受制于市场、政策等多方面因素的影响，目前国内以医疗器械物流作为主营业务的第三方物流企业数量少，规模小，以区域性企业为主，还存在巨大的市场空间。在行业转型的关键期，建议更多的医械经营企业关注第三方医疗器械物流，充分发挥渠道优势，在医院等终端客户的精细化服务经验，大力拓展第三方物流业务。

二是全国性医械冷链督查推动冷链管理提升。

2016年上半年，全国15个省开展了医械冷链督察，专项针对医疗器械经营企业，波及范围很广，结果也足以让行业警醒。我们看两组检查结果，辽宁省本溪市药监局，检查企业68家，责令整改6家，警告8家；湖北省宜昌市局共检查涉及冷链管理的批发企业18家，其中6家问题较为突出。问题主要表现在：没有按照要求进行储存和运输；冷藏冷冻运输管理制度不完善，缺乏运输途中应急预案；冷库、冷藏箱等设备未进行定期验证；温湿度监控记录时间间隔超出规定等。透过数据和问题，可以看到医械冷链管理仍存在很大的提升空间。

2016 年 5 月，《医疗器械冷链（运输、贮存）管理指南》征求意见稿已经出台，不久的将来，相关部门的监管将更为严格。我建议行业企业，从自身做起，提升冷链基础设施，完备冷链管理制度，全方位提升冷链管理水平。既有利于企业长远发展，也有益于行业的进一步规范。

三是家用医疗器械市场将带动医械 B2C 物流体系建设。

我国已确诊慢性病患者人数高达 2.6 亿人，慢性病监测、检测家庭化其中最主要的一环是家用医疗器械。随着患者医疗消费观念由治病向疾病预防与保健转变，家用医疗器械的占比将进一步提高。目前，国内家用医疗器械占整体医疗器械市场的比约 14%，与发达国家平均 25% 的比例还有很大差距。家用医疗器械市场的提升，医药电商、O2O 等渠道的成熟，必将带动医械领域 B2C 物流的发展。建议广大企业拓宽思路，积极探索，提前布局。

四是院内物流外包趋势明显。

医院物流外包模式越来越多得到行业认同，特别是院方认可。很多医院开始尝试药品、器械的物流外包，借助于专业的第三方医药物流公司，对整个医院的院内物流体系进行规划设计，服务外包，实现医院药品和物料的管理、存储、配送和服务直达病区和门诊。

从物流服务专业化的角度来看，医院物流外包是必然趋势，越来越多的企业介入到这一市场，包括第三方检验中心的耗材集采和物流服务。

五是专业人才存在缺口，加强行业人才培训迫在眉睫。

医械物流对从业者的专业要求很高，既要有物流的管理知识又要具备医械相关的专业知识，但从行业人才结构来看，这类人才匮乏，企业需求旺盛。随着医械物流逐步走向规范化，第三方物流企业的增多，人才缺口将更加突出。

随着医药分销渠道的扁平化、医药商业企业间的整合扩张，集团性企业内部的物流网络布局进一步优化，多仓协同、跨区域配送在集团性企业得到实践。这是 2016 年的一个热点，尽管我们看到还有很多政策屏障，但这一定是未来医药供应链发展的一个趋势。2016 年，国药物流在这方面做了很多工作，推动全国多仓多级运营，取得了非常好的效果。

二、2017 年医药物流发展展望

随着国家医改的推进和两票制的落地，以及现代物流技术的发展和大型现代医药物流中心的增加，医药流通企业的整合将加速，中小型医药流通企业将被大型企业收购或被迫转型为医药配送企业，医药流通企业的物流属性会越来越突出。

院内物流将成为下一个行业热点，两票制的推行使得更多的医院会将药房交由医药流通企业托管经营。

随着国家政策的逐步推行，社会医药物流企业的专业化程度和运营水平越来越高，物流的高新技术会越来越多、越来越广地应用到医药物流行业中，同时，行业对于专业医药物流人才的需求也更加迫切，人才的竞争成为企业在未来竞争中最重要的一环。

（中国物流与采购联合会医药物流分会　郭威）

2016 年危化品物流发展回顾与 2017 年展望

近两年来，宏观经济环境进入新常态，经济发展放缓，供给侧改革压力加大，化工产业面临重大结构调整，在宏观经济环境不利的大环境下，各类化工产品的生产供应、存储、物流运输市场不断增长，我国危化品物流行业各领域的同仁通过坚持和努力，在人员能力素质、企业管理水平、信息化程度、安全意识等方面均取得了丰硕的成果。

一、2016 年危化品物流发展回顾

（一）2016 年我国危化品产量及产值情况分析

预计 2016 年年底，我国石油和化工行业产值将达到 16.65 万亿元，比上年增长至少在 7.5% 以上。

其中，发展石化工业园区已成为世界石化工业发展的重要趋势，也是我国石化企业发展的新模式。表 1 为我国主要化工园区在各地区的分布情况。

表 1　　我国中大型化工园区分布

地　区	数　量	地　区	数　量
江苏	7	黑龙江	1
山东	4	湖北	1
浙江	4	湖南	1
福建	3	吉林	1
广东	3	江西	1
河北	3	内蒙古	1
新疆	3	山西	1
安徽	2	陕西	1
辽宁	2	四川	1
宁夏	2	天津	1
上海	2	重庆	1

资料来源：中物联危化品物流分会。

整体而言，我国石化产业区域分布主要呈现两大特点：一是沿海（东部）地区较稠密，内陆（中西部）地区较稀疏；二是北部地区较稠密，南部地区较稀疏。其主要原因是华东地区港口众多，市场需求量大，对外联系便捷。

（二）我国危化品物流企业地域分布情况分析

2016 年，从危化品物流企业区域分布及各区域对危化品企业收入贡献看，华南、华东、华中和华北仍是聚集地，这本质上与各个区域经济社会发展水平相关。从流域分布上看，长江沿线化工产量占全国的 40% ~50%，目前长江沿线共布局化工园区 60 多个，生产企业 2000 多家，生产的危化品种类超过 250 种，主要包括丙烷、丁二烯等易燃气体类，原油、汽油、甲苯等易燃液体类，苯胺、苯酚、四氯乙烯等毒性物质类，硫酸、液碱、甲醛等腐蚀类。

（三）危化品物流市场运输能力分析

危化品运输的渠道包括公路运输（道路运输）、水路运输、铁路运输和航空运输。

1. 危化品物流公路运输（道路运输）分析

（1）车辆数量与吨位分析。

目前，我国从事危化品货物运输的企业已超过 1 万家，预计到 2016 年年底，运输车辆将超过 36 万辆，比 2015 年略有增长。具体如表 2 所示。

表 2　　2016 年各地区危化品物流车辆规模排名

排　名	地　区	车辆小计	排　名	地　区	车辆小计
1	河北	38343	11	安徽	13249
2	山东	30025	12	江西	12650
3	江苏	26327	13	湖北	11989
4	辽宁	23091	14	陕西	11166
5	广东	22070	15	内蒙古	10457
6	新疆	19938	16	广西	9222
7	浙江	15813	17	黑龙江	8268
8	河南	15339	18	上海	7694
9	湖南	14528	19	云南	7481
10	四川	13680	20	吉林	6668

续 表

排　名	地　区	车辆小计	排　名	地　区	车辆小计
21	山西	6288	27	重庆	4540
22	甘肃	6282	28	宁夏	3968
23	天津	6140	29	青海	1480
24	北京	5330	30	西藏	1405
25	福建	5153	31	海南	1067
26	贵州	4639			

资料来源：2016 年中物联危化品物流分会调研数据。

（2）道路危险货物从业人员分析。

目前，从事危化品运输的驾驶员、押运员和装卸管理员共约 130 万人，各省从事危化品运输的驾驶员、押运员和装卸管理员的总数量如表 3 所示。

表 3　　2016 年危化品运输的驾驶员、押运员和装卸管理员规模

排　名	地　区	人数（万人）	排　名	地　区	人数（万人）
1	山东	18. 8	17	天津	2. 8
2	江苏	12. 6	18	北京	2. 4
3	广东	12. 1	19	黑龙江	2. 2
4	河北	10. 9	20	福建	2. 1
5	辽宁	8. 8	21	云南	2. 0
6	湖北	6. 8	22	上海	1. 9
7	河南	5. 0	23	甘肃	1. 9
8	湖南	4. 7	24	贵州	1. 8
9	四川	4. 0	25	山西	1. 6
10	陕西	4. 0	26	吉林	1. 6
11	安徽	4. 0	27	重庆	1. 3
12	浙江	3. 8	28	宁夏	1. 0
13	江西	3. 8	29	青海	0. 4
14	新疆	3. 1	30	西藏	0. 3
15	广西	2. 9	31	海南	0. 3
16	内蒙古	2. 8			

资料来源：2016 年中物联危化品物流分会调研数据。

全国危险货物运输驾驶员、押运员和装卸管理员数量分别为 64.17 万人、59.23 万人和 8.23 万人，其中驾驶员数量最多。

但从全国各省市其岗位人员配置比例看，差别较大，且无规律可循。为了提高危化品运输和存储的安全性，有必要提高各岗位人员数量配比的科学性和规范性。

（3）道路危险货物运输业户数分析。

目前，我国从事道路货物运输的经营户（以营利为目的）数量合计约 900 万户。其中，从事道路危险货物运输业的户数共计约 1.16 万户。从事道路危险货物运输业的户中，除约 240 户非经营性（不以营利为目的，一般从事公益性活动）者外，其余均为经营性（以营利为目的）组织。（如表 4 所示）

表 4　　2016 年全国道路危险货物运输业户数情况

排　名	地　区	户　数	排　名	地　区	户　数
1	广东	1022	17	安徽	272
2	江苏	1021	18	内蒙古	263
3	辽宁	919	19	北京	253
4	山东	861	20	甘肃	237
5	河北	714	21	天津	227
6	浙江	712	22	山西	225
7	黑龙江	462	23	福建	218
8	新疆	443	24	贵州	212
9	四川	430	25	广西	209
10	湖南	368	26	云南	173
11	吉林	338	27	重庆	159
12	河南	329	28	宁夏	155
13	湖北	323	29	西藏	62
14	上海	322	30	青海	45
15	陕西	315	31	海南	36
16	江西	297			

资料来源：2016 年中物联危化品物流分会调研数据。

从各运输分类从业户数看，具有运输第 3 类和运输第 2 类的从业资格的户数较多，合计占比超过50%。

2. 危化品物流水路运输分析

目前，我国总体危化品水路运输规模还处于发展阶段，截至2015年年末，我国内河航道通航里程12.70万公里，比2014年末增加721公里。全国港口拥有生产用码头泊位31259个，比2014年末减少446个。其中，全国港口完成液体散货吞吐量10.81亿吨，比2014年增长8.5%；干散货吞吐量73.61亿吨，增长1.6%；件杂货吞吐量12.42亿吨，减少0.8%；集装箱吞吐量（按重量计算）24.55亿吨，增长4.5%；滚装汽车吞吐量（按重量计算）6.11亿吨，增长0.3%。

2016年1月1日，国务院办公厅印发的《推进长江危险化学品运输安全保障体系建设工作方案的通知》，规定长江干线全面禁止单壳化学品船舶和600载重吨以上单壳油船进入。

3. 危化品物流铁路运输分析

危化品铁运的优势在于运费低、速度快且安全性高。铁运比水运快，比公路运输更便宜更安全。对于中长距离的货物运输而言，铁路单次运输批量大，运费更低，且运行路线很少受天气影响，安全性更高。但由于我国铁路货运运力严重不足，现有运力主要从事大宗货物的运输，因此，危化品运输量较小。

未来随着高铁的建设，对普通列车客流分流能力的提升，相信利用铁路进行危化品运输的空间将加大。

4. 危化品物流航空运输分析

危化品通过航空运输所占比例较小，主要问题在于以下三方面。一是价格昂贵。航空运输价格比其他方式贵，危化品的运费更是普通货物运费的数倍甚至数十倍。二是规定更严格。由于航空的特殊性，危化品空运在程序、包装、检查等方面要求都比其他运输方式严格。危化品营运人需取得民航局的危险品航空运输许可，每次运输都需要提交危化品进行分类许可和专门包装；航空运输每一个包装件重量一般只能限制在几千克和十几千克以内，所使用的包装必须达到一级（顶级）或者二级包装要求。相当一部分危化品种类以及大量运输的都不适合通过航空运输。三是航空运输线路受限，需要和其他运输方式结合使用。航空运输所能覆盖的装卸点（机场）有限，往往需要与其他运输方式联运。

（四）危化品仓储规模及现状

最近几年，虽然危化品仓库储存能力有所增加，每年大约增长6%～7%，但仍然难以满足市场需求。目前，我国约有各种类型的仓储企业共5000家，危化品仓储面积在1亿平方米的规模，危化品仓储需求则在1.3亿平方米左右，供需缺口在30%以上，部分区域甚至更高，尤其是对危化品高端仓储的需求缺口更大。

从我国危化品仓储能力分布看，我国东南沿海、长三角、珠三角、环渤海湾地区占我国危化学仓储业的70%以上，中西部地区不足30%，且大多分布在大中城市和能源产地，地域性集中分布的特点非常明显。大型仓库数量占30%，仓库容积可达上万平方米，多为大型石化企业自己建造；小型及以下仓库数量占70%，但储量仅占40%。根据调研数据显示，2016年各类型仓储形式大致占比是：储罐约55%，立体仓约25%，平仓约15%，其他类型仓储约5%。

（五）我国危化品物流现存问题

1. 运输供给与需求错位问题

目前，我国危化品物流需求大于供给，且运输潜力挖掘空间巨大，但企业之间相互压价、恶性竞争却成常态，这主要是因为我国危化品物流企业业务能力在区域上分布不均和服务多处于低端。

危化品运输与供给的错位，也是我国整个国民经济升级转型的具体表现，更需要借助国家供给侧改革的东风解决供给与需求错位问题。

2．仓储区域布局不合理问题

近十年来，中国石化工业园区主要分布在江浙地区、广东及东部沿海地区，内陆省份化工园区较少。但随着中西部的快速发展，以及“一带一路”的推进，我国现有化工园区及仓储基地布局有待进一步优化调整，从而均衡各个地区的发展需求。

3. 危化品管理标准混乱、不健全问题

危化品物流行业同时受到公安、交通、质检、环保、卫生以及工商、税务、海关等部门的监督和管理，各部门虽都制定了推动本行业的有关法规和规定，但对于危化品物流的管理缺乏衔接，加上不同地区的监管力度和管理标准也不一样，其管理的差异性非常大。

4. 信用体系缺失问题

我国危化品物流行业进入门槛较低，长期形成了“小、散、乱”的特点，又在整个大环境的影响下，我国包括危化品物流企业在内的物流企业，企业诚信状况不容乐观，存在着许多突出的信用缺失问题，主要表现在拖欠贷款、肆意涨价、泄露信息等行为屡屡发生。不仅严重破坏了市场的正常秩序，更是加大了社会经济的运行成本。

5. 信息化建设滞后问题

我国危化品物流行业，虽然车载GPS设备普及度较高，但属于低层次信息化产品，在整个物流的诸多环节，能够提升安全管理水平、提升运营效率的先进智能化工具并未得到深度应用。因此，对我国来讲，使用危化品运输信息数据库进行大数据分析，并以分析结果反哺地方政府和企业，是“互联网+时代”的必然要求。

二、2017年危化品物流发展展望

（一）危化品物流企业将对仓储物流做出新选择，储罐立体仓库增速加快，第三方物流渐成潮流

我国原油产量和原油加工量不断增长，煤化工、天然气、油页岩化工发展速度加快，其产品多为液体和气体，储罐需求量不断增加。这促使我国的危化品仓储设施结构与以前不同，形成新态势。预计储罐将以每年10%以上的增长，未来占比将超过60%，甚至更高；立体仓库紧跟其后；平仓只减不增。储罐库和立体仓库将主宰我国危化品仓储行业。

化工业发展到一定阶段，精细化分工就成为必然要求，因此，化工企业的第三方物流服务需求越来越多。目前，很多综合型生产企业可以剥离自身的危化品物流企业业务，独立出来的，成立专业的第三方物流公司，这样可以降低物流成本，同时能减轻综合型生产企业的负担，为企业产生新的效益增长点，因此物流单独从化工生产企业中剥离出来成为服务性企业、使用第三方物流是目前危化品物流发展的一大趋势。

（二）园区化对物流模式产生新影响，物流企业将以园区为主要载体，集中经营成为提高管理水平的突破口

作为先进的发展理念和发展模式，以集约化、规模化、现代化为特征的化工园区成为带动我国石油化工产业发展的强劲动力。我国化工园区的发展建设多处于沿海、沿江、化工经济重心区域和化工资源产地，这些地区临近港口码头和公铁路交通要道，为仓储物流发展提供了便利条件，而且丰富的资源和高密度石油化工企业，为仓储企业提供了充足的货源和稳定的市场需求，提供了发展空间。

根据我国现行政策，所有新建和搬迁的危化品生产、储存企业必须进入专业化工园区，化工园区已成为危化品仓储企业生存发展的主要载体。据中国仓储协会危险品仓储分会对7家国家级化工园区调查统计，化工园区危化品仓储物流企业占据了入驻企业总量的12%以上，成为园区组建和发展不可或缺的要素。

据统计，我国目前已建成国家级、省级大型化工园区就达200多个，各类危险化学品生产、储存、运输、使用、废弃处置企业已达30多万家，常用化工原料达到5000余种，95%以上化工原料需采用异地运输。园区集约化管理有助于提升行业的整体安全水平，在这种情况下，突发事故的应急处理成为危化品安全的重要环节。

（三）产业西移将对运输能力提出新要求，我国危化品物流产业将渐成东中西循序梯度分布模式

据业内人士介绍，我国物流业呈“梯度分布”，目前已形成以港澳、长三角、珠三角为龙头和东中西循序分布的智力服务物流、重化工业物流和资源物流的基本格局。

随着传统石化产业向中西部迁移和西部大开发政策的深入实施，中西部的能源开发和石化、煤化、气化、盐化等产业发展步伐将进一步加快，中西部危化品仓储设施建设随之被拉动，危化品仓储能力将有明显提升。西部地区生产成本较低，资源丰富，神华、新汶、兖矿等能源领军企业先后抢滩新疆，目前仅煤化工领域入驻企业就超过百家，有40多个煤化工项目已经开工建设。

（四）环保安全升级将带来新变化，企业发展规模化、集约化，未来发展绿色物流成为一大趋势

在当前形势下，危化品物流行业安全发展已上升为国家战略，政府对重点行业的安全更加重视，对危化品行业有过多次专项整治。自2001年全国危险货物道路运输专项整治以来，我国危险货物道路运输企业过小、过弱的情况得到了极大改观，日益朝着规模化、专业化和集约化方向发展，危险货物道路运输业将走向良性有序。

目前，我国安全风险管理已经从过去的事故管理（即事后整改）进入隐患管理（超前治理，标本兼治）形式，将向风险管理（超前预防，预警预控）发展。在这种情况下，“十三五”期间，行业也将从原来的主要解决运输能力不足的问题、关注生产力要素投入的方式，转变为今后通过提高管理和技术水平，提升运输服务的能力和水平，从而实现高效、安全、环保的物流模式。

环保部发布的《危险化学品仓储建设项目环境管理要求》《危险化学品废弃物污染防治办法》《危险化学品仓储企业环境风险等级划分办法》等一系列法规文件，均对危化品仓储企业的环保工作提出了高标准、严要求，这些标准和要求已成为危化品仓储企业准入门槛和运营许可的硬道理，绿色物流将是危

化品物流行业发展的终极目标。

（五）新的技术革命，将推动危化品物流行业向着信息化、智能化方向发展，将为客户提供更多增值服务

在危化品物流中，安全一直是人们关注的重点。特别是当前形势下，新技术在危化品物流上的应用层出不穷，例如，与交管部门联网的超速超载报警系统、离道碾压交通标线的报警系统、微波雷达技术（应对团雾天气）、全景无盲区环视监控系统、双目闭合分析疲劳驾驶警示系统、多传感信息融合的控制系统等，已成为业内研发应用的重点，很多物流企业都在这些方面开始攻关。

同时，不少大型危化品物流企业，在为客户提供安全便捷的物流服务的同时，还挖掘自身潜力，提供供应链一体化服务，例如，承担全部的采购物流、入厂物流和销售物流，采用铁路专用线、公路运输、入厂管道等联运方式，提高物流效率。此外，还通过包揽采购、运输、销售，提供一条龙服务，用仓储抵押贷款实现金融功能。

（中国物流与采购联合会危化品物流分会　刘宇航）

2016 年农村物流发展回顾和 2017 年展望

2016 年，农村电商物流发展迅猛，领跑电商物流业务量增长，物流运行质量和效益稳步提升。2016 年农村业务指数平均为 191.5 点，反映物流业务量增长速度接近 200%。以上数据充分说明，由于农村电商的拉动，农村物流得到很好的发展。

一、2016 年农村物流发展回顾

2016 年，我国物流业总体运行缓中趋稳、稳中向好，实现了“十三五”良好开局，农村物流得到了一定程度的发展。回顾农村物流的发展，基本可以概括为以下几个方面。

（一）农村物流政策情况

2016 年是物流业发展政策年，以下这些 2016 年出台的政策文件都在一定程度上促进了农村物流的发展。

中央一号文件提出，促进农村电子商务加快发展形成线上线下融合，建设“农产品进城”与“农资和消费品”下乡双向流通格局。该文件不仅首次将实施“快递下乡”工程写入其中，还提出“加强农产品流通设施和市场建设，完善流通骨干网络，开展降低农产品物流成本行动，完善乡村物流体系”等系列政策，农村物流获利重大。

国务院发布的《关于深入推进新型城镇化建设的若干意见》指出，推动基础设施和公共服务向农村延伸，尽快实现行政村通邮、通快递，加快农村宽带网络和快递网络建设，推进农村电商发展和快递下乡。意见改善了农村供给体系，为释放农村消费需求提供流畅的通道，同时也促进了农村物流的发展。

《中华人民共和国国民经济和社会发展第十三个五年规划纲要》提出，政府将加大农村基础设施建设力度，新建改建农村公路 20 万千米，具备条件的乡镇和建制村要加快硬化路、可通车。

国家发展和改革委、交通运输部等部门发布了《关于稳步推进城乡交通运输一体化提升公共服务水平的指导意见》。意见指出，到 2020 年基本建立城乡交通运输服务体系，城乡交通基础设施网络结构优化并有效衔接，公共服务水平显著提升，基本形成城乡交通运输一体化格局。

交通运输部下发《关于进一步加强农村物流网络节点体系建设的通知》，要求加快推进农村物流县、乡、村三级网络节点体系建设。李克强总理在《2016 政府工作报告》中提到，发展农村物流，加大物流基建力度。

（二）电商企业农村物流模式

自建农村物流体系。中国目前的物流企业规模虽然庞大，但是农村存在交通环境差、需求不集中等问题。为了在农村获得市场，有的电子商务企业开始通过自建服务站的方式开拓农村销售渠道，同时也解决了“最后一公里”的配送问题。如电商巨头京东集团通过“京东服务中心 + 京东帮”的模式搭建起农村电商服务体系向农村市场渗透。苏宁在升级维修点为乡村服务站，打造“农村物流 + 跨境物流”的“双引擎”的基础上，将物流授权服务站，借助易购直营店“统一规划、连片开发”的布局和规划进行落地，推动直营店店长优先注册个体工商户挂靠苏宁物流，承担片区物流配送任务，推动本地化物流运力建设，推进农村地区商品次日达。为解决农村物流分散、成本高等问题，苏宁物流将优化调拨车运行路线，将多个直营店、服务站串成线，一辆车即可覆盖全部片区的服务站，实现低成本调拨。

加大布局农村网络。电商都很看好农村市场的发展潜力，都铆足了劲想要在农村市场这块大蛋糕上取得一席之地，纷纷转战农村市场，加大布局农村物流网络。京东在县级设立服务中心，基于线上的平台优势，建立线下的配送、安装等服务体系为核心的“京东帮”服务店，其深达基层村镇，与京东属于加盟合作关系，共同承担乡村推广、代客下单、物流配送等功能，并解决大家电“最后一公里”配送。阿里巴巴先是采用农村淘宝合伙人制度推出淘宝村战略，然后又借助菜鸟网络的 O2O 物流模式向农村消费者提供更环保、更快速、更便捷的物流服务以占据农村市场。苏宁将维修点变为乡村服务站，并采用加盟方式拓展服务站，推进“物流云”项目，建成 12 个自动化分拣中心、60 个区域物流中心、300 多个城市分拨中心以及 5000 个社区配送站，同时，乡村服务站延伸物流网。顺丰则采用鼓励快递员下乡创业，创办网点采用类似加盟的方式来拓展农村市场。

（三）快递企业的农村物流模式

（1）“菜鸟县域智慧物流 +”。在第三届中国县域电子商务峰会上，菜鸟网络宣布开放“菜鸟县域智慧物流 +”项目，与全国各地政府共同打造领先的农村物流公共服务平台。并且菜鸟网络已经与山东省菏泽市政府在便民寄件、县域商品流通、智能路由与设备技术等领域展开试点，希望通过先进的车货匹配系统，建设县域内商贸流通的基础设施。“菜鸟县域智慧物流 +”项目通过信息系统打通，为农村消费者提供大件送货入户、便捷寄件等便民的智慧物流服务。随着信息系统建设的进一步推进，大数据路由分拨也将逐步应用到菜鸟的县物流运营中心，缩短分拣时间，为消费者提供更稳定的时效服务。重庆江津区与菜鸟网络签署“县域智慧物流+”合作协议，推出国内首个乡村末端物流线路共享系统。依托该共享系统，原来需要村民到城市自提的快递包裹将统一运送到菜鸟县运营中心内，再由菜鸟县域物流网络专线派送到村中，由一家快递公司来完成从县到村之间的上行和下行物流，从而实现县外来的快递包裹从县城送达镇村只用1天，农产品从村镇送达县城只用1天再分拨到全国各地，解决了“工业品下行”的“最后一公里”和“农产品上行”的“最初一公里”难题。并且菜鸟网络选择了自建仓库货物下沉和盘活区域现有运力的做法：一方面，通过大数据预测，菜鸟网络将更符合农村地区购买的货物提前下沉到菜鸟县城仓库，可实现50%当日达，100%次日达；另一方面，菜鸟网络利用数据系统将各地的快递和物流公司组织起来，在农村形成了一张更广泛的配送网络。

（2）邮政农村业务深度拓展。邮政将服务点伸向农村，与农村电商相结合，解决了部分农村电商“最初/后一公里”的难题。邮政深入农村不仅仅局限于以前的业务，它将业务叠加，为村民提供商品代购、代收邮件、征订报刊、代缴话费水电费、助农金融等业务，以这样的方式不断地让村民体验到了购物、销售、生活、金融、创业、寄递都不出村。在它的电商服务点的液晶显示屏上，向人们提供商品代购、进货批发等信息。服务店内有专门的服务人员为村民服务，指导村民网上购物。村民的包裹统一在服务点内领取和发送，服务点也提供小额贷款、水电费代缴等叠加服务，村民就不必再去镇上邮政厅、移动电信厅内办理相关业务。众所周知，邮政在镇上形成较早，有很好的城乡网点资源及物流网络，相对于建设“四通一达”快递营业点成本较低，而且它集邮件收寄投递，农资生活消费品销售，便民服务缴费，商品代购批销，邮储金融服务等多种服务于一体，既有利于解决农村电商“最后一公里”难题，又方便了农民的生活，降低了农民的生活成本。

（3）顺丰员工回乡创业。顺丰启动内部创业项目，鼓励员工以类似加盟的形式，回归到家乡开设独立网点，从而把顺丰的服务网点下沉，完成顺丰向三四线城市，乃至更深更细的区域渗透的网络布局。这种加盟式的直营，在网点建设过程中，员工脱离顺丰；但从管理层面、运营体系、价格体系来说，顺丰输出统一的标准。顺丰还会为创业员工提供资金补贴和政策扶持，同时鼓励所有员工推荐家乡人员参与合作，在运输上，顺丰将快件中转到县区，合作人员可到自营网点进行交接，然后实行派送。另外，在网点的人员配置上，顺丰采取老带新的培训、集中培训，沿用公司统一标准。创业员工出任店长一职，负责网点的管理和统筹，同时，为了保障价格、服务的统一性，顺丰还会派人来协助网点的日常事务。内部创业的乡镇网点主要负责操作常规件收派，大货重货、高价值件的揽收还是交由全网统一作业。这样的项目不管是对于地方来说还是对于顺丰品牌形象的建立来说都有着很多的好处，在农村电商即将拉开大趋势的当下，抢先一步攻占物流市场能够给顺丰带来极大的市场先机以及利润。

（四）县域地区对接的农村物流模式

采用PPP模式，国资民资共建物流。这种模式是指政府与私人组织之间形成一种伙伴化的合作关系。如云阳县采用PPP模式，政府改补助为股权投资，占股份20%，社会资本投资80%。云阳县通过多途径建设县级物流公共配送中心，推动农村电商快递统一配送。这种配送中心一般分为县级中心物流园、镇级物流中心、村级体验店。利用闲置厂房建成8000平方米的渝东北快递物流分拨中心，分拨中心集快递自动分拨、全智能电商仓储、农产品冷链冷库仓储和商贸物流四大功能为一体。已集聚中通、顺丰等快递物流企业16户，已入驻老虎电商、掌上云阳、淘宝特色中国·云阳馆等电商36户，实行集中收货、集中存货、统一发货，货物进出量每天达到了500吨，快递投送日均量达到8000件。通过集聚、集约发展，入驻的企业节省了劳动力，降低了快递物流费用，为实现统一配送、同城配送夯实了基础；分拨中心开发了“渝东北仓储物流分拨中心”“ee动力2014”两大快递物流共享网络平台，面向快递企业开展提货预约、自营订单、委外订单、货运调度等共享服务，与41个乡镇电商综合服务站和215个村级服务点网上互联互通，为广大企业及消费者提供服务。在城区和乡镇开展统一配送，将县城划分成11个街区，推行集中配送，配送车将街区内的区县快件运回分拨中心，再发往全国各地；乡镇配送则采取“三定四统”，即定点、定时、定线，运价统一、服务费统一、配送统一、政府补贴标准统一，将全县38个乡镇分成8条线路，每天定时往返、定点投递和收件，同时将农特产品运回分拨中心。这样形成双向物流体系，既解决了当地农村电商“最后一公里”的配送，又可以有效解决“最初一公里”难题。

本土线下实体店+快递配送统筹物流模式。这种模式如秀山成立云智速递公司，以“武陵生活馆”实体店为基点，实现快递包裹从县到村、从村到县1天内送达。秀山在发展农村电商的过程中，以物流园区作为依托，引快递企业入园，打造云智网商城，全县布局“武陵生活馆”和农村电商服务站点。在县政府的统筹下，正式成立了云智科贸有限公司，并设置了专业配送的团队和配送车辆，直通全县乡村，提供24小时上门服务。首先，云智速递与社会快递建立“门对门”分发中心，站台对站台的互换分发业务。社会物流快递负责县域到全国的上下行业务，云智速递负责县城到乡镇村的上下行业务。双方在站台内牵手互换业务，形成了“接力式”的物流链，构筑了秀山独特的“T+1”快递模式。其次，云智速递在每个行政村均建有“武陵生活馆”村级店。这里可以直接分发村里到达快件，村民可以通过网络系统预先知晓快件到达的时间，做好收件准备。与此同时，云智速递更重要的服务内容是把农民通过网上卖掉的土特产品第一时间运到县城，及时通过社会快递分发到全国。全县依托本土电商平台“武陵生活馆”和阿里巴巴“农村淘宝县”两条“高速路”，打通商品进村入户“最后一公里”和农产品进城“最初一公里”。其中，武陵生活馆的运营模式如下图所示。

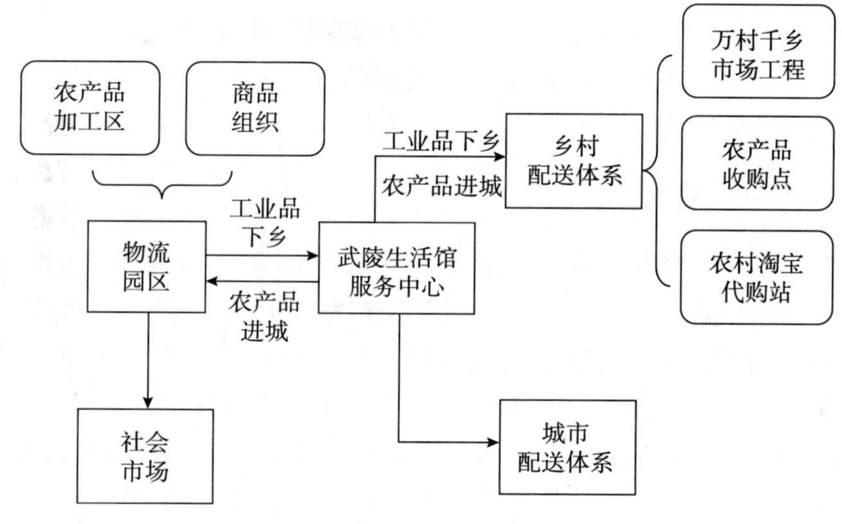

武陵生活馆运营模式

资料来源：秀山云智科贸有限公司。

（五）供销社模式

供销合作社一直都是以不断满足农民生产生活需要为主要服务对象，不断了解农村农产品的生产市场和销售市场，不断了解农民的需求，才能够有效地组织和把握农村商品流通市场。在推进“农超对接”工作中，供销社以减少农产品销售中间环节，降低流通成本为宗旨，构建新型的农产品流通模式，从而使生产者、销售者获得利益最大化。另外，供销社加强农村物流网络配送体系建设不仅能够促进农村经济的增长还能提高物流配送效益、降低成本。为了充分发挥村级综合服务社“连锁配送店”“物流中转点”“便民服务站”的功能作用，湖北宜都供销社加强对外联合合作，逐步完善以县级配送中心、乡镇物流中转站、村级综合服务社物流服务点三级物流节点为支撑的农村物流网络配送体系，并且该社重点加快电商产业园基地建设，积极协调争取项目尽快落地，落实仓储配送设施，加强与快递公司的对接与合作，建设快递超市，实现快递到村，解决农村“最后一公里”问题。信宜市供销社利用遍布农村网络资源，发挥供销社镇村两级流通主渠道优势，以信通达物流公司为龙头，建设农村电商快递综合服务中心，承载镇级物流业务，健全村一级农村物流的服务点，在村或人口密集的代店，开展代收代送，实行双向送达，为农民群众提供“农产品进城”和“工业品下乡”双向流通服务。该社不断探索和推广一些先进的农村物流运作模式，联合当地知名快递公司，优化物流的运输组织，实行一网多用，降低农村的物流成本，相应增加农民的收入。该社还致力为农民提供网络代购、快递收派及农产品信息收集、农超对接、网络销售、仓储等一体化的电商物流快递综合服务，逐步缩小城乡差距，推动“物流快递下乡”方便百姓，努力把供销社打造服务农民生产生活的生力军和综合平台，切实为农服务，进一步促进农村经济发展。

（六）双向流通模式

苏果超市形成的把农户和加工企业纳入农村流通体系的双流通农产品物流模式成为了全国供销系统的典范。苏果超市为了开启现代农村物流业，一方面，成功运作基层供销社改制，建成农村营销网络；另一方面，苏果超市突破传统经营理念，与农产品生产基地形成紧密的利益联结机制，以订单农业的形式与农产品生产基地形成一种紧密的利益联结机制。安徽淮商集团大力实施“五分钟淮商”战略，以电商平台、城乡物流配送体系、连锁商业网点为依托，通过线上线下融合发展，构建工业品能下乡、农产品能上行的市场流通体系，既极大地丰富了城乡消费市场，也将越来越多的安徽农特产品搬到了网上，有效引导了农村产业转型升级，促进了农民增收，成功打造了双向流通的农村电商“淮商模式”。淮商集团还利用自身物流优势，建立了完善的农村物流配送服务平台，用于农村电商代购配送和农产品上行服务。宜阳县农村电商平台引进阿里巴巴农村淘宝项目，打造了一种“互联网＋农村”的双向流通新模式：一方面，打通直达农村一线的物流通道，让农民足不出户就可以买到物美价廉的日用品、农资产品；另一方面，新鲜的农产品也可以通过互联网走进城市、走向更大的市场。

二、2017 年农村物流展望

2017 年是实施“十三五”规划的重要一年，也是供给侧结构性改革的深化之年，更是《物流业发展中长期规划（2014—2020 年）》的承上启下之年。

物流业作为支撑国民经济发展的基础性、战略性产业，面临诸多发展机遇。

（一）跨境电子商务进农村

跨境电商是各大电商共同聚焦发力的又一个方向。在人民币不断升值的背景下，海淘具备了更加坚实的基础。越来越多的人意识到，跨境产品即使加上运费和关税，依然比在国内买奢侈品划算，且品质有保障。跨境电子商务在城市变得“火热”的同时，也把发展的视角投到了广大的农村市场。比如在重庆，“跨境电商进农村工程”项目于2016年10月18日正式启动。“跨境电商进农村”意味着，当农村居民在网购时，跨境电商能够给他们带来更多的选择机会，能让他们享受到性价比更高的产品，跨境电子商务也将会成为农村居民喜爱的“热点”。

（二）智慧物流成为趋势

电商的快速发展，扩大了市场，也对传统快递提出了要求，提高快递行业效率和服务质量势在必行，此时智慧物流顺应而生。所谓智慧物流就是利用信息技术使得装备与控制智能化，代替人又高于人的物流发展新模式。智慧物流的发展与移动互联网、云计算、大数据、物联网等新兴技术密切相关。不管是顺丰，还是菜鸟、京东物流，都加大了对信息技术的投入，以提升现有的物流水平。刚刚起步的无人机配送，就是今后的农村物流发展趋势之一。除此之外，仓储自动化机器人设备、自动分拣、大数据分析系统，以及信息化系统支撑等也逐渐成为发展方向。随着物联网、GPS、物流自动化等技术及其应用的不断逐渐深入，实现智能物流的技术手段也逐渐成熟，打造智能化物流体系将成为电商为争取农村市场份额必不可少的一部分。

（三）供销社要起到更大的作用

供销社要大力发展农村电子商务，做好村级服务社改造升级，拓展网上销售，网订店取，线下销售，乡村配送，打造农村电子商务“最后一公里”。供销社还需要引进现代化信息手段，建立现代化信息系统，将农户、基层供销社和区域物流中心连接，使信息可以及时传递。用编码技术追踪农产品质量也是供销社比较容易实现的一种技术，优质农产品在从地头收购时即给定一个编码，也就是说某个基层供销社的同一农户生产的同一批农产品使用一个编码，农产品入库经过分拣、清洗、保鲜之后，按照统一规格包装，在包装上加印此编码，并写明产地、生产日期等信息，随后装箱运送到超市等购买终端。农产品的所有信息都反应在条形码上，超市在刷条形码时在微机上便可以显示农产品的所有信息，如果消费环节发现有质量问题，则可以根据编码系统进行追溯，查明责任。所以，通过编码系统可以实现农产品质量安全追溯，容易明确哪个环节出了问题，并及时检查更正，使现代仓储物流配送系统完善，将损失减到最低。

（四）农村多形式配送

农村“最后一公里”配送是农村物流发展的瓶颈，可采取以下两种方式进行具体操作的突破。

（1）有效利用公共班车进行配送。从区县城市到其各乡镇，目前已有完善的公共班车运输体系，可以在公共班车的汽车站附近设置一个快递的集散中心，有效利用公共班车这种资源，进行“公共班车＋自提”和“公共班车＋投递”运作。

（2）发展“最后一公里”的众包物流。利用私家车和摩托车，也可以发展货物“最后一公里”的配送业务，这里必须要有众包思想，并且要有一定的公司体制管制，确保良好的信用和配送的有效性。

（重庆工商大学　吴艳芳　梁欢　龚英）

2016 年粮食物流发展回顾与 2017 年展望

2016 年，以农业供给侧结构性改革为趋向的中国粮食物流政策得到了进一步的重视与完善，“一带一路”框架下的粮食现代物流基础设施得到了进一步的建设与强化，以去库存与市场化改革为重要内容的现代物流业务得到了长足的发展。2017 年，中国粮食物流将围绕“一带一路”与粮食安全战略实施完善，强化以供给侧结构性改革为主线的粮食物流业务与管理、调控工作，不断提高粮食现代物流的运作效率与现代化水平。

一、2016 年粮食物流发展回顾

（一）以农业供给侧结构性改革为趋向的粮食物流政策得到了进一步的重视与完善

2016 年，中央和各级政府以推进供给侧结构性改革为主线，加快推进粮食供给侧结构性改革，粮食安全省长责任制得到较好落实，粮食流通效率明显提升，各项工作成效显著。国务院出台《关于建立健全粮食安全省长责任制的若干意见》（国发〔2014〕69 号），进一步明确了各省级人民政府在保障区域粮食安全方面的事权与责任，对建立健全粮食安全省长责任制作出了全面部署。国家发展和改革委、国家粮食局印发了《粮食行业“十三五”发展规划纲要》，统筹指导粮食物流行业的发展工作。国家粮食局制定了《全国粮食行业法治宣传教育第七个五年规划（2016—2020 年）》，为深入推进粮食行业法治宣传教育和法治粮食建设提供了必要指导。《粮食安全省长责任制考核工作方案》也经粮食安全省长责任制考核工作组第一次联席会议审议通过并印发。国家粮食局从完善粮食收储体制机制，加快推动粮食“去库存”，大力发展粮食产业经济，着力提升粮食流通社会化服务水平，推动粮食流通能力现代化建设，进一步强化粮食科技、人才重要支撑作用等六个方面出发，印发了《国家粮食局 2016 年粮食流通改革工作要点和工作方案》和《国家粮食局全面深化改革工作领导小组工作规则》，建立考评督查机制，大力推进粮食流通领域改革。重点推进和改革完善粮食收储制度、中央储备粮管理体制，深化国有粮食企业改革，建立粮食安全责任考核评价制度、安全储粮和安全生产问责制度、粮食产业经济发展统计制度。同时，继续抓好落实已出台的粮食科技、人才管理体制和粮食流通统计制度改革措施。各改革牵头单位积极推进改革，在一些重点事项和关键环节上取得了新进展。

各地政府因地制宜，顺势而动，加快本地区粮食物流等各项工作的步伐。如河南省出台了《关于推进粮食行业供给侧结构性改革工作方案》，科学指导全省粮食行业“三去一降一补”。河北省政府召开了考核工作组第一次联席会议，通过了《河北省粮食安全责任制考核工作方案》《关于开展2016年度河北省粮食安全责任制考核工作的通知》两个文件。江苏省力抓粮食安全责任落实，依法管粮扎实推进。粮食安全责任考核制度全面建立，粮食法治取得进展，监管执法力度加大，制度保障和依法管粮全面加强。

（二）“一带一路”框架下的粮食现代物流基础设施得到了进一步的建设与强化

第一，深入推进“一带一路”沿线国家基础设施的互联互通建设

“一带一路”贯穿亚欧非大陆，许多沿线国家同中国有着共同利益。在设施联通方面，沿线国家宜加强基础设施建设规划、技术标准体系的对接，优先打通缺失路段，畅通瓶颈路段，推进建立统一的全程运输协调机制，推动口岸基础设施建设，畅通陆水联运通道，推进港口合作建设，增加海上航线和班次，拓展建立民航全面合作的平台和机制，加快提升航空基础设施水平等。截至2016年，中国已开通中欧班列共计39条，连接亚洲各次区域以及亚非欧的交通基础设施网络正在逐步形成。此外，“一带一路”沿线国家和地区能源基础设施建设的节奏也进一步提速。2013年10月至2016年，中国国有企业在海外签署建设的重大能源项目多达40项，涉及19个“一带一路”沿线国家。基础设施互联互通，使资源要素流通更加顺畅、资源要素利用更加集约，有利于加强“一带一路”沿线国家和地区之间的联系。2月5日，一列来自哈萨克斯坦装载有720吨小麦的火车，从我国阿拉山口口岸入境后，如期抵达中哈连云港物流中转基地。2月6日，这批小麦在江苏连云港口岸换装海运，离境发往越南，标志着中哈粮食过境安全大通道正式打通。由于哈萨克斯坦小麦的产地价比同级澳麦每吨约低45美元，澳麦运抵东南亚的运输时间比哈麦通过铁海联运过境至东南亚的时间少10天左右，因此这不仅大大提升了哈麦较同类小麦的市场竞争力，也解决了中亚、中欧班列返程空载比例大的难题。

第二，面向“一带一路”的“粮安工程”建设持续推进

2016年“粮安工程”投资53.7亿元，加上前3年中央投资累计达300多亿元，带动地方和企业配套投资近1000亿元，极大改善了粮食流通基础设施条件，进一步提高企业粮食收储能力，对增强市场竞争力和影响力、促进粮食产业经济发展、增强国家粮食安全保障能力发挥了重要作用。浙江省印发《浙

江省“粮安工程”危仓老库维修改造项目实施及资金管理办法》。贵州省“粮安工程”粮库智能化升级改造现场交流暨培训会召开，会议解读了《贵州省2016年“粮安工程”粮库智能化升级改造专项实施方案》《贵州省粮食行业粮库智能化升级改造指导意见》。陕西省印发《陕西省“粮安工程”建设规划（2015—2020年）》，提出建设规划主要包括建设粮油仓储设施、打通粮食物流通道、完善应急供应体系、保障粮油质量安全、强化粮情监测预警、促进粮食节约减损六个方面内容，配套实施估算总投资50.725亿元的7大类、38个重点项目。山东、安徽、四川、湖北、贵州、河北、重庆、青海、宁夏、甘肃、广西、浙江、陕西、江西共14省（区、市）被确定为2016年“粮安工程”粮库智能化升级重点支持省份。值得一提的是，为贯彻落实国家、省市政府关于促进上合组织（连云港）国际物流园、中哈物流基地建设等战略举措，健全“一带一路”交汇点粮食购、销、运、存粮食枢纽物流体系，上合物流园管委会于2016年5月正式委托民盟江苏省委员会与南京财经大学共建的江苏“一带一路”研究院编制园区粮食物流基地的规划——上合组织（连云港）国际物流园粮食物流基地规划（2016—2025年）。现规划已由江苏省粮食局与连云港市国家发展和改革委正式批准实施，进一步提升了上合组织国际物流园、中哈物流基地和上合组织出海基地的功能建设和承载力，以及“一带一路”框架下粮食安全战略调整与供应链整合能力。

第三，粮食物流设施建设得到加强

近年来安排中央预算内投资30.3亿元支持建设粮食物流设施，形成了一批多功能粮食物流园区。南宁中国—东盟粮食物流园区、西安粮食物流枢纽、贵州西南粮食城等项目积极推进。2016年新建仓容近100亿千克，现代化仓型比例大幅提高，“危仓老库”维修改造带动了功能提升，一批“危仓老库”经维修改造后新增160亿千克完好仓容，在去年夏季的抗洪保粮中发挥了重要作用。河北省“危仓老库”维修改造基本完成，修建仓容累计602万吨，粮食现代物流项目建设进展有序，承担9亿千克建仓规模的32家企业，已有20家完工，共使用中央预算内补助资金1.62亿元；新争取中央预算内投资物流项目专项补助资金2850万元，所支持的4个物流项目均开工在建。河南省编制完成了粮食行业“十三五”发展规划及配套各单项规划。危仓老库改造全面完成，改造仓房12980栋，涉及总仓容231.3亿千克。

（三）以去库存与市场化改革为重要内容的现代物流业务得到了长足的发展

第一，2016年粮食流通运行平稳健康。全年各类粮食企业共收购粮食4600亿千克。全年累计销售政策性粮油592.5亿千克，同比增加216%。全国库存粮情总体安全稳定。市场供应数量充足、质量良好、价格总体稳定。受灾地区群众和救灾部队的粮食供应得到有力保障。地方储备粮增储任务基本落实到位。

第二，以改革创新为重要特征的国有粮食企业作用得到进一步加强。国有粮食企业积极适应粮食流通体制改革新形势，加快推进产权制度改革，转换经营机制，在服务国家粮食宏观调控、保障国家粮食安全等方面发挥了重要作用。全国国有粮食企业实现统算盈利110亿元。湖南已有6家粮油企业上市。江苏省通过全面清产核资，摸清企业基本情况，加快兼并重组和资源整合力度，对小、弱、散、偏的国有粮食企业逐步实施退出，促进资产资源向优势企业集中。湖北省以中心粮库、骨干收纳库为基础，每个县市组建一家国有或国有控股粮食收储企业，其他国有粮食企业资产采取参股、出租、出让、破产等形式，依法依规进行处置，放开搞活，加快建立现代企业制度，积极稳妥推进混合所有制改革，规范国有资产监管。

第三，玉米价补分离改革得到预期推进。取消玉米临储政策，改为“市场定价、价补分离”，实行“市场化收购”加“补贴”的新机制。由国家发展和改革委牵头，20个部门通力合作，国家粮食局负责日常工作，各省市粮食部门科学谋划，制订工作方案，三家央企积极坚持均衡收购，共同推动玉米收储制度改革顺利开展，改革取得积极成效。改革扭转了近些年玉米价格不断提高、市场不断萎缩、库存不断增多、补贴和亏损不断增加的局面，使玉米产业从“死胡同”里走了出来，建立起了市场形成价格的机制，形成了正常的市场流通秩序，促进了农业结构调整，改革激活了整个玉米产业链，提高了国产玉米竞争力。

（四）匹配现代物流与供应链管理的粮食行业信息化水平得到了进一步提高

近年来，各地区各单位积极探索以数字粮库为重要内容的粮食物流信息化建设，提升了粮食收储企业运营效能，提高了政府宏观调控能力和粮食安全保障水平，为全面推进粮食行业信息化发展奠定了基础。

第一，国家粮食行业管理信息化水平进一步提高。2016年，粮食行业信息化建设紧密围绕总体目标，重点加强国家及省级粮食管理平台、粮库智能化升级改造、粮食交易中心和现货批发市场电子商务信息一体化平台建设、重点粮食加工企业信息化改造、粮食应急配送中心信息化建设，初步形成了“技术先进、功能实用、运维简便、安全可靠、规范统一、运行高效”的粮食行业信息化体系，全面提升粮食行业信息化水平。在国家级粮食管理平台、省级粮食管理平台、粮库智能化升级改造、粮食交易中心和现货批发市场电子商务信息一体化平台建设、重点粮食加工企业信息化改造和粮食应急配送中心信息化建设六个方面协调统一，在涉及收购、储存、调运、加工、供应等各个环节科学发力，对基础设施建设、硬件设备配置、应用软件开发、信息标准制定、信息安全管理、数据分析应用等相关内容进行了改造升级。

第二，省市区域粮食行业信息化管理水平进一步提高。贵州省通过实施2016年“粮安工程”智能化粮库升级改造专项工作，实现信息技术在粮食流通各个环节的应用，基本建立起以“智能化”涉粮数据为支撑，“精准化”应急调控为手段，形成以贵州省粮食局为中心，结构完整、功能齐全、安全稳定、信息共享、多级联动的粮食流通现代化信息网络体系，全面提升全省粮食仓储智能化管理水平，促进贵州省粮食行业信息化发展，为打造好“贵州粮食云”奠定基础。遵义市“智慧粮库”项目实现了数字化监测、精准化业务、集中化监管、网络化服务的现代化综合管理系统，从智能收购、智能管理、库存质量安全追溯、智能安防、办公自动化等方面大幅提升了行业信息化水平，为粮食流通工作的顺利开展搭建了一个好的平台。十堰市首个智慧粮库建成投运，被纳入全省首批五家信息化建设试点库之一，启动信息技术、自动化控制技术、智能仓储技术在智慧粮库中得到广泛应用，为湖北省“智慧粮食”信息化体系建设提供信息化、智能化的平台支撑。

第三，粮食企业管理信息化水平得到进一步提高。中粮集团大力推动信息化管理保障食品安全，通过大数据管理，实现对每个环节与风险的从摇篮到坟墓的监督。中储粮启动仓储管理“标准仓、规范库”建设和现代化粮食仓储“全覆盖”工程，新增仓容1000万吨。此外制定及修订完善10余项操作规范，进一步健全仓储标准化管理体系并且在10076家库点全面推广政策性粮食“一卡通”收购系统。湖南粮食集团自主开发的储粮安全监控系统在粮食仓储信息化领域已经达到领先水平。另外，国家举办全国粮食科技活动周暨首届粮食科技成果转化对接活动、第四届行业职业技能竞赛，首次召开行业人才兴粮工作会议，成立国家粮食安全政策专家咨询委员会，科技兴粮和人才兴粮工程的实施等，有力推动了粮食企业信息化建设。

二、2017我国粮食物流发展展望

从上文可以看出，过去的一年里我国粮食现代物流与供应链整合得到了进一步的发展，但同时也要清醒地看到我国粮食安全日益面临着国内高成本“地板”和国外低价格“天花板”的双重挤压、社会性存粮不断减少与各种突发事件频发的双重挑战、资源“红灯”和补贴“黄线”的双重约束，以及可能的粮食减产与局部战争的双重影响等，亟须通过供给侧改革等提高粮食产能及生产的有效性。同时，随着粮食进口量与外部依赖性的不断增加，我国也可能因国际粮源突然大幅减少或被切断而发生粮食安全危机。以“五通”为基本特征的“一带一路”战略实施为我国企业充分利用国内外市场、资源提供了宝贵的基础条件与发展机遇……为此，如何根据环境变化不失时机地适应我国粮食安全的战略调整与供应链整合，综合提高国内外粮食生产与进口的有效性、安全性与应急响应性，就成了2017年乃至更长时间内粮食现代物流的关键。

（一）粮食安全仍将是粮食物流工作的中心

“民以食为天，食以粮为本”，粮食安全事关国家发展、社会稳定与民众生活。要努力抓好粮食安全生产责任制考核，把粮食安全生产责任制落到实处。要合理确定2017年年度考核目标，充分发挥考核的督促引导作用，认真履行政府赋予粮食部门的职责，做好部门评审、部门抽查、综合评价和考核通报等环节工作，强化考核结果运用，确保粮食安全省长责任制各项目标任务落到实处。加强市场粮源组织和跨区域调运，完善粮食应急预案，健全应急供应机制，提高应急保障能力，做好节日市场供应、军粮供应以及突发事件应急供应工作，确保粮油市场供应平稳有序。

此外，要加快建设法治粮食，加强粮食市场监管。修订完善《粮食流通管理条例》和地方粮食法规规章，认真贯彻落实《国家粮食局关于粮食行政管理部门深入推进依法行政加快建设法治粮食的意见》，改革粮食市场监管方式，加强粮食流通监管队伍建设，落实监管经费，配备执法装备，为保障国家粮食安全，做好粮食物流提供坚实保障。

（二）以供给侧结构性改革为主线抓好粮食物流工作

2017年是实施“十三五”规划的重要一年，是供给侧结构性改革的深化之年，是粮食流通改革发展、转型升级的关键之年，粮食物流发展也必须主动适应把握引领经济发展新常态，提升粮食流通现代化水平，增强国家粮食安全保障能力。

第一，要扎实推进粮食收储制度改革，加快推进粮食“去库存”。积极稳妥推进玉米收储制度改革，在保障生产生活需要的前提下，健全玉米运输协调机制，强化产销衔接，确保玉米收储制度改革和收购工作顺利进行、取得实际成效。稻谷、小麦主产区也要深入研究完善粮食收储政策，更好地发挥市场的引导调节作用，更好地保障口粮绝对安全。要认真落实粮食“去库存”总体方案，在保证粮食安全供给的同时，努力减少粮食非必要性存储，降低存储成本。深入研究消化粮食库存、扩大有效消费新途径，提高粮食周转率与转化率，加快粮食加工转化。加快政策性粮食竞价交易，构建充满活力、健康有序的粮食交易体系，鼓励多元主体多收粮、农民多存粮，努力减少政策性库存增量。协调好粮食进出口之间的关系，坚持“粮食自给为主，进出口调节为辅”的基本方针。

第二，要稳步推进储备粮管理体制改革。按照粮食安全省长责任制的要求，落实地方粮食储备，优化储备布局和品种结构，积极推动粮食仓储管理能力现代化建设，大力提升管理水平，进一步提升仓储设施功能。按照政策性职能和经营性职能分离的原则，深化中央储备粮管理体制改革，政府要有所为有所不为，努力构建政府与社会齐抓共管的局面。此外要创新管理机制，鼓励符合条件的多元市场主体承储地方储备粮。完善储备轮换管理办法和吞吐调节机制，实现中央储备与地方储备在数量、结构、布局和储存形态等方面有机衔接，加强中央和地方储备信息共享，强化国家对中央与地方两级储备的统筹调度。

第三，要深入推进国有粮食企业改革。国家粮食局、全国粮食系统要大力支持国有粮食企业改革，加快企业改制，理清政府与企业的关系。同时大力发展粮食电子商务，努力构建层次合理、效率至上的粮食网络交易平台，使粮食流通交易进一步公开透明。鼓励企业加大研发投入，加快技术创新和技术改造，延伸产业链，丰富产品品种，提升产业附加值，狠抓标准化生产和品牌创建，加强质量安全监管，以优质优价来适应老百姓粮食消费升级的市场趋势。在深入推进各级国有粮食企业改革的同时，要引导各粮食企业积极服务粮食宏观调控，有力地促进农民增收，维护市场稳定。尤其是在应对地震等自然灾害中，国有粮食企业要积极履行社会责任，服从、服务于调控大局，努力保障粮食市场稳定。

（三）提高粮食物流的运作效率与现代化水平是工作重点

第一，强化粮食现代粮食物流体系建设。按照“一带一路”、京津冀协同发展、长江经济带三大战略紧密结合要求，以及国家粮食安全战略调整部署，加快完善“八大粮食物流通道”，优化“两横五纵”重点线路。合理布局粮食收购、仓储、加工、周转等不同环节基础设施，推动建设一批粮食接发设施，支持建设一批中转仓、铁路专用线、内河沿海码头，支持建设一批重要物流节点项目和综合性物流园区。

第二，突出科技作用。大力促进粮食科技成果转化，加强粮食物流新技术的研发应用，推广新型专用运输工具及装卸设备，着力打通粮油配送“最后一公里”。打通粮食科技与粮食产业经济结合的通道，加快推动粮食科技成果转化为现实生产力，进一步推进实施“科技兴粮”工程，切实增强粮食行业创新驱动能力，使粮食物流为粮食经济的发展提供必要支撑，把粮食物流效率的提高与粮食行业效益的提升结合起来。

第三，进一步重视粮食信息化的引领作用。积极遵循并运用现代物流与供应链管理理念，全面推动行业信息化建设，以及在业务管理、宏观调控等方面的引领作用。加快推进信息化和粮食行业发展深度融合，广泛运用大数据、云计算、物联网等现代信息技术手段改造传统粮食行业，加快推进“粮安工程”智能化升级改造，推动现代信息技术在粮食收购、仓储、物流、加工、供应、质量监测监管等领域的广泛应用，消除“信息孤岛”，实现互联互通。

（南京财经大学营销与物流管理学院　吴志华　徐文超）

2016 年大宗商品电子交易市场与物流发展回顾与 2017 年展望

大宗商品电子交易市场是以电子商务为手段，集电子交易、物流配送、金融服务、信息服务、咨询服务等功能于一体的功能性综合服务平台。其实现了线上与线下相结合，现实和虚拟相结合，传统经济与新经济相结合。通过大宗商品电子交易平台，大宗商品交易的金融安全性、信息交流水平、市场规范性、资源配置效率等都有不同程度的提升，对于推动现货市场改造升级，规避交易风险，加强区域间商品流通，增强国际影响力具有重要意义。

一、2016 年大宗商品电子交易市场发展回顾

（一）大宗商品电子交易市场继续稳步发展

2016 年，我国大宗商品流通行业在健康发展的理念指导下取得了稳定的发展，规模数量不断增长，与相关产业的融合更加深入，总体保持健康快速的发展态势。

据中国物流与采购联合会统计，截至 2016 年年底，我国大宗商品电子交易市场总数达到 1231 家，同比增长 20.6%，总交易规模突破 30 万亿元。通过传统交易市场的转型升级与较大范围的清理整顿，同时大量具备投资、贸易、互联网等背景的企业进入电子交易市场领域，大宗商品电子交易市场的整体实力有所增强，运营管理更加规范，行业环境持续好转。

从交易市场的地域分布来看，目前我国大宗商品电子交易市场已经覆盖 31 个地区，具体数量如表 1 所示。区域分布情况如表 2 所示，东部地区仍旧在全国电子交易市场中占据较大份额，占比超过 50%，但总体呈现逐年下降趋势。中西部市场在多项政策的刺激带动下进一步加深与产业的联系，推动创新发展，市场数量快速增加，占比不断上升。2016 年，中西部商品交易市场占全国比重分别为 15.4% 和 22.2%，增幅分别为 24.2% 和 30.6%，体现出中西部市场当前不错的发展势头。

表1　　大宗商品电子类交易市场地区分布（截至2016年年底）

地　区	数　量	地　区	数　量
山东	124	安徽	28
广东	111	陕西	28
浙江	93	云南	27
上海	79	广西	26
江苏	75	福建	26
北京	69	内蒙古	25
辽宁	65	江西	25
天津	48	黑龙江	22
湖南	46	山西	14
河南	44	宁夏	14
新疆	38	吉林	13
河北	35	甘肃	12
贵州	34	青海	7
湖北	33	海南	6
四川	30	西藏	3
重庆	29	香港	2
		总　计	1231

表2　　大宗商品电子类交易市场区域分布变化情况（2013—2016年）

区　域	2013年	2014年	2015年	2016年	全国占比（%）	同比增长（%）
东部	330	453	586	666	54.1	13.7
中部	68	102	153	190	15.4	24.2
西部	97	134	209	273	22.2	30.6
东北	42	49	71	100	8.1	40.8
全国	538	739	1021	1231		20.6

在行业方面，我国大宗商品电子交易市场的行业分布情况如表3所示。目前我国大宗商品电子交易市场涵盖能源化工、金属矿产等20余个行业。传统

的农产品、金属、化工等仍旧是大宗商品电子交易的主流，总数分别为351家、222家和105家，分别占18.6%，12.1%和5%。而畜禽、林木、矿产品类市场发展迅猛。酒类等生活产品交易市场逐步火热。同时，一批更贴近实体经济，又具备创新模式，能够带动产业发展的大宗商品种类投入到电子交易中来，极大地丰富了大宗商品电子交易的品类组成。

表3　　大宗商品电子类交易市场行业分布（截至2016年年底）

行　业	数　量	行　业	数　量
农产品	351	矿产品	36
金属	222	酒类	34
化工	105	渔产品	21
能源	70	综合类	179
畜牧禽	43	其他	131
林木	39		
		总　计	1231

2016年4月，河南众筹交易中心在郑州成立，作为全国第三家也是华北地区第一家众筹交易中心，其是要素市场的又一次新尝试。通过开放股权、债权、知识产权等众筹，众筹中心积极响应“大众创业万众创新”的宗旨，为新创企业与小微企业提供了一条新的融资渠道。尽管目前众筹中心的盈利模式、经营模式尚未十分明确，仍需行业进一步探索，但其体现了要素市场不断改革创新的积极性。

在2015年《中共中央国务院关于进一步深化电力体制改革的若干意见》提出要“推进电力交易体制改革，完善市场化交易机制”之后，电力交易中心数量迅速增加。2016年12月29日，国家发展和改革委、国家能源局发布《电力中长期交易基本规则（暂行）》，从市场成员及其权责边界、交易品种和方式、价格机制、发用电计划及交易时序安排等角度给出制度框架，厘清了电力交易的发展方向。经过一年多的探索运行，一些电力交易市场已初见成效。其中，山西电力现货市场建设工作自2016年3月以来，编写形成了《山西电力现货市场建设方案》初稿，为推动现货市场建设提供了参考。广东电力交易中心自2016年组建完成后，积极培育了一批市场主体，包括发电企业60家装机容量约6320万千瓦、电力大用户约680家、一般用户约900家、售电公司约170家，成交总电量837亿千瓦时，构建了由市场主体自发形成以年度协商交易为主、月度等集中竞争交易为补充的市场交易机制。

随着社会主义市场经济的不断发展，大宗商品电子交易市场的交易标的正在逐步突破人们的固有认知，全新的要素被纳入交易市场体系并按照市场规律进行交易，碳、电力、所有权、大数据等交易市场在不断探索当中逐渐完善。

（二）整合重组促进电子交易市场集中优势资源

自 2011 年以来，我国大宗商品电子交易市场迎来了较长时期的快速发展，连续 6 年增长率均保持在 20% 以上，无论是交易规模还是交易品种都有快速的发展。而大宗商品电子交易也凭借其交易效率高、信息传播快、机制较为科学等特点不断为实体经济带来新活力。但近年来我国经济迈入新常态，供给侧改革不断深入，实体经济不可避免地面临着转型升级的困境与挑战。而传统大宗商品所对应的行业如农产品、钢铁、化工等更是供给侧改革“产能优化、创新升级”的重点行业。因此，当前大宗商品电子交易同样需要顺应实体经济进行更加科学合理的规划，逐步实现专业化、规模化经营，加强创新与盈利能力。一批实力较弱，模式陈旧，无法适应当前形式的电子交易市场将逐步退出舞台。近年来交易市场增幅逐渐放缓也体现了这一趋势。图 1 为 2011—2016 年大宗商品电子交易市场增幅情况。

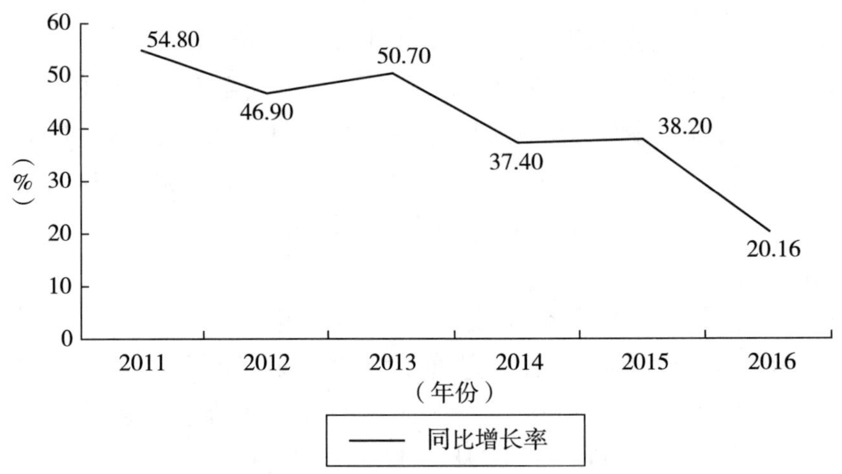

图 1　2011—2016 年大宗商品电子交易市场增幅情况

为更好地提升交易市场整体的服务能力与企业质量，各级政府一直在不断尝试建立健全监督管理机制与市场退出机制。除了因违规经营而被整顿被迫退出市场之外，市场间的整合重组也是市场退出机制的重要手段。通过这一方式，市场间可以实现深度联合，实现集团化发展，从求量向求质转变，既解决了生存危机，扩展了经营范围，强化了交易规模与自身实力，又能保证卖家与投资者的资金财产安全，降低金融风险，更能优化行业的资源配置，为提高我国大宗商品国际定价权奠定基础。

2016 年是大宗商品电子交易市场整合重组活跃的一年，在监管政策逐渐收紧、经营压力不断增加的情形下，部分注册资本较低，经营管理困难的市场开始谋求其他资金介入，甚至直接与实力更强的市场合并，类似的整合重组逐渐成为常态。例如部分前些年成立的注册资金仅百万元的交易市场大量开始股权转让或与新成立的大型市场合并等。2016 年 2 月，横琴国际商品交易中心发布公告，其已将 40% 的股份转让给蓉胜线材股份公司。而 2016 年 10 月 28 日，卓尔集团以 26 亿港元收购中农网 60. 49% 的股权。这意味着，卓尔集团将控股中农网这家目前国内最大农产品 B2B 平台。而发展较为成熟的钢铁电商领域，整合动作更是相当频繁。2016 年 12 月，天物大宗与钢银电商两家钢铁电商宣布进行战略合作，在钢铁贸易外开辟包括供应链金融在内的更多服务。无论是改变资本结构或是合作重组，2016 年的这一轮大宗商品电商整合潮都带动了行业整体资源的进一步优化与提升。

（三）跨境大宗贸易不断扩张，成为大宗商品市场发展新引擎

随着全球一体化的不断深入，商品的全球贸易与流通已是不可逆转的趋势，而跨境电商是极为重要的方式之一。长期以来，我国商品的跨境贸易更多地集中在生活资料方面，各类跨境电商网站层出不穷，诸多电商试验区的建设与跨境电商专项政策的推出造就了这一领域的快速发展。但在大宗商品等生产资料领域，我国跨境电子贸易基础相对薄弱，对厂商需求的整合不够充分，交易方式过于传统与单一，造成我国大宗商品需求分散，整体议价能力不足。例如我国铁矿石等长期受制于国外贸易商，对交易市场的经营造成极大限制，进而形成“我国买什么什么就涨，卖什么什么就跌”的恶性循环。

但近年来，随着国内众多自贸区、保税区的相继成立，我国对外贸易开放程度进一步加深，跨境电子交易的整体水平逐渐提升。依靠自贸区、保税区强大的政策支持，便捷的通关服务，以及周边不断完善的物流、仓储等基础设施，跨境大宗商品交易有了相对可靠的载体。而“一带一路”、人民币国际化等国家战略更是给予大宗商品跨境贸易极大推动。《推动共建丝绸之路经济带和 21 世纪海上丝绸之路的愿景与行动》明确提出：“拓宽贸易领域，优化贸易结构，挖掘贸易新增长点，促进贸易平衡。创新贸易方式，发展跨境电子商务等新的商业业态。”并且提出“扩大服务业相互开放，推动区域服务业加快发展。探索投资合作新模式，鼓励合作建设境外经贸合作区、跨境经济合作区等各类产业园区，促进产业集群发展”等。中亚以及东欧等地区在多种矿产资源方面储量丰富，粮食资源也潜力巨大，而我国的钢铁、水泥等高产量大宗商品同样也可以满足这些地区的生产建设需求，这一供需的匹配性使得跨境大宗商

品电子交易“有力可使，有利可图”。

2016年，我国大宗商品跨境电商贸易逐步成为大宗商品贸易新的增长点。2016年10月，我国首个大宗商品跨境金融服务平台在上海自由贸易试验区正式启动。作为大宗商品跨境电商发展的重要支撑，该平台从金融领域发力，通过联手国内外知名金融机构，为信誉合格的商家与贸易商提供更加安全与高效的资金保障与更为专业的质押融资等服务，并通过交易平台的信息化与数字化建设，使交易过程更加透明，从而促进银行、监管机构、贸易商、保税仓库等多个利益相关者的互信与合作。而作为我国首个跨境电商试验区——杭州跨境电商综合实验区，其2015年成立之后，也在2016年将跨境B2B电商、跨境大宗电商作为重点突破方向之一，通过在海关、税务、金融等多方面给予强大的政策支持与服务，营造良好完善的跨境电商生态圈，为提高跨境大宗交易水平，增强大宗商品定价能力，提高我国大宗商品定价能力打下良好的基础。

在支撑条件的不断完善下，一批企业在2016年逐渐开始建设运营自身的大宗商品跨境电商平台，探索大宗商品跨境贸易的商业模式与发展特色。聚茂大宗跨境平台作为国内第一批大宗跨境平台，2016年经营逐步步入正轨，目前产品涉及化工、金属、钢铁等多个类型，重点布局在“一带一路”沿线，并已取得不错的交易成果。国烨跨境大宗作为目前国内较大规模的平台，依托自身在化工领域的实力重点发展化工产品跨境交易，2016总交易额突破1600亿元，注册客户达1.2万家。新华大宗作为首家入驻杭州综合实验区的跨境大宗电商企业，也在2016年不断筹划跨境大宗平台的建设，预计将于2017年上线。在当前国家探索“一带一路”，跨境电商迅猛发展的背景下，发展大宗商品跨境电商贸易恰逢其时，将为提升我国大宗商品在国际的影响力提供新的驱动力。

（四）物流服务水平有所提升，智慧物流开始普及

物流服务作为商品贸易的支持与联通环节，对于交易的正常进行，买卖双方的交易体验影响重大，关系着整个交易过程的完成与否。对于大宗商品而言，其对物流的要求往往更加复杂。大宗商品所具有的标准性强、批量大、运输距离较长等特点使得其物流运输易出现流程长、环节多、效率低等现象。长期以来，物流都是大宗商品交易重点关注的问题，其存在整体管理水平不高，经营主体较弱，信息化水平较低的困境。提升物流整体服务能力，强化大宗物流主体已经成为大宗商品电子交易突破瓶颈的关键。

目前，我国大宗商品物流经历了数十年的发展，仓储、车辆等基础设施不断完善，服务水平、信息化水平日益提升，较好的承担了商贸流通的支撑作用。在2014年《物流业发展中长期规划（2014—2020年）》提出要针对性加强物联网、大数据等技术在物流领域的应用后，大宗商品电子交易平台在这一

方面投入了大量精力，从而带来了大宗商品物流整体水平的提升。以找钢网为例，在原有就近仓储、水陆联运等物流服务的基础上，找钢网联合更多第三方物流企业，以互联网思维为支撑，推出匹配供需双方，在线查询运价，沟通方案的移动物流 App，基于 App 提供更为透明高效的一站式物流服务。天物大宗则在全国逐步推广自身的四级仓储体系，包括直管库、监管库、交割库和中转库，通过统一化运作与管理保证货物安全，有效规避了风险。截至 2016 年年底，其仓库体系已基本覆盖西南、华东、华北、华南等地区，有效的支撑起了整体的物流体系，使得整体物流运作更加科学与高效。

智慧物流的概念是 2009 年由中国物流协会率先提出，意在以信息技术与感应网络为抓手，大幅提升物流对信息的收集与应用，借助科学严谨的研究与管理，实现物流的自动化、可视化、网络化与智能化。而在李克强总理“互联网 +”概念提出之后，智慧物流更是成为近年来物流业转变升级的重要方向之一。货物跟踪定位、无线射频识别、电子数据交换、可视化技术、移动信息服务和位置服务等一批新兴技术在物流行业得到广泛应用，全国道路货运车辆公共平台入网车辆突破 400 万台。越来越多的企业将物联网、云计算、大数据等新技术作为企业战略重点。例如，菜鸟网络陆续推出物流预警雷达、大数据分单路由、四级地址库等数据服务，引领智慧物流发展趋势。百度打造“物流 + 互联网 + 大数据”三位一体的智慧物流云平台。2016 年 7 月，在中国物流与采购联合会的组织与倡导下，包括阿里、IBM、上期所等多家国内外机构共同合作筹备上线了中国大宗商品实时信息发布平台——中物大宗。作为运用大数据、物联网等信息技术，统筹大量大宗商品一手数据，旨在提升信息共享程度与利用价值的平台，中物大宗的上线，对于众多大宗电子交易平台更好的匹配大宗商品产需，规划物流方案，提升流通效率与信息化水平意义重大，为其践行“智慧物流”理念提供了切实的信息与技术支持。

（五）多项新政出台，推进大宗商品交易市场转型升级

2016 年是“十三五”规划的开局之年，“十三五”时期是我国全面建成小康社会的决胜阶段，内贸流通将在经济提质增效、转型升级过程中发挥引导生产、促进消费、扩大就业、推动创新的重要作用，成为产业结构调整的加速器，大众创业就业的主渠道，经济稳定增长的新引擎。大宗商品交易市场是农产品、工业消费品和生产资料流通的重要载体，关系国民经济发展和居民日常生活，在我国内贸流通体系中占有举足轻重的地位。2016 年国家出台多项新政从各个方面推进大宗商品交易市场转型升级，更好地适应、配合我国经济新形势，成为我国经济增长新动力。

商务部等 5 部门发布的《关于推进商品交易市场转型升级的指导意见》指

出，商品交易市场转型升级需把握市场为主，政府引导；创新引领，分类施策；统筹规划，协调发展三大基本原则。具体地，要充分发挥市场机制作用，坚持以商品市场为主，增强转型升级的内生动力，加强政府规划、政策、标准等引导作用，维护市场秩序，营造良好环境；要促进商业模式和服务创新，推动传统产销体制改革，增强商品市场创新发展能力，因地制宜，分类施策，推进不同类型商品市场转型升级；要加快区域市场一体化建设，推动不同层级市场相互促进、共同发展。加强商品市场规划和区域衔接，促进资源共享和对外开放。

商务部等10部门发布的《国内贸易流通“十三五”发展规划》提出，推进“互联网+流通”创新发展，充分发挥线上线下功能差异化优势，激发实体商业活力。增强批发零售业线上信息交互、在线交易、精准营销等功能，提升线下商品集散、真实体验、物流配送、售后服务等功能。以流通现代化为方向，以信息技术和智慧物流为依托，加快商品交易市场信息化应用、定制化服务和平台化发展，提升商品交易市场供应链管理和服务能力，促进其布局优化、资源集聚和创新发展，拓展物流配送、产品追溯、电子商务、研发设计、展览展示等功能，形成一批转型升级绩效较好的百亿级专业市场和千亿级综合市场，建设一批平台化示范市场。

工业和信息化部发布的《信息化和工业化融合发展规划（2016—2020年）》提出，要大力发展工业电子商务。引导大型制造企业采购销售平台向行业电子商务平台转型，提高企业供应链协同水平。引导第三方工业电子商务平台向网上交易、加工配送、技术服务、支付结算、供应链金融、大数据分析等综合服务延伸，提升平台运营服务能力。鼓励发展跨境工业电子商务，完善通关、检验检疫、结汇、退税等关键环节“单一窗口”综合服务体系。推动建设集信息发布、在线交易、数据分析、跟踪追溯等功能为一体的智能物流平台，提高面向工业领域供应链协同需求的物流响应能力。

农业部发布的《“十三五”全国农业农村信息化发展规划》指出，要“加强政企合作，大力推进农产品特别是鲜活农产品电子商务，重点扶持贫困地区利用电子商务开展特色农业生产经营活动。鼓励发展农业生产资料电子商务，开展农业生产资料精准服务”。

2016年出台的相关政策，如表4所示。

表4　　2016年出台的相关政策

发文机关	标　题	发文字号	发布日期
农业部	“十三五”全国农业农村信息化发展规划	农市发〔2016〕5号	2016年8月30日

续　表

发文机关	标　题	发文字号	发布日期
商务部、国土资源部、住房城乡建设部、交通运输部、银监会	于推进商品交易市场转型升级的指导意见	商建函〔2016〕755 号	2016 年 9 月 13 日
工业和信息化部	信息化和工业化融合发展规划（2016—2020 年）	工信部规〔2016〕333 号	2016 年 11 月 3 日
商务部、国家发展和改革委、科技部、工业和信息化部、公安部、财政部、交通运输部、人民银行、海关总署、税务总局、工商总局、质检总局、统计局	关于开展加快内贸流通创新推动供给侧结构性改革扩大消费专项行动的意见	商秩发〔2016〕427 号	2016 年 11 月 7 日
商务部、国家发展和改革委、工业和信息化部、财政部、国土资源部、农业部、人民银行、税务总局、工商总局、质检总局	国内贸易流通“十三五”发展规划	商建发〔2016〕430 号	2016 年 11 月 11 日

二、2017 年大宗商品电子交易市场发展展望

（一）清理整顿工作再度发力，推动交易市场规范化

2016 年，交易市场违规行为呈现“死灰复燃”之势，深圳、山西、内蒙古、江西、广东等地纷纷曝出交易场所涉嫌“非法期货”活动。这些场所开展连续集中竞价交易，诱导大量不具备风险承受能力的投资者参与投资；部分贵金属、原油类商品交易场所开展分散式柜台交易涉嫌非法期货活动；部分邮币卡类交易场所开展现货发售模式涉嫌市场价格操纵；一些交易场所会员、代理商等机构涉嫌欺诈误导投资者；一些金融资产交易场所将收益权等拆分转让变相突破 200 人界限，涉嫌非法公开发行；“微盘”交易涉嫌聚众赌博。此外，部分地区盲目重复批设交易场所导致过多过滥，少数省市抢跑设立票据交易场所，部分股权交易场所违规上线私募债产生兑付风险。这些行为不仅违反了

《国务院关于清理整顿各类交易场所，切实防范金融风险的决定》（国发〔2011〕38号）、《国务院办公厅关于清理整顿各类交易场所的实施意见》（国办发〔2012〕37号）、《商品现货市场交易特别规定（试行）》等规定，有的甚至构成严重违法行为，侵害广大投资人利益。这些违法、违规的交易市场给大宗商品电子交易市场带来了非常恶劣的社会影响。不少群众因为这些负面报道而对大宗商品交易整个行业产生负面情绪，影响社会稳定，亟须予以清理整治。

针对这种情况，2017年1月9日，清理整顿各类交易场所部际联席会议第三次会议在北京召开。会议围绕落实国务院关于进一步清理整顿各类交易场所的要求，通报了当前交易场所的情况和问题，研究讨论了进一步规范地方交易场所的政策措施。会议要求，用半年时间，深入开展交易场所清理整顿“回头看”行动，集中整治交易场所存在的违法违规问题，防范和化解金融风险。

在清理整顿各类交易场所部际联席会议第三次会议召开之际，各地政府、金融办、工商局等有关部门也相继召开会议或发布公告对2017年的清理整顿工作进行部署。山西省清理整顿交易场所联席会议办公室警示违规交易场所投资风险，要求权益类交易场所的设立均需省政府批准，并严格遵循相关规定，不得将任何权益拆分为均等份额公开发行；不得将权益按照标准化交易单位持续挂牌交易，任何投资者买入后卖出或卖出后买入同一交易品种的时间间隔不得少于5个交易日。内蒙古自治区市金融办举办全区权益类交易场所市场监管培训会。湖南省开展互联网金融风险专项整治，对象包含各类交易场所。江西省金融办组织召开互联网金融风险专项整治清理整顿工作座谈会。湖北省制定清理整顿各类交易场所“回头看”工作实施方案。

面对交易市场暴露出的各类违规操作与风险问题，国家清理整顿工作再度发力，各个省市积极响应，可以预见，在2017年我国商品交易市场整体运行情况将会有一个较为明显的改观，在剔除掉其中的害群之马后，我国的商品交易市场将会向规范化迈出坚实的一步。

（二）期货交易市场进军大宗，期现融合更加深入

期货交易所凭借其严密的规则体系与技术系统的保障，以及专业运作的丰富经验，可在很大程度上确保交易、交割的公开、公平、公正及高效；同时中央对手方的结算制度可确保市场的诚信；成熟的交割仓库管理、电子仓单管理及结算系统可确保大宗商品交易标的、资金与单证流转的安全与高效。此外，目前各期货公司风险管理公司开展的期现结合业务，在仓单交易、定价服务、统一结算，衍生品定价多方面遭遇瓶颈，他们迫切需要期货交易所建立大宗商品交易平台，实现期货与现货有效对接，为他们解决创新碰到的困难。因此，

于期货发展而言，期货交易市场进军大宗已是势在必行。

2017 年 1 月 19 日，香港交易所集团行政总裁李小加表示，港交所正等待相关批准，在前海营运现货大宗商品交易平台。目前交易平台的资讯技术系统已大致完成，并已展开内部测试，港交所也正与内地仓储的龙头公司探讨合作机会，预期今年内推出交易平台。港交所将借鉴伦敦金属交易所（LME）在大宗商品业务的经验，在深圳前海建立现货大宗商品交易平台，待前海平台完成建设并投入运作后，研究前海平台与 LME 连通起来的可行性，为同时活跃于内地和国际市场的参与者提供更多的机会。

香港交易所已在建立大宗商品交易市场方面占得了先机，内地的期货交易所也在积极筹划。例如上海期货交易所计划尽快推出一个大宗商品交易平台，为期货相关的现货与场外衍生品提供服务，如仓单交易、现货合约、远期、掉期、价差交易等，并从标准场内业务逐渐向非标场外业务拓展。具体地，上期所大宗商品交易平台将包括开户、交易、结算、交收、信息、风控、融资和物流八个方面的配套服务，依托成熟的期货交易、结算、风险管理及仓单管理系统，提供与期货相关的大宗商品现货与衍生品一站式服务。引入商业银行等金融机构提供迅捷便利的融资业务，与仓储物流企业合作提供规范、智能、高效的仓储物流服务，引进大的贸易商、期货风险子公司等提供做市服务，并与规范的大宗商品平台开展数据与业务合作，满足不同企业多元化的需求。

为了丰富期货交易品种、打通期货交易交割的瓶颈、更好地满足交易商的多元化需求，期货交易市场必将开展更多的大宗商品交易服务，为大宗商品电子交易市场注入新鲜的血液和带来创新的业务模式，使期现结合更加深入，更好地为实体经济服务。

（三）物流企业加快兼并重组，走向集约化、平台化发展

社会物流总额经过 2000 年以来的持续快速增长，自 2012 年开始增速逐年放缓（如表 5 所示），2016 年社会物流总额可达 230 万亿元，按可比价格计算，同比增长为 6.1%，基本与 2015 年持平（如图 2 所示）。

表 5　　　　近年来我国社会物流总额

年　份	2012	2013	2014	2015	2016
社会物流总额（万亿元）	180.6	197.8	213.5	219.2	230

随着物流需求增速放缓，以及现有物流行业小而乱，同质化竞争严重，服务水平较低的现状，我国物流企业将迎来一波兼并重组的浪潮。

2015 年，经国务院批准，招商局集团有限公司与中国外运长航实施战略重

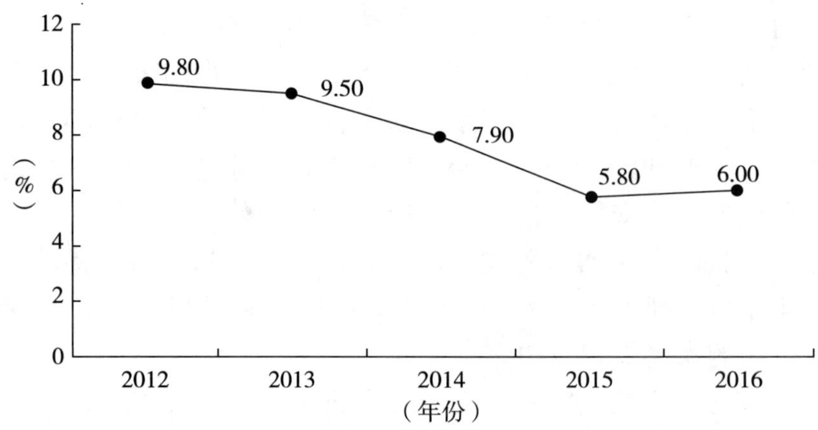

图 2　我国社会物流总额同比增速

组，中国外运长航整体并入招商局，双方结合优势资源，打造“海、陆、空”供应链体系一体化的综合物流企业，全国性网络布局进一步完善，全球性综合物流服务能力大幅提升。中国远洋运输总公司与中国海运总公司重组成立中国远洋海运集团有限公司，实现船队综合运力、干散货自有船队运力、油轮运力、杂货特种船队运力等多项世界第一。在央企、国企整合动作不断之时，民营企业也在加快建设战略联盟的步伐。例如，菜鸟网络牵头成立“菜鸟联盟”，整合电商快递业务。货运市场加盟模式加快推进，德邦物流签约加盟事业部合伙人突破 5000 家，卡行天下加盟网点和线路超过 1 万家。

过去两年，物流企业已经开始整合重组的步伐，在未来，强化领先企业的竞争优势，市场主体将趋向集中，物流企业集约化、平台化的进程将会加快。与大宗商品交易、金融相结合的平台、联盟、加盟、合作等发展方式潜力较大，新理念、新模式、新业态不断涌现，也将在一定程度上推动市场集约发展。

（四）评估体系与行业规范逐步完善，提升交易市场自律水平

2012 年的上海钢贸事件、2014 年的青岛港事件和淮矿物流事件等，皆暴露出我国大宗商品流通中存在的缺乏诚信、虚假贸易、重复质押融资等一系列风险问题。大宗商品市场流通秩序不够规范，文化和诚信机制建设不够充分，导致现货与场外衍生品交易难以成交，风险时有发生。

科学合理的行业评估是行业自律的重要环节，是企业更好地认知行业发展形势与自身位置的重要依据。行业规范是企业约束自身，明确良性经营方向的参考。而一套科学的评估体系与完善的行业规范是行业自律水平的体现。

中国物流与采购联合会是我国物流领域最重要的行业自律协会之一。其下属大宗商品交易市场流通分会（简称中物联大宗分会）是我国大宗市场行业重

要的协调与管理机构。在目睹近年来大宗商品电子交易市场从井喷期过渡到整顿期的行业现状后，大宗分会萌发了筹备编制《商品现货电子交易市场分类与评估指标体系》以及《商品现货电子交易市场经营服务规范》的想法，而规范还涉及市场主体信息与从业人员等多个方面。2016 年年末，大宗分会组织多家高校、交易场所、科研机构等正式开始标准的编制工作，预计 2017 年征求意见稿有望出炉。在当前国家法律法规与标准缺失的前提下，依据现行法律法规，充分结合大宗商品电子交易市场注册和规范的需要，在明确电子交易市场的分类原则与分类方法的基础上，提出可操作性的商品现货电子交易市场的分类标准和评估指标体系具有相当重要的客观现实意义。

大宗商品电子交易市场评价体系将从合规执业、规模效益和信用评级三个方面展开，逐步建立和完善一套科学的分类评估和综合评价体系。其中，对于现在市场上正常运营具备一定水平的大宗商品电子交易市场，拟按照指标将其分为 AAA、AA、A 三个等级，作为政府开展市场分类监管、实体企业和投资者参与大宗商品电子交易，以及商品交易市场经营者提升自身的经营管理能力的重要参考与依据。而大宗商品电子交易市场经营服务规范则侧重于树立市场合规经营的一套标准，从服务质量与现场管理的角度，把控市场的业务规则、内控体系、日常经营管理等。此外，针对商品现货电子交易市场从业人员服务能力与素质水平的评价标准也在拟订过程中。通过规范性框定商品现货电子交易从业人员的必备职业能力、行为规范、管理条款等，为大宗商品电子交易市场的业务规范和人力资源管理提供，也可作为高校与企业人才培养的参考。

上述一系列规范与评价体系的出台，将与各级政府的清理整顿工作一道形成较为全面的行业管理规范，帮助提高大宗商品流通效率、降低流通成本，切实发挥大宗商品电子交易市场的职能。同时，行业协会在标准规范制定过程中发挥的组织协调作用，也有利于后续行业自律管理更好地开展。

（五）供给侧改革逐步深入，引导大宗商品电子交易市场规模化

2017 年 1 月 12 日，中央企业、地方国资委负责人会议在京召开，会议指出 2017 年国企改革的重点工作之一是："加大供给侧结构性改革力度，坚决打赢瘦身健体提质增效攻坚战。进一步推进钢铁、煤炭去产能工作。2017 年中央企业要化解钢铁过剩产能 595 万吨、化解煤炭过剩产能 2473 万吨。积极在有色金属、船舶制造、炼化、建材和电力等产能过剩行业开展去产能工作。2017 年完成 300 户'僵尸企业'处置任务。推动重点亏损企业特别是重要子企业做好业务整合、冗员分流、债务重组、清产核资等工作，力争实现同比减亏 50%。"

"十二五"期间，我国钢铁产能达到 11.3 亿吨左右，重点大中型企业负债

率超过70%。此外，粗钢产能利用率由2010年的79%下降到2015年的70%左右，钢铁产能已由区域性、结构性过剩逐步演变为绝对过剩。产业集中度不升反降，前十家钢铁企业产业集中度由2010年的49%降至2015年的34%，远远没有达到“十二五”规划“60%”的目标。因此，全力推进钢铁工业供给侧结构性改革，着力化解过剩产能、实现钢铁行业脱困发展已是当务之急。在经历了上海钢贸事件的打击之后，钢贸企业已不复当年之勇，取而代之的是借助“互联网+”春风快速崛起的钢铁电商。钢铁电商通过打通产销隔阂、快速精准的反映市场需求，在一定程度上起到了为钢铁行业“去库存”的作用。但是与钢铁企业数量众多、高度分散类似，钢铁交易市场或钢铁电商也面临着同质化竞争严重的问题。钢铁交易市场也亟须供给侧改革。目前，规模较大的钢铁电商主要是由大型钢厂设立，例如河北钢铁的河钢云商、宝钢旗下的欧冶云商，五矿发展和阿里巴巴共同建立的“五阿哥”平台等，这些平台由于有强大的钢厂支持，在未来可以较为容易的通过整合行业供应链打造集生产、原材料、销售、仓储、运输、金融、信息等服务为一体的钢铁生态圈。实现这一生态圈，区域性电商退出或被全国性电商兼并重组将成为一条重要的路径。在未来，钢铁电商集中度将得到提升，实现规模化运营。

与钢铁电商类似的，同样面临供给侧改革的还有碳交易市场。自2011年开始，我国启动了7个省市的碳排放权交易试点，这7个碳交易试点碳排放交易总量已占当地碳排放总量的40%以上，高耗能产业基本都被涵盖其中，各地实施交易后，碳排放降幅比同类非试点地区明显增加。然而，现有7个试点碳交易市场的交易活跃度较低，碳价也普遍维持在低位运行。2015年12月，中国在巴黎气候大会上宣布，将在2017年全面启动碳排放权交易市场。这意味着全国性的碳排放交易市场将会建立。现有的交易市场将会面临更严酷的同业竞争。优胜劣汰在所难免，碳交易市场将会迎来一次洗牌。

随着供给侧改革的逐步深入，各个行业的商品交易市场也会经历不同程度的兼并重组，整体而言，我国商品交易市场的规模化程度将会提高。

（西安交通大学管理学院　卢继周　孙炀炀　冯耕中
中国物流与采购联合会大宗商品交易市场流通分会　周旭）

（本项研究获国家自然科学基金项目（71390333和71572145）支持）

2016年中国电子商务（网络购物）物流发展回顾与2017年展望

随着中国经济进入新常态，电子商务经过近年来的快速发展在稳增长、促改革、惠民生等方面的作用日益突出。新常态要有新动力，电子商务物流是与互联网、商务活动紧密结合的细分物流领域，近年来表现活跃。从去产能看，电子商务物流秉承互联网基因，通过大数据监测和分析，可充分反映车辆、人力、仓储需求总量、结构和走势，为物流活动提供科学预警和决策依据。从去杠杆看，很多服务于电子商务的物流企业已经渗入到供应链、全链路环节中，向金融服务延伸，可以促进资金更多投向有需求的中小型电商企业，从而优化资源配置。从降成本看，由于电子商务压缩了交易环节，减少了供需衔接和达成交易的成本，物流成本得以降低。从补短板来看，电子商务特别是为农村地区提供了创业渠道，拓展了就业机会，引导物流资源向较为薄弱的地区倾斜，东中西部物流发展不均衡的现象正在逐步改观。

一、2016年电子商务物流发展回顾

2016年，中国电子商务物流继续保持高速增长趋势。根据国家统计局发布数据显示，2016年全年，社会消费品零售总额332316亿元，比上年增长10.4%，其中全国网上零售额51556亿元，比上年增长26.2%，持续保持高速增长，如下表所示。

全国网络零售额与增速

年　份	网上零售额（亿元）	增速（%）
2016	51556	26.2
2015	38773	33.3
2014	27898	49.7
2013	18500	42.0
2012	13040	66.2
2011	7846.5	70.2

续 表

年　份	网上零售额（亿元）	增速（%）
2010	4600	75.3
2009	2630	105.2

资料来源：根据公开资料整理。

从上表中数据可以看出，网络零售额持续保持递增态势，增速表现渐趋平稳，这预示着电子商务，尤其是网络零售正在进入新常态。

（一）政策继续发力，行业保持快速增长态势

2016年年初商务部办公厅关于印发《2016年电子商务和信息化工作要点》的通知，对电子商务和信息化工作中深入推进“互联网+流通”行动计划，明确了行业发展方向，细化实施方案，科学指导电子商务发展。

2016年3月17日，商务部、国家发展和改革委、交通运输部、海关总署、国家邮政局、国家标准委出台了《全国电子商务物流发展专项规划（2016—2020年）》。其发展目标指出，到2020年，基本形成“布局完善、结构优化、功能强大、运作高效、服务优质”的电商物流体系，信息化、标准化、集约化发展取得重大进展。

2016年12月24日，商务部、中央网信办和国家发展和改革委三部门印发《电子商务“十三五”发展规划》，紧密围绕供给侧结构性改革这一主线，以推动信息化、标准化、集约化为主攻方向，推动发展电子商务和服务供给，促进产业创新转型。

（二）农村电商发展迅猛，“向下”战略进一步推进

2016年中央一号文件——《中共中央国务院关于落实发展新理念加快农业现代化实现全面小康目标的若干意见》中提出：“开展降低农产品物流成本行动。促进农村电子商务加快发展，形成线上线下融合、农产品进城与农资和消费品下乡双向流通格局。……加快完善县乡村物流体系。实施‘快递下乡’工程。鼓励大型电商平台企业开展农村电商服务，支持地方和行业健全农村电商服务体系。建立健全适应农村电商发展的农产品质量分级、采后处理、包装配送等标准体系。”

农村电子商务的发展带动了农村物流业务的活跃度。中国物流与采购联合会2016年10月首次发布了中国电商物流指数（ELI）。根据指数显示，2016年农村业务量指数平均为191.5点，反映物流业务量增长速度接近200%，比同

期总业务量指数高出35.4点，增速比总业务量高出30个百分点以上。分地区来看，农村业务量指数东部地区180.1点、中部地区209.7点、西部地区202.3点、东北地区212点，业务量与去年全年相比均保持了一倍以上甚至两倍的增速。大数据显示，由江苏、河北、浙江、山东、广东、四川、河南7省组成的农村电商网络购物第一梯队，东中西东北地区均有省份上榜，合计占全国农村业务量一半以上，反映出随着互联网普及和农村物流网络的完善，制约农村物流信息不畅、物流基础等瓶颈问题在一定程度上得到缓解，中西部特别是偏远地区的消费需求有效释放。

各级政府和电商企业加大电商物流支持力度，宁夏、浙江、河北打造电商物流示范基地，江苏、湖北积极推进城镇乡村网点建设实现全区县覆盖，淘宝村、苏宁易购服务站、圆通快递的"通乡镇、通村组"、申通快递的"千县万镇"、韵达快递的"乡镇拓展"等计划，积极将渠道向西、向下布局。2016年全国有淘宝村1311个、淘宝镇135个，比2015年增长68.1%和90%，产品"进城"和商品"下乡"双向流通格局正在加紧形成。

（三）"从风口到谷底"的政策变数，跨境电商物流继续向前

2016年中国进出口跨境电商（含零售及B2B）整体交易规模达到6.3万亿元，海淘用户规模达到4100万人次，带火了跨境电商物流业务。以物流成本占货值15%计算，跨境电商物流交易额近万亿元规模。2016年，跨境电商却经历一场"从风口到谷底"式的政策震荡，跨境电商物流在摸索中继续向前。

2016年1月15日，国务院印发《关于同意在天津等12个城市设立跨境电子商务综合试验区的批复》（以下简称《批复》），同意在天津市、上海市、重庆市、合肥市、郑州市、广州市、成都市、大连市、宁波市、青岛市、深圳市、苏州市12个城市设立跨境电子商务综合试验区。"杭州经验"在这些城市推广，支撑外贸优进优出、升级发展，并赋予这些城市先行先试的政策优势，大力支持综合试验区大胆探索、创新发展。

就在业界普遍认为，试点城市的扩大推广，杭州经验大胆探索、先行先试的预判下，2016年3月24日，财政部、海关总署、国家税务总局联合发布《关于跨境电子商务零售进口税收政策的通知》，明确跨境电子商务零售进口税收政策有关事项于4月8日起正式执行，即"4·8新政"。新政对跨境电商的影响主要体现在以下三点：一是对网购物品按照一般贸易管理核验通关单；二是提高整体税负；三是以正面清单限制网购物品的种类。以税收为例。新规出台前，跨境电商零售进口商品在实际操作中按照邮递物品征收行邮税，税率水平普遍低于同类一般贸易进口货物的综合税率。而按照新规，跨境电商零售进口商品按照货物征收关税和进口环节增值税、消费税。限值以内进口的，关税

税率暂设为0%，进口环节增值税、消费税取消免征税额，暂按法定应纳税额的70%征收。据此测算，大部分商品的综合税率水平将为11.9%。新政出台后，跨境电商迅速成为“风暴眼”，引发舆论广泛关注。“试验区”优势瞬间消失，跨境电商订单量呈现断崖式下挫，而难以监管的海淘和直邮量则显著增加，商家迅速将仓库从“试验区”转到海外，保税园区大量前期投资浪费。跨境电商行业面临“熔断”危机。而这显然不是政策出台之初衷。有关中央部委和海关总署迅速展开实地考察，并对政策进行积极反思和讨论。

5月24日，海关总署正式下发《关于执行跨境电子商务零售进口新的监管要求有关事宜的通知》，对跨境电子商务零售进口设置了过渡期，在2017年5月11日前（含5月11日），对10个试点城市经营的网购保税商品“一线”进区时暂不验核通关单，暂不执行化妆品、婴幼儿配方奶粉、医疗器械、特殊食品（包括保健食品、特殊医学用途配方食品等）的首次进口许可批件、注册或备案要求；对所有地区的直购模式也暂不执行上述商品的首次进口许可批件、注册或备案要求。应该说，此次政策“踩刹车”是旨在为10个试点城市的跨境电商企业提供缓冲和过渡，利用这一年的政策缓冲期，跨境平台尽快实现转型，升级供应链、与海外供货商达成合作。同时，受新政影响较大、主营保税进口模式的企业纷纷开始着手运营一般贸易进口模式；有部分企业开始加码海外仓，通过海外直邮的方式来缓解政策压力。一些试点城市也为建设海外仓提供契机。宁波发布的《中国（宁波）跨境电子商务综合试验区建设实施方案》，其中提出，到2018年，宁波共将培育50个跨境电商公共海外仓。对于跨境电商综合试验已经一年的杭州，目前建立了40余个公共海外仓，其中13个被列入浙江省级跨境电商公共海外仓建设试点。

政策的震荡依然无法阻挡中国居民“买全球”的消费热情，跨境购物日趋常态化、规模化和平民化。2016年的海淘数据再次刷新。其中，天猫国际、洋码头交易额增长迅猛增长，洋码头在“黑五”大促前10分钟的交易额就突破了6000万元。而天猫国际仅用7小时超越2015年全天交易额，并且在2016年也迎来跨境史上第一个破亿的商家。

面临政策的不确定、跨境操作合规性的提升、有限的仓库资源配置以及不断提升的个性化服务需求等多类挑战，各大商家也在积极适应政策环境的变化，并开始调整物流策略与布局。洋码头、小红书等电商企业将更多采用海外直邮模式，在海外发货通过一次性快递配送到位；网易考拉海购则采用保税进口模式，商品提前备货至国内保税仓，再进行国内配送。菜鸟网络启动了名为“卓越体验计划”的服务，对国内保税仓和进口口岸的全面拓展，实现国内全覆盖，以满足跨境进口电商多地分仓的需求，提升跨境进口商品的配送时效，推出环球必达服务，保税进口重点城市3日必达，集货进口重点国家7日必达。

（四）电商物流下半场：智能化比拼

在经历了资源战、物流竞速战等多回合比拼后，电商巨头的物流比拼进入下半场：物流智能化。随着各大电商巨头的大笔投入，电商物流的智慧化程度将处于行业领先地位。

2016年3月京东X事业部（取名“X”是因为京东未来将有X、Y、Z三大事业部构成整个供应链、仓储、物流的多维体系。——编者注）正式开始三条产品线的建设：无人机、无人仓、无人车。目前京东“无人机”已经获取了四地的飞行许可，勘测确定超过10条航线，已开发出包括多旋翼、垂直起落以及电动、油动或油电混合动力等多形态、多动力的无人机机型，能够执行最大30公斤载货量、30公里飞行距离的配送任务。京东“无人仓”的存储效率更是提升到传统横梁货架存储效率的10倍以上，并联机器人拣选速度可达3600次/小时，相当于传统人工的5～6倍。京东的无人车在配送站装载货物后，通过自主路径规划，将货物送达指定位置，并通过京东App、手机短信等方式通知用户收货，用户到无人车前输入提货码即可打开货仓收取货物。2016年11月，京东宣布正式成立京东Y事业部，据悉，Y事业部以服务泛零售为核心，着重智慧供应链能力的打造，核心使命是利用人工智能技术来驱动零售革新。这标志着京东零售供应链管理全面走向智能、开放与变革。同时，X+Y的组合代表着京东智慧供应链和智慧物流两个方向上进一步完善了京东智能化商业体坐标。

2016年12月6日，苏宁宣布成立苏宁物流研究院和S实验室，开始集中力量打造苏宁智慧物流生态。该研究院将在智能物流规划、供应链智慧共享、智能技术研发等三个主要方向发力。S实验室，寓意“超级”项目，囊括云仓自动化、智能算法、机器人矩阵、自动驾驶配送等智能项目。其中，智能算法是核心项目之一，算法即将日常杂乱无章的海量数据聪明化，赋予物流系统每一板块最优化的操作策略和规划策略设计。苏宁目前已经实现了ABC算法、包裹推荐、快递点布局、运输网络规划等多个智能算法。后期将会继续在物流整体网络规划、操作策略、智能设备应用等方面发挥更大的作用。苏宁物流研究院先期将投入1亿元，围绕“超级仓、超级配、超级算法”研发智能技术和智能系统，进一步提升效率、降低成本、优化用户体验，成为苏宁物流迈向智慧生态、共享融合的重要力量。

2015年年底菜鸟网络已组建了“E. T. 物流实验室”，目标是研发物流前沿科技产品，追求符合未来科技发展的物流生产方式，代表了物流科技行业最高水平。通过与全球顶级的科学家、科研机构、研发企业保持密切交流合作，菜鸟网络希望将最前沿的科技引入中国物流行业，帮助物流企业提高生产效率、降低人工出错率、提高生产安全性。“E. T. 物流实验室”多项研发已获得突破性进展，末端配送机器人小 G、仓内复杂拣货机器人、AGV 矩阵等产品的关键技术得到突破，并陆续投入使用。

二、2017 年电子商务物流展望

（一）新零售的提出将全面影响物流的发展方向

2016 年 10 月，马云在阿里云栖大会上提一次提出新零售，他认为：“未来的十年、二十年，没有电子商务这一说，只有新零售。”对于新零售的解读虽各有不同，但更多的观点将新零售总结为：“线上 + 线下 + 物流，其核心是以消费者为中心的会员、支付、库存、服务等方面数据的全面打通。”这意味着，线上线下一盘棋，服务产品一体化成为必然趋势。这势必形成即时消费供给本地化的局面，很多货并不需要从纯电商的仓库里发货，可以从靠近消费者最近的实体店里发货，实体店变成物流配送的一个前端支点。这是新零售影响物流未来发展的一个方面。

另外，随着数字交易和网络交易的进一步发展，按需定制与个性化消费迅速发展，C2B 会使仓配送的含义发生变化，中间环节被压缩，仓储内的周转大幅提高，所谓“货永远在路上”成为现实。这是新零售对供应链模式产生影响的另一个方面。

（二）绿色物流

2016 年 4 月商务部流通司发布的《全国绿色仓储配送与包装绿色发展指引》指出：全面推动全国重点电子商务平台企业、大型快递企业、大型城市物流配送企业实施绿色包装解决方案，推动电子商务物流配送的可循环包装、减量包装和可降解包装发展；实现电子商务物流包装纸箱可循环率超过 20%，实施减量包装电子商务物流企业和快递企业占比达到 60% 以上，减少纸箱浪费 20 亿个以上，减少塑料包装袋消耗 20 亿个以上，使用可降解塑料袋比例达到 40% 以上；要求所有包装胶带、填充物、编织袋、封套、塑料袋达到环保要求等。

以 2015 年 206 亿件包裹计算，初步估算中国快递业 2015 年就消耗了编织袋 29.6 亿条、塑料袋 82.6 亿个、包装箱 99 亿个、胶带 169.5 亿米、缓冲物 29.7 亿个。过度包装、回收困难、材料不可降解等带来了不可避免的环境问题。

2016 年 6 月 13 日，菜鸟网络宣布，与 32 家全国和全球合作伙伴组成菜鸟绿色联盟，开启物流绿色行动计划，承诺到2020年替换50%的快递包装材料，填充物100%为可降解物。这一绿色联盟包括“四通一达”、中国邮政、俄罗斯邮政、加拿大邮政、Fedex、新加坡邮政、苏宁、日日顺等中国及全球知名物流企业。除了环保包材的替换计划，这一行动还承诺通过使用新能源车辆、可回收材料，重复使用包装，建立包材回收体系等举措，争取达成行业总体碳排放减少362万吨。快递更绿色，物流更环保，这不仅是企业积极承担社会责任的要求，更是践行“创新、协调、绿色、开放、共享”五大发展理念的具体实践，是中国物流行业不应回避的责任。

（三）“互联网+”进一步推进，加快物流各要素社会化的步伐

特别是在“大众创业、万众创新”的浪潮下，互联网经济、数字经济已经正在改变传统物流的形态和空间。车辆、人力、基础设施这些物流各要素正在打破传统的地域边界，所有权和经营权逐步分离，物流资源进一步社会化，共享理念深入人心，物流资源在全社会进行重新配置和组合，任何一个社会资源都可能成为物流的一个环节。社会化系统会融入大数据，进一步拉动企业的物流资源，企业的物流资源又将融入到社会化物流系统中，彼此融合、共同发展，正在促成社会化物流成为全社会经济的重要组成部分。

（中国物流与采购联合会电子商务物流与快递分会　万莹）

2016 年本地生活物流发展回顾与 2017 年展望

本地生活物流是以个人生活消费需求为核心，以社区为服务高地，以同城为外环，重视“短链条，高时效、信息化”的到门服务，融汇仓储、配送、金融等相关服务的跨行业、复合型的新兴服务市场，其中以三大外卖为主的即时物流为典型代表。

随着中国消费经济的升级及互联网服务市场的发展，生活物流服务不断创新发展，传统的到店消费服务更多地转向家消费服务，餐饮外卖、生鲜快递、商超配送、搬家等生活物流服务不断向专业化、智能化发展。而随着大数据、人工智能等高科技的应用，本地生活物流又成为巨头在该领域竞争的核心要素。

一、2016 年本地生活物流发展回顾

（一）2016 年本地生活物流市场发展情况

2016 年本地生活物流发展迅速，但与此同时，行业洗牌加剧，各个领域的领头羊企业正日渐明朗。

1. 政策支持生活服务力度加大

高频需求的本地生活服务正成为电子商务发展的创新高地，2015 年国家促进生活性服务业的相关政策出台，明确国家层面对居民生活服务领域的发展方向和目标。要实现本地生活服务业的快速发展，就需要一体化、多网协作、多业联动、服务本地生活的高效物流。为此，国家出台了多项政策。

2016 年 3 月，商务部等六部委发布《全国电子商务物流发展专项规划（2016—2020 年）》，提出打造电商物流标准化工程，扶持“最后一公里”社区物流工程，推动电商冷链物流工程等，对本地生活物流领域做出了规划；2016 年 4 月，国务院发布《关于深入实施“互联网 + 流通”行动计划的意见》，对社会及本地生活物流服务营造了较好的政策环境。

随着国家对生活服务业、互联网 + 流通领域的政策支持日益显著，各地也相继出台适应本区域的相关政策及标准，如 2016 年 7 月，福建省地方标准《智能快件箱运营服务规范》正式发布，这是全国首个关于智能快件箱运营服务方面的地方标准。

2. 平台型企业主导优化终端服务

平台型电商企业，不断丰富和完善自有生态圈，以优势服务为突破口，延伸终端领域，营造C端的闭环生态圈，用本地生活物流让本地服务鲜活起来。

阿里拥有较完善的电商零售网络和配送体系，但仍然不断向社区延伸，日益覆盖终端消费者的全部生活场景。2016年，阿里巴巴集团和蚂蚁金服集团联合投资60亿元，打造本地生活平台公司——口碑网，并由阿里巴巴集团董事会副主席蔡崇信出任口碑网董事长。2016年，阿里先后投资了饿了么、点我达、盒马鲜生、生活半径等。从本地生活物流领域看，在菜鸟网络上已经覆盖了服务本地生活的菜鸟驿站、智能快递柜、即时物流、冷链等服务。

京东自建物流已经部署干线、仓储、配送、自提点、冷链等环节，拥有完备的自有物流体系，2016年，京东到家与达达配送合并为新达达后，其物流体系的终端更加灵活、便捷。2016年11月，京东物流宣布平台开放。

生活服务电商平台新美大拥有自己的即时物流团队，从2015年5月开始自建美团专送（自营+加盟）；2016年11月，O2O社区电商爱鲜蜂获得美团点评新一轮融资。爱鲜蜂创始人张赢表示，未来资金将主要应用在市场推广和供应链+物流，不断优化货源选品和配送体系中。百度外卖也在2016年年底向平台化转变，不断对接包括大润发、顺丰等服务资源。

3. 大数据及智能化提升生活物流效率

本地生活服务对于时效和品控都有较高要求，从而在运作模式和设施设备之外，本地生活物流服务的提升对相互协同和情景预判提出了更高的要求。

百度外卖打造的智能物流调度系统实现了智能化派单，这使得百度外卖平均配送准时率达到98.78%。2016年9月，基于百度外卖的配送体系，百度还上线了“万能跑腿”，打造同城配送业务。2016年，百度外卖宣布智能物流调度系统正式完成了4.0版本升级。百度外卖“调度系统4.0”主要由“时光机系统”“调度跟实时监控系统”“仿真系统”与“寻宝系统”等组成，并且申请了数十项物流相关专利。其中，“调度跟实时监控系统”能实时检测每个城市、每个商圈各个维度的实时状况，准确感知配送员与订单相关的实时数据，并能为可能出现的“爆单”做好预案。

智能调度在外卖平台的发展中被提到了重要地位，为了展现各家智能调度的强大，三大外卖平台纷纷出招。美团点评数据研究院在2016年11月发布了《2016中国外卖O2O行业洞察报告》，该报告重点指出，美团外卖高效配送背后有一个“超强大脑”——美团外卖智能调度系统。美团外卖智能调度系统可以在50毫秒内提供最优化的配送路径，并且能够准确模拟实际配送，让用户通过手机一目了然配送进展。美团外卖智能调度系统还具有超强机器学习能力，通过各种算法调整策略，应对突发事件，实现毫秒级的订单高效改派。

随着智能技术的深入应用，在大数据积累和系统不断学习的基础上，本地生活物流各主体之间的协调以及资源投入更加高效。2016 年 11 月，怡亚通推出“星链生活”App，提供多种生活场景，包括企业生活、邻里生活、实时周边生活。它可以打破不同场景下的社交壁垒，让邻里居民、企业同事有更多的生活交集；它可以在线下单，让所需商品及时配送到家。

4. 生活消费类金融提升消费体验

2016 年，央行、银监会联合印发《关于加大对新消费领域金融支持的指导意见》，进一步推动消费金融的发展。政策环境不断优化，市场准入逐渐放开，2016 年成为消费金融的爆发年。

人人都可以参与消费金融，消费金融更加场景化，通过探索信用消费 + 场景布局，使得本地生活消费和物流具有更强的黏性。2016 年 3 月 27 日，京东金融发布了消费金融品牌战略，宣布其消费金融业务将围绕着“白条”品牌进一步走出京东，其独立域名 baitiao 官网正式启用；2016 年 9 月，美团点评完成对第三方支付公司钱袋宝的全资收购，获得了第三方支付牌照。

百度外卖也在努力推广百度钱包，百度钱包是继支付宝、微信支付之后的又一移动支付工具。百度钱包有四大功能，分别是充值功能、转账功能、理财功能和拍照付功能。为了获得支付手段，百度在百度钱包的推广上一直不遗余力。智能快递柜的速递易母公司三泰控股的金融板块布局渐渐清晰，通过速递易进入社区，积极与金融机构合作，打造社区金融圈，植入小额“普惠”服务等，在互联网金融领域有了抓手。

国内最大的供应链服务企业怡亚通在 2016 年 11 月发布星链系列创新产品，包括星链云商、星链云店、星链生活、星链钱包等。其中，星链钱包背后是怡亚通 O2O 金融平台，一方面为怡亚通 380 消费供应链平台上小微门店提供经营性小额贷款服务；另一方面基于个人客户贷款需求，协助银行对借款人进行贷前审核，公司对达标的贷款人推荐给银行并为其提供担保，银行审核后直接给贷款人放贷。

5. 资本逐猎本地生活物流市场

资本对于本地生活服务的态度，经历了从怀疑到相信再到大力支持的过程。2016 年，虽然很多创业公司遭遇资本寒冬，但资本对本地生活服务市场的投入却始终没有停止过。移动数据监测公司 Trustdata 发布的《2016 年本地生活服务 O2O 白皮书》显示，2016 年国内 O2O 生活服务交易额约 7291 亿元，同比增长 64%。

在 2016 年的本地生活物流市场中，各个领域的领军企业纷纷成功拿到融资。外卖 O2O 领域，饿了么获得阿里巴巴和蚂蚁金服联合注资的 12.5 亿美元投资；生鲜电商领域，天天果园完成 1 亿元 D + 轮融资，易果集团完成了超过

5 亿美元的 C + 轮融资；在即时物流领域，达达在与京东到家合并后又拿到沃尔玛 5000 万美元投资，点我达则获得阿里近 10 亿融资，专注 C 端的即时物流平台闪送也于近日获得 5000 万美元 C 轮融资……资本永远都是涌向有希望获得最大收益的地方，本地生活物流领域的小巨头还在角逐阶段，2017 年的竞争势必愈加激烈。(如下表所示)

2016 年本地生活物流领域投融资汇总

时　间	企业名称	商业模式	投资方/并购方	交易模式	交易规模
1 月	云鸟	同城供应链配送平台	华平、红杉中国、经纬中国、金沙江	C 轮	1 亿美元
1 月	送货神器	安居智慧物流平台	中以高投、硅谷天使圈	种子轮	—
3 月	菜鸟网络	物流	GIC、淡马锡、Khazanah、春华资本	首轮	超百亿元
4 月	人人快递	众包物流	某基金	B 轮	5000 万美元
4 月	趣活美食	3 公里内的社区物流	锴明投资、软银中国资本	C 轮	1000 万美元
5 月	快狗速运	同城货运物流平台	新天域资本、阿里巴巴香港创业者基金、新加坡报业集团、和通资本	C 轮	—
6 月	丰巢	智能快递柜	顺丰、申通、韵达、中通、普洛斯	增资	5 亿元
6 月	递易	“最后一公里”服务	邦明资本	Pre – A 轮	数千万元
6 月	宅小主	校园兼职配送	北京兼程信息技术	Pre – A 轮	800 万元
7 月	呼呼快递	一站式物流配送平台	茶马古道资本	Pre – A 轮	500 万元
7 月	点我达	即时众包物流平台	阿里巴巴及其他 VC 机构	不明确	近 10 亿元

续 表

时 间	企业名称	商业模式	投资方/并购方	交易模式	交易规模
7 月	日日顺乐家	社区生活服务平台	未披露	A + 轮	—
9 月	大牛配送	家具配送安装	成都织梦信息技术，四川汇象达科技	不详	数百万元
10 月	飞狐配送	同城配送服务提供方	旺瓜食品	天使轮	200 万元
10 月	达达	物流众包平台	沃尔玛	战略投资	3. 36 亿元
11 月	爱鲜蜂	社区“最后一公里”配送	新美大	D 轮	—
11 月	易果生鲜	生鲜电商	苏宁领投，高盛，睦恒投资，中银国际基建基金，瑞信，富达，晟道投资，三行资本等跟投	C + 轮	—
12 月	一米鲜	生鲜电商	百果园	并购	—

注：以上数据根据 2016 公开报道整理。

6. O2O 生活服务线上线下融合加剧

2016 年，本地生活物流一个颇为引人注目的亮点是新零售的探索初具模型。马云在 2016 年的云栖大会上提出“新零售”概念。他认为新零售是线上线下加强融合，线下的企业走到线上去，线上的企业走到线下来，线上线下再加上现代物流，就是新零售。

在新零售的探索方面，盒马鲜生和多点网上商超的探索很具代表意义。

盒马鲜生在 2016 年 1 月正式上线。盒马鲜生的模式新在哪里呢？首先，在支付方式上，盒马鲜生只接受支付宝付款；其次，店内生鲜标准化程度较高，与传统商超散称生鲜相比，盒马鲜生的标品更受年轻人喜欢；最后，物流配送高效，盒马鲜生可以做到店内用户即买即送，网上下单用户半小时送达的高效物流配送服务，用户体验更加极致。

多点 + 物美的模式是在传统商超基础上的一场改良。多点在 2016 年感受到了新零售的大潮，于是多点 + 物美迅速在新零售方面进行探索，凭借双十一、双十二的优异表现在新零售的浪潮中成功站稳脚跟，建立起属于自己独特的新零售模式。多点首先是促进传统商超进行生鲜产品的标准化，目前物美超市会针对多点平台的需求专门生产一批包装菜；其次，倒逼传统商超进行仓储货架的改革，每个物美超市门店都要设立多点前置仓，在物美超市的仓库里设置包装菜加工中心，此外，多点还在积极推动物美超市改换电子货架等。

此外，线上线下加强融合成为一大趋势。具有代表性的是2016年12月水果零售连锁品牌“百果园”与生鲜电商互联网品牌“一米鲜”的合并，这是生鲜领域线上线下融合的第一桩合并案，表明线上线下终于不再是剑拔弩张、你死我活的关系了，而是要握手言和共谋发展。在新零售的大潮下，线上平台在供应链、渠道等方面优势不足，线下实体店又缺乏电商基因，线上和线下真正联合起来优势互补，才能应对当前消费升级的大潮。

7. 行业洗牌加剧弱势企业加速淘汰

对生活物流服务企业来说，与其说是2016年资本遇冷，不如说是行业洗牌加剧，一些烧完钱后仍没有留下核心竞争力的企业注定要被市场淘汰。

生鲜电商的惨烈情况足以说明。2016年年初，亚马逊投资的生鲜电商平台美味七七发布公告，宣布正在申请破产，美味七七成为2016年生鲜电商倒闭第一案。随后，本来生活关闭本来便利，爱鲜蜂大面积裁员，天天果园关闭线下门店，青年菜君深陷倒闭传闻，果食帮宣布停止业务，食行生鲜撤离北京市场……优胜劣汰，能够存活下来的就是这个领域的佼佼者。

经过2016年一整年的激烈竞争，本地生活物流各领域的领头羊已经浮出水面。2016年三大外卖平台的交易份额就占到整个市场的90.8%。在外卖O2O领域，2016年格局已经相当清晰，主要是美团外卖、饿了么和百度外卖三分天下，该领域的其他竞争对手基本已经没有生存空间。

生鲜电商领域，易果集团和天天果园发展势头较好，虽然生鲜电商领域的竞争态势还不是很明朗，但这两家公司已经占有领先优势；即时物流领域，新达达、点我达和闪送备受资本追捧；同城货运市场，58速运、云鸟等企业开始日益崭露头角；本地生活物流装备领域，丰巢、速递易和递易智能领跑行业。

8. 传统同城快递企业延伸本地服务

在“互联网+N”的大环境下，传统企业纷纷寻求转型和创新，在本地1小时生态圈里聚集了越来越多的大佬和新兵，使本地生活物流更加多样化、个性化，同时，物流开道也给本地生活消费提供了更多延展空间。

涉及C端服务的企业尽力向社区下沉。2016年7月，全峰快递推出“O2O闪送”品牌；8月12日，宅急送启动“即时配”业务；8月14日，顺丰推出新产品“即刻送”及商家系统；8月15日，中国邮政成为滴滴出行的战略投资人，双方表示今后将在同城配送领域紧密合作；8月底，圆通宣布启动“闪电行动”布局同城配送业务。

（二）目前存在的问题

1. 安全和效率的调和

第39次《中国互联网络发展状况统计报告》显示，2016年，我国网上外卖用户规模达到2.09亿人次，年增长率为83.7%，占网民比例的28.5%。支撑这个庞大市场的物流，安全和效率却总出现难以调和之处。例如，企业对送餐员考核的重要标准是“准时”，而在拥挤的就餐时间，要及时送达只有更快。于是，该时段也成了送餐员交通事故频发时段。

2016年4月，在北京市海淀区志新西路学院路20号院附近，一外卖送餐员骑电动车从后方撞到赵某，造成赵某十级伤残，事故经交通管理部门认定电动自行车的司机负全部责任；8月，福州金洲南路金港路路口，一名外卖送餐员骑电动车在斑马线上被一辆小车撞出一二十米远，重伤不治身亡。

同类事件并不罕见，送餐员安全意识淡薄。从企业角度讲，企业需要一套行之有效的考核机制，以保障服务质量，一系列关于时间、流程、标准的规范要求是必要的；从送餐员角度讲，在繁忙的用餐高峰期，为保障一个订单的辛劳不至由于差评或者未达到考核标准而白费，难免急中有失。要协调管理和效率还需要从双方甚至三方去寻找平衡，一是企业在制定标准的时候，通过大数据的分析，更好的协调高峰时期的派单；二是帮助送餐员提高安全意识，并配备必要的防护用具；三是给消费者提供更科学的时效预判，以降低消费者的心理预期。

2. 行业监管的磨合期

2016年3月，深圳市交警部门在全市范围开展“禁摩限电”源头治理专项集中整治行动，与此同时，《广州市非机动车和摩托车管理条例》（草案）提交广州市人大常委会进行审议，“条例”明确广州拟对非机动车、摩托车实施“五禁”管理制度，即“禁售”“禁油”“禁行”“禁停”“禁营运”。此后，多个城市展开了“禁摩”“限摩”等专项整治行动。这给同城快递、外卖、社区配送等生活服务物流企业带来一些影响。

简单的管理方式必然难以适应社会需求的不断发展和壮大。居民生活需求的变化客观上要求物流更加深入社区，这就需要更加便捷、轻型的运输工具。适应市场需求，进行有效的监督和引导，同时，借助行业协会等多种措施，提高企业和行业自律，才能在兼顾各方利益的同时，促进经济发展。

幸而部分城市已经开始尝试破题，如2016年，北京市公安交管局联合行业协会对全市5.7万辆正规快递三轮车统一了车身标志，实现一车一码、一车一人对应管理。另外，北京市针对送餐车的培训也同步展开。

3. 市场磨合的阵痛期

随着居民生活需求的多元化，新兴市场不断填补这些需求。然而，在新兴市场成长的过程中，依然产生了许多磨合期的阵痛。以生鲜行业为例，2016 年 4 月，亚马逊投资的生鲜电商平台美味七七发布公告，宣布正在申请破产，美味七七成为 2016 年生鲜电商行业倒闭第一案；7 月，本来生活关闭本来便利，爱鲜蜂大面积裁员，天天果园关闭线下门店；8 月，果食帮宣布停止业务；12 月，食行生鲜撤离北京市场。

生鲜是低单价高频次的快消品，却对仓储和运输有较高的要求，而且易损耗；加之，生鲜的季节性销售和储运的差异，对冷链物流造成了冲击。目前，物流市场普遍存在设备设施落后、分布不均匀的情况，同时，夏季冷运、冬季普运的现象也给冷链运输企业运营造成困难。物流需要市场，市场仍在成长，却需要一段时间的阵痛，才能选定更适合的规模、分布和物流方式。

二、2017 年本地生活物流展望

（一）行业生态融合加速

本地生活物流体现出更多的个性化、零散性、区域性，而所涉及的服务和销售却往往是网络化和规模化的。2017 年，各种形态的本地生活物流企业在竞争的同时，将更多体现出基于生态圈的融合，联盟、共享、合并等形式的合作，使本地生活物流更加高效。原有本地生活圈的企业发力线上线下一体化服务。2017 年 1 月 1 日，多点宣布同物美的会员体系正式打通，此外，多点还将继续打通双方商品、营销、仓储物流等各个方面。“多点 + 物美”给本地生活领域的新零售提供了一种场景展示。

（二）企业运行更加规范

随着国家规范市场行为的规范和标准出台，本地生活物流将进入一个新时代。一方面，依照相关政策，企业规范经营行为；另一方面，为在行业中树立企业品牌，大型企业也将出台企业操作流程及标准，打造企业形象。2016 年 12 月，58 速运推培训考核挂钩体系，从客户服务流程、违禁货物类别、七大行业装配技能等方面落地实施。2017 年 1 月，美团外卖在全国范围内启动“统一号牌”行动。

（三）技术装备不断升级

2016 年常被称为是“资本寒冬期”，但依然有不少本地生活物流企业获得了融资。2017 年，这些企业在加大市场拓展力度的同时，在技术装备上的投入，将大大提高企业的硬件实力。随着盒马鲜生、京东到家、每日优鲜等即时生鲜快送企业发展，或将在专业化温控快送设备方面强化投入。

（四）消费金融链条延伸

目前，我国金融体系逐渐完善，多样化的社会融资渠道不断刷新的金融创新的速度，为消费金融产业的发展奠定了基础。同时国内的银行、消费金融公司、小贷公司、互联网企业等为主体参与构建的互联网消费金融产业链也正在不断的壮大，2016 年各方巨头纷纷入场，例如海尔、格力、TCL、美的、联想、海航、新希望六和、富士康等抢滩供应链金融市场。2017 年，消费供应链金融在一些垂直领域将卓有成绩，例如，家电、电子产品、生鲜等。然而，网络化本地生活金融服务地形成，还有待行业的逐步发展和成熟。

（《现代物流报》　杨达卿　郭苏慧　王彦丽）

第三章

物流技术装备设施业

2016 年物流装备业发展回顾与 2017 年展望

一、2016 年中国物流装备业发展回顾

（一）2016 年中国物流装备业发展宏观环境

1. 2016 年中国物流技术装备业面临的宏观经济环境

2016 年，面对错综复杂的国内外经济环境，国家坚持稳中求进工作总基调，以推进供给侧结构性改革为主线，适度扩大总需求，妥善应对风险挑战，引导形成良好社会预期，国民经济运行缓中趋稳，结束了自 2010 年以来连续 20 多个季度经济增长连续下滑的局面。2016 年四季度，PMI 升至两年来的高点。名义 GDP 从 2015 年开始走出低谷，到 2016 年年底名义 GDP 增长率已经接近 8%，同时 PPI 明显上升。虽然 GDP 增长仍然低迷，制造业面临巨大困难，但经济先行指标已经预示着此轮经济周期底部基本探明，经济下行空间有限，具有触底反弹的迹象。据统计，2016 年全年国内生产总值 744127 亿元，按可比价格计算，比上年增长 6.7%。其中，与物流装备行业相关的制造业增长 6.8%；全年社会消费品零售总额 332316 亿元，实际增长 9.6%；全国实物商品网上零售额 41944 亿元，增长 25.6%；全年交通运输、邮政与仓储业增长 9.5%。总体来看，2016 年物流技术装备行业面对的宏观经济环境虽然比 2015 年还要严峻，但底部已经探明，经济发展预期开始好转。（如图 1 所示）

从经济政策看，2016 年国家陆续出台了一系列推动物流发展的宏观政策。初步统计，国务院和各部委出台的推动物流发展的相关政策有 40 多项，其中

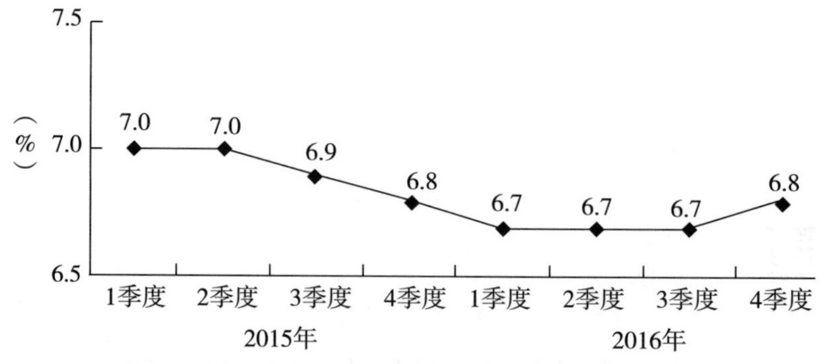

图1　国内生产总值增长速度（季度同比）

与物流装备业相关的政策有很多，如商务部发布的关于推进商贸物流标准化的系列政策、关于推进冷链物流发展的相关政策、《电子商务物流十三五发展规划》《商贸物流十三五发展规划》等重要政策；国家发展和改革委发布的《关于加强物流短板建设促进有效投资和居民消费的意见》《关于做好现代物流创新发展城市试点通知》《“互联网+”高效物流实施意见》等政策；财政部和税务总局发布的《营业税改增值税试点实施办法》；国家邮政局出台的《推进绿色包装工作实施方案》等。各项政策的密集出台，对物流技术装备行业影响总体上是正面的，有利于中国物流技术装备业快速发展。

从经济结构转型来看，供给侧改革和经济结构调整对物流技术装备行业影响最大。随着制造业产业结构调整和劳动力成本上升，企业纷纷改造物流系统，用机械化取代人力，用自动化提升效率成为大趋势，极大地带动了物流机械化和自动化设备的高速增长，带动了智能物流装备的快速增长，带动了机器人、无人机等高新技术设备的技术开发。

2. 物流装备业发展的产业环境

物流产业是对物流技术装备影响最大的行业。2016 年社会物流总额达到 229.7 万亿元，可比增长 6.1%，低于 GDP 增长速度。社会物流总费用与 GDP 的比率出现明显下降，达到 14.9%，物流运行质量与效率稳步提升。虽然社会物流总额增长速度低于 GDP 增速，但与物流技术装备直接相关的工业品物流中，高新技术与装备制造物流需求增速超过 10%，与消费相关的单位与居民物品物流总额增长 40%，快递市场业务量增长 51.7%，冷链物流市场需求同比增长 22.3%，都明显高于 GDP 的增长，给物流技术装备市场需求增长带来了较强动力。

2016 年，物流企业纷纷加大技术改造和装备升级力度。城市配送企业更加关注配送效率提升和配送中心建设，关注物流标准化、信息化的发展，对新型叉车、货架、分拣输送设备、自动化立体仓库等现代化物流装备需求快速上升；标准托盘循环共用系统得到国家及政府部门关注，在快速消费品领域获得较快发展。

2016 年，中国制造业继续保持对物流技术装备的稳定需求，电商物流仓储建设加快了物流自动化发展，资本市场推动物流技术装备企业创新发展，商贸物流标准化推动托盘与周转箱等物流产品增长。

（二）2016 年中国物流装备业发展分析

2016 年，与物流技术装备行业相关的电商物流、居民与单位物流、高新技术装备制造业物流、社会商品零售等都快速增长。由于经济转型升级和用工等成本不断上升，企业迫切需要提升物流机械化和自动化水平，减少传统的人工搬运，同样带动了物流技术与装备市场快速增加。

2016 年，中国物流技术装备的市场驱动主体主要为自动化物流设备、智能穿梭车、智能机器人、输送分拣系统、感知与识别系统等高新技术与装备。总体来看，2016 年中国物流技术与装备行业发展速度继续快于国民经济发展速度，但行业整体增长速度有所降低，中国物流技术装备行业整体增长 18% 左右，其中普通的叉车、托盘、货架增长速度偏低，综合增长幅度预计 13% 左右，输送分拣设备、自动化立体库、AGV 等各类物流机器人、智能穿梭车、快递自提智能物流箱、电动叉车、标准化托盘、立体库货架等先进的物流技术装备继续保持高速增长，估计综合增长幅度在 25% 以上。

随着物流技术装备的快速增长，物流技术装备的租赁与服务后市场发展进入快车道，预计增长 20% 以上。

1. 叉车行业

据中国工程机械工业协会工业车辆分会数据统计显示，在经历了 2015 年以来一年多的叉车产量下滑调整后，2016 年中国叉车重新出现增长，叉车产销量创造历史最高纪录，全年销售 370067 台，与 2015 年 327626 台相比，增长了 12.95%。目前，中国叉车行业重新进入增长阶段，增长有所波动，但总体处于上升期，叉车产销总量在调整中不断增长。（如图 2 所示）

从国内市场看，由于物流业已由发展初期进入到转型升级、提升效率、改善服务的阶段，工业车辆作为使用最广泛的物流设备之一，受益于物流装备的社会整体需求，也处于结构调整和改善升级阶段，叉车总销售量在稳步增长的同时，叉车车型也在发生变化。从近年来的销售数据看，电动叉车与内燃叉车的比例变化、平衡重叉车和仓储叉车的比例变化是最显著的特征。环保化、智能化、差异化、服务升级成为叉车行业发展的主要趋势。

随着中国仓储业快速发展，近年来电动叉车和仓储叉车一直保持着较快速增长。2016 年，中国电动叉车总产销量达到 141525 台，同比增长 18% 左右；仓储叉车达到 101540 台，同比增长 24% 左右。在市场销售占比方面，电动叉

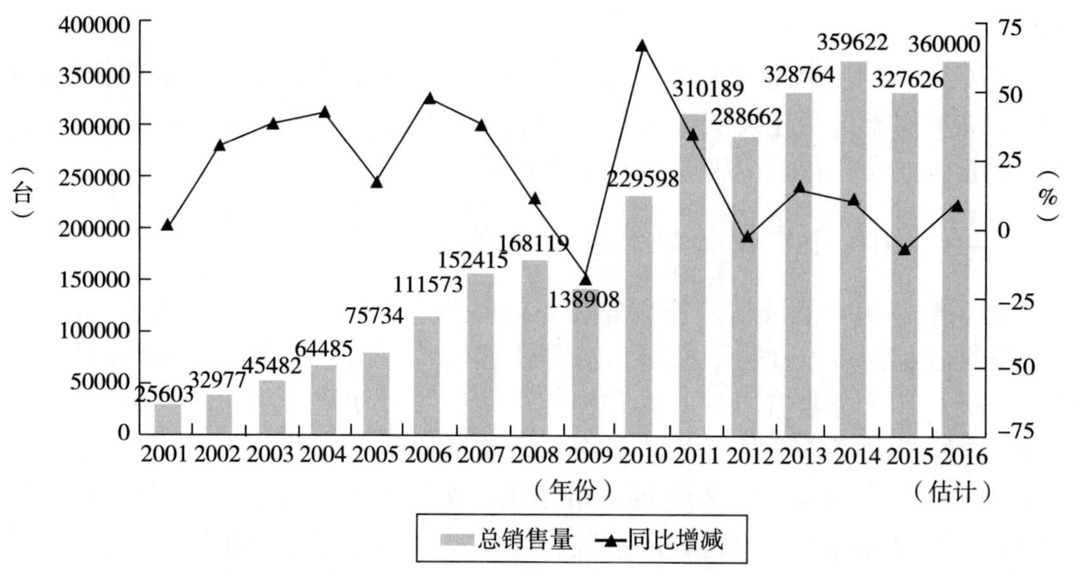

图 2　2001—2016 年机动工业车辆总销售量成长曲线

车产销总量占比超过 38%，有了大幅上升。5 年间中国电动叉车占比提高了 10 个多百分点。

近年来，叉车行业另一个突出变化是叉车后市场的崛起。经过测算，到 2016 年年底，中国叉车保有量达到 185 万辆，根据对 50 家叉车租赁企业数据核算，叉车租赁数量达到 8 万辆，年增长 20% 左右。据此不完全统计，叉车后市场规模已经超过了 200 亿元。中国的叉车后市场充满无限发展空间，引起了资本市场的关注，叉车车队管理系统也成为市场的热点。

2. 托盘行业

2016 年以来，托盘行业增长速度有所下降，根据企业调研分析，预计 2016 年中国托盘生产同比增长 7% 左右。考虑到托盘更新因素，中国托盘保有量预计接近 11 亿片。

根据市场发展规律，托盘产量将进入低速增长和循环增长的转型升级阶段，新型托盘、环保托盘继续保持较快增长速度。受商贸物流标准化推进的影响，用于循环共用的高质量标准托盘呈高速增长态势。

根据对托盘生产量增长趋势分析，托盘产量由 2003 年的年产 3500 万片增长到 2016 年的年产 2.87 亿片，增长 8.2 倍左右。根据相关数据调查测算，2016 年中国托盘产销量中标准托盘产销量继续保持快速增长，增长速度远高于托盘增长速度。预计增长速度在 13.5% 以上，标准托盘产销量占比超过 35%，标准托盘在中国托盘保有量占比预计达到 26% 左右，占比还不高，但随着每年标准托盘更新量的增加，标准托盘在托盘保有量中占比将稳步提升。

3. 货架市场

2016 年以来，随着国家对基础设施投资的重视，钢材价格开始触底反弹，并快速上升，对货架行业带来了较大影响。受钢材价格快速上涨影响，货架行业销售产值大幅上升，估算 2016 年全年货架产销量超过 100 亿元左右，同比增长 27%，但货架出货量增长预计在 18% 左右，与上年相比略有下降。中国货架市场原材料大幅上升，而货架企业面向客户又难以涨价，使得货架企业利润并无好转，很多货架企业的利润有下降趋势。

近几年，物流装备中的叉车、托盘、货架出现联动发展态势，普通的工业货架市场随着叉车和托盘市场的增长速度下降也出现了市场疲软和需求不振，市场竞争激烈。另一方面，随着物流装备行业转型升级，先进的配送中心和自动化立体库建设加快，立体库货架系统始终保持较高的增长速度，货架行业品牌知名度较高的精星等企业继续保持良好的利润和快速发展的势头。

2016 年，电子商务物流、服装物流、医药物流、快消品物流、高端制造等领域是高端货架需求的主要行业，市场需求增长较快。机械、汽车、电子等行业货架市场需求增长平稳。

4. 物流系统设备集成

2016 年是中国物流系统设备较快发展的一年。新年伊始，很多物流系统工程项目纷纷开工，自动化立体库项目建设市场繁荣。据不完全统计，截至 2016 年 12 月，全国自动化立体库保有量超过 3600 座，市场需求增速超过 20%，年立体库建设超过 550 座。

虽然自动化物流系统保持高速增长，但 2016 年以来，经济增长的低迷开始影响物流装备业，企业转型升级投资意愿受到很大影响，已经开工的项目开始出现延期交货，计划开工项目暂缓开工，物流技术装备供应商开始感到经济增长多年下行带来的压力。预计 2016 年物流系统设备集成增长速度略低于 2015 年，同比增长 20% 左右，仍远高于经济发展速度。2000—2016 年中国物流系统市场需求增长情况如图 3 所示。

多年来，物流系统集成工程项目快速增长，促使海外物流系统供应商继续看好中国市场，纷纷加大投入，并加快本土化制造与生产。在国内，物流系统集成市场已经成为资本市场关注的热点，资本市场纷纷加大在物流系统集成领域的投资，企业上市、并购与重组、新的企业进入成为行业热点。据不完全统计，目前全国物流系统集成商超过 50 家，其中核心企业 20 多家，内资企业占一半左右。

系统集成市场是一个知识密集型的行业，因此，行业内市场主体仍是重点知名品牌企业为主。重点企业能够承包物流系统工程项目，掌握自动化立体库总体规划、机械电气控制、软件系统等全面技术，拥有专属的安装制造实体，

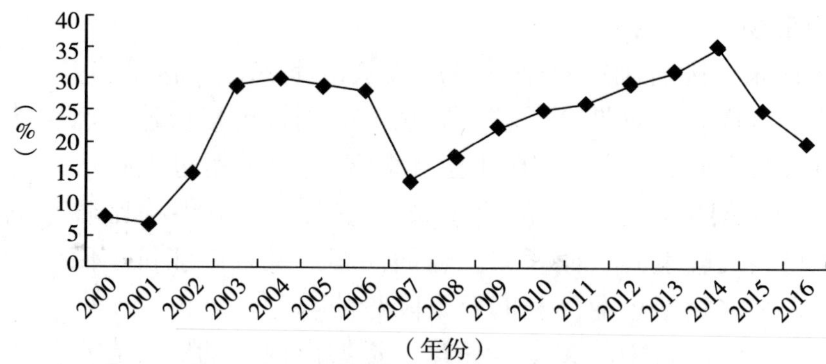

图 3　2000—2016 年中国物流系统市场需求增长分析

资料来源：中国仓储协会仓储设施与技术应用委员会。

占据着大部分的市场空间，新进入的企业要打开市场会遇到很多瓶颈。

5. 输送分拣设备

2016 年，虽然电子商务物流增长趋缓，但是全渠道的新零售发展迅速，快递包裹量继续保持高速增长，全年快递包裹超过 313.5 亿件，同比增长 51.7%。电子商务物流的发展对物流输送分拣设备的市场需求日益增长。近年来，输送分拣设备在物流系统中所占比例有较大提升。根据监测，目前输送分拣设备行业市场需求呈现高速增长态势，2016 年全年增长预计在 20% 以上，市场规模超过 50 亿元。

2016 年，电子商务物流发展带动了输送分拣技术进步，新的输送分拣技术不断涌现，其中，货到人拣选、交叉带分拣、货到机器人分拣、高速分拣等分拣技术发展最快。电子商务配送具有多品种、小批量、高频次特征，是推动快速分拣市场需求增长的基础。

二、2017 年中国物流装备业展望

（一）2017 年中国物流装备市场分析预测

1. 2017 年物流装备业面临的宏观环境分析

2017 年，中国物流技术装备行业面临的宏观经济环境趋好，同时随着智能制造业快速发展和经济转型升级，物流技术装备业将继续保持较快速的发展。综合来看，2017 年物流技术装备行业将继续保持稳定快速增长，增长速度能够达到 11% 以上，高于国民经济增长速度。中国物流技术与装备行业发展速度继续保持世界第一，中国物流装备市场也继续保持世界第一的大市场，行业的发展战略机遇期还有 8 ~ 10 年。

目前，国家对现代物流发展极为重视，2016 年国家密集出台的一系列推进

物流发展的政策与措施，将集中在2017年落地实施，物流技术装备的发展将享受很多国家政策红利。

近两年，受人力成本上升、企业转型升级影响，物流技术装备尤其是高端物流技术装备得到快速发展，机器人拣选、输送分拣系统、智能穿梭车与货架系统等发展速度很快。经过几年增长，这些新技术的发展随着基数扩大，增长速度有所下降，但仍将保持较快速增长。近两年，普通的叉车、托盘、货架等产品市场需求增长开始下降，产品的市场保有量接近饱和区间，发展空间已经不大，其市场增长也进入循环增长阶段，在调整的年份增长速度甚至会出现下降。

在市场竞争方面，近两年国家对物流发展很重视，物流技术装备市场发展很快，吸引了众多投资纷纷进入这个领域，新的企业不断涌入，老的企业快速成长，国外企业纷纷进入，市场供给能力迅速填补市场需求缺口。市场供给快速成长，市场竞争非常激烈。目前，在叉车、托盘等行业，普通产品的生产能力已经过剩；在一些中高端市场，供求基本平衡；在部门高端市场还有需求缺口，目前主要是国外企业主导，市场容量也不大。近年来，所谓的物流黑科技有很多，但大部分仍处于研发和试验阶段，受成本制约及其他原因，离普及应用还有较长的一段距离要走。

2. 2017年产业物流变革促进物流技术装备发展

2017年，预计城市配送、新零售与新制造、产业互联网、冷链物流将成为物流业关注焦点和难点。在城市物流配送领域，随着新零售的快速发展，新型门店与网商平台相结合，带动城市物流配送快速发展，城市物流将面临变革压力。预计2017年，城市物流共同配送将带动城市物流公共基础设施转型升级，带动新型门店的小型物流输送分拣系统需求上升，带动智能自提货柜终端的快速发展。

从产业物流角度看，2017年，制造业将不断推动向智能化和自动化产业升级；医药、烟草、机械、汽车、家电、服装等行业物流技术装备需求继续稳定增长；商贸物流、冷链物流、快递物流、高端制造等领域物流发展迅速。

3. 2017年中国中高端物流技术装备继续快速发展

目前，中国物流技术与装备市场进入转型升级阶段，自动化立体库、智能物流设备、高端物流产品、物流机器人系统、智能分拣系统、识别与感知系统等先进的物流技术与装备将高速成长。

2017年，中高端物流技术创新步伐将加快，各种先进的新技术将不断涌现，前两年出现的新技术将开始探索在现实中应用。如无人配送小车和配送机器人将开始在特定场景应用，无人机配送将得到较大发展。最近京东已经开始与地方合作建立无人机智能配送网络。

4. 2017 年中国物流技术装备市场热点分析

2017 年，物流装备业市场热点将主要集中在新零售和新制造领域。实验性的新技术开发的热点集中人工智能、机器人、无人机配送、无人仓储、大数据与云计算等领域。在应用领域的市场热点将集中在全自动化立体库、新型的快速分拣技术、智能穿梭车与货架系统、智能自提终端、智能搬运、自动装车等方面。

智能物流装备将迎来大发展机遇，随着“互联网 +”的发展，未来智能物流装备将产生颠覆式创新，人工智能有可能成为颠覆智能物流装备的利器，尤其是智能物流装备产品将出现智能控制网络化，设备产品感知自动化，将智能设备的“大脑”设在虚拟互联网中，互联网成为控制各种终端智能设备的核心。物流系统将通过物联网、大数据、云计算技术控制智能终端物流设备，智能终端物流设备将变得简单化，具备自动感知和自动化技术即可，这将转变智能物流终端设备的开发理念。

物流自动化与机械化设备将通过物联网技术接入互联网，给标准化、模块化的物流技术应用带来市场机遇；信息技术成为物流装备控制核心与枢纽，给识别、跟踪、交互、定位、大数据分析、智能控制技术带来发展空间。

随着物流装备市场规模扩大，物流技术装备的租赁、养护、维修、升级、共享、管理、操作等市场需求即将进入爆发期，物流技术装备后市场发展空间商机无限，尤其是叉车租赁、托盘租赁、货架租赁、立体库后期改造、维护、升级等专业的后市场服务空间广阔。物流技术装备的管理与操作的后市场也将获得巨大发展。

（二）2017 年物流技术与装备主要产品的市场预测

1. 2017 年叉车市场将稳定增长

由于国内外叉车市场的好转，预计 2017 年中国叉车产销量将继续保持稳定增长，考虑到 2016 年叉车恢复性增长速度较快，预计 2017 年市场需求增速会略有下降，预计同比增长 10% 左右。

随着经济转型和绿色物流发展，2017 年中国电动叉车、新能源环保型叉车将继续成为市场热点，市场需求增长速度继续保持在 18% 左右，中国电动叉车在总产销量中占比将超过 40%，迈上一个新的台阶，提前实现发展目标。2017 年随着仓储业转型升级，中国仓储叉车也将继续保持快速增长，开发和研制电动叉车、环保型叉车日渐成为一种国内外行业新产品开发趋势。

2. 2017 年托盘行业产销量稳定增长

2017 年托盘市场中木托盘仍占绝对数量为 80%，塑料托盘由前几年的 11% 增至 2012 年的 12%，其他各类材料托盘占比 8%，其中纸托盘和铝托盘增长较快。

综合分析，预计 2017 年中国托盘市场将继续保持一定速度增长，增长速度趋缓，预计增速在 7% 左右，托盘产量超过接近 3 亿片，托盘保有量继续增加。

受商务部全面推进托盘标准化的影响，2017 年标准托盘产量增长将超过 20%，标准托盘的生产占比将超过 40%，与标准托盘匹配的托盘笼、托盘箱、物流周转箱等产品增长较快，托盘租赁市场进入快速发展通道，商贸物流标准化取得重要成绩。

3. 2017 物流系统设备将继续保持快速增长

2017 年，预计中国自动化立体库行业将继续保持快速增长，增长速度继续保持在 20% 左右。新建的具有一定规模的自动化立体库将超过 600 座，如果包括小型立体库则新建立体库将更多。

4. 2017 年货架系统市场需求保持中速增长

2017 年，立体库货架市场需求将保持高速增长，普通的工业货架随着物流业进入中速增长阶段，市场需求增长将趋缓。预计 2017 年货架系统市场增长将保持中速，增长速度在 15% 左右，市场规模将达到 110 亿元以上。

（《物流技术与应用》杂志　王继祥）

2016 年卡车及后市场发展回顾与 2017 年展望

一、2016 年货运卡车市场发展回顾

（一）2016 年卡车市场的经济环境

国家统计局发布数据显示，2016 年全年国内生产总值达 744127 亿元，按可比价格计算，比上年增长 6.70%。（如图 1 所示）

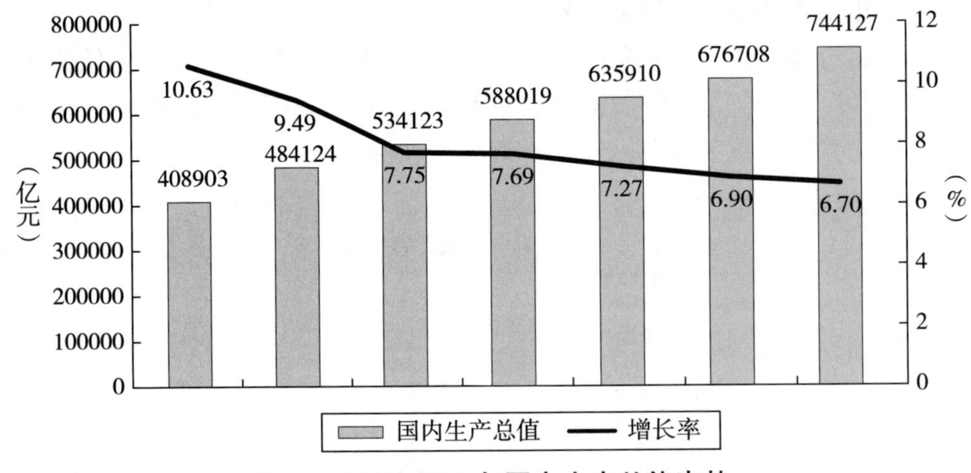

图 1　2010—2016 年国内生产总值走势

资料来源：国家统计局。

2016 年以来，在专项建设基金和年初信贷猛增等稳增长政策支持、去产能和降成本等供给侧结构性改革逐步显效以及住房和汽车市场全面回暖的拉动下，工业品价格跌幅收窄使企业效益回升，我国经济供给侧出现平稳运行态势，特别是工业生产出现小幅回升，可以较好地完成全年各项经济任务。但是，二季度以来金融政策加大去杠杆力度以及加强供给侧结构性改革的政策信号使市场预期发生转变，需求侧出现走弱态势，特别是民间投资出现大幅减速。

2016 年，我国供给侧结构性改革取得积极进展，“三去一降一补”全面发力，我国工业生产企稳回升。2016 年年末，规模以上工业企业资产总计 106.8 万亿元，比上年增长 7.1%。其中，高新技术和装备制造业分别增长 10.6% 和

9.3%。新产品高速增长，新能源汽车增长64.7%、工业机器人增长31.7%。

从发电量和公路货运量等实物量指标来看也能反映出生产端好转的态势。2016年全国发电量增长4.5%，2016年全国公路累计完成货运量336.34亿吨，同比增长6.8%。

2016年以来，工业品价格跌幅不断收窄。随着国际上大宗初级产品价格的不断反弹以及供给侧结构性改革的逐步落地，工业品市场供过于求的状况出现较大缓解，特别是煤炭、钢铁、原油等生产资料价格大幅上涨，带动PPI跌幅不断收窄，并在9月由跌转升。1—10月PPI下跌2.0%，跌幅同比收窄3.2个百分点。商品房价格大幅上涨。

房市和车市成为支撑2016年经济增长的重要动力。在一系列政策松绑和大量资金流入的推动下，2016年以来房地产市场全面回暖。1—11月商品房销售面积和销售额分别同比增长24.3%和37.5%，增幅同比提高16.9个和21.9个百分点。房地产投资也改变了逐月下滑的态势，同比增长6.5%，增幅同比提高5.2个百分点。2016年，汽车市场产销两旺。根据中国汽车工业协会统计，2016年全年国内汽车产、销同比分别增长14.46%和13.65%。其中，货车产、销同比增长11.23%和8.82%，半挂牵引车产、销增幅高达60.5%和55.08%，成为诸多车类中表现抢眼的车型。

（二）GB 1589和治超政策联动，拉高重型货车需求

2016年7月26日，由工业和信息化部组织全国汽标委修订的强制性国家标准《汽车、挂车及汽车列车外廓尺寸、轴荷及质量限值》（GB 1589—2016）由质检总局、国家标准委正式批准发布。该标准规定了汽车、挂车及汽车列车的外廓尺寸及质量限值，适用于在道路上使用的所有车辆，是汽车行业最基本的技术标准之一。

1989年，由长春汽研所起草，中国汽车工业协会提出的《汽车外廓限界》（GB 1589—1989）发布，这一标准主要对汽车长、宽、高的限制提出规定，适用于公路和城市道路上运输用的各种汽车以及汽车列车。最初的标准简单、笼统，只停留在行业管理层面。

2004年，为配合国家有关部门道路车辆超载超限整治工作，质检总局、国家标准委批准发布了GB 1589—2004《道路车辆外廓尺寸、轴荷及质量限值》国家标准，自2004年10月1日起实施。2014年的GB 1589由中国汽车技术研究中心、交通运输部公路科学研究所、公安部交通管理科学研究所和一汽及东风共同起草，和1989年相比，这次的标准上升到国家层面。

随着国内运输业的飞速发展和新车型的不断涌现，GB 1589—2004限制了车辆运输和特种车辆作业，不利于新车型和新技术的推广，也无法适应道路交

通运输收费形式的变化。2012 年 6 月，质检总局、国家标准委下达了 GB 1589—2004 的修订计划。

据悉，工业和信息化部先后组织了 20 多次行业内较大规模的研讨会，10 多次部门之间的协调会，广泛征询了相关主管部门、行业机构和企业以及其他社会各界人士的意见；先后组织了 200 余次试验验证，仅中置轴车辆运输车的通道圆试验就进行了 100 多次，还组织了车辆运输半挂列车方案论证、长头列车和平头列车通道圆对比试验、车辆实路运行测试等。2015 年 7 月该标准公开征求意见，10 月 22 日通过技术审查，经部门再次协调一致后于 2016 年 3 月报批，4 月至 6 月进行 WTO 通报，并于 2016 年 7 月开始实施。

新的 GB 1589 开始重视行业的建议，进一步深化对道路的保护，与 GB 1589—2004相比，GB 1589—2016 主要有几个方面的变化：一是取消了车辆长度限值与最大总质量或轴数挂钩的限制，放宽了车辆宽度限值；二是增加了中置轴车辆运输挂车及列车、中置轴货运挂车及列车、长头牵引铰接列车等新车型；三是增加了牵引车、半挂车匹配运输相关参数的规定；四是明确了外廓尺寸测量要求。

GB 1589 标准贯穿了车辆生产、销售、使用、管理全过程，与汽车制造、交通管理、道路设计、物流运输、工程机械、石油勘探开采等多个行业密切相关，涉及工信、公安、交通、质检等部门职责，同时也是多年来路政、交管等部门公路超载超限治理的基本技术依据。

业界认为，2016 年 9 月 21 日全国范围内展开的联动治超，将新 GB 1589 实施落地，有力推动物流运输装备供给侧结构性改革，极大地支撑车辆运输车治理，另外也有效拉动重型货车市场的二次释放，市场涌现出一车难求的现象。

（三）2016 年卡车市场表现

2016 年国内卡车累计销售 3107860 辆，比 2015 年（2855881 辆）同比增加 8.82%。不同吨位的车型看，只有轻卡呈现负增长，而重卡、中卡和微卡均跑赢大盘，尤其是干线物流的主要载具重型卡车，2016 年比 2015 年多销售了 18.22 万辆，同比上升了 33.08%。（如图 2 所示）

从载具用途来看，2016 年普通货车与牵引车在卡车整体市场中比重最高，两类车型的比重之和超过 60%。这也从侧面印证，中国卡车用途发生结构性变化，早期为基础建设服务的专用、自卸等工程类用车在卡车市场中的比重越来越低，而运输社会物资的物流货车的地位日益加强，市场比重不断增加。（如图 3 所示）

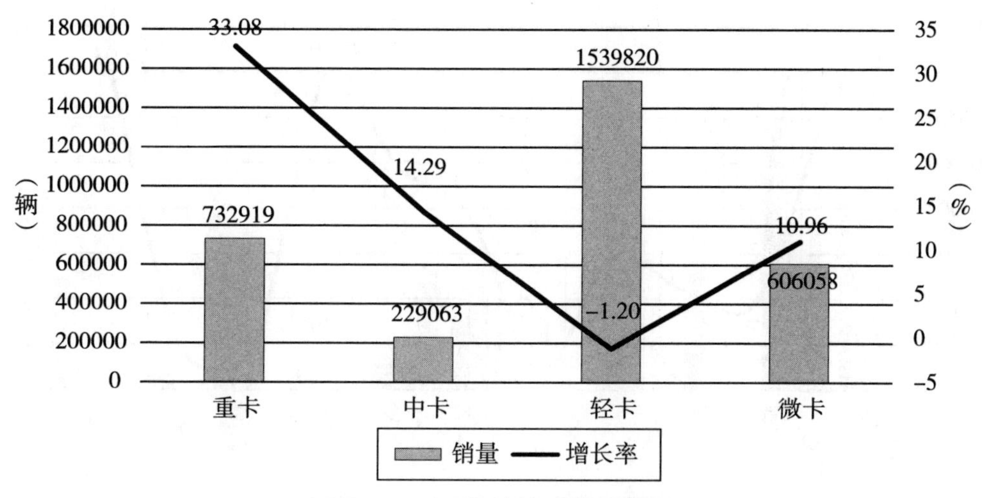

图 2　2016 年卡车市场表现

资料来源：中国汽车工业协会。

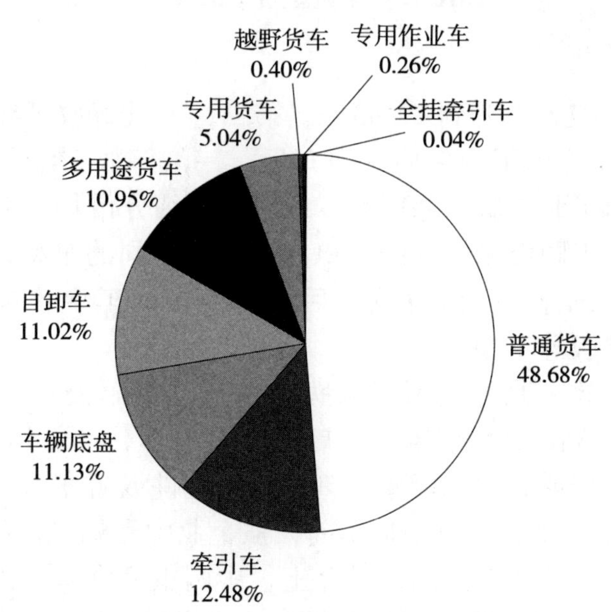

图 3　2016 年国内卡车分类比重

资料来源：中国汽车工业协会。

与 2015 年重型货车市场不温不火相比，2016 年重型货车市场中各个品牌竞争异常激烈。（如图 4 所示）

中国第一汽车集团公司（简称一汽解放）从年初开始，连续 11 个月成为月度销量冠军，并且一举脱掉季军的帽子，摘得 2016 年重型货车销量桂冠。抛开自身营销政策刺激，2016 年一汽解放重型货车市场制胜的原因主要有两个。第一，牵引车市场的爆发，下半年国内牵引车市场爆发，作为国内牵引车的龙头老大，一汽解放表现异常抢眼，全年销售 114179 辆牵引车，市场占有

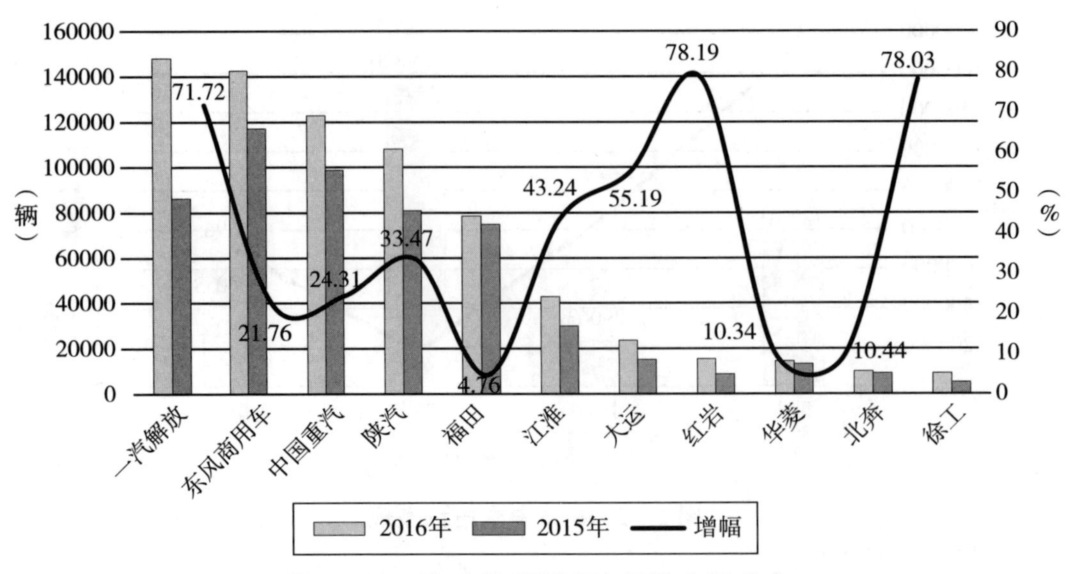

图4　2016 年主流重型货车品牌市场分布

资料来源：中国汽车工业协会。

率从 2015 年的 26. 07% 上升到 29. 43% 。第二，一汽解放延续了其在细分市场的发力，继 2015 年推出了领航版牵引车后，一汽解放在细分车型方面继续精耕细作，陆续推出了北方版、寒区版、绿通版等细分市场的载货车、牵引车车型，为不同区域、不同使用场景的用户量身定制不同的车型，对一汽解放市场的扩张功不可没，据悉，一汽解放今后将要推出的车型还包括南方版、高原版、运煤版、快递版等车型。

相对于一汽解放，原先的市场领头羊，东风汽车公司（简称东风）2016 年表现相对平和，推出 13L 东风天龙启航版牵引车，动力达到 450 马力之外，鲜见其他能够让市场或者技术印象深刻的营销事件或者车型。受制于牵引车市场的羸弱，2016 年东风成为重型货车前三强企业中涨幅最低的企业。

在工程用车向公路货车转型的道路上，中国重型汽车集团公司（简称中国重汽）2016 年华丽转身，推出了较多适合公路货运的重卡，比如豪沃 T5G、新斯太尔、T7H－B（轻量化低地板）、汕德卡等均有不俗的市场表现。值得一提的是中国重汽汕德卡，已经成为国内为数不多、在品质上能与进口卡车相抗衡的合资车型。

曾经呈现胶着状态的“欢喜冤家”陕西汽车集团有限责任公司排名第四（简称陕汽）与北汽福田汽车股份有限公司（简称福田欧曼），在 2016 年被市场竞争给强行分割开，其中陕汽销售 108060 辆，福田欧曼销售 78475 辆，从 2015 年 6048 辆的差距拉开，到 2016 年 29585 辆的差距。

尽管这一对小伙伴，在 2016 年陕汽 X3000、M3000 以及新 M3000 集体发力，利用潍柴动力、法士特变速箱与汉德车桥这一传统三大件组合，及时跟进

2016 年下半年市场爆发风口，与此同时，福田欧曼尽管在超级卡车、欧曼 GTL 奔驰版等新车的传播上让行业与用户为之叫好，但是，迫于车桥产能的紧张，在 2016 年下半年的市场中，错失良机，这也促使福田欧曼成为 2016 年主流重卡中唯一涨幅不到两位数的品牌。

安徽江淮汽车股份有限公司（简称江淮）2016 年共计销售重型货车 42878 辆，同比增长 43.24%，江淮近几年市场表现相对平稳，无论市场大环境好坏，江淮重型货车的增长率均跑赢大盘，相对应的是其市场份额的稳步攀升。江淮格尔发 K5 重型载货车市场表现优异，其后手牵引车 K7 预计在 2017 年上市，多元化的动力系统选择，在干线物流中将是把好手。

二、2017 年货运卡车后市场展望

（一）维修服务升级　落地预期看淡

早在 2010 年前后，国内主机厂涌现出一大批服务品牌的竞争，“感动”服务、“阳光”服务、“亲人”服务、“全程无忧”服务、“超级大扳手”服务、“贴心”服务、“真美满”服务、“温馨 360”服务、“保姆式”服务……琳琅满目、数不胜数，制造商给自己服务品牌的承诺主要集中在两方面。第一，及时快捷的响应，对未完成要求的有相应的处罚措施，但是对处罚措施并无监管、监督机制。第二，承诺正品配件。在当时的服务品牌赛跑中，制造商主要依靠正品配件盈利，其他开源通道尚未打开。

2014 年 9 月 3 日，交通运输部、国家发展和改革委共计 10 部门发布《关于促进汽车维修业转型升级提升服务质量的指导意见》（以下简称《指导意见》）。

时任交通运输部党组成员、运输司司长刘小明（现任交通运输部党组成员、副部长兼直属机关党委书记）对《指导意见》解读时表示，截至 2013 年年底，全国共有机动车维修业户 44 万家、从业人员近 300 万人，完成年维修量 3.3 亿辆次，年产值达 5000 亿元以上。

在维修业转型发展方向上，《指导意见》鼓励维修行业向连锁化、规模化、专业化、品牌化方向发展，通过加强行业诚信建设，建立健全维修质量纠纷调解和投诉处理机制，建立健全汽车维修救援体系等，增强行业服务能力和市场竞争力，限制滥用汽车保修条款，保障消费者维修选择权，联合相关部门建立实施汽车维修技术信息公开制度，破除维修配件渠道垄断，营造良好的市场竞争环境。

《指导意见》通过 2015 年、2016 年运行，在商用车领域反映平平，业界对于“单打独斗维修门店的生存空间将越来越小”的论调也相继弱化，维修服

务升级如何理想照进现实，成为商用车用户共同期盼之事。

（二）车辆租赁或将为电动货车打开窗口

根据中国汽车工业协会发布的数据显示，电动货车近几年涨势喜人，2016年首次破万，达到31904辆。（如图5所示）

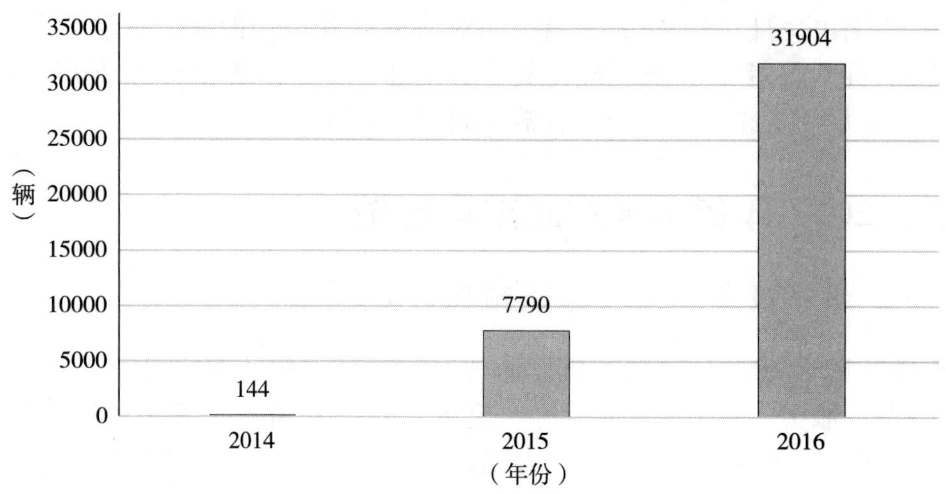

图5　电动货车近几年销量汇总

资料来源：中国汽车工业协会。

不管是从数据涨势来看，还是从政府推广来看，电动货车可以算是货车行业的一个新风口。

受制于多地货车进城的限制，电动货车成为一个很好的城市商配的解决方案。目前，涉及电动货车制造的企业有东风、一汽、上汽、北汽等传统商用车企业，此外比亚迪、吉利等乘用车企业在电动货车上也加快步伐。

理想与现实总是存在差距，高昂的售价、不确定的二手车残值以及充电桩充电站等基础设施的薄弱，成为很多地方电动车进军城市物流业的拦路虎。

终端企业、用户对电动物流车仍存疑惑，物流快递企业对成本较为敏感，因此不愿意投入太多的资金购置电动车。由此催发而生的是电动货车租赁业务的产生。

随着地上铁租车有限公司、民富沃能新能源汽车有限公司、成都雅骏新能源汽车科技股份有限公司等大批涉及新能源物流车租赁公司的兴起，电动物流车租赁业务或将成为城市电动物流的一个突破口。

据悉，在运营环节，目前电动物流专用车市场主要有4种模式，新能源货运车辆中长期模式、新能源货运车辆分时租赁模式、厂商自有物流定向租赁模式以及新能源专用车辆定制模式。

对于中长期租赁模式，用户受维保充电的限制较大，而相比于长租，分时租赁的模式能够最大限度地提高车辆的使用效率。

（三）二手车将成主机厂新战场

中国汽车流通协会披露的数据显示，2016 年国内全口径二手车交易量首次突破千万级别，为 1039.07 万辆，累计同比增长 10.33%，其中二手货车（全口径货车）交易量超过百万辆。相对于 2016 年货车新车 311 万辆的销量，二手货车是个不可忽视的体量。

二手车人告别了精彩的 2016 年，迎来了未知的 2017 年，而今年，二手车行业或将更加精彩。

2016 年 11 月，一汽解放、中国重汽、东风商用车、福田、陕汽等企业的代表齐聚梁山，共同探讨我国中重卡二手车市场的发展。与此同时，中国重汽和陕汽在 2016 年年末的商务大会上，明确表示，将在 2017 年开展二手车业务。

2016 年年末的商用车主机厂集体释放的关于二手车业务的信号，说明国内商用车主机厂在探寻新的盈利模式。目前，已经或计划开展二手车业务的制造商在二手车业务搭建上，主要包括“二手车置换”“库存车发布”和“品牌二手车”三部分，采取平台搭建、线上引流、线下交易相结合的方式来完成。

例如，福田汽车搭建的“中国商用二手车信息平台”网站、陕汽推出的“陕汽二手车管家”App，而在 2016 年年中的时候，中国重汽在枣庄召开的一次核心经销商会上，明确引导核心经销商尝试二手车销售业务。

商用车新车的销量增长受政策影响波动巨大，属于“靠天吃饭”的行列，而随着新的经济形势不确定因素的增加，有沉淀价值的二手车交易，必然会成为卡车制造商的新战场。

（卡车之家　孙俊杰）

2016年托盘行业发展回顾与2017年展望

一、2016年托盘行业发展回顾

当前，中国的托盘行业属于新兴产业，正处于上升阶段，庞大而迅速增长的需求量助托盘企业一臂之力。2016年，尽管中国经济下行压力较大，但在国家各级政府的大力推动下，托盘企业克服重重困难，整体处于上升的趋势。

据统计，截至2016年6月，中国托盘市场保有量达到11.4亿片，较2015年年底增长6082万片，其中1.2米×1.0米标准托盘市场占比达到25.5%左右，较2015年年底提高0.5个百分点。标准托盘租赁量达到1680万片，较2015年年底（1460万片）增长15%左右。

（一）商务部、国标委等部门继续推进托盘标准化工作

2016年是商务部与国标委推行的全国商贸物流标准化专项行动计划第三年，中国托盘行业的标准化程度持续提高。

从2013年起，商务部开始高度重视托盘在商贸物流发展中的重要性，先后出台了《关于促进商贸物流发展实施意见》《托盘循环共用系统建设发展指引》《商贸物流标准化专项行动计划》等多个文件；两次召开“全国商贸物流工作现场经验交流会”，要求省、市、自治区商务部门以托盘为切入点推行物流标准化；以“托盘托起未来”“托盘标准化与托盘循环共用”为题，编制宣传片和宣传材料，大力推进托盘在城市配送中的应用，使许多地方省、市的带托配送推动超市连锁物流设施标准化改造和上下游企业托盘循环共用，以托盘为基础的单元化物流，创新了超市连锁的订货模式，大幅提高了快消品的配送效率。

从2014年开始至2016年年底，商务已经发布了二批试点企业、三批标准化试点城市，32个全国主要经济节点城市成为了商务部的试点城市。在2016年年底各地商务部门及各全国行业协会上报了第三批标准化试点企业名单，有望在2017年第一季度公布。现在，全国商务系统都已行动起来，紧紧抓住托盘标准化，促进物流设施、装备标准化和城市配送托盘化。

在物流标准化试点工作的影响下，近年来，我国托盘标准化更新速度不断

加快，标准托盘市场需求持续增长，标准托盘市场占比快速提升。据中物联托盘委测算，2016 年上半年，1.2 米 ×1.0 米的标准托盘市场占比达到 25.5% 左右，较 2015 年年底提高 0.5 个百分点。

（二）构筑中国托盘质量保障体系

“中国托盘质量保障体系”包括三大块，第一块是托盘标准的制订和修订。2008 年国家标准“联运通用平托盘 主要尺寸及公差”出台。2013 年修订了“联运通用平托盘 性能要求和试验方法”，新制订了木质平托盘、木质及木质箱式托盘等多项国家标准。这些标准的制修订为托盘质量认证提供了依据；第二块是托盘的质量检验和测试。这项工作需要有国家资质的检验测试机构参与；第三块是托盘质量的制度保障。比如托盘质量的认定机构，评价系统及操作规程等。而此项工作必须公开、公正、公平；必须得到行业公认和企业认可；必须符合国家政策导向，如低碳环保、节能减排、循环利用等。

2012 年 3 月，在托盘委召开的全国托盘工作会议上，围绕托盘质量保障体系问题进行了热烈讨论，会后又广泛征求了相关行业、企业意见，并成立了托盘质量认证工作调研小组，于 2014 年 9 月展开了全国性、全行业性调查研究，2016 年继续深入开展可行性调研，提出了实施方案，包括：框架体系、总体规划、实施方法、效果分析预测等。

截至 2016 年年底，全国五大类托盘企业，获得“托盘质量认定”资格的企业有 30 余家，这 30 余家托盘生产企业近几年在引领中国托盘标准化和提高托盘质量方面发挥了积极作用。

（三）托盘标准制修订

经过十几年的努力，托盘标准化已经取得长足进步，无论在生产中标准化托盘占有的比例，还是在市场上，以及租赁行业中，标准化托盘成为托盘应用主流的时代即将到来。

为了推进托盘行业规范化运作，促进标准托盘广泛利用，托盘委努力创新托盘标准的制修订工作。在联合会标准部的指导和帮助下，托盘委把托盘标准的制修订工作看作一项系统工程，全面考量、系统设计、整体创新，力求各类托盘标准匹配衔接。从单元化物流的角度出发，把托盘标准放到单元化装载、物流作业、供应链管理中去，与叉车、货架、集装箱、包装、配送等相关要素统一考虑，使国外标准与国内发展现状相结合，托盘生产与托盘用户企业结合，全方位、立体式创新设计，五年期间托盘委组织开展了 16 项托盘标准制修订工作，得到了业内外好评。

（四）“单元化物流”引起物流企业决策者广泛关注

近些年，我国的经济社会发展现状表明，物流滞后于生产和消费，但其地位和作用越来越突出；物流的效率提高、成本降低以及服务水平的改进是物流的主要矛盾所在；除了提高物流管理和技术水平外，物流装备的利用率和应用水平是解决物流效率和成本的重中之重；物流标准化、单元化、模块化和智能化是解决物流效率和成本的主要出路；由此可见，单元化物流概念的兴起和引以关注是物流发展新阶段的必然现象。而单元化物流的基础器具是托盘和集装箱。中国物流与采购联合会托盘专业委员会在商务部的指导下于 2016 年 6 月在北京召开了“第三届单元化物流企业家论坛”。参加论坛的代表除了托盘生产企业以外，大部分是托盘用户企业，包括超市连锁、第三方物流、货架、叉车等物流装备生产商以及物流系统集成商等。大家聚到一起，针对单元化物流议题展开深入交流与探讨，形成关注度高，有共同语言、共同兴趣和共同目标等氛围。

（五）托盘生产企业生产方式转变

随着土地成本上升、用工成本上升，用户单位对托盘质量要求的提高，企业本身提升服务要求。最近几年越来越多的托盘生产企业把机械化生产托盘作为企业提升的一个抓手，目前，国内托盘生产企业已经引进了多条国际先进的自动化生产线。国产的生产线也已经逐渐成熟，有多家企业购买并使用。今后这类的机械设备在国内也会越来越多。

（六）“亚洲托盘系统联盟”工作务实展开

“亚洲托盘系统联盟”成立于 2006 年，是以中、日、韩三国为主体，11 个亚洲国家为成员的国际化托盘组织。该组织致力于亚洲各国的托盘信息交流、托盘标准制订、托盘企业合作等。托盘委主任吴清一从 2014 年 9 月任轮值主席后，坚持务实合作，坚持国家主权和利益。2016 年 6 月，在北京召开“第十一届亚洲托盘系统联盟会议”，以亚洲托盘发展方向、目标及战略为主线，讨论研究亚洲托盘统一标识和互通互联问题，经过反复商讨，决定 2017 年确定亚洲托盘统一标识并开展亚洲托盘质量认证工作。这是一项涉及国家战略意义和国家经济利益的大事，中国必须坚持原则，坚持国家主权和话语权，与亚洲各国合作、结盟、共赢。

（七）“中国托盘国际会议暨全球托盘企业家年会”成功举办

“中国托盘国际会议暨全球托盘企业家年会”从 2006 年起，已办了 11 届。

第11届于2016年11月在浙江温州举办，作为纯专业性会议，越办越有人气，越办越受欢迎，会议规模创历届之最，其原因之一是会议的实效性。每次会议的主题和讨论的内容对参会者都有实际效果，使他们能切身感受到会议的作用和参会的收获。大家围绕主题，讨论当前大环境下托盘企业怎样才能继续生存和发展等内容。参加会议的美国、德国、丹麦、马来西亚、日本、韩国、中国台湾等10多个国家和地区的托盘生产企业、用户企业、托盘租赁企业、托盘机械制造企业的决策者以及政府官员、专家学者聚在一起交换信息、交流经验，为全球托盘事业的发展献计献策，会议气氛高潮迭起，互动交流精彩纷呈，充分体现了托盘大家庭的团结互助、积极进取、合作共赢的精神面貌。与往届会议不同的是，今年托盘用户企业与会代表人数达到40%以上。

（八）“中欧托盘标识互认、互联互通”工程启动

随着“一带一路”事业的进展，中欧列车已经成为重要的物流项目，但是目前在列车上的带托货物都是使用欧标800厘米×1200厘米规格的托盘，对于中国“一带一路”物流体系建设事业是非常不利的。2015年10月，吴清一主任率团出访欧洲，与欧洲托盘协会经过友好协商，双方决定启动“中欧托盘标识互认、互联互通”工程。该工程的最终目的是实现中国和欧洲生产的标准托盘能做到标识互相承认、质量互相认可，做到无障碍通关，以便为扩大中欧贸易往来创造更良好的条件。而目前的情况是，中国发往欧洲的带托货物，必须带有欧洲托盘协会的标识才能进入欧盟各国，这很不平等，也严重影响中国商品开拓欧洲市场。此项工作对于“一带一路”中国物流标准的推进也有重要的意义。

二、2017年托盘行业展望

2017年，随着商务部的全国商贸物流标准化专项行动计划继续推进，托盘循环共用将是重头戏。在前后共三批重点推进企业（含平台）和重点推进协会的基础上，指导开展标准化相关工作。通过逐批推进物流标准化试点，以托盘标准化为核心，降低中国社会物流总费用占GDP比例，加快企业积极推动托盘社会化循环共用模式步伐，探索推进社会化托盘共用系统。

实现托盘的标准化，标准的制修订工作一定要加强。

2017年，随着中国天然林全面禁伐的实施，国内木材资源短缺的状况会越来越明显，使得2016年进口木材的价格全面上涨，国内木托盘生产企业面临着较大的原材料上涨压力，也会促进木托盘行业的洗牌，小微企业会越来越少，大中型木托盘生产企业会采取各种措施来减少由原材料价格上涨带来的

压力。很多木托盘生产企业会从原来的单一采购国内木材供应商供给的原材料，转向主动到木材供应地进行采购。同时，为了提高生产效率，越来越多的生产企业会增加托盘机械生产设备，提高标准化托盘生产比例，进行规模化生产。

总之，2017 年托盘行业会迎来新一轮的挑战，同时，也会促进托盘企业的升级改造。

（中国物流与采购联合会托盘专业委员会　孙熙军）

2016 年包装行业发展回顾与 2017 年展望

2016 年，是我国“十三五”开局之年，供给侧结构性改革的攻坚之年，也是全面实施《中国制造 2025》、“互联网 + ”等国家重大战略的重要之年。我国包装工业着力推进供给侧结构性改革，在国家“十三五”规划和《中国制造 2025》行动计划的指引下，全行业团结奋斗，努力拼搏，巩固提升传统优势，加快培育发展新动能，努力保持包装工业持续健康发展。2016 年我国包装产业达到年产值 1.7 万亿元，行业企业达 25 万家，从业人数达 1000 万人，年增长率高于全国工业的平均增长水平，位列 38 个主要工业门类的第 14 位。在国民经济发展中占据了重要位置。

一、2016 年我国包装行业发展回顾

（一）两部门发文推动包装强国建设进程，致力 4 年增 7000 万亿元营收

2016 年 12 月 19 日，工信部及商务部发布《两部委关于加快我国包装产业转型发展的指导意见》。意见指出，包装产业是与国计民生密切相关的服务型制造业，在国民经济与社会发展中具有举足轻重的地位。为进一步提升我国包装产业的核心竞争力，巩固世界包装大国地位，推动包装强国建设进程，依据《中华人民共和国国民经济和社会发展第十三个五年规划纲要》《中国制造 2025》（国发〔2015〕28 号）和《关于开展消费品工业“三品”专项行动营造良好市场环境的若干意见》（国办发〔2016〕40 号）等文件，制定了指导意见。

经过 30 多年的建设发展，我国包装产业已建成涵盖设计、生产、检测、流通、回收循环利用等产品全生命周期的较为完善的体系，分为包装材料、包装制品、包装装备三大类别和纸包装、塑料包装、金属包装、玻璃包装、竹木包装五大子行业。“十二五”期间，包装产业规模稳步扩大，结构日趋优化，实力不断增强，地位持续跃升，在服务国家战略、适应民生需求、建设制造强国、推动经济发展中的贡献能力显著提升，我国作为世界第二包装大国的地位进一步巩固。目前，包装工业已成为中国制造体系的重要组成部分。

但在快速发展的同时，包装产业仍存在大而不强的问题。行业自主创新能力弱，重大科技创新投入和企业技术研发投入严重不足，高新技术难以实现重大突破，先进装备和关键技术进口依赖度高；企业高投入、高消耗、高排放的

粗放生产模式仍然较为普遍，绿色化生产方式与体系尚未有效形成；包装制造过程自动化、信息化、智能化水平有待提高；产业区域发展不平衡、不协调；低档次、同质化产品生产企业重复建设问题突出，无序竞争现象未能得到遏制。

指导意见的指导思想是深入贯彻落实党的十八大和十八届三中、四中、五中、六中全会精神，牢固树立“创新、协调、绿色、开放、共享”的发展理念，以提高发展质量和效益为中心，以推进供给侧结构性改革为主线，以科技创新为动力，对接消费品工业“三品”专项行动，推动生产方式转变和供给结构优化。实施军民融合发展战略，构建军民包装标准通用、产品共用、技术互通的发展格局。产业保持中高速发展，迈向中高端水平，逐步实现由包装大国向包装强国转变。

其基本原则为坚持市场主导，政府引导；坚持创新驱动，品牌引领；坚持协调发展，重点突破；坚持绿色发展，适度包装。到2020年，实现包装产业年主营业务收入达到2.5万亿元，形成15家以上年产值超过50亿元的企业或集团。加强自主创新，增加包装产品品种，提升包装产品品质，培育包装产品品牌。加强技术创新，构建创新体系，突破关键技术，强化示范应用。两化融合，加快信息化建设进程，提升包装智能化水平。节能减排，开展绿色生产，构建循环发展体系。

强化绿色发展理念，发展绿色包装材料，推广绿色包装技术。军民融合加快军地协调、需求对接、信息互通、资源共享以及技术共用等体系建设，实现包装产业军民融合发展体制机制上的横向衔接和纵向贯通，开展标准建设促进包装标准体系建设。推动包装标准国际接轨。

通过完善包装管理体系，加大政策支持力度，强化教育科技支撑，发挥行业组织作用来保障上述措施的实施。推动包装产业转型升级、健康发展。

（二）中国包装联合会充分发挥桥梁、纽带、参谋、助手的作用打造五个平台

中国包装联合会全力打造了网络信息服务平台、科技创新服务平台、人才培养综合服务平台、面向政府的服务平台和国际交流合作平台等“五个服务平台”，提升了“五个平台”的运行质量，充分发挥“五个平台”的作用，取得了一定成绩。尤其是围绕“网络信息服务平台”建设，中国包联在经济信息统计、行业运行分析等方面完成了《2014年、2015年包装行业经济运行报告》（含纸包装、塑料包装、金属、玻璃包装容器、竹木包装、包装机械）和《2015年包装行业经济运行指数》（含以上各子行业）。

（三）食品接触材料安全要求新国标密集出台

2016 年 11 月 18 日，国家卫生计生委和食品药品监管总局根据《中华人民共和国食品安全法》和《食品安全国家标准管理办法》规定，经食品安全国家标准审评委员会审查通过，发布了《食品安全国家标准 食品接触材料及制品通用安全要求》（GB 4806.1—2016）等 53 项食品安全国家标准。

从内容上看，我国已构建了一个从原料、添加剂到产品，以及生产过程和检测方法全覆盖的标准体系。该系列新标准，不仅给出了食品接触材料通用安全要求、原材料和添加剂授权使用的物质清单及限制要求、各材质产品的安全要求以及相关检测方法进行了详细规定，还对生产企业的良好操作规范给出了通用要求。

（四）全国性纸荒致原纸价格失控

为了确保 2016 年 9 月的杭州 G20 峰会的顺利进行，中国政府在峰会前数月即采取了严格的环保管制。在峰进行的前后三周时间，以主场馆 300 千米范围的造纸企业被要求停产限产。同时，山东、江苏、上海、安徽、江西、河南等周边 7 省市协同停产限产。

G20 峰会引发的大面积停产限产，不仅拉动了原纸的持续上涨，而且导致中国纸厂和贸易商对纸浆和进口废纸的采购出现了延后，同时受到煤炭暴涨、汇率贬值、停产限产和公路治超的叠加影响，从 10 月起国内原纸价格出现疯涨，到 11 月份演变成为全国性的纸荒。近三十年来，很多纸板和纸箱生产企业首次出现了无纸下锅的局面，玖龙、理文等龙头纸业的库存也达到史上最低。据业内人士透露，在成本拉涨 30% 的影响下，灰板纸每吨涨 1000 多元，牛皮纸每吨涨了近 2000 元，白板纸也有每吨 1000 元左右的涨幅。鉴于 2017 年人民币贬值和大通胀预期仍然存在，不排除出现再次疯涨的可能。

在 11 月原纸大涨之际，二级纸板厂普遍出现抬价过高和停止接单的现象，令众多三级纸箱厂陷入了接单即亏损不接单就丢客户的两难境地。面对纸板行业的碾压式行为，体量微小的纸箱企业被迫抱团，纷纷成立协会来共同应对。11 月 19 日珠三角纸箱包装行业宜春商会率先成立，11 月 26 日，莞惠深纸箱同业抱团会成功召开，11 月 28 日，深圳纸箱联盟协会成立，抱团后的纸箱联盟对部分他们声称“不遵守商业规范”的纸板供应商进行了集体抵制。

（五）环保龙卷风重创包装印刷业

北方雾霾挥之不去，南方掀起环保风暴，2016 年下半年，全国上下，大江南北都受到了环保风潮的影响，无数造纸及包装印刷企业受到波及。从 7 月河南掀起史上最严环保风潮开始，运动式的环保风潮席卷了全国，北方日趋严重的雾霾更是加重了停产和限产。而11月底开始的广东环保风潮更是刮龙卷风一般吹袭了珠三角地区，数万家企业受到波及。

环保是人心所向，获得了社会的广泛支持，但对于包装印刷企业来说，则需实实在在的投入。北京安姆科投资1200万元环保设施，成都宝柏则一举投入2000万。而在珠三角，有企业称自己的纸箱厂需要花将近30万元才能搞定环保。

（六）环保部发布18项鼓励推广应用的VOCs污染防治先进技术

环保部发布18项鼓励推广应用的VOCs污染防治先进技术，与包装行业相关的技术有：

1. 包装印刷行业氮气保护全UV固化技术

凹印工艺中使用UV油墨的承印材料在进入干燥区前，先采用不含氧的气体对承印材料表面进行吹扫处理，使其在充有保护气体 N_2 的紫外线干燥箱中进行干燥，防止干燥过程中油墨与空气接触反应，避免添加抗氧剂，从源头减少 VOC_s 的使用与排放。

2. 包装印刷无溶剂复合技术

该技术使用聚氨酯胶粘剂通过反应固化实现不同基材的黏结。全部工艺在低温或常温（35～45℃）状态下完成；使用多辊涂布，胶层薄，涂胶量只有溶剂型干式复合的1/3～1/2。相比溶剂型干式复合工艺VOCs减排率可达99%以上。

3. 活性炭吸附－氮气脱附冷凝溶剂回收技术

利用颗粒活性炭吸附有机废气，活性炭吸附饱和后采用高温氮气脱附再生，脱附产生的溶剂经冷凝分离后回收。VOCs净化效率≥96%（一级吸附若不能达标则需采用两级）。适用于包装印刷、石油化工、涂布、制药等行业。

4. 固定式有机废气蓄热燃烧技术

采用多床固定式蓄热室，经预热后的有机废气进入燃烧室高温氧化分解，净化后的高温尾气经蓄热体降温后达标排放，蓄热体预热进口废气，节省能源。设备运行温度800℃左右，阻力≤5000Pa。当采用两床时，VOCs净化效率≥90%；当采用三床及以上时，VOCs净化效率≥97%，热回用率≥90%。适用于：石化、有机化工、表面涂装、包装、印刷等行业中高浓度VOCs废气净化。

5. 旋转式蓄热燃烧净化技术

旋转式蓄热燃烧系统主体结构设有多个蜂窝陶瓷蓄热室和燃烧室，每个蓄热室依次经历蓄热、放热、清扫程序。控制系统控制驱动马达使回转阀按一定速度旋转，实现蓄热体吸附－放热的循环切换。VOCs 净化效率≥97%，热回用率≥90%。适用于：石化、有机化工、表面涂装、包装、印刷等行业中高浓度 VOCs 废气净化。

以上示范技术具有创新性，技术指标先进、治理效果好，基本达到实际工程应用水平，具有工程示范价值；所推广技术是经工程实践证明了的成熟技术，治理效果稳定、经济合理可行，鼓励推广应用。

6. 利乐涉垄断被罚 6.68 亿元

2016 年 11 月 16 日，经过历时 4 年多的漫长调查，“利乐公司”——因被国家工商总局判定涉嫌垄断，处罚款计 667724176.88 元。利乐中国对此次处罚做出回应，称“尽管对结果感到遗憾，但利乐公司接受国家工商总局的处罚决定，并决定不提起上诉”。

2012 年 1 月 17 日，国家工商总局根据《中华人民共和国反垄断法》，对利乐涉嫌垄断行为进行立案调查；2013 年 7 月，国家工商总局对利乐涉嫌滥用市场支配地位行为予以立案，并组织 20 个省市工商机关进行调查；2014 年，国家工商总局方面表示调查工作已经取得阶段性结果，并于当年 9 月透露对利乐公司的反垄断调查已到最后认定阶段。工商总局在的通报中指出，根据举报，工商总局于 2012 年 1 月对利乐涉嫌垄断行为进行立案，并开展了持续 4 年多的全面深入调查。“期间，工商总局通过现场检查、市场问卷调查、询问调查等调查措施，调取了当事人及相关企业的书证和电子数据资料，就案件涉及的专业技术、经济学、法律等问题进行了深入的研究论证和专家咨询，并多次与当事人当面沟通，当事人也进行了充分的陈述说明。”工商总局认定，在 2009—2013 年，利乐在中国大陆液体食品纸基无菌包装设备（简称设备）、纸基无菌包装设备的技术服务（简称技术服务）、纸基无菌包装材料（简称包材）三个市场，均具有市场支配地位。“2009—2013 年期间，利乐凭借其在设备市场、技术服务市场的支配地位，在提供设备和技术服务过程中搭售包材；凭借其在包材市场的支配地位，通过限制原料纸供应商与其竞争对手合作、限制原料纸供应商使用有关技术信息，妨碍原料纸供应商向其竞争对手提供原料纸；凭借其在包材市场的支配地位实施追溯性累计销量折扣和个性化采购量目标折扣等排除、限制竞争的忠诚折扣，妨碍包材市场的公平竞争。”最终，利乐的上述行为因违反了《中华人民共和国反垄断法》的有关规定，构成了该法第十七条第一款第（四）项、第（五）项和第（七）项规定的没有正当理由搭售、没有正当理由限定交易和其他滥用市场支配地位行为。依据《中华人民共和国反垄断法》，工商总局责令利乐停止违法行为，包括不得在提供设备和技术服务时无正当理由搭售包材，不得无正当理由限制包材原纸供应商向第三方供应牛底涂布液包白卡纸，不得制定和实施排除、限制包材市场竞争的忠诚折扣处罚款计667724176.88元。

其实早自2003年起，就有一些包装企业指出，利乐利用市场强势地位，把“捆绑销售”写进合同，与客户约定，若干年中客户使用约定数量的包装耗材来抵扣包装设备余款，并且客户在合同约定的期限内无权选择其他包装材料公司，从而达到排斥竞争对手的目的。业界对利乐的这种垄断质疑，也曾引起市场监管部门和学界的注意。但并未有实质性的改变。直到2012年1月，工商总局开始对利乐公司立案，2013年7月，对其涉嫌滥用市场支配地位行为正式予以立案，并组织20个省市工商机关进行调查。反垄断机关毕四年之功，终于给利乐长达数十年、涉及数家企业的垄断经营行为给出了它应得的结论。根据我国《反垄断法》相关条款，利乐近6.7亿元罚单自有计算的标准和依据。可以说，既起到了惩罚的作用，也稳定了市场。

打击垄断行为是为了维护市场公平竞争，一个法治化的市场，才是一个更具活力和公平竞争力的市场。中国市场足够大，包括利乐在内，都可以在这个市场中找到自己的位置，但是滥用市场地位，人为限制下游、消费者的选择权，阻碍整个行业良性发展，也不利于自身的发展。

（七）快递包装使用呈井喷式爆发，包装废弃物处理亟待解决

据统计，2016年，快递业务量约达310亿件，比上年增长50%，其中电商物流快递业务量突破235亿件。据推算，2016年全国电商物流包装箱使用量为141亿个，快递塑料袋使用量为117亿个，编织袋为27亿条，胶带使用量超过230亿米。

电商快递包装箱的巨量使用，使其使用后的包装物的回收利用面临很多问题，电商快递包装物常常被消费者丢弃，是最大的电商包装垃圾源之一。近年来，随着电商快速发展，电商包装箱回收越来越得到重视，部分电商公司已经开始尝试通过建立包装箱回收体系，通过积分奖励组织回收，取得了巨大成效。此外，也有部分消费者把电商快递包装箱做废物利用，当作家庭收纳使用，或者通过废品回收系统实现回收再利用。

在电商物流包装的耗材中，根据统计分析，胶带的使用量快件远远超过了非电商快件，胶带使用量达到了87.10%，且每个电商包裹基本上都被胶带层层包围，根据调查平均每件电商快递使用胶带大约为1米，据此计算，2016年我国235亿件电商包裹中，胶带使用量电商物流使用的胶带的总长度超过230亿米。

与其他包裹材料不同，胶带作为产品包装的辅助用品，在产品包装中作为一次性使用产品，一部分被消费者直接当成废品抛弃，此外还有一部分胶带与纸箱、产品等相混合，加大了纸箱的回收利用难度。使用量大、回收难，是胶

带回收利用的现实写照。

物流包装不仅仅只是电子商务配送末端的物流包裹问题，电子商务物流系统上游，在商品的采购、运输、仓储、分拣、加工、配送等各环节也都涉及产品包装，在拆箱、分拣过程中存在着重复包装、过度包装、包装规格杂乱无章等问题。物流包装浪费带来了巨量包装垃圾，其中电子商务物流的包裹包装问题是社会关注的焦点。

二、2017 年我国包装行业展望

2017 年是我国各项重大改革举措的持续推进之年，也是包装“十三五”规划组织实施的关键之年，包装行业则应该立足服务型制造业的产业特征，根据《工业和信息化部商务部关于加快我国包装产业转型发展的指导意见》（以下简称《指导意见》）和《中国包装工业发展规划（2016—2020 年）》，下大力气夯实产业发展基础、提升产业发展品质、增强转型发展能力，形成推动产业保持中高速、迈向中高端的强劲动力。

（一）在 2017 年中国包装行业将实施“1510 行动计划”

1510 行动计划，即落实一个指导意见、完善五大服务平台、推动发展规划中的十项重点工作。

一个指导意见——围绕《指导意见》，制订包装产业转型发展的路线图。重点做好宣传贯彻、政策对接、配套规划、组织实施等工作。

五大服务平台——进一步夯实以推进包装产品研发设计、生产流通、两化融合与军民共享为目标的“网络信息服务平台”；以推进科技成果孵化、鉴定、推广、应用、奖励紧密衔接为目标的“科技创新服务平台”；以推进包装学科建设与发展、包装人才培养与使用需求配套为目标的“人才培养综合服务平台”；以推进政策对接、委托管理、服务购买等职能一体融通为目标的“面向政府的服务平台”；以推进服务于企业项目衔接、投资洽谈、技术引进、产品展销、资源共享为目标的“国际交流合作平台”。

十项重点工作——围绕《指导意见》，重点推动发展理念、管理模式、组织自身、研发中心与产业基地、人才队伍、包装标准、行业智库、军民融合、绿色发展、包装文化等十个方面的建设。同时包装行业要继续建立包装行业数据统计体系。

（二）包装标准继续完善建设

根据《指导意见》要求，2017 年将启动现有 14 大类包装标准的系统优化和水平提升工作。深入研究标准规范，完善国家、行业、企业等多层次包装标准体系。着力提高国际标准的采标率和转化率，完善包装标准推广应用机制，开展标准化试点示范工作。在完成既有国家标准、行业标准编制工作的基础上，加大培育团体标准发展力度。

（三）智能包装将得到迅速发展

随着技术的进步和商品流通的新需求，相对于传统的只起到保护、隔离、定量装潢等功能的普通包装来说，智能包装将得到迅速发展，智能包装在包装中采用了机械、电气、电子和化学等技术的包装技术使其具有更多的智能化技术成分，以满足日益复杂的流通系统的要求和用户对商品流通和贮存的特殊要求。

在食品和饮料领域里，智能包装指通过检测包装食品的环境条件，提供在流通和储存期间包装食品品质的信息。如时间－温度显示包装，新鲜度显示包装，包装泄露显示包装等。

随着产品价格的下降和性能的提高，主动式智能包装市场将取得进一步发展。主动式智能包装指人们通过创新思维，这些包装的特殊性能恰好可满足商品的特殊要求和特殊的环境条件的动态变化。

此外，公众对食品安全的高度重视以及对易腐食品的保护需求将为智能包装的增长提供强劲动力。除了要延长食品、饮料、药品和其他产品的保质期以外，这些智能包装还承担着提高产品可追溯性的重任。

毫无疑问，主动式智能包装的增长速度将变得越来越快，而且将在时间温度指示器（TTIs）和其他主动式智能包装系统的推动下取得跨越式的发展。据了解，目前新兴的很多主动式智能包装都能以最合理的价格提升产品的差异化水平，并为它们提供追踪和各种互动功能。

（四）电商物流包装合理化将加速

电商物流包装解决方案必须是标准先行、综合治理，其中标准化是综合治理的基础。通过宣传贯彻和实施物流包装规格的系列标准，对杂乱无章的物流包装，尤其是电子商务包裹包装进行规范，为提升物流效率和推进绿色物流包装打下基础。在此基础上，通过推动可循环包装、减量包装和可降解包装等绿色包装解决方案，促进物流包装绿色化发展。

可循环包装解决方案：根据电子商务物流配送的实际需要和产品特点，在电子商务物流配送中广泛采用可循环使用的编织袋、标准纸箱、标准塑料箱，采取现场回收或定点回收模式实现循环使用。鼓励电子商务平台结合会员奖励积分和优惠促销等相关策略，全面推进电子商务物流包裹的可循环包装。

减量包装解决方案：①鼓励电子商务企业与产品供应商合作，从生产厂的产品包装开始，就考虑电子商务物流配送的包装问题，在电子商务物流配送时，充分利用产品原包装，减少二次包装的浪费；②支持智能包装技术创新，根据产品的尺寸与配送数量，智能选取最适合的标准包装箱，减少填充物和包装箱尺寸，实现减量包装；③鼓励电子商务企业借助智慧物流技术手段，合并客户订单，对客户同一批次不同产品订单实行一起打包配送，减少包裹数量和配送次数；大力推广电子运单，减少电子商务物流包裹运单的浪费等。

可降解包装材料解决方案：大力推进电子商务物流企业使用可降解的包装材料，如：可降解的包装填充物、运单、编织袋、塑料袋、封套、内部填充物等等。鼓励企业、行业协会积极制定相关标准，禁止有毒胶带、塑料袋、编织袋的使用。

电子商务物流包装问题是一个新问题，需要发动社会力量，全面推进技术创新和管理模式创新，加强对绿色包装技术创新的引导和奖励支持，积极推进物流包装的标准化和绿色化发展。

（五）绿色包装仍然是包装行业发展模式

在国家系列环保政策倒逼机制下，包装产业绿色、循环发展，企业围绕“由被动适应向主动服务、由要素驱动向创新驱动、由传统生产向绿色生产”三个转变，采用绿色包装材料，应用循环利用技术，创新生产经营模式。其总的趋势是生态包装及可持续包装，主要特点是包装材料生态化，食品包装材料安全化加工生产降低能耗、低碳排放，强化3R1DI Reduce，减少包装材料消耗；Reuse（或Refill），包装容器的再填充使用；Recycle，包装材料的循环再利用；Degradable，包装材料具有可降解性。适应物流电子商务包装的新需求。

（天津科技大学 韩永生）

2016年物流业物联网发展回顾与2017年展望

一、2016年物流业物联网发展回顾

物流业自身的作业特点——多环节、多领域、多主体和网络化决定了对信息技术的依赖程度较高，而物联网感知、智能处理和控制等技术特征恰当的匹配了物流业的运作特点。当前，我国物流行业正处于转型的关键时期，物联网技术在物流业应用逐渐深入，物联网与云计算、大数据、移动互联网等现代信息技术不断融合，“互联网+现代物流”模式的发展越来越清晰，逐步形成了一个综合的互联网与实体物流网相融合的“物流物联网”。物流行业的发展，离不开物联网技术的支持，从总体的发展趋势来看，物联网技术在物流业关注度越来越高，应用也越来越广泛。

物联网是新一代信息技术的高度集成和综合运用，具有渗透性强、带动作用大、综合效益好的特点，物联网技术与物流行业的有效结合是未来发展的重要方向，也是未来一个重要的经济增长点，物联网的应用从根本上提高了对物品生产、配送、仓储、销售等环节的监控水平，改变了供应链流程和管理手段，对于物流成本的降低和物流效率的提高具有重要意义。

（一）物流业物联网应用现状分析

物联网在物流领域的关键性技术有传感技术、RFID技术、GPS/GIS卫星定位技术、智能机器人等。物联网技术的集成在物流行业应用集中体现在四个领域：运输过程的智能管理、产品的可追溯性管理、物流配送中心的智能化管理和物流互联平台的构建。

运输过程的智能管理，主要体现为物流过程的可视化智能管理网络系统。GIS、GPS和无线通信技术的有效结合，再辅以车辆路线模型、最短路径模型、网络物流模型、分配集合模型和设施定位模型等，能够建立功能强大的物流信息系统，使物流变得实时并且成本最优；在物流活动过程中实时实现对车辆定位、运输物品监控、在线调度与配送的可视化管理。

产品的可追溯性管理，主要体现为基于RFID等技术建立可追溯的智能系统，通过对供应链上各种食品信息进行标识、采集、记录、分享，在供应链上每一个节点完成“向上一步追溯和向下一步追溯”，最终实现生

产、加工、物流、零售整个供应链的全过程跟踪溯源，实现在物流过程中的质量管理和责任追究，该系统主要应用在医药、农产品、食品、烟草等行业领域。2016 年年初，国务院办公厅发布了《关于加快推进重要产品追溯体系建设的意见》，指出追溯系统建设要统一规划、分类推进，统一标准、互联互通。2016 年 1 月 27 日，改革开放以来指导“三农”工作的第 18 份中央一号文件由新华社公开发布，再次强调实施食品安全战略。加快健全从农田到餐桌的农产品质量和食品安全监管体系，建立全程可追溯、互联共享的信息平台，加强标准体系建设，健全风险监测评估和检验检测体系。

企业物流配送中心的智能化管理，可以利用物联网中的 RFID 等技术，根据需要将电子标签贴在货物、托盘或者周转箱上面，通过物品信息的实时记录、处理，再结合物联网的智能处理系统，实现货物出入库、盘点、配送一体化管理。目前，很多的配送中心在货物装载和卸车中采用智能机器人、激光或磁性无人搬运车来进行作业和物品的搬运，货物的分拣及出入库也都采用自动化的机械设备来操作，使得物流配送作业系统能够实现自动化、智能化。2016 年 8 月，在广州增城正式开仓的菜鸟联盟首个自动化仓库，从收到订单到包裹出库，除了条码复核等环节均实现了自动化。基于条码 + 传感器的物联网技术，每个包裹乃至其中的商品拥有自己的 ID，且可被互联网实时识别，实现了传送带自动识别包裹路径，基于此可实现存储、打包和物流三大环节的智能化。2016 年 10 月，京东开展“智慧物流之旅”无人仓开放活动，展示由机器人、人工智能算法和数据感知网络打造的全自动仓储场景，仓库中智能搬运机器人 AGV 可以实现物料在对应工位之间的搬运，通过调度系统、人工智能跟二维码扫描可以灵活更改路径，实现自动避障与自动规划路径，搬运机器人载荷最高值为 300 千克行走速度可以达到 2 米/秒以上；DELTA 型分拣机器人运用 3D 视觉技术，能自动识别并更换端拾器，实现动态拣选，具有三轴并联机械结构及适应货物转角偏差辅助轴的特点。

物流物联网平台的构建。基于智能配货的物流网络化公共信息平台能够有效提高物流系统的运作效率。随着企业间竞争转为供应链之间的竞争，对企业的物流系统、生产系统、采购系统与销售系统提出较高要求。物联网在物流业中的应用将产生智慧生产与智慧供应链的融合，帮助供应链内企业实现“物流”“信息流”“商流”“资金流”的协调统一，各个物流供应链的参与者可以按照预定的权限和流程各行其是，企业物流完全智慧地融入企业经营之中，使得供应链上的资源更加合理的分配与配置。

（二）物流业物联网发展特征

1. 物联网应用越来越广泛，物流过程更加智慧化

物联网改变了商品流通体系，其应用的目的是使得物流的“动”更加合理化，更重要的是如何“少动”甚至“不动”。首先，智能分仓技术将改变现有物流模式，做到货物“不动”、数据“动”，大幅提高物流效率，降低物流成本。大数据预测将指导商家进行库存前置，包括品类、规模、地域，合理的配置成本最低的运输方式提前运至消费地，待消费者下单后，再从最近的电商仓储完成“最后一公里”配送，实现“订单未下，物流先行”。其次，依托互联网的发展，物联网产业布局出现城镇化的改变。C2B模式、淘工厂等新事物的出现，个性化消费驱动力正在崛起，培育了大量的网商、服务商，带动了当地制造业的兴起，吸纳了周边大量劳动力就业，形成了新的产业聚集、新型的城镇化，也标志着依靠工业经济下大零售、大生产为基础的产业布局正在改变。互联网为物联网带来三四线城市、农村消费的变化，扩大了物流覆盖半径和纵深。农村用户在网上购置商品、快递送到家门口。互联网带来生产、消费、物流的改变会构筑新的商业流通体系，从而使物联网应用越来越广泛。

2. 物联网物流发展得到了良好的产业政策和国家支持

2016年是我国“十三五”的开局之年，今年的政府工作报告中提出，在“十三五”期间要促进大数据 、云计算、物联网广泛应用。中央财政连续4年安排物联网发展专项资金达20亿元，物联网被纳入高新技术企业认定和支持范围。无锡、重庆、杭州、福建等地建设国家级物联网产业基地，形成环渤海、长三角、泛珠三角以及中西部地区等区域物联网产业集聚发展的格局，打造了包括芯片、元器件、设备、软件在内的较为完整的物联网产业链，涌现出一大批具备较强实力的物联网领军企业，物联网产业规模达到7500亿元，在智能交通、车联网、医疗健康等领域已形成一批成熟的运营服务平台和商业模式。

《国务院办公厅关于推进线上线下互动加快商贸流通创新发展转型升级的意见》指出要大力发展智慧物流，运用北斗导航、大数据、物联网等技术，构建智能化物流通道网络，建设智能化仓储体系、配送系统。发挥互联网平台实时、高效、精准的优势，对线下运输车辆、仓储等资源进行合理调配、整合利用，提高物流资源使用效率，实现运输工具和货物的实时跟踪和在线化、可视化管理，鼓励依托互联网平台的“无车承运人”发展。推广城市共同配送模式，支持物流综合信息服务平台建设。鼓励企业在出口重点国家建设海外仓，推进跨境电子商务发展。4月国务院常务会议，部署推进“互联网+流通”行动，提出打造智慧物流体系，发展物联网，尤其要加大农村宽带建设投入，带

动工业品下乡、农产品进城，为农产品销售提供便利，既促进农民增收，又丰富城市供应，使市场价格合理稳定。《“互联网 +”高效物流实施意见》指出，构建物流信息互联共享体系；提升仓储配送智能化水平；发展高效便捷物流新模式；营造开放共赢的物流发展环境等四项主要任务。《国内贸易流通“十三五”发展规划》围绕流通升级战略，提出了消费促进、流通现代化、智慧供应链三大行动，积极推进流通创新发展。

3. 物流运营新模式不断涌现

为使社会资源调配更加合理化，2016 年物流运营新模式纷纷涌现出来。在大数据的助力下，物流社会化应用日新月异：出租车顺路送货、苏宁云商推出的 O2O 线上线下运作、京东商城推出的消费者区域消费预测及全国仓库安全库存网络控制、众包模式“路人送货”等。物流智能化趋势也很明显，在运输环节，顺丰自行开发了载货无人机；在仓储环节，拣货机器人标志着电商仓储管理已经进入新时代；配送机器人项目也在研发中。

（三）物流业物联网发展挑战

物联网在我国物流行业的应用仍处于快速发展的起始阶段，实现互联的普遍性应用，仍存在一系列的障碍。

（1）物联网的发展还存在制约因素。一是互联网产业能力不高，尚未形成规模化产业优势；二是传感器、芯片关键设备制造、智能通信与控制、海量数据处理等核心技术与发达国家存在较大的差距；三是标准比较分散，体系不够完善；四是物联网的应用规模和领域相对较小，没有成熟的商业模式，应用成本较高；五是面临巨大的安全与隐私保护挑战，因为物联网涉及国家经济社会活动和战略性资源。

（2）物流企业本身信息化程度普遍不高，许多关键性的物联网技术在物流领域还是处于简单发展的阶段，与物流行业的结合仍不够紧密。可操控性和成本是物流企业首要考虑的因素，而 RFID 标签的高成本、支持性软、硬件不成熟、物联网成功案例不多使得中国物流企业不轻易应用物联网技术，同时，由于我国当前的物联网技术尚处于起步阶段，使用成本偏高，某些采用物联网技术企业成本增加，实现不了降低成本的目的的现象，也给物联网技术的有效复制推广造成了困难。

（3）缺少有效的政策法规支持。物联网涉及诸多方面，电子商务物流等均有涉足，是多种力量的整合。由于当前我国的物流行业存在众多的管理部门，所以在一定程度上造成了物流行业的管理混乱。同时由于缺乏有效的政策法规的支持，导致了物流行业的发展没有明确的法律保障。从国外发达国家的先进经验来看，只有立法走在前面，才能保证该行业的有序发展。我们应当尽早的制定出适合该行业发展的政策和法律法规，从根本上保证物联网行业的有序发展。

二、2017 年物流业物联网发展展望

现代物流业发展的主线是基于信息技术的变革，物联网必将带来物流配送网络的智能化，带来敏捷智能的供应链变革，带来物流系统中物品的透明化与实时化管理，实现重要物品的物流可追踪管理。随着物联网的发展，2017 年物流业将呈现出以下趋势。

一是多种物联网技术集成应用于智慧物流。目前在物流业应用较多的感知手段主要是 RFID 和 GPS 技术，今后随着物联网技术发展，传感技术、蓝牙技术、视频识别技术、M2M 技术等多种技术也将逐步集成应用于现代物流领域，用于现代物流作业中的各种感知与操作。如温度的感知用于冷链；侵入系统的感知用于物流安全防盗；视频的感知用于各种控制环节与物流作业引导等。

二是智慧化趋势更加明显。未来的物联网将给所有的物品都设定一个标识，以使我们随时随地地了解物品的信息。随着“云计算”的不断发展，海量数据的处理使得物联网更加智能化，物流储存、保管、运输、包装、流通加工和信息处理等过程管理更加智能化和可视化。

三是物流领域物联网创新应用模式将不断涌现。随着物联网的发展和个性化消费需求的驱动，更多的创新模式会不断涌现，这也是未来智慧物流大发展的基础。

四是物流配送网络与信息系统网络进一步融合。借助于电子商务产生的巨大物流信息，综合大数据、云计算技术进行分析与优化，整合实体网络物流配送的信息，实现产品配送提前进行集约化集货、集约化调度、智能化备货，从而极大地提升物流作业效率，使得配送服务能过满足更多个性化的消费需要。

发展物联网技术是未来信息技术科技的大势所趋，是未来国际新一轮科技竞争前言，对于未来物联网时代，物流领域的物联网应用必将成为现代物流中信息化的第一要素，每个物流新业务的开展都离不开物联网技术的支撑，物联网技术将成为物流信息化的核心技术。

（中国物流与采购联合会物联网技术与应用专业委员会　刘宇航）

第四章

物流行业基础工作

2016 年物流标准化工作回顾与 2017 年展望

2016 年是“十三五”的开局年，也是深化标准化工作改革的关键之年。这一年，国际标准化组织（ISO）大会在中国召开，习近平总书记为大会发来贺信，李克强总理出席大会，会上，我国发布了《北京宣言》，提出中国主张，扩大了中国在国际标准化中的影响力；国务院把标准化工作摆在了更加重要的位置，国务委员王勇主持召开国务院标准化协调推进部际联席会议第三次全体会议并作重要讲话；按照国务院办公厅部署，全面完成了强制性标准整合精简评估，我国 13000 余项强制性标准只有 24% 继续有效，大部分强制性标准被废止、转化、整全，实现了强制性标准的“瘦身”；我国 10 万项推荐性标准集中复审推动政府标准盘活存量优化增量，首次实施国家标准立项评估，从源头严把国家标准“质量关”；我国新型标准体系建立，引入和培育团体标准，378 个社会团体在信息平台注册，全年发布近 500 项团体标准，激发了市场主体活力。在国家标准化改革的大背景下，全国的物流标准化改革也在进一步深化。

一、2016 年物流标准化工作回顾

（一）物流标准化政策环境回顾

1. 国家发展和改革委等 10 部门：印发《关于加强物流短板建设促进有效投资和居民消费的若干意见》

2016 年 2 月 29 日，国家发展改革委、商务部、工业和信息化部、交通运输部、农业部、财政部、人民银行、证监会、国家邮政局、供销合作总社十部

门联合发布《关于加强物流短板建设促进有效投资和居民消费的若干意见》，提出“加强物流标准衔接和制修订，提高物流服务效率。加强运输工具、物流设备等标准衔接，提高设施设备利用效率和物流服务运作效率。大力推广托盘、周转箱、集装箱等标准化装载单元循环共用，支持开展租赁、维修等延伸服务。抓紧修订出台《道路车辆外廓尺寸、轴荷及质量限值》（GB1589），并做好宣贯和落实。抓紧研究出台快递配送专用电动车辆技术标准。”

2. 商务部等六部门印发《全国电子商务物流发展专项规划（2016—2020 年）》

2016 年 3 月 17 日，商务部、国家发展和改革委、交通运输部、海关总署、国家邮政局、国家标准委联合印发《全国电子商务物流发展专项规划（2016—2020 年）》（商流通发〔2016〕85 号），文件提出了到 2020 年，基本形成“布局完善、结构优化、功能强大、运作高效、服务优质”的电商物流体系，信息化、标准化、集约化发展取得重大进展等发展目标。在主要任务中提出要“提高电子商务物流标准化水平”，要求：“在快速消费品、农副产品、药品流通等领域，重点围绕托盘、商品包装和服务及交易流程，做好相关标准的制修订和应用推广工作。形成以托盘标准为核心，与货架、周转箱、托盘笼、自提货柜等仓储配送设施，以及公路、铁路、航空等交通运输载具的标准相互衔接贯通的电商物流标准体系。”在八项重大工程中提出了“电商物流标准化工程”，要求要：“加快电商物流技术、装备、作业流程、信息交换、服务规范等标准制修订工作，重点完善包装、托盘、周转箱、物品编码标准，加快制订快递服务与网络零售信息系统数据接口标准。围绕托盘标准化及其循环共用，以电子商务物流企业、大型商贸连锁企业、快速消费品生产企业、第三方物流企业、托盘租赁服务企业为主体，上下游联动推进电子商务物流标准化。加强《电子商务物流服务规范》（SB/T11132—2015）、《城市物流配送汽车选型技术要求》（GB/T29912）、《道路车辆外廓尺寸、轴荷及质量限值》（GB1589）的实施，引导企业推广使用符合标准的配送车型，加快开展城市配送车辆统一标识管理工作。”

3. 国家发展和改革委 10 部门印发《关于加快棉花现代物流发展的指导意见》

2016 年 3 月 17 日，国家发展改革委、供销合作总社、财政部、交通运输部、农业部、国土资源部、人民银行、质检总局、国家铁路局、中国铁路总公司联合印发了《关于加快棉花现代物流发展的指导意见》（发改经贸〔2016〕567 号）。文件提出要“促进不同运输方式在运载工具、票证单据、物流信息等方面的标准衔接”“完善不同信息系统数据交换标准体系，促进互联互通，支持构建集信息采集、库存监管、物流配送、货权登记、质量追溯、诚信管理等为一体的全国棉花物流公共信息服务体系”，提出要“完善棉花物流标准体系，加快棉花加工、检验、包装、运输、仓储、装卸、配送等环节相关技术标准、物流设施设备标准、安全作业标准的制修订工作；研究制订数据采集、数据交换、信息管理等信息类标准。鼓励企业采用标准化的物流设施设备、信息系统和作业流程，提升棉花物流标准化水平”。

4. 商务部、国家标准委印发《国内贸易流通标准化建设“十三五”规划2016—2020年》

2016年12月，商务部、国家标准委联合印发《国内贸易流通标准化建设“十三五”规划（2016—2020年）》（商流通发〔2016〕85号）。《规划》提出要“加强农产品流通标准化”“完善跨区域农产品冷链物流体系”“加强商贸物流标准化”要：“完善商贸物流标准体系，加强重点领域、新兴业态标准制修订。积极推动物流标准的实施应用，鼓励使用标准化的物流装备设施、载具器具、包装、信息系统和作业流程等，促进供应链上下游标准相衔接，提升物流整体标准化水平。开展试点示范，鼓励物流资源开放共享，探索建立社会化的标准托盘循环共用体系，推动带托盘运输与多式联运、共同配送等先进组织模式相结合，促进提高效率、降低成本。”

5. 交通运输部出台《交通运输标准化“十三五”发展规划》

2016年，交通运输部发布《交通运输标准化“十三五”发展规划》，规划中提出要：“加强综合交通运输”，“着力推进铁路、公路、水运、民航和邮政领域，涉及两种及以上运输方式协调衔接和共同使用的标准制修订，主要包括综合客货运枢纽、旅客联程运输、货物多式联运、载运工具及换装设备、综合运输统计与评价等方面。”

6. 国家发展和改革委等三部门印发《“十三五”长江经济带港口多式联运建设实施方案》

2016年12月7日，国家发展改革委、交通运输部、中国铁路总公司联合印发《“十三五”长江经济带港口多式联运建设实施方案》（发改基础〔2016〕2588号）。在方案中提出要“加强标准规范衔接 抓紧研究适合多式联运换装设施设备、运载工具等领域的标准规范，加快制定并推广多式联运标准合同范本及适用于国内铁路、公路、水路运输的联运单证。进一步加强规划统筹，强调港口与铁路、公路、货场的高效衔接，并为建设实施预留发展空间”。

7. 交通运输部出台《关于推进改革试点加快无车承运物流创新发展的意见》

2016年8月26日，交通运输部为鼓励无车承运物流创新发展，加快完善与新经济形态相适应的体制机制，提升服务能力，推进物流供给侧结构性改革，出台《关于推进改革试点加快无车承运物流创新发展的意见》（交办运〔2016〕115号），提出要“探索创新无车承运人的管理制度”，“探索制定无车承运人在服务质量、风险应对、投诉处理等方面的标准规范，促进无车承运人运营服务的标准化和规范化。”

（二）物流标准化工作回顾

1. 2016 年度发布的物流相关标准情况

截至 2016 年年底，新发布物流国家标准 20 项（如表 1 所示）；新发布物流行业标准 18 项，其中国家发展和改革委发布 5 项，交通运输部发布 6 项，商务部发布 2 项，工业和信息化部发布 1 项，国家粮食局发布 3 项，国家邮政局发布 1 项（如表 2 所示）；截至 2016 年年底，北京、上海、内蒙古、辽宁、吉林、天津、江苏等 10 个省市发布了物流地方标准，在国家标准委备案的物流地方标准有 34 项。

2016 年已发布的国家、行业和地方标准中，内容涉及道路运输及运输车辆、物流信息系统及信息采集、物流包装、物流单证等通用类物流标准，以及冷链物流、粮食物流、生鲜农产品、医药物流、快递、国际货贷等专业类物流标准。

表 1　　2016 年发布的物流国家标准目录

序　号	标准号	标准名称	发布日期
1	GB/T 5398—2016	大型运输包装件试验方法（修订、代替 GB/T 5398—1999）	2016. 02. 24
2	GB/T 32568—2016	重复使用包装箱通用技术条件	2016. 02. 24
3	GB 18565—2016	道路运输车辆综合性能要求和检验方法（修订、代替 GB 18565—2001）	2016. 06. 14
4	GB/T 32701—2016	家电物流信息管理要求	2016. 06. 14
5	GB 1589—2016	汽车、挂车及汽车列车外廓尺寸、轴荷及质量限值（修订、代替 GB 1589—2004）	2016. 07. 26
6	GB/T 26774—2016	车辆运输车通用技术条件（修订、代替 GB/T 26774—2011）	2016. 07. 26
7	GB/T 32827—2016	物流装备管理监控系统功能体系	2016. 08. 29
8	GB/T 32828—2016	仓储物流自动化系统功能安全规范	2016. 08—29
9	GB/T 32848—2016	国际货运代理包机运输服务质量要求	2016. 08. 29
10	GB/T 32849—2016	国际货运代理报检服务质量要求	2016. 08. 29
11	GB/T 32850—2016	国际货运代理系列单证　基于 ebXML 订舱申请报文	2016. 08. 29

续　表

序　号	标准号	标准名称	发布日期
12	GB/T 32851—2016	国际货运代理包舱、包航空集装器（集装箱、集装板）运输服务质量要求	2016. 08. 29
13	GB/T 33129—2016	新鲜水果、蔬菜包装和冷链运输通用操作规程	2016. 10. 13
14	GB/T 33257—2016	条码技术在仓储配送业务中的应用指南	2016. 12. 13
15	GB/T 33305—2016	易腐食品加工储运过程信息采集与工艺优化指南	2016. 12. 13
16	GB/T 33446—2016	家电物流服务通用要求	2016. 12. 30
17	GB/T 33449—2016	物流单证基本要求	2016. 12. 30
18	GB/T 33454—2016	仓储货架使用规范	2016. 12. 30
19	GB/T 33458—2016	公路物流主要单证要素要求	2016. 12. 30
20	GB/T 33459—2016	商贸托盘射频识别标签应用规范	2016. 12. 30

表 2　　2016 年发布的物流行业标准目录

序　号	标准编号	标准名称	发布日期	标准主管部门
1	WB/T1059—2016	肉与肉制品冷链物流作业规范	2016. 10. 24	国家发展和改革委
2	WB/T1060—2016	道路运输 食品冷藏车功能选用技术规范	2016. 10. 24	国家发展和改革委
3	WB/T1061—2016	废蓄电池回收管理规范	2016. 10. 24	国家发展和改革委
4	WB/T1062—2016	药品阴凉箱的技术要求和试验方法	2016. 10. 24	国家发展和改革委
5	WB/T1063—2016	石油化工产品物流服务规范	2016. 10. 24	国家发展和改革委
6	SB/T 11132—2015	电子商务物流服务规范	2016. 02. 24	商务部

续 表

序 号	标准编号	标准名称	发布日期	标准主管部门
7	SB/T 11151—2015	冷链配送低碳化评估标准	2016. 02. 24	商务部
8	YZ/T 0150—2015	智能快件箱设置规范	2016. 04. 11	国家邮政局
9	JT/T 1040—2016	海运包装环境有害物质分类方法和评价程序	2016. 05. 11	交通运输部
10	JT/T 1041—2016	海运散装有毒液体物质分类方法和运输条件评价程序	2016. 05. 11	交通运输部
11	JT/T 1045—2016	道路运输企业车辆技术管理规范	2016. 06. 30	交通运输部
12	JT/T 1047—2016	道路甩挂运输站场作业要求	2016. 06. 30	交通运输部
13	JT/T 1048—2016	道路甩挂运输站场设施设备配置要求	2016. 06. 30	交通运输部
14	JT/T 1054—2016	港口散装废钢装卸作业技术要求	2016. 06. 30	交通运输部
15	SJ/Z 11648—2016	射频识别技术仓储业务应用指南	2016. 08. 09	工业和信息化部
16	LS/T 1802—2016	粮食仓储业务数据元	2016. 09. 01	国家粮食局
17	LS/T 1804—2016	粮食出入库业务信息系统技术规范	2016. 09. 01	国家粮食局
18	YZ/T 0153—2016	快递末端投递服务信息交换规范	2016. 12. 30	国家邮政局

2. 物流推荐性标准存量进一步优化

2016 年，国家标准委出台《推荐性标准集中复审工作方案》（国标委综合〔2016〕28 号），我国 10 万项推荐性标准集中复审推动政府标准盘活存量优化增量，物流领域也在国家标准化管理委员会的指导下，开展了物流标准化集中复审，按照国家标准化改革精神，对已经发布和在制的物流标准进行了清理，提出了物流标准修订、转化、废止建议。以全国物流标准化技术委员会归口的物流标准复审情况来看，106 项国家标准中，36 项转化为行业标准，转化占比 34%，11 项废止，废止占比 10%，通过集中复审使物流标准更加科学、合理、适用。

3. 标准体系得到进一步完善

2016 年，随着推荐性标准的全面集中复审，与物流相关的部门、标准化技术委员会相继完善标准体系。交通运输部、商务部等部门制定发布了“标准化十三五规划”，交通运输部规划中提出“到 2020 年，建成适应交通运输发展需要的标准化体系”，商务部规划中提出“加快建立国家标准、行业标准、团体标准、地方标准和企业标准相互配套、相互补充的内贸流通标准体系”，全国物流标准化技术委员会在 2016 年针对国家标准化改革精神，对现有的全国物流标准体系进行了完善，重新研究厘清物流国家标准、行业标准、团体标准范围，为建立新型的国家标准体系提供了支撑。

4. 一批关键物流标准列入科技部重点专项

科技部“国家质量基础的共性技术研究与应用（NQI）”重点专项，是联合国工业发展组织和国际标准化组织在总结质量领域 100 多年实践经验基础上提出的。新常态下，党中央、国务院提出把推动发展的立足点转到提高质量和效益上来，NQI 的战略地位和基础作用更加凸显。科技部会同国家质量监督检验检疫总局等 13 个部门，制订了国家重点研发计划《国家质量基础的共性技术研究与应用》重点专项实施方案。实施方案中设置 11 个重点任务，“物流转型升级基础共性技术标准研究”是 11 个重点任务之一，包括物流模数及应用标准，物流信息追溯，绿色物流技术与应用标准，重要物流设备技术标准以及先进物流技术应用标准等系列标准被列入科技部重点专项，物流设施设备的“尺寸链”，物流信息追溯，绿色物流等标准的制定及应用等得到国家的重视。

5. 标准的实施推广取得了一定成效

近两年，各部门加大标准的实施推广力度，商务部 2016 年继续扩大“商贸物流标准化行动计划”活动的开展，在 2015 年北上广等省市开展的基础上，扩展到在全国近 20 个城市开展。各省市也相继出台了“商贸物流标准化行动计划实施方案”，共同推进标准化托盘的应用，以及与之相配套的物流设施、物流装备的标准化。

一些协会也在充分发挥协会的职能，开展重要标准的培训、认证、检测、试点—达标—示范等工作，逐步探索服务业的标准化落地模式，发挥“标准化+”的效应，使标准服务于行业、服务于企业。中国物流与采购联合会在食品冷链物流、餐饮冷链物流、水产品冷链物流、医药物流领域选取了一些重要标准开展标准化试点，重点开展冷链物流企业综合能力、物流服务管理、物流信息追溯管理、医药物流设施设备良好性验证的试点，参与试点企业达到500余家，又依据标准结合物流被服务方、管理部门的具体要求制定了达标细则，进入企业现场指导、综合考评，评选出食品冷链和医药冷链物流达标企业和10家物流信息追溯管理示范企业，企业服务能力明显提升。这种模式也得到了政府部门、物流服务的甲方企业和物流企业的充分肯定，一些甲方企业把通过试点达标作为招投标的基本条件之一。

二、2017年物流标准化工作展望

2017年，国家质检总局支树平局长提出2017年标准化工作要着重“抓好战略行动，助力质量提升”，要用“高标准”提升产品质量，用“活标准”提升服务质量，用“严标准”提升生态环境质量，用“暖标准”提升社会治理和公共服务质量，在提高供给质量中彰显不可替代的突出作用。2017年，物流标准化将在以下几个方面得到加强。

1. 标准化新理念

物流标准化的理念将深入普及。一是标准化改革的总思路总目标将进一步深化；二是建立“政府与市场”共治的标准化新管理机制，进一步改变物流标准化工作方法和工作理念；三是标准的制定从“定”标准向“用”标准转变，标准将更加注重如何落地。

2. 物流标准化政策环境

从物流标准化的政策环境来看，与物流相关的部门在去年相继发布各项规划，物流标准化工作得到了各部门的高度重视，各部门依据标准加强监管、以标准化促进行业发展，标准化为行业提出质量提供重要的技术支撑，以成为政府和社会共识。

3. 物流标准体系优化

从物流标准体系建设来看，物流的国家标准、行业标准将紧紧围绕在基础性、通用性，以及政府管理的职能范围内制定，2017年也将围绕推荐性标准的集中复审建议继续进行标准的转化、废止、整合工作，物流标准的总量将通过集中复审进一步得到控制，标准的立项也将严控增量，进一步加缩政府类标准数量，由行业协会、学会发布的团体标准将为行业自律提供技术支撑，物流标准体系优化将为放开市场类标准，形成二元化的新型标准体系奠定基础。

4. 标准的协调配套

《物流模数》国家标准将进入前期调研，托盘集装单元化、物流设施设备技术参数要求、适用于公铁联运的运输车辆交换箱体通用技术要求等国家标准将研制，这些标准的研制以及物流设施设备的标准化将为物流设施设备的有效衔接提供技术支撑。与之相关的标准化，技术委员会也在加强协调，标准的协调配套越来越受到各方重视。

5. 绿色物流标准化

《绿色物流指标构成与核算方法》《电子商务物流绿色包装要求》《电子商务物流包装循环管理规范》《快递物流绿色配送设施与服务规范》《废旧动力电池仓储管理规范》等绿色物流标准的制定，将推进绿色、低碳和可持续物流发展。

6. 标准的实施推广

物流设施设备的标准化升级改造，物流设施设备标准的选型、认证、检测，物流服务质量的测评，物流企业服务能力认证，物流标准的培训、试点、达标、示范，这些标准化实施活动都将为行业的自律、健康发展提供帮助，政府和行业协会通过这些有效的方式推动物流标准实施落地将成为今后物流标准化工作的重点。

（中国物流与采购联合会标准化工作部　李红梅）

2016 年物流信息化发展回顾与 2017 年展望

2016 年，是物流业推进供给侧结构性改革的关键之年，国务院及国家有关部委为推动物流业降本增效及“互联网 + 高效物流”的落地出台了许多政策，特别是“无车承运人”新政的推出，如果实施得当，将极大地促进物流企业转型升级。大数据、云计算、物联网以及区块链等新兴智慧技术在物流行业的应用极大地推动物流企业信息化的快速发展。

一 、2016 年物流信息化回顾

（一）国家对物流信息化工作高度重视

在 2016 年 7 月 20 日的国务院常务会议上，李克强总理说：“要推动互联网、大数据、云计算等信息技术与物流深度融合，推动物流业乃至中国经济的转型升级。这是物流业的‘供给侧改革’。”把“互联网 + 物流”上升到国家决策层面，不仅推动物流业发展，还推动整个中国经济的转型升级。2016 年是国务院及国家有关部委针对物流行业发布利好政策最多的一年，据不完全统计，国务院及国家发展和改革委、交通运输部、商务部、工信部、财政部、国家税务总局等发布的政策文件 50 多个，地方支持物流业发展的政策文件就更多了。政策红利将给物流业带来新的发展机遇。

9 月 13 日，国务院办公厅转发国家发展改革委《物流业降本增效专项行动方案（2016—2018 年）》，行动方案明确了要发挥物流信息平台在优化整合物流资源、促进信息互联互通、提高物流组织化程度中的重要作用，扶持运输配载、跟踪追溯、库存监控等各类专业化、特色化的物流信息平台创新发展，提供追踪溯源、数据分析、担保结算、融资保险、信用评价等增值服务。推动物流信息平台与供应链上下游企业系统对接，增强协同运作能力。

7 月 29 日，国家发展改革委印发了《“互联网 +”高效物流实施意见》，在发展目标中明确要求先进信息技术在物流领域广泛应用，仓储、运输、配送等环节智能化水平显著提升，物流组织方式不断优化创新；基于互联网的物流新技术、新模式、新业态成为行业发展新动力，与“互联网 +”高效物流发展相适应的行业管理政策体系基本建立；形成以互联网为依托，开放共享、合作共赢、高效便捷、绿色安全的智慧物流生态体系，物流效益大幅提高。

7 月 30 日，国家发展改革委、交通运输部联合印发了《推进“互联网 +”

便捷交通　促进智能交通发展的实施方案》，方案明确要求推动运输企业与互联网企业融合发展。充分发挥运输企业和互联网企业各自优势，鼓励线上线下资源整合，为公众提供多元化、高品质服务。在城市交通、道路客运、货运物流、停车、汽车维修等领域，发展“互联网+”交通新业态，并逐步实现规模化、网络化、品牌化，推进“大众创业、万众创新”。鼓励运输企业和互联网企业进行战略合作，实现信息资源、资本、技术和业务等方面深度融合，以及与上下游产业链有机结合。

8月25日，交通运输部办公厅印发了《推进交通运输行业数据资源开放共享的实施意见》，意见明确指出为贯彻落实国家关于促进大数据发展和政务信息资源共享管理有关要求，充分挖掘交通运输行业数据资源价值，实现用数据说话、用数据决策、用数据管理、用数据创新，提升行业治理能力和服务水平，促进行业提质增效与转型升级，着力突破交通运输大数据发展机制与技术障碍，提升行业数据资源开发利用价值，为打造精准治理、多方协作的行业治理模式，构建贴近需求、便捷高效的运输服务体系提供有力支撑，促进安全便捷、畅通高效、绿色智能的现代综合交通运输体系建设。

8月26日，交通运输部印发了《关于推进改革试点加快无车承运物流创新发展的意见》，意见明确要求牢固树立创新、协调、绿色、开放、共享发展理念，深入贯彻落实党中央、国务院加快推进供给侧结构性改革的战略部署，以运用移动互联网促进交通运输转型升级为主线，以推进无车承运人发展、促进物流业“降本增效”为目标，坚持市场引领、问题导向，多方联动、综合施策，以点带面、有序推进，以试点为载体，逐步调整完善无车承运人在许可准入、运营监管、诚信考核、税收征管等环节的管理制度，建立健全无车承运人在信息共享、运输组织、运营服务等方面的标准规范，推动大数据、云计算等先进技术在物流领域的广泛应用，培育一批理念创新、运作高效、服务规范、竞争力强的无车承运人，引导货运物流行业的规模化、集约化、规范化发展，全面提升综合运输服务能力和水平，为经济社会发展提供安全、高效、绿色的物流运输保障。

7月12日，工业和信息化部、国家发展改革委、中国工程院共同牵头制定了《发展服务型制造专项行动指南》，指南明确要求推广供应链管理（SCM）等先进管理理念和组织方式。强化制造业企业在供应链中的主导地位，促进信息流、资金流和物流的协同整合，提升供应链整体效率和效益。支持制造业企业整合内部物流资源，优化生产管理流程，成立专门的供应链管理部门，或与第三方物流企业开展外包合作，推动供应链各环节有机融合，提升供应链一体化水平和竞争能力。鼓励制造业企业与上下游企业、第三方物流企业建立战略联盟，实现风险共担和利益共享，提高供应链的市场响应效率和产品服务质量稳定性。分行业推广集中采购、供应商管理库存（VMI）、精益供应链等模式和服务。培育一批第三方物流企业和第四方物流企业，加快发展供应链业务流程外包，高效提供信息咨询、订单管理、物料配送、仓储库存等服务。

3 月 17 日，商务部、国家发展和改革委、交通运输部、海关总署、国家邮政局、国家标准委六部门联合印发了《全国电子商务物流发展专项规划（2016—2020 年）》，规划明确要求提高电子商务物流信息化水平。推动大数据、云计算、物联网、移动互联、二维码、RFID、智能分拣系统、物流优化和导航集成系统等新兴信息技术和装备在电商物流领域的应用。重点提升物流设施设备智能化水平，物流作业单元化水平，物流流程标准化水平，物流交易服务数据化水平，物流过程可视化水平。引导发展智慧化物流园区（基地），推动建立深度感知的仓储管理系统，高效便捷的末端配送网络，科学有序的物流分拨调配系统和互联互通的物流信息服务平台。鼓励和支持电商物流企业利用信息化、智能化手段，加强技术和商业模式创新，推动电子商务与物流的融合发展、良性互动。

（二）物流企业信息化投资有所上升，物流信息技术的应用更加普及，物流信息化应用效果显著

2016 年 6 月，中国物流与采购联合会发布了《2015 年物流信息化监测报告》，从物流信息化基本建设、物流信息技术应用情况和物流信息化应用效果三个方面对物流企业进行了调研。从调查结果可以看出，综合性大物流是近年来物流企业为适应日益激烈的市场竞争选择的发展方向，物流服务的社会化进程日益加快，成为发展趋势之一。而物流服务的专业化发展趋势，可以从汽车物流和医药物流的占比逐年上升看出。一方面随着工业化与信息化深度融合的持续推进，供应链上下游的协同管控愈发受到重视，工业物流服务逐渐成为市场竞争中不可或缺的重要环节，其中尤以汽车物流为代表；另一方面以医药物流为代表的冷链物流，因其诸多的温度、光照等物流限制条件，对物流设备、物流技术和物流管理信息系统等都有着更为严苛的要求，也成为当前物流专业化服务发展的主要领域之一。（如图 1 所示）

1. 物流信息化基本建设

（1）物流信息化投资率有所提升。2015 年，参与调研的企业中 69.54% 进行了信息化投资，投资率较 2014 年有所提升。其中，11.35% 的企业信息化投资率不足 1%，36.18% 的企业信息化投资率介于 1% ~5%，16.89% 的企业信息化投资率在 5% ~10%，同时，约有 35.58% 的样本企业投资率超过 10%。（如图 2 所示）

在物流信息化建设形式的选择上，信息化建设外包能获得更为专业的系统建设和系统集成方案，成熟度较高；而采用自主研发的信息化系统则对自身业

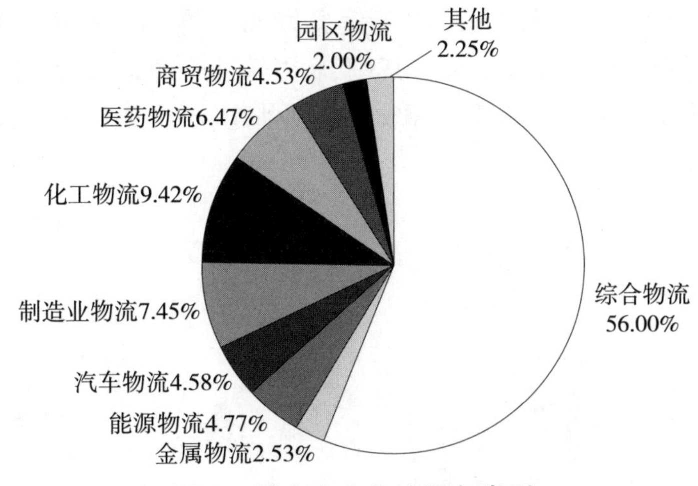

图 1　样本企业物流服务类型

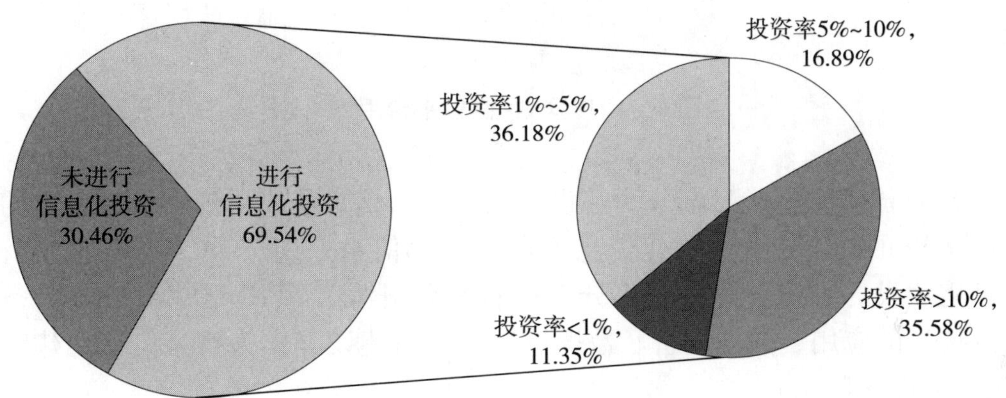

图 2　样本企业信息化投资率

务流程的需求更为熟悉，针对性更强。在物流信息化建设形式的选择上，选择外包服务和自建信息系统的企业差别不大，分别占样本企业的 48.36% 和 51.64%。(如图 3 所示)

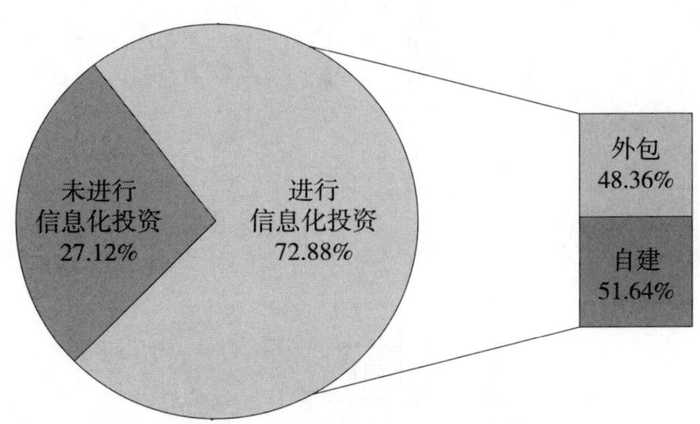

图 3　物流信息化建设形式

（2）信息平台/门户网站大多用于信息发布。样本企业中，超过98%的企业建有自己的门户网站/信息平台。其中，大多门户网站/信息平台的用途仍是单纯定位在信息发布上，只有21.36%的企业将电子交易纳入其中并推行应用。（如图4所示）

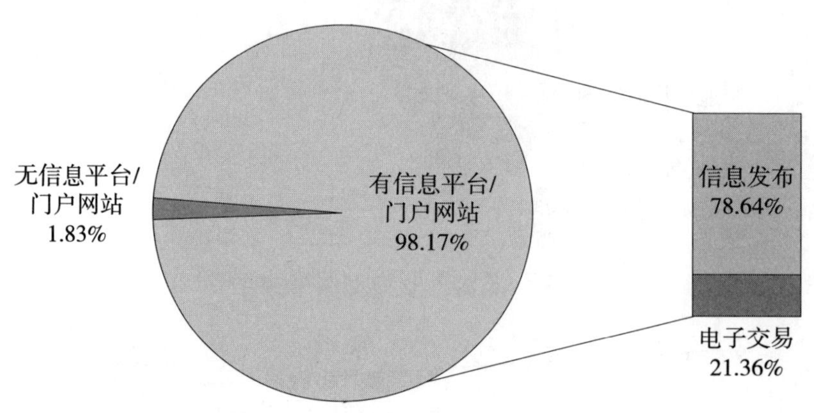

图4　门户网站/信息平台用途

（3）物流信息集成日渐成为建设重点。物流信息集成受到大多数企业的关注，64.48%的样本企业将构建信息平台（内部信息处理、OA、增值业务）作为信息化建设的重点；此外，部分企业将软件开发、RFID/RF/GIS/GPS/条码等信息技术的应用、数据分析、数据挖掘、网络建设等作为物流信息化建设的重点。（如图5所示）

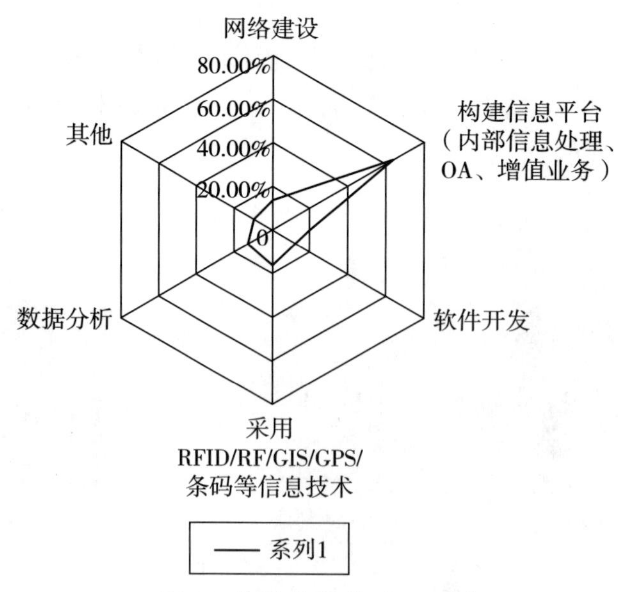

图5　物流信息化建设重点

（4）资金和人才问题持续制约企业物流信息水平提升。监测结果显示，样本企业大多认为资金和人才是企业物流信息化建设中的主要问题，分别占41.68%和38.37%。（如图6所示）

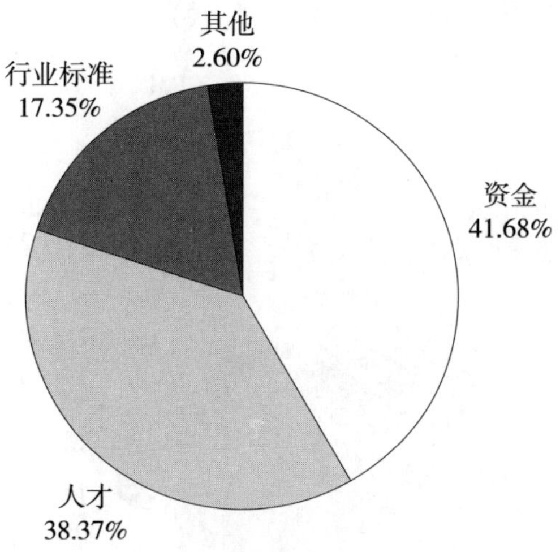

图6　物流信息化建设瓶颈

2. 物流信息技术应用

（1）条码、电子单证等技术得到基本应用。2015年，条码和电子标签等技术在物流业务中的应用程度继续提升。其中，条码应用率达到65.71%，较2014年增长3.28%；电子标签应用率达到42.34%，较2014年增长1.76%；电子单证应用率达51.37%，较2014年增长5.24%。物流信息技术总体上的发展趋势是毋庸置疑的，这些技术的应用在很大程度上提升了企业的信息化水平，物流信息技术的创新应用是推进物流信息化发展的重要手段。（如图7所示）

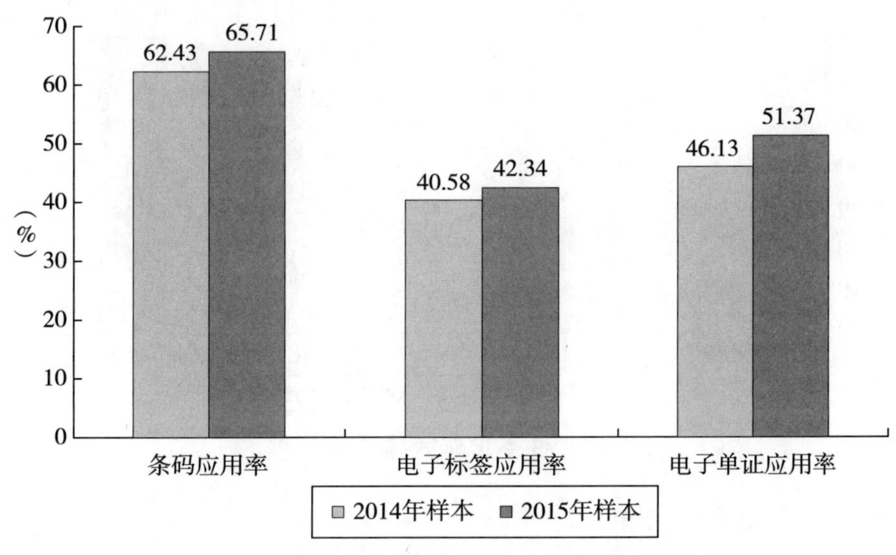

图7　条码、标签、单证应用率

（2）物流软件得到普及应用。本次调查选取了常见的七种物流业务管理软件，通过对比其应用率可以看到，近年来物流软件的应用率逐步提升，应用种类更加丰富，不同软件之间的均衡性更加明显，更加注重软件与业务的切合度以及与企业未来发展的相关性。（如图 8 所示）

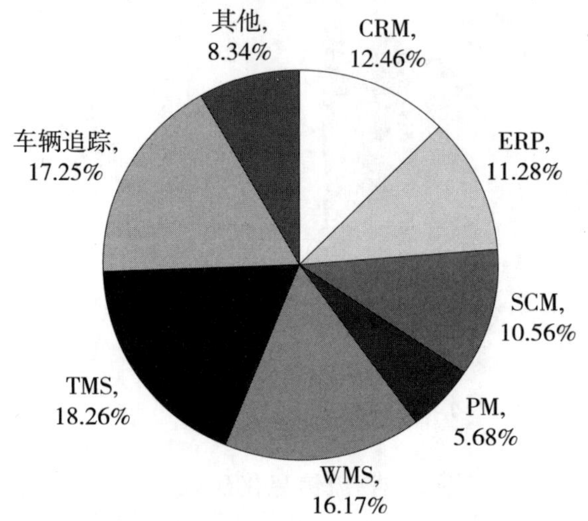

图 8　物流软件应用率比较

（3）信息交换方式逐渐以信息化交换为主导。监测结果表明，物流企业与外部主体业务信息交换中，以 EDI（电子数据交换）和互联网等为代表的信息化交换方式逐渐成为市场主导，使用率由 2014 年的 69. 71% 上升至 71. 28%；而传统方式（电话、传真等）由原先的 30. 26% 下降至 28. 38%。信息交换方式的变革直接影响着物流业务进行中信息交换速率和准确度的提升。（如图 9 所示）

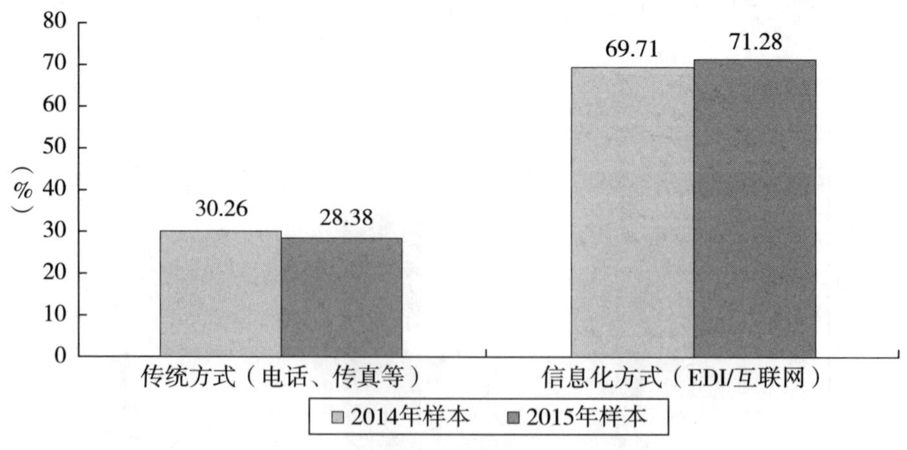

图 9　样本企业信息交换方式

3. 物流信息化应用效果

（1）订单（运单）准时率得到大幅度的提升。监测结果表明，物流企业订单（运单）准时率与2014年同期相似，订单（运单）准时率达到93.48%。其中，80%的企业订单（运单）准时率超过90%，物流服务水平得到大幅度提升。但市场竞争日益激烈，企业仍需继续加大信息化建设力度，提升信息技术的应用水平，提高订单（运单）准时率，满足客户需求。

（2）车辆追踪水平显著提升。监测结果显示，88.86%的企业实现了对自有车辆的追踪，较2014年的88.50%略有提升。其中，79.15%的企业自有车辆追踪率达到100%。72.59%的企业实现了对委外车辆的追踪，较2014年的69.71%有所提升。其中，81.57%的企业对外部车辆的追踪率超过50%；50.17%的企业达到了外部车辆的追踪率100%的水平。（如图10所示）

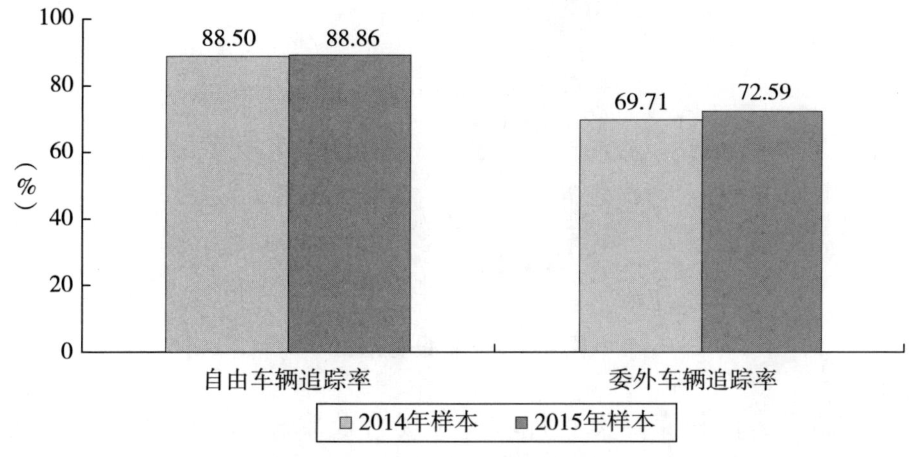

图10 样本企业车辆追踪率

（3）全程透明可视化率显著提升。监测结果表明，88.94%的企业实现了全程透明可视化。其中，72.54%的企业全程透明可视化程度超过80%；46.27%的企业的全程透明可视化能力达到100%。（如图11所示）

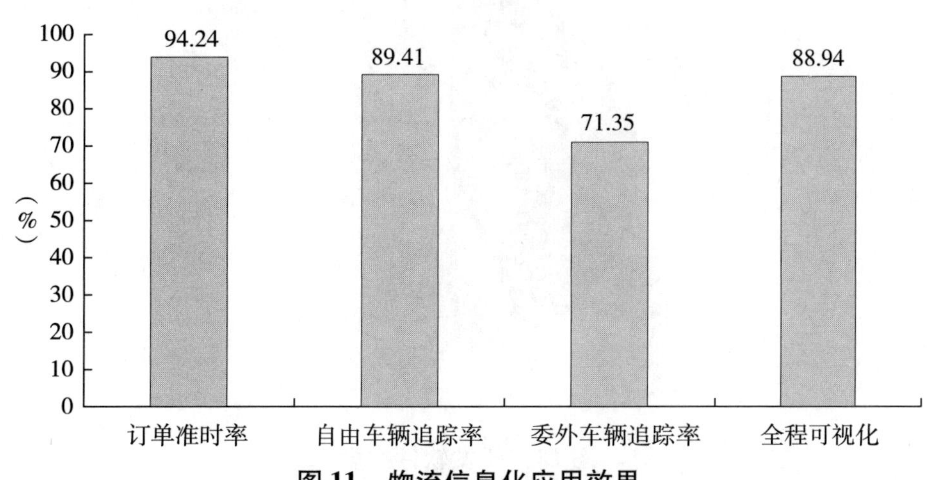

图11 物流信息化应用效果

4. 物流软件提供商监测情况

（1）服务形式多元化，逐渐形成系统开发为主、供应链咨询服务为辅的格局。监测结果表明，52.27%的样本企业以系统开发为主要服务形式。随着近年来供应链管控理念的深入人心，供应链咨询服务逐渐成为企业的重点服务形式之一。其中，采取独立开发形式的物流软件提供商占74.16%，另25.84%的企业选择合资开发的方式。（如图12所示）

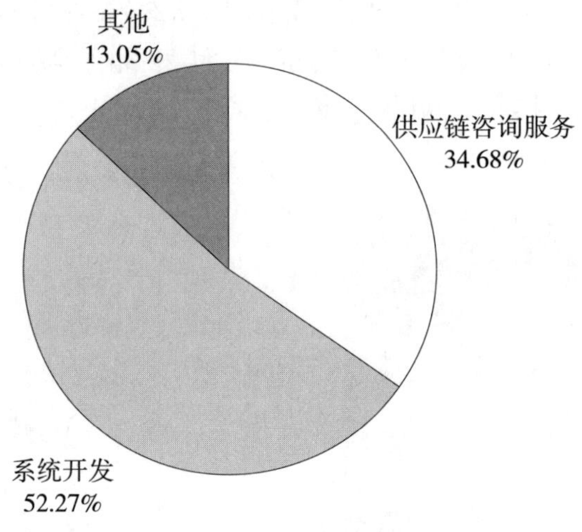

图12　企业服务形式

（2）仓储、运输和库存类管理软件市场普及率较高。据调查结果显示，在样本企业研发的物流信息管理软件中抽取了普及型较高的5种软件进行比较，仓储、库存和运输信息管理软件的市场普及率最高，分别占26.48%、21.34%和18.28%。（如图13所示）

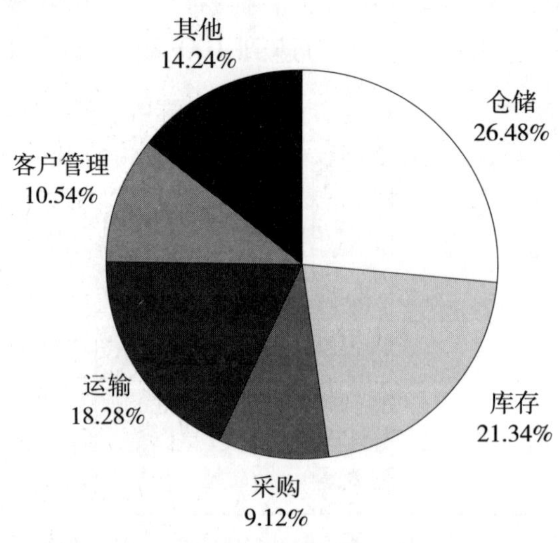

图13　研发软件类型

5. 2015 年物流信息化监测动态分析

2015 年，我国物流业整体发展形势良好、稳中有进。伴随着全面深化改革、转变经济结构的进程不断推进，在市场活力和经济内生动力的双重作用下，物流信息化发展积极推进，现代智慧物流发展加快，物流效率快速提升。政策催化智慧物流企业发展。模式创新仍待考量，新的业务结构和服务模式不断涌现，社会化和专业化特征愈发明显。

（三）物流企业互联网化助力物流企业转型升级

中物联 2016 年 5 月发布的调查报告反映出企业物流信息化为互联网转型奠定了良好的基础；物流平台的兴起与企业的应用尝试，确定了物流互联转型的方向。

1. 物流信息化为互联网转型奠定了基础

调查显示，77% 的企业使用了自主开发或者委托开发的信息系统或平台，17% 的企业使用互联网平台或租用服务，但仍有 6% 的企业尚未使用信息系统或平台服务。使用了信息系统或者物流平台的企业，信息化覆盖仓储业务的占 70%，覆盖运输业务的占 83%，覆盖跟踪业务的占 78%，覆盖车辆和司机管理的占 72%。由此可见，企业物流信息化已经渗透了物流业务的各个环节，为物流互联网转型奠定了基础。

2. 物流平台应用重构物流生态

调查显示，使用过平台的企业占 77%，未尝试过平台的企业占 23%；已经或规划自建平台的企业占 34%，已经自建平台但运行不够良好的高达 50% 以上，其原因主要是运力资源匮乏，不能吸引更多货源，造成生态重构较难。物流公共信息平台层出不穷，各式生态重构，可供选择使用的不胜枚举，但存在单一平台使用的局限和其他使用问题。已经尝试使用平台的企业中，有多于 50% 的企业提出需要去多个平台找车，多于 40% 的企业反映在使用中存在诚信、效率、履约赔付等问题。尚未尝试使用平台的企业中，68% 的企业习惯传统采购模式，72% 的企业对平台诚信度和服务保障存在顾虑。

由此可见，“互联网 +”高效物流重点行动计划的提出，极大地推动了物流业与互联网融合发展。互联网正在从技术、模式、空间等诸多方面改变传统物流业的运作方式和效率水平，让中国物流变得更加智能、高效、便捷，转型升级空间巨大。资源平台化、运力社会化是物流企业自建平台的发展方向。资源平台化依托于物流企业内联网和供应链内联网；运力社会化，借助社会物流平台走向互联网大分工、大协作。自建平台与各式物流公共平台聚合形成大数据新生产力要素，走向产业平台化，重构物流生态是发展方向。

（四）产业物流的供应链已经向“最后一公里”延伸，通过信息技术构建全流程透明化管控

1. 产业物流信息化以打造敏捷的供应链为目标，构建全流程透明化管控

德利得为世界五百强企业A公司提供VMI物流服务，专门针对高端制造业开发的WMS系统，对工厂物料进行了全条码、全扫码、无验货收货、托盘共用、全货位管理，大幅度提高了工厂物料的响应速度和库存准确性，较大幅度地提高了物料仓储操作效率。同时在LVS标准系统的基础上，根据A客户的特殊需求进行了柔性化的定制，专门提供给A客户的几十家供应商使用，其用于VMI的库存管理，同时通过与A客户的物料管理系统的双向EDI对接，以德利得的WMS为中心，上面对接A客户的物料管理系统，下面通过LVS与供应商紧密连接，实现了VMI服务链上的信息高效率传输目标，较大地提高了VMI库房的运作效率。最大限度地实现了VMI模式的效率与效果，解决了高端制造业在采用第三方物流服务+VMI模式的信息系统链接难题。形成了专业供应链服务与专业信息化服务两套供应链物流服务体系，形成了互联网+供应链物流的雏形，使公司在高端制造供应链服务的竞争力大幅度提升，近年来已经在跨国企业的高端制造供应链服务起到了关键的作用。

唯智为沃尔玛（中国）开发的TMS项目实现了各DC约柜计划的快速创建和准时约柜，DC与门店间信息实时共享；系统完成拖、摆、发柜操作、单据传输、KPI考核、计费结算等多角色多功能的集成；利用移动智能设备，实时跟踪货柜动态信息、状态变更、电子图像单据回传功能；配合企业内部GDS/GLS以及财务HOST系统的数据交互。TMS项目通过信息系统在各配送中心到门店的运输配送中实现对物流订单从产生、作业、在途、回单至结算整个运输过程全生命周期的管理。掌控在途物流信息并能提升与供应链上下游间的协同能力，实现了供应链全程的业务信息共享和有效调度，消除各种原因造成的“信息孤岛”及“信息差异”协同作业，保证后期配送环节的透明可控性。

2. 产业物流也在着力解决“最后一公里”的配送难题

河南烟草公司以“物联网”互联互通、感知物流、智慧烟草为底层物流抓手，启动物流管控的二期建设。建立和完善仓储、分拣、配送三大作业系统，建立仓储数字化、分拣自动化、配送可视化。具体将启动实施仓储的RFID精准货位管理，叉车作业车载信息交互管理，工商整托盘联运管理。在配送方面建设“商零在途”信息系统建设，实现线路优化、在途监控、数字到货签收，真正解决“配送一公里”问题。

菜鸟驿站属于电商配送“最后一公里”服务中转站，提供快递包裹代收发服务。据统计，一家菜鸟驿站的日均收发快递包裹高达300件。为了给电商配

送提供高效的“最后一公里”服务，菜鸟驿站引入基于 iData 移动智能终端的包裹信息化管理解决方案。基于 iData 移动智能终端的菜鸟驿站无线工作台，借助 iData 移动智能终端的条码扫描采集、数据实时传输，为站点的包裹入库、取货管理，短信通知下发，滞留包裹及问题包裹处理等作业提供强大的数据支撑，无缝对接快递公司后台，实现揽件、到件、问题件直接处理，一键同步后台，有效缓解站点包裹管理压力，同时极大降低错分率，提高包裹管理工作效率，为电商和网购用户提供更便捷的包裹收发服务体验。到货入库、拣货、取货签收等全过程中使用 iData 移动终端进行条码管理，准确、高效。实现电商配送“最后一公里”中转站的全方位管理，提高电商配送效率，提升服务形象。

3. 物联网、大数据、云计算等信息技术在产业物流的应用越来越广泛

江西正广通基于 SaaS 云技术的智慧物流供应链管理公共平台的实施，既能满足物流企业物流业务运作需求，又能满足物流企业自身内部管理需求，同时也能为物流企业打通行业链信息共享和协同壁垒。一方面，此信息化项目的发展在为正邦集团、正广通集团、社会物流企业和制造企业自身赢得利润的同时，又能更好地服务社会，使物流资源在更大范围内实现优化配置，大幅度减少货运车辆空置率，降低物流成本，提升物流效率，增加政府财税收入，提高劳动就业率。另一方面，形成 SaaS 新型中小物流企业信息化建设示范效应，助力形成物流产业集群，促进江西物流产业的规模化发展和转型升级，有效提高江西省乃至全国的物流配送效率 10% 以上，降低运输事故率 15% 以上，降低果蔬、肉类、水产品等流通腐损率 3% 以上，我国物流费用占商品流通费用的比率下降 2% 以上，使社会物流成本下降 3% ~5% 。

基于北斗技术的电商快递运输过程透明管理云服务平台是易流专门针对电商快递企业的物流运输环节而搭建的物流信息化管理系统，系统通过现代物流管理理念——运输过程透明管理，旨在通过信息技术手段，提升物流环节管理效率，提高物流行业整体水平。物流作为中通快递企业发展的重要支撑，逐渐发挥出其基础性作用。物流环节信息化直接影响着中通快递的整体发展优势。自中通快递接入基于北斗技术的电商快递运输过程透明管理云服务平台以后，通过平台化的信息手段，把快递物流过程中的车辆运输部分全程监控起来，使得运输过程始终处于动态监控管理之下，真正做到运输过程信息全透明，进一步提高了信息传递的效率和准确率。另外，通过这种透明化的信息管理手段，促进了企业部门与部门之间、企业与行业之间的业务衔接，加快了整个企业的信息化管理水平。物流环节信息化水平提高以后，促使物流环节与企业其他环节的信息交互与合作更加紧密，使得企业内部的运力资源和人力资源得到更加有效的利用，在提高企业资源利用率的同时，也节约了企业经营成本。

中外运空运公司在打造“物联网+”全程供应链运营平台同时，引入了RFID技术的全程供应链运营平台，在不影响库内的正常操作的前提下实现动态盘库。在盘库查询作业中，所有标签上的信息均可由阅读器来自动获取，盘点记录也均是由计算机生成并对其进行比对，动态的自动识别材料，迅速准确的信息传递，避免了人为失误，缩短了作业流程和作业时间，减少了人力成本，降低物流环节的成本。通过全程供应链运营平台，将物流所涉及的各类业务主体（托运人、承运人、运输公司、车辆、驾驶员、收货人、服务机构、仓储配送中心）通过统一的信息平台整合起来，有效解决了运力和货物难以高效整合匹配、空载率居高不下的问题，实现了物流业务的无缝连接，提高物流链的整体运营效率，降低运营成本，提高整体效益。

路歌长期致力于“互联网+物流”平台建设，针对招商局物流信息化交互上存在的一些割裂的问题，路歌提出了招商局物流的互联网+大数据解决方案。路歌充分认识到在当今互联网和移动互联网蓬勃发展的阶段，大数据对各行各业经营及管理的重要作用，通过大数据分析，帮3PL发现问题、分析问题原因、提供解决方案、帮助解决，最后形成良性循环。通过大数据的应用，给招商局物流的运营和管理提供对应的方案。

（五）物流平台在探索向O2O模式转变、向无车承运人模式转型，平台与企业之间的互联互通是大势所趋

1. 物流平台的发展继续向O2O模式转变

虽然2015年年底迎来了资本的寒冬，大家都不看好烧钱模式的物流平台。但2016年实际情况是有许多的旧平台倒下去，同时又有许多新平台站起来，下半年，又有几家大的物流平台获得了新的融资。这说明资本从没离开过物流平台，只是从原来的疯狂变得更加理性。资本已经开始从烧钱的B2C模式，转向拥有巨大发展潜力的B2B模式。物流平台本身的商业模式也在悄悄地发生变化，由纯线上模式转变为线上线下相结合的O2O模式，许多物流平台（包括天地汇、卡行、货车帮等）都在各地设立经营网点，与传统物流企业进行合作，有的还建立了自己的物流园区。所有这些都说明，回归物流的本来面目是物流平台得以生存的保证。

2. 物流平台与物流企业的互联互通是大势所趋

我国物流行业非常庞大，任何一个物流平台都难以涵盖整个物流业。在研究中发现，有不少物流平台都是在某个地域或某一领域具有优势，但是在其他地域或领域的竞争力不足。从滴滴打车收购优步，可以看出平台经济已经进入到了共享时代。“互联网+物流”也进入强强联合的时代，壹米嘀嗒就是物流企业之间的联合，云鸟与运满满就是平台之间的联合。物流平台之间、物流企

业之间、物流平台与物流企业之间必须走互联互通的道路。中物联建立的联物流平台正是此时因势而生，目前联合了全国60家优质运力平台，链接了300多家A级物流企业，打造了覆盖全国、跨行业，贯穿整个物流产业链的物流平台。为全国物流平台的互联互通奠定了良好的基础。

3. 无车承运人成为平台转型的方向

虽然无车承运人早就存在，但自从交通运输部发布无车承运人试点文件以来，让平台在转型中看到了曙光。目前，我们大多的平台是车货匹配平台，有的平台上即使有交易，平台也不承担任何责任，这也是目前大多平台没有盈利的主要原因。必须指出的是本次无车承运人试点主要针对的是平台，平台必须按照试点文件的要求做好准备，承担起责任，管控好风险，要有运营数据主动被监管的意愿。只有这样，平台才会在无车承运人的转型中取得成功。

基于国内3PL运力市场的现状及问题，路歌通过十多年在运力供应链市场中的积累，提供无车承运人运力组织模式，服务于招商局物流，响应招商局物流对运力的新需求；通过无车承运人解决方案，优化中间链条、运力采购下沉、运力直采，积累项目匹配的熟运力（车、经纪人），优先获取前端运输资源成本、采购过程透明化，信息可追溯，有效降低了物流运作成本。通过无车承运人模式，帮助3PL实现三流合一，也即信息流、物流、资金流的统一，通过路歌保理方案，直正解决无车承运人模式的资金难题及开票难题，规范了物流运营。

（六）物流诚信平台为失信联合惩戒搭建了平台

从国家领导人、国家相关部委到行业协会、物流平台、物流企业都认识到物流诚信问题已经成了制约我国物流行业发展的老大难问题，解决这一问题的根本出路在于大家共同努力，众策众力，信息共享，联合惩戒。国家发展和改革委牵头建立了信用中国网站，意图连接中央各部门及地方的诚信信息。中国物流与采购联合会也制定了第一个团体标准《物流诚信共享信息构成要素及交换要求》，并与国家交通平台合作推出了物流诚信平台，这对于解决物流诚信问题迈出了可喜的一步，为物流参与者失信联合惩戒创造了环境和氛围。

（七）车联网技术成为商用车具有竞争优势的卖点

无论是互联网造车还是传统车企搭载互联网，都表明自动驾驶、车联网等已成为当下汽车行业追捧的热潮，而商用车对车联网的依赖远远超过仅仅是一种出行工具的乘用车。与乘用车相比，商用车在技术上更能反映汽车数字化的趋势，其对车联网、辅助驾驶、自动驾驶等技术带来的运输效益提升更敏感。运输成本和运营效率直接关系到商用车用户的切身利益，提高运输效率，降低成本和排放需要商用车和互联网的结合。2016 年，各大商用车企业都在极力宣传自己利用车联网技术在安全驾驶、提升效率，降低成本和绿色排放方面的优势，车联网技术已经成为商用车具有竞争优势的卖点。

（八）智能物流装备在物流行业的应用越来越广泛

近年来，“工业 4.0”“智能制造”《中国制造 2025》理念的传播以及电子商务的异军突起，极大地推动了智能物流的发展和应用，中国物流装备市场对于智能化、自动化物流设备的需求日益增大，智能物流成为市场热点并逐渐演化为企业的核心竞争力。

电子商务的快速发展，深刻改变着消费者的购物习惯和企业的运营模式，企业迫切需要加快订单处理速度来应对多品种、小批量、多批次的碎片化订单以及劳动力成本上升带来的巨大压力，“货到人”系统以其突出的存储密度高、拣选效率高、降低劳动强度、节省用工数量等优势成为企业发展的重点方向。仓储机器人（AGV）在仓储自动化应用中开始崭露头角。亚马逊和京东在利用无人机运送快件方面都有许多成功的应用。

（九）区块链技术在物流行业的应用刚刚兴起

2016 年 12 月 20 日，中国物流与采购联合会成立了区块链技术应用分会，目的在于促进区块链技术在中国物流与供应链行业推广应用，推动行业标准的尽快形成，规范区块链技术在物流与供应链领域的产业化发展，加快在行业急需的溯源防伪、中小微物流企业信用建立、增加交易和物流供应链透明度等基础性场景方面的应用。这对进一步发挥创新科技在物流与供应链企业转型升级中的作用具有十分重要的意义。目前，区块链技术在金融行业已经在应用，但在物流行业的应用还刚刚开始。

二、2017 年物流信息化展望

2017 年是物流业供给侧结构性改革的深化之年，也是中国物流行业转型升级最为重要的一年，物流企业如何利用信息化技术提升自己的服务能力，转变自己的商业模式是关系到物流企业能否转型成功的关键。2017 年，物流信息化将会快速发展，主要体现在以下五个方面。

（一）无车承运人试点将促进物流平台的建设

2017 年，随着无车承运人试点工作的不断深入，无车承运人将是物流行业转型升级的一种选择，原来做信息服务的物流平台转型为无车承运人，货运代理企业转型为无车承运人，更有的以传统运输为主营业务的物流企业也在探索转型为无车承运人。对于物流企业来讲，最关键的是需要具备较为完善的互联网物流信息平台和与开展业务相适应的信息数据交互及处理能力，能够通过现代信息技术对实际承运人的车辆运营情况进行全过程管理。对于想转型为无车承运人的物流企业来讲，2017 年将面临自建平台还是依托已经成熟的平台来转型的抉择。物流平台互联互通的发展方向，应该给这些企业决策提供了支持，那就是依托现有成熟平台转型，是经济而快速的方法。

（二）大数据是政府监管方式转变的方向

2016 年 9 月，国务院印发《关于加快推进“互联网 + 政务服务”工作的指导意见》，把简政放权、放管结合、优化服务改革推向纵深的政策保证，对加快转变政府职能，提高政府服务效率和透明度，便利群众办事创业，进一步激发市场活力和社会创造力具有重要意义。政府监管转型的方向是以统计报表为主的静态监管升级为以运营数据为主的动态监管，确保政府决策的透明及公正性。交通运输部已经要求无车承运人试点单位于 2017 年 4 月 30 日前实现与部、省两级监测平台对接，并按照要求及时上传数据。监测内容包括：

（1）运输业务监测。对试点企业的运单数据与实际承运车辆运行轨迹数据等进行比对，加强试点企业运输业务单证与其实际运行数据的一致性监测，并与税务等部门做好信息协同对接。

（2）运输资质比对。对试点企业、实际承运人、实际承运车辆的经营资质进行比对，加强对运输过程和实际承运人经营行为的动态监测。

（3）服务质量及信用监测。对试点企业的保险赔付制度落实情况、服务质量管控情况、业务投诉处理情况等进行动态监测，加强对试点企业的信用评价。

（4）运行绩效监测。通过对试点企业运单数据的动态监测，对试点期间试点企业业务增长和拓展、运营组织模式创新、促进物流“降本增效”情况，以及管理部门法规制度及标准规范创新情况进行综合评估。

各方信息显示，无车承运人的税收监管发展方向也将朝着从以票控税，以车控票的方式转变为以数据控税的方式方向发展。中物联前不久建立的物流业数据备证中心也是因势而为，为物流企业和物流平台提供数据备证服务，为政府部门数据监管提供服务。

（三）大数据技术在物流行业的应用将会更加深入

随着政府监管从以统计报表为主的静态监管升级为以运营数据为主的动态监管，物流企业能否适应这一变化关系到企业的生存，物流企业不仅需要有采集数据、传递数据和储存数据的能力，而且要有大数据的意识，要从原有避免数据对监管的开放来规避检查风险，转变为用数据自证经营规范的社会担当。针对目前，企业信息各有异同，标准化接口改造难度较大等方面问题，中物联建立的物流业数据备证中心可以提供必要的帮助。

（四）物流云的发展是构建物流新生态的基础

不管是制造企业、商贸企业和物流企业都有必要建立以自己所拥有的资源为重要吸引力，以平台为载体的物流新生态，促进自我发展。同时，这些私有生态需要与物流产业链中其他生态聚集和互为有效利用，共赢发展。因此，物流私有云既保证了物流产业链各方信息的互联互通，又相对保护了自有信息的私密性和安全性，这是构建物流新生态的技术基础。

（五）区块链技术在物流与供应链领域的应用会越来越广泛

区块链与物流产业的三流合一（信息流、资金流、物流）有着天然的联系。互联网将万物信息化，区块链将信息价值化。在未来的 10 ~ 15 年，区块链的力量将突显，将信息价值化，从而推动基于价值和信用的交换更加高效、快捷、公平。区块链技术的发展和在物流与供应链领域的应用，必将为促进物流与供应链企业的转型升级做出积极的贡献。

（中国物流与采购联合会网络事业部　晏庆华）

2016 年物流教育培训发展回顾与 2017 年展望

一、2016 年物流教育培训发展回顾

2016 年，行业人才培养工作深入贯彻落实党的十八大和十八届四中、五中全会精神，深入贯彻落实习近平总书记系列重要讲话精神，以服务物流业转型升级及从业人员职业生涯发展为宗旨，坚持政府推动、行业指导、需求导向，深化产教融合，充分发挥企业、院校和社会培训机构在物流业人才标准制定、教育、培训、咨询、服务与交流等方面的作用，为服务产业发展做出了应有的贡献，并呈现出一系列新的发展特点。

（一）适应政策改革，积极应对培训认证工作面临的新机遇和挑战

2013 年以来，国务院将减少和规范职业资格许可和认定事项作为推进简政放权、放管结合、优化服务改革的重要内容。在此背景和趋势下，2014 年以来，国务院先后分 7 批次取消了共计 433 项职业资格认证项目，占国务院设置职业资格总数（共 615 项）的 70%。另外，国家明确非行政审批水平评价类职业将交行业协会、学会认定，行业职业能力水平认证面临前所未有的发展机遇。中物联根据行业用人需求，及时开展了行业物流和采购从业人员能力培训认证工作，保证了行业人才培养工作持续开展，为承接政府部门委托相关职业资格认证做好准备工作。

（二）标准建设工作稳步推进，行业人才培养体系不断完善

建立行业人才培养标准体系是发达国家推动行业人才培养的成功经验和通行作法，也是现代物流职业教育的基础。中物联物流人才标准体系经过近几年的建设，目前已经形成涵盖职业能力要求、职业成长阶梯的人才培养体系框架。2016 年在现有职业标准的基础上，中物联与行业标杆企业合作开发能力单元，目前基于第三方物流（合约）、商贸物流和生产物流三个领域的能力单元已经开发完成。

下一步中物联要加强与政府部门的沟通，配合主管部门制定物流行业领域的国家人才标准的同时，大力推动物流、采购人才培养的行业标准、协会标准和团体标准建设。借鉴发达国家先进经验，提升和完善我国物流、采购人才标

准体系，在完善通用人才标准的基础上，向细分领域人才标准延伸，为各行各业物流人才培养奠定坚实基础。

（三）教材体系建设质量明显提升

教材是教学的内容源泉，是培训认证工作的基础，教材质量的高低决定着培训认证的质量和品牌。为适应国家“一带一路”战略实施和物流产业转型升级对人才的新要求，2016 年开始中物联启动了第四次培训教材改版工作。本次编写将基于行业人才培养标准，重新定义职业人才能力结构，在原有模块基础上更加强调人的核心素养，同时融入目前反映物流行业创新驱动的新技术、新模式和新的业务内容。另外，还将借鉴国外培训教材好的形式和内容，取长补短，逐步与国际化人才培养工作接轨。

（四）国际交流与合作越来越紧密

随着行业组织参与国际事务的范围越来越广，程度越来越深，中国的话语权也越来越强。针对人才培养工作，中物联启动并建立了多边教育交流与合作机制。与 ITC（国际贸易中心）、英国物流技能协会、澳大利亚物流技能协会、国际供应链与运营管理协会和德国国际合作组织建立长期合作关系，引进了国外先进的物流、采购与供应链管理理论和技术，培养了大批物流和采购方面的国际型专业人才。目前已经开展和正在推动的有如下几个项目。

1. ITC 供应链管理国际资格认证项目

2016 年联合国 ITC 供应链管理项目官员 Hong Siew Lim 先生和 RulaJanho 女士到访中物联，双方就国内市场需求、产品体系架构、产品与服务创新和咨询导入等相关议题进行深入探讨。为促进 ITC 项目在国内市场推广、未来产品升级，中物联还完成了 ITC 中小企业供应链管理模块开发工作，对下一步面向广大中小微企业开展人才培训工作奠定了基础。

2. 与英国政府组织开展的职业教育和人才培养项目

自 2013 年 4 月中物联与英国文化协会、英国物流技能协会正式签署三方合作备忘录后，在英方的大力支持下，中物联完成了涵盖职业能力要求、职业成长阶梯的人才标准体系建设，为我国物流领域教育培训工作与国际接轨奠定了基础。同时，正式引入英国现代学徒制试点项目在我国物流企业和职业教育中的应用，经过几年发展推进，目前已经在 10 多个城市落地，并正受到越来越多的学者和企业的重视。

3. 与国际采购与供应管理联盟合作开展证书互认

经过多方论证和评估，中物联物流和采购职业能力认证项目已经获得国际采购与供应管理联盟的全球标准认证。目前国际采购与供应管理联盟颁发的国际证书已获得英国、法国、荷兰等 13 个国家的认同，未来考取中物联物流、采购从业人员职业能力等级认证证书还将同时获得 IFPSM 颁发的国际证书。

4. 与国际供应链与运营管理协会展开合作

2016 年中物联与国际供应链与运营管理协会（APICS）进行互访，双方就教育培训领域的合作进行深入交流，并签署了中物联与 APICS 教育培训合作备忘录（MOU），未来将合作开展职业标准体系的比较研究、人才培训认证等工作，共同推动中美物流与供应链领域的创新。

（五）打造高端培训，适应个性化人才培养需求

为应对当前经济转型期的新挑战，全面提升物流企业职业经理领导力和解决问题的能力，中物联面向物流、采购及供应链管理高层管理人员开展高级研修项目，联合院校开展 EMBA、MBA 高端项目，承担政府委托的培训项目等。根据行业发展需要制订有针对性的课程体系和服务项目，为企业高端人员提供更新理念、学习知识、提升能力、拓展领域和交流合作的平台。

1. 全力打造了“中国物流企业家高级研修班”高端品牌

2016 年中物联继续全力打造高端培训品牌，为学员、企业家和学者打造了一个更新理念、学习知识、提升能力、拓展交际的平台。

2. 成功开展了 EMBA、MBA 高端项目

2016 年为应对当前经济转型期的新挑战，全面提升物流企业职业经理领导力和解决问题的能力，中物联联合院校面向物流、采购供应链管理高层管理人员开展 EMBA、MBA 高端项目。

3. 继续实施物流人才知识更新工程

2016 年继续承担人社部《专业技术人才知识更新工程 2016 年高级研修项目计划》的实施。培训主题为“一带一路”战略与物流发展，对企业发展前沿理念、业务模式创新、新技术、新业态进行详尽的解读和培训。

（六）多法并举，指导物流院校教育工作更加科学、规范

2016 年，中物联充分发挥教指委和行指委对物流类专业教学调研、研究、咨询、评估和服务的指导作用，系统谋划，通过科学研究、集中研讨、举办大赛、建立标准、国际交流等多种方法，科学指导了物流院校教育工作。

1. 组织编写了《2015 年中国物流高等教育年度报告》和《2015 年中国物流职业教育发展报告》

报告在大量调研基础上进行编写，分为物流行业发展概况、全国院校物流教育发展与分析、部分地区物流职业教育介绍等内容，在大数据背景下报告对引领服务高校物流教育发展方向具有重要意义。

2. 组织召开了第十五届全国高校物流专业教学研讨会和第八届全国职业院校物流专业教学研讨会

2016 年的研讨会在收集整理了全国 500 多所开设物流专业的本科院校、1200 多保护所高职院校在专业建设等方面的信息基础上，直面院校面临的问题，突出双创主题，引领院校物流学科的建设和发展。

3. 成功举办了第五届全国大学生物流设计大赛

第五届大赛由上海郑明现代物流有限公司冠名赞助，规模空前，共有 502 支参赛队通过审核取得参赛资格，比上届增加 25%。参赛队来自全国的 277 所大学，分布于除台湾、香港、澳门、西藏、青海 5 个省、市、自治区以外的 28 个省、市、自治区，首次有解放军院校学生和港澳台留学生组队参赛。自校园赛开始共有近 4 万名大学生和 4000 多名指导教师参与比赛。本届大赛还邀请到来自法国、比利时高校学生观摩，呈现出院校参与面更广、比赛更加精彩、更加重视大学生创新创业等综合素质的培养、赞助企业更加重视等特点。大赛成为检验教学水平、展现学生能力、助力企业发展的舞台。

4. 进一步完善了教指委和行指委组织建设

新一届物流行指委下设成立了教学改革、技能开发、师资建设、校企合作、信息化、国际合作 6 个专业委员会和体系建设与质量保证委员会，吸纳 300 多人进入了专委会；同时在物流教指委筹建了冷链物流工作组、青年教师工作组和采购工作组。延展了工作的深度和广度，让更多的学校和教师参与到教学改革中来。

二、2017 年物流教育培训发展展望

2017 年是实施“十三五”规划的重要一年，是供给侧结构性改革的深化之年。新形势对物流业和物流教育的发展都提出了新的要求，未来行业组织将在行业人才培养工作中继续发挥主导作用，重点围绕提升服务质量、优化人才培养结构、推进创新创业教育、促进国际合作与交流等方面开展工作，开拓创新，打造品牌，提高我国物流业从业人员的职业能力，助力产业升级。

1. 适应新技术和先进管理方式在物流产业广泛应用带来的新需求

随着大数据、云计算、物联网、区块链、人工智能、机器人、无人机等先进技术和装备的应用，必将催生物流业在管理运营方式和运作效率方面发生一系列变革，必将带来人才培养的新需求。人才培养工作必须适应新形势，及时调整和满足物流产业发展对人才培养工作的新要求。

2. 基于“互联网 +”思维，主动开发资源，提升服务

“互联网 +”的时代，学习与培训模式正在发生重大变化，模块化、碎片

化、资源化、在线化的学习逐步成为主流，慕课、微课、翻转课堂等多种形式的教学手段正在兴起，下一步要积极探索将培训领域先进的技术、方法引入到教育领域，拓宽行业人才继续教育的通道。

3. 加快推进培训认证业务与教育产品和服务的融合

一方面，把现有物流、采购的知识体系和培训体系与院校教学、师资培养结合起来，实现课证融通；另一方面，针对院校需求，整合培训资源针对性地开发面向教育市场的培训产品与服务。2017 年将进一步加强行业标准、能力单元在院校和企业培训的应用，围绕能力单元与部分院校和企业开发课程和证书。

4. 推动双创教育与物流专业建设的融合

组织院校和企业共同开发双创课程，引进国外优质双创课程和师资，结合大型企业双创平台和项目，共同开发适合中国物流、采购与供应链领域的双创教育培训体系、课程，为行业和院校提供创业孵化、产学研结合、教学导入、师资培养、课程共建等服务，探索双创与专业相结合的发展新模式。

5. 开展师资培训，推动优质课程开发与建设

高水平人才培养离不开优秀的师资队伍和优质的课程资源，对物流师资培养体系的研究和优质课程资源的开发，整合全国师资力量开展培训和研修，加强对外合作，推动国外优质课程资源的引进和转化，为院校及培训机构教学水平提升与发展提供支持是 2017 年的一项重要工作。

6. 持续推动国际化交流与合作

结合国家“一带一路”战略，持续推动国际化交流与合作，在双创教育、师资培养、学术交流等方面积极开展合作。以 APEC 物流与运输职业标准为基础开发物流专业国际课程，开展中英物流专业课程比对研究，推动中澳、中英物流课程衔接与学分互认。组织物流职教代表团赴英国、澳大利亚等国家开展访问交流，开展境外师资培训和研修活动。

7. 深化产教融合和校企合作

深入推进产教融合、校企合作，促进企业和教育优质资源深度融合，服务国家战略要求和区域经济发展需要，优化协同育人环境。在政府相关部门的领导下，搭建行业、企业和院校协同育人的平台，发挥全国物流职业教育人才培养基地的示范和辐射作用，积极推动现代学徒制和学分银行试点工作，努力搭建物流人才培养立交桥，满足物流业发展的人才需求。

（中国物流与采购联合会教育培训部　郭肇明　上官世霞）

第三篇

资 料 汇 编

2016年全国物流运行情况通报

2016年物流运行总体平稳，社会物流总额增速小幅回升，社会物流总费用与GDP的比率稳步下降。

一、社会物流总额小幅回升

2016年全国社会物流总额229.7万亿元，按可比价格计算，比上年增长6.1%，增速比上年提高0.3个百分点。分季度看，一季度50.7万亿元，增长6%，提高0.4个百分点；上半年107万亿元，增长6.2%，提高0.5个百分点；前三季度167.4万亿元，增长6.1%，提高0.3个百分点；全年社会物流总额呈现稳中有升的发展态势。

从构成看，工业品物流总额214万亿元，按可比价格计算，比上年增长6%，增速比上年回落0.1个百分点；进口货物物流总额10.5万亿元，增长7.4%，提高7.2个百分点；农产品物流总额3.6万亿元，增长3.1%，回落0.8个百分点；再生资源物流总额0.9万亿元，增长7.5%，回落11.5个百分点；单位与居民物品物流总额0.7万亿元，增长42.8%，提高7.3个百分点。

二、社会物流总费用低速增长

2016年，社会物流总费用11.1万亿元，比上年增长2.9%，增速虽比上年提高0.1个百分点，但明显低于社会物流总额、GDP增速。其中，运输费用6万亿元，增长3.3%，增速比上年提高0.2个百分点；保管费用3.7万亿元，增长1.3%，回落0.3个百分点；管理费用1.4万亿元，增长5.6%，提高0.6个百分点。

2016年，社会物流总费用与GDP的比率为14.9%，比上年下降1.1个百分点。

三、物流业总收入稳步增长

2016年物流业总收入7.9万亿元，比上年增长4.6%。

国家发展改革委

中国物流与采购联合会

2016 年中国物流行业十件大事

中国物流与采购联合会

二〇一六年十二月三十一日

第一，7 月 20 日，国务院总理李克强主持召开国务院常务会议，部署推进“互联网 + 物流”，促使现代物流更好地服务发展、造福民生。

第二，9 月 13 日，国务院办公厅转发国家发展和改革委《物流业降本增效专项行动方案（2016—2018 年）》，推进物流业供给侧结构性改革。

第三，5 月 20 日，人力资源和社会保障部、中国物流与采购联合会在人民大会堂举行全国物流行业先进集体、先进工作者和劳动模范表彰大会。

第四，5 月 1 日起，营业税改征增值税试点在全国范围内全面推开，明确无运输工具承运业务按照交通运输服务，道路通行服务按照不动产经营租赁缴纳增值税。

第五，9 月 21 日起，多部门联合开展“整治货车非法改装专项行动”“整治公路货车违法超限超载行为专项行动”和“车辆运输车联合执法行动”。

第六，无车承运人试点工作 10 月启动，交通运输部负责统筹指导，省级交通运输主管部门具体负责组织实施。

第七，7 月 8 日，由国家发展和改革委、国土资源部、住房和城乡建设部委托中国物流与采购联合会评定的首批 29 家示范物流园区名单发布。

第八，10 月 8 日，推进“一带一路”建设工作领导小组办公室印发《中欧班列建设发展规划（2016—2020 年）》，全面部署未来 5 年中欧班列建设发展任务。

第九，1 月 6 日和 10 月 25 日，中国物流与采购联合会联合相关单位相继发布“中国仓储指数”和“中国电商物流指数”。

第十，年底，按照国家标准，经评估认定的 A 级物流企业总数超过 4000 家，覆盖全国（除港澳台外）所有省市自治区。

2016 年物流相关规划及政策文件要目

序　号	发文单位	题　目	文　号	发文时间
1	交通运输部	关于推进长江航运科学发展的若干意见	交政研发〔2015〕199 号	
2	国务院	关于加快推进重要产品追溯体系建设的意见	国办发〔2015〕95 号	2016. 01. 12
3	国务院	关于促进加工贸易创新发展的若干意见	国发〔2016〕4 号	2016. 01. 18
4	国家发展和改革委	“互联网 +” 绿色生态三年行动实施方案	发改办环资〔2016〕70 号	2016. 01. 21
5	国务院	关于取消一批职业资格许可和认定事项的决定	国发〔2016〕5 号	2016. 01. 22
6	海关总署、商务部	关于实行自动进口许可证通关作业无纸化的公告	总署公告〔2016〕5 号	2016. 01. 25
7	交通运输部	道路运输车辆技术管理规定	交通运输部令 2016 年第 1 号	2016. 01. 29
8	交通运输部	船舶检验管理规定	交通运输部令 2016 年第 2 号	2016. 02. 04
9	国务院	关于第二批取消 152 项中央指定地方实施行政审批事项的决定	国发〔2016〕9 号	2016. 02. 19
10	国务院	关于同意在天津等 12 个城市设立跨境电子商务综合试验区的批复	国函〔2016〕40 号	2016. 02. 25

续 表

序 号	发文单位	题 目	文 号	发文时间
11	国家发展和改革委、商务部、工业和信息化部、交通运输部、农业部、财政部、人民银行、证监会、邮政局、供销合作总社	关于加强物流短板建设促进有效投资和居民消费的若干意见	发改经贸〔2016〕433 号	2016. 02. 29
12	财政部、交通运输部	关于推进交通运输领域政府购买服务的指导意见	财建〔2016〕34 号	2016. 03. 08
13	交通运输部	交通运输部 2016 年立法计划	交法函〔2016〕106 号	2016. 03. 15
14	国家发展和改革委、供销合作总社、财政部、交通运输部、农业部、国土资源部、人民银行、质检总局、国家铁路局、中国铁路总公司	关于加快棉花现代物流发展的指导意见	发改经贸〔2016〕567 号	2016. 03. 17
15	商务部、国家发展和改革委、交通运输部、海关总署、国家邮政局、国家标准委	全国电子商务物流发展专项规划（2016—2020 年）	商流通发〔2016〕85 号	2016. 03. 17
16	财政部、国家税务总局	关于全面推开营业税改征增值税试点的通知	财税〔2016〕36 号	2016. 03. 23
17	财政部、海关总署、国家税务总局	关于跨境电子商务零售进口税收政策的通知	财关税〔2016〕18 号	2016. 03. 24
18	交通运输部	危险货物道路运输安全管理办法（征求意见稿）	交办运函〔2016〕291 号	2016. 03. 28

续　表

序　号	发文单位	题　目	文　号	发文时间
19	海关总署	2016 年海关落实“一带一路”建设战略规划重点工作		2016. 04. 02
20	国家发展和改革委、商务部	市场准入负面清单草案（试点版）	发改经体〔2016〕442 号	2016. 04. 12
21	国务院	贯彻实施质量发展纲要 2016 年行动计划	国办发〔2016〕18 号	2016. 04. 19
22	交通运输部	关于进一步规范《道路运输车辆技术管理规定》实施工作的通知	交办运〔2016〕59 号	2016. 04. 20
23	财政部、公安部、中国人民银行	关于扩大跨省异地缴纳交通违法罚款试点范围的通知	财办库〔2016〕62 号	2016. 04. 27
24	国务院	关于深入实施“互联网 + 流通”行动计划的意见	国办发〔2016〕24 号	2016. 04. 21
25	交通运输部	道路危险货物运输管理规定	交通运输部令 2016 年第 36 号	2016. 04. 25
26	交通运输部	交通运输信息化“十三五”发展规划	交规划发〔2016〕74 号	2016. 04. 25
27	国务院	国务院办公厅关于转发《国家发展改革委等部门推进“互联网 + 政务服务”开展信息惠民试点实施方案》的通知	国办发〔2016〕23 号	2016. 04. 26
28	交通运输部	危险货物港口作业安全治理专项行动方案（2016—2018 年）	交水发〔2016〕75 号	2016. 04. 26
29	交通运输部	公路工程营业税改征增值税计价依据调整方案	交办公路〔2016〕66 号	2016. 04. 29

续 表

序 号	发文单位	题 目	文 号	发文时间
30	交通运输部	关于印发《交通运输部货运枢纽（物流园区）投资补助项目管理办法（暂行）》的通知	交规划发〔2016〕59 号	2016.04.02
31	财政部、国家税务总局	关于进一步明确全面推开营改增试点有关劳务派遣服务、收费公路通行费抵扣等政策的通知	财税〔2016〕47 号	2016.04.30
32	国务院	全面推开营改增试点后调整中央与地方增值税收入划分过渡方案	国发〔2016〕26 号	2016.04.30
33	财政部、国家税务总局	关于进一步明确全面推开营改增试点有关劳务派遣服务、收费公路通行费抵扣等政策的通知	财税〔2016〕47 号	2016.05.04
34	交通运输部	交通运输部关于印发《交通运输标准化“十三五”发展规划》的通知	交科技发〔2016〕15 号	2016.05.18
35	国家发展和改革委、商务部、人民银行、海关总署、税务总局、工商总局、质检总局	关于推动电子商务发展有关工作的通知	发改办高技〔2016〕1284 号	2016.05.20
36	国家发展和改革委	关于做好现代物流创新发展城市试点工作的通知	发改经贸〔2016〕1104 号	2016.05.23
37	国家标准委、商务部	关于推动国内贸易流通体制改革发展标准化工作方案		2016.05.24
38	民政部、国家邮政局	赈灾包裹寄递服务和安全管理规定	国邮发〔2016〕57 号	2016.05.25
39	国家安全监管总局、交通运输部 、国家铁路局	关于印发《危险化学品储存场所安全专项整治工作方案》的通知	安监总管三〔2016〕53 号	2016.05.30

续　表

序　号	发文单位	题　目	文　号	发文时间
40	海关总署	关于进一步推广实施国际服务外包业务进口货物保税监管模式的公告	总署公告〔2016〕36 号	2016. 06. 01
41	国家发展和改革委、交通运输部	印发《关于推动交通提质增效提升供给服务能力的实施方案》的通知	发改基础〔2016〕1198 号	2016. 06. 06
42	交通运输部	交通运输部关于废止 20 件交通运输规章的决定	交通运输部令 2016 年第 57 号	2016. 06. 07
43	交通运输部	交通运输节能环保“十三五”规划		2016. 06. 13
44	交通运输部、国家发展和改革委	关于公布第一批多式联运示范工程项目名单的通知	交办运〔2016〕79 号	2016. 06. 14
45	国家发展和改革委、交通运输部、住房城乡建设部、国土资源部	关于加强干线公路与城市道路有效衔接的指导意见	发改基础〔2016〕1290 号	2016. 06. 14
46	水运局	关于加快推动实施重要水运航道安全设施保障工程的通知	交办水函〔2016〕603 号	2016. 06. 20
47	国务院办公厅	国务院办公厅关于转发《国家发展改革委营造良好市场环境推动交通物流融合发展实施方案》的通知	国发〔2016〕43 号	2016. 06. 21
48	财政部、商务部	关于 2016 年度外经贸发展专项资金重点工作的通知	财行〔2016〕212 号	2016. 06. 23

续 表

序号	发文单位	题目	文号	发文时间
49	国家发展和改革委、农业部、商务部、交通运输部、海关总署、质检总局	关于印发《京津冀农产品流通体系创新行动方案》的通知	发改经贸〔2016〕1361 号	2016. 06. 27
50	国务院	中长期铁路网规划		2016. 06. 29
51	国务院	关于修改《中华人民共和国海关稽查条例》的决定	国令第 670 号	2016. 07. 01
52	交通运输部	关于进一步加强长江港口岸线管理的意见	交规划发〔2016〕119 号	2016. 07. 05
53	商务部	关于印发《农村电子商务服务规范》（试行）和《农村电子商务工作指引》（试行）的通知	商建字〔2016〕17 号	2016. 07. 11
54	工业和信息化部、国家发展和改革委、中国工程院	关于印发《发展服务型制造专项行动指南》的通知	工信部联产〔2016〕231 号	2016. 07. 12
55	商务部	关于确定智慧物流配送示范单位的通知		2016. 07. 19
56	国家发展和改革委	关于印发《中长期铁路网规划》的通知	发改基础〔2016〕1536 号	2016. 07. 20
57	国家质检总局、国家标准委	关于批准发布《汽车、挂车及汽车列车外廓尺寸、轴荷及质量限值》等 4 项国家标准的公告	国家标准公告 2016 年第 12 号	2016. 07. 26
58	交通运输部	综合运输服务“十三五”发展规划		2016. 07. 27
59	国家发展和改革委	关于印发《“互联网＋”高效物流实施意见》的通知	发改经贸〔2016〕1647 号	2016. 07. 29
60	国家发展和改革委、交通运输部	关于印发《推进“互联网＋”便捷交通　促进智能交通发展的实施方案》的通知	发改基础〔2016〕1681 号	2016. 07. 30

续 表

序　号	发文单位	题　目	文　号	发文时间
61	财政部、国家税务总局	关于收费公路通行费增值税抵扣有关问题的通知	财税〔2016〕86 号	2016. 08. 03
62	国务院	关于印发《“十三五”国家科技创新规划》的通知	国发〔2016〕43 号	2016. 08. 08
63	交通运输部	关于推进供给侧结构性改革　促进物流业“降本增效”的若干意见	交规划发〔2016〕147 号	2016. 08. 11
64	交通运输部	关于加强综合运输服务示范城市建设动态管理工作的通知	交办运〔2016〕102 号	2016. 08. 16
65	交通运输部、公安部	关于印发《整治公路货车违法超限超载行为专项行动方案》的通知	交办公〔2016〕109 号	2016. 08. 18
66	交通运输部、国家发展和改革委、工业和信息化部公安部、国家质检总局	关于印发《车辆运输车治理工作方案》的通知	交办运〔2016〕107 号	2016. 08. 18
67	交通运输部、工业和信息化部、公安部、工商总局、质检总局	关于进一步做好货车非法改装和超限超载治理工作的意见	交公路发〔2016〕124 号	2016. 08. 18
68	国务院	关于印发《降低实体经济企业成本工作方案》的通知	国发〔2016〕48 号	2016. 08. 22
69	交通运输部	超限运输车辆行驶公路管理规定	交通运输部令 2016 年第 62 号	2016. 08. 30
70	交通运输部	关于推进改革试点加快无车承运物流创新发展的意见	交办运〔2016〕115 号	2016. 09. 01

续 表

序 号	发文单位	题 目	文 号	发文时间
71	交通运输部	关于推进交通运输行业数据资源开放共享的实施意见	交办科技〔2016〕113 号	2016. 09. 02
72	交通运输部	关于印发《长江等内河航运市场秩序专项治理行动方案》的通知	交办水函〔2016〕993 号	2016. 09. 02
73	交通运输部	关于进一步做好车辆运输车治理工作的通知	交办运函〔2016〕1034 号	2016. 09. 13
74	商务部、国土资源部、住房城乡建设部、交通运输部、银监会	关于推进商品交易市场转型升级的指导意见	商建函〔2016〕755 号	2016. 09. 13
75	国务院	关于转发《国家发展改革委物流业降本增效专项行动方案（2016—2018 年）》的通知	国办发〔2016〕69 号	2016. 09. 26
76	商务部、国家开发银行	关于共同推进全国农产品流通骨干网建设的通知		2016. 10. 17
77	交通运输部、公安部	关于规范治理超限超载专项行动有关执法工作的通知	交办公路〔2016〕130 号	2016. 10. 18
78	商务部	公布《服务出口重点领域指导目录》	2016 年第 58 号	2016. 10. 25
79	商务部、民政部、国土资源部、住房城乡建设部、质检总局	关于推进电子商务进社区促进居民便利消费的意见	商建发〔2016〕255 号	2016. 10. 28
80	交通运输部	关于进一步加强农村物流网络节点体系建设的通知	交办运〔2016〕139 号	2016. 10. 31
81	国家发展和改革委、交通运输部、中国铁路总公司	关于启动实施交通物流融合发展第一批重点项目的通知	发改办基础〔2016〕2293 号	2016. 10. 31

续　表

序　号	发文单位	题　目	文　号	发文时间
82	商务部、国家发展和改革委、科技部、工业和信息化部、公安部、财政部、交通运输部、人民银行、海关总署、税务总局、工商总局、质检总局、统计局	关于开展加快内贸流通创新推动供给侧结构性改革扩大消费专项行动的意见	商秩发〔2016〕427 号	2016. 11. 07
83	交通运输部、国家发展和改革委、公安部、财政部、国土资源部、住房和城乡建设部、农业部、商务部、供销合作总社、国家邮政局、国务院扶贫办	关于稳步推进城乡交通运输一体化提升公共服务水平的指导意见	交运发〔2016〕184 号	2016. 11. 09
84	交通运输部	关于开展城乡交通运输一体化建设工程有关事项的通知	交办运〔2016〕140 号	2016. 11. 09
85	国务院	关于推动实体零售创新转型的意见	国办发〔2016〕78 号	2016. 11. 11
86	商务部、国家发展和改革委、工业和信息化部、财政部、国土资源部、农业部、人民银行、税务总局、工商总局、质检总局	关于印发《国内贸易流通“十三五”发展规划》的通知	商建发〔2016〕430 号	2016. 11. 11

续 表

序 号	发文单位	题 目	文 号	发文时间
87	国家发展和改革委	关于京津冀地区城际铁路网规划的批复	发改基础〔2016〕2446 号	2016. 11. 18
88	交通运输部	关于做好在用不合规车辆运输车信息申报工作的通知	交办运函〔2016〕1359 号	2016. 11. 22
89	国家发展和改革委	关于清理规范涉及铁路货物运输有关收费的通知	发改价格〔2016〕2498 号	2016. 11. 29
90	国务院	关于印发《“十三五”脱贫攻坚规划》的通知	国发〔2016〕64 号	2016. 12. 02
91	国务院	关于印发《危险化学品安全综合治理方案》的通知	国办发〔2016〕88 号	2016. 12. 06
92	工业和信息化部、商务部	关于加快我国包装产业转型发展的指导意见	工信部联消费〔2016〕397 号	2016. 12. 06
93	国家发展和改革委	关于印发《“十三五”长江经济带港口多式联运建设实施方案》的通知	发改基础〔2016〕2588 号	2016. 12. 07
94	交通运输部、公安部、国家安全监管总局	关于进一步加强道路运输安全管理工作的通知	交运明电〔2016〕35 号	2016. 12. 09
95	商务部	关于做好“十三五”时期消费促进工作的指导意见		2016. 12. 14
96	交通运输部	关于印发《道路货运车辆动态监控服务商服务评价办法》的通知	交办运〔2016〕169 号	2016. 12. 16
97	国家邮政局、公安部、国家安全部	关于发布《禁止寄递物品管理规定》的通告		2016. 12. 16
98	商务部、国家标准委	关于印发《国内贸易流通标准化建设“十三五”规划（2016—2020 年）》的通知	商流通发〔2016〕85 号	2016. 12. 22

续　表

序　号	发文单位	题　目	文　号	发文时间
99	商务部、中央网信办、国家发展和改革委	关于印发《电子商务“十三五”发展规划》的通知		2016.12.24
100	财政部、科技部、工业和信息化部、国家发展和改革委	关于调整新能源汽车推广应用财政补贴政策的通知	财建〔2016〕958号	2016.12.29
101	交通运输部、外交部、国家发展和改革委、科技部、工业和信息化部、公安部、财政部、国土资源部、住房城乡建设部、商务部、人民银行、海关总署、税务总局、工商总局、质检总局、国家统计局、保监会、铁路总公司	关于进一步鼓励开展多式联运工作的通知	交运发〔2016〕232号	2017.01.04

卡车司机从业状况调查报告

中国物流与采购联合会公路货运分会

二〇一六年一月

一、调查背景

按照中物联公路货运分会一届二次理事会议定事项，由新杰物流集团股份有限公司具体负责“卡车司机从业状况调查”的执行工作。此次调查主要采取问卷调查与访谈相结合的方式，面向卡车司机群体，历时五个月，共获取3183份反馈问卷。

本次调查活动，得到了许多企业单位的支持，包括卡行天下、传化公路港、普洛斯、路歌和鸿宝物流等协助问卷发放，卡车之家提供了网上调研渠道，上海海事大学物流研究中心完成了部分问卷的整理工作。对于上述企业和单位，在此表示衷心感谢！

二、问卷分析

（一）卡车司机相关基本信息

1. 司机个人状况

Q1：您的性别是：

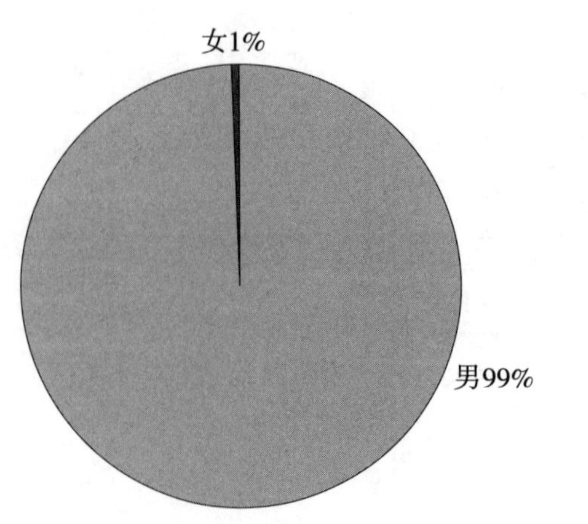

Q2：您的最高教育状况是：

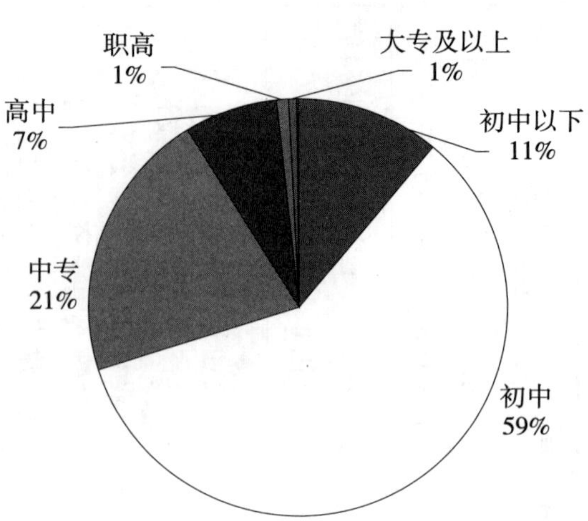

Q3：您的年龄属于：

Q4：您的婚姻状况是：

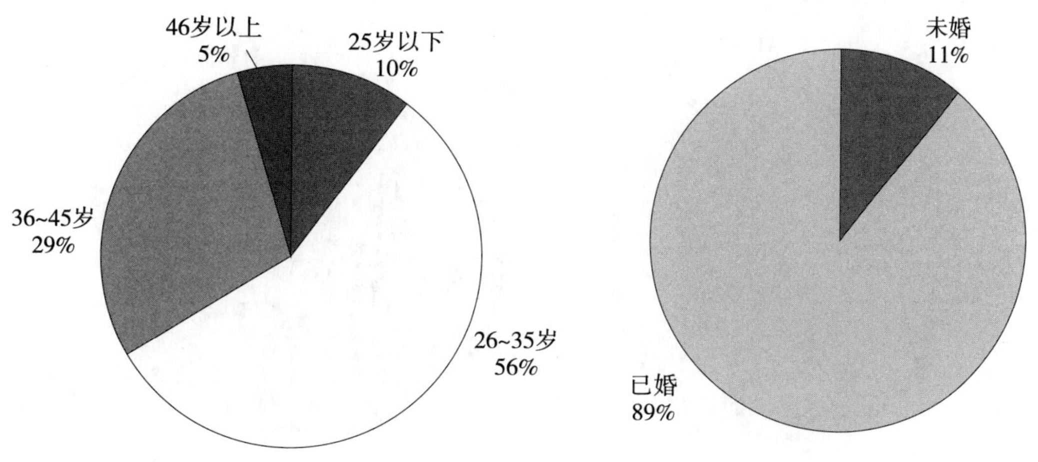

Q5：您的户籍是：

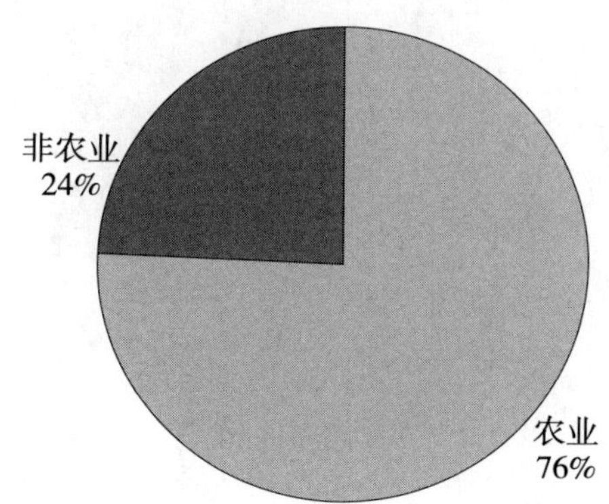

在样本司机中，男性为3153人，占99%；女性仅18人，占1%。对比全国第六次人口普查数据（下同），卡车司机中男性从业人员比例远远高于平均水平。这与卡车司机的职业特点、工作环境、劳动强度等有关。

调查显示，卡车司机从业人员学历不高，70%的从业人员学历在初中及以下，与全国普查数据（69%）相比较为近似，说明目前卡车司机从业人员文化素质偏低，是广大学历较低人员就业重要渠道。

从年龄来看，26～35岁占56%，说明年轻司机已经成为卡车司机的主流群体。36～45岁占29%，中青年司机仍然是卡车司机的重要组成部分。

从婚姻状况来看，样本司机中已婚占89%，未婚占11%。单身司机相对还是少数。样本司机中农业户口占76%，说明城镇人口不愿意从事卡车司机这一职业。

2. 司机运营信息

Q6：您现有驾驶证类型是：　　　　Q7：您初次取得驾驶证的时间是：

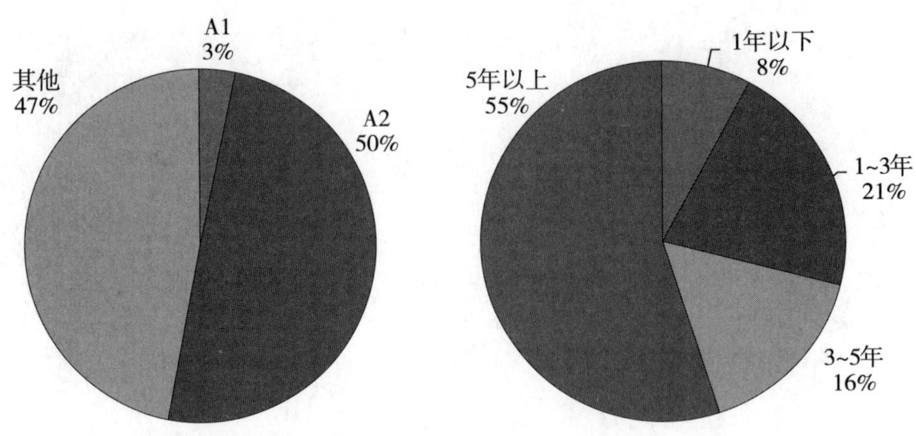

Q8：您现在驾驶的车辆品牌是：

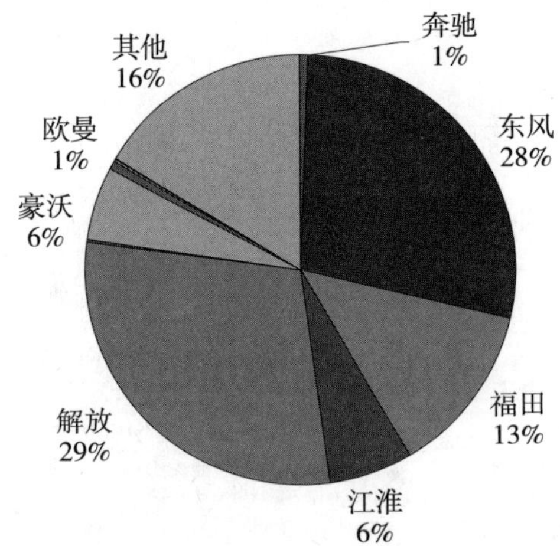

Q9：您驾驶车辆的车牌所在区域是：

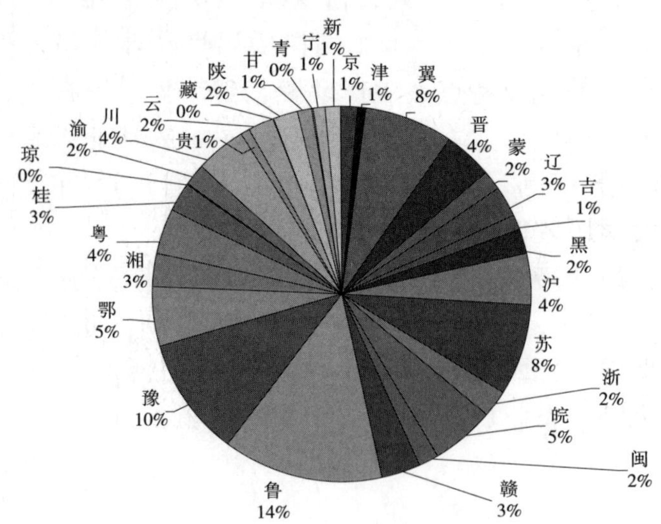

Q10：您驾驶的车辆属于：

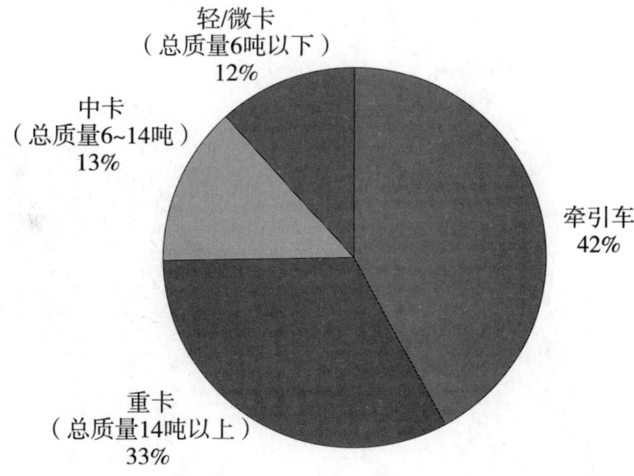

Q11：您驾驶的车辆类型是：

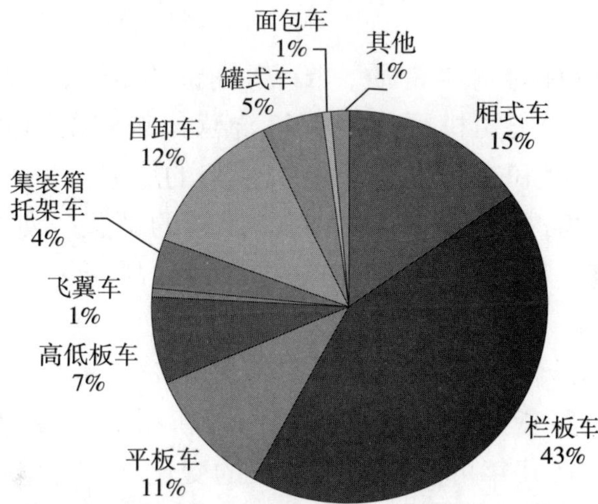

Q12：您驾驶的车辆车长是（指装货长度，如厢车是车厢长度）：

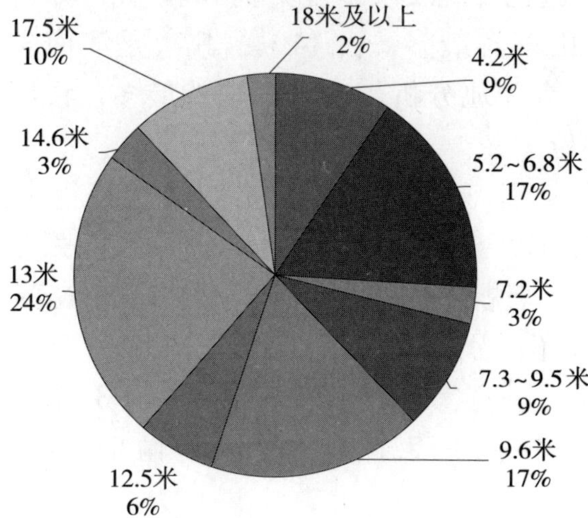

Q13：您驾驶车辆的车龄是：

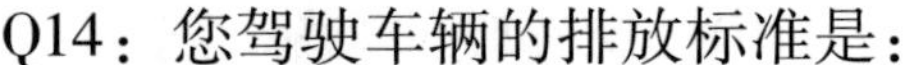
Q14：您驾驶车辆的排放标准是：

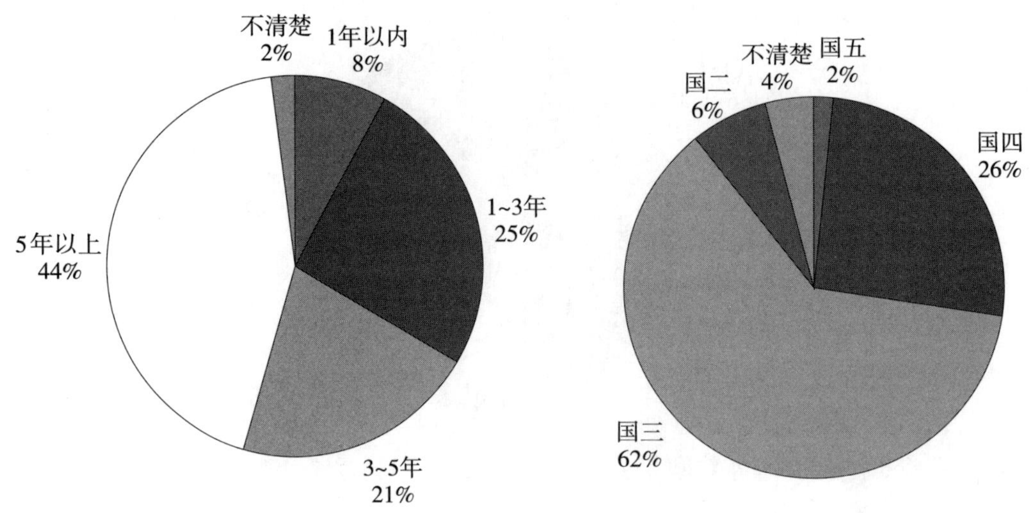

样本司机中，拥有的驾照资质，A1 驾驶证占 3%，A2 占 50%，其他占 47%，说明相当部分卡车司机可能没有符合营运规定的驾驶资质。这也反映了日趋严格的考证制度和交通处罚规定所带来的后果——A2 驾驶证司机增速无法跟上市场发展的需要。未来随着人口红利的消失，如何放松考证管制，保证卡车司机供应，同时调整优化交通法规，需要多方积极思考，认真应对。

样本司机中，驾龄在 5 年以上的最多，占 37%，其次是 1 ~ 3 年，占 28%。虽然老司机依然是公路货运的主要力量，但是新司机正在加快加入这个行列，行业从业人员结构在近几年可能会发生较大的变化。

样本司机中，驾驶车辆的品牌，以驾驶解放品牌的司机最多，占 29%；其次是东风，占 28%。这也客观反映了各类型卡车的市场保有量情况。

车辆车牌号中，山东省最多，占 14%；其次是河南省和江苏省，分别是 10%、8%。从司机的常驻地分析，也是山东省最多，说明山东省在中国公路货运业中占有重要地位。

车辆类型中，以牵引车最多，占 42%；其次是重卡、中卡、轻/微卡，分别是 33%、13%、12%。当前车辆大型化是行业发展趋势。从车型看，栏板车最多，占 43%。说明我国货运车型整体仍比较落后。厢式车、自卸车、平板车、高低板车分别占 15%、12%、11% 和 7%。从车长看，13 米车长最多，占 24%，其次是 9.6 米、5.2 ~ 6.8 米、17.5 米，分别占 17%、17%、10%。非标的 17.5 米低平板运输车仍然是长途干线运输市场的重要车型。

从车龄看，5 年以上车龄占比最多，占 44%。目前，在道路上行驶的卡车整体车龄相对较长，更需要做好日常保养维护工作，提高安全意识。

从车辆排放标准看，达到国三标准的车辆最多，占 62%，这与我国大力推进燃油升级的要求相比，还有一定差距。未来升级改造任务任重而道远，也反映市场潜力较大。

（二）经营状况

1. 财务相关情况

Q15：您是否驾驶自有车辆运营：

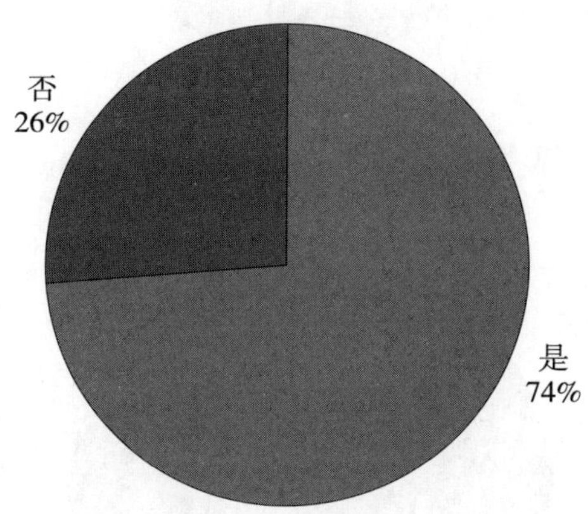

Q16：月均总收入是（不需要减去支出）（车主）：

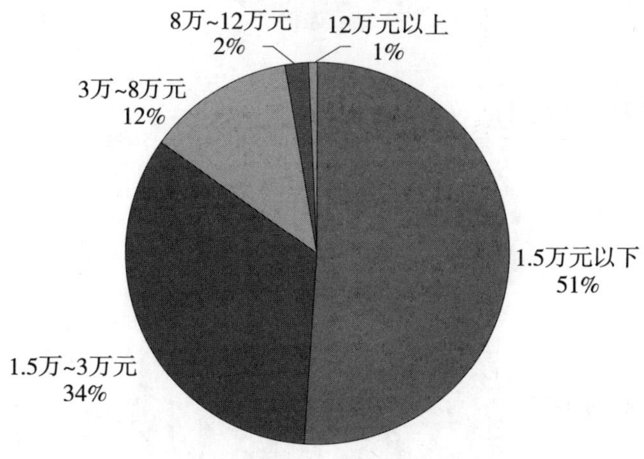

Q17：您与公路货运相关的月平均支出是（包括雇用司机/小工，加油/气，换胎，维修，运输时的住宿餐饮，保险，路桥费）（车主）：

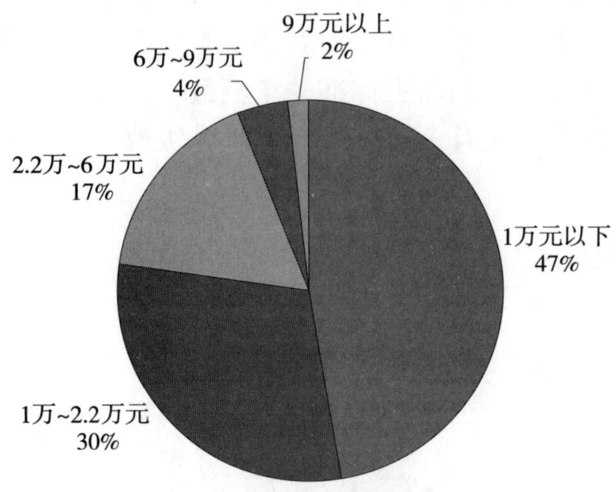

Q18：您自有车辆挂靠关系是（车主）：

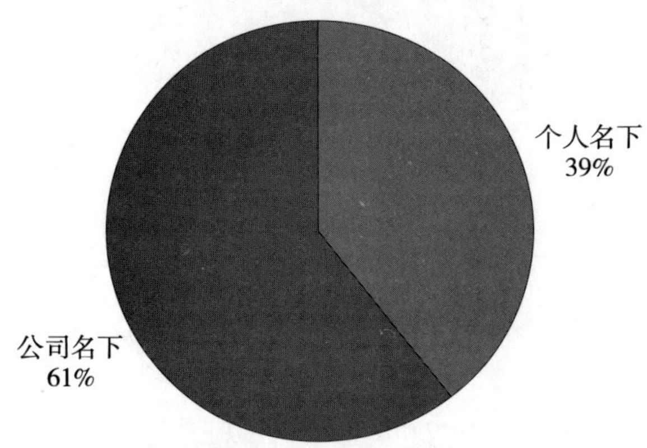

Q19：您每月挂靠费用是（车主）：

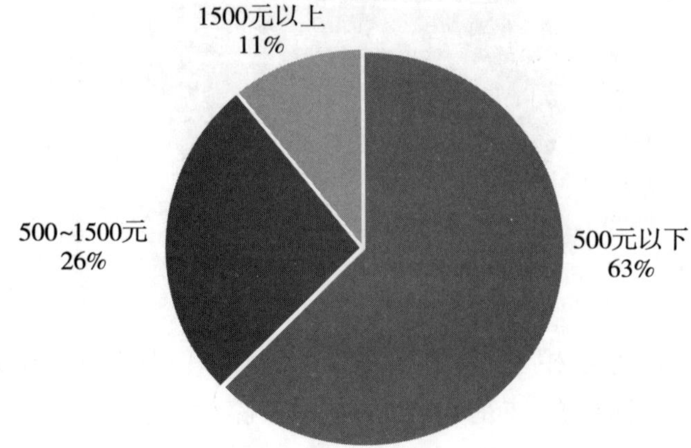

Q20：您除了交强险外，是否给车辆上了商业保险（车主）：

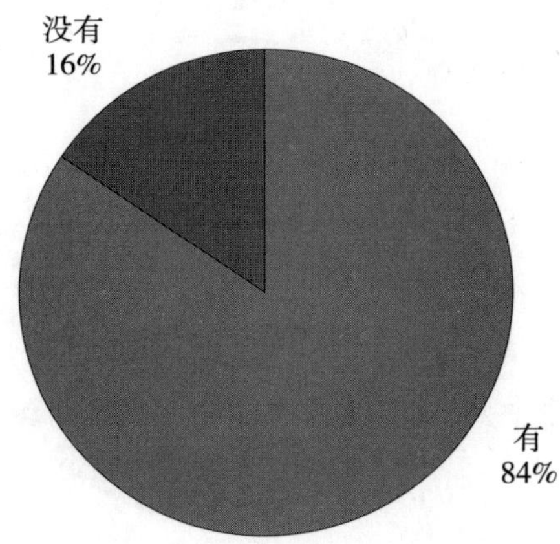

Q21：您车辆的商业保险是通过什么渠道购买的：

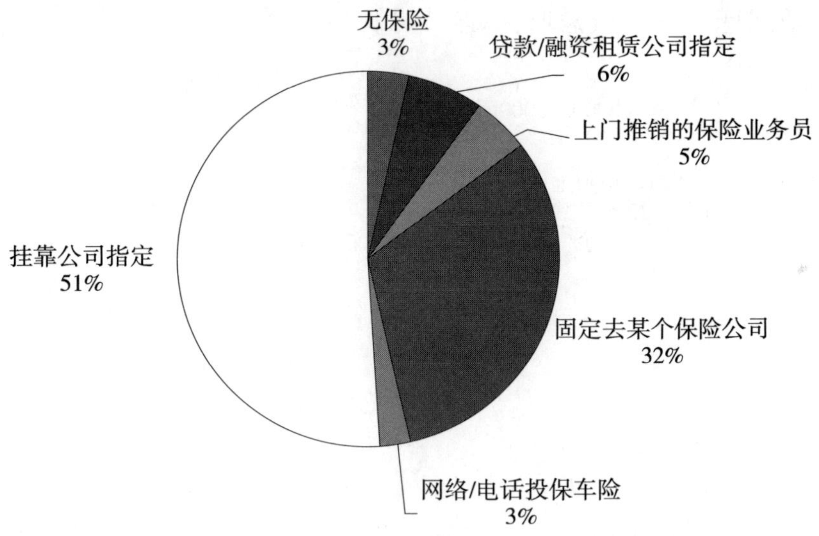

Q22：您给车辆上保险时，主要在意哪些因素（车主）（多选）：

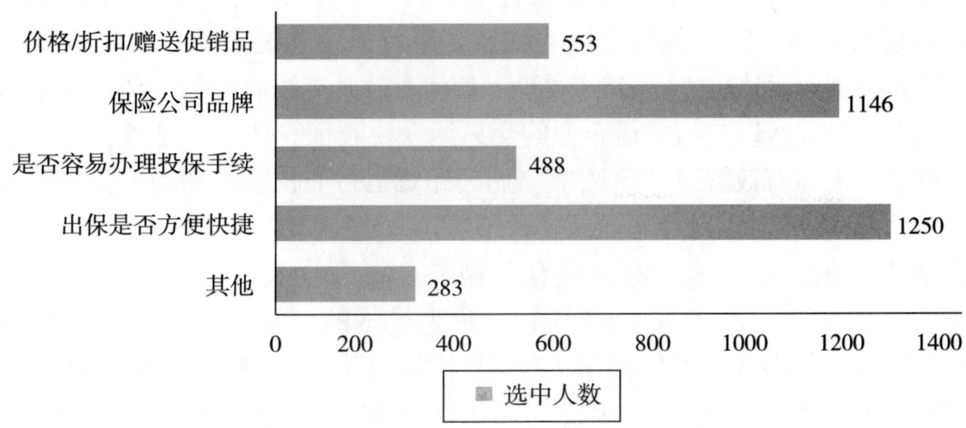

Q23：您的车辆如果有相关的验车、审核办证等情况，您会：

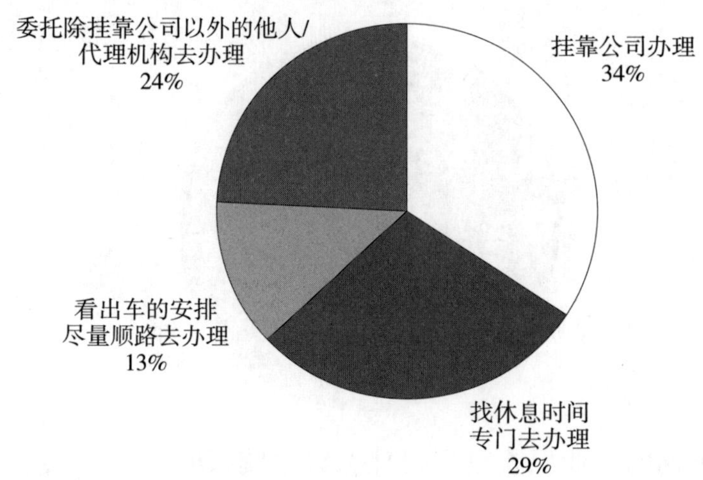

Q24：请问您每月工资总收入是（司机）：

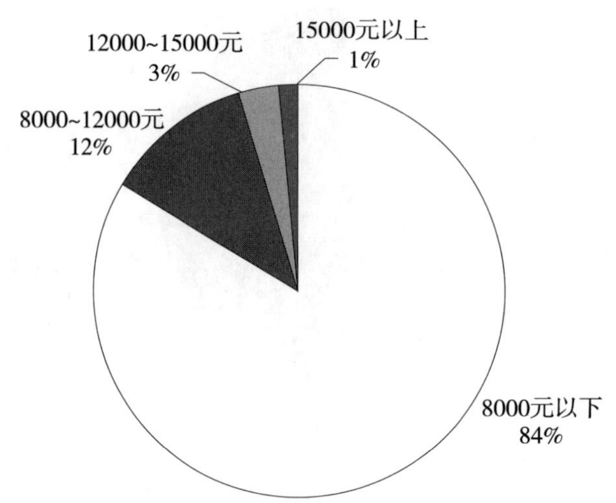

样本司机中，自有车辆占据较大比重，占74%，说明个体司机是我国公路货运业的运营主体。国家各项政策的制定，以及市场的配套服务，应充分考虑到运营主体的特征。例如，针对个体司机，如何有效开展税收征管工作，将个体司机这一巨大群体的收入以及与货运企业的交易纳入税收征管体系，是考验下一步财税改革的智慧，也是有效解决“营改增”后公路货运行业税负增加的重要突破点。

自有车辆司机中，月收入在1.5万元以下的占51%，考虑到还需要减去日常运营成本支出，从整体上看，自有车辆卡车司机收入水平不高。月均成本支出1万以下的居多，占47%。这与上一问题显示的，每月收入半数司机在1.5万元以下是相匹配的。初步估算，半数卡车司机的月纯收入在5000~10000元。卡车司机的纯收入显示，84%的司机在8000元以下。

样本司机中，车辆挂靠在公司名下的居多，占61%。说明目前由于各种客观（政策）要求，以及司机本人对于相关信息掌握难度较大，导致大量存在车辆挂靠的现象。虽然个体司机已经成为实际运营的主体，但是个体工商户这种经营模式没有成为普遍现象，我国基础货运单元的企业组织形态有待改变。这既需要国家政策的转变和支持，也需要卡车司机自身提高对相关知识的了解，或者出现专业公司为个体司机提供相关服务。

从挂靠费用来看，费用在500元以下的居多，占63%。但也有相当比例超过1000元。对于市场总体来说，挂靠公司的存在是应对相关政策的产物，解决了司机的一部分刚性需求，但对社会的实际价值贡献并不大。未来挂靠公司如何走下去，是延续传统业务，还是积极转型，为卡车司机提供更多更有价值的服务，例如，代理记账、货源信息、金融服务、运营管理服务等，是这个行业需要考虑的问题。

样本司机中，84%的司机给车辆上了商业保险，显示出司机对于风险保障已经有一定的认识水平，但是仍需进一步提高。样本司机中，车辆保险通过挂靠公司指定的保险公司购买占比最多，达到51%，这可能是挂靠公司通过挂靠手段进行了强制约束，也有可能通过规模采购为司机降低了保险支出。在司机较为关注的保险的各项因素中，出保是否方便快捷最为司机所重视，其次是保险公司的品牌。每年，司机在办理车辆年检、二保、营运证、上岗证等方面，普遍要花费一到两周的时间，费用在数千元甚至更高。无论从经济上，还是从时间上，都给司机造成了较大的负担。从减轻从业者负担角度，是否可以适当减少一些不必要的审核要求，是交通管理部门和车辆管理部门需要思考的问题。

2. 车辆与运营状况

Q25：如果购买卡车，您最看重的因素有哪些（多选）：

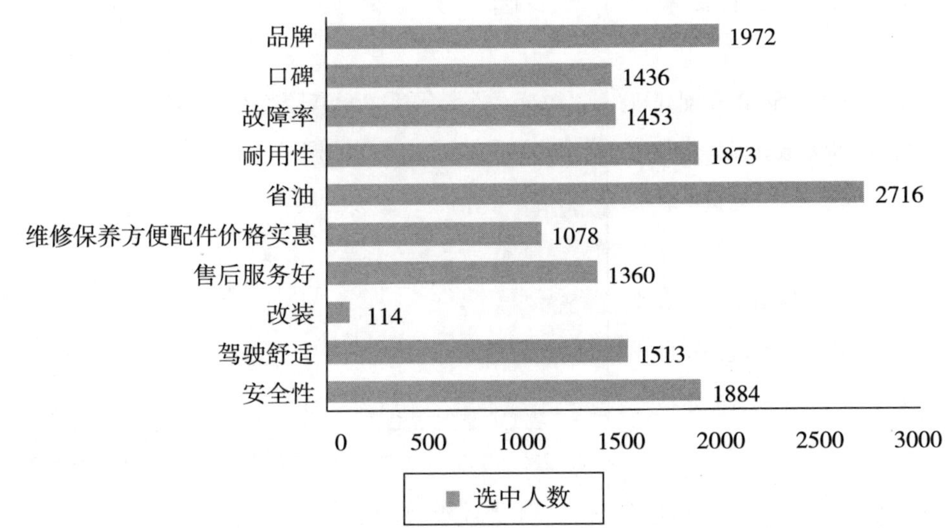

Q26：请问您会选择哪种方式购买卡车：

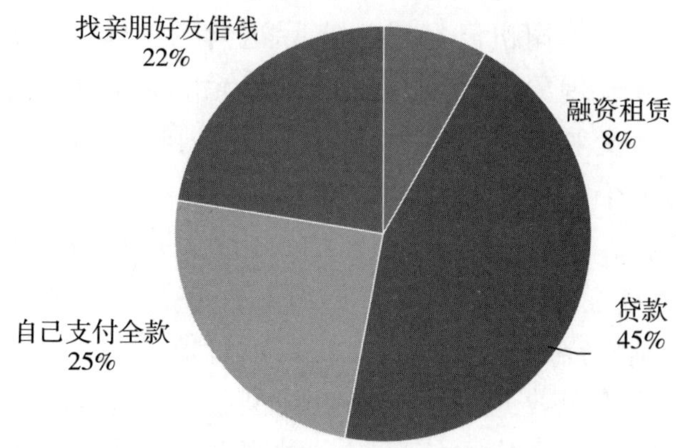

Q27：您日常的行车路线是：

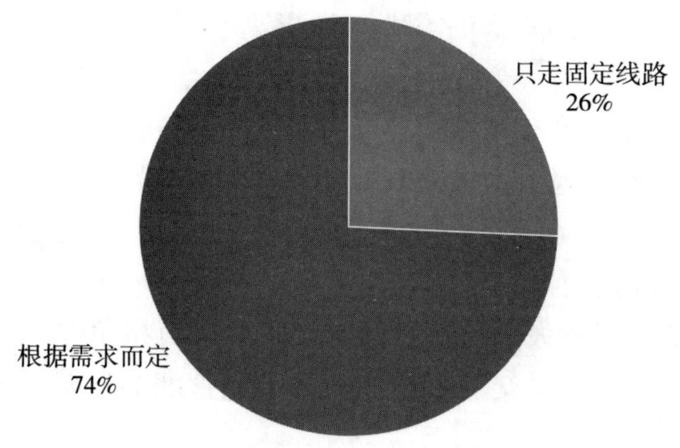

Q28：您的货源主要来自于（多选）：

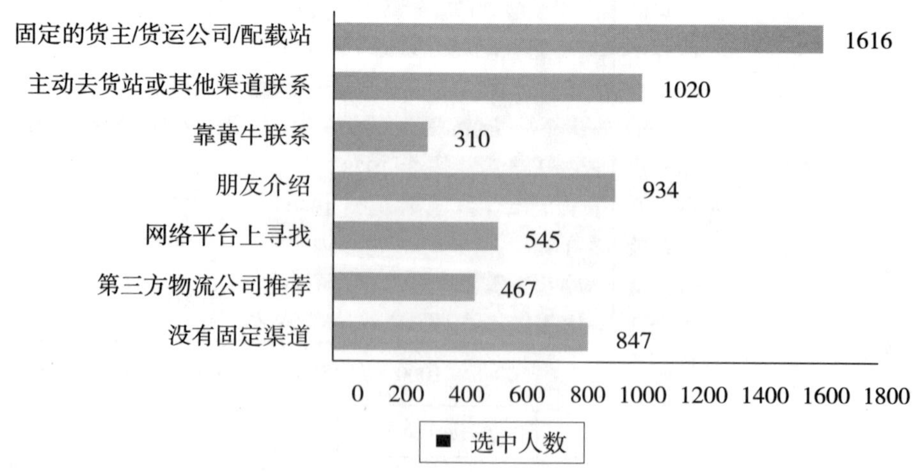

Q29：您的客户是什么类型的企业：

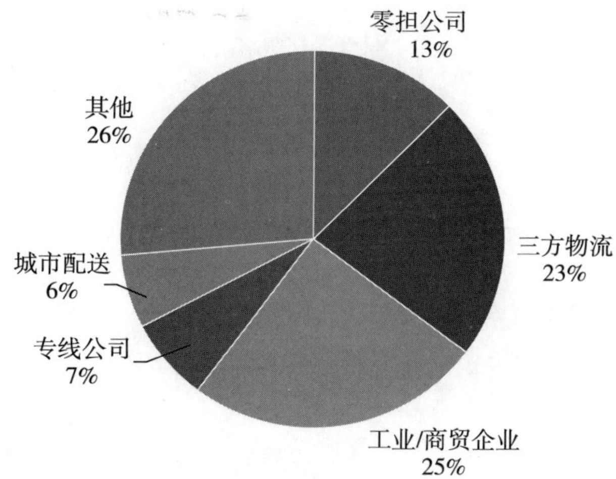

Q30：您的货款结算方式一般是：

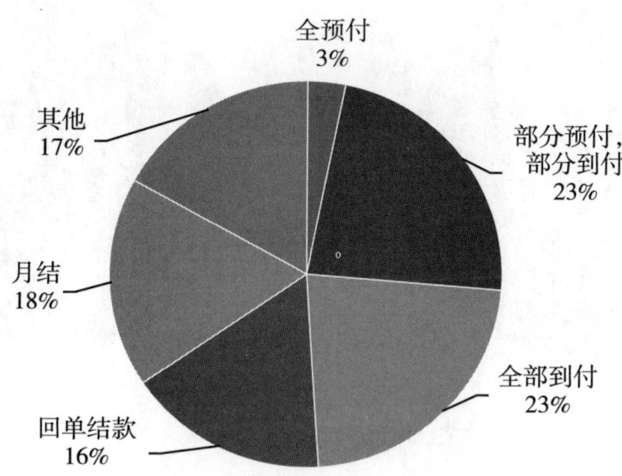

Q31：您是否经常遇到拖欠结款的情况：

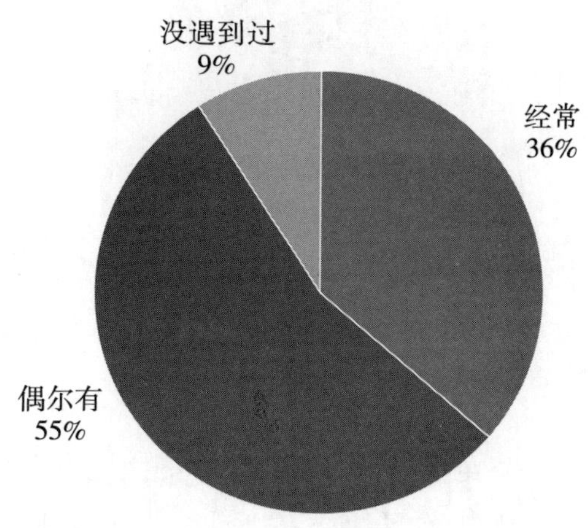

Q32：您是否有固定的维修点：

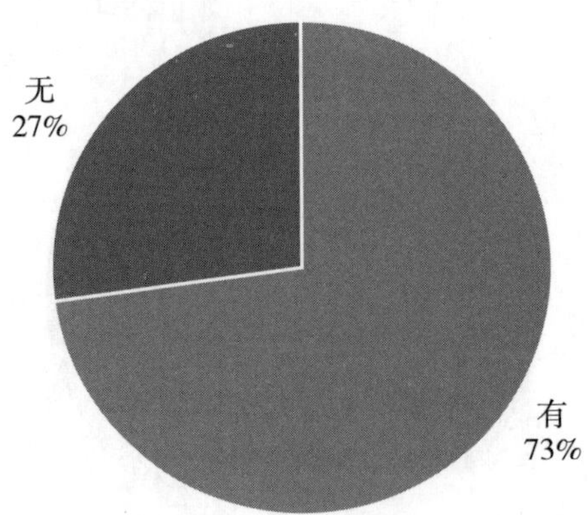

Q33：您是否参加了社保：　　　　Q34：您是否给自己上了其他商业保险：

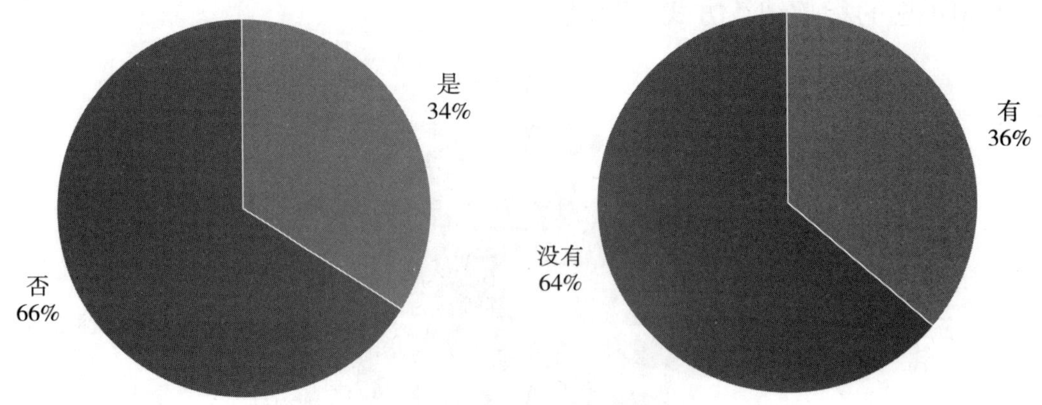

Q35：您对自己未来的养老如何计划：

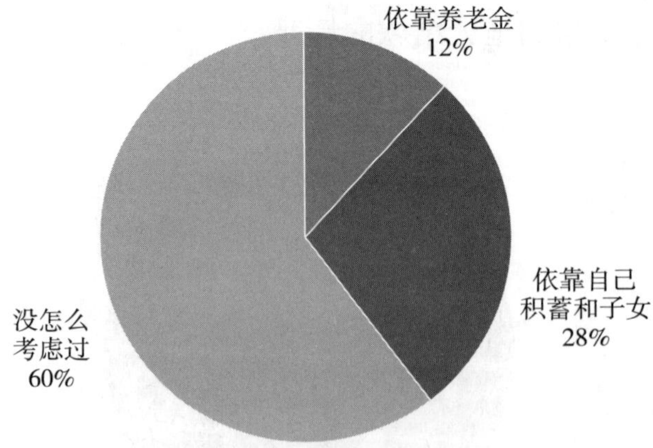

样本司机中，在购买卡车时，省油是最受重视的因素，可见，节约成本仍是卡车司机的头等大事。此外，品牌、安全性、耐用性也越来越成为司机选车

的重要考虑因素。

由于卡车司机的支付能力是有限的，所以多数人需要借助各种金融手段来购车，调查显示，通过贷款买车的占45%，融资租赁的占8%，这说明相关的金融和租赁市场有较大潜力。

样本司机中，在行驶路线选择上，大部分司机根据需求决定行车路线，占74%。从货源来看，固定的货主/货运公司/配载站是最多的，其次是主动去货站或其他渠道联系，朋友介绍，同时也有不少人没有固定渠道。由此可见，虽然车货匹配App的快速兴起，但是在实际货运市场中，传统渠道仍然占据主流。

在客户类型中，工业/商贸企业最高，占25%；其次是三方物流，占23%；然后分别是零担公司、专线公司、城市配送，分别占13%、7%、6%。

货款结算方式中，部分预付，部分到付最多，占23%；其次是全部到付、月结、回单结款、全预付，分别是23%、18%、16%、3%。这说明在结算市场，有巨大的市场潜力。尤其是针对目前愈演愈烈的代收货款“跑路”现象，需要社会共同努力，加强监管和自律，同时提供更方便可靠的货款结算服务。对于回款，样本司机中没有遇到拖欠结款的只占9%，大部分司机都表示遇到过拖欠结款的情况。

在是否有固定维修点的问题上，样本司机表示有固定维修点的占73%。卡车司机为了放心或者其他因素，还是更愿意选择自己熟悉的维修点。

样本司机中，66%的司机没有参加社保，有64%的司机没有购买除了社保之外的商业保险，多数司机对自己的安全保障还没有足够重视，缺少必要的保障意识和手段。

样本司机中，关于自己未来的养老规划，60%的没怎么考虑；28%的依靠自己积蓄和子女；12%的依靠养老金。目前，卡车司机群体普遍缺乏养老保障和相应安排。随着年龄的增加，养老问题可能会逐渐爆发，应引起社会重视。

3. 路上驾驶情况

Q36：您过去一年在货运中是否因为违章被罚款：

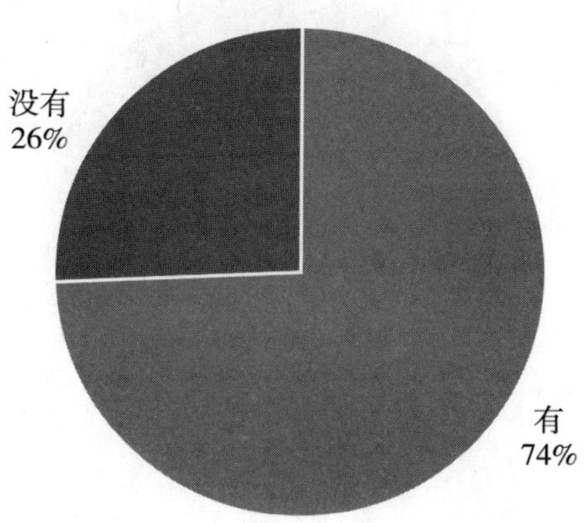

Q37：您跑货运时，是否走高速公路：

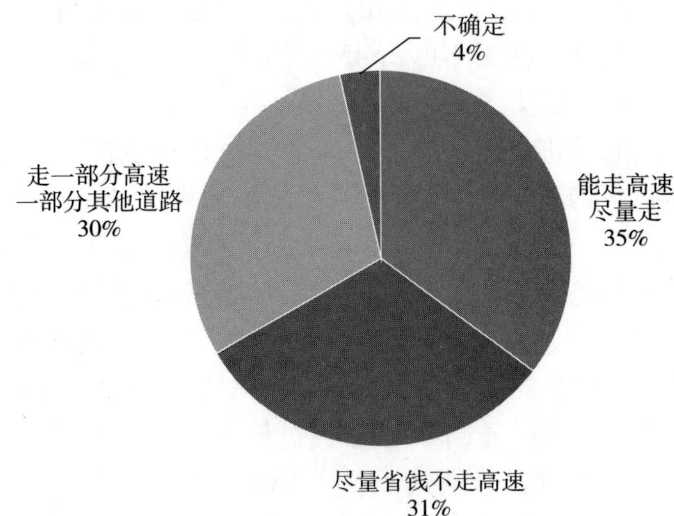

Q38：您的日常换轮胎、维修的时间：

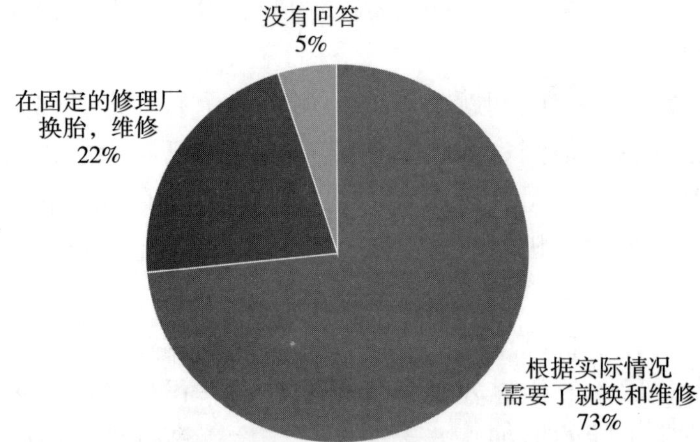

Q39：是否有能力对车辆进行一些维护保养：

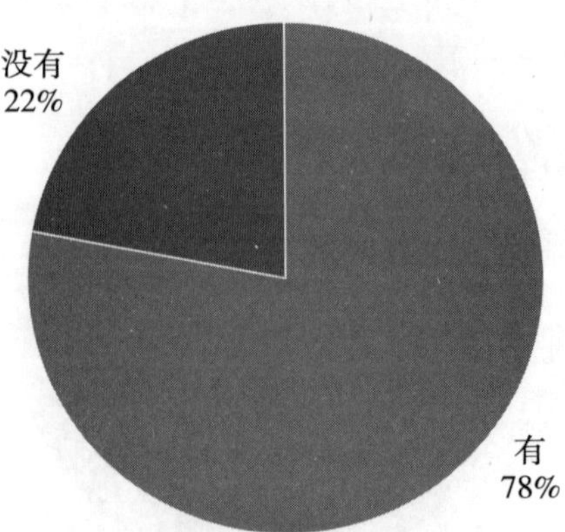

Q40：驾驶途中，如果车辆发生您自己无法修理的故障时，您如何选择哪种修车方式：

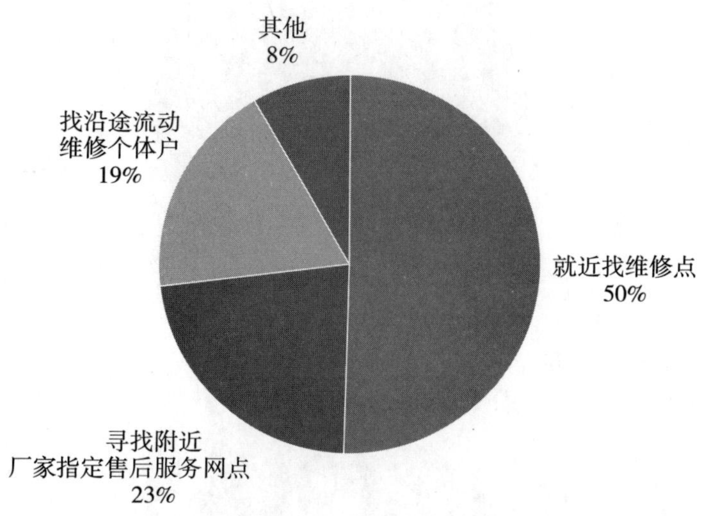

Q41：驾驶途中，在车辆还可以继续行驶的前提下，您如何寻找修车的地方：

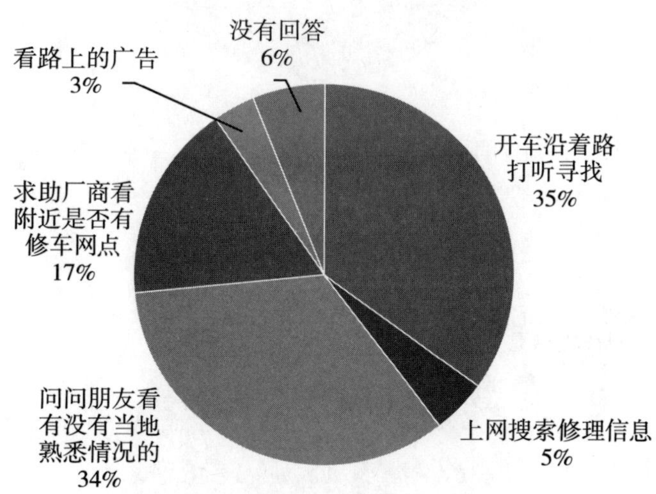

Q42：您是否因长期开车、生活不规律导致职业病，例如胃病、颈椎病、高血压：

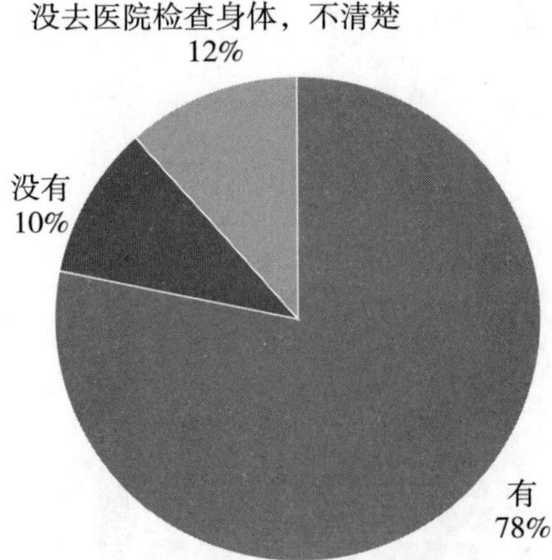

Q43：您在出车时，能否按时吃饭：

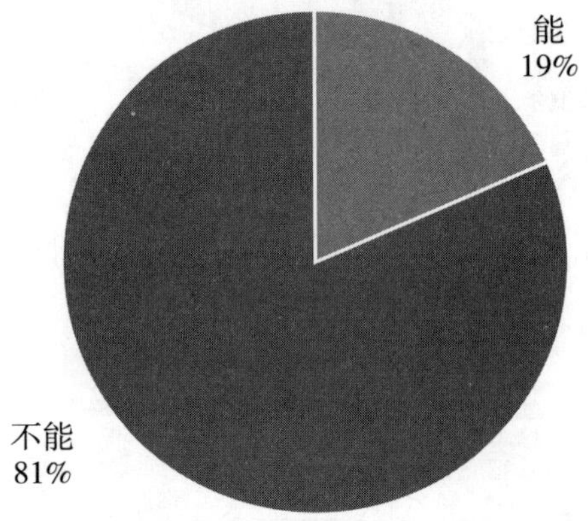

Q44：您在出车时，如何解决就餐问题：

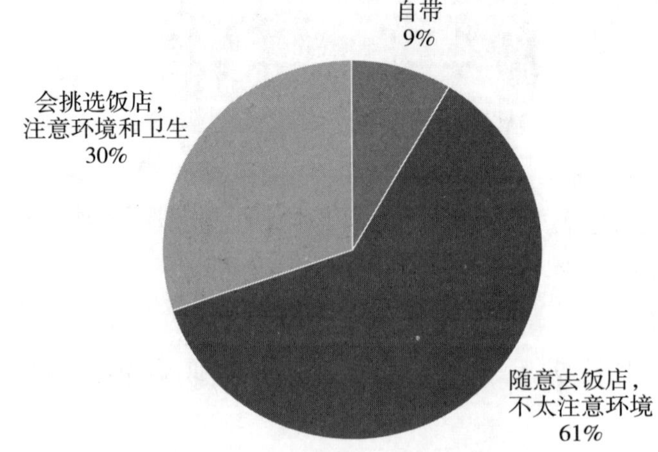

Q45：在运输路上和休息时，您有哪些主要需求（多选）：

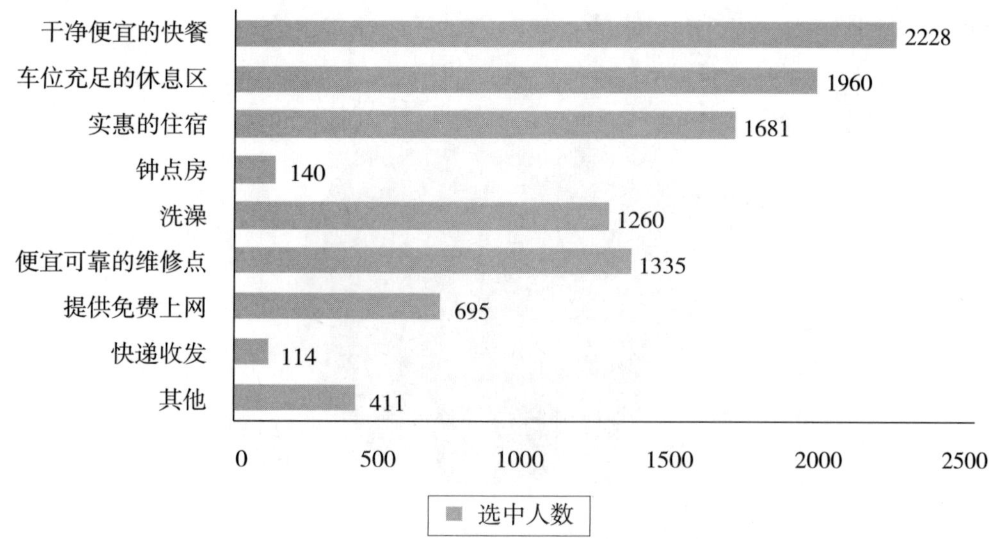

Q46：到达目的地后，您是如何解决住宿问题的：

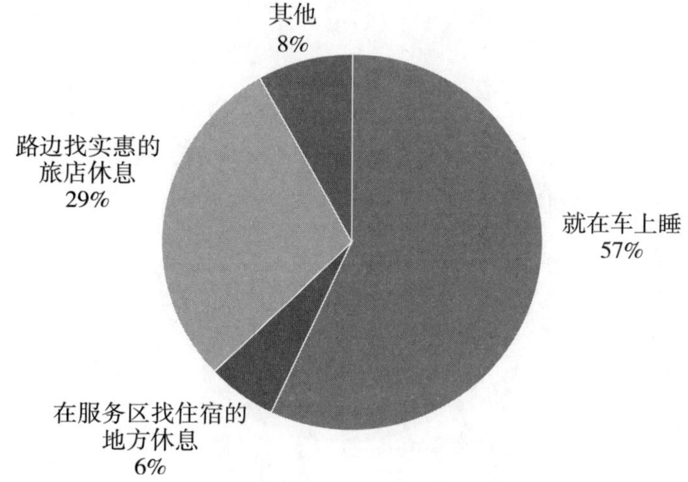

Q47：您每月大概行驶里程是：

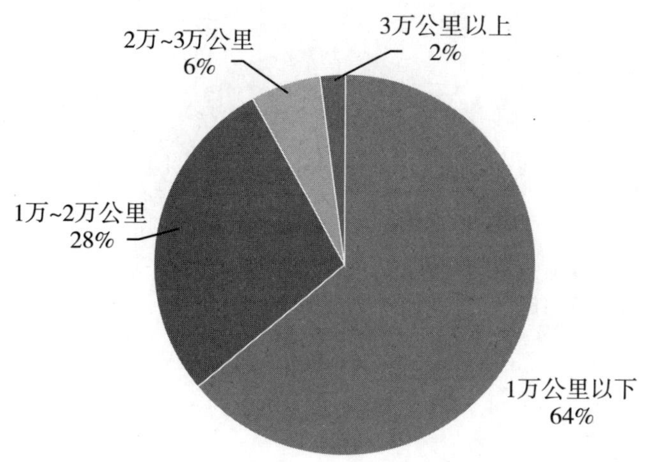

Q48：您平均每天工作小时是：

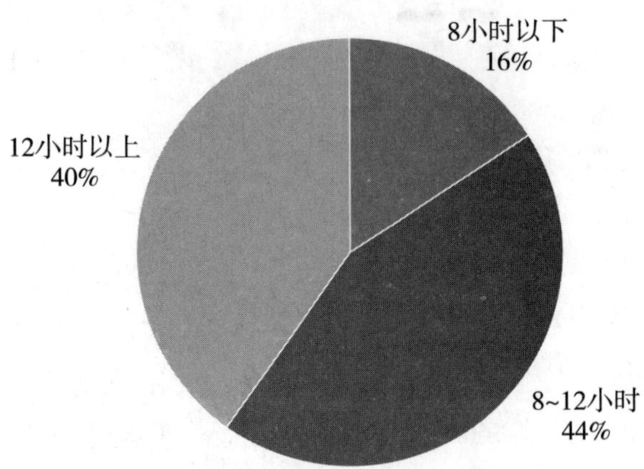

Q49：您开车时一辆车有多少司机：

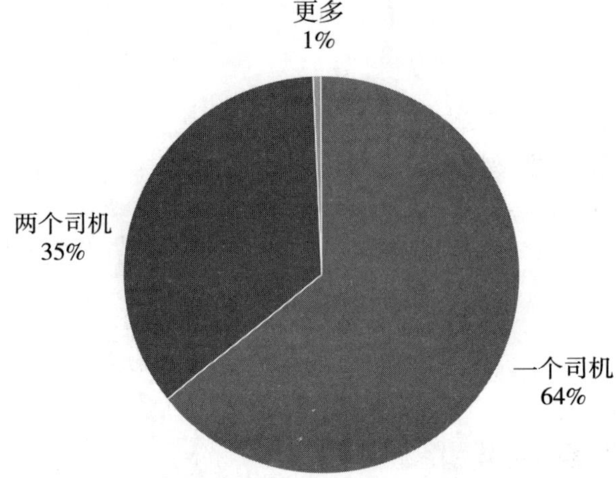

Q50：如果和其他人员一起开车，搭档是：

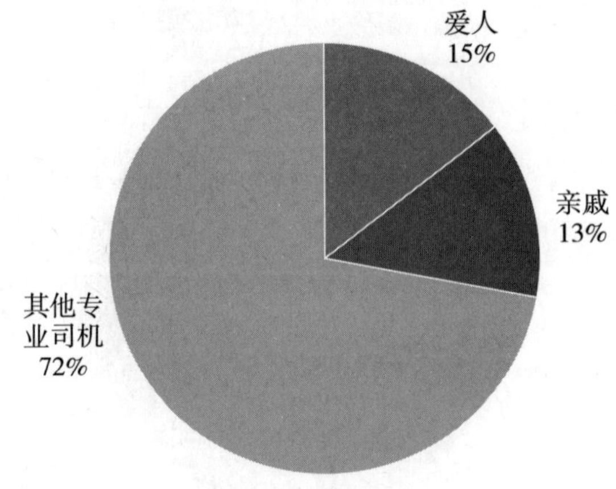

Q51：您主要跑车的区域有哪些（多选）：

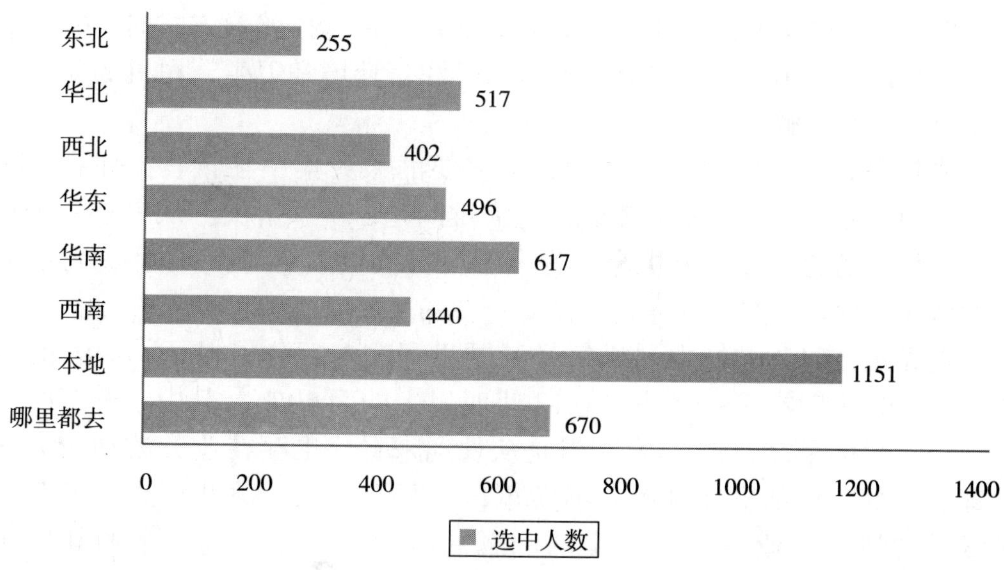

由于公路货运行业的职业特点，卡车司机的工作主要是驾驶车辆，因此受过交通处罚的现象较为普遍。样本司机中，约有 3/4 的司机在过去一年中受过处罚。

在选择行驶路线时，35% 的司机能走高速尽量走高速，31% 尽量省钱不走高速，30% 走一部分高速一部分其他道路，说明相当一部分司机已经充分意识到成本与时间的相对平衡关系，不再一味节约货币成本，也从侧面反映社会物流已经越来越注重时效性。

当进行日常维修与更换轮胎时，73% 的样本司机根据实际情况需要更换和维修，22% 在固定的修理厂换胎，维修。多数司机没有固定的轮胎保养计划，说明对于车辆的保养还处在较为原始的被动反应阶段。78% 的样本司机有能力对车辆进行一些维护保养工作，多数卡车司机具有基本的维护保养知识与能力。当驾驶途中发生自己无法处理的故障时，50% 的司机就近找维修点，23% 寻找附近厂家指定售后服务网点，19% 找沿途流动维修个体户。

驾驶途中发生故障但在车辆还可以继续行驶的前提下，35% 的样本司机开车沿着路打听寻找，34% 问朋友有没有当地熟悉情况的，17% 求助厂商附近是否有修车网点，5% 上网搜索修理信息，3% 看路上的广告。这是目前卡车司机的刚需，存在巨大的市场潜力。卡车司机需要像大众点评一样提供维修本地信息服务的应用出现。

78% 的样本司机因为长期开车、生活不规律导致职业病，例如胃病、颈椎病、高血压等，再加上驾驶本身的特点，可以说卡车司机是一个较为艰苦的行业。

当出车时，81%的样本司机不能按时吃饭。在选择就餐方式时，61%的司机随意找个饭店，30%的司机会挑选饭店，注意环境和卫生，司机的就餐问题并没有得到很好的解决。

总体起来看，司机在驾驶途中，最需要的服务集中在饮食、住宿/休息、停车和修理方面。而生活服务依然是老大难问题，亟须解决。从另外一个角度看，这也是市场的一个重要机会，为卡车司机提供生活/生产服务，将会拥有巨大的市场潜力。

调查显示，64%的样本司机每月行驶里程在1万公里以下。44%的司机平均每天工作小时在8～12小时；12小时以上的为40%。其中，开车时一辆车有一个司机的最多，占64%。但是从长期来看，也存在业务波动较大的问题。即有活的时候加班加点换人不换车，甚至不换人。由此可见，卡车司机疲劳驾驶的情况与业务量不均衡的问题同时存在。在一起开车的其他司机中，其他专业司机占72%，家人亲戚已经占很少，说明卡车司机正在向职业化迈进。

（三）使用互联网与智能化设备情况

Q52：您是否使用智能手机：　　　　Q53：您是否使用微信：

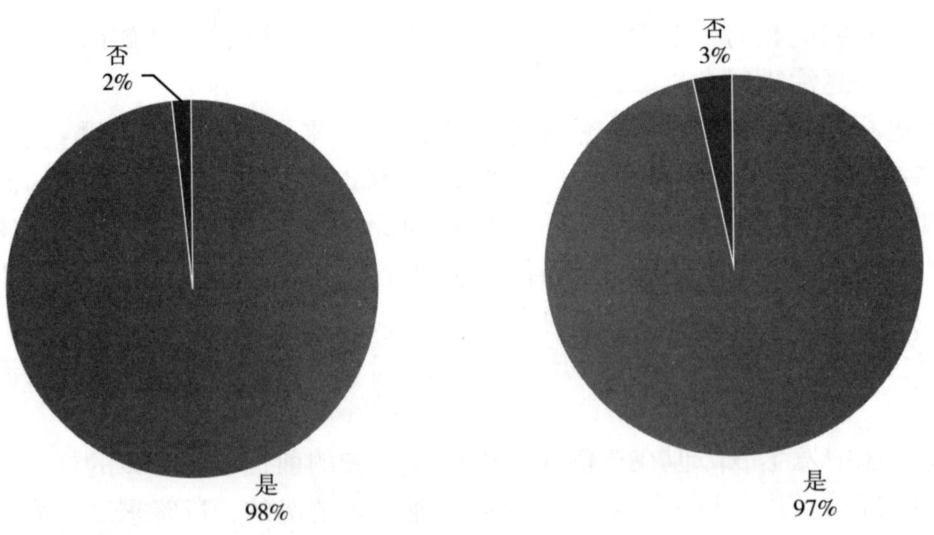

Q54：您是否经常使用手机或平板电脑上网：

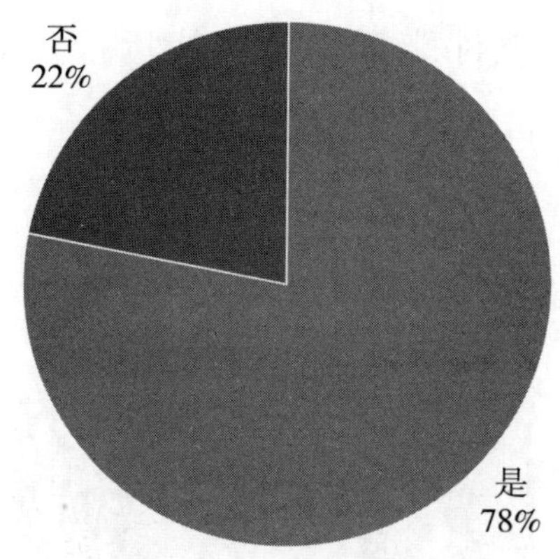

Q55：您使用手机或平板电脑上网的用途主要是哪些（多选）：

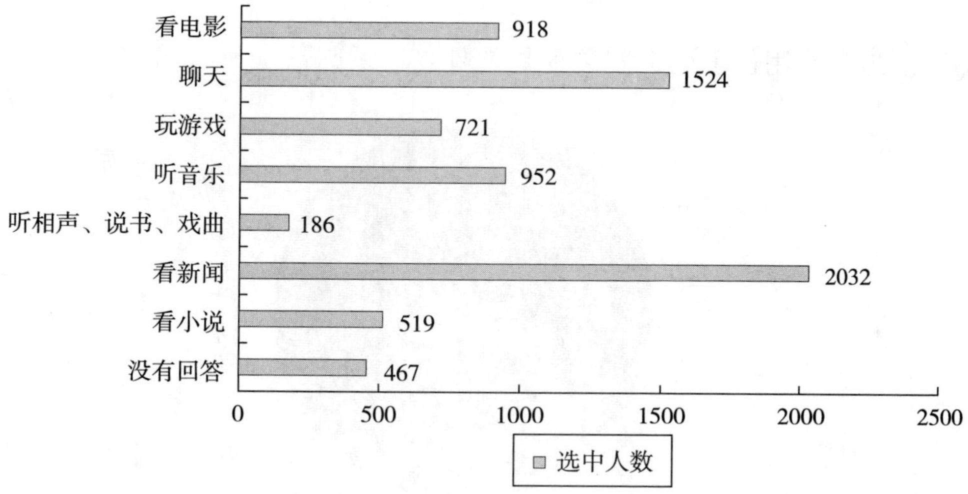

Q56：如果使用智能手机（如使用手机上的配货程序、微信、QQ 群等）就可以方便快捷寻找可靠货源，您是否愿意使用智能手机来找货：

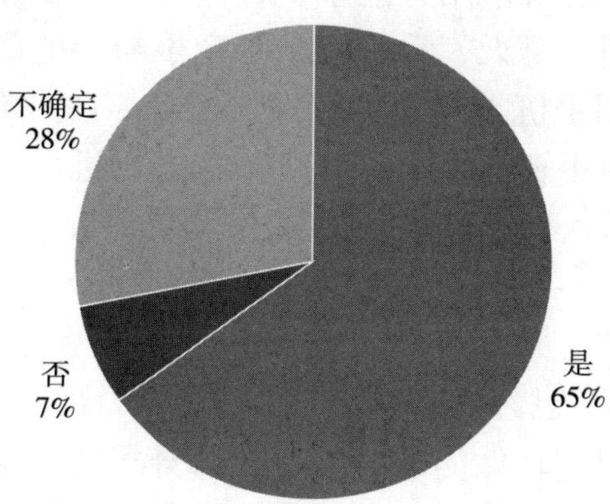

Q57：如果有某个手机软件能帮您直接找货，甚至能完成支付结款、记账等，您是否愿意使用：

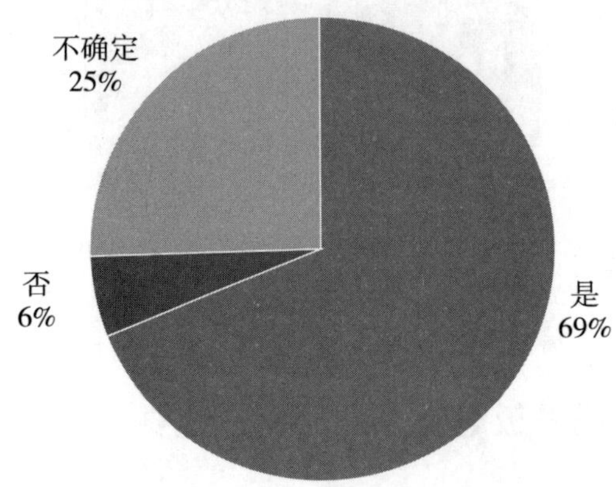

Q58：是否使用过手机上安装配货软件：

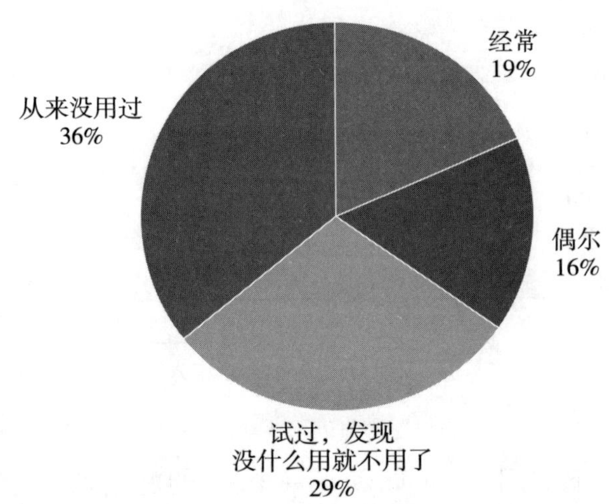

样本司机中，98%的有使用智能手机，97%的有使用微信，78%的经常使用手机或平板电脑上网。聊天、看新闻、听音乐与看电影是主要用途。如果使用智能手机（例如使用手机上的配货程序、微信、QQ群等）就可以方便快捷寻找可靠货源，愿意使用智能手机来找货的样本司机占65%。如果有某个手机软件能帮司机直接找货，甚至能完成支付结款、记账等，愿意使用的司机有69%。

总体来看，随着“互联网+”在物流行业的应用，各种相关物流App的推广，“互联网+货运”已经具备了坚实的硬件和软件基础。其中，除了36%从来没用过手机安装配货软件的司机外，大部分司机都接触过配货软件。卡车司机对于配货软件已经不再陌生，市场仍有巨大的空白等待填补。

（四）问题与需求

Q59：作为一名卡车司机，您觉得您在社会中的地位是：

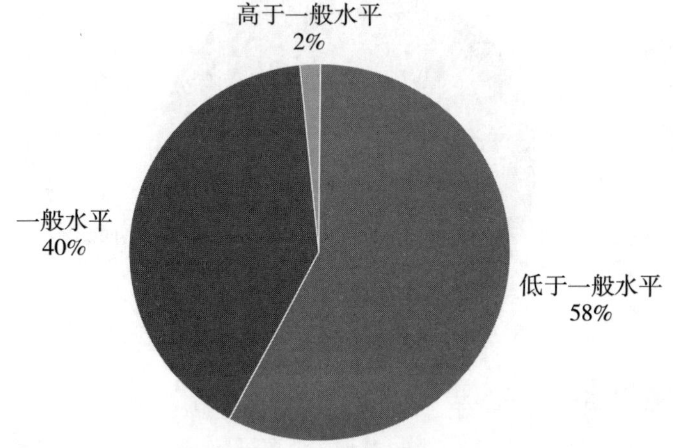

Q60：您为什么选择卡车司机作为自己的职业（多选）：

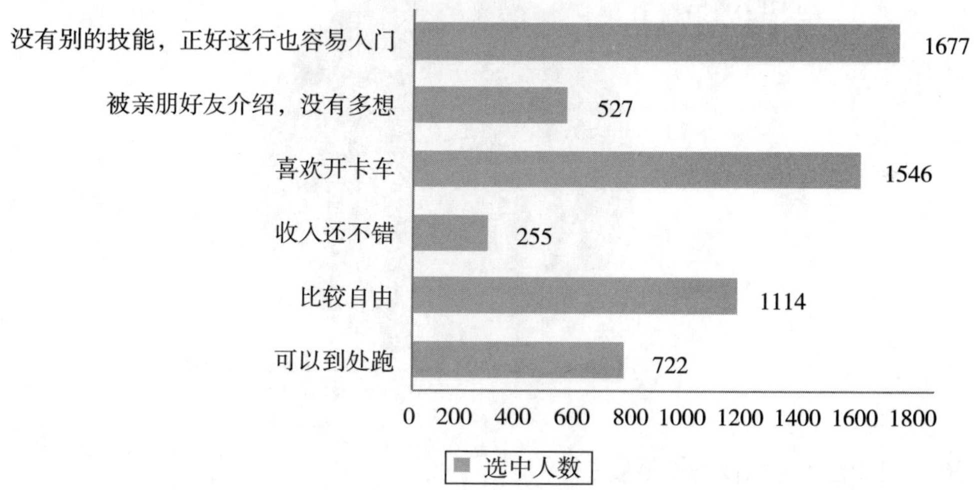

Q61：对于未来的工作发展，您是怎么考虑的：

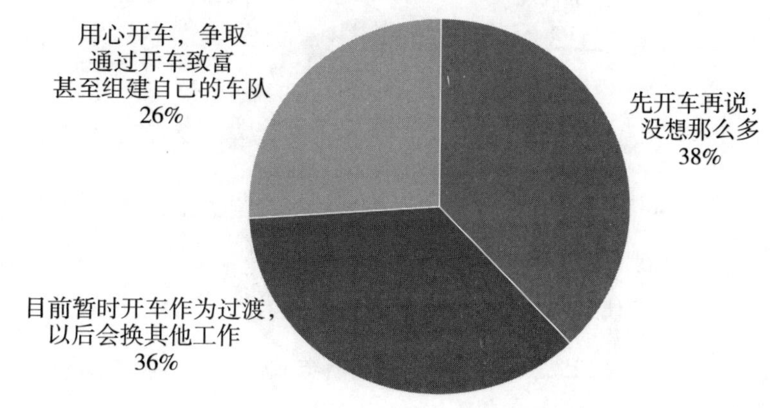

Q62：您觉得长期跑货运，对您组建家庭或者是家庭的稳定的影响是：

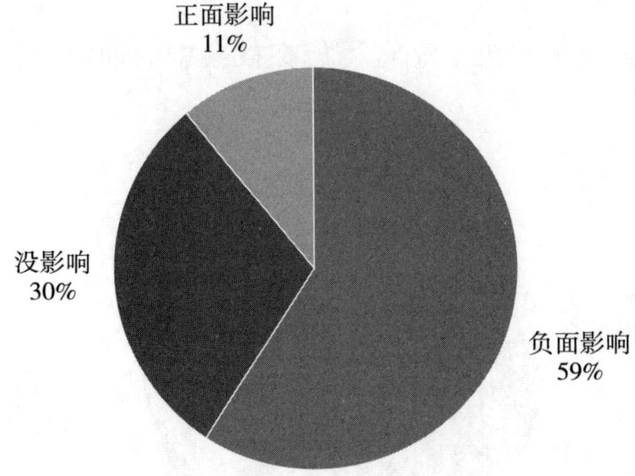

Q63：长期跑货运，对生理/心理的影响是：

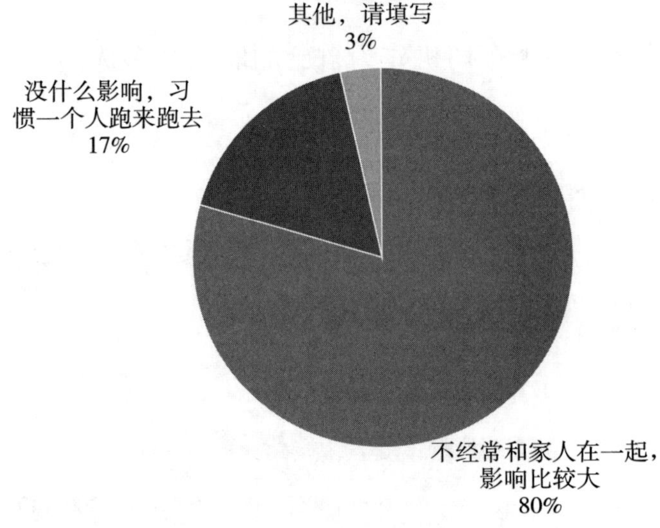

Q64：您的子女由谁来照看：

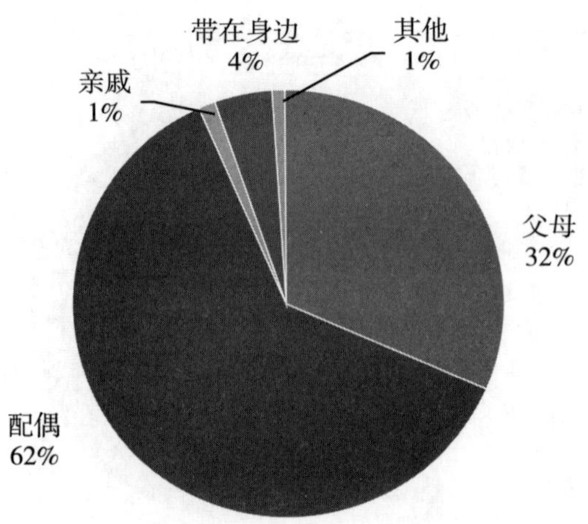

Q65：您对子女的教育问题担忧吗：

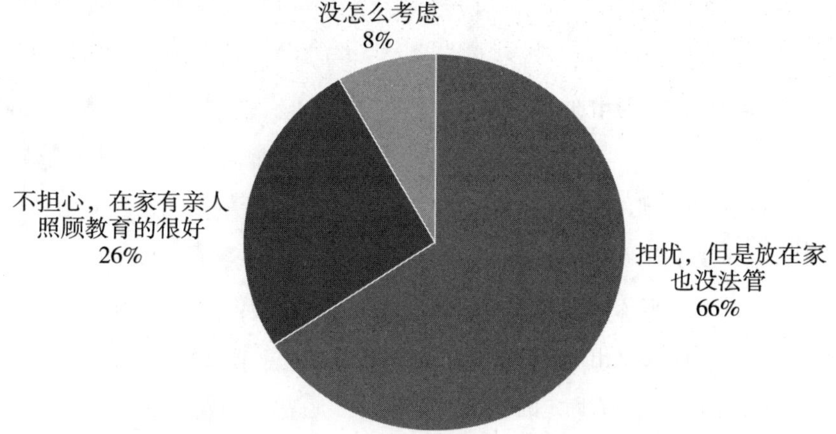

Q66：长期在外，你如何打发时间，排解无聊（多选）：

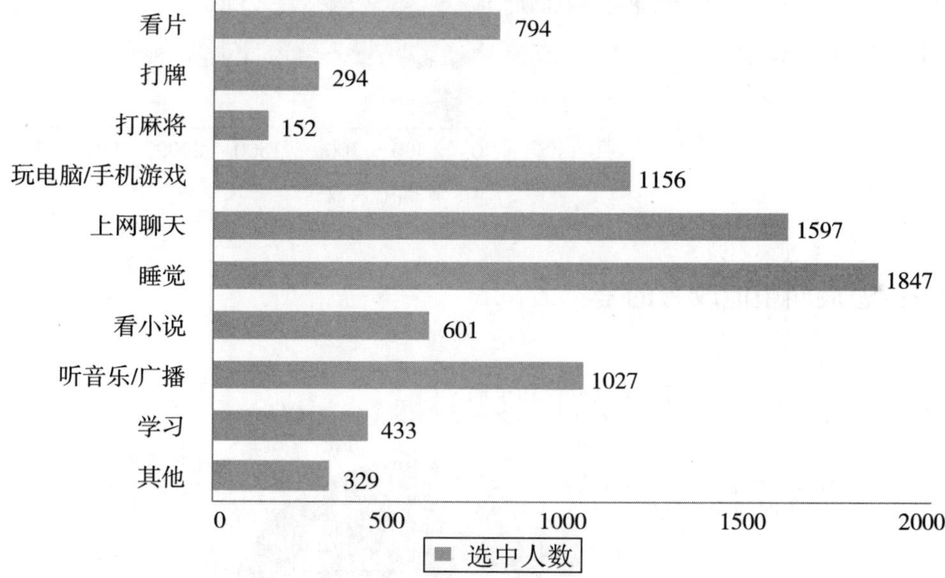

Q67：您日常是否有规律的坚持锻炼身体：

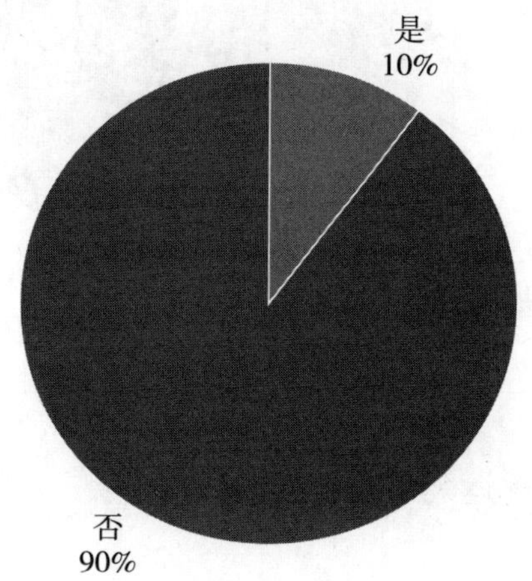

Q68：您认为目前从事货运面临的主要问题有哪些（包括车辆与驾驶员）（多选）：

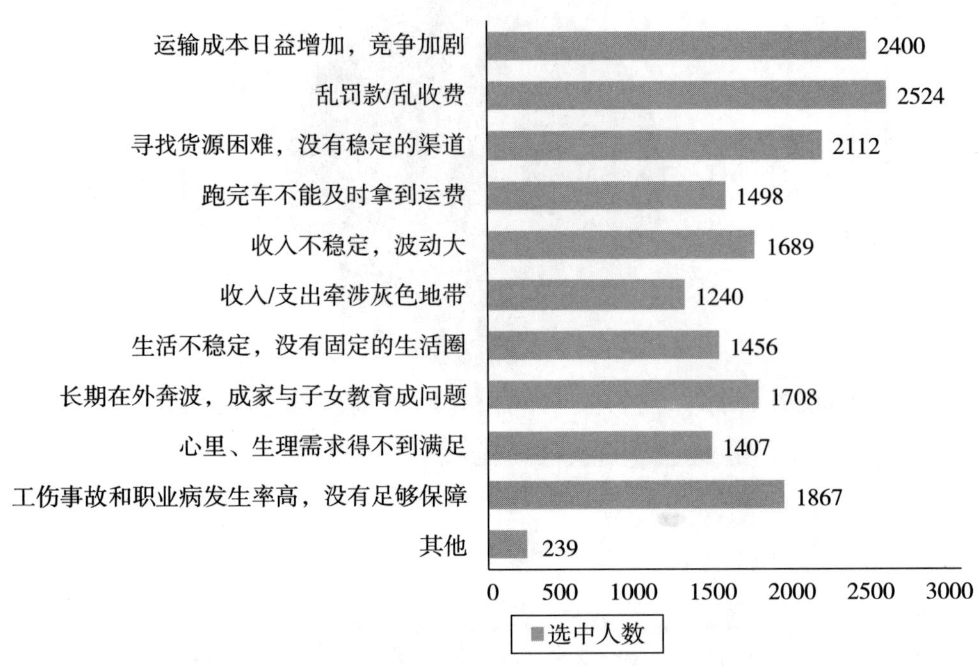

Q69：您最期望能改善的是：

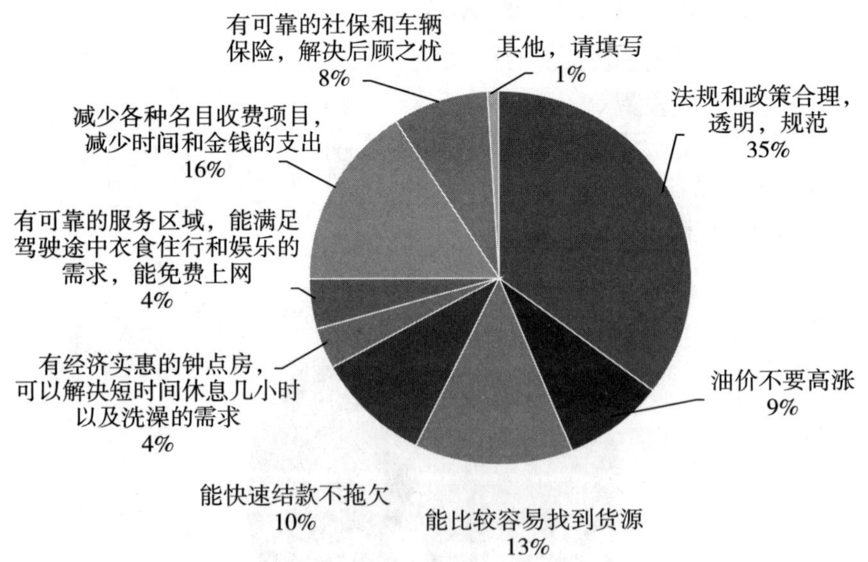

Q70：您认为现在跑货运与5年前相比如何：

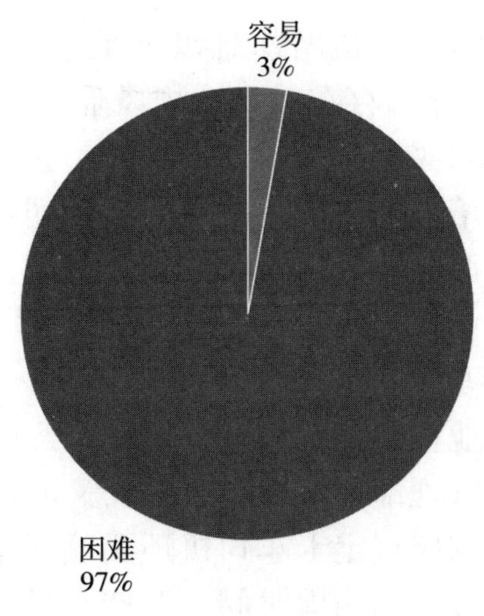

调查显示，58%的卡车司机认为自身社会地位低于一般水平，多数人并不是很认可自己所从事的职业。选择这个职业往往是出于偶然或者比较随意自由。对于未来的职业规划，38%的样本司机抱着先开车再说的想法，36%的司机认为目前暂时将开车作为过渡，以后会换其他工作，26%的司机则计划用心开车，争取通过开车致富甚至组建自己的车队。

长期在外跑运输，对于家庭的影响，59%的样本司机觉得有负面影响，30%觉得没影响。对于生理/心理的影响，80%的司机认为由于不经常和家人在一起，影响比较大。至于子女看管问题，32%的司机的子女由父母照看，62%由配偶照看。对于子女的教育问题，66%的司机表示担忧，但是放在家也没法管。而由于长期在外，对于下一代缺乏足够的照顾与关爱。

司机在外跑货运时，也没有很好的文娱生活安排来打发时间，多数都是花在聊天/上网/看电影/睡觉等事情，只有10%的司机坚持有规律的锻炼身体。

在最期望能改善的问题中，35%的样本司机希望法规和政策能够进一步合理、透明、规范，16%的司机希望减少各种名目收费项目，减少时间和金钱的支出。

总体来看，97%的司机认为与五年前相比，跑货运更困难了。如何在艰难的环境下，提升从业人员素质和行业发展水平，对行业转型升级和政府深化改革提出了新的挑战。

三、反映出的主要问题及诉求

1. 便利驾照资质获取和升级

目前，牵引车卡车司机上路需要具备A2驾照资质，但是从取得C照到取得A2资质至少需要6年时间，花费3万元以上。且目前法律规定扣分超过12

分将进行降级处理，导致卡车司机增速难以满足市场需求。一些司机以 B2 驾照代替 A2 驾照从事货运工作，存在较大违规风险。

建议：放松卡车司机驾照资质考证年限规定，允许 C 照培训后直考，便利驾照资质获取。加快驾驶培训的市场化改革，鼓励司机通过市场化培训升级驾照资质，提升驾驶水平。调整相关交通违法扣分规定，放宽降级处罚政策，缓减卡车司机紧缺局面。

2. 简化证照办理和审验手续

卡车司机需要办理从业资格证、车辆营运证、经营许可证等资质，资质要求依然较多，监管内容、管理部门存在重复和交叉问题，导致政出多门，卡车司机往往无所适从。每年按照规定卡车司机还要返回车籍所在地进行年审培训验照等工作，普遍需要花费一到两周时间，花费数千元甚至更高，增加了司机负担。

建议：进一步推进简政放权，除危险品运输等专业性强，安全性要求高的道路运输进行行政许可外，取消或合并道路运输经营许可证、车辆营运证和道路运输从业资格证等证照资质，加快推进相关资质的网上办理、异地年审、网上年审、联合年审、异地培训等便民措施，简化资质办理和年审手续。充分利用公共信息平台，推进政府信息公开，实现部门间信息互联共享，便利司机信息获取、网上申请和审批检验。

3. 清理各项不合理收费

由于管理部门较多，政策不透明，管理不规范，卡车司机面临各种名目的收费，抬高了运输成本，增加了司机负担。国家明令禁止的收费一些地方还在变换名目继续收费。2016 年年初，交通运输部发布《道路运输车辆技术管理规定》（交通运输部令〔2016〕1 号），不再强制要求对车辆进行二级维护作业，车辆二级维护检测收费和综合性能技术等级评定检测收费有望得到最终取消。但还缺乏地方实施具体细则，政策法规有待进一步落地。此外，高速公路通行费依然较高，一些地方陆续借助计重收费、ETC 联网的实施抬高收费标准，增加了司机负担。而且到期的收费公路，变换花样延长收费。

建议：进一步加强涉企收费管理，制定道路运输收费清单，进行社会公示。清单之内的涉企收费逐步减少收费项目，不在清单内的收费一律停止收费。尽快出台《道路运输车辆技术管理规定》实施细则，指导地方政策落地。公开收费公路收费标准和年限，严禁超标准、延期收费，逐步降低公路收费在运输成本中的比重。

4. 规范车辆路检执法

目前，卡车司机在一年中大部分都受过管理部门路上处罚，罚款问题较为普遍，仍然存在自由裁量权大、标准不统一，只罚不纠、缺乏举报、问责和处罚机制等问题。且路上执法部门较多，联动性不够，执法结果互不承认。路上执法程序不规范，随意性强，缺乏监督。存在“私了”“不开票”等逃避执法行为，一些地方出现“公路月票”怪象，形成了执法“灰色地带”和利益链条。此外，执法单位“以罚代管”“只罚不纠”现象依然存在，助涨了超载超限风气，源头治理难以落实。

建议：规范车辆路检执法。整合规范公路监管执法主体，合并执法队伍，推进公安、交通等综合执法。实行执法结果部门间互认机制，解决重复罚款问题。清理各部门不同执法规定，制定统一的执法标准，建立执法自由裁量基准制度，细化、量化行政裁量权。明确路检执法程序，严格规范执法，严禁“只罚不纠”现象。设立公路罚款统一收缴平台，严禁在执法现场收取现金，统一在平台网上或代办点缴纳罚款。充分利用全国交通运输行业公路执法行风投诉举报电话，接受社会监督。

5. 防止卡车司机疲劳驾驶

目前，大部分卡车司机存在疲劳驾驶问题，直接影响交通安全和生命安全，以及从业人员的身体健康。同时，也存在货运业务波动较大，忙闲不均的问题，司机等配货、维修的等待时间较长，直接影响到个人收益保障。

建议：推行定时休息制度，防止疲劳驾驶，保障司机正常休假。鼓励设立卡车司机驿站，为卡车司机提供中途食宿、车辆保养、生活娱乐的场所。鼓励公路货运互联网公共平台发展，提供有效信息，减少等货时间，保障运输任务稳定，提高司机的收入水平。

6. 保障卡车司机身心健康

卡车司机常年在外，不能经常和家人在一起，家庭的温暖和关爱缺失。长期超负荷工作，业余文化生活和体育活动较为贫乏。由于工作时间不规律，工作环境艰苦，多数处于亚健康状态，普遍患有与职业相关的疾病。卡车司机大部分为个体司机，社会保险覆盖率低，社会保障力度不够。

建议：加强公路货运社会保障制度建设，形成全覆盖、可转移的卡车司机社会保障体系，提高行业福利和待遇水平。调动社会力量，丰富卡车司机的业余文化生活，关怀、关注“留守家庭”。设立关爱卡车司机公益基金，为遇到重大困难的卡车司机提供经济援助。

7. 方便个体司机开具增值税发票

目前，司机自有车辆占据较大比重，个体司机是我国公路货运业的运营主体。但是，个体司机被排除在税收征管体系之外，无法提供可供抵扣的增值税发票，导致“个体司机不能提供抵扣发票，而上游货运企业又需要发票抵扣”的矛盾，公路货运业增值税抵扣链条第一个环节就出现断裂，导致行业税负大幅增加。目前，行业中出现用超开燃油费发票抵销税负增加的现象，增加了企业的合规风险，也导致卡车司机工资被油卡替代，增加了司机工资变现成本。

建议：将个体司机纳入增值税征管体系，允许个体司机无论在车籍地、货物起运地、交货地或合同签约地，都能方便开具发票。允许劳务接受单位，通常为物流企业，为个体司机代开增值税发票。利用平台企业或物流园区，开发平台监管和开票的新型征管模式。鼓励个体司机代理经纪公司发展，为个体司机提供代理记账、代开发票等服务，完善公路货运增值税抵扣链条。

8. 解决代收货款难题

近年来，我国公路货运业“跑路”事件时有发生，究其原因，失控的“代收货款”成为最大隐患。由于代收货款从业门槛低和类金融特性，而公路货运行业缺乏完善的信用体系监管和引导，企业缺乏相应的财务管理体系和风险管控能力，挪用代收货款问题已成为影响行业健康发展的重要问题，亟待加以重视和研究解决。卡车司机作为代收货款的经手人，也面临较大风险。

建议：设置代收货款业务准入门槛，保障资金安全。制定相关服务标准，严格业务的细节管控，实施企业认证，完善信用体系。鼓励代收货款管控平台发展，推进银行、第三方支付、物流企业系统对接和风险共担。

9. 加大货运保险保障力度

目前，大部分卡车司机给车辆上了车辆保险，但是对于货运保险方面，货运险和货运责任险责任界定不清，权益保障不够，货运风险难以分散。目前，国家仅规定危险货物运输经营者为危险货物投保承运人责任险，对于一般货物运输没有明确规定。特别是随着无车承运人模式的探索，没有货运车辆而承担全程货运责任的无车承运人货运风险亟待保障。

建议：对于一般货运企业和个体司机，鼓励投保货运责任险。开展无车承运人试点时，明确规定需投保货运责任险。研究货运责任险格式合同，增强险种科学性和合理性。

10. 有序推进非标车型治理

目前，我国货运车辆中，栏板车仍占了较大数量，主要原因是零散货物仍然是主要货源，货物集装化、单元化比例低。在散货干线运输中，17.5 米低平板运输车凭借其载运能力依然是主力车型之一。受市场竞争压力影响，车辆非法改装、超载超限问题依然存在，非标车型淘汰难度较大。目前，国家加快淘汰黄标车速度，国四排放标准正式实施，在一些城市加快落地。但是，黄标车淘汰速度达不到预期任务，货运车辆节能减排任重道远。

建议：推广先进技术，提高安全标准，为卡车司机提供更加安全舒适、节能经济的货运车辆。继续推广甩挂运输，鼓励货物集装化和带板运输。在高等级公路，加快试点和推广模块化运输，研究探索重载高速公路的建设和运营。参考新能源车辆推广模式，充分利用市场化手段，对黄标车淘汰和国四排放车辆更新提供财政支持，鼓励 LNG 等清洁能源车辆发展，引导不符合排放标准的车辆逐步退出市场。淘汰非标车型时，应充分考虑个体司机承受能力，保证平稳有序过渡。

11. 尽快开展无车承运人试点

目前，随着一轮车货匹配 App 的“大跃进”式发展，大部分卡车司机都潜移默化地接受了线上线下融合发展模式。货运互联网平台整合了大量分散的卡车司机资源，承担货物运输责任，减轻了政府管理压力，有效推进了市场集约化发展。但是，按照现行政策规定，轻资产的互联网平台无法获得道路经营资质，无法从事货运运输业务。此外，在税收征管、保险保障等方面还存在较多问题，影响了互联网平台的健康发展。

建议：尽快出台无车承运人试点政策，鼓励公路货运互联网公共平台参与，承担承运人责任，整合分散的卡车司机资源，利用大数据保障交易真实性，提升市场集约化水平。研究解决货运互联网税收征管、保险责任等问题，保证无车承运人政策的顺利落地。

12. 形成关爱卡车司机的社会氛围

目前，卡车司机普遍认为自身社会地位低于一般水平，对自我职业的认同度低。卡车司机相对来说是一个弱势群体，虽然中国物流与采购联合会等行业协会关注这个问题，近年来中央电视台就相关问题也做了较集中的报道。但总体来看，这个群体的声音还比较弱，行业认同感比较低，社会尊重度不高。

建议：推动卡车司机代表进入各级人大，与货运物流相关行业协会的代表进入各级政协，增加卡车司机群体的话语权。开展星级司机评定工作，建立卡车司机诚信信息联网共享和信息披露机制。完善行业诚信指标体系，加强行业自律和规范发展。开展全行业优秀卡车司机评选工作，表彰先进人物，传播感人事迹，提高行业认同感和社会参与度。在报刊、电台、电视台增设专业栏目和频道，营造尊重卡车司机的良好氛围。

2015 年，交通运输部、公安部、全国总工会与中国物流与采购联合会等单位联合发起“关爱卡车司机倡议”。中物联公路货运分会作为倡议实施单位，将积极推进系列关爱卡车司机活动，真正让卡车司机实现体面工作、幸福生活。

（本报告由中物联公路货运分会轮值会长单位——新杰物流集团股份有限公司具体负责执行）

2015 年度物流企业负担及营商环境调查报告

中国物流与采购联合会

二〇一六年六月

为了解 2015 年度物流企业负担及营商环境，中国物流与采购联合会于 2016 年上半年选取了 100 家重点物流企业开展了问卷调查。

本报告在对有效问卷梳理分析的基础上，分别从税收负担状况、道路通行环境、土地资源获取、投融资环境、企业用工环境、行政监管环境和国际物流环境等方面，进行了数据分析，归纳了企业诉求并提出了相应的政策建议。最后，结合问卷调查，整理提出重点物流企业对行业未来发展的预判。

本次调查得到了本会会员单位、地方行业协会，特别是重点物流企业大力支持，本会各分支机构及中国物流信息中心也参与了其中工作。在此一并致谢!

一、被调查企业基本情况

（一）被调查企业构成（如表 1 所示）

表 1　被调查企业构成

<table>
<tr><td colspan="4">按所有制性质</td></tr>
<tr><td>国有及国有控股</td><td>民营</td><td>股份制</td><td>外商及港澳台商投资企业</td></tr>
<tr><td>32%</td><td>43%</td><td>18%</td><td>7%</td></tr>
<tr><td colspan="4">按业务类型</td></tr>
<tr><td>运输型</td><td colspan="2">仓储型</td><td>综合型</td></tr>
<tr><td>34%</td><td colspan="2">11%</td><td>54%</td></tr>
<tr><td colspan="4">按物流企业综合评估等级</td></tr>
<tr><td>5A 级</td><td>4A 级</td><td>3A 级</td><td>A－2A 级</td></tr>
<tr><td>19%</td><td>34%</td><td>12%</td><td>2%</td></tr>
<tr><td colspan="4">按经营规模（年主营年业务收入）</td></tr>
<tr><td>1000 万元以上</td><td colspan="2">1 亿元以上</td><td>10 亿元以上</td></tr>
<tr><td>100%</td><td colspan="2">67%</td><td>30%</td></tr>
</table>

（二）重点企业2015年度经营状况

调查显示，重点物流企业主营业务收入比上年平均增长14.0%。其中，主营业务收入比上年增长的企业占51.6%。

重点企业主营业务成本增长较快，比上年平均增长13.98%。其中，主营业务成本较上年增长的占55.5%。

重点企业主营业务利润实现小幅增长，比上年平均增长8%，低于主营业务收入及主营业务成本增速6个百分点。其中，主营业务利润较上年增长的企业占40%。（如表2所示）

表2　　重点企业经营效益情况　　单位:%

	显著增长（20%）	增长（5%～20%）	基本持平（±5%）	下降（5%～20%）	显著下降（20%）
主营业务收入情况	23.2	28.4	14.7	21.1	12.6
主营业务成本情况	28.3	27.2	13.0	18.5	13.0
主营业务利润情况	29.4	10.6	23.5	18.8	17.6

总体来看，2015年重点物流企业经营业绩总体平稳，主营业务收入增势稳定，各项成本上涨依然较快，盈利水平进一步降低。

二、税收负担状况

调查显示，超过60%的企业反映缴纳税金有所上涨，其中，30%的企业认为显著增长，高于企业收入和利润的增长水平。反映出物流企业税收负担依然较重。（如图1所示）

（一）“营改增”后公路货运行业税负大幅增加

调查显示，重点企业缴纳增值税比上年平均增长18.7%，其中，公路货运企业缴纳增值税换算成营业税体制，税负平均增长88.4%。

重点企业反映，增值税大幅增加的主要原因是进项抵扣不足。大家普遍期待的路桥通行费、仓库租赁费难以全面纳入抵扣范围；国务院多次发文鼓励支持的无车承运人政策尚未落地。这些问题都影响到物流业增值税抵扣链条的完整，增值税环环抵扣的政策设计与行业长期存在的运行模式发生矛盾，导致企业进项抵扣不足，税负增加难以合理转嫁。

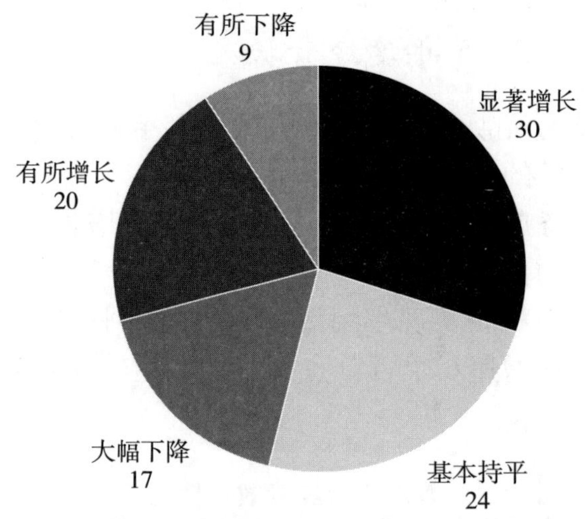

图1　重点企业税收负担与上年相比情况

当前，各地增值税违规返还问题愈演愈烈，影响了税收政策的市场调节作用。随着中央和地方增值税分成政策的出台，地方税收返还空间大幅压缩，通过税收返还来降低税负的通道将逐步收窄，这将加剧企业税负上涨。

此外，物流企业普遍采用超额支出燃油费的方式来增加进项抵扣，变相降低企业税负。购进的多余油卡被作为工资支付给个体司机，导致“油卡满天飞”现象，且油卡变现存在一定成本，增加了个体司机负担。

总体来看，物流业作为“营改增”首批试点行业，在试点过程中普遍出现税负大幅增加的问题。不少地方采取了财政补贴、税收返还等措施，部分掩盖了税负增加的事实，这是物流企业、主管部门及高层领导普遍认可的现象，期待在营改增全面实施后解决。但从最近公布的《营业税改征增值税试点实施办法》（财税〔2016〕36号）来看，这一问题并未得到有效解决。

建议：无论政府还贷公路还是经营性公路，路桥通行费统一执行6%的税率，允许企业抵扣进项税额；便利个体运输业户异地开票，允许接受服务的物流企业通过劳务所在地税务机关为个体运输业户代开发票。充分发挥互联网平台优势，与税务机关实现对接，开发平台监管和开票征管新模式；落实无车承运人政策，对无车承运人收到的个体运输业户增值税发票采取差额抵扣政策，不再要求提供燃油费、路桥费增值税发票，把消费环节的增值税税负应该纳入抵扣的进项税额补回来。

（二）土地使用税减半征收政策落实不够

调查显示，重点物流企业中，2015年享受土地使用税减半征收政策的占

54%，有超过4成的企业没有享受到该项政策。

重点企业反映，一些地方不知道有此项优惠政策，出现政策落实“肠梗阻”；还有一些地方税务机关对文件中大宗商品仓储用地的条件有不同理解，导致同等条件下不同地方享受政策的差异。

同时，由于新政策取消了部分大宗商品种类，导致原来享受政策优化的机电产品、食品药品、医疗器械等大宗商品仓储设施无法享受该政策。

此外，作为提供优质仓储设施的主体，仓储设施租赁企业较难通过各地税务机关对于物流企业的资格认定，大大降低了政策的普惠性。

建议：进一步落实大宗商品仓储设施土地使用税减半征收政策；将仓储设施租赁企业认定为物流企业，享受税收减半政策；扩大大宗商品的覆盖范围，取消对商品种类的限定。

（三）企业所得税优惠政策难以享受

重点企业反映，企业所得税税率依然较高，跨地区经营汇总纳税难以落地。小微企业认定标准高，所得税税收优惠政策覆盖面不够。

此外，物流企业难以享受高新技术企业所得税优惠。由于高新技术企业认定标准更多参考制造业，主要侧重于“硬技术”指标。而物流业作为服务业，以管理创新、流程创新、模式创新为主要创新手段，更加侧重于“软技术”。同时，由于物流业等现代服务业更多是技术应用，技术应用人员占比较多，研发人员相对较低，因此物流企业往往难以被认定为高新技术企业。

建议：落实物流企业跨地区经营汇总纳税政策；调整小微企业认定标准，扩大所得税优惠覆盖面；对于高新技术企业认定，适当考虑物流业等服务业特点，增加流程创新、模式创新、管理创新等“软技术”的比重，降低研发人员占比要求，增加技术应用人员要求。

三、道路通行环境

（一）燃油费成本有所降低

调查显示，重点物流企业中，公路货运企业燃油费支出平均占运输成本的28%，比上年降低2个百分点。与上年相比，76.5%的企业认为燃油费有所下降，主要原因是燃油价格一路下滑。这在一定程度上缓解了物流企业成本上涨的压力。（如图2所示）

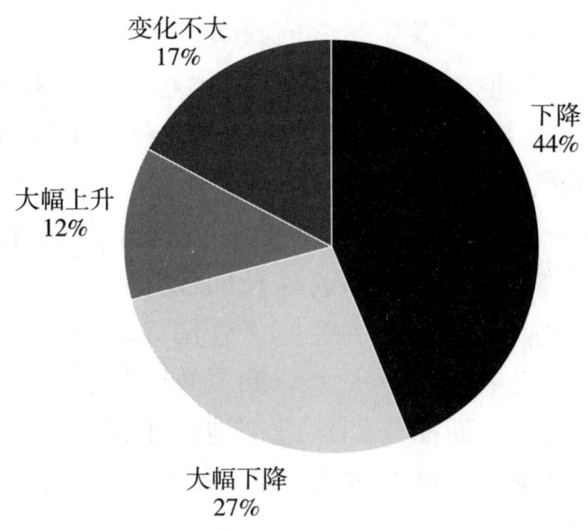

图 2　重点企业燃油费支出与上年相比情况

（二）过路过桥费依然偏高

调查显示，重点企业中，公路货运企业过路过桥费依然居高不下，平均占运输成本的 30.2%，较上年增长 6.9 个百分点。与上年相比，52% 的企业认为过路过桥费有所增长，其中，11% 的企业认为增长幅度较大。（如图 3 所示）

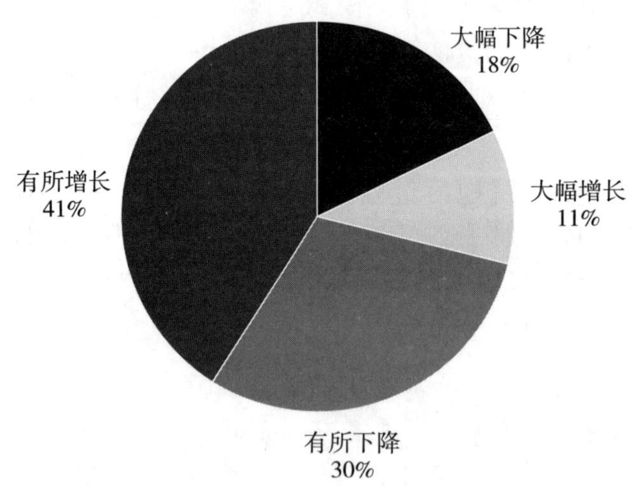

图 3　重点企业过路过桥费与上年相比情况

重点企业反映，高速公路收费标准偏高，挤占了企业大量利润。一些地方通过计重收费等方式，调高公路收费水平。如企业反映，2015 年湖北省高速公路改用计重收费后收费标准提高 8% 左右。

企业普遍反映，计重收费后，通过收费站排队时间过长，称重误差大，加重了收费站口的拥堵。

此外，2015 年全国高速公路 ETC 实现联网，但是货运车辆由于每次通过收费站都需要计重收费而无法使用，通行效率没有改善。

调查显示，由于较高的收费标准，许多企业出于经济考虑，选择走不收费的国道运输，大大增加了国道拥堵和养护压力，也造成了收费公路的资源浪费。从 2016 年开始，一些省市为增加车流量，纷纷开始主动降低收费标准，车流量出现回升势头，带动收费公路经营企业收入增长。

建议：增加对收费公路的投入，将收费公路养护费纳入财政预算，加大公益性的公共产品供给；降低和统一全国收费公路收费标准，推动过路过桥费在运输成本中占比的下降，以较低的收费标准推动公路车流量增长，避免公路资源浪费；完善计重收费制度和流程，减少货车排队等待时间；实现“一次计重、不停车收费”，货运车辆首次进入高速公路时进行计重，车辆运行过程中使用 ETC，取消跨省收费站的分段收费，出高速时实现不停车收费。

（三）非标车辆治理难度较大

调查显示，重点企业中，26% 的自有车辆存在非标准化问题。车长 17.5 米以上的运输车辆占企业车辆总数的 28% 左右。

重点企业反映，目前长途干线市场中大量存在 17.5 米非标低平板车。主要是由于市场准入不严，原来主要保障大件运输的车辆进入普通货运领域，凭借较大的容积水平，已成为干线运输的主力车型。随着 GB 1589 国家标准的实施，大量非标车辆面临退出市场压力。由于非标车辆拥有者大部分为中小企业和个体司机，抗风险能力较弱，“一刀切”地禁止该类车辆进入市场存在较大的执行难度。

此外，车辆运输车全行业存在违规现象，随着 2016 年车辆运输车治理工作的展开，行业正在采取措施积极应对，但是对于全国统一执法，不少企业仍存在一定疑虑。

建议：采取疏堵结合、张弛有度、循序渐进的方式，综合利用财政支持、技术更新、行政监管和环保标准等多种手段，引导非标车辆退出市场，促进标准车型、环保车型替代。

对于 17.5 米低平板车辆治理，建议参考新能源车推广和黄标车淘汰补贴方案，利用财政资金引导非标车型退出市场；对于标准车型车辆通行给予充分路权，减少限行措施，引导企业主动实施替代；对于采用集装箱运输和甩挂运输车辆给予收费公路通行费优惠；将模块化汽车列车作为非标车型的替代方向，加快模块化汽车列车试点力度，选择部分高速公路主通道进行试运行，形成示范效应。

对于车辆运输车治理，建议合理设置过渡期和治理阶段，开展多部门联合执法，严格实施统一标准、统一法规、统一执法，保证全国治理一盘棋。

（四）超限运输管理亟待规范

核电、风力、装备等国家重点工程往往需要通过超限运输来运输电机、转子、叶片等大型不可解体货物。重点企业反映，大件运输等超限运输普遍存在车牌核发政策不明确、资质申请困难、跨省运输协调难、罚款多且乱等问题，严重影响了国家重点工程项目的实施进度。2011 年 7 月 1 日开始实施的《公路安全保护条例》对公路超限运输许可作了有关规定。由起运地公路管理机构统一受理跨省区市超限运输许可申请。但是企业反映该项政策目前仍没有得到落实。此外，大件运输车辆除正常的计重收费外，一些地方还要缴纳公路赔（补）偿费，但收费标准全国不统一，自由裁量权大，有的地方补偿费相当于运费的 5 ~8 倍，部分收费项目也不尽合理。

建议：明确液压轴线车（液压挂车）的车辆属性，将其归为专用作业车，不再作为普通货运车辆管理要求上牌，延长车辆使用年限；尽快出台大件运输等超限运输管理规范，通过网上审核方式，落实由起运地公路管理机构统一受理跨省区市大件超限运输许可政策，便利跨区域大件运输；取消公路赔（补）偿费，统一大件运输各项收费标准，取消或降低自由裁量权。

（五）公路罚款有所下降

调查显示，重点物流企业中，公路货运企业罚款占运输成本的 3.3%，比上年平均减少 6.3%。57.5% 的企业认为罚款有所好转，31% 的企业认为没有变化，8% 的企业认为明显好转，2.3% 的企业认为更为严重。（如图 4 所示）

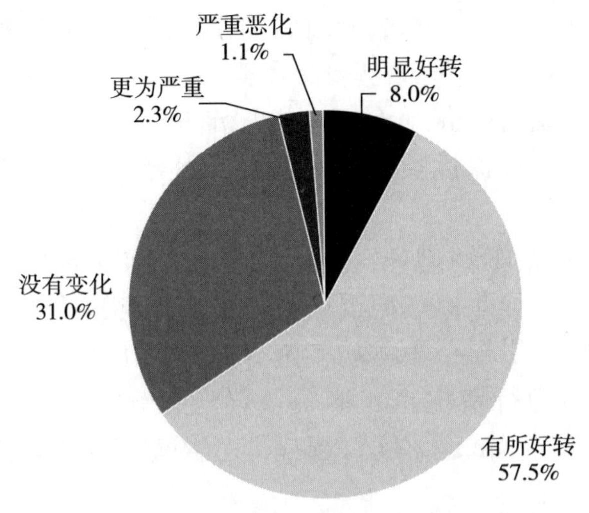

图 4 重点企业公路罚款与上年相比情况

重点企业反映，通过加强安全培训，提升从业人员素质和遵守法律意识，减少车辆超载超限和驾驶员违章，罚款水平有所减少。但是，企业也反映，多头执法问题依然存在，交警、路政、运政执法存在交叉，对违法事实处罚标准不统一，且不同部门对于相同违法事实不能互认，存在“重复罚款”。此外，执法单位执法自由裁量权过大，“以罚代管”“只罚不纠”现象依然普遍，非法超载车辆在罚款后可以继续上路通行，源头治理难以落实。

建议：改革综合监管执法机制。整合规范公路监管执法主体，合并执法队伍，推进综合执法和执法互认；清理各部门不同执法规定，制定统一的公路监管执法标准，建立执法自由裁量基准制度，降低执法自由裁量权；加强源头治理，对于非法超载车辆要求卸载后上路通行，不得罚款后予以放行。

（六）城市限行问题较为普遍

重点企业反映，二线以上城市交通管理基本都采取了限制货运车辆进城的管制措施，且限制通行区域范围不断扩大。一些地方禁行区域过多，范围过大，限行管制措施不合理。许多企业往往送货卸货不及时，导致未按照规定时间驶出限行区域，造成限行罚款。

配送车辆进城必须办理通行证，调查显示，33.1%的企业反映申请困难，23.7%的企业反映区域设限，21.3%的反映标准不一，17.8%的反映数量不足。（如图5所示）

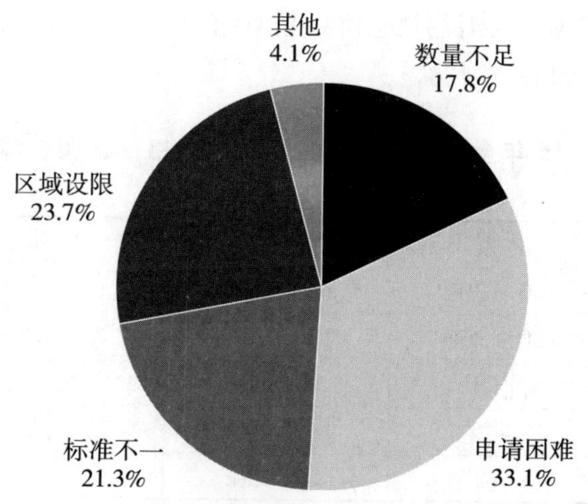

图5　重点企业配送车辆通行证办理与上年相比情况

重点企业反映，很多企业改用金杯面包车或依维柯客车违规送货。由于四辆载货客车才相当于一辆货车的载货量，增加了城市拥堵和空气污染。

重点企业反映，城市配送停车费高昂，超市收货区没有免费停车装卸区域，企业停车费占运输成本的30%，增加了通行成本。

还有快递专用电动三轮车问题，各地限行措施日益普遍。虽然国家邮政局作为快递行业主管部门出台了相关行业标准，但是车辆制造涉及工信部门，车辆通行涉及城市交通管理部门，多部门协作进展缓慢，该问题始终没有得到解决。

目前一些城市开始尝试推广电动物流车来进行配送，但是还面临城市通行权不足、投资成本较高等问题。

建议：建立配送车辆分类管理机制，强化城市配送标准车型市场准入，允许和推广箱式货车进行城市配送，全面替代客车送货；在规范车型的同时保障车辆路权，缩小城市货车限行范围，引导车型替换；利用信息化手段加强运力调配，逐步取消通行证管理制度，将运力需求由政府控制向市场调节转变；用环保标准替代数量限制，对使用电动物流车辆从事配送给予城市通行权。对于药品、农产品等关系生命安全和基本生活保障的配送优先考虑通行；制定共同配送支持政策，加大城市内部共同配送节点设施建设，提升城市配送效率。

四、土地资源获取

（一）用地价格持续上涨

调查显示，2015 年重点物流企业物流用地的平均价格普遍上涨。一线城市为 80 万 ~100 万元/亩，二线城市为 40 万 ~50 万元/亩，三线城市为 10 万 ~15 万元/亩。其中，一线城市用地价格约为二线城市的 2 倍，是三线城市的 7.2 倍。

调查显示，一线城市物流用地价格涨幅依然高于二三线城市，二线城市涨幅大于三线城市。（如表 3 所示）

表 3　2014—2015 年全国主要城市物流用地价格抽样调查情况对比

单位：万元/亩

城市	北京	上海	广州	深圳
2014 年地价	160 ~ 200	100 ~ 180	60 ~ 170	130 ~ 150
2015 年地价	180 ~ 200	100 ~ 200	80 ~ 150	100 ~ 200
城市	沈阳	西安	长沙	南昌
2014 年地价	45 左右	24.5 ~ 50	32.5 左右	16 左右
2015 年地价	45 左右	22 ~ 50		40 左右

（二）仓库租金增幅较大

调查显示，重点物流企业 2015 年租用仓库的平均租金，一线城市约为 1.2 元/（平方米·天），比上年增长 16%；二线城市平均为 0.9 元/（平方米·天），比上年增长 16%，三线城市平均为 0.6 元/（平方米·天），比上年增长 20%。（如表 4 所示）

表4　2015年主要城市仓库平均租金抽样调查情况　单位：元/平方米/天

城市	北京	上海	广州	深圳
租金	1.5	1.00~1.70	1.00~1.50	1.10~1.80
城市	大连	西安	长沙	沈阳
租金	2	0.7	1.15	0.6

（三）物流企业“用地难”

重点企业反映，物流用地属于城市基础设施用地，投资额度大、回收周期长，具有较强的公益属性。由于物流用地没有独立用地属性，用地规划往往没有纳入城市发展规划统一考虑，导致新增物流用地很难获得指标。即使获得用地指标，也有较多附加条件，如投资强度、税收贡献、容积率等，很难达到相关要求。此外，物流用地征地开发、土地使用税和城市建设配套费较高，增加了企业初期投入和运营成本。

重点企业反映，由于大量物流用地往往是历史上自发形成的，较为分散，设施老旧，无法满足现代物流的需求。存量物流用地在城市快速扩张中逐步减少。而新增物流用地往往远离生产和消费地，远离市区和港口、车站等重要交通枢纽，分布较为零散，没有形成合理布局，无法充分发挥物流集聚对产业集群的支撑作用。

此外，一些地方将物流仓储行业作为限制类产业，物流用地基本不再新增，导致许多城市仓库难求，租金快速上涨。还有地区将工业仓储用地土地使用年限缩短到20年，加速物业折旧，企业经营成本大增，投资回收压力加大，导致企业投资趋于短视，不利于可持续发展。

建议：在制订城市总体规划时要考虑物流设施用地，加强对物流用地的统一规划和科学布局，实现超前考虑、科学规划。优先保证物流用地指标的稳定供应，取消对物流用地投资强度、税收贡献等方面的附加要求。加强物流用地的集中布局，在城市周边规划形成一批集物流、商流、信息流于一体的大型物流产业集群，充分发挥集聚效应。在征用土地、土地使用税、城市建设配套费等方面进行政策性减免或抵扣，降低企业开发和运营成本。

五、投融资环境

（一）融资需求出现分化

调查显示，对于未来一年资本运作计划，62.6%的重点物流企业看好行业发展前景计划追加投资，27.1%的企业保持谨慎态度没有投资计划，10.3%的

企业认为发展前景不明朗计划减少投资。（如图 6 所示）

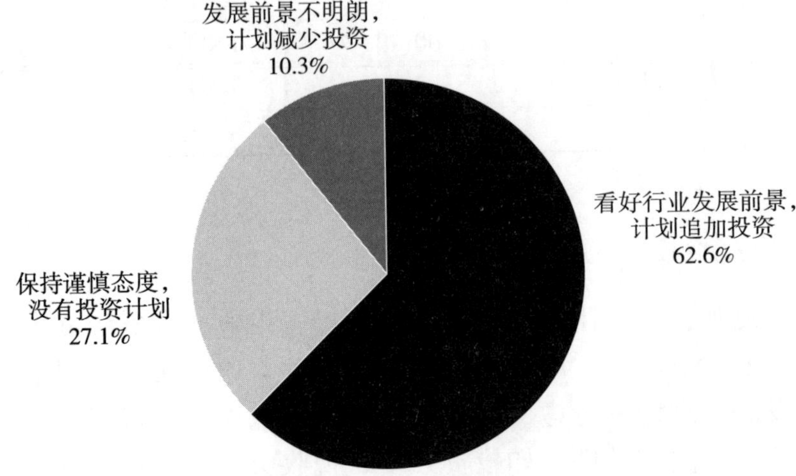

图 6　重点企业未来一年资本运作计划

未来一年，29% 的重点企业表示资金需求有很大缺口、急需融资；46% 的企业表示资金略有缺口、需要融资；25% 的企业表示不需要融资。与上年相比，融资需求有所下降。（如图 7 所示）

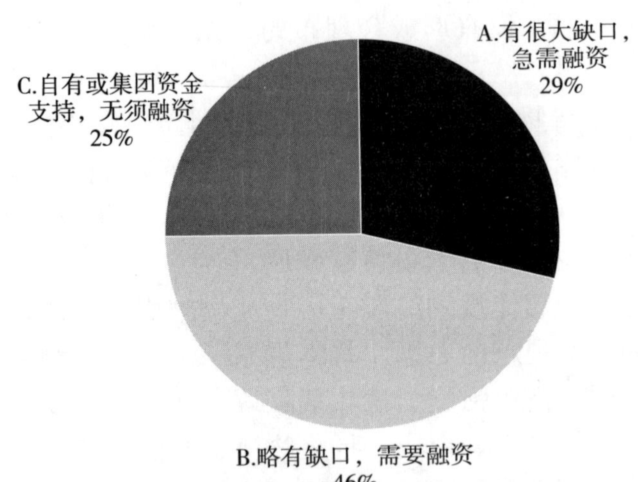

图 7　重点企业未来一年融资需求情况

（二）融资渠道较为单一

调查显示，重点物流企业融资渠道，67% 的是通过银行贷款；8. 3% 的企业通过上市融资；6. 1% 的企业通过民间借贷；4. 5% 的企业通过企业债券；5. 3% 的企业通过基金和风险投资。与上年相比，银行贷款占比虽小幅回落，但仍是企业的主要融资渠道。此外，上市融资比例有所提升，显示直接融资正

在逐步加快。（如图 8 所示）

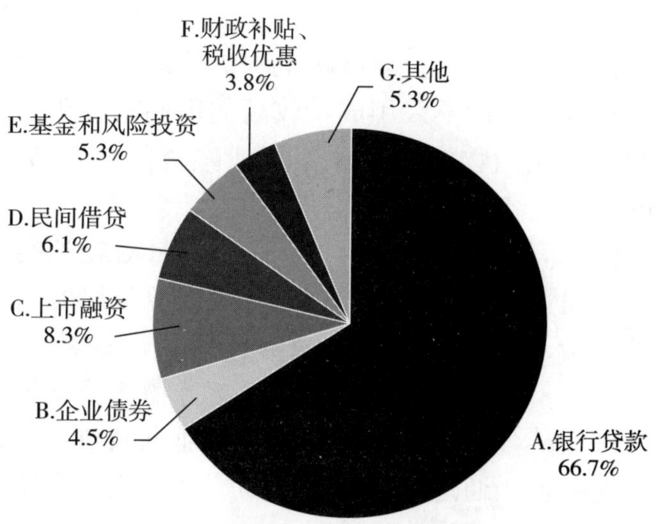

图 8　重点企业主要融资渠道

对于融资面临的主要问题，超过 27% 的企业认为融资渠道少，占比最高。其中，银行贷款融资的主要问题，22% 的企业反映可抵押物少，折扣率高；16% 的企业反映贷款额度小；4% 的企业反映信用等级低，3% 的企业反映存贷挂钩。对于其他融资方式，6% 企业反映上市门槛高，4% 的企业反映发债难，还有 5% 的企业反映商业信用不发达。（如图 9 所示）

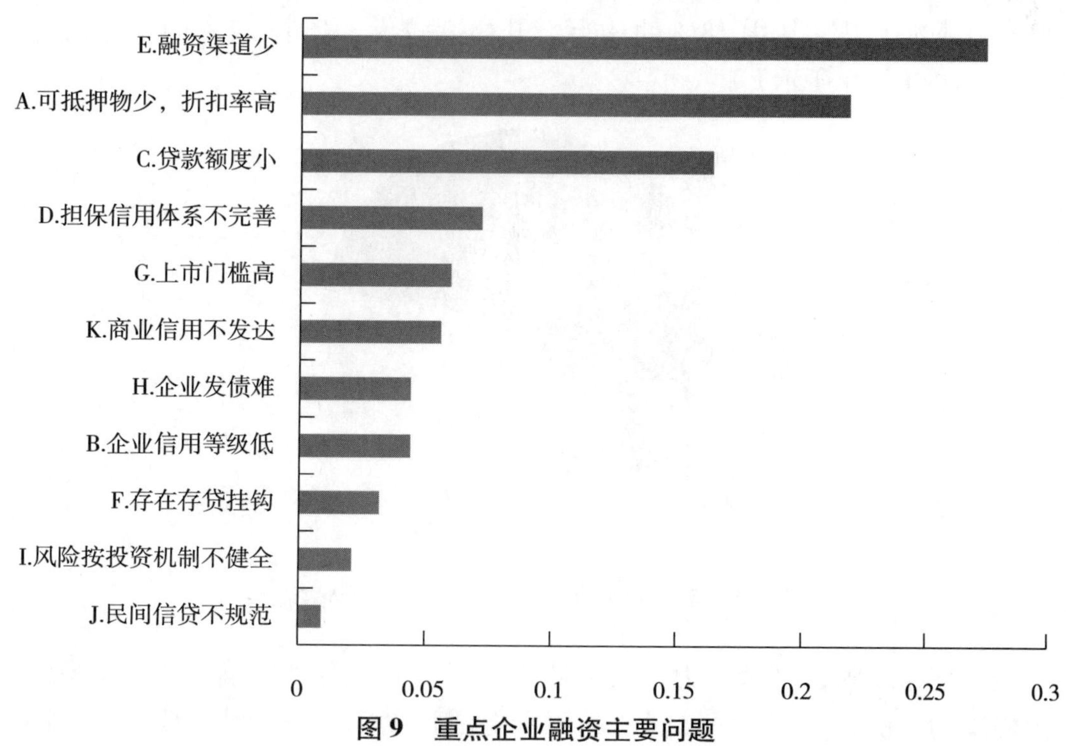

图 9　重点企业融资主要问题

（三）融资成本难以承受

重点企业反映，大部分物流企业金融机构信贷风险控制难度大，难以获得银行贷款授信，一些企业不得不采用成本较高的民间融资渠道。据中物联物流金融专业委员会调查，我国物流企业非银行业融资的成本普遍在年化 18% ~ 36%，极大地侵占了企业经营利润。

建议：鼓励银行、信托、公募基金等金融机构针对物流行业的信贷需求设立专项资管计划，合理管控，加强引导，以金融资源鼓励物流企业发展；设立物流行业政府引导基金，发挥财政资金引导作用，带动社会资本进入物流领域；鼓励发展物流金融，加强市场规范引导，支持物流流动资金贷款，短期垫资贷款和中小企业供应链金融贷款，促进物流行业创新创业；鼓励物流企业积极进入资本市场，支持企业通过发行公司债券、企业债券和上市等多种方式拓宽融资渠道，增加物流资产证券化的途径。

六、企业用工环境

（一）用工成本逐年推高

调查显示，重点物流企业人力成本占主营业务成本的 25%，比上年提高 2 个百分点。企业用工成本比上年增长 13%，增幅提高 3 个百分点。62% 的企业反映人力成本上升，其中 18% 的认为上升幅度较大，还有 22% 的企业认为有所下降。（如图 10 所示）

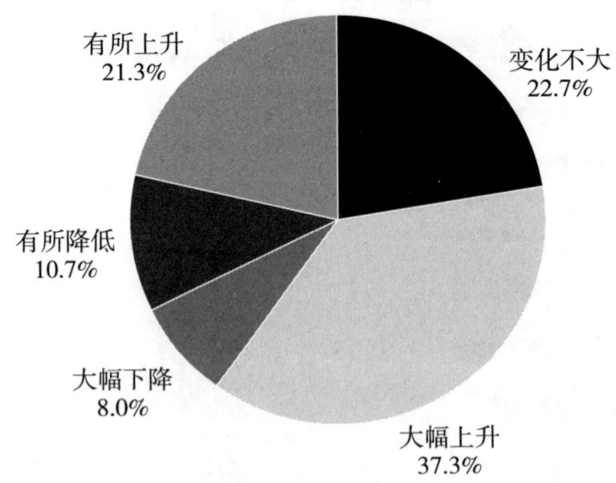

图 10　重点企业用工成本与上年相比情况

企业普遍反映，受劳动力紧缺和社会经济压力的双重影响，职工工资都有一定幅度的上涨，尤其是一线员工的工资上涨幅度较大。此外，职工的五险一金、福利水平等基数增加，占据大量的人力成本。还有一些企业扩大规模，临时工和合同工等的数量增大，也引起人力成本的增加。

（二）“用工难”问题日益显现

与上年相比，有39%的企业认为难度较大，48%的企业认为难度一般。总体来看，企业人力资源紧缺局面将日益显现。（如图11所示）

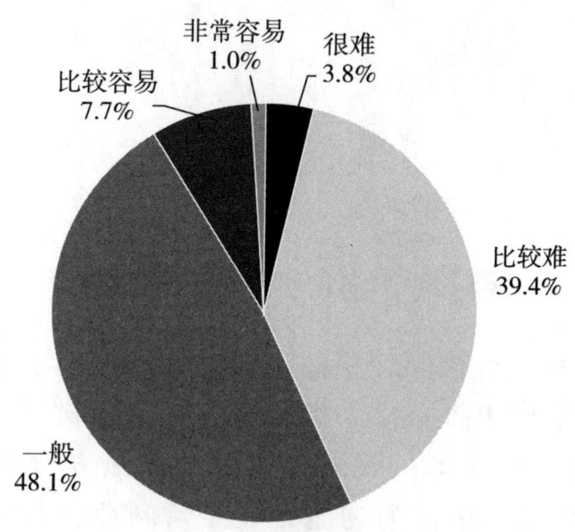

图11　重点企业招聘员工的难易情况

七、行政监管环境

（一）工商登记和行政审批有所改善

调查显示，89%的企业反映工商登记环节较过去简化，比上年提高6个百分点。（如图12所示）

重点企业反映，由于物流业涉及行政审批和许可的管理部门较多，同一经营事项往往涉及多个部门，而审核人员对手续要求和标准不统一。因此，存在多头管理、重复审批现象，人为地增加了企业运营和管理成本。对于相同审批事项在各地审批条件不统一、程序不规范、材料不通用、系统不共享，企业在不同地区的审批规则也不尽相同，往往需要多次报送。

快递和电商企业反映，对于开展合作的便利店、社区店等末端网点，已经经过各地邮政管理部门备案，但是工商部门仍会以超范围经营予以查处。

此外，许多地方以各种理由不予办理非法人分支机构营业执照，导致企业不得不在每个经营网点都设立独立核算的法人分支机构，增加了企业的管理成本。

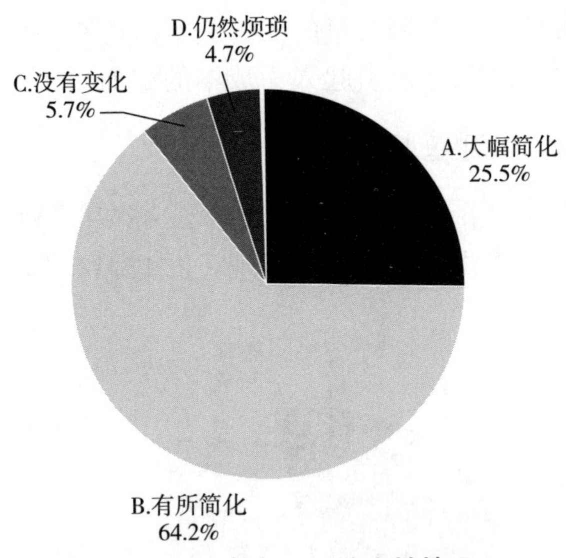

图 12　重点企业手续审批情况

建议：取消或合并具有相同或相似管理对象、管理事项的证照资质；规范审批程序，统一行政审批申报条件、申报程序和申报材料，充分利用信息化手段，加强部门间资源联网共享；取消企业设立非法人分支机构的限制；推广“一照多址”等住所登记改革，为物流企业经营网点、营业所等非法人分支机构登记设立提供便利。

（二）监管和执法机制尚未理顺

重点企业反映，由于物流业涉及管理部门多，同一管理事项往往涉及多个管理部门。例如，随着国家快递寄递安全管理工作的开展，各地公安机关和邮政监管部门纷纷要求快递企业安装快递实名收寄 App 软件，否则将面临行政处罚。而 App 软件往往是当地监管部门自行开发，一些地方公安机关和邮政监管部门开发两个版本，导致企业无所适从。根据三个 100% 的要求，各地陆续要求快递企业安装安检机。有的地方要求末端网点也要配备安检机，有的要求末端网点、中转场站都要配备，导致企业无所适从。由于快递企业进行的安检并不被认可，航空和铁路快件需要进行二次安检，造成社会资源浪费和物流时间延长。还有一些地方公安机关开发视频监控系统，要求快递企业与当地对接。而早在 3 年前国家邮政局已经开发并在全国推行全国联网的视频监控系统。这样多头管理、职责交叉、系统并行极大地增加了企业负担，同时产生了数据信息泄露风险。

建议：理顺政府各部门行政管理职能，健全监管责任制，推出责任清单和负面清单。充分利用信息化手段，创新监管机制和监管方式，通过综合执法和大数据监管，推进政务公开和信息共享，打破政府部门间壁垒，切实解决部门间职能交叉和多头执法问题。统筹推进快件寄递安全管理工作，提出符合行业规律、切实可行的解决方案。

（三）涉企收费有待清理规范

重点企业反映，海关、国检等部门都搭建了进出口 EDI 通关系统等管理服务平台，并要求通关企业通过平台传输数据，由指定的信息技术公司收取较高费用。目前，一些地方已经取消收费，但是仍有一些地方继续收费。各地口岸行政规费较高。一些地方税收和规费占到总费用的近 30%，远高于国外港口水平，削弱了我国外贸竞争力。一些地方港口经营单位利用其优势地位，强制指定使用自有或与其有利益关系的船舶代理、装卸、拖轮、理货和安保企业等，收取高于市场平均价的运作费用，严重扰乱了港口码头经营秩序。

建议：清理进出口管理平台服务收费，取消海关、国检 EDI 通关系统数据传输收费。清理和合并港口较高行政规费，降低企业负担，提高外贸竞争力。清理港口码头经营单位向企业提供的经营服务性收费，严禁指定经营、强制服务、强行收费行为。要求港口经营单位退出竞争性的船舶代理、装卸、拖轮、理货和安保企业等领域。规范收费定价机制，确需实行政府定价、政府指导价的相关物流服务纳入政府定价目录管理。

（四）政务信息公开有差距

重点企业反映，我国物流公共信息平台加快建设，政府信息逐步开放，便利企业经营和行业监管，但是在政务信息公开方面还存在较多不足。公共信息平台涉及物流管理多个部门，与物流相关的运政、路政、水路、铁路、航空、交警、海关、国检等政府部门业务系统与公共信息平台互联互通难度较大。企业亟须的政府信息包括：工商登记信息、道路运输经营许可、车辆营运许可、从业人员身份证信息、驾驶证信息、行驶证信息、危险货物运输许可、快递业务经营许可、仓库登记信息、超限运输许可、交通违规信息、信用信息等。

当前，正处于新一轮科技革命的战略机遇，大数据、云计算、物联网在各行各业得到广泛应用，这为“互联网 + 政务”提供了重要机遇。

建议：进一步转变政府职能，打造“互联网 + 政务”新机制，创新信息化管理方式，推进政务信息公开，加强行业信用建设，打造服务型政府治理环境。

八、国际物流环境

（一）通关环境有待改善

调查显示，超过 67% 的重点物流企业认为通关环境较上年改善，但仍有

30%的企业认为变化不大。（如图13所示）

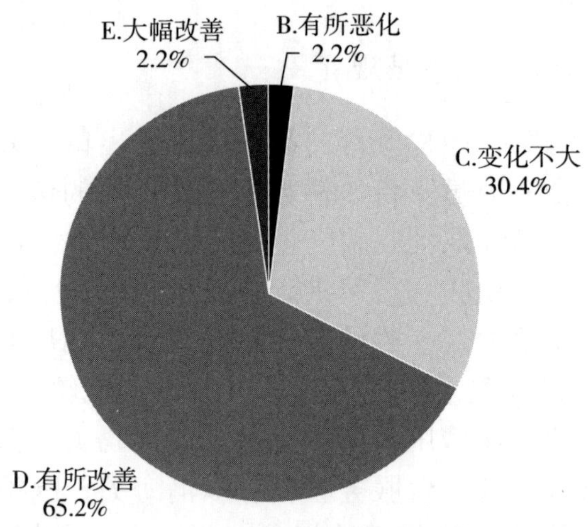

图13　重点企业通关环境与上年相比情况

重点企业反映，目前通关环节依然较多，审核要求多，通关时间和通关效率与国际先进水平相比还有一定差距。通关查验比例较大，影响了通关时效。各地海关、国检申报系统不统一，关检合作“三个一”（一次申报、一次查验、一次放行）、“三互”（信息互换、监管互认、执法互助）还有待进一步落实。此外，企业普遍反映，海关、国检受工作时间限制，无法实现24小时不间断通关，影响了通关效率。

重点企业反映，多国间通关效率有待提升。“一带一路”沿线国家和地区通关没有一个统一的沿线国家通关平台，增加了通关难度和成本。特别是在内陆地区，往往采取“无水港”模式，与空港、海港衔接不畅，亟待海关国检模式创新。

建议：对某些查验无较大风险的企业减少查验率，从制度上优化通关流程，简化通关手续，缩短通关时间，提高通关效率；增大无纸通关和跨区域一体化通关比例，加快通关速度；缩短政府退税等补助方面的时间，提高企业资金利用率。海关、国检部门在非工作时间增加值班人员，保证实现24小时通关；加强海关、国检申报系统联网共享，推进关检合作和三互大通关；搭建“一带一路”沿线国家和地区通关平台，通过信息化手段实现跨境的便捷通关；研究“无水港”通关新模式，加强区域内保税场所的衔接与合作。

（二）开拓海外市场困难多

调查显示，重点企业进行海外市场拓展尚存在很多困难，主要表现在：缺乏商务信息22%、缺少海外经营人才22%、不了解投资环境20%、

不了解国外法律 15%、审批程序复杂 11%、外汇管制严格 10% 等。(如图 14 所示)

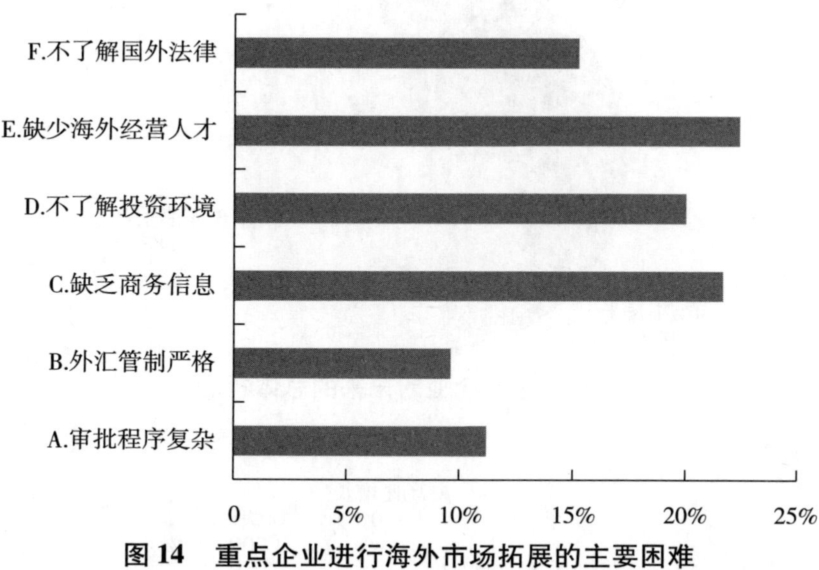

图 14　重点企业进行海外市场拓展的主要困难

调查企业反映，海外市场拓展存在较大风险，特别是缺乏对海外市场政策法规、风俗人情的了解。

建议：加大对企业提供海外市场动态、客户信息和市场需求等方面的信息服务支持。及时预报海外政治、经济、疾病等方面的风险，提供各国相关行业及海关等方面的政策规定。放宽对企业出国活动的约束和限制并协调组织国内外企业进行商务对接。协助搭建与海外市场行业协会的沟通平台，与国内企业分享当地市场商务信息，并带领企业代表参加海外交流会或展览会，提升国内企业品牌知名度。

九、未来发展预判

展望未来，物流企业机遇与挑战并存，调查显示，45.9% 的企业对未来企业经营持谨慎乐观态度，29.7% 的企业认为总体将保持平稳，18% 的企业持悲观态度。(如图 15 所示)

从未来增长速度看，52.4% 的企业认为未来业务将保持平稳增长，增速在 5% ~20% 左右；有 25.2% 的企业认为业务将与同期持平；有 9.7% 的认为业务将有所下降；9.7% 和 2.9% 的企业认为业务将保持较快增长，增速有望超过 20%。(如图 16 所示)

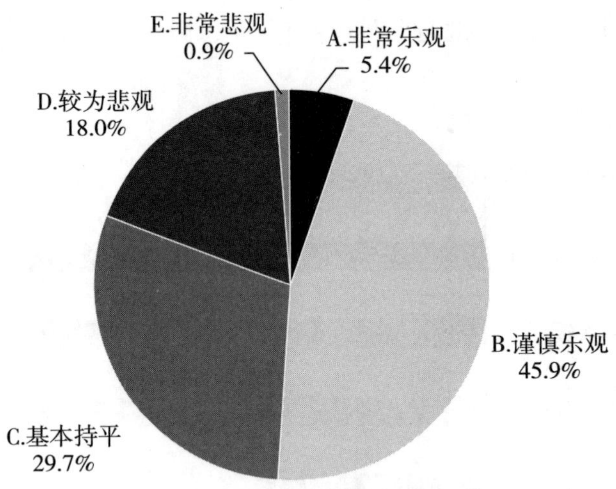

图 15　重点企业对未来的总体看法

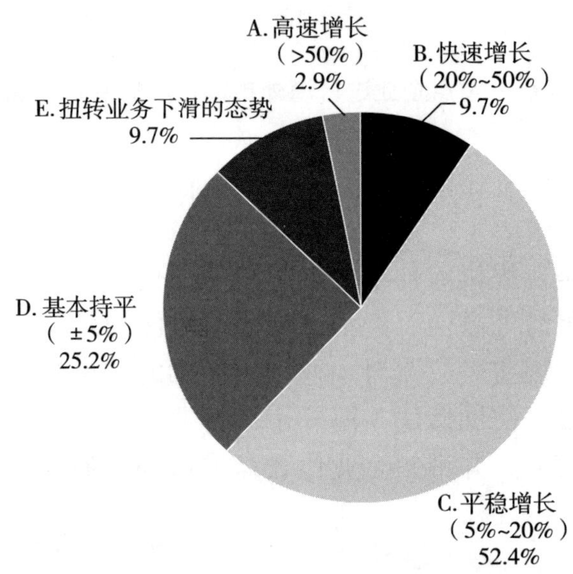

图 16　重点企业对业务增长率的预期

对于未来 3 年阻碍企业发展的挑战，调查显示，重点企业主要面临三大挑战。第一，成本压力持续上涨，集中体现在税负较高、仓储及用地成本攀升、劳动力成本快速上涨等几个方面；第二，物流效率亟待提升，主要反映在配送车辆通行不畅、通关不便捷等方面；第三，物流市场有待规范，集中体现在行业标准和规范、法律法规缺乏，行业诚信水平不高，细分市场仍存在进入壁垒等方面。从关注重点看，税负较高、劳动力成本上涨、企业融资难位居前三位，成本压力仍是阻碍物流企业发展最主要的因素。（如图 17 所示）

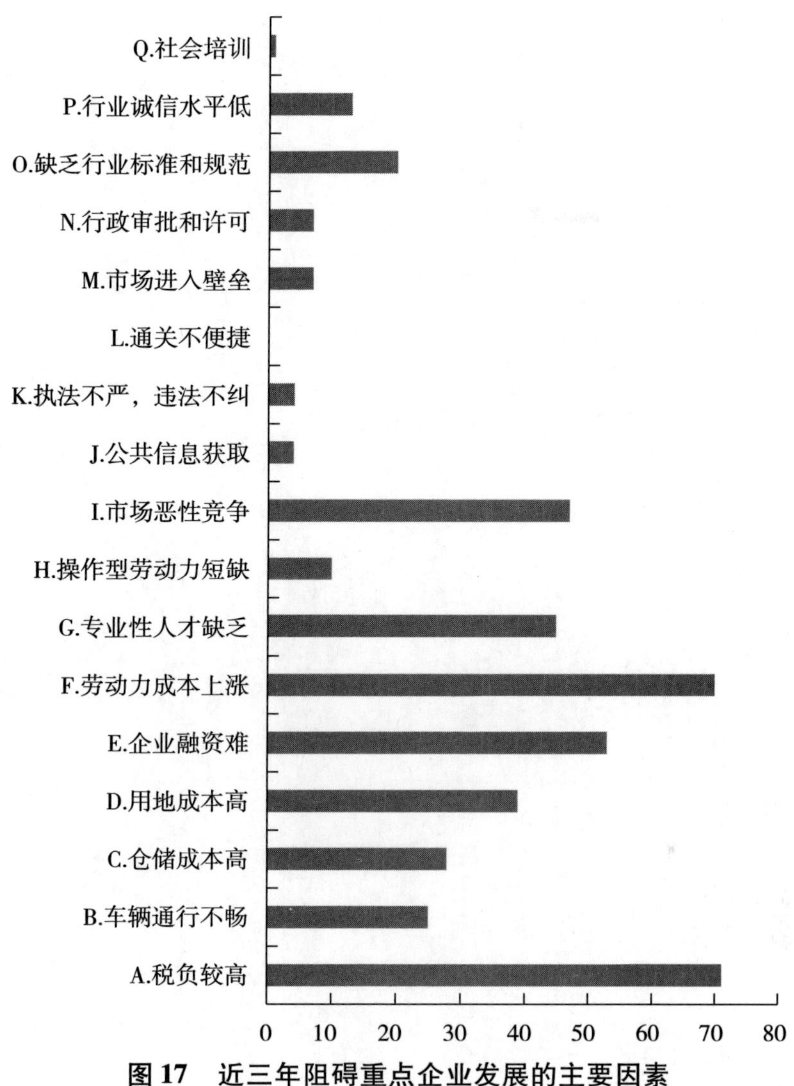

图 17 近三年阻碍重点企业发展的主要因素